Dannecker/Knierim/Hagemeier
Insolvenzstrafrecht

Begründet von

Rechtsanwalt Dr. Josef Augstein (†), Hannover (bis 1984)
Prof. Dr. Werner Beulke, Passau
Prof. Dr. Hans-Ludwig Schreiber, Göttingen (bis 2008)

Herausgegeben von

Prof. Dr. Werner Beulke, Passau
Rechtsanwalt Prof. Dr. Dr. Alexander Ignor, Berlin

Insolvenzstrafrecht

von

Prof. Dr. Gerhard Dannecker

Universität Heidelberg

und

Thomas Knierim

Rechtsanwalt in Mainz

in Zusammenarbeit mit

Dr. Andrea Hagemeier

Universität Heidelberg

CFM

C.F. Müller Verlag
Heidelberg

Prof. Dr. Gerhard Dannecker ist Direktor des Instituts für deutsches, europäisches und internationales Strafrecht und Strafprozessrecht an der Universität Heidelberg. Kontakt: dannecker@jurs.uni-heidelberg.de

Thomas Knierim ist Rechtsanwalt in Mainz. Rechtsanwälte Knierim & Kollegen, Wallstraße 1, 55122 Mainz. Kontakt: knierim@knierim-rechtsanwaelte.de.

Dr. Andrea Hagemeier ist wissenschaftliche Assistentin am Institut für deutsches, europäisches und internationales Strafrecht und Strafprozessrecht an der Universität Heidelberg. Kontakt: hagemeier@jurs.uni-heidelberg.de

Bibliografische Informationen der Deutschen Nationalbibliothek

Die Deutsche Nationalbibliothek verzeichnet diese Publikation in der Deutschen Nationalbibliografie; detaillierte bibliografische Daten sind im Internet über http://dnb.d-nb.de abrufbar

ISBN 978-3-8114-9955-3

© 2009 C. F. Müller Verlagsgruppe Hüthig Jehle Rehm GmbH, Heidelberg, München, Landsberg, Frechen, Hamburg

www.cfmueller-verlag.de

Satz: Strassner ComputerSatz, Leimen
Druck: Köppl & Schönfelder, Stadtbergen

Printed in Germany

Vorwort der Herausgeber

Verlag und Herausgeber freuen sich sehr, mit dem vorliegenden Band einen weiteren Baustein der Reihe „Praxis der Strafverteidigung" vorlegen zu können, der das Handwerkszeug des Strafrechtspraktikers in einem Bereich erweitert, dessen praktische Relevanz kaum zu überschätzen ist. Insolvenzen von Unternehmen und Einzelpersonen gehören – leider – zum Alltag unseres Wirtschaftslebens und beschäftigen die Rechtspflege, nicht zuletzt die Strafjustiz, ebenso regelmäßig wie vielfältig. Wie die Autoren anschaulich darlegen (S. 105 ff.), sind die Ermittlungsanlässe für Strafverfahren im Zusammenhang mit Insolvenzen mannigfach und geeignet, die ohnehin prekäre Situation der Betroffenen zu verschärfen. Eine effektive Strafverteidigung in diesem Bereich erfordert hohe Spezialkenntnisse sowohl im materiellen wie im formellen Recht, die sich nicht erst „am Fall" erlernen lassen, sondern vorausgesetzt werden müssen.

Eben diese Kenntnisse vermittelt der vorliegende Band auf eine vorzügliche Weise. Er behandelt sein komplexes Thema so gründlich wie umfänglich, auf dem neusten Stand (namentlich unter Berücksichtigung des Gesetzes zur Modernisierung des GmbH-Rechts und zur Bekämpfung von Missbräuchen, das am 1.11.2008 in Kraft getreten ist), und ist durchweg geprägt von der Verbindung von Theorie und Praxis, die das Autorenteam *Gerhard Dannecker*, *Thomas Knierim* und *Andrea Hagemeier* auszeichnet.

Im Anschluss an die Darstellung der Grundlagen, die den Leser mit dem Gegenstand und den Besonderheiten des Insolvenzstrafrechts vertraut macht, präsentieren die Verfasser die Einzelheiten der Materie anhand der typischen Beratungssituationen, denen sich der Verteidiger im Zusammenhang mit Insolvenzen ausgesetzt sieht: in den Stadien der Krise und der Insolvenz selbst, im Umfeld von Insolvenzen und Liquidationen sowie bei Bestehen eines Strafverdachts gegenüber professionellen Beteiligten am Insolvenzverfahren. Die konsequente Ausrichtung des Buches auf die praktischen Beratungserfordernisse und -bedürfnisse setzt den Verteidiger in die Lage, sich mit seiner Hilfe in jeder Situation im wahrsten Sinne „zurecht" zu finden und angemessenen Rechtsrat zu erteilen. Dazu trägt bei, dass die Autoren die rechtlichen Regelungen sehr verständlich und von ihrer jeweiligen Zielsetzung her erläutern, dass sie sich nicht auf die Darstellung der Insolvenzstraftaten im engeren Sinne beschränken, sondern auf mögliche Begleitdelikte ausweiten und dass sie die wirtschaftlichen Hintergründe, Interessen und Problemlagen nicht aus den Augen verlieren. Das Buch gewinnt damit den Charakter einer Einführung in das Wirtschaftsstrafrecht überhaupt – zu Recht; denn Insolvenzen bilden nicht nur einen häufigen Anlass für Wirtschaftsstrafverfahren, sondern oftmals auch den zentralen wirtschaftlichen – Bezugspunkt der strafrechtlichen – Bewertung möglicher Wirtschaftsstraftaten. Für ihre große Leistung ist den Autoren zu danken und der verdiente Erfolg zu wünschen.

Im März 2009

Passau   *Werner Beulke*
Berlin   *Alexander Ignor*

Vorwort

Insolvenz und Bankrott stehen als Synonyme für vielfältige wirtschaftliche, rechtliche und soziale Probleme eines Unternehmenszusammenbruchs. In der unmittelbaren Aufarbeitung von Unternehmensinsolvenzen richtet sich der Blick der Gläubiger und der Insolvenzverwaltung rückwärts auf die Gründe eines Niedergangs des Unternehmens. Die Ursachenklärung – seien es gesamtwirtschaftliche Entwicklungen, unternehmerische Fehlentscheidungen oder auch kriminelles Handeln – avanciert zum wichtigsten Instrument für die Bestimmung einer strafrechtlichen Verantwortung wie auch der zivilrechtlichen Haftung der Personen, die bisher die Unternehmensgeschicke bestimmt haben. Um die Insolvenzmasse zu mehren und etwaige Forderungsverluste bei den Verursachern des Zusammenbruchs einzufordern, sind in den letzten rund fünfzehn Jahren zahllose Streitigkeiten mit Geschäftsleitungsorganen, Gesellschaftern und Beratern in straf- und zivilrechtlichen Verfahren geführt worden, die vielfach zu Änderungen der Gesetze oder zu einer Neupositionierung der Rechtsprechung geführt haben.

Das Handbuch soll dem in der Verteidigungspraxis tätigen Rechtsanwalt deshalb nicht nur einen aktuellen strafrechtlichen Aufriss über das Insolvenzstrafrecht und seine Bezüge zu den Vermögens- und Informationsdelikten geben. Es schlägt einen Bogen von der dogmatischen Durchdringung des Insolvenzstrafrechts hin zu einer an der Praxis orientierten Darstellung, bei der die Akzessorietät der Strafnormen zu den zivilrechtlichen Bezügen, d.h. zum Unternehmens-, Arbeits-, Haftungs- und Insolvenzrecht, deutlich wird. So können auch Praktiker aus den Bereichen der Insolvenzverwaltung und der Finanzwelt ihre jeweilige Fallkonstellation analysieren. Der in der Unternehmenskrise beratende Rechtsanwalt muss eine etwaige Mitverantwortung bei der Sanierung oder Rechtsgestaltung kennen. Auch ein finanzierendes Kreditinstitut sollte sich der haftungs- und strafrechtlichen Grenzen der eigenen Tätigkeit bewusst sein, wie sich auch ein Insolvenzverwalter einer besonderen strafrechtlichen (Mit-)Verantwortlichkeit für Fehlentscheidungen zu Lasten der Insolvenzmasse stellen muss.

Für die tatkräftige Unterstützung bei der Entstehung dieses Buches möchten wir uns besonders bei Frau Rechtsanwältin *Nadja Müller*, Herrn Rechtsanwalt *Felix Rettenmaier* und Herrn Rechtsreferendar *Nicolas Frühsorger* bedanken.

Ein besonderer Dank gilt außerdem Frau Rechtsreferendarin Maresa Wilms und Frau Rechtsfachangestellten Sonja Neumann für die Erstellung des Stichwortverzeichnisses.

Heidelberg und Mainz im März 2009
Prof. Dr. Gerhard Dannecker
Rechtsanwalt Thomas Knierim
Dr. Andrea Hagemeier

Inhaltsübersicht

Teil 1
Grundlagen

Teil 3
Verteidigung im Insolvenzstadium

Teil 4
Verteidigung im Umfeld von Insolvenz und Liquidation

Teil 5
Verteidigung von professionellen
Beteiligten am Insolvenzverfahren

Inhaltsverzeichnis

Teil 2
Verteidigung in der Unternehmenskrise
Knierim

Teil 3
Verteidigung im Insolvenzstadium
Dannecker/Hagemeier

Teil 4
Verteidigung im Umfeld von
Insolvenz und Liquidation
Knierim

Teil 5
Verteidigung von professionellen
Beteiligten am Insolvenzverfahren
Knierim

Abkürzungsverzeichnis

a.A.	anderer Ansicht
a.a.O.	am angegebenen Ort
abl.	ablehnend
AblEG	Amtsblatt der Europäischen Gemeinschaften
Abs.	Absatz
Abschn.	Abschnitt
abw.	abweichend
a.E.	am Ende
a.F.	alte Fassung
AG	Amtsgericht
AktenO	Aktenordnung
AktG	Aktiengesetz
Alt.	Alternative
a.M.	anderer Meinung
amtl.	amtlich
ÄndG	Änderungsgesetz
Anh.	Anhang
AnlSVG	Anlegerschutzverbesserungsgesetz
Anm.	Anmerkung
AnwBl.	Anwaltsblatt (Zeitschrift)
AO	Abgabenordnung
Art.	Artikel
AT	Allgemeiner Teil
Aufl.	Auflage
ausf.	ausführlich
Az.	Aktenzeichen
B.	Beschluss
BAnz	Bundesanzeiger
BayObLG	Bayerisches Oberstes Landesgericht
BayObLGSt	Entscheidungssammlung des Bayerischen Obersten Landesgerichtes in Strafsachen
BB	Betriebs-Berater (Zeitschrift)
Bd.	Band
Bearb.	Bearbeiter
BeckRS	Beck-Rechtsprechung
Begr.	Begründung
Bek.	Bekanntmachung
Beschl.	Beschluss
betr.	betreffend
BFH	Bundesfinanzhof
BFHE	Entscheidungen des Bundesfinanzhofes
BGB	Bürgerliches Gesetzbuch

BGBl.	Bundesgesetzblatt
BGH	Bundesgerichtshof
EGHGB	Einführungsgesetz zum Handelsgesetzbuch
BGHR	BGH-Rechtsprechung
BGHSt	Entscheidungssammlung des BGH in Strafsachen
BKA	Bundeskriminalamt
BKR	Zeitschrift für Bank- und Kapitalmarktrecht
BNotO	Bundesnotarordnung
BRAO	Bundesrechtsanwaltsordnung
BRAK-Mitt.	Bundesrechtsanwaltskammer-Mitteilungen
BR-Drs.	Bundesratsdrucksache
Bsp.	Beispiel
bspw.	beispielsweise
BStBl.	Bundessteuerblatt
BT	Bundestag
BT-Drs.	Bundestagsdrucksache
BtMG	Betäubungsmittelgesetz
Buchst.	Buchstabe
BUW	Betrieb und Wirtschaft (Zeitschrift)
BVerfG	Bundesverfassungsgericht
BVerfGE	Entscheidungen des Bundesverfassungsgerichts
BVerwG	Bundesverwaltungsgericht
BVerwGE	Entscheidungen des Bundesverwaltungsgerichts
bzgl.	bezüglich
BZRG	Bundeszentralregistergesetz
bzw.	beziehungsweise
ca.	circa
DB	Der Betrieb (Zeitschrift)
ders.	derselbe
d.h.	das heißt
dies.	dieselbe(n)
DNotZ	Deutsche Notar-Zeitschrift
DRiZ	Deutsche Richterzeitung
DStR	Deutsches Steuerrecht (Zeitschrift)
DStZ	Deutsche Steuer-Zeitung
Einf.	Einführung
Einl.	Einleitung
EG	Europäische Gemeinschaft, Einführungsgesetz
EMRK	Europäische Menschenrechtskonvention
entspr.	entsprechend
ErbStG	Erbschaftssteuer- und Schenkungssteuergesetz
erg.	ergänzend
etc.	et cetera
EStG	Einkommenssteuergesetz
EuGH	Europäischer Gerichtshof

EuGRZ	Europäische Grundrechte-Zeitschrift
EuGVÜ	Übereinkommens über die gerichtliche Zuständigkeit und die Vollstreckung gerichtlicher Entscheidungen in Zivil- und Handelssachen
EuInsVO	Europäische Insolvenzverordnung
evtl.	eventuell
EWiR	Entscheidungen zum Wirtschaftsrecht
EWiV-AusfG	Gesetz zur Ausführung der EWG-Verordnung über die Europäische Wirtschaftliche Interessenvereinigung
f., ff.	folgende
FMStG	Gesetz zur Umsetzung eines Maßnahmenpakets zur Stabilisierung des Finanzmarktes
Fn.	Fußnote
FS	Festschrift
GA	Goltdammer`s Archiv für Strafrecht (Zeitschrift)
gem.	gemäß
GenG	Genossenschaftsgesetz
GewStG	Gewerbesteuergesetz
GG	Grundgesetz
ggf.	gegebenenfalls
GmbHG	Gesetz betreffend die Gesellschaften mit beschränkter Haftung
GmbHR	GmbH Rundschau
grds.	grundsätzlich
GS	Gedächtnisschrift
GVG	Gerichtsverfassungsgesetz
HdB.	Handbuch
HGB	Handelsgesetzbuch
h.L.	herrschende Lehre
h.M.	herrschende Meinung
Hrsg.	Herausgeber
i.d.F.	in der Fassung
i.d.R.	in der Regel
INF	Information über Steuer und Wirtschaft (Zeitschrift)
InsO	Insolvenzordnung
InsVV	Insolvenzrechtliche Vergütungsverordnung
IRG	Gesetz über die internationale Rechtshilfe in Strafsachen
i.S.d.	im Sinne der/des
i.S.v.	im Sinne von
i.Ü.	im Übrigen
i.V.m.	in Verbindung mit
i.w.S.	im weiteren Sinne
JGG	Jugendgerichtsgesetz
JR	Juristische Rundschau
Justiz	Die Justiz (Zeitschrift)

JZ	Juristenzeitung
Kap.	Kapitel
KG	Kammergericht
KMR	KMR-Kommentar zur Strafprozessordnung
Komm.	Kommentar
Kriminalistik	Kriminalistik (Zeitschrift)
KTS	Konkurs-, Treuhand- und Schiedsgerichtswesen (Zeitschrift)
KWG	Gesetz über das Kreditwesen
LG	Landgericht
Lit.	Literatur
LK	Leipziger Kommentar zum Strafgesetzbuch
LKA	Landeskriminalamt
LPK	Lehr- und Praxiskommentar zum Strafgesetzbuch
MDR	Monatsschrift für Deutsches Recht
MDStV	Mediendienste-Staatsvertrag
MMR	Multimedia und Recht (Zeitschrift)
m.N.	mit Nachweisen
MoMiG	Gesetz zur Modernisierung des GmbH-Rechts und zur Bekämpfung von Missbräuchen
m.w.N.	mit weiteren Nachweisen
n.F.	neue Fassung
Nr.	Nummer
NJW	Neue Juristische Wochenschrift
NK	Nomos-Kommentar zum Strafgesetzbuch
NStZ	Neue Zeitschrift für Strafrecht
NStZ-RR	Neue Zeitschrift für Strafrecht-Rechtsprechungsreport
NZI	Neue Zeitschrift für das Recht der Insolvenz und Sanierung
NZG	Neue Zeitschrift für Gesellschaftsrecht
NZM	Neue Zeitschrift für Miet- und Wohnungsrecht
o.g.	oben genannt(e)
OLG	Oberlandesgericht
OVG	Oberverwaltungsgericht
OWiG	Gesetz über Ordnungswidrigkeiten
Prot.	Protokoll
PStR	Praxis des Steuerstrafrechts (Zeitschrift)
rd.	rund
RegE	Regierungsentwurf
RG	Reichsgericht
RGBl.	Reichsgesetzblatt
RGZ	Entscheidungssammlungen der Entscheidungen des Reichsgerichts in Zivilsachen

RiStBV	Richtlinien für das Strafverfahren und das Bußgeldverfahren
RiVaSt	Richtlinien für den Verkehr mit dem Ausland in strafrechtlichen Angelegenheiten
Rn.	Randnummer
Rspr.	Rechtsprechung
S., s.	Satz, Seite, siehe
SGB	Sozialgesetzbuch
SK	Systematischer Kommentar zum Strafgesetzbuch
sog.	sogenannte
s.o.	siehe oben
StGB	Strafgesetzbuch
StPO	Strafprozessordnung
StraFo	Strafverteidigerforum (Zeitschrift)
StV	Strafverteidiger (Zeitschrift)
StVollstrO	Strafvollstreckungsordnung
StVollzG	Strafvollzugsgesetz
str.	streitig
st.Rspr.	ständige Rechtsprechung
s.u.	siehe unten
Tab.	Tabelle
TKG	Telekommunikationsgesetz
TKÜV	Telekommunikations-Überwachungsverordnung
U.	Urteil
u.Ä.	und Ähnliche/s
u.a.	unter anderem, und andere
unstr.	unstreitig
UStG	Umsatzsteuergesetz
usw.	und so weiter
u.U.	unter Umständen
UWG	Gesetz gegen den unlauteren Wettbewerb
v.	von, vom
VAG	Gesetz über die Beaufsichtigung von Versicherungsunternehmen
VersR	Zeitschrift für Versicherungsrecht, Haftungs- und Schadensrecht
VG	Verwaltungsgericht
VGH	Verwaltungsgerichtshof
vgl.	vergleiche
Vorb.	Vorbemerkung
VO	Verordnung
WiB	Wirtschaftsbericht Berlin
wistra	Zeitschrift für Wirtschafts- und Steuerstrafrecht
WM	Zeitschrift für Wirtschafts- und Bankrecht
WpHG	Gesetz über den Wertpapierhandel
WpÜG	Wertpapiererwerbs- und Übernahmegesetz

z.B.	zum Beispiel
ZfbF	Zeitschrift für betriebswirtschaftliche Forschung
ZHR	Zeitschrift für das gesamte Handels- und Wirtschaftsrecht
ZInsO	Zeitschrift für das gesamte Insolvenzecht
ZIP	Zeitschrift für Wirtschaftsrecht
Ziff.	Ziffer
zit.	zitiert
ZPO	Zivilprozessordnung
ZRP	Zeitschrift für Rechtspolitik
ZStW	Zeitschrift für die gesamte Strafrechtswissenschaft
z.T.	zum Teil
zust.	zustimmend
zutr.	zutreffend
ZVI	Zeitschrift für Verbraucher- und Privat-Insolvenzrecht

Literaturverzeichnis

Achenbach, H., Schwerpunkte der BGH-Rechtsprechung zum Wirtschaftsstrafrecht in: 50 Jahre Bundesgerichtshof, Festgabe aus der Wissenschaft. Band IV Strafrecht, Strafprozessrecht, München 2000 , S. 593

Achenbach, H., Zivilrechtsakzessorietät der insolvenzstrafrechtlichen Krisenmerkmale, in: Gedächtnisschrift für Schlüchter, Köln u.a. 2002, S. 257

Achenbach, H./Ransiek, A. (Hrsg.), Handbuch Wirtschaftsstrafrecht, 2. Auflage, Heidelberg 2008

Ahrens, M., Insolvenzanfechtung einer erfüllten Bewährungsauflage, NZI 2001, S. 456

Altenhain, K./Hagemeier, I./Haimerl, M./Stammen, K.-H., Die Praxis der Absprachen in Wirtschaftsstrafsachen, Baden-Baden 2007

Altmeppen, H., Änderung der Kapitalersatz- und Insolvenzverschleppungshaftung aus „deutsch-europäischer" Sicht, in: NJW 2005, S. 1911

Arndt, H./Lerch, K./Eylmann, H./Vaasen, H.-D. (Hrsg.), Bundesnotarordnung, Beurkundungsgesetz, 2. Auflage, München 2004

Bär, W., Handbuch zur EDV-Beweissicherung im Strafverfahren, Stuttgart 2007

Bär, W., Zugriff auf Computerdaten im Strafverfahren, Köln 1992

Beck, S., Zivilrechtsakzessorietät der insolvenzstrafrechtlichen Krisenmerkmale? in: Gedächtnisschrift für Ellen Schlüchter, Köln u.a. 2002, S. 257

Beck, S./Depré, P., Praxis der Insolvenz, München 2003

Becker, C., Insolvenzrecht, Köln 2005

Behm, A., Juristische Personen als Schutzobjekte von § 203 StGB, Kiel 1985

Bittmann, F. (Hrsg.), Insolvenzstrafrecht, Handbuch für die Praxis, Berlin 2004

Bockemühl, J., Private Ermittlungen im Strafprozess, Baden-Baden 1996

Böse, M., Strafen und Sanktionen im Europäischen Gemeinschaftsrecht, Köln 1996

Braun, E., Insolvenzordnung, 3. Auflage, München 2007

Bretzke, U., Der Begriff der „drohenden Zahlungsunfähigkeit" im Konkursstrafrecht: Analyse und Darlegung der Konsequenzen aus betriebswirtschaftlicher Sicht, München 1984

Burgermeister, U., Der Sicherheitenpool im Insolvenzrecht, 2. Auflage, Köln 1996

Burhoff, D., Handbuch für die strafrechtliche Hauptverhandlung, 5. aktualisierte und erw. Auflage, Münster 2007

Burhoff, D., Handbuch für das strafrechtliche Ermittlungsverfahren, 4. Auflage, Münster 2006

Ciolek-Krepold, K., Durchsuchung und Beschlagnahme, München 2002

Creditreform: Wirtschaftsforschung, Insolvenzen – Neugründungen – Löschungen, 1. Halbjahr 2007

Dannecker, G., Die Entwicklung des Wirtschaftsstrafrechts in der Bundesrepublik Deutschland, in: Wabnitz/Janovsky (Hrsg.), Handbuch des Wirtschafts- und Steuerstrafrechts, 3. Auflage, München 2007, S. 1

Dannecker, G., Die Entwicklung des Wirtschaftsstrafrechts unter dem Einfluss des Europarechts, in: Wabnitz/Janovsky (Hrsg.), Handbuch des Wirtschafts- und Steuerstrafrechts, 3. Auflage, München 2007, S. 67

Dannecker, G., Rechtsschutz durch verschiedene Zweige der nationalen Gerichtsbarkeit, § 38 Strafgerichtsbarkeit, in: Rengeling/Middeke/Gellermann (Hrsg.), Rechtsschutz in der Europäischen Union, 2. Auflage, München 2003, S. 761

Dannecker, G., Europäische Gemeinschaft und Strafrecht, in: Ulsamer (Hrsg.): Lexikon des Rechts, Strafrecht, Strafverfahrensrecht, 2. Auflage, Neuwied 1996, S. 302

Dieblich, F., Der strafrechtliche Schutz der Rechtsgüter der Europäischen Gemeinschaften, Köln 1985

Dölling, D. (Hrsg.), Handbuch der Korruptionsbekämpfung, München 2007

Dohmen, A., Verbraucherinsolvenz und Strafrecht, Baden-Baden 2007

Duttge, G. u.a. (Hrsg.), Gedächtnisschrift für Ellen Schlüchter, Köln u.a. 2002

Eisenberg, U., Beweisrecht der StPO, 5. Auflage, München 2006

Erdmann, S., Die Krisenbegriffe der Insolvenzstraftatbestände, Berlin 2007.

Fezer, G., Strafprozessrecht, 2. Auflage, München 1995

Fischer, T., Strafgesetzbuch und Nebengesetze, 55. Auflage, München 2008

Foffani, L., Handelsgesellschafts- und Insolvenzstrafrecht, in: Tiedemann (Hrsg.), Wirtschaftsstrafrecht in der EU, Köln 2002, S. 311

Frisch, W., Tatbestandsmäßiges Verhalten und Zurechnung des Erfolgs, Heidelberg 1988

Fromm, F.K./Nordemann, W., Urheberrecht, 9. Auflage, Stuttgart 1998

Ganz, A., Die Banken, in: Bittmann (Hrsg.): Insolvenzstrafrecht, Berlin 2004, S. 649

Geerds, D., Wirtschaftsstrafrecht und Vermögensschutz, Lübeck 1990

Gerloff, C., Umfeldaktivitäten des Insolvenzverwalters, in: Bittmann (Hrsg.), Insolvenzstrafrecht, Berlin 2004, S. 599

Gogger, M., Insolvenzrecht, 2. Auflage München 2006

Greeve, G./Leipold, K. (Hrsg.), Handbuch des Baustrafrechts, München 2004

Gruber, U.P., Pflichten im Vorfeld der Krise, in: Bittmann (Hrsg.), Insolvenzstrafrecht, Berlin 2004, S. 264

Gürtler, F., Ausgewählte Besonderheiten des Ermittlungsverfahrens, in: Wabnitz/Janovsky (Hrsg.), Handbuch des Wirtschafts- und Steuerstrafrechts, 3. Auflage, München 2007, S. 1449

Häsemeyer, L., Insolvenzrecht, 4. Auflage, Köln 2007

Hammerl, H., Die Bankrottdelikte, Zur strafrechtlichen und kriminologischen Problematik des einfachen und schweren Bankrotts (§§ 239, 240 KO), Frankfurt a.M. 1970

Hartwig, S., Der strafrechtliche Gläubigerbegriff in § 283c StGB, in: Festschrift für Günter Bemmann zum 70. Geburtstag, Baden-Baden 1997, S. 311

Hassemer, W./Matussek, K., Das Opfer als Verfolger: Ermittlungen des Verletzten im Strafverfahren, Frankfurt am Main u.a.1996

Hecker, B., Europäisches Strafrecht, 2. Auflage, Berlin 2007

Hefendehl, R., Kollektive Rechtsgüter im Strafrecht, Köln u.a. 2002

Hellmann, U., Strafprozessrecht, 2. Auflage, Berlin 2006

Hellmann, U./Beckemper, K., Wirtschaftsstrafrecht, 2. Auflage, Stuttgart 2008

Hiltenkamp-Wisgalle, U., Die Bankrottdelikte, Bochum 1987

Höffner, D., Zivilrechtliche Haftung und strafrechtliche Verantwortung des GmbH-Geschäftsführers bei Insolvenzverschleppung, Berlin 2003

Höfner, K.D., Die Überschuldung als Krisenmerkmal des Konkursstrafrechts, 1. Auflage, Frankfurt a.M. 1981

Jähnke, B./Laufhütte, H.W./Odersky, W., Strafgesetzbuch Leipziger Kommentar Bd. 1, §§ 1–31, 12. Auflage, Berlin 2007, Bd. 7, §§ 264–302, 11. Auflage, Berlin 2005

Joecks, W., Studienkommentar StGB, 7. Auflage, München 2007

Joecks, W./Miebach, K., Münchner Kommentar Strafgesetzbuch, Bd. 1: §§ 1 bis 51 StGB, München 2003, Bd. 2/2: §§ 80 bis 184f StGB, München 2005, Bd. 3: §§ 185 bis 262 StGB, München 2003, Bd. 4: §§ 263 bis 358 StGB; §§ 1 bis 8, 105, 106 JGG, München 2006

Joecks, W., Rechte und Pflichten des Insolvenzverwalters, in: Bittmann (Hrsg.), Insolvenzstrafrecht, Berlin 2004, S. 587

Kaup-Schäfer-Band Unregelmäßigkeiten im Kreditgeschäft, Heidelberg 2005

Kindhäuser, U., Kommentar Strafgesetzbuch, Lehr- und Praxiskommentar, 3. Auflage, Baden-Baden 2006

Kindhäuser, U./Neumann, U./Paeffgen, H.-U. (Hrsg.), Kommentar Strafgesetzbuch, 2. Auflage, Baden-Baden 2005

Knemeyer, F.-L., Polizei- und Ordnungsrecht, 11. Auflage, München 2007

Köhler, H., Insolvenz – Strafrechtlicher Teil, in: Wabnitz/Janovsky (Hrsg.): Handbuch des Wirtschafts- und Steuerstrafrechts, 3. Auflage, München 2007, S. 333

Koller, I./Roth, W.-H./Morck, W., Handelsgesetzbuch Kommentar, 6. Auflage, München 2007

Kramer, B., Ermittlungen bei Wirtschaftsdelikten, Stuttgart u.a.1987

Krause, M., Ordnungsgemäßes Wirtschaften und erlaubtes Risiko. Grund- und Einzelfragen des Bankrotts (§ 283 StGB), zugleich ein Beitrag zur Dogmatik des Konkursstrafrechts, Berlin 1995

Krekeler, W./Werner, E., Unternehmer und Strafrecht, München 2006

Krey, V., Zur Problematik privater Ermittlungen des durch eine Straftat Verletzten, Schriften zum Strafrecht, Heft 102, Berlin 1994

Kudlich, H., Die Unterstützung fremder Straftaten durch berufsbedingtes Verhalten, Berlin 2004

Kühl, K., Strafrecht Allgemeiner Teil. 6. Auflage, München 2008

Lackner, K./Kühl, K., StGB – Strafgesetzbuch Kommentar, 26. Auflage, München 2007

Lechner, H./Zuck, R., Bundesverfassungsgerichtsgesetz, 5. Auflage, München 2006

Liebl, K., Geplante Konkurse? Prüfung der Vorhersehbarkeit eines Konkurses und Konkursanalysen anhand einschlägiger Bankrottverfahren in der Bundesrepublik Deutschland, 2. Auflage, Pfaffenweiler 1988

Löwe, E./Rosenberg, W., StPO, 25. Auflage, Berlin 2005

Martinek, M., Moderne Vertragstypen Band III: Computerverträge, Kreditkartenverträge sowie sonstige moderne Vertragstypen, München 1993

Maunz, T./Schmidt-Bleibtreu, BVerfGG, München 1965

Maurach, R./Schroeder, F.-C./Maiwald, M., Strafrecht, Besonderer Teil – Teilband 1: Straftaten gegen Persönlichkeits- und Vermögenswerte, 9. Auflage, Heidelberg 2003

May, A., Der Bankenpool: Sicherheitenpoolverträge der Kreditinstitute in der Unternehmenskrise, Berlin 1989

Memento-Rechtshandbuch: Unternehmen in Krise und Insolvenz, Stand 10.4.2006

Mende, B., Grenzen privater Ermittlungen durch den Verletzten einer Straftat, Berlin 2001

Meyer, V., Faktische Organe, insbesondere der faktische Geschäftsführer in: Bittmann (Hrsg.), Insolvenzstrafrecht, Berlin 2004, S. 173

Meyer-Goßner, L., Strafprozessordnung, 51. Auflage, München 2008

Michalski, L., Kommentar zum Gesetz betreffend die Gesellschaften mit beschränkter Haftung (GmbHG), München 2002

Mohr, R., Bankrottdelikte und übertragende Sanierung, Zur Konkursstrafbarkeit des GmbH-Geschäftsführers bei Vermögensverschiebungen im Zusammenhang mit der Krise der Gesellschaft, Köln 1993

Moosmayer, K., Einfluss der Insolvenzordnung 1999 auf das Insolvenzstrafrecht, Pfaffenweiler 1997

Müller-Gugenberger, C./Bieneck, K. (Hrsg.), Wirtschaftsstrafrecht. Handbuch des Wirtschaftsstraf- und Ordnungswidrigkeitenrechts, 4. Auflage, Köln 2006

Müller, R./Wabnitz, H.-B./Janovsky, T., Wirtschaftskriminalität, Eine Darstellung der typischen Erscheinungsformen mit praktischen Hinweisen zur Bekämpfung, 4. Auflage, München 1997

Palandt, O., Bürgerliches Gesetzbuch, 66. Auflage, München 2007

Park, Tido (Hrsg.), Kapitalmarktstrafrecht, 2. Auflage, Baden-Baden 2008

Pelz, C., Strafrecht in Krise und Insolvenz, München 2004

Penzlin, D., Strafrechtliche Auswirkungen der Insolvenzordnung, Herbolzheim 2000

Pfeiffer, G., Karlsruher Kommentar zur Strafprozessordnung und zum Gerichtsverfassungsgesetz mit Einführungsgesetz, 5. Auflage, München 2003

Rengeling, H.-W./Middeke, A./Gellermann, M. (Hrsg.), Rechtsschutz in der Europäischen Union, 2. Auflage, München 2003

Rinsche/Fahrendorf/Terbille Die Haftung des Rechtsanwalts: Ein Handbuch für die Praxis, 7. Aufl. 2005

Röhm, P., Zur Abhängigkeit des Insolvenzstrafrechts von der Insolvenzordnung, Herbolzheim 2002

Rogall, K., Informationseingriff und Gesetzesvorbehalt im Strafprozessrecht, 1992

Rowedder, H./Schmidt-Leithoff, C., Gesetz betreffend die Gesellschaften mit beschränkter Haftung (GmbHG), 4. Auflage, München 2002

Roxin, C./Widmaier, G. (Hrsg.), 50 Jahre Bundesgerichtshof. Festgabe aus der Wissenschaft, Band IV Strafrecht, Strafprozessrecht, München 2000

Rudolph, C., Gläubigerpool, in: Bittmann (Hrsg.), Insolvenzstrafrecht, Berlin 2004, S. 706

Rudolphi, H.-J./Horn, E./Samson, E./Günther, H.-L./Hoyer, A./Wolters, G./Stein, U./ Rogall, K., Systematischer Kommentar zum Strafgesetzbuch, Loseblattsammlung, Band 3: Besonderer Teil §§ 267 bis 358 StGB, 68. Lfg. März 2007, Neuwied 2007

Runkel, H. (Hrsg), Anwaltshandbuch Insolvenzrecht, 2. Aufl. Köln 2008

Sandkühler, G./Lerch, K., Bundesnotarordnung, 5. Auflage, Köln u.a. 2003

Satzger, H., Die Europäisierung des Strafrechts, Eine Untersuchung zum Einfluss des Europäischen Gemeinschaftsrechts auf das deutsche Strafrecht, Köln u.a. 2002

Sauer, D., Konsensuale Verfahrensweisen im Wirtschafts- und Steuerstrafrecht, Heidelberg 2008

Schimansky, H./Bunte, H.-J./Lwowski, H.-J. (Hrsg.), Bankenrechts-Handbuch Bd. II, 3. Auflage, München 2007

Schlüchter, E., Der Grenzbereich zwischen Bankrottdelikten und unternehmerischen Fehlentscheidungen, Tübingen 1977

Smid, S., Auswirkungen des eröffneten Insolvenzverfahrens auf die Rechtsstellung und die Rechtspflichten der Beteiligten, in: Bittmann (Hrsg.), Insolvenzstrafrecht, Berlin 2004, S. 264

Schmoller, K. (Hrsg.), Festschrift für Otto Triffterer zum 65. Geburtstag, Wien u.a. 1996

Schönke, A./Schröder, H., Strafgesetzbuch Kommentar, 27. Auflage, München 2006

Scholz, F., Kommentar zum GmbHG mit Anhang Konzernrecht, 10. Auflage, Köln 2006

Schricker, G., UrhG, 7. Auflage 1988

Schröder, C., Europäische Richtlinien und deutsches Strafrecht: eine Untersuchung über den Einfluss europäischer Richtlinien gemäß Art. 249 Abs. 3 EGV auf das deutsche Strafrecht, Berlin u.a. 2002

Schulz, J./Vormbaum, T. (Hrsg.), Festschrift für Günter Bemmann zum 70. Geburtstag, Baden-Baden 1997

Schuhmann, A., Zur Beschlagnahme von Mandantenunterlagen bei den Angehörigen der rechts- und steuerberatenden Berufen, in: wistra 1995, S. 50

Stapelfeld, A., Die Haftung des GmbH-Geschäftsführers für Fehlverhalten in der Gesellschafts-Krise, in: Köln 1990

Tiedemann, K., Wirtschaftsstrafrecht, Einführung und Allgemeiner Teil mit wichtigen Rechtstexten, Köln 2. Aufl. 2007

Tiedemann, K., Wirtschaftsstrafrecht und Wirtschaftskriminalität, Bd. 1, Reinbek bei Hamburg 1976

Tröndle, H./Fischer, T., Strafgesetzbuch und Nebengesetze, 54. Auflage, München 2007

Tschacksch, D., Die Strafprozessuale Editionspflicht, Gelsenkirchen 1988

Uhlenbruck, W., Insolvenzordnung, Kommentar, 12. Auflage, München 2003

Ulsamer, G. (Hrsg.): Lexikon des Rechts, Strafrecht, Strafverfahrensrecht, 2. Auflage, Neuwied 1996

Volk, K., Münchner Anwaltshandbuch Verteidigung in Wirtschafts- und Steuerstrafsachen, München 2006

Wabnitz, H.-B./Janovsky, T. (Hrsg.), Handbuch des Wirtschafts- und Steuer-Strafrechts, 3. Auflage, München 2007

Wegner, C., Insolvenzstraftaten im StGB, in: Achenbach/Ransiek (Hrsg.), Handbuch Wirtschaftsstrafrecht, Heidelberg 2004, S. 489

Weigend T., Bewältigung von Beweisschwierigkeiten durch Ausdehnung des materiellen Strafrechts?, in: Festschrift für Otto Triffterer zum 65. Geburtstag, Wien u.a.1996, S. 695

Wessels, J./Hillenkamp, T., Strafrecht Besonderer Teil/2, 31. Aufl., Heidelberg 2008

Weyand, R./Diversy, J., Insolvenzdelikte – Unternehmenszusammenbruch und Strafrecht, 7. Auflage, Berlin 2006

Wiester, Die GmbH in der Unternehmenskrise, München 2006

Wimmer, K./Dauernheim, J./Wagner, M./Weidekind, S., Handbuch des Fachanwalts Insolvenzrecht, Neuwied 2002

Wittkämper, G.W./Krevert, P./Kohl, A., Europa und die innere Sicherheit. Auswirkungen des EG-Binnenmarktes auf die Kriminalitätsentwicklung und Schlussfolgerungen für die polizeiliche Kriminalitätsbekämpfung, Wiesbaden 1996

Wolff-Reske, M., Berufsbedingtes Verhalten als Problem mittelbarer Erfolgsverursachung, Baden-Baden 1995

Zugehör, H., Beraterhaftung nach der Schuldrechtsreform, 2002

Teil 1

Grundlagen

Prof. Dr. Gerhard Dannecker/Dr. Andrea Hagemeier

A. Einführung

I. Bedeutung der Insolvenzentwicklung für die strafrechtliche Praxis

Mit der wirtschaftlichen Krise eines Unternehmens und der damit drohenden Been- **1**
digung des Unternehmens gehen besondere Gefahren für Dritte, insbesondere für
Gläubiger und Arbeitnehmer, einher. Deshalb hat der Gesetzgeber ein umfassendes
straf- und zivilrechtliches Regelungswerk geschaffen, um den Schutz der Gläubiger
zu realisieren und ein gerichtlich überwachtes Verfahren zu schaffen, innerhalb
dessen über die Fortführung oder Beendigung des Unternehmens unter Einhaltung
der gesetzlichen Grenzen entschieden werden muss. Dabei kommt den nach § 283
StGB strafbaren Bankrotthandlungen[1] – Vermögensverschiebungen, unwirtschaftlichen Geschäften, Scheingeschäften, Buchführungsverstößen – sowie der Gläubigerbegünstigung nach § 283c StGB[2] und der Schuldnerbegünstigung nach § 283d
StGB[3] zentrale Bedeutung zu, denn die bei Unternehmenszusammenbrüchen began-
genen Straftaten machen einen beträchtlichen Teil der von den Strafverfolgungsbehörden zu verfolgenden Fälle aus. Insbesondere unsachgemäße Aktivitäten zur Abwendung der Krise führen in den strafrechtlichen Risikobereich. Die große praktische Relevanz der Insolvenzdelikte ist vor allem darauf zurückzuführen, dass die
Insolvenzgerichte nach den Anordnungen über Mitteilungen in Zivilsachen (MIZI)
Beschlüsse über Insolvenz- und Vergleichseröffnungen sowie über Antragsabwei-
sungen mangels Masse der Staatsanwaltschaft mitteilen müssen, damit diese überprüfen kann, ob konkrete Anhaltspunkte für Straftaten vorliegen. Daher hängt die
Entwicklung der Insolvenzstraftaten unmittelbar mit der Entwicklung der Insolvenzen zusammen.

---

1 Vgl. Rn. 944 ff.
2 Vgl. Rn. 897 ff.; Rn. 1035 f.; Rn 1248 ff.
3 Vgl. Rn. 911 ff.; Rn. 1037; Rn. 1248 ff.

1. Allgemeiner Überblick zur Insolvenzentwicklung in Deutschland[4]

2 Wirtschaftskreise beklagen seit Jahren die scheinbar konstant hohe Anzahl an Insolvenzen in Deutschland. Nach einer Untersuchung der Creditreform Wirtschaftsforschung[5] verläuft die **Insolvenzentwicklung** in der Bundesrepublik jedoch **uneinheitlich.** Zwischen West- und Ostdeutschland sowie zwischen Verbraucher- und Unternehmensinsolvenzen bestehen statistisch betrachtet deutlicher Unterschiede. Im Bereich der Unternehmensinsolvenzen scheint sich im ersten Halbjahr 2007 der seit dem Jahre 2003 in Ostdeutschland bzw. seit 2005 auch in Westdeutschland anhaltende rückläufige Trend im Bereich der Unternehmensinsolvenzen durch eine weitere Abnahme um 2350 Fälle (= 14,3%) von 16 450 auf 14 100 Fälle zu verfestigen. Dagegen verzeichnen die Verbraucherinsolvenzen in Ostdeutschland einen Anstieg; diese liegen erstmalig seit 1999 – dem Jahr der Einführung der neuen Insolvenzordnung – im gesamten Bundesgebiet über der Marke von 50 000. Nach einem Vorjahresstand von 43 650 und einem diesbezüglichen Zuwachs von 18,2% beantragen im ersten Halbjahr 2007 insgesamt 51 600 Personen die Restschuldbefreiung. Demgegenüber stagnieren die aus den Insolvenzen von ehemals selbstständig Tätigen, den natürlichen Personen als Gesellschaftern sowie überschuldeten Nachlässen zusammen gesetzten „sonstigen Insolvenzen" nach einem Vorjahresstand von 15 950 und einer Abnahme um 0,3% bei 15 900. Insgesamt beschäftigten 81 600 Insolvenzen im ersten Halbjahr 2007 die deutschen Gerichte, was einem Zuwachs von 5500 Fällen bzw. einer Steigerung um 7,3% zum Vorjahreszeitraum entspricht. Die wellenlinienförmige statistische Entwicklung in diesem Bereich lässt sich auf die Höhen und Tiefen der wirtschaftlichen Konjunktur zurückführen.[6] Damit kann auch für die Zukunft davon ausgegangen werden, dass die Insolvenzen einen zentralen Stellenwert im Wirtschaftssystem haben werden.

Tab. 1: Insolvenzverfahren in Deutschland[7]

	Gesamt-insolvenzen		Unternehmens-insolvenzen		Verbraucher-insolvenzen**		sonstige insolvenzen**	
1999	33 870	−0,3%	26 620	−4,3%	2450	−	4800	−
2000	41 780	+23,4%	27 930	+4,9%	10 360	+322,9%	3490	−27,3%
2001	49 510	+18,5%	32 390	+16,0%	13 490	+30,2%	3630	+4,0%
2002	84 330	+70,3%	37 620	+16,1%	21 520	+59,2%	25 190	+593,9%

*   Von Creditreform geschätzt.
** Privatinsolvenzen werden erst seit Einführung der neuen Insolvenzordnung (1999) ausgewiesen.

---

4 Vgl. dazu auch LK-*Tiedemann* Vor § 283 Rn. 11.
5 *Creditreform Wirtschaftsforschung* Insolvenzen – Neugründungen – Löschungen, 1. Halbjahr 2007, S. 1 ff.
6 Vgl. LK-*Tiedemann* Vor § 283 Rn. 11.
7 Siehe *Creditreform Wirtschaftsforschung* Insolvenzen – Neugründungen – Löschungen, 1. Halbjahr 2007, S. 2.

	Gesamt- insolvenzen		Unternehmens- insolvenzen		Verbraucher- insolvenzen**		sonstige insolvenzen**	
2003	100 350	+19,0 %	39 470	+4,9 %	33 510	+55,7 %	27 370	+8,7 %
2004	118 260	+17,8 %	39 270	−0,5 %	49 100	+46,5 %	29 890	+9,2 %
2005	136 570	+15,5 %	36 850	−6,2 %	68 900	+40,3 %	30 820	+3,1 %
2006 Hj.	76 050	+16,3 %	16 450	−14,1 %	43 650	+41,0 %	15 950	+4,2 %
2006	154 860	+13,4 %	30 680	−16,7 %	92 450	+34,2 %	31 730	+3,0 %
2007 Hj.*	81 600	+7,3 %	14 100	−14,3 %	51 600	+18,2 %	15 980	−0,3 %

* Von Creditreform geschätzt.
** Privatinsolvenzen werden erst seit Einführung der neuen Insolvenzordnung (1999) ausgewiesen.

Die von den Insolvenzen direkt oder indirekt verursachten Schäden für die Volks-   **3**
wirtschaft sind immens. Dabei ist insbesondere die Privatwirtschaft von Unternehmensinsolvenzen härter betroffen als die öffentliche Hand. Es zeichnet sich ein
Trend dahingehend ab, dass weniger Insolvenzen zu höheren Schäden führen.

Tab. 2: Insolvenzschäden in Deutschland in Mrd. Euro[8]

	private Schäden	öffentliche Hand	gesamt
1999	17,9	9,7	27,6
2000	17,9	9,2	27,1
2001	22,0	10,3	32,3
2002	26,6	11,8	38,4
2003	27,9	12,6	40,5
2004	27,5	11,9	39,4
2005	26,7	10,8	37,5
2006 Hj.	11,3	5,8	17,1
2006	22,4	8,7	31,1
2007 Hj.*	10,8	5,4	16,2

* von Creditreform geschätzt

Mehr als die Hälfte der Unternehmensinsolvenzen betreffen Kleingewerbetreibende.   **4**
Im Übrigen sind sämtliche Rechtsformen: juristische Personen, Personengesellschaften und Einzelhandelspersonen, tangiert.

Tab. 3: Insolvenzen nach Rechtsformen im 1. Halbjahr 2007[9]

	West	Ost	Deutschland
freie Berufe	3,6 (3,2)	2,9 (2,6)	3,4 (3,1)
Kleingewerbetreibende	52,8 (49,9)	66,7 (61,7)	55,5 (52,4)
BGB-Gesellschaft	0,9 (1,2)	0,7 (1,5)	0,9 (1,3)
Einzelfirma	4,5 (4,6)	2,5 (2,2)	4,1 (4,1)

8 *Creditreform Wirtschaftsforschung* Insolvenzen – Neugründungen – Löschungen, 1. Halbjahr 2007, S. 8.
9 *Creditreform Wirtschaftsforschung* Insolvenzen – Neugründungen – Löschungen, 1. Halbjahr 2007, S. 17.

	West	Ost	Deutschland
freie Berufe	3,6 (3,2)	2,9 (2,6)	3,4 (3,1)
Kleingewerbetreibende	52,8 (49,9)	66,7 (61,7)	55,5 (52,4)
BGB-Gesellschaft	0,9 (1,2)	0,7 (1,5)	0,9 (1,3)
Einzelfirma	4,5 (4,6)	2,5 (2,2)	4,1 (4,1)
OHG	0,3 (0,4)	0,1 (0,2)	0,2 (0,4)
KG	0,4 (0,6)	0,6 (0,2)	0,5 (0,5)
GmbH & Co. KG	4,0 (4,2)	2,0 (1,9)	3,6 (3,7)
GmbH	32,4 (34,6)	23,4 (28,5)	30,6 (33,4)
AG	0,6 (0,7)	0,3 (0,3)	0,6 (0,6)
eG	0,0 (0,0)	0,2 (0,3)	0,1 (0,1)
e.V.	0,5 (0,4)	0,6 (0,7)	0,5 (0,5)

Angaben in Prozent; ( ) = Vorjahresangaben
Quelle: Creditreform Datenbank

5 Ausgehend von dieser Übersicht ist die GmbH die für Insolvenzen anfälligste Gesellschaftsform,[10] weswegen sie auch im Zentrum der Insolvenzkriminalität steht und sich die meisten Strafverfahren in der Praxis gegen Geschäftsführer und Gesellschafter dieser Unternehmensform richten.[11] Zudem wird bei den GmbHs in nahezu 2/3 aller Fälle die Eröffnung des Insolvenzverfahrens mangels Masse abgelehnt. Die OHG, KG, AG und die Genossenschaft gelten dagegen in diesem Bereich als deutlich weniger anfällig.[12]

6 Nicht aufgeführt in der obigen Statistik ist die im Ausland gegründete so genannte „Limited", auf die infolge ihrer praktischen Bedeutung ein besonderes Augenmerk gelegt werden soll.

Exkurs: Die Gesellschaftsform der Limited[13]

7 Die Limited ist eine ursprünglich aus Großbritannien stammende Gesellschaftsform mit eigener Rechtspersönlichkeit, die strukturell der deutschen GmbH ähnelt. Im

---

10 NK-*Kindhäuser* Vor § 283 ff. Rn. 4; LK-*Tiedemann* Vor § 283 Rn. 20 m.w.N. und Rn. 23. Zu den Insolvenzursachen und zur Insolvenzanfälligkeit nach Branchen und Rechtsformen siehe auch *Röhm* S. 6 ff.

11 NK-*Kindhäuser* Vor § 283 ff. m.w.N. Rn. 4; *Liebl* S. 37 ff.; *Richter* Der Konkurs der GmbH aus der Sicht der Strafrechtspraxis (Teil 1/Teil 2), in: GmbHR 1984, 113, 115; *Uhlenbruck* Die Pflichten des Geschäftsführers einer GmbH oder GmbH & Co. KG in der Krise des Unternehmens, in: BB 1985, 1277, 1278 ff.; *Winkelbauer* Strafrechtlicher Gläubigerschutz im Konkurs der KG und der GmbH & Co. KG, in: wistra 1986, 17.

12 LK-*Tiedemann* Vor § 283 Rn. 20 m.w.N.

13 Vgl. dazu *Altmeppen* Gegen die Hysterie um die Niederlassungsfreiheit der Scheinauslands-Gesellschaften, in: DB 2004, 1083 ff.; *ders.* NJW 2005, 1911 ff.; *Eisner* Kapitalersatz- und Insolvenzverschleppungshaftung im Fall der Scheinaus-Landsgesellschaft, in: ZInsO 2005, 20 ff.; *Goette* Aus der neuen Rechtsprechung des BGH zum GmbH-Recht, in: ZIP 2005, 1481 ff.; *Happ/Holler* „Limited" statt GmbH? Risiken und Kosten werden gerne verschwiegen, in: DStR 2004, 730 ff.; *Holzer* Rechte und Pflichten des Geschäftsführers einer nach englischem Recht gegründeten „limited" im Hinblick auf das deutsche Insolvenzverfahren, in: ZVI 2005, 457 ff.; *Köke* Die englische Limited in der Insolvenz, in: ZInsO 2005, 354 ff.; *Kuntz* Die Insolvenz der Limited mit deutschem Verwaltungssitz –

angelsächsischen Raum stellt sie für kleinere Unternehmen die **gebräuchlichste Form der Kapitalgesellschaft** dar. Da in Großbritannien keine der deutschen GmbH entsprechende Rechtsform existiert, erfüllen dort private Formen der Aktiengesellschaft (so genannte Private/Propriety/Proprietary Limited Company – Pty. Ltd. Co.) die wirtschaftliche Funktion der GmbH, wobei lediglich die Aktien der öffentlichen Aktiengesellschaft (Public Limited Company, PLC) an der Börse gehandelt werden können. Innerhalb der Limiteds unterscheidet man zwischen folgenden Formen: die „private limited company by shares" (kurz: Ltd.), welche die übliche Unternehmensform gerade für kleine und mittelständische Unternehmen ist, die „private limited company by guarantee", bei der, abweichend von der üblichen Form der Aktiengesellschaft, kein Stammkapital gebildet wird, sondern die Aktionäre eine Garantie abgeben, dass sie im Falle der Insolvenz der Gesellschaft bis zu einem bestimmten Betrag für Gesellschaftsverbindlichkeiten einstehen werden, die „public limited company" (kurz: PLC), welche die übliche Unternehmensform für große, oft börsennotierte Unternehmen ist, und die „company limited by guarantee", bei der es sich um eine Sonderform handelt, die bei nicht-gewinnorientierten Unternehmen zur Anwendung kommt. Eine Limited kann jeweils von einer oder mehreren Personen als Aktionäre („shareholder") gegründet werden. Zusätzlich müssen ein Geschäftsführer („director") und ein Sekretär („secretary") bestellt werden, die selbst Aktionäre sein können. Auch wenn eine Limited nicht in Großbritannien ansässig ist, wird sie dennoch nach den dort geltenden Vorschriften gegründet und in die dortigen Register eingetragen. Dies macht einen Verwalter in Großbritannien erforderlich.

Selbst wenn sich die Organe und Vertretungsbefugnisse einer Limited nach englischem Recht richten, unterliegt die eigentliche **Geschäftstätigkeit** der Gesellschaft dem **Recht des Sitzstaates**. In den Fällen der Ansässigkeit in Deutschland wird die Limited steuerlich wie eine deutsche Kapitalgesellschaft behandelt. Sie hat ihre Steuerbilanzen nach deutschem Steuerrecht zu erstellen. Für die Ergebnisse der Jahresbilanz gilt folgende Besonderheit: Sie sind beim englischen Handelsregister (Companies House) umsatzabhängig in verkürzter Form einzureichen. Dieser so genannte „Annual Account" unterscheidet sich inhaltlich vom so genannten „Annual report", in dem der derzeitige Stand über Geschäftsführer und Anteilseigner aufgeführt werden muss. Bei einem Versäumnis drohen jeweils empfindliche Strafen. **8**

Die europäische Rechtsentwicklung[14] gebietet es, Kapitalgesellschaften wie die Limited auch auf nationaler Ebene anzuerkennen, wenn sie in einem anderen Mitglied- **9**

EU-Kapitalgesellschaften in Deutschland nach „inspire Art", in: NZI 2005, 424 ff.; *Lawlor* Die Anwendbarkeit englischen Gesellschaftsrechts bei Insolvenz einer englischen Limited in Deutschland, in: NZI 2005, 432 ff.; *Mock/Schildt* Insolvenz ausländischer Kapitalgesellschaften mit Sitz in Deutschland, in: ZInsO 2003, 396 ff.; *Schall* Englischer Gläubigerschutz bei der Limited in Deutschland, in: ZIP 2005, 965 ff.; *Schumann* Die englische Limited mit Verwaltungssitz in Deutschland: Kapitalaufbringung, Kapitalerhaltung und Haftung bei Insolvenz, in: DB 2004, 743 ff.; *Ulmer* Gläubigerschutz bei Scheinauslandsgesellschaften – Zum Verhältnis zwischen gläubigerschützendem nationalem Gesellschaftsrecht, Delikts- und Insolvenzrecht und der EG-Niederlassungsfreiheit, in: NJW 2004, 1201 ff.; *Zimmer* Nach „Inspire Art" – Grenzenlose Gestaltungsfreiheit für deutsche Unternehmen?, in: NJW 2003, 3585 ff.
14 Vgl. *EuGH* NJW 1999, 2027 ff. (Centros); *EuGH* NJW 2002, 3614 ff. (Überseering); *EuGH* NJW 2003, 3331 ff. (Inspire Art).

staat der EU wirksam gegründet wurden, selbst wenn sie ihrer Geschäftstätigkeit ausschließlich in Deutschland nachgehen. Aus diesem Grund wird die Limited seit dem Jahre 2003 auch in Deutschland als juristische Person anerkannt. Dieser Unternehmensform wird wegen der Flexibilität in der Kapitalausstattung eine besonders hohe Attraktivität unterstellt, da ihre **Gründung verhältnismäßig einfach** vonstatten geht[15] und – neben der (symbolischen) Mindeststammeinlage von 1 £ – keinen Mindestkapitalvorschriften unterliegt. Zudem kann hier eine Person, die wegen einer Insolvenzstraftat verurteilt worden ist und deshalb nach § 6 Abs. 2 GmbHG nicht mehr als GmbH-Geschäftsführer tätig werden darf, weiterhin als Geschäftsleiter bestellt werden, soweit es das jeweils anwendbare Recht des Gründungsstaates der Gesellschaft zulässt.[16]

10   Der Einsatz einer Limited erfolgt in Deutschland jedoch nicht risikolos. So führt die Kollision deutschen Rechts mit dem britischen Gesellschaftsrecht zu **Rechtsunsicherheiten**, insbesondere mit Blick auf die Frage nach der Gesellschafter- und Geschäftsführerhaftung. Außerdem ergeben sich zusätzliche Risiken in der Praxis. So verlangen Gläubiger von den Gesellschaftern einer Limited infolge ihres regelmäßig geringen Stammkapitals häufig Personalsicherheiten – etwa in Form von Bürgschaften oder Vorauszahlungen. Teilweise verweigern nationale Banken neu gegründeten Limiteds sogar die Eröffnung von Geschäftskonten auf deren Namen. Schließlich genießen Limiteds – im Gegensatz zur GmbH – bei Teilen der Bevölkerung keinen guten Ruf. Die Gefahr einer Verschleierung der hinter dem Unternehmen stehenden Personen besteht bei einer Limited allerdings nicht. So muss der Geschäftsführer sowohl nach dem deutschen Handelsgesetzbuch als auch nach englischem Recht auf allen Briefen angegeben werden. Darüber hinaus ist eine vollständige Firmenauskunft beim britischen Companies House online günstig abrufbar.

11   Für den Fall des unternehmerischen Scheiterns nicht betrügerischer Art zeigt sich die Limited wie die GmbH deutlich flexibler als eine GbR oder eine OHG, bei denen eine unbeschränkte persönliche Haftung gegeben ist. Die Limited weist jedoch auch strukturelle Unterschiede zur deutschen GmbH auf. So kennt sie **keine „i.G.“**[17]-**Phase** vergleichbar der „GmbH i.G.“ Mangels einer existierenden Vorgesellschaft ist bei der Limited zur Geltendmachung von Vorinvestitionen daher möglicherweise an das Modell der „Ltd. & Co. KG“ zu denken. Schließlich ist der Limited das Konstrukt der verdeckten Sachgründung unbekannt, welches für Unkundige im GmbH-Recht erhebliche Risiken birgt. Im Ergebnis ist die GmbH in ihrer Gründungsphase haftungsanfälliger als die Limited, auch wenn es nach englischem Recht die bei der GmbH existierende gefürchtete Drei-Wochen-Frist im Insolvenzfall zur Anmeldung der Insolvenz nicht gibt.

12   Trotz der aufgezeigten Risiken kann eine rasante **Ausbreitung der Limiteds** im nationalen Rechtskreis verzeichnet werden. So wurde nach vorsichtigen Schätzungen für ca. 1/4 aller in Deutschland neu gegründeten Gesellschaften diese Rechtsform gewählt.[18] Am 4. Juni 2007 existierten insgesamt 32 600 vor allem schwach

---

15 So kann eine Limited – im Gegensatz zur GmbH – innerhalb von 24h gegründet werden.
16 *Beck* in Wabnitz/Janovsky 6. Kapitel Rn. 55b.
17 Diese Abkürzung steht für „in Gründung“.
18 *Holzer* Rechte und Pflichten des Geschäftsführers einer nach englischem Recht gegründeten „Limited“ im Hinblick auf das deutsche Insolvenzverfahren, in: ZVI 2005, 457.

kapitalisierte Limiteds[19], von denen knapp 3600 in die Bonitätsklasse 600 und damit als insolvent eingestuft wurden. Daraus ergibt sich eine Risikoquote von 1104 je 10 000 Limiteds, was die Vergleichsquote der selbst bereits überdurchschnittlich insolvenzanfälligen GmbH noch fast verdoppelt. Zudem weist das Statistische Bundesamt Destatis darauf hin, dass die Eröffnungsquote von Limiteds im Insolvenzverfahren mit 30 % deutlich niedriger liegt als bei allen anderen Rechtsformen.

Die rechtsformunabhängigen Straftatbestände des nationalen Strafgesetzbuches, insbesondere die §§ 283 ff. StGB, gelten auch für die Entscheidungsträger ausländischer Gesellschaften.[20] Im Gegensatz zu den Geschäftsleitern deutscher Gesellschaften unterlagen sie bisher jedoch nicht den Straftatbeständen **der Insolvenzverschleppung** im Sinne der §§ 84 GmbHG, 401 AktG, 130b HGB und 148 GenG.[21] Denn diese Tatbestände bezogen sich jeweils auf die spezifische Rechtsform, und eine täterbelastende analoge Anwendung liefe dem strafrechtlichen Bestimmtheitsgrundsatz des Art. 103 Abs. 2 GG zuwider.[22] Mit der Geltung des MoMiG ist zum 1.11.2008 der neue § 15a in die InsO eingefügt worden, mit dem diesem Missstand ein Ende gesetzt wurde, indem eine rechtsformneutrale Insolvenzantragspflicht statuiert und die alten rechtsformspezifischen Vorschriften zur Insolvenzverschleppung abgelöst wurden.[23] **13**

Eine Unterkapitalisierung muss bei der Limited jedoch anders bewertet werden als bei der GmbH. Ansonsten wäre bereits beim Kauf zweier Briefmarken zu je 0,55 £ das Haftungskapital der Limited überschritten und dieselbige stünde vor der Insolvenz. Entscheidend sind die zu erwartenden Gewinnaussichten. Eine Überschuldung kann die Insolvenzantragspflicht nach englischem Recht auslösen.

Erstmalig seit Einführung der Insolvenzordnung nimmt in Westdeutschland die Zahl der mangels Masse abgelehnten Unternehmensinsolvenzverfahren leicht zu. Dies verwundert, da es – zumindest im Bereich der Kapitalgesellschaften – eine Abweisung mangels Masse eigentlich gar nicht geben dürfte. Denn die Verantwortlichen sind zur laufenden Überprüfung der Liquidität ihres Unternehmens verpflichtet und müssen nicht erst bei Zahlungsunfähigkeit[24], sondern bereits in Fällen der Überschuldung[25] einen Insolvenzantrag stellen. Dies ist ein Grund dafür, dass jeder Insolvenzantrag einer Kapitalgesellschaft, der mangels Masse abgewiesen wird, ein **Ermittlungsverfahren wegen** des Verdachts der **Insolvenzverschleppung** nach sich zieht. **14**

---

19 Man spricht hier mit Blick auf die GmbH bereits von einem Wettbewerb der Rechtsformen.
20 *AG Stuttgart* wistra 2008, 226, 229 m. Anm. *Schumann.*
21 *Schumann* Die englische Limited mit Verwaltungssitz in Deutschland: Kapitalaufbringung, Kapitalerhaltung und Haftung bei Insolvenz, in: DB 2004, 743, 746.
22 *Beck* in Wabnitz/Janovsky 6. Kapitel Rn. 55b mit Hinweis auf *Penzlin* Strafrechtliche Auswirkungen der Insolvenzordnung.
23 Hierzu *Poertzgen* Neues zur Insolvenzverschleppungshaftung – der Regierungsentwurf des MoMiG, in: NZI 2008, 9, 10 f.
24 Zum Begriff der Zahlungsunfähigkeit ausführlich unten Rn. 60 ff.
25 Zum Begriff der Überschuldung ausführlich unten Rn. 55 ff.

2. Überblick über die einzelnen Insolvenzstraftaten

15 Der Begriff der Insolvenzstraftaten umfasst diejenigen Vorschriften, die mit den Mitteln des Strafrechts die Gesamtvollstreckung sämtlicher Gläubiger im Insolvenzverfahren sichern, das gegen einen Schuldner im Interesse einer gleichzeitigen und quotenmäßigen Befriedigung durchgeführt wird.[26] Üblicherweise differenziert man zwischen **Insolvenzstraftaten im engeren** und solchen **im weiteren Sinne**.[27] Zu der erstgenannten Gruppe zählen zunächst die vom Gesetzgeber im 24. Abschnitt des Besonderen Teils des Strafgesetzbuchs eingegliederten §§ 283 bis 283d StGB. Diese unterscheiden zwischen bestandsbezogenen und informationsbezogenen Bankrotthandlungen.[28] Darüber hinaus wird die Verletzung der Pflicht zur Stellung eines Insolvenzantrages nach § 401 Abs. 1 Nr. 2 AktG, § 84 Abs. 1 Nr. 2 GmbHG, § 148 Abs. 1 Nr. 2 GenG, § 130b HGB und § 11 S. 2 EWiV-AusfG als klassischer Fall der Insolvenzverschleppung den Insolvenzstraftaten i.e.S. zugerechnet.

16 Zu den **Insolvenzstraftaten i.w.S.**[29] werden regelmäßig all jene Straftatbestände gefasst, die im Zusammenhang mit der bevorstehenden oder eingetretenen Insolvenz zum Nachteil von Staat, Gläubigern und Dritten begangen werden. Dies sind etwa der einfache Betrug gemäß § 263 StGB (insbesondere gegenüber Lieferanten, einschließlich dem Wechsel- und Scheckbetrug), der Kreditbetrug gemäß §§ 263, 265b StGB, der Subventionsbetrug gemäß §§ 263, 264 StGB, der Versicherungsbetrug gemäß §§ 263, 265 StGB, die Untreue gemäß § 266 StGB, das Vorenthalten und Veruntreuen von Arbeitsgeldern gemäß § 266a StGB, die falsche Versicherung an Eides statt gemäß § 156 StGB, die Steuerhinterziehung gemäß § 370 AO, das Unterlassen der Einberufung der Gesellschafterversammlung bei Verlusten in Höhe der Hälfte des Grund- oder Stammkapitals gemäß § 401 Abs. 1 Nr. 1 AktG, § 84 Abs. 1 Nr. 1 GmbHG, § 148 Abs. 1 Nr. 1 GenG sowie weitere Formen des Betruges und der Unterschlagung, beispielsweise durch Veräußerung von zur Sicherheit übereigneten Gegenständen, durch mehrfache Sicherungsübereignungen oder durch Verpfändung fremder Sachen usw.[30]

---

26 NK-*Kindhäuser* Vor § 283 ff. Rn. 1; LPK-*Kindhäuser* Vor §§ 283 – 283d Rn. 1; LK-*Tiedemann* Vor § 283 Rn. 2.

27 *Bieneck* in Müller-Gugenberger/Bieneck, § 75 Rn. 11; *Weyand/Diversy* Rn. 9.

28 LPK-*Kindhäuser* Vor §§ 283 – 283d Rn. 2 bzw. NK-*Kindhäuser* Vor § 283 ff. Rn. 5 ff.

29 NK-*Kindhäuser* Vor § 283 ff. Rn. 1.

30 LK-*Tiedemann* Vor § 283 Rn. 2 und 27; *Köhler* in Wabnitz/Janovsky 7. Kapitel Rn. 3; *Richter* Der Konkurs der GmbH aus der Sicht der Strafrechtspraxis (Teil 1/Teil 2), in: GmbHR 1984, 137, 148.

Dannecker/Hagemeier

3. Kriminalstatistische Entwicklungen im Bereich des Insolvenzstrafrechts

Die aufgezeigte Entwicklung im Bereich der Insolvenzen in Deutschland spiegelt **17** sich in der nationalen **Strafrechtspraxis** wider. Das weite Deliktsfeld der Wirtschaftskriminalität weist in diesem Zusammenhang eine Steigerung von 38 769 erfassten Fällen im Jahre 1987 zu insgesamt 95 887 Fällen im Jahre 2006 auf.[31] Im Deliktsbereich der erfassten Konkurs- bzw. Insolvenzstraftaten (§§ 283, 283a–d StGB) stieg dabei die Zahl der registrierten Fälle von 2485 im Jahre 1987 auf 6032 im Jahre 2006. In diesem Untersuchungszeitraum stieg allein die Zahl der erfassten Fälle des Bankrotts (§ 283 StGB) von 1762 im Jahre 1987 auf 4010 im Jahre 2006. Die Konkurs- bzw. Insolvenzverschleppung gemäß § 84 GmbHG stieg von 1791 erfassten Fällen im Jahre 1987 auf 7443 Fälle im Jahre 2006. Die Konkurs- bzw. Insolvenzverschleppung im Bereich der §§ 130b, 177a HGB nahm von 51 Fällen im Jahr 1987 auf insgesamt 351 erfasste Fälle im Jahre 2006 zu. In sämtlichen Untersuchungen lässt sich jedoch keine konstante Steigerung feststellen. Vielmehr sind Häufigkeitsschwankungen signifikant. Dabei wird geschätzt, dass 50 bis 80 % aller Unternehmenszusammenbrüche von Insolvenzstraftaten begleitet werden.[32] Auch in diesem Deliktsfeld wird ein **erhebliches Dunkelfeld** angenommen.[33]

4. Praktische Bedeutung des Gläubigerschutzes durch das Insolvenzstrafrecht

Trotz der hohen Zahl an Insolvenzen sinkt seit längerem die praktische Bedeutung **18** des Gläubigerschutzes durch das Insolvenzstrafrecht.[34] So liegen die Quoten bei ungesicherten Gläubigern bei unter 5 % der Forderungen, bei bevorrechtigten Gläubigern zwischen 20 und 40 %. Zudem wird das Verfahren bei mehr als 3/4 aller Insolvenzen mangels Masse eingestellt oder gar nicht erst eröffnet.[35] Es entspricht folglich nicht der wirtschaftlichen Realität, von einer gleichmäßigen Befriedigung der Gläubiger auszugehen. Dies hängt weniger mit den der Insolvenzordnung selbst immanenten Möglichkeiten unterschiedlicher Befriedigung der Forderungen nach Rangordnungen und Vorrechten zusammen. Entscheidend ist in diesem Zusammenhang vielmehr die Anerkennung von weitestgehend „insolvenzfesten" Sicherungsformen. Zu denken ist etwa an die Globalzession, die Sicherungsübereignung und

---

31 Vgl. zu den Zahlen die vom Bundeskriminalamt in Wiesbaden jährlich herausgegebene Polizeiliche Kriminalstatistik.
32 NK-*Kindhäuser* Vor § 283 ff. Rn. 4 m.w.N.; LK-*Tiedemann* Vor § 283 Rn. 24; *Müller/ Wabnitz/Janovsky* Wirtschaftskriminalität, 6. Kapitel Rn. 8; *Liebl* S. 7; *Rönnau* Rechtsprechungsüberblick zum Insolvenzstrafrecht, in: NStZ 2003, 525 m.w.N.
33 LK-*Tiedemann* Vor § 283 Rn. 24 m.w.N.; *Richter* a.a.O., 113, 115.
34 NK-*Kindhäuser* Vor § 283 ff. Rn. 2 m.w.N.
35 *Müller/Wabnitz/Janovsky* Wirtschaftskriminalität, 6. Kapitel Rn. 1.

den (verlängerten) Eigentumsvorbehalt.[36] Da infolge solcher Sicherungsmaßnahmen die Tatobjekte nicht mehr Bestandteile des Schuldnervermögens sind, greifen zum Schutz derart gesicherter Gläubiger die traditionellen Eigentums- und Vermögensdelikte ein, so dass sich das Insolvenzstrafrecht in einem erschwerten Spannungsfeld[37] bewegt: Zum einen soll es einen **Beitrag zur Vermeidung zukünftiger Insolvenzen** durch die Sicherung ordnungsgemäßen Wirtschaftens vor und in der Krise leisten, ohne dabei die Möglichkeit von Sanierungsversuchen einzuengen. Zum anderen soll es die Gewähr für die rechtzeitige Stellung von Insolvenzanträgen bieten, um eine möglichst hohe Haftungsmasse zu erhalten. Letzteres ist insbesondere unter dem Gesichtspunkt von Bedeutung, dass die Höhe von Verbindlichkeiten durch Sanierungsbemühungen enorm steigen kann.[38]

II. Historische Entwicklung, geschützte Rechtsgüter und Systematik des Insolvenzstrafrechts

1. Entwicklung des Konkurs-/Insolvenzstrafrechts auf nationaler Ebene[39]

a) Erstes Gesetz zur Bekämpfung der Wirtschaftskriminalität vom 29.7.1976 (1. WiKG)[40]

19   Am 1.9.1976 trat das am 29.7.1976 verabschiedete „Erste Gesetz zur Bekämpfung der Wirtschaftskriminalität" (kurz: 1. WiKG) in Kraft. Die zunehmenden Bedenken[41] gegen die Vereinbarkeit der innerhalb der damaligen Konkursordnung kodifizierten Strafvorschriften mit dem Schuldstrafrecht[42] und die Beweisschwierigkeiten rund um die Gläubigerbenachteiligungsabsicht in § 239 a.F. KO können als Auslöser

---

36 *Höfner* Überschuldung, S. 32; *Gallandi* Straftaten im Bankrott-Normprogramm und komplexe Vorgänge, in: wistra 1992, 10, 13.
37 NK-*Kindhäuser* Vor § 283 ff. Rn. 2.
38 LK-*Tiedemann* Vor § 283 Rn. 7; *Richter* Der Konkurs der GmbH aus der Sicht der Strafrechtspraxis (Teil 1/Teil 2), in: GmbHR 1984, 113, 118.
39 Zur historischen Entwicklung der Konkurs-/Insolvenzstraftaten vor dem 1. WiKG vgl. NK-*Kindhäuser* Vor § 283 ff. Rn. 9 ff. m.w.N.; LK-*Tiedemann* Vor § 283 Rn. 33 ff. m.w.N.; *Schönke/Schröder-Stree/Heine*, Vorbem. §§ 283 ff. Rn. 1 m.w.N.; *Weyand/Diversy* Rn. 15 ff.
40 BGBl. I 1976, S. 2034; vgl. dazu NK-*Kindhäuser* Vor § 283 ff. Rn. 14 ff.; LK-*Tiedemann* Vor § 283 Rn. 40 ff. m.w.N.; *Dannecker* in Wabnitz/Janovsky 1. Kapitel Rn. 81 f.
41 Vgl. dazu die amtl. Begründung BT-Drs. 7/3441, S. 19; *Stree* Objektive Bedingungen der Strafbarkeit, in: JuS 1965, 465, 470 ff.; *Tiedemann* Objektive Strafbarkeitsbedingungen und die Reform des deutschen Konkurs-Strafrechts, in: ZRP 1975, 129, 130; *Schlüchter* Tatbestandsmerkmale der Krise – überflüssige Reform oder Versöhnung des Bankrottstrafrechts mit dem Schuldprinzip?, in: MDR 1978, 977 ff.
42 So verlangte der Wortlaut der §§ 209 ff. a.F. KO keine Gefährdung der Gläubigerinteressen und konnte somit auch rechtlich neutrale Handlungen zu strafrechtlich relevantem Unrecht aufwerten.

Dannecker/Hagemeier

für diese Gesetzesreform gewertet werden.[43] Sie ging auf die Tätigkeit der Sachverständigenkommission zur Bekämpfung der Wirtschaftskriminalität[44] zurück und hielt Änderungen im Bereich des Bürgerlichen Gesetzbuches sowie des Handelsund Konkursrechts (heute: Insolvenzrecht, InsO). Daneben wurden besondere Strafvorschriften gegen die Subventionserschleichung (§ 264 StGB) und die Krediterschleichung (§ 264b StGB) kodifiziert und darüber hinaus ein verwaltungsrechtliches Gesetz gegen die missbräuchliche Inanspruchnahme von Subventionen geschaffen.

Schwerpunkt des 1. WiKG bildeten Straftatbestände, die dogmatisch im Vorfeld zum Betrug angesiedelt waren.[45] Insbesondere um Schwierigkeiten im Hinblick auf den nachzuweisenden Vorsatz zu umgehen, führte der Gesetzgeber mit dem Kreditbetrug gemäß § 265b StGB und dem Subventionsbetrug gemäß § 264 StGB zwei Straftatbestände in das Strafgesetzbuch ein, die als **abstrakte Gefährdungsdelikte** bereits die Tathandlung unter Strafe stellen, ohne von einer Bewilligung eines Kredits bzw. einer Subvention oder von einer Bereicherungsabsicht abhängig zu sein. Hintergrund dieser Ausgestaltung war der Wille des Gesetzgebers, das Kredit- und das Subventionswesen als **überindividuelles Rechtsgut** besonders zu schützen. **20**

Schließlich wurde das Konkursstrafrecht (heute: Insolvenzstrafrecht) aus generalpräventiven Erwägungen heraus[46] innerhalb der §§ 283 ff. StGB in das Strafgesetzbuch zurückgeführt, die mit Inkrafttreten der Konkursordnung am 1.10.1879 aus dem Strafgesetzbuch ausgeschieden waren, und der Tatbestand des Wuchers gemäß § 291 StGB neu gefasst. Ziel des Reformgesetzgebers[47] war es, ausschließlich gefährliche Verhaltensweisen zu erfassen, weswegen sämtlichen Bankrottalternativen das **Erfordernis einer wirtschaftlichen Krise** hinzugefügt und auf das Merkmal der Gläubigerbenachteiligungsabsicht verzichtet wurde. Zudem wurde der Tatbestand des § 283 StGB um eine Vielzahl von Alternativen modifiziert, in deren Rahmen eine umfassende Fahrlässigkeitshaftung normiert wurde. Darüber hinaus wurde die **Generalklausel** des § 283 Abs. 1 Nr. 8 StGB[48] eingeführt. Mit ihr wollte der Gesetzgeber sich neu entwickelnde, noch nicht typisierte sozialschädliche Verhaltensweisen aus dem Umfeld der Insolvenz strafrechtlich erfassen.[49] Dies ist infolge der Kombination unbestimmter Rechtsbegriffe und der generalisierenden Betrachtungsweise strafrechtsdogmatisch nicht ganz unproblematisch.[50] Bezüglich der Reform des Kon- **21**

---

43 NK-*Kindhäuser* Vor § 283 ff. Rn. 14.
44 Diese Sachverständigenkommission wurde 1972 vom damaligen Bundesjustizminister Gerhard Jahn einberufen und nahm am 29.11.1974 ihre Arbeit auf.
45 *Dannecker* in Wabnitz/Janovsky 1. Kapitel Rn. 65 ff.
46 So die amtliche Begründung BT-Drs. 7/3441, S. 34; vgl. auch LK-*Tiedemann* Vor § 283 Rn. 43.
47 Vgl. insgesamt zu Ziel und Inhalt dieser Reform NK-*Kindhäuser* Vor § 283 ff. Rn. 15 f.
48 Dazu und zur zögerlichen Reaktion in der Praxis siehe den Hinweis von LK-*Tiedemann* Vor § 283 Rn. 42.
49 Siehe BT-Drs. 7/5291, S. 18.
50 NK-*Kindhäuser* Vor § 283 ff. Rn. 16.

kursstrafrechts ging es nicht um echte Neuschöpfungen, sondern um eine Reform tradierter Straftatbestände, die modernisiert wurden.

b) Alternativ-Entwurf „Straftaten gegen die Wirtschaft" (1977)[51]

22 Auch der Alternativ-Entwurf sprach sich für eine Kodifizierung der Insolvenzdelikte innerhalb des Strafgesetzbuches aus, erweiterte jedoch im Vergleich zum geltenden Recht den Kreis der krisenunabhängigen gefährlichen Bankrotthandlungen.[52] Auf den Sondertatbestand der Gläubigerbegünstigung wurde ebenso wie auf eine § 283a StGB entsprechende Regelung verzichtet,[53] die Fahrlässigkeitsstrafbarkeit wurde eingeschränkt.

c) Einführungsgesetz zur Insolvenzordnung vom 5.10.1994[54] und Gesetz zur Änderung des Einführungsgesetzes zur Insolvenzordnung und anderer Gesetze vom 19.12.1998[55]

23 Nachdem durch das 1. WiKG[56] die Konkursstraftaten wieder in das Strafgesetzbuch eingestellt worden waren, wurden sie durch das „Einführungsgesetz zur Insolvenzordnung" in Verbindung mit dem „Gesetz zur Änderung des Einführungsgesetzes zur Insolvenzordnung und anderer Gesetze" an die Insolvenzordnung angepasst.[57] Diesem Gesetzgebungsakt gingen langwierige Reformbestrebungen voraus, die mit der Einsetzung der Insolvenzrechtskommission 1978 begannen und mit der Verkündung der Insolvenzordnung am 18.10.1994[58] und dem Einführungsgesetz zur Insolvenzordnung (EG InsO)[59] ihr Ende fanden. Das Bedürfnis für diese Reform ergab sich in erster Linie aus dem auf Dauer unhaltbaren Zustand, dass die Konkursanträge über Jahre hinweg in drei Viertel aller Insolvenzfälle mangels Masse abgewiesen werden mussten und die Zahl der eröffneten Vergleichsverfahren bedeutungslos geworden war.[60] In diesem Zusammenhang erfolgten durch Art. 60 Nr. 1 EGInsO zum 1.1.1999 eine Umbenennung der Überschrift des 24. Abschnitts des Strafgesetzbuches in „**Insolvenzstraftaten**" sowie einige sprachliche Änderungen innerhalb des § 283 Abs. 1 Nr. 1 bzw. Nr. 6 StGB und des § 283d Abs. 1 bzw. 4 StGB. Letztere wurden erforderlich, als das Konkursverfahren und das Vergleichsverfahren

---

51 LK-*Tiedemann* Vor § 283 Rn. 44.
52 Vgl. AE § 192.
53 Vgl. Begr. AE S. 81.
54 BGBl. I 1994, S. 2911; vgl. dazu *Dannecker* in Wabnitz/Janovsky 1. Kapitel Rn. 94.
55 BGBl. I 1998, S. 3836; vgl. dazu *Dannecker* in Wabnitz/Janovsky 1. Kapitel Rn. 94 bzw. *Wegner* in Achenbach/Ransiek VII 1 Rn. 4.
56 Siehe dazu oben Rn. 19 ff.
57 Vgl. dazu Schönke/Schröder-*Stree/Heine* Vor §§ 283 ff. Rn. 1a; LK-*Tiedemann* Vor § 283 Rn. 10.
58 BGBl. I 1994, S. 2867.
59 BGBl. I 1994, S. 2911.
60 *Landfermann* Der Ablauf eines künftigen Insolvenzverfahrens, in: BB 1995, 1649 ff.

Dannecker/Hagemeier

zur Abwendung des Konkurses nach der Vergleichsordnung zu einem **einheitlichen Insolvenzverfahren** zusammengefasst wurden und die Gesamtvollstreckungsordnung in den neuen Bundesländern ausgelaufen war.

Eine Reform des damaligen Konkursstrafrechts war nach den Gesetzgebungsmaterialien mit dieser redaktionellen Anpassung zwar nicht beabsichtigt. Dennoch zeigte sich in Literatur und Praxis, dass durch diese Änderungen weder das Insolvenzstrafrecht im engeren noch im weiteren Sinne[61] unberührt blieben. Durch die **vereinfachte Eröffnung des Insolvenzverfahrens** kann etwa die objektive Strafbarkeitsbedingung des § 283 Abs. 6 StGB schneller erfüllt sein, was die Gefahr einer **Vorverlagerung der strafrechtlichen Verantwortlichkeit** in diesem Zusammenhang birgt.[62] Dies lässt zudem die erweiterte Legaldefinition der Insolvenzgründe innerhalb der §§ 17 ff. InsO[63] befürchten. Allgemein kann konstatiert werden, dass das heutige Insolvenzverfahren schneller und leichter zu eröffnen ist als das frühere Konkursverfahren.[64] Hieraus ergibt sich eine Verschärfung des bisherigen Strafrechts.[65] Verantwortlich dafür ist unter anderem der Wegfall der Möglichkeit für den Schuldner, den Konkurs durch Beantragung eines gerichtlichen Vergleichsverfahrens im Sinne von § 1 VerglO abzuwenden. Auch der erweiterte Begriff der Zahlungsunfähigkeit in § 17 Abs. 2 InsO und die Aufnahme des Insolvenzgrundes der drohenden Zahlungsunfähigkeit im Sinne von § 18 InsO tragen dazu bei.[66] Als Reaktion darauf wird in der Literatur vorgeschlagen, den Inhalt der objektiven Bedingung der Strafbarkeit gemäß § 283 Abs. 6 StGB neu zu bestimmen.[67]

24

d) Gesetz zur Änderung der Insolvenzordnung und anderer Gesetze vom 26.10.2001[68] und Gesetz zur Vereinfachung des Insolvenzverfahrens vom 13.4.2007[69]

Beide Gesetze brachten erhebliche Veränderungen im Bereich der Insolvenzordnung mit sich, um die zwischenzeitlich deutlich gewordenen Schwachstellen der Insolvenzordnung zu beseitigen. Das Kernstrafrecht wurde davon zwar nicht – zumindest

25

---

61 Siehe dazu oben Rn. 15 f.
62 Schönke/Schröder-*Stree/Heine* Vor §§ 283 ff. Rn. 1a m.w.N.; vgl. dazu auch SK-*Hoyer* Vor § 283 Rn. 2; LK-*Tiedemann* Vor § 283 Rn. 10.
63 Siehe dazu unten Rn. 172.
64 BT-Drs. 12/2443, S. 84; Schönke/Schröder-*Stree/Heine* Vor §§ 283 ff. Rn. 1a m.w.N.; SK-*Hoyer* Vor § 283 Rn. 1; LK-*Tiedemann* Vor § 283 Rn. 10; *Uhlenbruck* Die Durchsetzung von Gläubigeransprüchen gegen eine vermögenslose GmbH und deren Organe nach geltendem und neuem Insolvenzrecht, in: wistra 1996, 1 ff.; *Bittmann* Zahlungsunfähigkeit und Überschuldung nach der Insolvenzordnung (Teil I), in: wistra 1998, 321.
65 Näher dazu *Rönnau* Rechtsprechungsüberblick zum Insolvenzstrafrecht, in: NStZ 2003, 525, 526.
66 Siehe dazu SK-*Hoyer* Vor § 283 Rn. 1 m.w.N.
67 LK-*Tiedemann* Vor § 283 Rn. 10 und Rn. 88.
68 BGBl. I 2001, S. 2710.
69 BGBl. I 2007, S. 509.

nicht unmittelbar – tangiert. Jedoch sind die mittelbaren Auswirkungen der genannten Novellierungen auf das nationale Insolvenzstrafrecht nicht zu unterschätzen, da der zivilrechtlichen Insolvenzordnung Bedeutung für die Dogmatik und das Verständnis der Insolvenzstraftaten – insbesondere bezüglich der Rechtsgutsbestimmung – beigemessen werden muss.[70]

e) Gesetz zur Modernisierung des GmbH-Rechts und zur Bekämpfung von Missbräuchen[71]

26 Um die Attraktivität der GmbH gegenüber ausländischen Gesellschaftsformen wie derjenigen der Limited[72] zu erhöhen und Missbräuche am Ende einer GmbH zu bekämpfen, hat der Gesetzgeber das Gesetz zur Modernisierung des GmbH-Rechts und zur Bekämpfung von Missbräuchen (**MoMiG**) auf den Weg gebracht, das zum 1.11.2008 in Kraft getreten ist. Durch **erleichterte Zustellungen**, die **rechtsformunabhängige Insolvenzantragspflicht**, eine **Erweiterung des Zahlungsverbots** gemäß § 64 Abs. 2 GmbHG und eine Ausdehnung der Bestellungsverbote für Geschäftsführer soll dem Missbrauch insbesondere in der Krise aktiv vorgebeugt und eine Einbeziehung der Limited in den Anwendungsbereich der Insolvenzdelikte erreicht werden.

27 So erklärt das MoMiG die insolvenzrechtlichen Regelungen – wie etwa diejenige der **Insolvenzantragspflicht in § 15a InsO** – nicht nur reformspezifisch für die GmbH für einschlägig, sondern **erweitert den Anwendungsbereich**[73] auf alle Gesellschaftsformen, bei denen kein persönlich haftender Gesellschafter eine natürliche Person ist. Darunter fallen auch ausländische Gesellschaften wie die Limited, sofern sie dem Anwendungsbereich des deutschen Insolvenzrechts unterliegen. Verfügt eine GmbH über keinen eigenen Geschäftsführer, so muss jeder Gesellschafter selbst einen Insolvenzantrag stellen, außer er hat von dem Insolvenzgrund oder der Führungslosigkeit der GmbH keine Kenntnis. Hier tritt eine **Beweislastumkehr** ein, die jedoch für das Strafrecht wegen der Geltung des Grundsatzes „in dubio pro reo" keine Geltung beanspruchen kann. Geschäftsführer haften danach auch für solche Zahlungen an ihre Gesellschafter, die kausal und unmittelbar zur Zahlungsunfähigkeit der Gesellschaft geführt haben. Eine solche Haftung scheidet nur aus, wenn die Zahlungsunfähigkeit selbst für einen sorgfältig agierenden Geschäftsführer nicht erkennbar war. Schließlich werden auf der Ebene der **Bestellungsverbote zum Geschäftsführer** die Ausschlussgründe erheblich verschärft, indem sie neben den bereits in § 6 GmbHG genannten Gründen tatortunabhängig[74] auch auf Verurteilun-

---

70 NK-*Kindhäuser* Vor § 283 ff. Rn. 17.
71 Vgl. RegE v. 23.5.2007.
72 Siehe dazu ausführlich oben Rn. 7.
73 Kritisch hierzu *Bittmann/Gruber* Limited – Insolvenzantragspflicht gemäß § 15a InsO:Europarechtlich unwirksam?, in: GmbHR 2008, 867 f.
74 Es werden folglich auch entsprechende Straftaten im Ausland miteinbezogen.

Dannecker/Hagemeier

gen wegen vorsätzlich[75] begangener Straftaten mit Unternehmensbezug ausgeweitet werden. Darunter fallen zukünftig z.b. der Kreditbetrug (§ 265b StGB), die Untreue (§ 266 StGB) und das Vorenthalten und Veruntreuen von Arbeitsgeldern (§ 266a StGB), sofern der Betroffene zu einer Freiheitsstrafe von mindestens einem Jahr verurteilt worden ist. Darüber hinaus bestehen in Zukunft Bestellungsverbote auch wegen Insolvenzverschleppung, falschen Angaben im Sinne des § 82 GmbHG und des § 399 AktG oder wegen unrichtiger Darstellung, etwa gemäß § 400 AktG. Stets zu beachten ist in diesem Zusammenhang die Möglichkeit zur Verhängung eines gerichtlichen Berufsverbotes gemäß § 70 StGB für die Dauer von bis zu fünf Jahren bei einer berufsbezogenen Tat.[76]

2. Entwicklung des Konkurs-/Insolvenzstrafrechts auf europäischer Ebene[77]

Der zusammenwachsende europäische Rechtsraum, die Globalisierung der Wirt-schaft, gepaart mit dem Vordringen neuer Technologien in den Bereichen Computer- und Biotechnologie sowie auf dem Telekommunikationssektor, wirken sich auch auf den Deliktsbereich der Wirtschaftskriminalität aus.[78] Davon bleibt der Sektor der Insolvenzstraftaten nicht verschont. Die Europäische Gemeinschaft reagiert hierauf kompetenzbedingt infolge des Sondercharakters des Strafrechts als dem Inbegriff nationaler Souveränität insbesondere mit Maßnahmen außerstrafrechtlicher Art, de-ren Nichteinhaltung durch Sanktionsvorschriften – in der Regel Geldbußen der Mitgliedstaaten – geahndet wird. Dies soll der Schaffung entsprechender Rahmenbe-dingungen in den sich entwickelnden Wirtschaftsbereichen und damit letztendlich dem Verbraucherschutz dienen. Daneben existieren aber auch Vorgaben gemein-schaftsrechtlicher Art auf dem Gebiet des Strafrechts, welche die einzelnen Mit-gliedstaaten in nationales Recht umzusetzen und die Gerichte bei der Anwendung und europarechtskonformen Auslegung nationalen Rechts[79] zu beachten haben. **28**

Neben dem Verwaltungsrecht wirken sich die gemeinschaftsrechtlichen Vorgaben somit auch auf das nationale Wirtschafts- und Verwaltungsstraf- bzw. Bußgeldrecht der einzelnen EU-Mitgliedstaaten aus.[80] So wird auch der Rechtsschutz innerhalb der Europäischen Union maßgeblich von den Auswirkungen der europarechtlichen Vorgaben auf das nationale Straf- und Strafverfahrensrecht geprägt.[81] **29**

---

75 Der Ausschluss gilt künftig einheitlich nur noch für Fälle der vorsätzlichen Begehung.
76 *Fischer* § 70 Rn. 1 ff.; *Weyand/Diversy* Rn. 162.
77 Vgl. dazu insgesamt *Dannecker* in Wabnitz/Janovsky 2. Kapitel Rn. 1 ff.
78 *Wittkämper/Krevert/Kohl* S. 79 ff.
79 *Dannecker* in Wabnitz/Janovsky 2. Kapitel Rn. 117 ff.; *Hecker* S. 279 ff., 363 ff., 393 ff.
80 Vgl. dazu *Böse* S. 30 ff.; *Dannecker* in Ulsamer, Lexikon des Rechts. Strafrecht. Strafver-fahrensrecht, S. 302 ff.; *Dieblich* S. 26 ff.; *Satzger* S. 187 ff.; *Schröder* S. 56 ff.; *Tiedemann* Europäisches Gemeinschaftsrecht und Strafrecht, in: NJW 1993, 23 ff.
81 *Dannecker* in Rengeling, Handbuch des Rechtsschutzes in der Europäischen Union, S. 761 ff. (Rn. 34) bzw. *ders.* in Wabnitz/Janovsky 2. Kapitel Rn. 189.

Insgesamt lässt sich im Bereich des Wirtschafts- und Verwaltungsstrafrechts auf dem Gebiet der Europäischen Union mit Blick auf die Ziele der Rechtssicherheit, -klarheit und -bestimmtheit ein bereits aus der Entwicklung der europäischen Integration bekanntes Streben nach Harmonisierung erkennen. Dieses zeigt die Notwendigkeit einer Annäherung der nationalen Strafrechtsordnung auf und offenbart gerade innerhalb des Wirtschaftsstrafrechts das Bedürfnis nach einer Vereinheitlichung.[82] Gemeinsamkeiten zeigen sich bisher insbesondere in der Zusammenarbeit[83] der einzelnen Mitgliedstaaten bei der Kriminalitätsbekämpfung innerhalb der Europäischen Union. Dennoch ist die bereits erfolgte Angleichung des Wirtschaftsstrafrechts konsequent fortzuführen, um der wirtschaftlichen Entwicklung Rechnung zu tragen.

30 Schließlich hat **die Europäische Insolvenzverordnung**[84] Bedeutung für das nationale Insolvenzstrafrecht. Der sachliche Geltungsbereich der EuInsVO umfasst alle „Gesamtverfahren", welche eine Insolvenz des Schuldners voraussetzen und den vollständigen oder teilweisen Vermögensbeschlag gegen den Schuldner und die Bestellung eines Verwalters zur Folge haben. Welche Verfahren der Mitgliedstaaten diesen Anforderungen gerecht werden, regelt Anhang A abschließend. In Deutschland sind das Insolvenz- und das gerichtliche Vergleichsverfahren sowie das Gesamtvollstreckungsverfahren betroffen. Was den **persönlichen Anwendungsbereich** anbetrifft, so sind die Insolvenzverfahren aller natürlichen und juristischen Personen erfasst. Nach Art. 4 EuInsVO ist das Recht des Staates der Verfahrenseröffnung für die Bestimmung des Personenkreises maßgebend, über dessen Vermögen ein Insolvenzverfahren durchgeführt werden kann. Deshalb ist in Deutschland grundsätzlich auch die Verbraucherinsolvenz betroffen. Weitere Voraussetzung ist, dass dem Schuldner **Unternehmensteile in mehr als einem Mitgliedstaat der EU** gehören. Allerdings sind gemäß Art. 1 Abs. 2 EuInsVO Versicherungsunternehmen, Kreditinstitute, Wertpapierdienstleistungsunternehmen und Organisationen für gemeinsame Anlagen, für die Sonderregelungen gelten, ausgenommen.

31 Zentraler Inhalt der EuInsVO ist die Anerkennung fremder Insolvenzverfahren, wobei zwischen Hauptinsolvenzverfahren und Partikularinsolvenzverfahren unterschieden wird. Zwar sieht die EuInsVO ein einheitliches **Hauptinsolvenzverfahren** vor, dem das gesamte schuldnerische Vermögen in allen Mitgliedstaaten unterfällt. Es handelt sich um das Insolvenzverfahren, das am Mittelpunkt der hauptsächlichen Interessen des Schuldners eröffnet wird. Daneben lässt die EuInsVO jedoch die Eröffnung von räumlich auf das Gebiet einzelner Mitgliedstaaten beschränkter **Partikularinsolvenzen** zu, um besondere Interessen von Gläubigern in diesen Staaten verfolgen zu können. Dies ist dann der Fall, wenn der Schuldner in diesem Staat eine

---

82 *Dannecker* in Wabnitz/Janovsky 2. Kapitel Rn. 195 ff.
83 *Dannecker* in Wabnitz/Janovsky 2. Kapitel Rn. 163 ff.
84 Verordnung [EG] Nr. 1346/2000 über Insolvenzverfahren, AblEG 2000 Nr. 160/1, in Kraft getreten am 31.5.2002; vgl auch das Gesetz zum Internationalen Insolvenzrecht, BT-Drs. 15/16, 15/323 und den Hinweis in Schönke/Schröder-*Stree/Heine* Vor §§ 283 ff. Rn. 1b.

Niederlassung hat und ein in diesem Staat ansässiger Gläubiger gegen ihn oder die Niederlassung eine Forderung geltend macht. Eine vor Einleitung der Hauptinsolvenz eröffnete Niederlassungsinsolvenz wird Partikularinsolvenz genannt; danach wird sie zur Sekundärinsolvenz, wenn die Hauptinsolvenz eröffnet wird.

Die Haupt- und Niederlassungsinsolvenzen werden jeweils nach dem **nationalen** **32** **Recht des Eröffnungsstaates** abgewickelt. Bei der Eröffnung einer Hauptinsolvenz in einem der Mitgliedstaaten entfaltet Art. 17 Abs. 1 EuInsVO regelmäßig die von dem Recht des Staates der Eröffnung beigemessene Wirkung auch in den übrigen Mitgliedstaaten. Obwohl die Wirkung der Eröffnung eines Partikularinsolvenzverfahrens grundsätzlich territorial begrenzt ist, wird sie hier auch in den anderen Mitgliedstaaten gemäß § 17 Abs. 2 EuInsVO anerkannt.[85] Daraus können sich mit Blick auf die objektive Bedingung der Strafbarkeit in § 283 Abs. 6 StGB Bindungswirkungen ergeben. Die Erstreckung eines deutschen Hauptinsolvenzverfahrens auf das ausländische Vermögen des Schuldners hat auch dessen **strafrechtlichen Gläubigerschutz** für dieses Vermögen zur Folge. Verschiebungen ausländischer Vermögensteile und sonstige unmittelbar das Schuldnervermögen schmälernde und damit Gläubiger gefährdende Bankrotthandlungen im Vorfeld oder während eines Hauptinsolvenzverfahrens sind daher in Deutschland strafbare Tathandlungen, soweit die Voraussetzungen des § 7 StGB vorliegen.[86] Inwieweit auch Buchführungs- und Bilanzdelikte, die im Ausland begangen worden sind, dem deutschen Strafrecht unterliegen, ist hingegen zweifelhaft. Grundsätzlich wird dem **Hauptinsolvenzverfahren Vorrang** eingeräumt, in dem nicht nur die Eröffnungsentscheidung nach Art. 16 EuInsVO automatisch gilt, sondern nach Art. 25 Abs. 1 EuInsVO auch für alle zur Durchführung und Beendigung des Insolvenzverfahrens ergangenen Entscheidungen des zuständigen Gerichts einschließlich eines Vergleichs gelten. Entsprechend kann auch der im Hauptinsolvenzverfahren bestellte Insolvenzverwalter in den anderen Mitgliedstaaten alle Befugnisse ausüben, die ihm nach dem Recht des Staates der Verfahrenseröffnung zustehen.

III. Geschützte Rechtsgüter

Der Rechtsgüterschutz innerhalb der Insolvenzstraftaten ist komplexer Natur und **33** unterschiedlich akzentuiert.[87] Es kann zwischen individuellen und überindividuellen Rechtsgütern differenziert werden.[88] Die Frage nach dem Rechtsgut hat erhebliche Relevanz für die verfassungsrechtliche Legitimation bzw. für die Strafwürdigkeit des

---

85 Schönke/Schröder-*Stree/Heine* Vor §§ 283 ff. Rn. 1b; *Ehricke/Ries* Die neue Europäische Insolvenzordnung, in: JuS 2003, 313.
86 *Bieneck* in Müller-Gugenberger/Bieneck, § 75 Rn. 138.
87 MüKo-*Radtke* Vor §§ 283 ff. Rn. 8; Schönke/Schröder-*Stree/Heine* Vor §§ 283 ff. Rn. 2.
88 Vgl. dazu *Wegner* in Achenbach/Ransiek VII 1 Rn. 3 und die einschlägigen Kommentare zum StGB und zur InsO.

gesamten Insolvenzstrafrechts und ist insbesondere bei der Auslegung der einzelnen Tatbestandsmerkmale zu berücksichtigen.[89] Außerdem hängt davon ab, ob es sich um Schutzgesetze i.S.d. § 823 Abs. 2 BGB handelt.

1. Schutz individueller Rechtsgüter

34   Zunächst schützen die §§ 283 ff. StGB die **Vermögensinteressen der Gläubiger** als einer faktischen (nicht rechtlichen[90]) Interessengemeinschaft an einer größtmöglichen, ihrem jeweiligen insolvenzrechtlichen Rang entsprechenden Befriedigung aus dem Vermögen des Schuldners.[91] Ob dies nur zum Nachteil der Gesamtgläubigerschaft oder möglicherweise auch nur zum Nachteil eines einzigen Gläubigers möglich ist, ist in Rechtsprechung und Literatur umstritten.[92] Existieren mehrere Gläubiger, so kommt es auf die Gesamtheit der Gläubiger und ihre Befriedigung an.[93] Dies belegt der Straftatbestand der Gläubigerbegünstigung nach § 283c StGB.[94]

35   Teilweise wird vertreten, die **Bewahrung der Gläubiger vor Vermögenseinbußen**, welche aus dem Eingehen unerlaubter Risiken des Schuldners resultieren, sei der umfassende Schutzzweck der Insolvenzdelikte.[95] Zur Präzisierung bedürfe es dann einer genaueren Zweckbestimmung zwischen den bestandsbezogenen und den informationsbezogenen Normen.[96]

Anderenorts wird proklamiert, Schutzgut bei der Verletzung der Buchführungspflicht des § 283b StGB sei der **Schutz von Treu und Glauben im Wirtschaftsverkehr**.[97] Dies wird zu Recht als zu wenig spezifisch abgelehnt, da diese Einstufung nicht der Bedeutung der Buchführung im heutigen Wirtschaftsleben gerecht wird.[98]

---

89 Vgl. dazu MüKo-*Radtke* Vor §§ 283 ff. Rn. 16; LK-*Tiedemann* Vor § 283 Rn. 6.
90 Siehe dazu LK-*Tiedemann* Vor § 283 Rn. 45.
91 *BGHSt* 9, 84; 28, 373; *BGH* NStZ 1987, 23; *OLG Frankfurt* NStZ 1997, 552; *Fischer* Vor § 283 Rn. 3; NK-*Kindhäuser* Vor §§ 283 ff. Rn. 19, 29 m.w.N.; LPK-*Kindhäuser* Vor §§ 283–283d Rn. 3; *Lackner/Kühl* § 283 Rn. 1; SK-*Hoyer* Vor § 283 Rn. 3 m.w.N.; *Joecks* Vor § 283 Rn. 1; MüKo-*Radtke* Vor §§ 283 ff. Rn. 1 m.w.N. bzw. Rn. 8 m.w.N.; vgl. auch *Krüger* Zur Anwendbarkeit des Bankrottdelikts beim Privatkonkurs, in: wistra 2002, 52; LK-*Tiedemann* Vor § 283 Rn. 2 bzw. Rn. 45.
92 Vgl. *RGSt* 39, 326; 41, 314; *BGH* NStZ 2001, 485 mit Anm. *Krause* NStZ 2002, 42; Schönke/Schröder-*Stree/Heine* Vor §§ 283 ff. Rn. 2; MüKo-*Radtke* Vor §§ 283 ff. Rn. 8; LK-*Tiedemann* Vor § 283 Rn. 45 (Fn. 32).
93 Vgl. *RGSt* 68, 109; *BGHSt* 28, 371, 373; Schönke/Schröder-*Stree/Heine* Vor §§ 283 ff. Rn. 2; MüKo-*Radtke* Vor §§ 283 ff. Rn. 8; LK-*Tiedemann* Vor § 283 Rn. 45.
94 Vgl. Rn. 897 ff.
95 Dazu und zu der Frage, ob der Schuldner durch den Missbrauch von Vertrauen dabei ein unerwartet und ungewöhnliches Risiko gesetzt haben muss, NK-*Kindhäuser* Vor § 283 ff. Rn. 20 ff.
96 So NK-*Kindhäuser* Vor §§ 283 ff. Rn. 23 ff.
97 *Maurach/Schröder/Maiwald* StrafR BT I, § 48 I 3.
98 LK-*Tiedemann* Vor § 283 Rn. 47.

Andere wiederum betonen, das Rechtsgut der §§ 283 ff. StGB sei der Schutz der etwaigen (potentiellen[99]) **Konkurs- bzw. Insolvenzmasse** vor unwirtschaftlicher Verringerung, Verheimlichung und ungerechter Verteilung.[100] Diese Ansicht überzeugt nicht, weil ein solches Rechtsgut zum Zeitpunkt der Tathandlung noch gar nicht existieren muss, sondern erst durch die jeweilige Tathandlung hervorgebracht werden kann. Ansonsten müsste der Gläubiger – insbesondere bei einem Handeln vor der Krise nach § 283 Abs. 2 StGB – als Träger eines Rechtsguts eingestuft werden, das nicht nur im Eigentum des Täters steht, sondern bis zur Eröffnung des Insolvenzverfahrens auch dessen alleiniger Verfügungsberechtigung unterliegt.[101] Somit handelt es sich bei der Insolvenzmasse weniger um ein Rechtsgut als um das **Tatobjekt.**[102] Ein weiterer Einwand gegen die o.g. Ansicht ist, dass danach der Rechtsgutsbezug der informationsbezogenen Insolvenzdelikte unklar bleibt.[103] Im Ergebnis ist es daher abzulehnen, die Insolvenzmasse als eigenständiges Rechtsgut einzustufen.

Im Jahre 1999 wurde bei der Reform der Insolvenzordnung die **Gestaltungsfreiheit** **36** **der Gläubiger** ausgedehnt. Nunmehr können diese auch darüber entscheiden, inwieweit das in die Insolvenz geratene Unternehmen des Schuldners liquidiert oder fortgeführt werden soll. Ob diese erweiterte Gestaltungsfreiheit ebenfalls ein selbstständiges Rechtsgut der §§ 283 ff. StGB darstellt, ist umstritten. Eine Ansicht[104] bejaht dies – teilweise kumulativ zum Schutzgut des Gläubigervermögens.[105] Argumentiert wird, dass der Schuldner, der durch wirtschaftswidrige Dispositionen sein Vermögen verringere, nicht nur die Verteilungsquote der Gläubiger im Fall der Zerschlagung, sondern auch den wirtschaftlichen Gestaltungsspielraum der Gläubiger im Insolvenzverfahren reduziere.[106] Dem Gläubiger solle durch diesen Gestaltungsspielraum jedoch die Möglichkeit gegeben werden, die wirtschaftliche Leistungsfähigkeit des Schuldners durch eigene sachgemäße Maßnahmen wieder herzustellen. Dadurch solle eine – gegenüber der Zerschlagung – weitergehende Erfüllung

---

99 LK-*Tiedemann* Vor § 283 Rn. 46.

100 So *Fischer* Vor § 283 Rn. 3; *Gallandi* Straftaten im Bankrott-Normprogramm und komplexe Vorgänge, in: wistra 1992, 10; *Krause* Zur Berücksichtigung „beiseitegeschaffter" Vermögenswerte bei der Feststellung der Zahlungsunfähigkeit im Rahmen des § 283 II StGB, in: NStZ 1999, 161, 162; a.A. s. auch *Bieneck* in Müller-Gugenberger/Bieneck, § 75 Rn. 95; NK-*Kindhäuser* Vor §§ 283 ff. Rn. 30; vgl. dazu auch *Tiedemann* Wirtschaftsstrafrecht AT Rn. 24.

101 NK-*Kindhäuser* Vor §§ 283 ff. Rn. 30; MüKo-*Radtke* Vor §§ 283 ff. Rn. 10; LK-*Tiedemann* Vor § 283 Rn. 46.

102 MüKo-*Radtke* Vor §§ 283 ff. Rn. 10.

103 NK-*Kindhäuser* Vor §§ 283 ff. Rn. 30.

104 So NK-*Kindhäuser* Vor §§ 283 ff. Rn. 18, 26; M. *Krause* Ordnungsgemäßes Wirtschaften, S. 159 ff.

105 Vgl. MüKo-*Radtke* Vor §§ 283 ff. Rn. 12 m.w.N.

106 So NK-*Kindhäuser* Vor §§ 283 ff. Rn. 18; ausdrücklich a.A. MüKo-*Radtke* Vor §§ 283 ff. Rn. 13 mit dem Hinweis, nicht der Gestaltungsspielraum bzw. die Gestaltungsmacht werde unmittelbar tangiert, sondern das Substrat in Form der Insolvenzmasse.

der schuldnerischen Verbindlichkeiten bewirkt werden. Der Gläubiger habe ein schützenswertes Interesse dahingehend, dass der Schuldner in Anspruch genommenes Vertrauen nicht missbrauche. Hier bestehe die Gefahr, dass der Schuldner außerhalb des eingeräumten unternehmerischen Risikos eine Situation drohenden Forderungsausfalls schaffe.[107] Dies müsse verhindert werden. Für die Einordnung der Gestaltungsrechte als eigenständiges Rechtsgut spreche schließlich auch die Neuausrichtung der Ziele des Insolvenzverfahrens durch die InsO. So wurde auf der einen Seite die Sanierung neben die Liquidation gestellt und auf der anderen Seite dem Gläubiger das Verfügungsrecht über das schuldnerische Vermögen übertragen.[108]

37 Die vorzugswürdige Gegenansicht[109] lehnt die Einbeziehung der Gestaltungsfreiheit der Gläubiger in den Kreis der Rechtsgüter ab und sieht in den Gestaltungsinteressen auch nach der reformierten Insolvenzordnung einen lediglich **unselbstständigen Bestandteil der Befriedigungsinteressen der Gläubiger.** Die Fortführung eines Unternehmens müsse als bloße Form der intensiven Verwertung des Schuldnervermögens angesehen werden, was kein eigenständiges Ziel des Insolvenzverfahrens darstelle. Insofern gehen die §§ 283 ff. StGB konform mit jedem anderen Vermögensdelikt, bei dem ebenfalls mit der Vermögensschädigung stets eine Beeinträchtigung der jeweiligen Dispositionsfreiheit bezüglich des Vermögens einhergeht.[110] Diese Auseinandersetzung hat erhebliche praktische Relevanz sowohl für die Frage nach der Rechtfertigung eines bestimmten Verhaltens als auch dafür, ob das entsprechende Verhalten den Anforderungen einer als ordnungsgemäß einzustufenden Wirtschaft genügt. So lässt sich im Ergebnis die Gestaltungsmacht nicht von den **Vermögensinteressen der Gläubiger** ablösen.[111] Das Hochstilisieren der Gestaltungsfreiheit zum eigenen Rechtsgut hieße, Mittel und Zweck miteinander zu verwechseln.[112] Im Ergebnis hat die Reform der Insolvenzordnung aus dem Jahre 1999 damit zu keiner wesentlichen Änderung der strafrechtlich beschützten Rechtsgüter geführt.

38 Auch wenn die InsO keinen Bestandsschutz für Arbeitsplätze während des Insolvenzverfahrens gewährt[113] und **Arbeitnehmerinteressen** im strafrechtlichen Sinne nicht vorzugsweise geschützt sind[114], werden auch Arbeitnehmer des Täters auf Grund des Einsatzes ihrer zu entlohnenden Arbeitskraft, wenn auch nicht vorrangig[115], so doch gleichrangig mit anderen Gläubigern, mit in den Gläubigerschutz der

---

107 NK-*Kindhäuser* Vor §§ 283 ff. Rn. 26.
108 MüKo-*Radtke* Vor §§ 283 ff. Rn. 12 m.w.N.
109 BT-Drs. 12/2443, S. 93; SK-*Hoyer* Vor § 283 Rn. 4; LK-*Tiedemann* Vor § 283 Rn. 3, 48, 88; *Lackner/Kühl* § 283 Rn. 1; Schönke/Schröder-*Stree/Heine* Vor §§ 283 ff. Rn. 2.
110 Eingehend dazu SK-*Hoyer* Vor § 283 Rn. 4.
111 MüKo-*Radtke* Vor §§ 283 ff. Rn. 13.
112 MüKo-*Radtke* Vor §§ 283 ff. Rn. 13.
113 Siehe § 113 InsO.
114 Vgl. LK-*Tiedemann* Vor § 283 Rn. 51.
115 MüKo-*Radtke* Vor §§ 283 ff. Rn. 9 m.w.N.; LK-*Tiedemann* Vor § 283 Rn. 51.

§§ 283 ff. StGB einbezogen.[116] Teilweise zählt man zu den geschützten Arbeitnehmerinteressen auch den Anspruch auf vertragsgemäße Beschäftigung[117], vertraglich oder tariflich vereinbarte Abfindungen, Rechte aus der betrieblichen Altersversorgung, Entschädigungen für Wettbewerbsabreden und im Anstellungs- oder Tarifvertrag vereinbarte Abfindungen, Schadensersatzansprüche oder Ansprüche aus den Vorschriften über Interessenausgleich, Sozialplan und Nachteilsausgleich gemäß §§ 112–113 BetrVG sowie Ansprüche aus § 113 S. 3 InsO.[118]

Andere[119] betonen, von einem **Bestandsschutz der Arbeitsverhältnisse** könne angesichts der in den §§ 113 Abs. 1, 125, 128 Abs. 2 InsO getroffenen Regelungen keine Rede sein. Es bestehe keine Veranlassung, den Erhalt des Arbeitsverhältnisses zu einem eigenständigen, von den Befriedigungsinteressen anderer Gläubiger divergierenden strafrechtlich geschützten Rechtsgut zu erheben. Bezüglich der Auslegung des unternehmensinsolvenzrechtlich bedeutsamen Begriffs des ordnungsgemäßen Wirtschaftens[120] spielten spezifische Arbeitnehmerinteressen keine Rolle.[121]

Teilweise wird vertreten, entgegen der vom BGH[122] im Kontext von § 266a StGB **39** vertretenen Ansicht kämen Ansprüchen von Sozialversicherungsträgern auf die **Arbeitnehmerbeiträge der Sozialversicherungen** weder vor noch während der Krise des schuldenden Arbeitgebers Vorrang zu.[123] Der Arbeitsplatz selbst solle nicht unmittelbar geschützt werden, da das Arbeitsverhältnis nicht durch die Insolvenz beendet wird und keinen wichtigen Grund für eine fristlose Kündigung darstellt.[124] Zwar gehen Insolvenzen in der Praxis häufig mit der Vernichtung von Arbeitsplätzen einher, jedoch handelt sich dabei lediglich um einen Schutzreflex, nicht um ein Individualrechtsgut der §§ 283 ff. StGB.[125] An dieser Einschätzung ändert auch das Inkrafttreten der InsO im Jahre 1999 nichts. Zwar wird durch die Formulierung in § 1 S. 1 InsO ausdrücklich der „Erhalt des Unternehmens" als ein Mittel der Gläubigerbefriedigung eingestuft, wodurch zumindest mittelbar auch der Erhalt von Arbeitsplätzen angestrebt wird. Jedoch gewährt die InsO keinen Bestandsschutz für Arbeitsplätze im Insolvenzverfahren.[126]

---

116 *BGHSt* 28, 371; 34, 221, 225; Schönke/Schröder-*Stree/Heine* Vor §§ 283 ff. Rn. 2; NK-*Kindhäuser* Vor §§ 283 ff. Rn. 19, 31 m.w.N.; MüKo-*Radtke* Vor §§ 283 ff. Rn. 9 m.w.N.; LK-*Tiedemann* Vor § 283 Rn. 49 ff.
117 Dieser soll sich nach LK-*Tiedemann* Vor § 283 Rn. 50 in einen Anspruch aus § 651 BGB wandeln, wenn infolge der Krise die Beschäftigung verweigert oder unmöglich wird.
118 Vgl. dazu auch die Auflistung von LK-*Tiedemann* Vor § 283 Rn. 50.
119 MüKo-*Radtke* Vor §§ 283 ff. Rn. 9; LK-*Tiedemann* Vor § 283 Rn. 51 f.; vgl. auch *Hiltenkamp-Wisgalle* S. 61 f. zur früheren Rechtslage unter der Geltung der KO.
120 Ausführlich dazu NK-*Kindhäuser* Vor §§ 283 ff. Rn. 60 ff.
121 MüKo-*Radtke* Vor §§ 283 ff. Rn. 9 m.w.N.; so auch LK-*Tiedemann* Vor § 283 Rn. 51 f.
122 *BGHSt* 48, 307 ff.
123 *Radtke* Anm. zu *BGH* 5 StR 06/02 (*BGHSt* 47, 318) in NStZ 2003, 154, 156.
124 LK-*Tiedemann* Vor § 283 Rn. 51; zum Recht am Arbeitsplatz unter Geltung der KO vgl. *Hiltenkamp-Wisgalle* S. 61 f.
125 LK-*Tiedemann* Vor § 283 Rn. 51.
126 LK-*Tiedemann* Vor § 283 Rn. 51.

2. Schutz überindividueller (sozialer) Rechtsgüter

40 Im Bereich der Umwelt- und Wirtschaftskriminalität besteht die strafrechtsdogmatische Besonderheit, dass regelmäßig der Schutz überindividueller Rechtsgüter im Raum steht.[127] Auch wenn dieser Ansatz im Einzelfall gelegentlich als ein „wolkiges" oder „lustiges", weil „frei erfundenes" Gebilde kritisiert wird[128], ist seine positiv-rechtliche Legitimation dem Wirtschaftsstrafrecht geradezu immanent. So erlaubt die Anknüpfung an solche „sozialen" Rechtsgüter nicht nur eine befriedigende Erfassung der meisten Wirtschaftsstraftaten, sondern führte zu der auch international gewachsenen Erkenntnis, in diesem Deliktsbereich vorzugsweise abstrakte Gefährdungsdelikte als angemessene Reaktionsform des Strafrechts zum Schutze dieser Rechtsgüter einzusetzen.[129] Bei den Insolvenzstraftaten handelt es sich daher um Straftatbestände, die der Gesetzgeber als **abstrakte Gefährdungsdelikte** ausgestaltet hat.[130] Bei den §§ 283 bis 283d StGB wird eine konkrete Gefährdung oder Beeinträchtigung der Gläubigerinteressen nicht vorausgesetzt. Wenn § 283 Abs. 1 StGB ebenso wie die §§ 283b, 283c und 283d StGB bereits die Vornahme einer Bankrotthandlung unter Strafe stellt, liegt ein Grund hierfür in der Schwierigkeit begründet, eine kausale und schuldhafte Verursachung einer Insolvenz durch den Täter im Nachhinein zu beweisen. Die dogmatische Rechtfertigung der Insolvenzstraftatbestände stellt darauf ab, dass solche Handlungen **typischerweise insolvenzträchtig** sind. Allerdings muss als objektive Strafbarkeitsbedingung hinzukommen, dass der Täter oder das von ihm vertretene Unternehmen seine Zahlungen einstellt, über das Vermögen das Insolvenzverfahren eröffnet oder der Eröffnungsantrag mangels Masse abgewiesen wird. Erst von diesem Zeitpunkt an besteht ein Strafbedürfnis.[131] Dabei ist kein Kausalzusammenhang zwischen der Bankrotthandlung und der Strafbarkeitsbedingung erforderlich.[132] Jedoch muss ein gewisser zeitlicher und tatsächlicher Zusammenhang gegeben sein. Es reicht hierfür aus, wenn Forderungen, die zur Zeit der Bankrotthandlungen bestanden, bis zur Zahlungseinstellung noch nicht getilgt waren. Wurde die Unternehmenskrise zwischenzeitlich überwunden oder beruht der Unternehmenszusammenbruch auf anderen Gründen, so entfällt das Strafbedürfnis.[133]

---

127 Siehe dazu *Dannecker* in Wabnitz/Janovsky 1. Kapitel Rn. 106; *Tiedemann* Wirtschaftsstrafrecht AT, Rn. 45 m.w.N.

128 So etwa *Weigend* FS Triffterer, S. 695, 699; *Hassemer* Kreditbetrug; Urkundenbegriff, in: JuS 1990, 850; vgl. auch *Dohmen/Sinn* KTS 2003, 205 ff.; *Penzlin* S. 29 ff., 34 ff.

129 So die Empfehlung des XIII. Internationalen Strafrechtskongresses der AIDP, ZStW 97 (1985), 731, 735 f.; *Dannecker* in: Wabnitz/Janovsky 1. Kapitel Rn. 106 f.; *Tiedemann* Die Bekämpfung der Wirtschaftskriminalität durch den Gesetzgeber – Ein Überblick aus Anlass des Inkrafttretens des 2. WiKG am 1.8.1986 –, in: JZ 1986, 865, 868.

130 NK-*Kindhäuser* Vor § 283 ff. Rn. 34; LPK-*Kindhäuser* Vor §§ 283-283d Rn. 4; *Lackner/Kühl*, § 283 Rn. 1; *Joecks* Vor § 283 Rn. 2; MüKo-*Radtke* Vor §§ 283 ff. Rn. 17 m.w.N.

131 BT-Drs. 7/3441, S. 3.

132 *BGHSt* 28, 231 ff. m. Anm. *Schlüchter* Zu Fragen des Konkursstrafrechts, in: JR 1979, 513.

133 LK-*Tiedemann* Rn. 88 Vor § 283.

Dannecker/Hagemeier

Manche Autoren[134] lehnen hier ein überindividuelles Rechtsgut als reinen **Schutz-**   **41**
reflex ab, der sich aus der Struktur der als abstrakte Gefährdungsdelikte ausgeform-
ten Insolvenzstraftaten ergebe. Der herrschenden Ansicht wird kritisch entgegengehalten, sie verwechsle das geschützte Gut eines Tatbestandes mit dem Anlass seiner
Schaffung.[135] Zudem seien Rechtsgutsformulierungen auf einem derart hohen Abs-
traktionsniveau zur Erfassung der empirischen Relation zwischen deliktischer Handlung und Rechtsgutsbeeinträchtigung ungeeignet. Dadurch werde nicht klärend zur
Interpretation des jeweiligen Tatbestandes beigetragen, was jedoch primäre Aufgabe
einer Rechtsgutsbestimmung sei.[136] Der Rückschluss von dem durch Insolvenzen
verursachten hohen volkswirtschaftlichen Schaden auf das Bedürfnis nach einem
überindividuellen Rechtsgut sei schon aus dem Grund nicht valide, weil Quantität
nicht in Qualität umschlagen könne. Genauso wenig könne der Schluss von der
Schädlichkeit einer Ketten- und Fernwirkung von Insolvenzen für abhängige Unternehmen auf ein überindividuelles Schutzgut überzeugen, denn hier liege nur eine
Addition von Einzelschäden vor, bei denen der schuldrelevante Bezug zum Täter
unklar sei.[137] Die angeführte Sog- und Spiralwirkung verwechsle außerdem den
schädlichen Effekt, den die Nichtbefolgung (irgend-)einer Norm hervorrufe, mit dem
Schaden, den diese Norm durch Befolgung vermeiden solle. Dadurch setze man die
Generalprävention und den Schutzzweck der Norm unzulässiger Weise gleich.[138]
Das Argument des verletzten Vertrauens in die Wirtschaft sei schließlich kein spezi-
elles Problem der Insolvenzdelikte, sondern verallgemeinerungsfähig und trage somit nichts zum spezifischen Normverständnis der Insolvenzstraftaten bei.[139]

Ob neben den gegenwärtigen auch potentielle (zukünftige) Gläubiger als Träger   **42**
schutzwürdiger Vermögensinteressen auftreten können[140], ist umstritten.[141] Von der
herrschenden Meinung[142] wird mit Blick auf die verfassungsrechtliche Legitimation[143] auch ein überindividuelles Interesse am **Schutz des gesamtwirtschaftlichen**
Systems bejaht. Dafür spricht, dass die Insolvenz infolge der starken wirtschaftlichen Verflochtenheit der Gläubiger untereinander typischerweise einen Dominoef-

---

134 So etwa LPK-*Kindhäuser* Vor §§ 283-283d Rn. 3 m.w.N.; NK-*Kindhäuser* Vor §§ 283 ff.
     Rn. 19; MüKo-*Radtke* Vor §§ 283 ff. Rn. 14 ff.; *Hartwig* FS-Bemmann, S. 311, 314
     Rn. 20; *Krause* S. 171 ff., S. 451.
135 NK-*Kindhäuser* Vor §§ 283 ff. Rn. 32 f. m.w.N.; *Volk* Strafrecht und Wirtschaftskrimina-
     lität, in: JZ 1982, 85, 87 f.
136 NK-*Kindhäuser* Vor §§ 283 ff. Rn. 32.
137 So *Hammerl* S. 110.
138 NK-*Kindhäuser* Vor §§ 283 ff. Rn. 33.
139 NK-*Kindhäuser* Vor §§ 283 ff. Rn. 33.
140 Vgl. dazu LK-*Tiedemann* Vor § 283 Rn. 53.
141 Zust. *Stapelfeld* S. 261; kritisch *Mohr* S. 153.
142 *BGH* NJW 2001, 1874; *BGH* NJW 2003, 974; *Fischer* Vor § 283 Rn. 3; SK-*Hoyer* Vor
     § 283 Rn. 5; Schönke/Schröder-*Stree/Heine* Vor §§ 283 ff. Rn. 2; *Lackner/Kühl* § 283
     Rn. 1; LK-*Tiedemann* Vor § 283 Rn. 54; *Hiltenkamp-Wisgalle* S. 50 ff.; *Röhm* S. 63 ff.;
     Schlüchter Zu Fragen des Konkursstrafrechts, in: JR 1979, 513.
143 Vgl. dazu MüKo-*Radtke* Vor §§ 283 ff. Rn. 11 ff.

fekt zu Lasten weiterer Wirtschaftssubjekte weit über den Kreis der eigentlichen (aktuellen) Gläubiger hinaus auslöst.[144] Die Tatsache, dass die §§ 283 ff. StGB – anders als reine Vermögensdelikte – ein bloß abstrakt gefährliches Verhalten schon bei einfacher Fahrlässigkeit als strafrechtswidrig einstufen (vgl. etwa § 283b Abs. 2 StGB), ließe sich zudem ansonsten nicht rechtfertigen.[145] Weiter wird zu Recht auf die hohen Schäden und auf die Sog- und Spiralwirkung hingewiesen, die von Insolvenzdelikten verursacht werden bzw. von ihnen ausgehen.[146] Schließlich werde das Vertrauen in das Wirtschaftssystem insgesamt – zumindest aber sektoral – durch solche Delikte verletzt, was dieses in seiner Bestandskraft beeinträchtige und allein schon aus diesem Grund eine erhöhte Schutzwürdigkeit aufweise.[147] Zusammengefasst rekurrieren die angeführten Argumente zum einen auf die mögliche gesamtwirtschaftliche Bedeutung einer einzelnen Insolvenz, zum anderen auf das gestörte Vertrauen in den Kredit als ein notwendiges Instrumentarium einer modernen Wirtschaftsordnung.[148] Hierbei kommt es nicht auf das individuelle Vertrauen der Marktteilnehmer, sondern auf das institutionalisierte Vertrauen an.[149]

43 Ob daneben speziell die **Funktionsfähigkeit der Kreditwirtschaft** geschützt werden soll, ist umstritten.[150] Der Bundesgerichtshof[151] tendiert dazu, diese Frage zu bejahen. Dem wird entgegen gesetzt, es sei unklar, welche konkrete Gestalt die Kreditwirtschaft als eigenständiges Schutzgut haben solle. So sei zu bedenken, dass die §§ 283 ff. StGB als echte Sonderdelikte[152] für die Täter die Stellung eines Schuldners vorschreiben, der jedoch nur seinen Gläubigern und nicht der Allgemeinheit oder der Kreditwirtschaft gegenüber in einer besonderen Weise verpflichtet sei.[153]

---

144 SK-*Hoyer* Vor § 283 Rn. 5 m.w.N.; *Lackner/Kühl* § 283 Rn. 1; LK-*Tiedemann* Vor § 283 Rn. 54.

145 SK-*Hoyer* Vor § 283 Rn. 5 m.w.N.; LK-*Tiedemann* Vor § 283 Rn. 54; *Schlüchter* Zu Fragen des Konkursstrafrechts, in: JR 1979, 513, 515.

146 Vgl. *Tiedemann* Wirtschaftsstrafrecht und Wirtschaftskriminalität, Bd. 1, S. 25 ff.

147 LK-*Tiedemann* Vor § 283 Rn. 54 ff.; *Geerds* S. 5 ff.; *Hefendehl* Kollektive Rechtsgüter, S. 252 ff.; *Otto* Konzeption und Grundsätze des Wirtschaftsstrafrechts (einschließlich Verbraucherschutz), in: ZStW 96 (1984), 339, 343.

148 LK-*Tiedemann* Vor § 283 Rn. 54 ff.; MüKo-*Radtke* Vor §§ 283 ff. Rn. 14 m.w.N.; *Hefendehl* Kollektive Rechtsgüter, S. 272.

149 *Tiedemann* Wirtschaftsstrafrecht AT, Rn. 43 m.w.N.

150 Vgl. schon die Motive zur KO 1874; NK-*Kindhäuser* Vor §§ 283 ff. Rn. 23 (spricht von einem „Schutzreflex"); Schönke/Schröder-*Stree/Heine* Vor §§ 283 ff. Rn. 2 m.w.N.; LK-*Tiedemann* Vor § 283 Rn. 55 ff.; *ders.* ZRP 1975, 129, 133; *ders.* ZIP 1983, 513, 520; *Bretzke* S. 16; *Hammerl* S. 116; *Weyand/Diversy* Rn. 12; siehe auch *BVerfGE* 48, 48, 61.

151 *BGH* NJW 2003, 974.

152 Vgl. dazu NK-*Kindhäuser* Vor §§ 283 ff. Rn. 37.

153 NK-*Kindhäuser* Vor §§ 283 ff. Rn. 33.

3. Bedeutung der Rechtsgutsdiskussion für die strafrechtliche Praxis

Die besondere Bedeutung der strafrechtlich geschützten Rechtsgüter über den Be- **44**
reich der teleologischen Auslegung hinaus ist unbestritten.[154] Trotz einer lebhaften
Auseinandersetzung mit diesem Problemfeld in der Literatur blieb bisher ungeklärt,
nach welchen Kriterien sich die Bestimmung der jeweiligen Rechtsgüter der Straftatbestände richtet. Teilweise kann auf ein Werturteil der positiven Rechtsordnung
abgestellt werden. Dieser Anhaltspunkt hilft mit Blick auf den Regierungsentwurf
des 1. WiKG für die Rechtsgutsbestimmung bei den §§ 283 ff. StGB jedoch nicht
weiter, da dort die Frage nach weiteren Rechtsgütern unbeantwortet geblieben ist.

Den Insolvenzdelikten sind negative überindividuelle Auswirkungen auf das Umfeld
des Täters nicht nur immanent, sondern sie sind für diese geradezu typisch. Häufig
handelt es sich um Fälle starker Fremdfinanzierung. Eignen sich die Folgen eines
Deliktsfeldes generell zur Beeinträchtigung bestimmter Interessen, so verdienen sie
– vorbehaltlich des positiven Kontrollmaßstabes normativ zu bestimmender Wertver-
wirklichung[155] – einen besonderen rechtlichen Schutz. So besteht ein Allgemeininte-
resse an einer Verhütung übergreifender Gefahren für die moderne Wirtschaft.

Die Unternehmenskrise als Tatbestandsmerkmal des § 283 Abs. 1 StGB ist bei **45**
Überschuldung[156] oder bei drohender bzw. eingetretener Zahlungsunfähigkeit[157] gegeben. Diese im Zivilrecht entwickelten Merkmale hat der Gesetzgeber in der Insolvenzordnung geregelt und dabei versucht, einige wesentliche Streitfragen zu entscheiden. Inwieweit diese gesetzgeberischen Entscheidungen in das Strafrecht zu
übernehmen sind, ist nach wie vor umstritten (Rn. 55 ff., Rn. 66 ff.).

IV. Systematik der Insolvenzdelikte

Hinsichtlich des Gegenstands und des Zwecks der Regelung kann unterschieden **46**
werden zwischen den **bestandsbezogenen Bankrotthandlungen**, durch die eine
Überschuldung, Zahlungsunfähigkeit oder Verringerung des Vermögensbestands,
der im Falle einer Insolvenz zur Insolvenzmasse zählt, und den **informationsbezogenen Bankrottdelikten**, durch die der Täter unrichtige Informationen über seinen
Vermögensbestand gibt oder die ihm obliegende Darstellung seines Vermögensbestands unrichtig oder überhaupt nicht ausführt.

---

154 Vgl. dazu LK-*Tiedemann* Vor § 283 Rn. 54.
155 LK-*Tiedemann* Vor § 283 Rn. 54.
156 Vgl. Rn. 55 ff.
157 Vgl. Rn. 60 ff.

V. Sonderdelikte

1. Schuldner

47 Dem Gesetzeswortlaut könnte man wegen der Verwendung des Wortes „wer" entnehmen, dass als Täter jedermann in Frage kommt. In Wirklichkeit ist aber – mit Ausnahme des § 283d StGB – der Täterkreis rechtlich auf **Schuldner** (§ 283 Abs. 6 StGB) beschränkt, d.h. auf Personen, die für die Erfüllung einer Verbindlichkeit haften[158] und die Zwangsvollstreckung zu dulden haben. Die Schuldnereigenschaft muss zum Zeitpunkt der Tatbegehung, nicht mehr bei Eintritt der objektiven Strafbarkeitsbedingung gegeben sein. Schuldner kann jedermann sein; nicht nur Kaufleute, sondern auch Privatpersonen kommen in Betracht.[159] Die Tätereigenschaft kann sich daraus ergeben, dass der Handelnde als Schuldner tätig wird. Täter kann ferner sein, wer für den Schuldner handelt. Die Schuldnereigenschaft ist dabei besonderes persönliches Merkmal im Sinne von **§ 14 StGB**. Deshalb können auch Angehörige der steuer- und wirtschaftsberatenden Berufe nach § 14 Abs. 2 Nr. 2 StGB Täter sein, wenn sie z.b. zur Bilanzerstellung beauftragt waren und die Bilanz nicht in der vorgeschriebenen Zeit aufgestellt haben (vgl. §§ 283 Abs. 1 Nr. 7 b, 283b Abs. 1 Nr. 3 b StBG).

48 Die **§§ 283 Abs. 2 Nr. 5 und 7, 283b StGB** erfordern zusätzlich die Eigenschaft eines **Kaufmanns**, da nur einen solchen die handelsrechtlichen Pflichten treffen. Eine weitere Einschränkung ergibt sich aus dem Krisenerfordernis (§ 283 Abs. 1 StGB) und der Voraussetzung der objektiven Strafbarkeitsbedingung. Die §§ 283–283c StGB stellen somit ausnahmslos Sonderdelikte dar.

2. Geschäftsführer und vertretungsberechtigte Gesellschafter

49 Außer dem Schuldner kommen gemäß § 14 StGB als taugliche Täter bei der GmbH der Geschäftsführer[160], bei der Aktiengesellschaft, der Genossenschaft, dem rechtsfähigen Verein und der rechtsfähigen Stiftung der Vorstand bzw. jedes Vorstandsmitglied[161], bei der offenen Handelsgesellschaft und der Vorgesellschaft einer GmbH[162] jeder **vertretungsberechtigte Gesellschafter**[163] in Betracht. Im Zusammenhang mit einer Kommanditgesellschaft und eine Kommanditgesellschaft auf Aktien können als Täter nur die persönlich haftenden Gesellschafter, nicht hingegen die Kommanditisten strafbar sein. Bei der GmbH und Co KG wird der GmbH-Geschäftsführer als

---

158 *RGSt* 68, 108, 109.
159 *BGH* NStZ 2001, 485, 486 m. Anm. *Krause* NStZ 2002, 42 f.; *Bieneck* Strafrechtliche Relevanz der Insolvenzordnung und aktuelle Änderungen des Eigenkapitalersatzrechts, in: StV 1999, 43; *Moosmeyer* S. 63 ff., 172 f.
160 *BGH* NJW 1969, 1494.
161 LK-*Tiedemann* Rn. 61 f. Vor § 283.
162 *BGHSt* 3, 23 ff.
163 Streitig bei der OHG; LK-*Tiedemann* Rn. 62 Vor § 283.

tauglicher Täter angesehen, sofern er auch die Geschäfte der KG führt.[164] Bei den Buchführungs- und Bilanzdelikten (§§ 283 Abs. 1 Nr. 5–7, 283b StGB) kommen als Täter auch rechtsgeschäftlich bestellte Vertreter und Beauftragte in Frage, so z.b. Steuerberater bei der Übernahme der Buchführung oder Angestellte von Kreditinstituten bei der Übernahme des Zahlungsverkehrs des Schuldners.

Der Anwendungsbereich des § 14 StGB ist im GmbH-Bereich durch die von der **50** Rechtsprechung aufgestellte Voraussetzung eingeschränkt, dass der Täter die Handlung **im Interesse** oder zumindest auch im wirtschaftlichen Interesse **des Schuldners** vorgenommen haben muss.[165] Als vermögensminderndes Geschäft, das der Zwecksetzung nach auch dem Schuldner nutzen soll und durch das daher §§ 266 und 283 StGB tateinheitlich begangen werden können, kommt das Zahlen von Schmiergeldern in Betracht.[166] Entnimmt der Geschäftsführer dagegen dem Gesellschaftsvermögen Geld für eigene Zwecke und handelt er somit ausschließlich eigennützig, so kommt nur eine Bestrafung wegen Untreue oder Unterschlagung in Betracht. Das Erfordernis einer zumindest auch fremdnützigen Motivation wird aus der Gleichstellung von Vertreter- und Organstellung nach § 14 Abs. 1 StGB mit der Beauftragung nach § 14 Abs. 2 StGB, die ein Handeln für einen anderen verlangen, abgeleitet[167] sowie aus der unterschiedlichen Schutzrichtung von Bankrott und Untreue.[168] Die Interessenformel ist allerdings fragwürdig, wenn der Geschäftsführer einer GmbH diese gezielt in die Insolvenz treibt und damit evident gegen deren Interessen handelt. Wenn hier lediglich Untreue nach § 266 StGB, nicht aber § 283 StGB eingreift, obwohl die Interessen der Gläubiger verletzt werden, ist diese Lösung im Hinblick auf das geschützte Rechtsgut unbefriedigend. Außerdem bleiben rein eigennützige Verstöße gegen Buchführungsdelikte straflos, wenn sie zu keinem Vermögensschaden nach § 266 StGB führen. Daher wird in der Literatur zutreffend darauf abgestellt, dass alle Handlungen eines Organs oder Vertreters, die dem Schuldner rechtsgeschäftlich zuzurechnen sind, auch als Handlungen für den Schuldner anzusehen sind. Dies gilt erst recht, wenn der Vertreter gesetzlich vorgesehenen Pflichten des Schuldners, die er für diesen zu erfüllen hat, nicht nachkommt.

3. Faktischer Geschäftsführer

Die Rechtsprechung[169] erfasst unter Berufung auf das Reichsgericht[170] auch Fälle der **51** **faktischen Organschaft** und rechnet das Krisenmerkmal und die objektive Strafbarkeitsbedingung dem Hintermann zu, der den formell vertretungsberechtigten Gesell-

164 *BGHSt* 19, 174 ff.
165 *BGHSt* 30, 127 f.
166 *BGHSt* 28, 371, 372 ff.
167 *BGHSt* 30, 127, 130.
168 *BGHSt* 28, 371, 372.
169 *BGHSt* 3, 37; 6, 240.
170 *RGSt* 16, 269; 43, 407; 64, 81.

schafter oder Inhaber in eine Strohmannrolle versetzt.[171] Eine faktische Geschäftsführung liegt vor, wenn eine Person die Geschicke der Gesellschaft allein bestimmt, eine überragende Stellung in der Geschäftsleitung einnimmt oder die Geschäfte in weitergehendem Umfang als der formell festgelegte Geschäftsführer vornimmt und bestimmenden Einfluss auf alle Geschäftsvorgänge hat.[172]

4. Teilnahme

52 Die Zurechnung der Strafbarkeit auf handelnde Organe und Beauftragte bedeutet nicht, dass andere Personen stets straflos bleiben. Bei ihnen ist nur eine Täterschaft, nicht jedoch eine Verantwortung als **Gehilfe** oder **Anstifter** ausgeschlossen.

B. Grundbegriffe der Insolvenz

I. Strafrechtlich relevante Begriffe und ihre Definitionen

1. Krise als Oberbegriff[173]

53 Die Insolvenzdelikte im engeren Sinn[174] weisen die charakteristische Gemeinsamkeit auf, dass ein strafbares Verhalten stets das Handeln während oder nach einer Krise des Unternehmens voraussetzt.[175] Die Rede ist von **krisenbezogenen**[176] **Delikten**. So knüpft die Strafbarkeit in diesem Deliktsfeld – mit Ausnahme der Verletzung der Buchführungspflicht in § 283b StGB – stets an ein wirtschaftlich verantwortungsloses bzw. insolvenzträchtiges und in diesem Sinne pflichtwidriges Verhalten in einer Krisensituation des Unternehmens bzw. an die pflichtwidrige Herbeiführung einer solchen Schieflage an.[177] Aus der Kombination einer wirtschaftlichen Krise mit dem nicht mehr ordnungsgemäßen Wirtschaftens ergibt sich das tatbestandliche Unrecht.[178] Unter dem Begriff der Krise versteht man die (drohende) Zahlungsunfähigkeit oder die Überschuldung[179], auch wenn innerhalb der §§ 283 ff. StGB nach einzelnen Delikten zu unterscheiden ist. Im Bereich des § 283 StGB setzt die Straf-

---

171 *BGHSt* 34, 37; 34, 221.
172 *Bröker* § 89 BörsG in der neueren Rechtsprechung, in: wistra 1993, 161 ff.
173 *Köhler* in Wabnitz/Janovsky 7. Kapitel Rn. 4 f.; *Wegner* in Achenbach/Ransiek VII 1 Rn. 14 ff.
174 Siehe dazu oben Rn. 15.
175 Vgl. dazu NK-*Kindhäuser* Vor § 283 ff. Rn. 91.
176 MüKo-*Radtke* Vor §§ 283 ff. Rn. 60.
177 Schönke/Schröder-*Stree/Heine* Vor §§ 283 ff. Rn. 1; *Wegner* in Achenbach/Ransiek VII 1 Rn. 14.
178 NK-*Kindhäuser* Vor § 283 ff. Rn. 91.
179 Zum Inhalt dieser unbestimmten Rechtsbegriffe siehe unten Rn. 55 ff.

barkeit zudem gemäß Absatz 6 die Zahlungseinstellung, die Eröffnung eines Insolvenzverfahrens oder die Abweisung des Eröffnungsantrages mangels Masse als objektive Bedingung der Strafbarkeit voraus.[180]

Die **Krisenmerkmale** bezeichnen einen Zustand für die geschützten Rechtsgüter, **54** der als besonders bedrohlich einzuschätzen ist.[181] In der Praxis können sich Schwierigkeiten hinsichtlich der Beantwortung der Frage ergeben, ob eine Krise im bankrott-strafrechtlichen Sinne vorliegt.[182] Zunächst ist oftmals die Aufarbeitung der wirtschaftlichen Situation des Unternehmens in tatsächlicher Hinsicht nicht unproblematisch, wobei diese Analyse unumgänglich für die daran anschließende rechtliche Bewertung ist. Zudem ist der Einfluss der insolvenzrechtlichen Legaldefinitionen der §§ 17 Abs. 2, 18 Abs. 2, 19 Abs. 2 InsO auf die Auslegung der §§ 283 ff. StGB rechtlich ungeklärt.[183] Eine vollständige Übertragung der dort geregelten Legaldefinitionen wird oftmals unter dem Gesichtspunkt der Einheit der Rechtsordnung befürwortet.[184]

Jedoch schützt das Strafrecht weder umfänglich das Insolvenzverfahren mit sämtlichen Regelungseffekten, noch sind die jeweiligen Funktionen der Rechtsbegriffe identisch. Zudem muss den spezifisch strafrechtlichen Anforderungen, dass eine besondere Gefahrenlage vorliegen muss, Rechnung getragen werden. Die §§ 17 bis 19 InsO geben folglich für die Auslegung der §§ 283 ff. StGB lediglich Anhaltspunkte, zeichnen aber keine verbindlichen Inhalte vor.[185]

2. Überschuldung[186]

Nach insolvenzrechtlichen Maßstäben spricht man von einer Überschuldung, wenn **55** das schuldnerische Vermögen nicht mehr genügt, um bestehende Verbindlichkeiten zu decken.[187] Diese Definition hat mit der Änderung des Gesetzeswortlauts des § 19 Abs. 2 InsO durch das Finanzmarktstabilisierungsgesetz[188] seit dem 18.10.2008 eine

---

180 Schönke/Schröder-*Stree/Heine* Vor §§ 283 ff. Rn. 1.
181 Schönke/Schröder-*Stree/Heine* Vor §§ 283 ff. Rn. 50a.
182 So auch der Hinweis von *Joecks* § 283 Rn. 2.
183 Siehe dazu unten Rn. 172.
184 Für eine strenge Zivilrechtsakzessorietät *Bieneck* in Müller-Gugenberger/Bieneck, Wirtschaftsstrafrecht, 3. Aufl. 2000, § 76 Rn. 33, 56.
185 Für eine solche funktionale Akzessorietät vgl. statt vieler *Tröndle/Fischer* StGB, 54. Aufl. Rn. 6 Vor § 283; umfassend dazu *Achenbach* in Duttke (Hrsg.), Gedächtnisschrift für Ellen Schlüchter, 2002, S. 257, 263 ff.
186 *Beck* in Wabnitz/Janovsky 6. Kapitel Rn. 93 ff.; *Köhler* in Wabnitz/Janovsky 7. Kapitel Rn. 4 f.; *Wegner* in Achenbach/Ransiek VII 1 Rn. 19 ff.; *Weyand/Diversy* Rn. 29 ff.; *Gruber* in Bittmann Insolvenzstrafrecht § 7 Rn. 48 ff.
187 *Fischer* Vor § 283 Rn. 7 m.w.N.; *Lackner/Kühl* § 283 Rn. 6; Schönke/Schröder-*Stree/Heine* Vor §§ 283 ff. Rn. 51 m.w.N.; SK-*Hoyer* § 283 Rn. 11 ff. m.w.N.; NK-*Kindhäuser* Vor §§ 283 ff. Rn. 92 m.w.N.; MüKo-*Radtke* Vor §§ 283 ff. Rn. 61; LK-*Tiedemann* Vor § 283 Rn. 147 ff., 150.
188 FMStG vom 17.10.2008, BGBl. I, S. 1982 ff.

Modifizierung erfahren: Demnach liegt Überschuldung nur noch dann vor, „wenn das Vermögen des Schuldners die bestehenden Verbindlichkeiten nicht mehr deckt, *es sei denn, die Fortführung des Unternehmens ist nach den Umständen überwiegend wahrscheinlich"*. Diese Einschränkung der Überschuldung gilt allerdings nur bis zum 31.12.2010; gemäß Artikel 6 Abs. 3 FMStG wird der neue Wortlaut nämlich ab dem 1.1.2011 wieder in den alten Wortlaut „zurückgeändert". Wie diese vorübergehende Änderung, welche die Fälle der Überschuldung nicht unerheblich einschränken dürfte und damit naturgemäß nicht nur das Insolvenzverfahren tangiert, sondern auch möglicherweise die Strafbarkeit wegen eines Insolvenzdeliktes erheblich einzuschränken geeignet ist, vor dem Hintergrund der aktuellen Finanzkrise zu werten ist, soll an dieser Stelle nicht zum Gegenstand weiterer Erörterungen gemacht werden. In strafrechtlicher Hinsicht ist zu beachten, dass es sich bei diesem Gesetz um ein Zeitgesetz handelt; hier gilt die besondere Regelung des § 2 Abs. 4 StGB, d.h., nur Taten, die während der Geltung dieses Gesetzes begangen werden, unterfallen dieser Regelung. Zuvor begangene Straftaten bleiben von der Gesetzesänderung unberührt; das Milderungsgebot gilt nicht.[189]

56 Man grenzt den Zustand der Überschuldung von der Unterbilanz[190] und der Unterkapitalisierung[191] ab. Diese insolvenzrechtlichen Grundsätze gelten auch im Strafrecht; dort ist allerdings keine bilanzielle Überschuldung maßgeblich, sondern eine an rechtlichen Erwägungen ausgerichtete tatsächliche Gegenüberstellung von Aktiva und Passiva, welche der Erstellung einer/-s so genannten **„Überschuldungsbilanz/-status"** bedarf.[192] Bei der Bewertung offenbaren sich regelmäßig Schwierigkeiten. Man unterscheidet zwischen der rein rechnerischen (formellen) Überschuldung und der (materiellen) Überschuldung im rechtlichen Sinne. Zwar können handelsrechtliche Form- und Inhaltsvorschriften uneingeschränkt auf die Erstellung einer strafrechtsrelevanten Überschuldungsbilanz übertragen werden.[193] Die Frage nach der Überschuldung eines Unternehmens lässt sich aber nur über die lückenlose Erfassung des kompletten Vermögens als inneren Wert ermitteln, was eine Handelsbilanz allein nicht zu leisten vermag. Deshalb müssen die **tatsächlichen Werte** zum jeweiligen Bilanzstichtag und für alle unternehmerischen Vermögenspositionen die wahren objektiven Werte ermittelt werden.

57 Der Überschuldungsstatus dient der Festsetzung des **stichtagsbezogenen Vermögensstandes** des Unternehmens. Es soll im Interesse des Schutzes der Gläubiger die

---

189 Hierzu ausführlich LK-*Dannecker* § 2 Rn. 117 ff.
190 Hier erreicht das Eigenvermögen nicht die Eigenkapitalziffer.
191 Gemeint ist ein Missverhältnis von Eigenkapital und Geschäftsumfang, Anlagevermögen, Fremdkapital und Risiko.
192 *BGH* wistra 2003, 232; LPK-*Kindhäuser* § 283 Rn. 4; NK-*Kindhäuser* Vor §§ 283 ff. Rn. 93; MüKo-*Radtke* Vor §§ 283 ff. Rn. 63; LK-*Tiedemann* Vor § 283 Rn. 151; *Wegner* in Achenbach/Ransiek VII 1 Rn. 22; *Bittmann* Zahlungsunfähigkeit und Überschuldung nach der Insolvenzordnung (Teil II), in: wistra 1999, 10.
193 *Wegner* in Achenbach/Ransiek VII 1 Rn. 26.

ihnen als Haftungsgrundlage zur Verfügung stehende Vermögensmasse festgestellt werden. Dies kann mit den schematischen Methoden der Handelbilanz nicht erreicht werden, weil diese zu Ansätzen führen, die der tatsächlichen Wertentwicklung nicht entsprechen. Zwar können die grundlegenden handelsrechtlichen Normen des § 243 Abs. 1 und 2 HGB herangezogen werden; dies gilt jedoch für die übrigen Vorschriften des Handelsgesetzbuchs und des Aktiengesetzes nicht. Vor allem ist die oftmals mit Problemen verbundene Aufdeckung aller stillen Reserven erforderlich. Die Tatsache, dass der Wert von Buchforderungen von verschiedenen Faktoren abhängt und jede Wertvorstellung von einer subjektiven, zweckorientierten Einschätzung des Bewertenden geprägt ist, verkompliziert die Wertermittlung zusätzlich. Regelmäßig erfordert diese eine sorgfältige Sichtung und Auswertung der jeweiligen Unterlagen, die Untersuchung des betreffenden Finanzkonzepts sowie eine Entwicklungsprognose des Unternehmens für die nahe Zukunft.[194] Die zeit- und kostenintensiven Untersuchungen bedürfen für ihre strafprozessuale Verwertbarkeit eines Sachverständigengutachtens. Jeder Strafverteidiger sollte dabei auf seine Beteiligung bei der Wahl des Sachverständigen drängen.[195]

Früher war im Einzelfall streitig, ob in der „Überschuldungsbilanz" Liquidations- **58** oder Fortführungswerte anzusetzen waren. Dieser Streit ist durch § 19 Abs. 2 S. 2 InsO in der bis zum 17.10.2008 geltenden Fassung obsolet geworden, denn dieser besagte, dass bei der Bewertung des Vermögens des Schuldners von der Fortführung des Unternehmens ausgegangen werden müsse, wenn diese nach den Umständen überwiegend wahrscheinlich ist. Somit war die alternative **zweistufige Prüfungsmethode** anzuwenden, wonach das Ergebnis der Fortführungsprognose darüber entscheidet, ob das Schuldnervermögen im Überschuldungsstatus nach Liquidations- oder Fortführungswerten anzusetzen ist.[196] Auch wenn der Gesetzgeber sich damit gegen die früher herrschende modifizierte Prüfungsmethode[197] entschieden hat, musste die nunmehr geltende Legaldefinition auf das Strafrecht übertragen werden. Dabei war allerdings in Folge der bloßen funktionalen Akzessorietät die Wahrscheinlichkeit der Fortführung „schuldnerfreundlich" zu beurteilen, so dass die Fortführungswerte bereits dann angesetzt werden sollten, wenn die Fortführung nicht ausgeschlossen erschien.[198] Die seit dem 18.10.2008 geltende Fassung des § 19 Abs. 2 InsO enthält allerdings keinen Satz 2 mehr; der Hinweis auf die Bewertung nach den Fortführungswerten ist damit entfallen und die alte Rechtsunsicherheit und damit der Streit um die Vermögensbewertung wieder aktuell, zumindest bis zum

---

194 *Wegner* in Achenbach/Ransiek VII 1 Rn. 60.
195 Siehe Nr. 70 I RiStBV; zu Verfahrensfehlern und einem möglichen Befangenheitsantrag nach § 74 StPO vgl. *Wegner* in Achenbach/Ransiek VII 1 Rn. 61.
196 Dazu ausführlich *Bieneck* in Müller-Gugenberger/Bieneck (Hrsg.), § 76 Rn. 18.
197 Dazu *Bieneck* in Müller-Gugenberger/Bieneck (Hrsg.), § 76 Rn. 19; eingehend dazu auch unten Rn. 83.
198 So auch *Achenbach* in Gedächtnisschrift für Schlüchter, S. 257 ff.; für eine enge Auslegung im Strafrecht allerdings *Tiedemann* Wirtschaftsstrafrecht AT, 2004, Rn. 117.

Wiederaufleben des § 19 Abs. 2 S. 2 InsO ab dem Jahr 2011. Wie nun vorzugehen ist, wenn eine Fortführung des Unternehmens nicht überwiegend wahrscheinlich ist, somit ein Überschuldungsstatus erstellt werden muss, erscheint zunächst unklar, wird aber in naher Zukunft insbesondere durch Literatur und Rechtsprechung geklärt werden müssen.

59 Aus dem Vorstehenden werden die Schwierigkeiten bei der Ermittlung einer im Sinne der §§ 283 ff. StGB rechtlich relevanten Überschuldung deutlich. In der Praxis konzentrieren sich die Ermittlungen daher auf solche Unternehmen, bei denen die wirtschaftlichen Probleme offensichtlich sind. Im Zweifel bejahen die Strafgerichte eine Überschuldung nur, wenn die Passiva die Aktiva **eindeutig** und **erheblich** übersteigen.[199] Hinreichende Grundlage für eine Verurteilung ist in aller Regel die Feststellung einer gravierenden Überschuldung schon nach der Handelsbilanz. Infolge der schwierigen Beweiswürdigung fokussieren die Strafverfolgungsbehörden ihren Blick vielfach auf das Merkmal der Zahlungsunfähigkeit.[200] Dieser Insolvenzgrund zeichnet sich insbesondere dadurch aus, dass er wesentlich leichter nachweisbar ist und bereits beim Vorliegen eines Krisenmerkmals angenommen werden kann.[201]

3. Zahlungsunfähigkeit[202]

60 Der Eintritt der **Zahlungsunfähigkeit** ist eine Grundvoraussetzung für die Eröffnung des Insolvenzverfahrens über das Vermögen einer natürlichen Person bzw. einiger Gesellschaftsformen. Insolvenzrechtlich spricht man von „Zahlungsunfähigkeit", wenn der Schuldner mangels erforderlicher Mittel nicht in der Lage ist, fällige Zahlungspflichten zu erfüllen.[203] Dabei erscheint es nicht mehr erforderlich, dass, wie dies nach früherem Recht für die dauernde Zahlungsunfähigkeit erforderlich war, die schuldnerischen Zahlungspflichten auf Dauer im Wesentlichen unbefriedigt bleiben oder dass der Gläubiger ihre Erfüllung ernsthaft eingefordert hat.[204]

---

199 So z.b. *OLG Düsseldorf* wistra 1998, 360.

200 *Wegner* in Achenbach/Ransiek VII 1 Rn. 34.

201 Siehe dazu sogleich Rn. 60 ff.

202 *Beck* in Wabnitz/Janovsky 6. Kapitel Rn. 70 ff.; *Köhler* in Wabnitz/Janovsky 7. Kapitel Rn. 4 f.; *Wegner* in Achenbach/Ransiek VII 1 Rn. 62 ff.; *Weyand/Diversy* Rn. 42 ff.; *Gruber* in Bittmann Insolvenzstrafrecht § 7 Rn. 9 ff.

203 BT-Drs. 12/2443, 114; *RG* JW 1934, 842; *BGH* NJW 2000, 156; *OLG Stuttgart* NStZ 1987, 460; LPK-*Kindhäuser* § 283 Rn. 7; *Fischer* Vor § 283 Rn. 9 m.w.N.; *Lackner/Kühl* § 283 Rn. 7; Schönke/Schröder-*Stree/Heine* Vor §§ 283 ff. Rn. 52 m.w.N.; SK-*Hoyer* § 283 Rn. 18 ff. m.w.N.; NK-*Kindhäuser* Vor §§ 283 ff. Rn. 97 m.w.N.; MüKo-*Radtke* Vor §§ 283 ff. Rn. 73; LK-*Tiedemann* Vor § 283 Rn. 126; *Bittmann/Volkmer* Zahlungsunfähigkeit bei (mindestens) 3-monatigem Rückstand auf Sozialversicherungsbeiträge, in: wistra 2005, S. 167 wistra 2005, 167.

204 Unklar *BGH* wistra 2003, 232.

Nach **§ 17 Abs. 2 InsO** ist der Schuldner zahlungsunfähig, wenn er nicht mehr in der **61** Lage ist, seine fälligen Zahlungspflichten zu erfüllen. Damit ist die Zahlungsunfähigkeit als stichtagsbezogenes Liquiditätsdefizit zu verstehen, das durch die Tatsache des Nichtzahlenkönnens einer Verbindlichkeit mangels verfügbarer finanzieller Mittel feststellbar ist.

Der **BGH in Zivilsachen** formuliert in neueren Entscheidungen wie folgt:[205] **62**

> *„Zahlungseinstellung ist dasjenige äußere Verhalten des Schuldners, in dem sich typischerweise eine Zahlungsunfähigkeit ausdrückt. Es muss sich also mindestens für die beteiligten Verkehrskreise der Eindruck aufdrängen, dass der Schuldner nicht in der Lage ist, seine fälligen Verpflichtungen zu erfüllen.*[206] *[…] Die tatsächliche Nichtzahlung eines erheblichen Teils der fälligen Verbindlichkeiten reicht für eine Zahlungseinstellung aus.*[207] *Das gilt selbst dann, wenn tatsächlich noch geleistete Zahlungen beträchtlich sind, aber im Verhältnis zu den fälligen Gesamtschulden nicht den wesentlichen Teil ausmachen."*[208]

Zahlungsstockungen sind dabei allerdings nicht zu berücksichtigen, auch eine geringfügige Liquiditätslücke kann nicht ausschlaggebend sein. Der BGH hat unter Hinweis auf die Insolvenzantragsfrist des § 64 Abs. 1 S. 1 GmbHG für die Annahme von Zahlungsstockungen grundsätzlich **nur 3 Wochen** zugelassen, weil sich in dieser Zeit eine kreditwürdige Person die erforderlichen Mittel zur Zahlung fälliger Verbindlichkeiten beschaffen können soll.[209] Eine Zahlungsunfähigkeit soll jedoch auch dann nicht vorliegen, wenn zu erwarten ist, dass die über 3 Wochen andauernde Unfähigkeit, fällige Verbindlichkeiten zu bezahlen, **mit an Sicherheit grenzender Wahrscheinlichkeit** demnächst mindestens fast vollständig beseitigt werden kann. In einer weiteren Entscheidung vom 8.12.2005 hat der Insolvenzsenat des BGH diese Zeitspanne („demnächst") auf maximal weitere 3 Wochen beschränkt.[210] Damit soll klargestellt werden, dass nach Ansicht des IX. Zivilsenates des BGH keine bloße Zahlungsstockung mehr vorliegt, wenn eine fällige Verbindlichkeit nicht in maximal **6 Wochen** bezahlt werden kann.

Um das Merkmal der **Wesentlichkeit** typisiert untersuchen zu können, hat der BGH **63** eine Liquiditätslücke von **10 % der insgesamt bestehenden Verbindlichkeiten** angesehen.[211] Über diesem Schwellenwert liegende Zahlungsrückstände sind nicht mehr als Zahlungsstockung anzusehen, es sei denn, „besondere Umstände" belegen eine Zahlungsunfähigkeit. Solche besonderen Umstände können vorliegen, wenn

---

205 *BGH* U. v. 21.6.2007, IX ZR 231/04 in einem Fall, in dem eine Bank dem Schuldnerunternehmen seit der Kreditkündigung im Juni 1997 bis März 2001 knapp vier Jahre die Kreditforderungen gestundet hat.
206 *BGHZ* 149, 178, 184; *BGH* ZIP 2003, 410, 411; ZIP 2006, 2223.
207 *BGH* ZIP 1998, 2008, 2009; ZIP 2000, 1016, 1017.
208 *BGH* ZIP 2001, 524, 525; ZIP 2003, 488, 491.
209 *BGHZ* 163, 134,139; *BGH* ZIP 2006, 2223, 2224.
210 *BGH* ZIP 2006, 293.
211 *BGH* wistra 2005, 432 = NJW 2005, 3062 = BB 2005, 1923 = ZIP 2005, 1426.

auch in der 6-Wochenfrist voraussichtlich eher ein Ansteigen der Unterdeckungsquote zu erwarten steht oder jedenfalls mittelfristig eine 100%ige Zahlung nicht erwartet werden kann.

64 Der BGH konkretisiert diese Kriterien:[212]

- Ein wichtiges Indiz ist, dass die Schuldnerin nicht in der Lage ist, die **Sozialversicherungsleistungen binnen 3 Wochen** zu bezahlen, wonach die Einstellung der Zahlungen mangels erforderlicher Geldmittel auch nach außen erkennbar werden, da die Nichtzahlung bei diesen Verbindlichkeiten typischerweise nur deshalb erfolgt;
- auch **beträchtliche Zahlungen** schließen die Zahlungsunfähigkeit nicht aus, wenn sie nicht den **wesentlichen Teil der fälligen Verpflichtungen** ausmachen.

65 Schließlich hat der BGH die Frage, ob und wie die Zahlungsunfähigkeit wieder **beseitigt** werden kann, dahingehend beantwortet, dass mit der allgemeinen Aufnahme von Zahlungen die Zahlungsunfähigkeit wegfällt.[213] Bei Stundungen von wesentlichen Verbindlichkeiten gegenüber einem Gläubiger über einen längeren Zeitraum prüft der BGH, ob sich daneben eine allgemeine Aufnahme der Zahlungen gegenüber anderen Gläubigern feststellen lässt.[214]

66 Unabhängig von den nunmehr in § 17 Abs. 2 InsO ausdrücklich normierten Voraussetzungen wirft der Begriff der Zahlungsunfähigkeit gerade in strafrechtlicher Hinsicht einige Probleme auf; ein uneingeschränkter Transfer der insolvenzrechtlichen Grundsätze in das Strafrecht käme einer Vorverlagerung der wirtschaftlichen Krise gleich.[215] So zielt § 17 InsO zunächst auf die möglichst frühzeitige Eröffnung des Insolvenzverfahrens. Innerhalb des Gesetzgebungsverfahrens wurde auf den Rückgriff auf einen bestimmten Verbindlichkeitsbruchteil verzichtet. Die in den §§ 283 ff. StGB geforderte Zahlungsunfähigkeit dient konkret der Findung einer Grenze zwischen Strafwürdigung und wirtschaftlich notwendigem Verhalten. Es geht um die Unterscheidung zwischen noch nicht und schon strafbarem Verhalten in objektiver wie in subjektiver Hinsicht.[216] Zur Entwicklung forensisch verwertbarer Kriterien ist hierbei auf traditionelle Merkmale abzustellen. Abzugrenzen ist der Begriff der Zahlungsunfähigkeit von dem der **Zahlungseinstellung**[217] und dem der **Zahlungsstockung**[218]. Ersterem kommt als objektive Bedingung der Strafbarkeit im Sinne des § 283 Abs. 6 StGB nicht nur strafrechtliche Relevanz zu; die Zahlungseinstellung wird auch als Offenbarung der Zahlungsunfähigkeit gewertet. Die lediglich momentane Illiquidität ist infolge ihres zeitlich beschränkten Moments insolvenzstrafrechtlich irrelevant.

---

212 *BGH* ZIP 2006, 2222.
213 *BGHZ* 149, 100/109; S. 178, 188; NZI 2006, 159, 162; ZIP 2006, 2222.
214 *BGH* U. v. 21.6.2007, IX ZR 231, 04.
215 SK-*Hoyer* Vor § 283 Rn. 1.
216 *Achenbach* in: GS-Schlüchter, S. 257, 271.
217 Vgl. dazu *Wegner* in Achenbach/Ransiek VII 1 Rn. 90 ff.
218 Vgl. dazu NK-*Kindhäuser* Vor §§ 283 ff. Rn. 98; MüKo-*Radtke* Vor §§ 283 ff. Rn. 74.

Dannecker/Hagemeier

Die **strafrechtliche Rechtsprechung** des 1. Strafsenates des BGH folgt unter An- **67** nahme einer strengen Zivilrechtsakzessorietät[219] der zivilrechtlichen Rechtspre-chung.[220] Anders hatte allerdings noch der 5. Strafsenat des BGH[221] einen Monat zuvor die vorübergehende Zahlungsstockung als nicht ausreichenden Grund für die Insolvenzantragstellung angesehen. Allerdings berücksichtigt er dabei nur die zur Verfügung stehenden freien Mittel. Trotz eines erst neu eröffneten Kontos der Schuld-nerin soll ein Kontoguthaben nicht berücksichtigt werden, wenn vertragliche Bin-dungen vorliegen.[222] Auch weiterhin muss deshalb von einer strafrechtlichen Unsi-cherheit bei der Bestimmung der Zahlungsunfähigkeit ausgegangen werden.

Für die strikte Anwendung fristgebundener Berechnungen nach § 17 Abs. 2 InsO auf **68** ein Unternehmen besteht auch in der Tat kein strafrechtliches Bedürfnis. Diese insolvenzrechtliche Rechtsprechung mag zwar einem der gesetzlichen Zwecke der InsO, eine größtmögliche Massesicherung zu erreichen, folgen,[223] lässt aber zahlrei-che kleinere und mittelgroße Handwerksunternehmen, Dienstleister für die öffentli-che Hand sowie zahlreiche Unternehmen, die für wenige Großkunden arbeiten, unberücksichtigt, die binnen drei Wochen den Betrieb schließen müssten, obwohl sich über einen Zeitraum eines Jahres eine ausgewogene Zahlungsbilanz ergibt. Dass der Gesetzgeber nicht beabsichtigt hat, solche Unternehmen zu einem Insolvenzan-trag (durch Zivil- oder Strafrecht) zu zwingen, ergibt sich aus den Verzugsvorschrif-ten der §§ 288, 648a BGB, die ausdrücklich auf die Verbesserung der Zahlungsbilan-zen kleinerer und mittlerer Unternehmen zielen. Erst zum 1.7.2007 sind Verfahren-serleichterungen der InsO in Kraft getreten,[224] die ausdrücklich dem Ziel dienen, in einer Insolvenzantragsphase die wirtschaftliche Betätigung der Gemeinschuldnerin weiterhin zuzulassen. Auch das im Juni 2008 vom Bundestag verabschiedete Gesetz zur Modernisierung der GmbH (MoMiG)[225] zielt darauf ab, dass die Liquiditäts-

---

219 *Tiedemann* Wirtschaftsstrafrecht AT, Rn. 2, 5 m.w.N.
220 *BGH* B. v. 23.5.2007, 1 StR 88/07, NStZ 2007, 643 in ausdrücklicher Ablehnung der Entscheidung des 5. Strafsenates vom 19.4.2007 – 5 StR 505/06; ebenso LK-*Tiedemann* Vor § 283 Rn. 155; *Bieneck* in Müller-Gugenberger/Bieneck, § 76 Rn. 6; je m.w.N.; *Lange* DStR 2007, 954; *Wagner* ZIP 2006, 1251; *Bittmann/Volkmer* Zahlungsunfähigkeit bei (mindestens) 3-monatigem Rückstand auf Sozialversicherungsbeiträge, in: wistra 2005, S. 167 wistra 2005, 167; *Tsambikakis* GmbHR 2005, 838; *Fromm* ZInsO 2004, 943; *Reck* BuW 2003, 1030; *Haas* DStR 2003, 423; *Maurer* Strafbewehrte Handlungspflichten des GmbH-Geschäftsführers in der Krise, in: wistra 2003, 174.
221 *BGH* U. v. 19.4.2007, 5 StR 505/06; vgl. auch *Arens* wistra 2007, 450.
222 *BGH* U. v. 19.4.2007, 5 StR 505/06.
223 Deshalb sind die oben unter aa) zitierten Entscheidung sämtlich in Klageverfahren von Insolvenzverwaltern aufgrund von Anfechtungen und der Prüfung des § 140 Abs. 1 InsO ergangen, ein wesentlicher Teil der tragenden Gründe bezieht sich aber auf die zivilpro-zessuale Darlegungs- und Beweislast, der sich der Strafrichter wegen der Amtsaufklä-rungspflicht des § 244 Abs. 2 StPO nicht anschließen darf.
224 ÄndG zur InsO v. 13.4.2007, BGBl. I, S. 509 v. 17.4.2007.
225 Gesetz zur Modernisierung des GmbH-Rechts und zur Bekämpfung von Missbräuchen i.d.F. der BT-Drs. 16/6140 v. 25.7.2007; beschlossen vom BT am 26.6.2008.

situation und die Ausstattung mit Eigenkapital gerade in Phasen des wirtschaftlichen Rückgangs nicht unmittelbar zur Insolvenz führen müssen.

69 Aber auch zivilrechtlich steht außer Frage, dass nicht unbesehen auf die 3-Wochen-Frist abgestellt werden kann. So hat der 9. Zivilsenat des Bundesgerichtshofs in seiner Entscheidung vom 24.5.2005 erstmals Ausführungen zum Begriff der Zahlungsunfähigkeit nach der Insolvenzordnung im Rahmen einer Haftungslage aus § 64 GmbHG gemacht[226] und dabei den Zeitraum von drei Wochen zur Abgrenzung der Zahlungsstockung von der Zahlungsunfähigkeit als erforderlich, aber auch ausreichend angesehen, weil in dieser Zeit eine kreditwürdige Person in der Lage sei, sich die benötigten Mittel zu leihen. Allerdings hat der Senat auf ein zusätzliches quantitatives Kriterium nicht verzichtet und eine **Liquiditätslücke von 10 % der fälligen Gesamtverbindlichkeiten** gefordert, wobei er eine dahingehende Beweislastregelung aufgestellt hat, dass der Schuldner bei einem Fehlbetrag von 10 % und mehr darzutun habe, eine zumindest fast vollständige Beseitigung der Lücke sei mit an Sicherheit grenzender Wahrscheinlichkeit demnächst zu erwarten. Bei einer Lücke von weniger als 10 % obliege es dagegen dem Gläubiger zu beweisen, dass sie demnächst mehr als 10 % erreichen wird. Diese Einschränkung durch das Kriterium einer zehnprozentigen Liquiditätslücke ist auch im Strafrecht unverzichtbar, wobei die im Zivilrecht anzuwendende Beweislastregelung wegen der Geltung des Grundsatzes „in dubio pro reo" im Strafrecht nicht angewendet werden kann.[227]

70 Zahlungsunfähigkeit im Sinne der §§ 283 ff. StGB liegt somit nur bei Ermittlung einer **wesentlichen Liquiditätslücke** vor. Der BGH stellt Zahlungsunfähigkeit dann fest, wenn die Liquidität 1. Grades unter dem Wert von 90 % der kurzfristig fällig werdenden Verbindlichkeiten liegt. Die Literatur steht dieser schematischen Betrachtung kritisch gegenüber, denn auch die Liquidität eines Unternehmens wird durch modernes Cashpooling, durch Konsignationslager und durch vertragswidriges Gläubigerverhalten u.U. dramatisch beeinflusst, so dass man bei dieser schematischen Betrachtung auch für florierende Unternehmen schnell zur Annahme einer Zahlungsunfähigkeit kommen würde. Vor allem eine strafrechtliche Betrachtung wird nicht unter eine **Deckungslücke von 25 %** wegen der Sonderfaktoren eines Einzelfalls zurückgehen können.[228] Von einem Grenzwert der Unterdeckung von 25 % und nicht von nur 10 % sollte im Strafrecht ausgegangen werden.[229] Die Strafverfolgungsbehörden tendieren allerdings dazu, diese Deckungslücke nicht zu stark anwachsen zu lassen.

---

226 *BGH* (Z) BB 2005, 1787.

227 So auch *Bieneck* in Müller-Gugenberger/Bieneck, § 76 Rn. 56b.

228 *Leipold* in Volk, § 18 Rn. 80, der allerdings in Rn. 83 gegen die h.M. für eine strenge zeitpunktbezogene Anwendung des § 17 II InsO plädiert und Ungerechtigkeiten durch das Schuldprinzip und die Anwendung des § 153 StPO ausgleichen will.

229 Str., vgl. Lackner/Kühl § 283 Rn. 6; *Wegner* in Achenbach/Ransiek VII 1 Rn. 75 m.w.N.; LK-*Tiedemann* § 283 Rn. 155; die Spanne reicht von 10 bis 50 %.

Dannecker/Hagemeier

Allein die Überschreitung eines Grenzwertes genügt jedoch noch nicht für die **71** Feststellung strafbaren Verhaltens. Vielmehr muss das **Liquiditätsproblem von Dauer** sein, wobei die Einzelheiten umstritten sind und die Ansichten zwischen Zeitpunktliquidität[230] und Zeitraumliquidität von vierzehn Tagen[231] bis zu mehreren Monaten schwanken. Zunächst prüfen die Strafverfolgungsbehörden, ob eine spürbare Besserung der Liquiditätslage in einem absehbareren Zeitraum von 6 Wochen[232] eintreten kann. Teilweise im Zivilrecht vertretene restriktivere Sichtweisen – drei oder sechs Wochen – werden im Strafrecht wegen des Erfordernisses forensisch sicher verwertbarer objektiver wie subjektiver Kriterien abgelehnt.[233] In der Rechtsprechung besteht die Tendenz, einen relativ kurzen Zeitraum, der die Drei-Wochen-Frist nicht wesentlich übersteigt, anzunehmen.[234] Hierbei dürfen keine höheren Anforderungen als im Zivilrecht gestellt werden. Von einer dauerhaften Zahlungsunfähigkeit kann unter Beachtung der Korrekturkriterien des jeweiligen Einzelfalles in der Regel ausgegangen werden, wenn über den gesamten Zeitraum von der Tathandlung bis zur Eröffnung des Insolvenzverfahrens eine Deckungslücke vorhanden war.[235]

Das Vorliegen der Zahlungsunfähigkeit bzw. der Zahlungseinstellung ist auch für die **72** Insolvenzstraftaten im weiteren Sinne – etwa für den Betrug durch Täuschung über die Zahlungsunfähigkeit – von Bedeutung. Nicht übersehen werden sollte allerdings, dass die **drohende Zahlungsunfähigkeit** keine Bedeutung für den Straftatbestand der Insolvenzverschleppung hat, auch wenn dies nach der InsO einen Eröffnungsgrund darstellt. So besteht in diesen Fällen gemäß § 18 InsO zwar ein Insolvenzantragsrecht für den Schuldner, jedoch keine entsprechende Antragspflicht.[236]

In der Praxis fordert die Feststellung der Zahlungsunfähigkeit eine sorgfältige Aus- **73** wertung der unternehmerischen Daten. Bei der so genannten **Liquiditätsanalyse**[237] als einer rein betriebswirtschaftlichen Feststellungsmethode wenden Zivil- und Strafgerichte verschiedene Untersuchungsmethoden an, wobei im staatsanwaltschaftlichen Ermittlungsverfahren zunächst regelmäßig versucht wird, insbesondere die subjektive Komponente[238] der Zahlungsunfähigkeit des Unternehmens bereits

---

230 *Moosmayer* Einfluss der Insolvenzordnung, S. 116 ff.
231 *AG Köln* NZI 2000, 89, 91; *Schaal* in Rowedder/Schmidt-Leithoff, GmbHG, § 84 Rn. 33; *Tiedemann* in Scholz, GmbHG, § 84 Rn. 44b: 3 Wochen.
232 *Bittmann* Zahlungsunfähigkeit und Überschuldung nach der Insolvenzordnung (Teil I), in: wistra 1998, 321, 324; a.A. *Beck* in Wabnitz/Janovsky 6. Kapitel Rn. 78.
233 *Wegner* in Achenbach/Ransiek VII 1 Rn. 77.
234 *BGH* NJW-RR 2002, 261; *BGH* NJW 2002, 515, 517: 2 Monate, Tendenz weniger als ein Monat.
235 Zur Feststellung der Zahlungsunfähigkeit nach betriebswirtschaftlichen Faktoren siehe unten Rn. 231 ff.
236 *Beck* in Wabnitz/Janovsky 6. Kapitel Rn. 82 ff.
237 Siehe dazu *Wegner* in Achenbach/Ransiek VII 1 Rn. 69 ff.
238 Allgemein zur nicht zu unterschätzenden Bedeutung dieser Beweisanzeichen für die notwendige Feststellung des subjektiven Tatbestandes vgl. *Tiedemann* in Scholz, GmbHG, § 84 Rn. 45.

anhand so genannter **wirtschaftskriminalistischer Beweisanzeichen**[239] zu bestimmen. Zu nennen sind:

- Verzicht auf Skonti, Mahnungen, Scheckvordatierungen, Wechselbegebungen und -verlängerungen;
- die Suche nach Beteiligungsinteressenten und Kreditgebern;
- Wechsel der Hausbank;
- Zahlungsrückstände bei betriebsnotwendigen Aufwendungen, insbesondere bei Mieten, Versorgungsleistungen, Telefon, Löhnen, Gehältern, Steuern, Sozialabgaben;
- die Zustellung von Mahn- und Vollstreckungsbescheiden;
- Pfändungen;
- Ladungen und Haftbefehle zur Abgabe der eidesstattlichen Versicherung;
- Scheck- und Wechselproteste.

Vom BGH[240] wurde diese – das konkrete Zahlenmaterial außer Betracht lassende – Methode zwar ausdrücklich gebilligt. Der Strafverteidiger sollte aber auch im Falle einer Warnzeichenhäufung nicht auf eine betriebswirtschaftliche Aufarbeitung verzichten bzw. gegebenenfalls durch entsprechende Anträge im Sinne von § 244 StPO oder durch ein Privatgutachten versuchen, auf den Strafprozess Einfluss zu nehmen.[241] Die ermittelten Krisenmerkmale werden häufig aus ermittlungstechnischen Gründen in einem chronologisch aufgebauten Warnzeichendiagramm zusammengefasst, aus dem Art und Zeitpunkt des jeweiligen Merkmals abgelesen werden können. Kumulieren zahlreiche Illiquiditätshinweise zu einem bestimmten Zeitpunkt, so wird dieser Termin für die Zahlungsunfähigkeit herangezogen, wobei die entsprechenden Feststellungen allerdings nicht zu pauschal ausfallen dürfen.[242] Wirtschaftskriminalistische Beweisanzeichen bedürfen insbesondere dann einer besonderen Darlegung, wenn die Summe der Erträge diejenige der Aufwendungen ausweislich des Sachverständigengutachtens übersteigt. Die in dieser Vorgehensweise zum Ausdruck kommende retrospektive Betrachtung stellt für den Betroffenen keinen Nachteil dar. So kann Zahlungsunfähigkeit im insolvenzrechtlichen Sinne bereits vor der Anhäufung von Krisenmerkmalen vorliegen. Dies sollte den Strafverteidiger jedoch nicht davon abhalten, den vermeintlich tätergünstigen Ansatz kritisch zu überprüfen.

74 Die Ermittlung äußerer (Beweis-)Anzeichen der Zahlungsunfähigkeit erfordert einen erheblichen Aufwand an personellen wie sachlichen Ressourcen, wobei auf die

---

239 Siehe dazu *Wegner* in Achenbach/Ransiek VII 1 Rn. 79 ff., insb. die exemplarische Aufzählung in Rn. 80; *Hartung* Probleme bei der Feststellung der Zahlungsunfähigkeit, in: wistra 1997, 1, 11.

240 *BGH* StV 1987, 343; *BGH* wistra 1993, 184; *BGH* NJW 2000, 154, 156; *BGH* wistra 2003, 232; a.A. *Lütke* Ist die Liquidität 2. Grades ein geeignetes Kriterium zur Feststellung der Zahlungsunfähigkeit?, in: wistra 2003, 52, 54: Eingrenzung nur eines zeitlichen Rahmens.

241 Siehe dazu *Wegner* in Achenbach/Ransiek VII 1 Rn. 79 ff.

242 So jedoch häufig die Verwerfungsbegründung, vgl. *BGH* NJW 2000, 154, 156; *BGH* wistra 2003, 232.

Schwierigkeiten bei Prognoseentscheidungen hingewiesen werden muss. Erschwerend kommt hinzu, dass sich Liquiditätsprobleme oftmals erst kurz vor oder sogar erst nach dem wirtschaftlichen Zusammenbruch offenbaren, zu dem die strafrechtlichen Ermittlungen regelmäßig in größerem zeitlichen Abstand stehen.

4. Drohende Zahlungsunfähigkeit[243]

Bei der drohenden Zahlungsunfähigkeit handelt es sich um ein besonderes strafrechtliches Krisenmerkmal, da der insolvenzrechtliche Begriff eine erkennbar andere Funktion als das gleichlautende strafrechtliche Krisenmerkmal besitzt. So eröffnet § 18 InsO dem Schuldner die Möglichkeit, Maßnahmen unabhängig von Dritten noch im Vorfeld einer sich entwickelnden Krise zu ergreifen. Das strafrechtliche Krisenmerkmal setzt dem Schuldner dagegen insofern Grenzen, als es den zeitlichen **Anwendungsbereich** der §§ 283 ff. StGB **vorverlagert** und der objektiven Bedingung der Strafbarkeit einen frühzeitigen Eintritt ermöglicht. Über das Drohmerkmal muss der Anwendungsbereich dieser Strafvorschriften materiell beschränkt werden.[244] **75**

Bei dem Merkmal der drohenden Zahlungsunfähigkeit handelt es sich um einen im Jahre 1999 geschaffenen insolvenzrechtlichen Eröffnungsgrund im Sinne von § 18 Abs. 2 InsO, bei dem auf die **naheliegende Wahrscheinlichkeit des Eintritts der Zahlungsunfähigkeit** abzustellen ist.[245] Das zeitliche Element präzisiert die Definition dadurch, dass sie auf den spätesten Fälligkeitszeitpunkt der zum Feststellungszeitpunkt bestehenden Zahlungspflichten abstellt.[246] Damit wird der Prognosezeitraum festgelegt. Erst später zu erwartende Zahlungspflichten können den Prognosezeitraum nicht verlängern, auch wenn mit Sicherheit mit einem Zahlungseingang zu rechnen ist.[247] Nach der Gesetzesbegründung zu § 22 (jetzt § 18) InsO muss die gesamte Finanzlage des Schuldners in die Prognose einbezogen werden, und zwar neben den zu erwartenden Einnahmen auch die zukünftigen, noch nicht begründeten **76**

---

243 Vgl. dazu *Wegner* in Achenbach/Ransiek VII 1 Rn. 84 ff.; *Weyand/Diversy* Rn. 50 f.; *Gruber* in Bittmann, Insolvenzstrafrecht § 7 Rn. 33 ff.

244 *Achenbach* GS-*Schlüchter*, S. 257, 273.

245 Vgl. BT-Drs. 12/2443, 114 f.; LPK-*Kindhäuser* § 283 Rn. 8; *Lackner/Kühl* § 283 Rn. 8; Schönke/Schröder-*Stree/Heine* Vor §§ 283 ff. Rn. 53 m.w.N.; SK-*Hoyer* § 283 Rn. 22 ff. m.w.N.; NK-*Kindhäuser* Vor §§ 283 ff. Rn. 99 f. m.w.N.; MüKo-*Radtke* Vor §§ 283 ff. Rn. 84 m.w.N.; LK-*Tiedemann* Vor § 283 Rn. 135 ff. m.w.N.

246 *Bittmann* Zahlungsunfähigkeit und Überschuldung nach der Insolvenzordnung (Teil I), in: wistra 1998, 325; *Reck* GmbHR, 1999, 270; *Röhm* INF 2003, 594; *Uhlenbruck* Die Durchsetzung von Gläubigeransprüchen gegen eine vermögenslose GmbH und deren Organe nach geltendem und neuem Insolvenzrecht, in: wistra 1996, 3.

247 *Bieneck* in Müller-Gugenberger/Bieneck, § 76 Rn. 75; *Bittmann* a.a.O. wistra 1998, 325; *Reck* GmbHR 1999, 270; *Röhm* INF 2003, 594; a.A. *Burger/Schellberg* BB 1995, 264; *Uhlenbruck* KTS 1995, 171; *ders.* Strafrechtliche Aspekte der Insolvenzrechtsreform 1994, in: wistra 1996, 4.

Zahlungspflichten.[248] Bei langfristigen und wiederkehrend fällig werdenden Verbindlichkeiten ist der Prognosezeitraum auf einen überschaubaren Zeitraum – bis zum **Ende des** auf die Feststellung folgenden **Geschäftsjahres** – zu begrenzen, um den Bestimmtheitsanforderungen des Art. 103 Abs. 2 GG zu genügen.[249] Danach zu erwartende Zahlungspflichten können den Prognosezeitraum nicht mehr verlängern.

77 In diesem Zeitraum voraussichtlich entstehende und fällig werdende Verbindlichkeiten sowie zu erwartende Einnahmen sind im Rahmen der Prognose zu berücksichtigen.[250] Maßgeblich sind diejenigen Verbindlichkeiten, die bereits beim Merkmal der Zahlungsunfähigkeit zu beachten waren. Zusätzlich müssen infolge der Zeitraumprognose die bereits begründeten, aber noch nicht fälligen Verbindlichkeiten mit einbezogen werden, soweit sie innerhalb des relevanten Bewertungszeitraumes fällig werden.[251]

78 Bei der Prognoseerstellung ist der Grundsatz „in dubio pro reo" zu berücksichtigen. Erforderlich ist eine **Wahrscheinlichkeit** des Eintritts der Zahlungsunfähigkeit **von über 50 %**.[252] Je länger der Prognosezeitraum ist, desto höher muss der Grad der Wahrscheinlichkeit der Zahlungsunfähigkeit sein.[253] Dabei ist die gesamte finanzielle Entwicklung im Unternehmen zu berücksichtigen. Auch hier spielen für die praktische Feststellung die kriminalistischen Beweisanzeichen eine nicht zu vernachlässigende Rolle.

79 Für die Bestimmung des Beginns der drohenden Zahlungsunfähigkeit können primär betriebswirtschaftliche **Kriterien der Finanzplanung** sowie **Insolvenzindikatoren** (z.B. Bilanzkennzahlen) herangezogen werden.[254] Diese Kriterien und Indikatoren sind infolge ihrer Unsicherheiten strafrechtlich jedoch nur dann von Bedeutung, wenn sie zu einem eindeutigen Ergebnis führen.[255] In Relation zur konkreten Liquiditätslage können mehr oder weniger sichere Indikatoren sein:
- der rapide Verfall der Ertragslage bei fehlenden Reserven,
- Wechselproteste und Nichteinlösung von Schecks durch die Hausbank,
- die Zunahme von Mahnbescheiden und erfolglosen Vollstreckungsmaßnahmen,
- Fehlschläge bei Kreditverhandlungen,
- (drohende) Kündigung von Bankkrediten,

---

248 BT-Drs. 12/2443, S. 115.
249 *Bittmann* a.a.O. wistra 1998, 325.
250 *Bieneck* in Müller-Gugenberger/Bieneck, § 76 Rn. 75; *Bittman* wistra 1998, 325; a.A. *Burger/Schellberg* BB 1995, 264; *Röhm* INF 2003, 597: Ein Zeitraum von einem Jahr ist vertretbar.
251 *Bittmann* wistra 1998, 321, 325 f.
252 BT-Drs. 12/2443, S. 115; *Reck* GmbHR 1999, 270; *Röhm* INF 2003, 596.
253 *Bittmann* wistra a.a.O. 1998, 321, 325.
254 Vgl. dazu NK-*Kindhäuser* Vor §§ 283 ff. Rn. 100; *Uhlenbruck* Sicherung gegen Zahlungsausfälle aus der Sicht des Insolvenzrechts de lege lata und de lege ferenda, in: ZfbF 1982, 524, 531 f.; *Jäger* Die Zahlungsunfähigkeit nach geltendem und nach geplantem Insolvenz-Recht, in: DB 1986, 1441 ff.
255 LK-*Tiedemann* Vor § 283 Rn. 141; *Schlüchter* Die Krise im Sinne des Bankrottstrafrechts, in: MDR 1978, 265, 269.

Dannecker/Hagemeier

- schleppende Begleichung laufender Verbindlichkeiten zur Aufrechterhaltung des Betriebes (Löhne, Unterhaltungskosten, Zinsen),
- Rückstände bei Sozialversicherungsbeiträgen,
- zu erwartende hohe Schadensersatzforderungen oder Steuernachforderungen,
- Zusammenbruch eines wichtigen Kunden.[256]

Bezüglich des **Bewertungszeitraums** ist auf eine Periode von **zwölf Monaten** abzustellen.[257]   **80**

Die drohende oder eingetretene Zahlungsunfähigkeit ist in sehr viel stärkerem Maße als die Überschuldung für die **Betrugsstrafbarkeit** von Bedeutung. Bereits bei Zahlungsstockung kann ein Betrug vorliegen, wenn die Bestellungen mit kürzeren Zahlungszielen verbunden sind. Wenn die Liquidität nach Kaufpreisfälligkeit wieder hergestellt werden kann, beseitigt dies zwar die Tatbestandselemente der drohenden oder eingetretenen Zahlungsunfähigkeit im Insolvenzstrafrecht, nicht aber den durch den Betrug bereits erlittenen Schaden des Verkäufers, dessen Anspruch auf Bezahlung in der vereinbarten Frist nicht erfüllt werden konnte.   **81**

II. Abgrenzung der strafrechtlichen Überschuldung und Zahlungsunfähigkeit zu den Parallelbegriffen in §§ 17–19 InsO

Bislang ist rechtlich nicht geklärt, ob und inwieweit die in den §§ 17 Abs. 2, 18 Abs. 2, 19 Abs. 2 InsO insolvenzrechtlich legaldefinierten Begriffe der Überschuldung sowie der (drohenden) Zahlungsunfähigkeit auch für das Verständnis und die Auslegung der §§ 283 ff. StGB von Relevanz sind. Diese Frage wurde im Gesetzgebungsverfahren, mit Ausnahme der drohenden Zahlungsunfähigkeit, nicht diskutiert.[258] Nach einer Ansicht besteht eine strikte Insolvenzrechtsakzessorietät für die Strafgerichte.[259] Andere proklamieren demgegenüber einen **eigenständigen strafrechtlichen Krisenbegriff.**[260]   **82**

Im Ergebnis ist eine einheitliche straf- und insolvenzrechtliche Interpretation der Krisenmerkmale zu verneinen. Hierfür sprechen Erwägungen, die sich aus der Struktur sowie aus den Zielen des Insolvenzverfahrens ergeben.[261] So schützt das

---

256 So auch NK-*Kindhäuser* Vor §§ 283 ff. Rn. 100.

257 *Bittmann* wistra 1998, 321, 325.

258 Vgl. dazu BT-Drs. 12/2443, S. 114; Schönke/Schröder-*Stree/Heine* Vor §§ 283 ff. Rn. 50a m.w.N.; MüKo-*Radtke* Vor §§ 283 ff. Rn. 3 f.; *Uhlenbruck* Strafrechtliche Aspekte der Insolvenzrechtsreform 1994, in: wistra 1996, 1, 2.

259 So SK-*Hoyer* § 283 Rn. 8 ff.; *Bieneck* Strafrechtliche Relevanz der Insolvenzordnung und aktuelle Änderungen des Eigenkapitalersatzrechts, in: StV 1999, 43; *Höffner* Überschuldung: Ein Tatbestandsmerkmal im Schnittpunkt von Bilanz-, Insolvenz- und Strafrecht (Teil 1/Teil 2), in: BB 1999, 252, 253.

260 So etwa Schönke/Schröder-*Stree/Heine* Vor §§ 283 ff. Rn. 50a; *Wegner* in Achenbach/ Ransiek VII 1 Rn. 16.

261 Vgl. dazu umfassend *Achenbach* GS-Schlüchter, S. 257, 263 ff.

Strafrecht weder das gesamte Insolvenzverfahren mit allen Regelungseffekten, noch sind die jeweiligen Funktionen der Rechtsbegriffe identisch.[262] Schließlich darf nach § 16 InsO nur in den Fällen ein Insolvenzverfahren eröffnet werden, in denen einer der in den §§ 17–19 InsO beschriebenen Eröffnungsgründe gegeben ist. Zwar knüpfen abgestuft auch die §§ 283 ff. StGB an diese Begriffe an, jedoch offenbaren sich bei genauerer Betrachtung Unterschiede. Während die §§ 283, 283c StGB bezüglich des Schuldners nicht differenzieren, unterscheiden die §§ 17–19 InsO sowohl bezüglich des persönlichen Anwendungsbereichs als auch mit Blick auf die Antragsbefugnis. Zudem soll die zivilrechtliche Eröffnung des Insolvenzverfahrens – anders als die Intention im Strafrecht – nicht als Makel, sondern als Chance für das Unternehmen verstanden werden. Eine strikt zivilrechtsakzessorische Interpretation der strafrechtlichen Krisenmerkmale liefe Gefahr, die aufgezeigten strukturellen und zielgebundenen Unterschiede zu vernachlässigen. Deshalb haben die §§ 17–19 InsO nur eine **indizielle**, jedoch **keine bindende Wirkung** für die Auslegung und das Verständnis der §§ 283 ff. StGB. Hinzu kommt, dass der Gesetzgeber trotz oder gerade wegen der unterschiedlichen Ziele der Insolvenzreform eine Anschlusserneuerung der §§ 283 ff. StGB nicht für erforderlich erachtet hat.[263] Schließlich ist den spezifisch strafrechtlichen Anforderungen Rechnung zu tragen, so dass von einer **funktionalen Akzessorietät** gesprochen werden kann.[264] Dies hat den Vorteil, dass differenzierende, strafrechtsbezogene Lösungen gefunden werden können.[265]

83 Das ermittelte Ergebnis lässt sich am Beispiel der Überschuldung verdeutlichen. Trotz der in § 19 Abs. 2 InsO ausdrücklich normierten insolvenzrechtlichen Definition des Begriffs ist für die strafrechtliche Anwendung noch ungeklärt, ob die Bewertung der Vermögensposition anhand einer **Fortführungs- oder** einer **Zerschlagungshypothese** zu erfolgen hat.[266] Vor dem Inkrafttreten der Insolvenzordnung zum 1.1.1999 wurden teilweise die Fortführungswerte berücksichtigt. Argumentiert wurde, das reine „Going-concern-Prinzip" ergebe sich zwingend aus dem „In-dubio"-Grundsatz. Von den Vertretern der gegenläufigen Ansicht wurde Realitätsferne moniert. So entspreche es in der Praxis eher der Ausnahme, dass ein insolvenzreifes Unternehmen weitergeführt werden könne. Daher schlug die Gegenansicht ein dynamisch-zweistufiges Modell, bei dem die vermögensrechtliche Bewertung entweder auf der Basis von Fortführungs- oder von Liquidationswerten vorgenommen werden sollte,[267] alternativ ein modifiziertes zweistufiges Prüfungs-

---

262 Schönke/Schröder-*Stree/Heine* Vor §§ 283 ff. Rn. 50a.
263 Siehe dazu insgesamt *Wegner* in Achenbach/Ransiek VII 1 Rn. 16 ff. m.w.N.
264 Schönke/Schröder-*Stree/Heine* Vor §§ 283 ff. Rn. 50a m.w.N.; LK-*Tiedemann* Vor § 283 Rn. 15; *Lackner/Kühl* § 283 Rn. 5; vgl. auch *Achenbach* GS-Schlüchter, S. 257, 268 f., 271, der im Ergebnis aber eine strikte strafrechtliche Eigenständigkeit betont.
265 Schönke/Schröder-*Stree/Heine* Vor §§ 283 ff. Rn. 50a.
266 *Wegner* in Achenbach/Ransiek VII 1 Rn. 21 f. bzw. Rn. 28 f.
267 So ausdrücklich auch nach dem 1.1.1999 noch *Dannecker* in Michalski, GmbHG, § 84 Rn. 75.

modell vor.[268] Die seit dem 1.1.1999 vorherrschende insolvenzrechtliche Betrachtungsweise hat die Intensität der Auseinandersetzung noch erhöht.[269] Die angeregte strafrechtliche Modifikation des alten § 19 Abs. 2 S. 2 InsO über den „In-dubio"-Grundsatz[270] führt zurück zu der bereits für das Insolvenzrecht durch den Gesetzgeber als überholt eingestuften **modifizierten zweistufigen Methode.** § 19 InsO zielte jedoch zumindest vor der letzten Reform durch das FMStG auf eine frühzeitige Eröffnung des Insolvenzverfahrens ab, wohingegen § 283 StGB eine Situation beschreibt, in der sich ein Schuldner durch bestimmte Handlungen strafbar macht, die entweder wirtschaftlich sinnlos oder zumindest gefährlich sind. Es geht folglich um die Abgrenzung von weniger strafwürdigem zu solchem Verhalten, das gar kein strafwürdiges Unrecht enthält.[271] Da es methodologisch um einen Fall der Relativität der Rechtsbegriffe geht[272], steht diesem Ansatz auch die Einheit der Rechtsordnung nicht entgegen.[273]

III. Umfeldbedingungen

1. Markteinflüsse, Unternehmensfinanzierung, Sozialstruktur

Nicht nur die abstrakten Insolvenzgründe der InsO gilt es bei der Ursachenfindung **84** für Insolvenzanmeldungen zu bedenken. Weit über bilanzielle Fragen hinaus haben für die Unternehmensfortführung, für eine Sanierung oder eine Abwicklung Kriterien eine Bedeutung, die sich nur mittel- oder langfristig, durch politische und gesellschaftliche Maßnahmen, aber selten durch Strafrecht beeinflussen lassen:
- die Art und Weise der Finanzierung des Unternehmens durch Eigen- oder Fremdkapital,
- die Besteuerung der Grundflächen und des betrieblichen Ertrags,
- der betriebliche Standort und die dort vorhandene sächliche und personelle Infrastruktur (das sind u.a. Wege- und Kommunikationsnetze, Ausbildung von Fachkräften, Lohnkosten und gewerkschaftliche Kooperation),
- das zu finanzierende soziale Netz,
- das regulatorische Umfeld für die Betriebsfortführung (branchenabhängige Regeln, besonders umfangreiche staatliche Eingriffsmöglichkeiten) und
- die Wettbewerbssituation (vom Monopol bis hin zur Konkurrenz an jeder Ecke, die Einbindung in ein Vertriebsnetz oder die Abhängigkeit von einem fairen allseitigen Wettbewerb).

---

268 *Wegner* in Achenbach/Ransiek VII 1 Rn. 30 ff.
269 *Wegner* in Achenbach/Ransiek VII 1 Rn. 35.
270 LK-*Tiedemann* Vor § 283 Rn. 155.
271 *Wegner* in Achenbach/Ransiek VII 1 Rn. 36.
272 So *Achenbach* GS-Schlüchter, S. 257, 268 Rn. 61.
273 A.A. *Bieneck* StV 1999, 43, 44, zumal es sich hierbei nur um ein Postulat und nicht um einen Grundsatz handelt.

85 Immer wieder werden in der Unternehmensberatung diese Kriterien auch herangezogen, um eine erkannte Krisensituation abzuwenden oder Auswege zu suchen, die eine Fortführung unter veränderten Bedingungen ermöglicht. Staatliche Beihilfen stehen dabei regelmäßig unter einem Genehmigungsvorbehalt der Europäische Union, selbst dann, wenn der Staat sich nur privatwirtschaftlich an einem Unternehmen beteiligt und diesem Kapital zuführt.

Ein Unternehmen kann noch so liquide sein oder umfängliches Anlagevermögen besitzen, wenn beispielsweise durch Änderungen der wirtschaftlichen Situation, Streiks, höhere Gewalt oder politische Krisen ein Lieferanten- oder Absatzmarkt wegbricht.

86 Auch persönliche Schicksalsschläge, der Weggang oder die Abwerbung wichtiger Mitarbeiter, eine feindliche Wettbewerbssituation, faktische Lieferschwierigkeiten, ein Berufs- oder Tätigkeitsverbot oder auch die Änderung des legislatorischen Umfeldes können Gründe für den Eintritt einer Unternehmenskrise sein. Bei weitem nicht jedem der genannten Gründe ist ein Managementfehler vorausgegangen, es gibt sogar eine Vielzahl von Unternehmern, die eine Insolvenz einer Sanierung im Ausland vorgezogen haben. Daher sollte man sich auch in der Strafverfolgung bewusst machen, dass Strafrecht nur dort angewandt werden sollte, wo ersichtlich aufgrund böswilliger Absichten zum Schaden anderer gehandelt worden ist, wo mithin ein Strafbedürfnis tatsächlich entstanden ist.

2. Gesellschafter und Gläubiger

87 Mit einem weit gefächterten Dienstleistungs- und Finanzierungsangebot bieten Banken und Finanzdienstleister Kredite, Forderungskauf, Leasing, Unternehmensbeteiligungen, partiarische Darlehen, Bond-Finanzierungen, Mezzanine-Kapital oder die kapitalmarktrelevanten Formen der Schaffung von Eigenkapital (Aktien, Wandelschuldverschreibungen) bzw. Fremdkapital mit Rangrücktritt (Schuldverschreibungen, Genussscheine etc.) an. Unternehmen, die sich über den Kapitalmarkt finanzieren, haben es zunehmend mit Gesellschaftern und Beteiligten zu tun, denen die eigentlichen unternehmerischen Ziele gleichgültig sind, Hauptsache, es lassen sich damit Erträge, Zinsen und sonstige zähl- und messbare Vorteile (beispielsweise auch Kurssteigerungen) erzielen. Experten warnen davor, dass ein solches Umfeld zu für das soziale Netz unverträglichen Entscheidungen, zu erzwungener Liquidierung oder Überschuldung des Unternehmens oder einzelner Betriebsteile führen kann. Durch das WpÜG und die Angabepflichten der § 20 AktG, §§ 21, 22 WpHG hat der Gesetzgeber nach der Mannesmann/Vodafone-Übernahme nur für einen Teil der Unternehmen Rechtsschutz vor feindlichen Übernahmen geschaffen. Ein Unternehmenszusammenbruch kann daher auch „ferngesteuert" sein, ohne dass damit unmittelbar strafrechtliche Folgen verbunden sind. Die legalen Ausschüttungen durch von der Hauptversammlung beschlossene Dividendenzahlungen sind meist wesentlich schwerer für die Liquidität eines Unternehmens zu verkraften als die von Ermittlungsbehörden später verfolgten kleinkriminellen Phänomene geringfügiger Vermögensverschiebungen. Dass hier in einem Maße ganz legal auf die unternehmerischen Spielräume bis zur Grenze der Kapitalerhaltung eingewirkt werden kann, ist ein durch das Strafrecht nicht zu fassendes Phänomen.

Auch der Schutz vor „feindlichen" Gläubigern lässt sich keineswegs durch einen **88** Rückzug auf nationales Prozessrecht bewerkstelligen. Wenn bereits die Nichterfüllung einer titulierten Forderung bzw. ein vergeblicher Vollstreckungsversuch den Gläubiger dazu veranlasst, das Schuldnerunternehmen zu „sabotieren", bietet zuweilen nur die Insolvenzanmeldung einen vernünftigen Ausweg, um sich aus einer „Nötigungssituation" zu befreien. Auch versuchen zuweilen enttäuschte Geschäftspartner durch Beeinflussung von Meinungsmachern in Medien oder im Marktumfeld durch kritische Betrachtung, nachstellende Mängelbeanstandungen oder andere Formen des „Mobbing", das Unternehmen in eine Krise zu bringen.

3. Auslandsinsolvenz

Das deutsche Insolvenzrecht hat die Idee des US-amerikanischen Bankruptcy-Code **89** Chapter 11 aufgegriffen, das eine „Flucht" in die Insolvenz vor aggressiven Gläubigern ermöglicht. Der Insolvenzgrund der „drohenden Zahlungsunfähigkeit" kann aber – jedenfalls bei grenzüberschreitenden Sachverhalten – durch eine von einem Gläubiger im Ausland angemeldete Insolvenz ohne Einfluss des Schuldners vorverlagert werden. Schon diese Handlung kann das Schuldnerunternehmen empfindlich treffen, selbst wenn die Entscheidung in Deutschland nicht vollstreckbar sein sollte (§§ 335 ff. InsO i.V.m. der EuInsVO).[274]

Eine Abwehr solcher Anträge ist schwer, wenn nicht eindeutig gegen den ordre **90** public verstoßen wird (vgl. aber § 353 InsO i.V.m. Art. 25 EuInsVO, §§ 31 ff. EuGVÜ). Die Flucht des Schuldners stellt in vielen Ländern (etwa Italien, der Schweiz oder der Türkei) einen Insolvenzgrund dar.[275] Wer sich seinen Gläubigern heimlich entzieht, kann diese offenbar nicht befriedigen. In England war der Flucht gleich gestellt, wenn der Schuldner sein Haus nicht mehr verließ. In der Schweiz und in Finnland ist bereits die Nichterfüllung einer titulierten Forderung nach dem ersten Vollstreckungsversuch ein Insolvenzgrund.[276]

Faktisch ergibt sich ein Problem dann, wenn der ausländische Insolvenzantrag nach **91** internationalem Kollisionsrecht in Deutschland nicht durchgesetzt wird, sowie dann, wenn eine Forderung, die nach ausländischem Recht tituliert ist, in Deutschland weder zur Vollstreckung angenommen noch bei den Berechnungen im Überschuldungsstatus berücksichtigt wird.

---

274 *Gogger* S. 129 ff.
275 Daraus mag sich auch das Arrestverfahren der §§ 916 ff. ZPO entwickelt haben.
276 *Paulus* ZRP 2000, 296; *ders.* DStR 2003, 598.

C. Das Insolvenzverfahren

I. Einführung

1. Änderungen auf Grund des Gesetzes zur Vereinfachung des Insolvenzverfahrens[277]

92 Das Insolvenzverfahren wurde durch das Gesetz zur Vereinfachung desselben zum 1.7.2007 in nicht unbeachtlichem Maße überarbeitet. Erklärte Ziele der Novelle waren die **Modernisierung** sowie die **Anpassung des Verfahrens an aktuelle Möglichkeiten elektronischer Kommunikation.** So soll in Zukunft das Insolvenzgeschehen lückenlos auf einer bundeseinheitlichen Onlineplattform dokumentiert werden. Um dies zu ermöglichen, schuf der Gesetzgeber die rechtliche Grundlage für die öffentliche Bekanntmachung über das Internet und passte die Postsperre wie auch die öffentliche Bekanntmachung bei einer mangels Masse erfolgten Abweisung an.

Die früher im Bereich der Bewerbung um einen Posten als Insolvenzverwalter üblichen so genannten „geschlossenen Listen" wurden abgeschafft. Mit dieser Änderung folgt die Judikative den Vorgaben des Bundesverfassungsgerichts, welches in seiner Entscheidung vom 3.8.2004[278] den nicht unerheblichen Einfluss eines solchen Vorauswahlverfahrens auf die beruflichen Betätigungsmöglichkeiten der Interessenten kritisiert hatte. So muss der Insolvenzverwalter heute aus dem Kreis aller zur Übernahme bereiten Personen ausgewählt werden.

93 Schließlich sieht das modifizierte Insolvenzverfahren vor, dass **Sanierungen**[279] nur mehr unter engen Voraussetzungen im eröffneten Verfahren bereits im Vorfeld des Berichtstermins zugelassen werden können. Dadurch soll gewährleistet werden, dass außergewöhnlich günstige **Verwertungschancen** bereits in einem frühen Stadium des Verfahrens genutzt werden können. Abschließend ergibt sich nunmehr die Möglichkeit für den Insolvenzverwalter, einzelne Gegenstände aus der Masse freizugeben.

94 Sinn und Zweck des Insolvenzverfahrens bleiben von dieser Entwicklung der Gesetzeslage unberührt. Sie liegen gemäß § 1 InsO nach wie vor in der **gemeinschaftlichen Befriedigung der Gläubiger** eines Schuldners. Um dieses Ziel zu fördern, hat der Gesetzgeber ein standardisiertes und formalisiertes Verfahren entwickelt, welches sich durch die gesamte Insolvenzordnung zieht.

---

277 BGBl. I 2007, S. 509.
278 *BVerfG* NJW 2004, 2725 ff.
279 Zur Sanierung in der Insolvenz allgemein siehe *Gerloff* in Bittmann, Insolvenzstrafrecht § 25 Rn. 1 ff.

2. Zulässigkeit, Voraussetzungen, Ablauf und Wirkungen eines Insolvenzverfahrens

Die §§ 11, 12 InsO regeln die Zulässigkeit des Insolvenzverfahrens, indem sie **95** diesem nur das Vermögen bestimmter Schuldner unterwerfen. Es muss danach zunächst geprüft werden, ob der Zugriff auf die Vermögenswerte zulässig ist. Dies ist etwa bei Bundes- oder Landesvermögen gemäß § 12 Abs. 1 Nr. 1 InsO nicht der Fall.

§ 13 Abs. 1 S. 1 InsO verlangt für die Eröffnung des Insolvenzverfahrens das Vorlie- **96** gen eines **schriftlichen Antrags**[280], der bis zur Eröffnung oder rechtskräftigen Abweisung gemäß § 14 Abs. 2 InsO wieder zurückgenommen werden kann. Antragsberechtigt sind gemäß § 13 Abs. 1 S. 2 InsO sowohl der Schuldner als auch seine Gläubiger. Im letzteren Fall erfordert § 14 Abs. 1 InsO ein rechtliches Interesse des Gläubigers an der Eröffnung des Verfahrens sowie die Glaubhaftmachung sowohl seiner Forderung als auch eines Eröffnungsgrundes.

Mit Stellung des Insolvenzantrages wird das Eröffnungsverfahren eingeleitet. Voraussetzung dafür ist gemäß § 16 InsO das **Vorliegen eines Eröffnungsgrundes**. Mögliche Eröffnungsgründe sind die bereits dargestellte Zahlungsunfähigkeit gemäß § 17 InsO[281], die drohende Zahlungsunfähigkeit gemäß § 18 InsO[282] und die Überschuldung gemäß § 19 InsO[283]. In dieser Verfahrensphase prüft das Gericht die Zulässigkeit und Begründetheit des Insolvenzantrages.[284] Ist der Antrag auf Eröffnung des Insolvenzverfahrens zulässig, so treffen den Gemeinschuldner gegenüber dem Insolvenzgericht[285] Auskunfts- und Unterstützungspflichten gemäß § 20 Abs. 1 S. 1 InsO.[286]

Das Insolvenzgericht entscheidet nun über das konkrete Vorgehen. Es hat gemäß **97** § 21 InsO Sicherungsmaßnamen zur Verhütung nachteiliger Veränderungen in der Vermögenslage des Schuldners anzuordnen, wobei ihm insbesondere die in § 21 Abs. 2 S. 1 Nr. 1 bis 5 InsO enumerativ, in abgestufter Reihenfolge entsprechend ihrer Eingriffsintensität, aufgeführten Instrumentarien zur Verfügung stehen. So kann das Gericht einen **vorläufigen Insolvenzverwalter** bestellen[287] oder dem Schuldner ein **allgemeines Verfügungsverbot** auferlegen, wobei es stets den Grundsatz der Verhältnismäßigkeit zu wahren hat.[288] Im letzteren Fall trifft das Insolvenz-

---

280 § 13 Abs. 3 InsO hat das Bundesjustizministerium mit Zustimmung des Bundesrates zur Einführung eines speziellen Antragformulars für die Schuldner ermächtigt.
281 Siehe dazu näher oben Rn. 70 ff.
282 Siehe dazu näher oben Rn. 75 ff.
283 Siehe dazu näher oben Rn. 55 ff.
284 *Beck* in Wabnitz/Janovsky 6. Kapitel Rn. 111.
285 Siehe dazu näher unten Rn. 103.
286 Siehe auch den Hinweis in § 20 Abs. 1 S. 2 InsO auf die entsprechende Geltung der §§ 97, 98, 101 Abs. 1 S. 1 u. 2, Abs. 2 InsO.
287 Zu dessen Rechtsstellung siehe § 22 InsO und *Beck* in Wabnitz/Janovsky 6. Kapitel Rn. 118 ff.
288 *Beck* in Wabnitz/Janovsky 6. Kapitel Rn. 111.

gericht eine Pflicht zur öffentlichen Bekanntmachung seines Beschlusses gemäß § 23 InsO. Verstößt ein Schuldner gegen das ihm auferlegte Verfügungsverbot, ereilt seine Verfügung gemäß § 24 Abs. 1 InsO das Schicksal entsprechend der §§ 81, 82 InsO. Die Wirksamkeit von Verfügungen über Finanzsicherheiten nach § 1 Abs. 17 KreditwesenG sowie die Wirksamkeit der Verrechnung von Ansprüchen und Leistungen aus Überweisungs-, Zahlungs- oder Übertragungsverträgen, die in ein System nach § 1 Abs. 16 KreditwesenG eingebracht wurden, bleibt von solchen Sicherungsmaßnahmen gemäß § 21 Abs. 2 S. 2 InsO unberührt. Bedeutung und Weite der Sicherungsinstrumentarien des Insolvenzgerichts sind in der Praxis nicht zu unterschätzen. Sie ermöglichen im Bedarfsfall nicht nur die zwangsweise Vorführung, sondern auch die Inhaftierung des Schuldners.[289]

98 Im Anschluss prüft das Insolvenzgericht die **Massezulänglichkeiten** und weist den Antrag mangels Masse gemäß § 26 Abs. 1 S. 1 InsO[290] ab, wenn das schuldnerische Vermögen aller Voraussicht nach nicht ausreichen wird, die Kosten des Verfahrens zu decken.[291] Gegen eine solche Entscheidung steht dem Antragsteller wie auch dem Schuldner gemäß § 34 Abs. 1 InsO das **Rechtsmittel der sofortigen Beschwerde** zur Verfügung. Wird ein ausreichender Geldbetrag vorgeschossen oder werden die Kosten des Verfahrens gemäß § 4a InsO gestundet, unterbleibt eine Abweisung mangels Masse gemäß § 26 Abs. 1 S. 2 InsO. Dieser Beschluss ist gemäß § 26 Abs. 1 S. 3 InsO unverzüglich – ohne schuldhaftes Verzögern – öffentlich bekanntzumachen. Im Falle der Abweisung der Eröffnung mangels Masse erfolgt gemäß § 26 Abs. 2 S. 1 InsO ein Eintrag des Schuldners in das Schuldnerverzeichnis – die so genannte „schwarze Liste"[292] –, bzw. eine Mitteilung von Amts wegen an das Handels-, Genossenschafts- oder Vereinsregister gemäß § 31 Abs. 2 InsO, wenn der Schuldner dort als juristische Person oder Gesellschaft ohne Rechtspersönlichkeit verzeichnet ist.

99 Mit Rechtskraft des **Abweisungsbeschlusses** werden Gesellschaften kraft Gesetzes aufgelöst.[293] Die Abweisung mangels Masse führt in der Praxis zu der problematischen Situation, dass kein geordnetes Insolvenzverfahren mehr durchgeführt werden kann[294], auch wenn der insolvenzrechtliche Begriff der Masseunzulänglichkeit nicht mit demjenigen der Vermögenslosigkeit gleichgesetzt werden kann.[295] Eine be-

---

289 Vgl. § 21 Abs. 3 InsO.
290 Diese Vorgehensweise ist nicht zu verwechseln mit der Einstellung mangels Masse gemäß § 207 InsO, welche dort erst nach der Eröffnung des Insolvenzverfahrens vorgenommen wird.
291 *Beck* in Wabnitz/Janovsky 6. Kapitel Rn. 129 spricht hier von einer „Gretchenfrage".
292 Die Löschungsfrist beträgt hier gemäß § 26 Abs. 2 S. 2 letzter Hs. InsO fünf Jahre.
293 Vgl. §§ 131 Abs. 2 Nr. 1, 161 Abs. 2 HGB, §§ 262 Abs. 1 Nr. 4, 278 Abs. 3 AktG, § 60 Abs. 1 Nr. 5 GmbHG, § 81a Nr. 1 GenG; siehe auch den Hinweis von *Beck* in Wabnitz/Janovsky 6. Kapitel Rn. 130.
294 *Uhlenbruck* Die Durchsetzung von Gläubigeransprüchen gegen eine vermögenslose GmbH und deren Organe nach geltendem und neuem Insolvenzrecht, in: ZIP 1996, 1641.
295 *Beck* in Wabnitz/Janovsky 6. Kapitel Rn. 131 m.w.N.

schränkt haftende Gesellschaft ist nach der Lehre vom „Doppeltatbestand" erst in dem Zeitpunkt voll beendet, in dem sie nicht nur vermögenslos ist, sondern auch im Register gelöscht wurde.[296] So ist – unabhängig von der Schwere einer solchen Prüfung ohne konkrete Einblicke in die Geschäftsunterlagen der Gesellschaft[297] – stets zu kontrollieren, ob noch Vermögenswerte – etwa in Form von Ansprüchen gegen Dritte – auf Seiten der Gesellschaft vorhanden sind, da eine Gesellschaft, die zwar gelöscht wurde, aber noch über Vermögen verfügt, als Rechtsträger weiterexistiert. Der insolvenzrechtliche Grundsatz der Gläubigergleichbehandlung gilt für die Liquidatoren nicht, so dass die Gläubiger regelmäßig resignieren, sobald die GmbH im Handelsregister gelöscht wurde.[298] Dies wiederum stellt eine Chance für die ehemaligen Geschäftsführer und jetzigen Liquidatoren dar, nach eigenem Ermessen das verbleibende Restvermögen zu verteilen.[299]

Verläuft die Massevorprüfung positiv, so ergeht ein **Eröffnungsbeschluss** des Insol- **100**
venzgerichts.[300] Hiergegen steht dem Schuldner gemäß § 34 Abs. 2 InsO das Rechtsmittel der sofortigen Beschwerde zu. In dem Eröffnungsbeschluss ernennt das Insolvenzgericht gemäß § 27 Abs. 1 InsO einen Insolvenzverwalter und bestimmt nach § 29 InsO Termine für eine Gläubigerversammlung. Den erforderlichen Inhalt eines solchen Beschlusses gibt § 27 Abs. 2 InsO wieder. Zugleich sind die Gläubiger gemäß § 28 InsO aufzufordern, ihre Forderungen innerhalb einer bestimmten Frist von mindestens zwei Wochen und höchstens drei Monaten[301] unter Beachtung von § 174 InsO beim Insolvenzverwalter **anzumelden**. Daneben sind die Gläubiger durch § 28 Abs. 2 InsO zur Mitteilung etwaiger Sicherungsrechte an Teilen des schuldnerischen Vermögens aufzufordern. Dieser Aufforderung sollte der Gläubiger im eigenen Interesse nachkommen. Ansonsten setzt er sich der Gefahr aus, eigene Forderungen nicht (mehr) realisieren zu können. Zudem macht er sich gegebenenfalls gemäß § 28 Abs. 2 S. 3 InsO für entstehende Schäden ersatzpflichtig. Schließlich sind Drittschuldner im Rahmen des § 28 Abs. 3 InsO aufzufordern, nicht mehr an den insolventen Schuldner zu leisten, sondern nur noch an den Verwalter. Unter anderem aufgrund dieser gesetzlichen Vorgaben ist der Eröffnungsbeschluss gemäß § 30 Abs. 1 S. 1 InsO sofort öffentlich bekanntzumachen und den Gläubigern, dem Schuldner und dessen Schuldnern zeitgleich gemäß § 30 Abs. 2 InsO besonders zuzustellen. Schließlich ist die Eröffnung des Insolvenzverfahrens nach § 32 Abs. 1 InsO im Grundbuch einzutragen. Mit der Eröffnung des Insolvenzverfahrens beginnt nach § 155 Abs. 2 S. 1 InsO ein neues Geschäftsjahr.

Die allgemeinen Wirkungen der Eröffnung des Insolvenzverfahrens ergeben sich aus **101**
den §§ 80 ff. InsO. Zunächst gehen die Rechte des Schuldners bezüglich der Verwal-

---

296 Vgl. dazu im Folgenden den Beitrag von *Beck* in Wabnitz/Janovsky 6. Kapitel Rn. 131 m.w.N.
297 *Uhlenbruck* a.a.O.
298 *Uhlenbruck* a.a.O.
299 *Beck* in Wabnitz/Janovsky 6. Kapitel Rn. 131.
300 *Beck* in Wabnitz/Janovsky 6. Kapitel Rn. 132.
301 So in § 28 Abs. 1 S. 2 InsO vorgegeben.

tung des zur Insolvenzmasse gehörenden Vermögens und zu entsprechenden Verfügungen gemäß § 80 Abs. 1 InsO auf den **Insolvenzverwalter** über. Mit seiner Ernennung leitet dieser regelmäßig die Abwicklung der Insolvenz.[302] Ein gegen den Schuldner bestehendes Veräußerungsverbot hat im Verfahren jedoch keine Wirkung, wenn es nur den Schutz bestimmter Personen bezweckt.[303] Künftige Verfügungen des Schuldners über Gegenstände der Insolvenzmasse sind gemäß § 81 Abs. 1 S. 1 InsO unwirksam. Die wichtigste Wirkung der Eröffnung des Insolvenzverfahrens wird in der Insolvenzordnung nicht ausdrücklich erwähnt, ergibt sich aber aus § 80 Abs. 1 S. 1 InsO: Die **Beschlagnahme der Insolvenzmasse** umfasst nach § 35 InsO nicht nur das vorhandene Vermögen, sondern auch **Neuerwerbungen des Schuldners** während des Verfahrens.[304]

3. Strafrechtliche Konsequenzen der Eröffnung des Insolvenzverfahrens

102   Bei der Eröffnung des Insolvenzverfahrens sowie bei der Abweisung des Eröffnungsantrags mangels Masse handelt es sich um formalrechtliche Akte des Insolvenzrichters, die Tatbestandswirkung für die **objektive Strafbarkeitsbedingung** des § 283 Abs. 6 StGB haben, sofern nicht bereits Zahlungseinstellung bejaht wurde.[305] Der Strafrichter ist an die insolvenzrechtlichen Vorgaben und an die **Rechtskraft der Verfahrensakte** gebunden; er darf die Berechtigung dieser Verfahrensakte nicht mehr seiner richterlichen Kontrolle unterziehen.[306] Für den Strafrichter sind Entscheidungen, die ein bereits eröffnetes Verfahren nachträglich einstellen, mit der Konsequenz unbeachtlich, dass es beim Vorliegen der objektiven Bedingung der Strafbarkeit bleibt.[307] Nach der Verfahrenseröffnung besteht die Möglichkeit der Einstellung, wenn eine der in den §§ 207 ff. InsO beschriebenen Voraussetzungen vorliegt.[308]

II. Insolvenzgericht

103   In der Insolvenzordnung finden sich Vorschriften zur sachlichen und örtlichen Zuständigkeit des Insolvenzgerichts.[309] Im Regelfall ist für das Insolvenzverfahren gemäß § 2 Abs. 1 InsO sachlich das **Amtsgericht** zuständig, in dessen Bezirk ein Landgericht seinen Sitz hat. Hierbei handelt es sich um einen **ausschließlichen Gerichtsstand**.

---

302 Die Eigenverwaltung stellt lediglich eine Ausnahme dar.
303 Vgl. § 80 Abs. 2 S. 1 InsO i.V.m. §§ 135, 136 BGB.
304 Vgl. zu dieser Abweichung von der früheren KO auch den Beitrag von *Beck* in Wabnitz/Janovsky 6. Kapitel Rn. 132.
305 *Beck* in Wabnitz/Janovsky 6. Kapitel Rn. 133.
306 *RGSt* 26, 37; vgl. auch *Lackner/Kühl* § 283 Rn. 28 m.w.N.
307 Schönke/Schröder-*Stree/Heine* § 283 Rn. 61.
308 *Beck* in Wabnitz/Janovsky 6. Kapitel Rn. 134.
309 *Smid* in Bittmann, Insolvenzstrafrecht § 9 Rn. 49 ff.

§ 2 Abs. 2 InsO beinhaltet eine Ausnahme von diesem Grundsatz. So werden die Landesregierungen ermächtigt, durch **Rechtsverordnungen** andere oder zusätzliche Amtsgerichte zu Insolvenzgerichten zu bestimmen und die Bezirke der Insolvenzgerichte abweichend festzulegen, soweit dies der sachdienlichen Förderung oder schnelleren Erledigung der Verfahren dient.

Die **örtliche Zuständigkeit** bestimmt sich nach § 3 InsO. Gemäß § 3 Abs. 1 S. 1 InsO ist das Amtsgericht ausschließlich zuständig, in dessen Bezirk der Schuldner seinen allgemeinen Gerichtsstand hat. Dieser Ort wird gemäß § 4 InsO i.V.m. §§ 12, 13 ZPO durch den Wohnsitz des Schuldners bestimmt. Liegt der Mittelpunkt einer selbständigen wirtschaftlichen Tätigkeit des Schuldners an einem anderen Ort, so ist nach § 3 Abs. 1 S. 2 InsO ausschließlich das Insolvenzgericht zuständig, in dessen Bezirk dieser Ort liegt. **103a**

Ergibt sich die Zuständigkeit mehrerer Gerichte, so gilt der **Prioritätsgrundsatz**. Gemäß § 3 Abs. 2 InsO schließt das Gericht, bei dem die Eröffnung des Hauptverfahrens erstmalig beantragt wurde, die Zuständigkeit anderer Gerichte aus. **103b**

III. Insolvenzverwaltung

1. Verwaltung und Verwertung

Die Verwaltung und Verwertung der Insolvenzmasse ist im vierten Teil der Insolvenzordnung gesetzlich normiert. Die §§ 148 ff. InsO regeln die Sicherung der Insolvenzmasse, die Entscheidung über die Verwertung und die Gegenstände mit Absonderungsrechten. **104**

a) Sicherung der Insolvenzmasse

Zunächst nimmt der Insolvenzverwalter gemäß § 148 Abs. 1 InsO nach Eröffnung des Insolvenzverfahrens das gesamte zur Insolvenzmasse gehörende Vermögen in Besitz und Verwaltung, notfalls im Wege der Zwangsvollstreckung. Anschließend hat er verschiedene Verzeichnisse und Übersichten anzulegen. So trifft den Insolvenzverwalter nach § 151 InsO die Pflicht, ein **Verzeichnis der Massegegenstände** aufzustellen[310], wozu er sich gemäß § 151 Abs. 2 S. 3 InsO eines Sachverständigen bedienen kann. Über die Gläubiger des Schuldners hat er nach § 152 InsO ebenfalls ein Verzeichnis zu erstellen, in welchem die **absonderungsberechtigten Gläubiger** gesondert hervorzuheben sind. Schließlich muss er gemäß § 153 InsO eine **Vermögensübersicht** erstellen, in der die Gegenstände der Insolvenzmasse und die Verbindlichkeiten des Schuldners aufgeführt und einander gegenübergestellt werden. **105**

---

310 Man beachte den Ausnahmetatbestand des § 151 Abs. 3 InsO.

Diese drei Verzeichnisse bzw. Übersichten sind nach § 154 InsO spätestens eine Woche vor dem Berichtstermin in der Geschäftsstelle zur Einsicht der Beteiligten niederzulegen. Die handels- und steuerrechtlichen Pflichten des Schuldners bleiben hiervon nach § 155 InsO unberührt, jedoch hat der Insolvenzverwalter diese Pflichten in Bezug auf die Insolvenzmasse zu erfüllen.

b) Entscheidung über die Verwertung

106 Für die Entscheidung über die Verwertung der Insolvenzmasse ist gemäß § 156 InsO ein **Berichtstermin** abzuhalten, an welchem der Insolvenzverwalter über die wirtschaftliche Lage des Schuldners und deren Ursache berichtet. Gleichzeitig gibt er Antwort auf die Fragen, ob das schuldnerische Unternehmen zumindest in Teilen erhalten werden kann, welche Möglichkeiten für einen Insolvenzplan bestehen und welche Auswirkungen dies auf die Befriedigung der Gläubiger haben würde. Dort erhalten der Schuldner, der Gläubigerausschuss, der Betriebsrat und der Sprecherausschuss der leitenden Angestellten gemäß § 156 Abs. 2 S. 1 InsO Gelegenheit zur Stellungnahme zu dem Bericht des Verwalters. Über die Stilllegung oder vorläufige Fortführung des schuldnerischen Unternehmens entscheidet nach § 157 InsO die Gläubigerversammlung. Möchte der Insolvenzverwalter das Unternehmen des Schuldners bereits vor dem Berichtstermin stilllegen oder veräußern, so hat er nach § 158 InsO zuvor die Zustimmung des Gläubigerausschusses einzuholen, sofern ein solcher bestellt wurde.

107 Der **Gläubigerversammlung** steht es gemäß § 157 S. 2 InsO frei, ob sie den Verwalter mit der Ausarbeitung eines Insolvenzplans beauftragt oder ihm wenigstens das Ziel des Plans vorgibt. Vor der Beschlussfassung durch die Gläubigerversammlung bzw. vor der Stilllegung oder Veräußerung des Unternehmens hat der Insolvenzverwalter den Schuldner nach § 158 Abs. 2 S. 1 InsO zu unterrichten. Dem Insolvenzgericht steht in den Fällen des § 158 Abs. 2 S. 2 InsO eine Untersagungsbefugnis zu. § 159 InsO regelt die Verwertung der Insolvenzmasse. Danach hat der Insolvenzverwalter unverzüglich nach dem Berichtstermin das zur Insolvenzmasse gehörende Vermögen zu verwerten, soweit Beschlüsse der Gläubigerversammlung nicht entgegenstehen.

c) Gegenstände mit Absonderungsrechten

108 Die Vorschriften der §§ 165 ff. InsO regeln die Verwertung von Gegenständen mit Absonderungsrechten, wobei zwischen unbeweglichen Gegenständen (§ 165 InsO) und beweglichen Gegenständen (§ 166 InsO) unterschieden wird. Die gesetzlichen Regelungen enthalten detaillierte Vorgaben für die Behandlung der Gegenstände mit Absonderungsrechten.

2. Befriedigung der Insolvenzgläubiger und Einstellung des Verfahrens

Regelungen zur Befriedigung der Insolvenzgläubiger und zur Einstellung des Verfahrens finden sich im fünften Teil der Insolvenzordnung.　　**109**

a) Feststellung der Forderungen

Gemäß § 174 Abs. 1 S. 1 InsO haben die Insolvenzgläubiger ihre Forderungen　　**110** zunächst schriftlich beim Insolvenzverwalter anzumelden. Diese Vorschrift korreliert inhaltlich mit § 28 InsO. Im Rahmen dieser Anmeldung sind die **Forderungen** nach § 174 Abs. 2 InsO sowohl dem Grunde als auch der Höhe nach anzugeben und vom Insolvenzverwalter gemäß § 175 Abs. 1 InsO in eine **Tabelle einzutragen**. Geht ein Gläubiger von einer vorsätzlichen unerlaubten Handlung des Schuldners aus, so muss er entsprechende Tatsachen darlegen (§ 174 Abs. 2 InsO). Im anschließenden Prüfungstermin (§ 176 InsO) prüft der Insolvenzverwalter die angemeldeten Forderungen ihrem Betrag und ihrem Rang nach. Im Bestreitensfall sind Forderungen einzeln zu erörtern. Nach § 178 Abs. 1 S. 1 InsO gilt eine Forderung als festgestellt, wenn gegen sie weder vonseiten des Verwalters noch vonseiten eines Gläubigers ein Widerspruch im Prüfungstermin oder im schriftlichen Verfahren[311] erhoben wurde bzw. wenn ein solcher wieder beseitigt wurde. Ein Widerspruch des Schuldners steht der Feststellung einer Forderung jedoch nicht entgegen.

Das **Insolvenzgericht** trägt gemäß § 178 Abs. 2 S. 1 InsO jede Feststellung und　　**111** jeden Widerspruch bezüglich einer angemeldeten Forderung **in die Tabelle** ein. Diese Eintragung wirkt für die festgestellte Forderung nach § 178 Abs. 3 InsO ihrem Betrag und ihrem Rang nach wie ein rechtskräftiges Urteil gegenüber dem Verwalter und sämtlichen Insolvenzgläubigern. Die Zuständigkeit für die Feststellung ergibt sich aus § 180 InsO. Im ordentlichen Verfahren ist Klage bei demjenigen Amtsgericht zu erheben, bei dem das Insolvenzverfahren anhängig ist oder war, solange der Streitgegenstand nicht die Zuständigkeit desjenigen Landgerichts eröffnet, zu dessen Bezirk das Insolvenzgericht gehört. Wurde eine Forderung vonseiten des Verwalters oder eines Gläubigers bestritten, bleibt es dem Gläubiger gemäß § 179 Abs. 1 InsO überlassen, gegen den Bestreitenden die Feststellung zu betreiben. Im Falle des Vorliegens eines vollstreckbaren Schuldtitels oder eines Endurteils obliegt es nach § 179 Abs. 2 InsO dem Bestreitenden, den Widerspruch zu verfolgen. Eine rechtskräftige Entscheidung wirkt in diesem Bereich gemäß § 183 InsO gegenüber dem Verwalter sowie gegenüber sämtlichen Gläubigern. Die Beantragung der **Berichtigung der Tabelle** obliegt der obsiegenden Partei. § 184 InsO regelt die Klage gegen einen Widerspruch des Schuldners. In bestimmten Fällen kann der Schuldner nach § 186 InsO Wiedereinsetzung in den vorigen Stand beantragen.

---

311 Vgl. dazu § 177 InsO.

b) Verteilung der Insolvenzmasse

112 Vor dem allgemeinen Prüfungstermin darf nach § 187 Abs. 1 InsO nicht mit der Befriedigung der Gläubiger begonnen werden. Sind **Barmittel in der Insolvenzmasse** vorhanden, so können diese durch den Insolvenzverwalter mit Zustimmung eines vorhandenen Gläubigerausschusses gemäß § 183 Abs. 2, 3 InsO an die Insolvenzgläubiger verteilt werden. Vor dieser Verteilung hat der Insolvenzverwalter gemäß § 188 S. 1 InsO ein Verzeichnis derjenigen Forderungen aufzustellen, welche bei der Verteilung zu berücksichtigen sind. Den Beteiligten ist Einsicht in dieses Verzeichnis zu gewähren, um ihnen ihr Einwendungsrecht aus § 194 InsO zu ermöglichen bzw. dessen Geltendmachung nicht unnötig zu erschweren. Der Insolvenzverwalter zeigt dem Gericht die Summe der Forderungen und den für die Verteilung zur Verfügung stehenden Betrag an. Das Insolvenzgericht hat dies öffentlich bekanntzumachen. Die §§ 189 ff. InsO regeln die Berücksichtigung bestrittener Forderungen, absonderungsberechtigter Gläubiger und aufschiebend bedingter Forderungen.

113 Ist die Verwertung der Insolvenzmasse mit Ausnahme eines laufenden Einkommens beendet, so erfolgt mit Zustimmung des Insolvenzgerichts nach § 196 InsO die so genannte **Schlussverteilung**, wobei ein Schlusstermin im Sinne von § 197 InsO bestimmt wird. Bei der Schlussverteilung zurückbehaltene Beträge hat der Insolvenzverwalter nach § 198 InsO für Rechnung der Beteiligten bei einer geeigneten Stelle zu hinterlegen. Einen trotz vollständiger Befriedigung aller Insolvenzgläubiger übrig gebliebenen Überschuss hat der Insolvenzverwalter nach § 199 S. 1 InsO dem Schuldner herauszugeben.

114 Mit Vollzug der Schlussverteilung beschließt das Insolvenzgericht gemäß § 200 InsO die **Aufhebung des Insolvenzverfahrens** und gibt dies unter Angabe der Gründe für die Aufhebung öffentlich bekannt.[312] Die Aufhebung des Insolvenzverfahrens hindert die Gläubiger kraft § 201 Abs. 1 InsO jedoch nicht daran, ihre restlichen Forderungen gegen den Schuldner unbeschränkt in dem in § 201 Abs. 2 InsO beschriebenen Weg vor dem gemäß § 202 InsO zuständigen Vollstreckungsgericht geltend zu machen. Die Vorschriften über die Restschuldbefreiung[313] bleiben hiervon nach § 201 Abs. 3 InsO unberührt. Nach § 203 InsO besteht die Möglichkeit der **Nachtragsverteilung.**

c) Einstellung des Insolvenzverfahrens

115 Kristallisiert sich erst nach der Eröffnung des Insolvenzverfahrens[314] die **Unzulänglichkeit der Masse** heraus, so stellt das Insolvenzgericht das Verfahren gemäß § 207 Abs. 1 InsO ein, wenn nicht ein ausreichender Geldbetrag vorgeschossen wird oder die Kosten des Verfahrens nach § 4a InsO gestundet werden. Vor dieser Entschei-

---

312 §§ 31 bis 33 InsO gelten hier gemäß § 200 Abs. 2 S. 2 InsO entsprechend.
313 Vgl. §§ 286 ff. InsO.
314 In diesem Punkt besteht der Unterschied zum Anwendungsbereich des § 26 Abs. 1 InsO.

dung sind die Gläubigerversammlung, der Insolvenzverwalter und die Massegläubiger nach § 207 Abs. 2 InsO zu hören. Sind Barmittel in der Insolvenzmasse vorhanden, so hat der Insolvenzverwalter kraft § 207 Abs. 3 InsO vor der Einstellung die Kosten des Verfahrens und von diesen zuerst die Auslagen nach dem Verhältnis ihrer Beträge zu berichtigen. Eine Pflicht zur Verwertung von Massegegenständen trifft ihn zu diesem Zeitpunkt nicht mehr.

Sind die Kosten des Insolvenzverfahrens zwar gedeckt, reicht die Insolvenzmasse **116** jedoch (voraussichtlich) nicht aus, um die fälligen sonstigen Masseverbindlichkeiten zu erfüllen, so muss der Insolvenzverwalter dies als **Masseunzulänglichkeit** dem Insolvenzgericht gemäß § 208 Abs. 1 InsO **anzeigen**. Das Insolvenzgericht muss diese Anzeige nach § 208 Abs. 2 InsO öffentlich bekanntmachen und sie den Massegläubigern besonders zustellen. Die fortlaufende Pflicht des Insolvenzverwalters zur Verwaltung und Verwertung der Masse bleibt hiervon nach § 208 Abs. 3 InsO unberührt. Die **Rangordnung** zur Befriedigung **der Massegläubiger** ergibt sich aus § 209 InsO. Die Vollstreckung einer Masseverbindlichkeit im Sinne des § 209 Abs. 1 Nr. 3 InsO ist mit Anzeige der Masseunzulänglichkeit nach § 210 InsO unzulässig.

Nach normgemäßer Verteilung der Insolvenzmasse durch den Insolvenzverwalter **117** stellt das Insolvenzgericht das Insolvenzverfahren gemäß § 211 Abs. 1 InsO ein. Eine **Einstellung** kann nach § 212 InsO auf Antrag des Schuldners bei entsprechender Glaubhaftmachung auch wegen des Wegfalls des Eröffnungsgrundes vorgenommen werden. Mit Hinweis auf die entsprechende Zustimmung sämtlicher Insolvenzgläubiger enthält § 213 InsO einen weiteren Einstellungsgrund. Das Verfahren innerhalb der aufgezeigten Wege der Einstellung regelt § 214 InsO, der u.a. eine öffentliche Bekanntmachung und eine Niederlegung des Antrages zur Einsicht vorschreibt. Vor der Einstellung hat der Insolvenzverwalter nach § 214 Abs. 3 InsO unstreitige Masseansprüche zu berichtigen und für die streitigen Masseansprüche Sicherheiten zu leisten. § 215 InsO regelt schließlich die Bekanntmachung und die Wirkungen einer solchen Einstellung. Als Rechtsmittel steht jedem Insolvenzgläubiger und dem Schuldner gemäß § 216 InsO die **sofortige Beschwerde** zur Verfügung.

3. Der Insolvenzverwalter als Erkenntnisquelle

Wie bereits dargelegt, hat der Insolvenzverwalter eine bedeutende Rolle innerhalb **118** des Insolvenzverfahrens inne. Vom Insolvenzrichter beauftragt, hat er regelmäßig im Vorfeld ein Gutachten zur Beantwortung der Frage zu erstatten, ob zur Deckung der Kosten eines Insolvenzverfahrens genügend freie Masse vorhanden ist (vgl. § 26 InsO). Auf Grund seines **Einblicks in das insolvente Unternehmen** stellt der Insolvenzverwalter eine wichtige Erkenntnisquelle der Ermittlungsbehörden dar.[315] Unabhängig davon, ob er als Gutachter gerade damit befasst ist, unternehmensbezogene Erkenntnisse zu sammeln und auszuwerten, oder ob er bereits ein schriftliches Gutachten vorgelegt hat, ist eine Kontaktaufnahme seitens des Staatsanwalts zu dem

---

315 *Köhler* in Wabnitz/Janovsky 7. Kapitel Rn. 386; *Weyand/Diversy* Rn. 146.

Insolvenzverwalter unerlässlich. Dadurch lassen sich gerade mit Blick auf eine möglicherweise „unsaubere" Insolvenz wichtige Ansatzpunkte der Ermittlungsbehörden für weitere Untersuchungen gewinnen.[316] So werden oft entscheidende Feststellungen über Straftaten getroffen, welche für den Verfall des Vermögens kausal waren oder in diesem Zusammenhang begangen wurden.

119 Durch die ihm gemäß § 152 InsO obliegende Verpflichtung zur Erstellung eines Gläubigerverzeichnisses verfügt der Insolvenzverwalter zudem über einen **umfassenden Überblick** über möglicherweise geschädigte Gläubiger und damit potenzielle Opfer einer Insolvenzstraftat. Die ihm erteilten Auskünfte und eingesehenen Firmenunterlagen ermöglichen es dem Insolvenzverwalter regelmäßig, den Ermittlungsbehörden wichtige Hinweise auf vorgenommene Vermögensverschiebungen und sonstige Bankrotthandlungen zu geben.[317] Hier zeigt sich die Wichtigkeit eines intensiven Gesprächs und Austauschs zwischen Staatsanwalt und Insolvenzverwalter, da Letzterer derartige Erkenntnisse auf Grund seines anders lautenden gerichtlichen Auftrages in der Regel nicht schriftlich fixiert, sondern sich oftmals nur auf die Frage der Masseunzulänglichkeit beschränkt.

120 Eine Zusammenarbeit funktioniert nicht immer reibungslos. Selbst in Anbetracht der Tatsache, dass gerade der Insolvenzverwalter häufig schon aus eigenem Interesse an einer entsprechenden Kooperation mit der Staatsanwaltschaft interessiert ist[318], steht mancher Insolvenzverwalter einer derartigen Zusammenarbeit kritisch gegenüber. Dies kann in der Praxis sogar dazu führen, dass Ermittlungen der Staatsanwaltschaft bewusst behindert werden. In diesem Fall sollte sich der Staatsanwalt nach dem gescheiterten Versuch der Herbeiführung eines Einvernehmens nicht scheuen, die erforderlichen Maßnahmen gegen den womöglich die Herausgabe wichtiger Unterlagen verweigernden Insolvenzverwalter zu ergreifen.[319] Neben dem Instrumentarium der **Beschlagnahme gemäß § 94 Abs. 2 StPO** ist in Extremfällen auch die Einleitung eines Ermittlungsverfahrens gegen den unkooperativen Insolvenzverwalter wegen des Verdachts der (versuchten) Strafvereitelung gemäß § 258 Abs. 1 (bzw. 4) StGB in Erwägung zu ziehen.

121 Der Insolvenzverwalter ist **nicht zur Akteneinsicht** in die Ermittlungsakten berechtigt,[320] weil er nicht Verletzter der Straftat ist und als solcher auch keine sonstigen Anträge im Verfahren stellen kann (beispielsweise keinen Adhäsionsantrag).[321] Dem Insolvenzverwalter soll aber jedenfalls nach den §§ 111g Abs. 2, 111h Abs. 2 StPO

316 *Müller/Wabnitz/Janovsky* Wirtschaftskriminalität, 6. Kapitel Rn. 21; *Köhler* in Wabnitz/ Janovsky 7. Kapitel Rn. 386.
317 *Köhler* in Wabnitz/Janovsky 7. Kapitel Rn. 387; *Weyand/Diversy* Rn. 146.
318 *Müller/Wabnitz/Janovsky* Wirtschaftskriminalität, 6. Kapitel Rn. 21; *Schäfer* Der Konkursverwalter im Strafverfahren, in: wistra 1985, 209.
319 Vgl. dazu *Schäfer* wistra 1985, 209.
320 *OLG Frankfurt* NStZ 1996, 565 m.w.N.
321 *OLG Frankfurt* B. v. 15.5.2006 – 3 Ws 466, 507/06, BeckRS 2006 8422.

ein Recht auf Verfahrensbeteiligung zustehen, wenn das geschädigte Unternehmen die Zwangsvollstreckung in das Tätervermögen durchführt.[322]

4. Der Insolvenzverwalter als Täter

Das Interesse der Strafverfolgungsbehörden an dem Berufsfeld der Insolvenzverwalter bezieht sich nicht nur auf deren Rolle als wichtige Erkenntnisquelle. Vielmehr setzt sich ein Insolvenzverwalter, ähnlich einem Steuerberater oder Wirtschaftsprüfer, berufsbedingt regelmäßig der Gefahr aus, in das Blickfeld staatsanwaltschaftlicher Ermittlungen zu geraten. An dieser Stelle sollen einige Konstellationen näher beleuchtet werden, in denen ein Insolvenzverwalter in Konflikt mit dem Gesetz geraten kann.[323]

122

a) Ursprung und Konsequenzen der strafrechtlichen Verantwortlichkeit des Insolvenzverwalters

Das Recht des Schuldners auf Verfügung und Verwaltung des zur Insolvenzmasse gehörenden Vermögens geht mit Eröffnung des Insolvenzverfahrens gemäß § 80 Abs. 1 InsO auf den Insolvenzverwalter über. Der Verwalter tritt praktisch an die Stelle des Schuldners. Wird der Insolvenzverwalter in dem Eröffnungsverfahren als verfügungsbefugter „starker" vorläufiger Verwalter eingesetzt, so gehen bereits zu diesem Zeitpunkt die Pflichten des Unternehmers (vorläufig) auf ihn über. Die Rechtsstellung des vorläufigen Verwalters ist derjenigen des endgültigen Verwalters im Wesentlichen angeglichen. Davon abzugrenzen ist der so genannte „schwache" vorläufige Insolvenzverwalter mit Zustimmungsvorbehalt nach § 21 Abs. 2 Nr. 2 InsO, bei dem die Handlungsrechte und -pflichten des Schuldners bestehen bleiben und dieser bzw. seine entsprechenden Organe als potenzielle Täter in Betracht kommen.[324] Bei dem „schwachen" vorläufigen Insolvenzverwalter ist infolge seiner Garantenstellung nach § 13 StGB jedoch stets an eine Unterlassungstäterschaft zu denken, wenn er seine Zustimmung zu einer rechtlich gebotenen Handlung des Schuldners verweigert.[325]

123

Je nach dem, ob man der so genannten „Amtstheorie" folgt, gilt der Insolvenzverwalter als gesetzlicher Vertreter im Sinne des § 14 Abs. 1 Nr. 3 StGB.[326] Er kann sich grundsätzlich ebenso strafbar machen wie der Schuldner selbst vor Eröffnung des Insolvenzverfahrens bzw. wie dessen Geschäftsführer oder Vorstand, wenn der Schuldner eine juristische Person ist.

---

[322] *LG Hildesheim* B. v. 22.8.2007 – 25 Kls 5413 Js 18030/06FE BeckRS 2007 16963.
[323] Zu den besonderen strafrechtlichen Risiken siehe *Joecks* in Bittmann § 23 Rn. 1 ff.
[324] Zur Rechtsstellung des vorläufigen Insolvenzverwalters siehe *Beck* in Wabnitz/Janovsky 6. Kapitel Rn. 118 ff. und *Köhler* in Wabnitz/Janovsky 7. Kapitel Rn. 321.
[325] *Richter* Strafbarkeit des Insolvenzverwalters, in: NZI 2002, 121, 123.
[326] *Fischer* § 14 Rn. 3; LK-*Tiedemann* Vor § 283 Rn. 86; *Köhler* in Wabnitz/Janovsky 7. Kapitel Rn. 320; *Richter* NZI 2002, 121, 122.

b) Verletzung von (Schuldner-)Pflichten

124 Einigkeit besteht dahingehend, dass sich ein Insolvenzverwalter sowohl **wegen Bankrotts** gemäß §§ 283, 283a StGB als auch **wegen Gläubigerbegünstigung** nach § 283c StGB strafbar machen kann. Schließlich übernimmt der Verwalter nicht nur die Buchführungs- und Bilanzierungspflichten des Schuldners[327], sondern auch andere Pflichten. So beginnt mit der Insolvenzeröffnung gemäß § 155 Abs. 2 S. 1 InsO ein neues Geschäftsjahr, weswegen der Insolvenzverwalter eine (Liquidations-)Eröffnungsbilanz erstellen muss.[328] Eine Verletzung dieser Pflicht führt zu einer Strafbarkeit nach § 283 Abs. 1 Nr. 7 b StGB. Einer Anwendung der §§ 283 ff. StGB steht es dabei nicht entgegen, wenn die gemäß § 283 Abs. 6 StGB erforderliche objektive Bedingung der Strafbarkeit bereits vor der Tathandlung des Insolvenzverwalters eingetreten ist. Da Schuldner und Insolvenzverwalter Mit- oder Nebentäter sein können, spielt es auch keine Rolle für eine mögliche Strafbarkeit des Insolvenzverwalters, dass der Schuldner unabhängig von der Eröffnung des Insolvenzverfahrens ebenfalls weiterhin als Täter einer Insolvenzstraftat in Betracht kommt.[329] Eine Strafbarkeit des Insolvenzverwalters nach § 283b StGB scheidet als Insolvenzstraftat im engeren Sinne jedoch regelmäßig infolge des Vorliegens einer Krise aus.

Ob sich der Insolvenzverwalter gemäß § 283d StGB wegen **Schuldnerbegünstigung** strafbar machen kann, wird uneinheitlich beantwortet.[330]

Schließlich ergibt sich die Möglichkeit einer strafrechtlichen Verantwortlichkeit etwa durch das **Vorenthalten und Veruntreuen von Arbeitsentgelten** gemäß § 266a StGB[331] und wegen **Untreue**.[332] Die Pflicht zur Abfuhr von Sozialversicherungsbeiträgen wird durch das Insolvenzverfahren nicht suspendiert.[333]

125 Durch die Verantwortlichkeit des Insolvenzverwalters über § 14 StGB treffen diesen auch solche strafrechtlichen Pflichten, die unmittelbar nichts mit der Situation der Insolvenz zu tun haben. Zu denken ist etwa an eine Strafverfolgung wegen fahrlässiger Körperverletzung oder Tötung nach einem Betriebsunfall infolge nicht beachteter Sicherheitsvorschriften, an eine umweltstrafrechtliche Verantwortlichkeit oder eine Verfolgung wegen der Zuwiderhandlung gegen eine sozial- oder arbeitsrechtliche (Schutz-)Vorschrift.[334]

---

327 Vgl. dazu auch § 155 Abs. 1 InsO.
328 Vgl. dazu auch § 71 Abs. 1 GmbHG.
329 *Köhler* in Wabnitz/Janovsky 7. Kapitel Rn. 320.
330 Dafür: LK-*Tiedemann* § 283d Rn. 5 bzw. 28; dagegen: *Köhler* in Wabnitz/Janovsky 7. Kapitel Rn. 322 mit dem Hinweis darauf, dass § 283d StGB zwar kein Sonderdelikt sei, aber einen Außenstehenden als Täter verlange.
331 So auch *Köhler* in Wabnitz/Janovsky 7. Kapitel Rn. 225 bzw. Rn. 323.
332 *Köhler* in Wabnitz/Janovsky 7. Kapitel Rn. 320; *Joecks* in Bittmann, § 23 Rn. 12 ff.
333 *Pelz* Rn. 586.
334 *Köhler* in Wabnitz/Janovsky 7. Kapitel Rn. 323.

Dannecker/Hagemeier

c) Rechtsverstöße im Zusammenhang mit der Masseverwertung

§ 159 InsO räumt dem Insolvenzverwalter umfassende Befugnisse zur **Verwertung**   **126**
der Insolvenzmasse ein. Es besteht die Versuchung wie die Gefahr der eigennützigen Verwertung, was – je nach Fallkonstellation des Geldtransfers – als Unterschlagung bzw. Untreue strafrechtlich von Relevanz sein kann. Eine weitere Möglichkeit der Bereicherung besteht für den Verwalter darin, der Insolvenzmasse andere Vermögenswerte wie Waren oder sonstige Gegenstände zu entziehen.

Da den Insolvenzverwalter hinsichtlich der **Insolvenzmasse** eine **Vermögensbetreuungspflicht** trifft[335], ist in solchen Fällen regelmäßig an eine **Untreue** im Sinne von § 266 StGB zu denken.

Fraglich ist in diesem Zusammenhang die Verfolgbarkeit eines Insolvenzverwalters nach § 283 Abs. 1 Nr. 1 StGB. Da der Schuldner hier die Bankrotthandlung nicht selbst vornimmt, muss der Verwalter gemäß § 14 StGB für den Schuldner gehandelt haben. Infolge der vom Bundesgerichtshof[336] entwickelten „**Interessenformel**"[337] muss darauf abgestellt werden, wessen Interessen der Täter mit der Tat verfolgt. Handelt er zumindest auch im Interesse des Schuldners, so findet der Straftatbestand des Bankrotts Anwendung. In den beschriebenen Fallkonstellationen wird dies jedoch selten der Fall sein. Vielmehr wird regelmäßig Eigennutz im Vordergrund stehen, was eine Verurteilung nach § 283 Abs. 1 Nr. 1 StGB ausschließt. Ebenso scheidet eine Strafbarkeit nach § 283 StGB aus, wenn das Handeln nur unternehmensfremden Zwecken wie etwa dem Interesse eines Gläubigerpools dient.[338] Ist ein Handeln im Interesse des Schuldners nicht nachweisbar, so kann sich der Verwalter einer Untreue zum Nachteil des Schuldners gemäß § 266 StGB oder gegebenenfalls der Unterschlagung gemäß § 246 StGB bzw. eines anderen Vermögens- oder Eigentumsdelikts schuldig machen. Bei sowohl eigen- als auch fremdnützigem Handeln kommt Tateinheit zwischen Untreue oder einem sonstigen Eigentums- oder Vermögensdelikt einerseits und Bankrott andererseits in Betracht.[339]

Wenn der Insolvenzverwalter Waren oder Auftragsbestände aus der Insolvenzmasse   **127**
unter Preis verkauft, anstatt sie zu halten bzw. selbst auszuführen, kann darin eine Untreue gemäß § 266 StGB liegen. Er setzt sich damit dem Vorwurf aus, nicht die für ihn geltenden **kaufmännischen Maßstäbe** beachtet zu haben, wenn er der Insolvenzmasse einen sicher zu erwartenden Gewinn entzieht.[340] Bei der Ermittlung des am Markt zu erzielenden Preises ist aber nicht nur die Tatsache der Insolvenzeröffnung und die daraus resultierende besondere Situation des Einzelfalles zu berücksichtigen, sondern auch zu bedenken, dass in Ausnahmefällen selbst ein Verkauf

---

335 *BGH* wistra 1988, 191, 192.
336 *BGHSt* 28, 371; 30, 127, 129 f.; 34, 221, 223; kritisch dazu LK-*Tiedemann* Vor § 283 Rn. 80 ff. m.w.N.
337 *Köhler* in Wabnitz/Janovsky 7. Kapitel Rn. 154 ff.
338 LK-*Tiedemann* Vor §§ 283 Rn. 79.
339 *BGHSt* 28, 371, 372 f.; *BGHSt* 30, 127, 130.
340 *BGH* NStZ 1998, 246, 247 m.w.N.

unter Preis noch den Grundsätzen einer ordnungsgemäßen Wirtschaft entsprechen kann.[341] Möglich ist etwa der Verkauf leicht verderblicher Ware, da bei weiterem Abwarten nahezu völliger Wertverlust droht. Insgesamt gelten die gleichen Maßstäbe wie bei der strafrechtlichen Beurteilung eines Verlustgeschäftes im Sinne von § 283 Abs. 1 Nr. 1 StGB. Ein Insolvenzverwalter kann sich wegen Untreue strafbar machen, wenn er trotz Kenntnis der entsprechenden Möglichkeit eine für die Insolvenzmasse unvorteilhaft im Raum stehende Willenserklärung nicht durch Anfechtung rückwirkend ex tunc gemäß §§ 119 ff., 142 BGB beseitigt.

d) Straftaten bei Ausproduktion und übertragender Sanierung

128   Bei einem planvollen Marktaustritt[342] kann sich der Insolvenzverwalter ebenso wie der Schuldner bzw. dessen Geschäftsführer strafbar machen, mit der Ausnahme, dass eine Strafbarkeit nach dem Tatbestand der Insolvenzverschleppung ausscheidet. Eine Strafbarkeit wegen **Untreue** und **Bankrott**[343], **Gläubigerbegünstigung** und **Betrug** bleibt dagegen möglich. Gemäß § 263 StGB macht sich der Insolvenzverwalter insbesondere in den Fällen strafbar, in denen er neue Aufträge entgegennimmt und dafür Material bei Lieferanten in dem Wissen bestellt, dafür später nicht bezahlen zu können. Der Nachweis des erforderlichen bedingten Täuschungsvorsatzes kann im Einzelfall Schwierigkeiten bereiten, wenn sich der Insolvenzverwalter hinsichtlich seiner **Prognose über die Zahlungsmöglichkeiten** bei Fälligkeit geirrt hat. Hat er bei der Vergabe des Auftrages bzw. der Bestellung jedoch weder damit rechnen können noch müssen, dass er später nicht in der Lage sein würde, die eingegangenen Verbindlichkeiten zu erfüllen, so fehlt der erforderliche Täuschungsvorsatz.[344]

129   Bei einer **übertragenden Sanierung**[345] als Unterart der Verwertung des Schuldnervermögens überträgt der Insolvenzverwalter die zur Betriebsfortführung notwendigen Wirtschaftsgüter des insolventen Schuldners entgeltlich geschlossen entweder auf ein anderes Unternehmen oder auf eine speziell zu diesem Zweck gegründete Auffanggesellschaft. Dadurch wird dem neuen Rechtsträger ein von Altlasten befreiter Neustart ermöglicht, der kennzeichnend für die übertragende Sanierung ist. Dieses Instrumentarium kann entweder gemäß den §§ 160 ff. InsO oder im Rahmen eines Insolvenzplans genutzt werden. Erforderlich ist dazu die **Zustimmung des Gläubigerausschusses** bzw. – falls nicht vorhanden – der Gläubigerversammlung.[346] Die übertragende Sanierung wird dem Insolvenzverwalter dadurch vereinfacht, dass er die Verwertungsbefugnis bei den Absonderungsrechten besitzt und

---

341 *Köhler* in Wabnitz/Janovsky 7. Kapitel Rn. 326.
342 Vgl. zur so genannten „Ausproduktion" auch die Ausführungen von *Beck* in Wabnitz/Janovsky 6. Kapitel Rn. 17.
343 Insbesondere nach § 283 Abs. 1 Nr. 1 StGB.
344 *Köhler* in Wabnitz/Janovsky 7. Kapitel Rn. 329.
345 *Beck* in Wabnitz/Janovsky 6. Kapitel Rn. 18 ff.; *Wellensiek* Übertragende Sanierung, in: NZI 2002, 233, 234.
346 Vgl. § 160 Abs. 1, Abs. 2 Nr. 1 InsO.

somit nicht gezwungen ist, diejenigen Gegenstände an die Absonderungsberechtigten herauszugeben, die betriebsnotwendig sind. Zudem ist ein solches Verfahren weniger formalisiert als bei einer Abwicklung über das Planverfahren und bedarf nicht der ansonsten zur Sanierung notwendigen gesellschaftsrechtlichen Umgestaltungen.[347] Nicht übersehen werden sollten § 613a BGB[348] und das daraus resultierende Sanierungshindernis infolge des zwangsläufigen Übergangs sämtlicher Arbeitsverhältnisse auf den Erwerber.

Außerhalb des Insolvenzverfahrens besteht im Falle einer übertragenden Sanierung **130** für den Verwalter unter dem Stichwort der „**Aushöhlung**"[349] stets die Gefahr einer Strafbarkeit gemäß § 283 Abs. 2 StGB oder gemäß § 266 StGB wegen Untreue. Erfolgt die Übertragung gewinnträchtiger Unternehmensbereiche zu einem Zeitpunkt der zumindest drohenden Zahlungsunfähigkeit des Unternehmens, so liegt eine Strafbarkeit wegen Bankrotts[350] oder Gläubigerbegünstigung gemäß § 283c StGB nahe.[351] Im Einzelfall hat sich dabei die Abgrenzung der gezielten Aushöhlung eines krisengeschüttelten Unternehmens zum straflosen „**Totschrumpfen**" als schwierig erwiesen.[352]

In den Fällen übertragender Sanierung durch den Insolvenzverwalter findet sich strafbares Handeln eher selten, da die Insolvenzordnung diese Maßnahme ausdrücklich zulässt. Jedoch ist im Einzelfall an einen strafbaren Missbrauch zu denken. Auch wenn eine Strafbarkeit nach § 283 Abs. 2 StGB tatbestandlich ausscheidet, kommen andere Delikte in Betracht. So kann im **Verkauf von Betriebsteilen unter Preis** auch ohne unmittelbaren eigenen geldwerten Vorteil für den Insolvenzverwalter eine Untreue oder eine Bankrotthandlung durch Beiseiteschaffen liegen. Letzteres ist der Fall, wenn die Zustimmung der Gläubigerversammlung gemäß § 163 InsO fehlt oder kein dies genehmigender Insolvenzplan vorliegt[353] und die Gläubiger der übertragenden Gesellschaft keine entsprechende Gegenleistung als Haftungsvermögen erhalten.[354]

Ein einfacher **Verstoß gegen die §§ 160 bis 163 InsO** ist dagegen nicht mit Strafe **131** bedroht, kann aber darauf hindeuten, dass der Insolvenzverwalter etwas zu verbergen hat. Im Verkauf von Wirtschaftsgütern, für die spezielle Aus- oder Absonderungsansprüche gelten, kann ein **Betrug** zu Lasten der Käufer liegen. Verkauft der Insolvenzverwalter entgegen anders lautender Sicherungsverträge Gegenstände aus der Insolvenzmasse, die unter Eigentumsvorbehalt oder Sicherungseigentum stehen, kann er sich wegen **Unterschlagung** strafbar machen.

---

347 *Beck* in Wabnitz/Janovsky 6. Kapitel Rn. 20 m.w.N.
348 Siehe dazu die Kommentierung in Palandt-*Weidenkaff* § 613a Rn. 1 ff.
349 Zum subjektiven Erfordernis der „Aushöhlungsabsicht" siehe auch *Köhler* in Wabnitz/Janovsky 7. Kapitel Rn. 217.
350 Insbesondere nach § 283 Abs. 1 Nr. 1, 3 oder 8 StGB.
351 *Uhlenbruck* Strafrechtliche Aspekte der Insolvenzrechtsreform 1994, in: wistra 1996, 1, 7.
352 LK-*Tiedemann* § 283 Rn. 164 bzw. 181.
353 *Köhler* in Wabnitz/Janovsky 7. Kapitel Rn. 331.
354 AG Ingolstadt EWIR 2004, 1245; *Beck* in Wabnitz/Janovsky 6. Kapitel Rn.12; *Uhlenbruck* wistra 1996, 1, 7.

e) Strafbare Honorarmanipulationen

132 Die Insolvenzrechtliche Vergütungsverordnung (InsVV[355]) regelt die **Vergütung des Insolvenzverwalters**. Gemäß § 8 InsVV in Verbindung mit § 64 Abs. 1 InsO wird die Vergütung vom zuständigen Rechtspfleger am Insolvenzgericht auf Grundlage der Verordnung und auf Antrag des Verwalters festgesetzt. Eine Vergütung von Tätigkeiten innerhalb des Pflichtenkreises des Insolvenzverwalters ist unzulässig (so genannte externe Vergütung).[356] Mit dritten Personen geschlossene Vergütungsvereinbarungen seitens des Insolvenzverwalters sind zivilrechtlich nichtig. Eine entsprechende Vereinbarung und anschließende Vereinnahmung der Vergütung können strafrechtlich den Vorwurf der Untreue begründen. Die Annahme von Provisionen für die Verwertung von Sicherungsgut seitens der Sicherungsgläubiger und die Vorenthaltung dieser Beträge gegenüber der Insolvenzmasse verletzen die Treuepflicht des Insolvenzverwalters unabhängig davon, ob das Sicherungsgut aus der Masse freigegeben wurde. Gleiches gilt für die Entgegennahme von vergütungsbezogenen Vorschüssen, soweit dies entgegen § 9 InsVV ohne die dazu erforderliche Zustimmung des Insolvenzgerichts geschieht.

133 Auf Antrag des Insolvenzverwalters wird die **Vergütung nach der InsVV durch Beschluss** festgesetzt, welcher veröffentlicht und dem Schuldner sowie gegebenenfalls den Mitgliedern eines vorhandenen Gläubigerausschusses gemäß § 64 Abs. 2 S. 1 InsO zugestellt werden muss. Dem Insolvenzverwalter, dem Schuldner und jedem Insolvenzgläubiger steht hiergegen der Rechtsbehelf der **sofortigen Beschwerde** gemäß § 64 Abs. 3 InsO zu. In diesem Zusammenhang erhalten fehlerhafte Abrechnungen bei nachgewiesenem kollusiven Zusammenwirken von Insolvenzverwalter und Rechtspfleger in seltenen Ausnahmekonstellationen strafrechtliche Relevanz. In Fällen **überhöhter Vergütung** kommt (versuchter) Betrug in Betracht, wenn dem Insolvenzverwalter die wissentliche Abgabe falscher Angaben gegenüber dem Insolvenzgericht nachgewiesen werden kann. Infolge des streng formalisierten Festsetzungsverfahrens muss der Insolvenzverwalter dazu jedoch solche Tatsachen behauptet haben, die über die Regelsätze des § 2 InsVV zu Zuschlägen gemäß § 3 InsVV oder zu einer gesonderten Auslagenerstattung geführt haben. Dem zuständigen Rechtspfleger muss darüber hinaus eine Überprüfung dieser Tatsachen aus den Akten nicht möglich gewesen sein, er muss sich also auf die Wahrheit der Angaben des Insolvenzverwalters verlassen haben.

134 Für den Insolvenzverwalter bestehen weitere Möglichkeiten betrügerischen Handelns im Bereich der **Honorarmanipulation**. So kann er Regelaufgaben, die in jedem Normalverfahren anfallen, auf Hilfskräfte delegieren, diese aus der Insolvenzmasse bezahlen und später im Rahmen der Abrechnung seiner eigenen Vergütung diese Vorgehensweise nicht vergütungsmindernd berücksichtigen.[357] Bezahlt

---

355 Vom 19.8.1998, BGBl. I 1998, S. 2205.
356 *Köhler* in Wabnitz/Janovsky 7. Kapitel Rn. 334 ff. m.w.N.
357 *Gerloff* in Bittmann, Insolvenzstrafrecht, § 24 Rn. 9 bzw. 13.

der Insolvenzverwalter aus der Insolvenzmasse **Gehälter von Angestellten** auf Basis der Abrechnung einer von ihm beherrschten Treuhand- oder Steuerberatungsgesellschaft, so liegt unabhängig davon, ob diese Angestellten nur angeblich oder tatsächlich in der Insolvenzverwaltung laufend tätig waren, eine Untreue vor. Dies lässt sich damit begründen, dass gemäß § 4 Abs. 1 S. 1 InsVV der Büroaufwand einschließlich der Angestelltengehälter zu den allgemeinen Geschäftskosten zählt, welche mit der Vergütung des Insolvenzverwalters abgegolten sind. Abzugrenzen ist davon der Einsatz von Personal zur Leistung und Kontrolle von betrieblichen Aktivitäten im Rahmen der Aus- und Fortproduktion, da § 4 Abs. 1 S. 2 InsVV dem Insolvenzverwalter insoweit den Abschluss von Dienst- oder Werkverträgen ausdrücklich gestattet. Diese Reglementierung soll nicht den Eindruck erwecken, dem Insolvenzverwalter sei es nicht gestattet, im Ernstfall auf ihm bekannte und entsprechend eingearbeitete Hilfskräfte zurückzugreifen. Nur so sind Insolvenzverfahren größeren Ausmaßes überhaupt zu bewältigen.

IV. Stellung der Gläubiger, insbesondere öffentlicher Stellen und der Sozialversicherung

1. Das Finanzamt als Gläubiger eines Schuldners

Das **Finanzamt** kann nicht nur als Informationsquelle[358] der Strafverfolgungsbehörden mit einem insolventen Schuldner konfrontiert werden, sondern auch als dessen Gläubiger. Im Gegensatz zu früherer Rechtspraxis im Konkursverfahren muss zunächst festgestellt werden, dass das Finanzamt im Insolvenzverfahren bei der Geltendmachung von Forderungen **keine Vorrechte** mehr gegenüber anderen Gläubigern genießt. Dennoch bestehen in diesen Fallkonstellationen Besonderheiten, die eine nähere Auseinandersetzung mit der Materie erforderlich machen. Das Insolvenzrecht gilt gleichermaßen für Steuerforderungen, so dass diese grundsätzlich selbst nach Eröffnung des Insolvenzverfahrens noch durch das Finanzamt durchgesetzt werden können.[359] Hierbei ist die Insolvenzordnung vorrangig anzuwenden. Das **Insolvenzrecht geht dem Steuerrecht regelmäßig vor**, da die Insolvenzordnung bis auf wenige Ausnahmen keine Regelungen zu steuerrechtlichen Problemen vorsieht. Mangels Änderungen des Steuerrechts im Hinblick auf die Insolvenzordnung gelten die steuerrechtlichen Grundsätze wie im früheren Konkurs- und Gesamtvollstreckungsverfahren im Wesentlichen fort.

135

Gemäß § 38 InsO erfasst der Begriff der „**Insolvenzforderung**" diejenigen Forderungen, die im Zeitpunkt der Insolvenzeröffnung begründet waren. Zur Feststellung des berücksichtigungsrelevanten Zeitpunkts stellt sich somit die Frage, wann eine Steuerforderung begründet ist. Dies ist dann der Fall, wenn der Rechtsgrund für ihre

136

---

358 Siehe dazu *Weyand/Diversy* Rn. 147.
359 Näher dazu *Boochs* Insolvenz und Steuern, in: LSW Heft 9/2005, 283 ff.

Entstehung bei Eröffnung des Insolvenzverfahrens bereits gelegt war.[360] Eine **Steuerforderung** begründet sich dabei unabhängig von ihrer Entstehung und ihrer Fälligkeit. So können Steuerforderungen, deren Entstehen an den Ablauf des Veranlagungs- oder des Voranmeldezeitraums gebunden sind,[361] auch schon vor Entstehung begründet sein. Zum Zeitpunkt der Insolvenzeröffnung begründete Steuerforderungen sind als Insolvenzforderungen nach § 174 Abs. 1 InsO anzumelden. Das Finanzamt ist als Steuergläubiger auch Insolvenzgläubiger und Massegläubiger hinsichtlich der sonstigen Masseverbindlichkeiten im Sinne von § 55 InsO. Zu Letzteren gehören die Steuern, insbesondere auch die durch Handlungen des Insolvenzverwalters oder des qualifizierten vorläufigen Insolvenzverwalters entstandene Umsatzsteuer. Ein insolvenzfreies Vermögen ist der Insolvenzordnung unbekannt. Stattdessen fließt jeder Neuerwerb des Schuldners während des Insolvenzverfahrens gemäß § 35 InsO in die Insolvenzmasse.

137   Unabhängig vom Vorliegen einer Insolvenz des Schuldners lässt sich das formale Vorgehen rund um die **Steuerschuld** zeitlich wie inhaltlich in **verschiedene Stufen** untergliedern. Dem Steuerermittlungsverfahren folgen das Steuerfestsetzungsverfahren, gegebenenfalls ein Steueraufsichtsverfahren oder ein Steuerfeststellungsverfahren sowie das Rechtsbehelfs- und Vollstreckungsverfahren.

Die Insolvenz unterbricht das Streitverfahren lediglich, so dass die Eröffnung des Insolvenzverfahrens das **Steuerermittlungs-** und das **Steueraufsichtsverfahren** unberührt lässt. Letztere werden vom Finanzamt ohne Rücksicht auf die Insolvenz des Schuldners eingeleitet, fortgesetzt oder abgeschlossen. Mit Eröffnung des Insolvenzverfahrens treffen den Insolvenzverwalter allerdings die Mitwirkungspflichten des Schuldners.

138   Anders verhält es sich mit dem **Steuerfestsetzungs-** und dem **Steuerfeststellungsverfahren**. Beide werden durch die Eröffnung des Insolvenzverfahrens unterbrochen und können erst nach Einstellung des Insolvenzverfahrens auf Antrag des Schuldners mit Zustimmung aller Gläubiger[362] oder wegen Unzulänglichkeit der Masse[363] fortgesetzt werden. Der Erlass eines Steuer-, Feststellungs- oder Messbescheides wegen vorinsolvenzlicher Steuerforderungen ist nach Eröffnung des Insolvenzverfahrens aus diesem Grund sowohl gegenüber dem Schuldner als auch gegenüber dem Insolvenzverwalter unzulässig. Solche vorinsolvenzlichen Forderungen sind vielmehr ebenso wie noch nicht fällige, noch nicht festgesetzte oder noch nicht angemeldete Steuern zur Insolvenztabelle anzumelden.[364]

139   Von der Insolvenzeröffnung unberührt bleiben **Steuerermittlungs- und Steueraufsichtsverfahren** sowie Betriebsprüfungen und **Steuerfahndungsverfahren** im Sinne

---

360 *Boochs* a.a.O.; dazu auch *BFH* DStRE 2005, 479.
361 So z.B. § 36 Abs. 1 EStG, § 13 UStG, § 18 GewStG, § 9 Abs. 1 ErbStG.
362 Vgl. § 213 InsO.
363 Vgl. § 207 Abs. 1 InsO.
364 Ein Einkommensteuerbescheid kann auch während einem Insolvenzverfahren gegen den Ehegatten eines Schuldners erlassen werden, falls Zusammenveranlagung gewählt wurde.

der §§ 208, 404 AO. Die Insolvenzmasse betreffende Steuerverwaltungsakte können nach Verfahrenseröffnung nicht mehr durch Bekanntgabe an den Schuldner wirksam werden.[365] Gleiches gilt für gesonderte Gewinnfeststellungsbescheide im Sinne von § 180 Abs. 1 Nr. 2 b AO, Steuermess- und Zerlegungsbescheide, andere Feststellungsbescheide im Rahmen der gesonderten Feststellung des verbleibenden Verlustabzugs nach § 10d EStG, der gesonderten Feststellung nach § 47 KStG, von Einheitswerten, bei Grundsteuermessbescheiden sowie nach geänderter Rechtsprechung des BFH[366] für Bescheide im Rahmen der einheitlichen wie gesonderten Gewinnfeststellung.[367]

Rechtsbehelfsverfahren und Fristen werden durch die Insolvenzeröffnung unterbrochen. Wird die angemeldete Forderung im Prüfungstermin bestritten, so bedarf es zur Weiterverfolgung eines Feststellungsstreits.[368] Mangels Vollziehbarkeit ist die Aussetzung der Vollziehung eines vor Insolvenzeröffnung ergangenen Steuerbescheids während des Verfahrens nicht mehr möglich.[369] Hinter dieser Regelung steckt die erkennbare Intention des Gesetzgebers, dass auch das Finanzamt seine Ansprüche nur noch innerhalb des Insolvenzverfahrens verfolgen können soll. Für den Insolvenzverwalter besteht die Möglichkeit der Aufnahme eines unterbrochenen Verfahrens, wenn das Rechtsbehelfsverfahren einen Erstattungsanspruch zum Gegenstand hat, der nicht durch Aufrechnung während des Insolvenzverfahrens erledigt wird.[370] **140**

Dem Finanzamt ist es, wie allen anderen Gläubigern auch, untersagt, wegen Insolvenzforderungen **Vollstreckungsmaßnahmen** in die Insolvenzmasse oder in das sonstige Schuldnervermögen durchzuführen.[371] Ein entsprechendes Verwaltungszwangsverfahren gegen den Schuldner im Sinne von §§ 328 ff. AO wäre sofort einzustellen. Hatte derjenige, der die Vollstreckungsmaßnahme angeordnet hat, Kenntnis von der Zahlungsanordnung, so können diejenigen Maßnahmen im Verwaltungszwangsverfahren erfolgreich angefochten werden, die zwischen dem Eintritt der Zahlungsunfähigkeit und der Eröffnung des Insolvenzverfahrens vorgenommen wurden.[372] Ist das Insolvenzverfahren bereits eröffnet, so genügt die Kenntnis solcher Umstände, die bereits auf die Zahlungsunfähigkeit schließen lassen. Vor der Verfahrenseröffnung vorgenommene Vollstreckungsmaßnahmen sind unwirksam.[373] Dies betrifft insbesondere Sicherungen, die der Gläubiger erst kurz vor dem Antrag auf Verfahrenseröffnung oder nach diesem Antrag durch Zwangsvollstreckung an **141**

---

365 *Boochs* Insolvenz und Steuern, in: LSW Heft 9/2005, 283, 286.
366 *BFH* U. v. 24.8.2004 – VIII R 14/02; BStBl 2004 II S. 246.
367 So die Aufzählung von *Boochs* a.a.O.
368 Vgl. § 184 InsO.
369 Vgl. § 361 AO bzw. § 69 FGO.
370 Vgl. § 85 Abs. 1 InsO.
371 Vgl. § 89 Abs. 1 InsO; siehe dazu auch im Folgenden *Boochs* Insolvenz und Steuern, in: LSW Heft 9/2005, 283, 285.
372 Vgl. §§ 129 ff. InsO.
373 Vgl. § 88 InsO.

Dannecker/Hagemeier

Teilen der Insolvenzmasse erhalten hat. Wenn der Insolvenzverwalter drohende Masseunzulänglichkeiten im Sinne von § 208 InsO geltend macht, ist es dem Finanzamt untersagt, in die Masse zu vollstrecken, wobei den Insolvenzverwalter eine entsprechende Darlegungs- und Beweislast für das Vorliegen von Masseunzulänglichkeiten trifft. In diesen Fällen genügt es nicht, wenn der Verwalter die Unzulänglichkeiten der Masse vor Beginn der Vollstreckung dem Finanzamt anzeigt und sie öffentlich bekannt macht.[374]

142 Als Gläubiger steht dem Finanzamt die Möglichkeit offen, **mit Steuerforderungen** gegen Forderungen der Insolvenzmasse **aufzurechnen**, wenn die Aufrechnungslage bereits bei Insolvenzeröffnung bestanden hat.[375] Dieses Instrumentarium steht der Behörde unabhängig davon zur Verfügung, ob die gegeneinander aufzurechnenden Forderungen bei Eröffnung der Insolvenz auch bereits fällig waren. Ist ein Insolvenzgläubiger allerdings erst nach Eröffnung des Verfahrens etwas zur Masse schuldig geworden oder hat er seine Forderung erst nach Verfahrenseröffnung von einem anderen Gläubiger erworben, so ist eine Aufrechnung gemäß § 96 InsO unzulässig. Will das Finanzamt nach der Eröffnung des Insolvenzverfahrens die Aufrechnung gegen einen Vorsteuervergütungsanspruch des Schuldners erklären und setzt sich dieser Anspruch sowohl aus vor als auch aus nach der Eröffnung des Insolvenzverfahrens begründeten Vorsteuerbeträgen zusammen, so hat das Finanzamt nach § 96 Abs. 1 Nr. 1 InsO sicherzustellen, dass die Aufrechnung den Vorsteuervergütungsanspruch nur insoweit erfasst, als sich dieser aus Vorsteuerbeträgen zusammensetzt, die vor der Eröffnung des Insolvenzverfahrens begründet worden sind.[376] § 96 Abs. 1 Nr. 3 InsO hindert nicht die Aufrechnung des Finanzamts mit Steuerforderungen aus der Zeit vor Eröffnung des Insolvenzverfahrens gegen den aus dem Vergütungsanspruch des vorläufigen Insolvenzverwalters herrührenden **Vorsteueranspruch** des Insolvenzschuldners. Die für das Finanzamt durch den Vorsteueranspruch des Schuldners entstandene Aufrechnungslage beruht nicht auf einer nach der InsO anfechtbaren Rechtshandlung.[377]

143 Bezüglich der bereits behandelten Unterscheidung von einfachen („schwachen") vorläufigen Insolvenzverwaltern und qualifizierten („starken") vorläufigen Insolvenzverwaltern[378] ist in diesem Zusammenhang zu beachten, dass Letzterer steuerlich als Vermögensverwalter im Sinne des § 34 Abs. 3 AO eingestuft wird. Dadurch treffen ihn nicht nur die steuerlichen Pflichten des Schuldners – wie etwa die Abgabe entsprechender Steuererklärungen oder Steueranmeldungen –, sondern er ist auch **Adressat von Verwaltungsakten des Finanzamts**. Darunter fallen insbesondere Steuerbescheide auf Grund von nach Eröffnung des Insolvenzverfahrens entstande-

---

374 *BFH* U. v. 23.7.1996 – VII R 88/94; BStBl. II 1997, S. 511.
375 Vgl. § 94 InsO.
376 So *BFH* U. v. 16.11.2004 – VII R 75/03, in Fortführung der Senatsrechtsprechung, U. v. 5.10. 2004 – VII R 69/03.
377 *BFH* U. v. 16.11.2004 – VII R 75/03.
378 Siehe dazu oben Rn. 123., Rn. 1132 ff.

Dannecker/Hagemeier

nen Steueransprüchen als sonstigen Masseverbindlichkeiten und für Prüfungsanordnungen. Durch eigene Maßnahmen im Zusammenhang mit der Verwaltung, Verwertung und Verteilung der Insolvenzmasse kann der Verwalter zudem eigene steuerliche Verbindlichkeiten im Sinne von Steuerforderungen begründen. Diese sind nach Eröffnung des Insolvenzverfahrens als sonstige Masseverbindlichkeiten vorweg zu begleichen, allerdings nur dann, wenn sie erst nach Insolvenzeröffnung begründet wurden. In diesen Fällen sind sie durch Steuerbescheide geltend zu machen.[379]

Widerspricht ein Insolvenzgläubiger oder der Insolvenzverwalter einer zur Insol- **144** venzmasse angemeldeten Forderung, so steht es dem Finanzamt als Steuergläubiger zu, die **Feststellung der Forderung** gegen den Widersprechenden zu betreiben.[380] Die Bearbeitung dieses Widerspruchs hängt im Wesentlichen von der Titulierung des Anspruchs ab, wovon auszugehen ist, wenn ein Bescheid vor Insolvenzeröffnung bekannt gegeben oder eine Steueranmeldung abgegeben wurde.[381] Bei der Behandlung von **Widersprüchen** hat sich eine spezielle Kasuistik herausgebildet. Bei rechtskräftiger Steuerforderung wirkt die Bestandskraft auch gegen den Widersprechenden, der jedoch Wiedereinsetzungsgründe im Sinne von § 110 AO[382] vorbringen kann. Dem Finanzamt kommt an dieser Stelle das Selbsttitulierungsrecht zugute. So kann es einen in Inhalt, Form und Begründung einem Feststellungsurteil entsprechenden Feststellungsbescheid gegen den Insolvenzverwalter erlassen, durch welchen Bestehen, Höhe und Fälligkeit der angemeldeten Steuerforderung festgestellt werden. Hierbei ist zu beachten, dass ein vor Eröffnung des Insolvenzverfahrens erlassener bestandskräftiger Steuerbescheid nicht einem Titel nach § 179 Abs. 2 InsO gleichzustellen ist, bei welchem die Verfolgung des Widerspruchs dem Bestreitenden obliegt.[383] Gegen den Feststellungsbescheid kann der Widersprechende Einspruch, gegen die darauf ergehende Entscheidung Klage erheben.[384]

Bei vor Insolvenzeröffnung ergangenen und noch nicht rechtskräftigen **Steuerbe-** **145** **scheiden** unterbricht die Verfahrenseröffnung den Lauf der **Rechtsbehelfsfrist**. Das Finanzamt erlässt einen Feststellungsbescheid, wenn ein Widerspruch gegen die angemeldete Forderung erhoben wurde. Folgt man der Rechtsprechung[385], so hat das Finanzamt demjenigen, der die Forderung bestreitet, gemäß § 240 ZPO analog die Aufnahme des Steuerstreitverfahrens zu erklären. Der unterbrochene Lauf der Rechtsbehelfsfrist beginnt dann mit Zustellung dieser Erklärung von neuem. Nach Einspruch durch den Bestreitenden ist das Einspruchsverfahren nach der Abgabenordnung abzuwickeln.

---

379 Siehe dazu *Boochs* Insolvenz und Steuern, in: LSW Heft 9/2005, 283, 287.
380 Vgl. § 179 Abs. 1 InsO i.V.m. § 251 Abs. 3 AO.
381 *Boochs* a.a.O.
382 Trotz Bestandskraft könnten beispielsweise die Voraussetzungen nach den §§ 129, 164, 172 ff. AO nicht vorliegen oder die Abrechnung unrichtig sein.
383 *Boochs* a.a.O.
384 Zum Ausschluss des Einspruchs vgl. § 348 AO.
385 *BFH* U. v. 10.12.1975 – II R 150/67; BStBl. II 1976, S. 506.

Wurde bei Eröffnung des Insolvenzverfahrens gegen die Festsetzung einer Steuerforderung ein **Rechtsbehelf** eingelegt, so fordert das Finanzamt den Bestreitenden zur Rücknahme des Widerspruchs innerhalb einer angemessenen Frist oder zur Aufnahme des Steuerstreitverfahrens auf.[386] Leistet der Bestreitende dem keine Folge, nimmt das Finanzamt von Amts wegen das Verfahren wieder auf und führt – je nach Fallkonstellation – das Einspruchs- oder Klageverfahren fort bzw. erlässt einen Insolvenzfeststellungsbescheid.

146 Wenn bei der Eröffnung des Insolvenzverfahrens bislang keine Steuerforderungen durch einen Steuerbescheid festgesetzt wurden, erlässt das Finanzamt einen **Feststellungsbescheid** gemäß § 251 Abs. 3 AO. Hierbei handelt es sich mangels Steuerfestsetzung allerdings um keinen Steuerbescheid im klassischen Sinne, so dass dieser nur gemäß der §§ 129 ff. AO geändert werden kann.

Gegen die **angemeldete Steuerforderung** kann im Prüfungstermin auch der Schuldner Widerspruch einlegen, wodurch die Feststellung der angemeldeten Forderung zwar nicht gehindert wird (§ 178 Abs. 1 S. 2 InsO), das Finanzamt nach Aufhebung des Insolvenzverfahrens aber nicht aus dem Tabelleneintrag vollstrecken kann (§§ 251 Abs. 2 S. 2 AO, 201 Abs. 2 InsO).

2. Sozialamt und Sozialversicherungsträger als Gläubiger eines Schuldners

a) Sozialamt und Sozialversicherungsträger als Gläubiger eines Schuldners in der Insolvenz

147 Als Gläubiger eines insolventen Schuldners teilen das Sozialamt bzw. der Sozialversicherungsträger das gleiche Schicksal wie das Finanzamt. Die Möglichkeit der **vorrangigen Geltendmachung** von Forderungen im Insolvenzverfahren hat der Gesetzgeber **abgeschafft**. Diesbezüglich kann auf die obigen Ausführungen verwiesen werden.[387] Besonderheiten ergeben sich jedoch im Vorfeld des Insolvenzverfahrens.

b) Das Sozialamt als Gläubiger eines Schuldners vor der Insolvenz

148 Hat ein Schuldner auch beim Sozialamt Rückstände, scheitert die Durchführung eines Insolvenzverfahrens regelmäßig an der fehlenden Masse. Unter Berücksichtigung der Pfändungsfreigrenzen der §§ 811 ff., 850 ff. ZPO kommt oftmals nur eine **Aussetzung des Verfahrens** in Betracht, wenn nicht ausnahmsweise auf Grund einer freiwilligen Vereinbarung geringe Beträge geleistet werden können.

---

386 Vgl. § 179 InsO.
387 Siehe dazu oben Rn. 140.

Dannecker/Hagemeier

c) Der Sozialversicherungsträger als Gläubiger eines Schuldners vor der Insolvenz

Gerät ein Unternehmen in wirtschaftliche Schieflage, so sinkt seine Bonität und **149** seine finanzielle Flexibilität nimmt ab. Bestehenden Zahlungspflichten kann der Schuldner nicht mehr in ausreichendem Maße nachkommen. Eine solche Entwicklung tangiert auch den Sozialversicherungsträger des Schuldners. Regelmäßig werden in diesem Stadium der Krise die **Beiträge der Arbeitnehmer zur Sozialversicherung** trotz ihrer Fälligkeit[388] nicht mehr ordnungsgemäß abgeführt. Dem Schuldner droht eine Strafbarkeit nach § 266a StGB. Die Pflicht zum Abführen von Sozialversicherungsbeiträgen wird durch ein Insolvenzverfahren nicht suspendiert.[389] Bei Taten nach § 266a StGB handelt es sich um Insolvenzdelikte im weiteren Sinne,[390] die in der Praxis eine große Rolle spielen.

V. Stellung des Schuldners im Insolvenzverfahren

1. Verlust von Rechten

Durch die Bestellung des vorläufigen Insolvenzverwalters wird dem bisherigen **150** Schuldner gemäß § 22 Abs. 1 S. 1 InsO ein **Verfügungsverbot** auferlegt. Durch die Eröffnung des Insolvenzverfahrens geht das Recht des Schuldners, das zur Insolvenzmasse gehörende Vermögen zu verwalten und darüber zu verfügen, gemäß § 80 Abs. 1 InsO auf den Insolvenzverwalter über. Dem Schuldner werden bezüglich des insolventen Unternehmens die Zügel aus der Hand genommen. Ab diesem Zeitpunkt leitet der Insolvenzverwalter sämtliche Geschicke des in Schieflage geratenen Unternehmens. Bereits mit dem Eröffnungsbeschluss werden die **Drittschuldner** des insolventen Schuldners gemäß § 28 Abs. 3 InsO aufgefordert, in Zukunft nicht mehr an den Schuldner, sondern nur noch an den Insolenzverwalter zu leisten. Dies trifft den insolventen Schuldner mit Blick auf seine Bonität und finanzielle Flexibilität erheblich, insbesondere wenn das Unternehmen über hohe Ausstände verfügt, die er nicht mehr beitreiben kann.

Darüber hinaus trifft den insolventen Schuldner die **Postsperre** des § 99 InsO. Je **151** nach Beschluss des Insolvenzgerichts sind bestimmte oder alle Postsendungen des Schuldners an den Insolvenzverwalter umzuleiten, soweit dies erforderlich erscheint, um für den Gläubiger nachteiligen Rechtshandlungen vonseiten des Schuldners

---

388 Die Fälligkeit tritt gemäß § 23 Abs. 1 SGB IV spätestens am 15. des Monats ein, der dem Monat folgt, in dem die das Entgelt auslösende Beschäftigung stattgefunden hat (vgl. auch GesE SPD und B90/GR v. 31.5.2005, BT-Drs. 15/5574).
389 *Pelz* Rn. 586.
390 Siehe dazu oben Rn. 15 ff.

vorzubeugen oder nachteilige Rechtshandlungen aufzuklären. Der Schuldner ist vor einer solchen Anordnung anzuhören, wenn dies den Grund der Anordnung nicht gefährdet. Im Beschluss ist darauf entsprechend hinzuweisen. Gemäß § 99 Abs. 2 S. 1 InsO ist der Insolvenzverwalter zum Öffnen der Post berechtigt. Insolvenzfremde Sendungen hat er an den Schuldner weiterzuleiten, die übrigen Sendungen kann der Schuldner einsehen. Gegen die Postsperre steht dem Schuldner gemäß § 99 Abs. 3 InsO die **sofortige Beschwerde** zur Verfügung. Eine Verfassungsbeschwerde mit der Begründung, § 99 InsO verstoße gegen das Post- und Fernmeldegeheimnis aus Art. 10 GG, erscheint nicht Erfolg versprechend. Der Gesetzgeber hat die Problematik erkannt und ist in § 102 InsO darauf eingegangen. Damit ist zugleich dem Zitiergebot des Art. 19 Abs. 1 S. 2 GG Genüge getan.

2. Auferlegung von Pflichten

152 Ein eingeleitetes Insolvenzverfahren verringert nicht nur den Rechtskreis des Schuldners, sondern erweitert auch seinen Pflichtenkreis. Fortan trifft den Schuldner eine Reihe von Verpflichtungen, deren Einhaltung eine **geordnete Abwicklung der Insolvenz** zum Schutz der Gläubiger ermöglichen soll. Sie dienen primär der Haftungsverwirklichung und ersetzen diejenigen Pflichten, die außerhalb des Insolvenzverfahrens gegenüber einzelnen Gläubigern bestehen.[391]

153 Besonders hervorzuheben sind die **Auskunfts- und Mitwirkungspflichten** im Sinne des § 97 InsO.[392] Zu ihrer Erfüllung hat sich der Schuldner gemäß § 97 Abs. 3 InsO auf gerichtliche Anordnung aktiv jederzeit zur Verfügung zu stellen (1) und passiv sämtliche Handlungen zu unterlassen, die ihrer Einhaltung zuwiderlaufen (2). Da § 97 InsO keine zeitlichen Grenzen vorsieht, bestehen diese Verpflichtungen für die gesamte Dauer des Verfahrens,[393] sprich von der Zulassung des Insolvenzantrags im Eröffnungsverfahren[394] bis zur Aufhebung des Verfahrens[395] bzw. bis zur Einstellung desselbigen[396]. Dies gilt nicht für das Restschuldbefreiungsverfahren, dessen sechsjährige Wohlverhaltensfrist bereits mit der Eröffnung des Insolvenzverfahrens zu laufen beginnt.[397]

154 Zur Durchsetzung der genannten Pflichten stehen dem Insolvenzgericht gemäß § 98 InsO verschiedene Instrumentarien zur Verfügung. So kann das Gericht gemäß § 98 Abs. 1 S. 1 InsO eine **Versicherung des Schuldners an Eides statt** zu Protokoll anordnen, wenn dies zur Herbeiführung einer wahrheitsgemäßen Aussage erforder-

---

391 Uhlenbruck-*Uhlenbruck* § 97 Rn. 1.
392 Siehe in diesem Zusammenhang auch die Auskunfts- und Mitwirkungspflicht des Schuldners bereits im Eröffnungsverfahren gemäß § 20 Abs. 1 InsO.
393 So Uhlenbruck-*Uhlenbruck* § 97 Rn. 19 mit Hinweis auf die Einschränkungen des § 101 Abs. 1 S. 2 InsO.
394 Vgl. §§ 20 S. 2, 23 Abs. 3 S. 3 InsO.
395 Vgl. § 200 InsO.
396 Vgl. § 207 Abs. 1 InsO bzw. § 211 InsO.
397 Vgl. § 287 Abs. 2 S. 1 InsO, siehe auch unten Rn. 156 ff., 162 ff.

lich erscheint[398], oder den Schuldner unter den in Absatz 2 genannten Voraussetzungen **zwangsweise vorführen** und nach Anhörung **in Haft nehmen** lassen.[399] Letzteres ermöglicht der Gesetzgeber der Justiz, wenn der Schuldner eine Auskunft, die Abgabe einer eidesstattlichen Versicherung oder generell die Mitwirkung bei der Erfüllung der Aufgaben des Insolvenzverwalters verweigert (§ 98 Abs. 2 Nr. 1 InsO) bzw. sich der Erfüllung seiner Auskunfts- und Mitwirkungspflichten insbesondere durch Flucht zu entziehen versucht (§ 98 Abs. 2 Nr. 2 InsO). Schließlich besteht die Möglichkeit der Vorführung und Inhaftierung auch, wenn dies zur Sicherung der Insolvenzmasse erforderlich ist, weil der Schuldner dadurch von Handlungen abgehalten wird, die der Einhaltung der genannten Pflichten zuwiderlaufen (§ 98 Abs. 2 Nr. 3 InsO). Gegen die Inhaftierung ist gemäß § 98 Abs. 3 S. 3 InsO die sofortige Beschwerde statthaft.

a) Auskunftspflichten des Schuldners

Die Insolvenzordnung sieht in verschiedenen Verfahrensabschnitten Auskunftspflichten des Schuldners vor, welche gegenüber unterschiedlichen Auskunftsberechtigten bestehen. Im **Eröffnungsverfahren** besteht die Auskunftspflicht gemäß § 20 S. 1 InsO gegenüber dem Insolvenzgericht und gemäß § 22 Abs. 3 S. 3 InsO gegenüber dem vorläufigen Insolvenzverwalter. In beiden Fällen gilt § 97 InsO entsprechend. Im **eröffneten Verfahren** ist der Schuldner gemäß § 97 InsO verpflichtet, dem Insolvenzgericht, dem Insolvenzverwalter, dem Gläubigerausschuss[400] und auf Anordnung des Gerichts auch der Gläubigerversammlung[401] über alle das Verfahren betreffenden Verhältnisse Auskunft zu geben (Abs. 1 S. 1).[402] Dabei hat der Schuldner auch Tatsachen zu offenbaren, die dazu geeignet sind, eine Verfolgung wegen einer Straftat oder einer Ordnungswidrigkeit herbeizuführen (Abs. 1 S. 2).[403] Diese Verpflichtung trifft den Schuldner direkt und unmittelbar, wobei nicht nur der Schuldner persönlich verpflichtet wird, sondern über § 101 Abs. 1 S. 1 InsO auch vorhandene Mitglieder eines **Vertretungs- oder Aufsichtsorgans** und vertretungsberechtigte **persönlich haftende Gesellschafter**. Dass auch bis zu zwei Jahre vor Stellung des Antrags auf Eröffnung des Insolvenzverfahrens aus einer der vorgenannten Positionen **ausgeschiedene Personen** erfasst werden, dient der Verhinde-

155

---

398 Die §§ 478 bis 480, 483 ZPO gelten hier gemäß § 98 Abs. 1 S. 2 InsO entsprechend.
399 Für die Haftanordnung gelten gemäß § 98 Abs. 3 S. 1 InsO die §§ 904 bis 906, 909, 910 und 913 ZPO entsprechend.
400 Einen direkten Anspruch auf Auskunft haben einzelne Mitglieder des Gläubigerausschusses nur, wenn sie berechtigterweise für den Gläubigerausschuss handeln; vgl. dazu Uhlenbruck-*Uhlenbruck* § 97 Rn. 3 m.w.N.
401 Hierzu ist weder ein Antrag noch ein Beschluss der Gläubigerversammlung erforderlich.
402 *Gürtler* in: Wabnitz/Janovsky 23. Kapitel Rn. 98 ff.
403 Die frühere KO enthielt eine solche Regelung nicht. Dennoch war anerkannt, dass der Schuldner auch strafbare Handlungen zu offenbaren hatte (vgl. *BVerfG* NJW 1981, 1431). Der Gesetzgeber der InsO hat sich an dieser Rechtsprechung orientiert.

rung eines ansonsten durch Amtsniederlegung möglichen Missbrauchs. Eine überflüssige Belastung ehemaliger organschaftlicher Mitglieder soll jedoch verhindert werden.[404]

156 Der Schuldner hat die Auskunft **persönlich und mündlich** zu erteilen, wenn ihm nicht im Einzelfall eine schriftliche Erstattung genehmigt wurde.[405] Ein Recht auf schriftliche Erteilung oder Erteilung über einen Rechtsanwalt besteht nicht. Zumutbarkeitserwägungen bleiben grundsätzlich unberücksichtigt. Gemäß § 97 Abs. 1 S. 1 InsO sind Gegenstand der Auskunft alle das Insolvenzverfahren betreffenden Verhältnisse, wobei dieser Begriff weit auszulegen ist und **sämtliche Vorgänge** erfasst, die in irgendeinem **Bezug zum Insolvenzverfahren** stehen. Dies können auch vorbereitende Arbeiten sein, soweit sie für eine sachdienliche Information des Verwalters notwendig sind. Hingegen fallen persönliche Tatsachen, die weder in einem Bezug zum Insolvenzverfahren noch zur sonstigen vermögensrechtlichen Situation des Schuldners stehen, nicht unter die Auskunftspflicht.[406] Erfasst werden vielmehr das primär in die Insolvenzmasse fallende Vermögen des Schuldners i.S.v. § 35 InsO, Forderungen gegenüber Dritten, Aus- und Absonderungsrechte sowie solche Umstände, die eine Insolvenzanfechtung gemäß der §§ 129 ff. InsO begründen können.[407]

157 Die Auskunftspflicht erschöpft sich nicht in Sachverhalten vor Eröffnung des Insolvenzverfahrens, sondern erstreckt sich auch auf **Umstände**, die erst **nach Verfahrenseröffnung** eingetreten sind. Selbst im Falle der Beschlagnahme von Geschäftsunterlagen durch die Staatsanwaltschaft ist der Schuldner weiterhin verpflichtet, im Rahmen seiner präsenten Kenntnisse Auskunft zu erteilen, und kann sich nicht mittels eines Verweises an die Staatsanwaltschaft seiner insolvenzrechtlichen Pflichten entziehen.[408]

158 Eine Konkretisierung des verfassungsrechtlich garantierten **Grundsatzes der Selbstbezichtigungsfreiheit**[409] und des strafprozessualen Auskunftsverweigerungsrechts bezüglich naher Angehöriger findet sich in § 97 Abs. 1 S. 3 InsO. Danach darf eine in Erfüllung der Pflicht aus § 97 Abs. 1 S. 1 InsO getroffene Auskunft in einem Straf- oder Ordnungswidrigkeitsverfahren gegen den Schuldner selbst oder eine im Sinne von § 52 StPO schutzwürdige Person nur mit Zustimmung des Schuldners verwendet werden.[410] Darunter fallen aus Sicht des Schuldners seine Verlobte oder eine Person, welcher er den Eingang einer Lebenspartnerschaft versprochen hat, sein

---

404 Uhlenbruck-*Uhlenbruck* § 97 Rn. 4.
405 Uhlenbruck-*Uhlenbruck* § 97 Rn. 5.
406 Uhlenbruck-*Uhlenbruck* § 97 Rn. 6.
407 Im letzteren Fall trifft den Schuldner eine Mithilfepflicht dahingehend, dem Insolvenzverwalter sämtliche Auskünfte zu erteilen, die dieser zur Vorbereitung eines entsprechenden Anfechtungsprozesses benötigt.
408 Uhlenbruck-*Uhlenbruck* § 97 Rn. 6.
409 Näher zum „nemo tenetur se ipsum accusare-Prinzip", unten Rn. 174.
410 Zu der teils heftigen Kritik an dieser Vorschrift in der Praxis siehe Uhlenbruck-*Uhlenbruck* § 97 Rn. 8 m.w.N.

Dannecker/Hagemeier

(geschiedener) Ehegatte, sein Lebenspartner (auch nach Auflösung der Partnerschaft) sowie schließlich eine (zumindest früher einmal) in gerader Linie mit ihm verwandte[411] oder verschwägerte[412], in der Seitenlinie bis zum dritten Grad verwandte oder bis zum zweiten Grad verschwägerte Person. Teleologisch betrachtet dürfen auch solche Tatsachen nicht verwertet werden, zu denen die Auskunft den Weg gewiesen hat, außer die Tatsachen waren der Strafverfolgungsbehörde bereits bekannt.[413] Eine Auskunft des Schuldners darf ohne dessen Zustimmung auch nicht als Ermittlungsansatz dienen.

Angesichts der nunmehr normierten Fernwirkung des Insolvenzgeheimnisses bekommt die Frage nach dessen inhaltlicher Reichweite im Einzelnen erhebliche Bedeutung. Insbesondere stellt sich die Frage, in welchen Fällen eine „**Auskunft des Schuldners**" vorliegt. Dieser Begriff bezieht sich sowohl auf Angaben des Schuldners im Insolvenzverfahren als auch auf Angaben im Insolvenzeröffnungsverfahren nach §§ 20, 22 Abs. 3 InsO, da letztere Vorschriften auf §§ 97, 98 InsO Bezug nehmen. Nicht geschützt sind allerdings Angaben des Insolvenzverwalters, der Gläubiger, der Sachverständigen und sonstiger Dritter im Insolvenzverfahren oder auch außerhalb dieses Verfahrens, soweit sie nicht auf Auskünften des Schuldners beruhen. Tatsachen, die der Insolvenzverwalter selbst festgestellt hat, unterliegen deshalb nicht § 97 InsO. Bei Berichten des Insolvenzverwalters im Insolvenzverfahren oder gegenüber den Strafverfolgungsbehörden ist danach zu differenzieren, ob darin geschützte Angaben des Schuldners, die dieser im Insolvenzverfahren gemacht hat, mitgeteilt werden. Angaben des Schuldners außerhalb des Insolvenz- bzw. Insolvenzeröffnungsverfahrens, insbesondere solche gegenüber Gläubigern direkt, sowie Wiedergaben des Insolvenzverwalters über Schuldnerangaben vom Hörensagen sind nicht geschützt.[414] **159**

Besonderheiten ergeben sich, wenn ein **Rechtsanwalt** vor Eröffnung des Insolvenzverfahrens ein Mandat des späteren Insolvenzschuldners übernommen hat. Zunächst besteht kein Anspruch auf Auskunft gegenüber einem mit der Vertretung des Schuldners oder seiner organschaftlichen Vertretung betrauten Rechtsbeistand.[415] Zwar kann der Rechtsanwalt im Innenverhältnis zur Auskunft über den Schuldner verpflichtet sein, im Außenverhältnis zu den Auskunftsberechtigten ist jedoch stets der Schuldner persönlich verpflichtet. Davon sind im Einzelfall die **insolvenzrechtliche Auskunftspflicht** des Rechtsanwalts sowie seine Verpflichtung auf Grund des Anwaltsvertrags zu unterscheiden. Auch wenn das Mandatsverhältnis gemäß den §§ 116 Abs. 1 S. 1, 115 InsO durch die Eröffnung des Insolvenzverfahrens beendet wird, fallen die daraus entstandenen Ansprüche des Schuldners künftig in die Insol- **160**

---

411 Vgl. § 1589 BGB.
412 Vgl. § 1590 Abs. 2 BGB.
413 So die Begründung zu § 109 RegE [§ 97 InsO], BR-Drs. 1/92 S. 142.
414 *Bieneck* in Müller-Gugenberger/Bieneck, § 75 Rn. 60; Uhlenbruck-*Uhlenbruck* § 97 Rn. 8.
415 Siehe dazu auch im Folgenden Uhlenbruck-*Uhlenbruck* § 97 Rn. 4 m.w.N.

venzmasse und damit in die Verwaltungs- und Verfügungsbefugnis des Insolvenzverwalters. Gemäß § 675 BGB finden die §§ 666, 667 BGB auf den Anwaltsdienstvertrag Anwendung, so dass der Rechtsanwalt die Handakten, den Schriftverkehr sowie sonstige Unterlagen aus dem Mandat des Schuldners an den Insolvenzverwalter herausgeben muss. Die Auskunfts- und Rechenschaftspflicht des Rechtsanwalts besteht selbst dann, wenn der eigentliche Herausgabeanspruch des Mandanten gemäß § 667 BGB i.V.m. § 50 Abs. 3 S. 2 BRAO durch Erfüllung bereits erloschen ist. Eine Möglichkeit des Rechtsanwalts, sich auf seine Schweigepflicht zu berufen, kann nicht bejaht werden, da das Interesse des Insolvenzverwalters an einer optimalen Verwertung der Masse gemäß § 97 Abs. 1 InsO das Geheimhaltungsinteresse des Schuldners überwiegt. Etwas anderes gilt für die **Schweigepflicht des Notars**, welche gemäß § 18 Abs. 1 S. 2 1. Hs. BNotO erst entfällt, wenn alle Beteiligten den Notar seiner Schweigepflicht entheben.[416] Der **Liquidator** einer in der Abwicklung befindlichen Gesellschaft ist dagegen vollumfänglich auskunftspflichtig.

161 Die **Erteilung einer falschen Auskunft** kann eine Strafbarkeit nach § 283 Abs. 1 Nr. 1 StGB mit sich bringen. Danach wird mit Freiheitsstrafe bis zu fünf Jahren oder mit Geldstrafe bestraft, wer bei Überschuldung oder bei drohender bzw. eingetretener Zahlungsunfähigkeit[417] Bestandteile seines Vermögens, die im Insolvenzfall mit Eröffnung des Verfahrens zur Insolvenzmasse im Sinne von § 35 InsO gehören würden, verheimlicht.[418] Erfasst wird jedes Verhalten, das einen Bestandteil der Insolvenzmasse der Kenntnis des Insolvenzverwalters oder der Gläubiger entzieht.[419] Dies kann unabhängig von etwaigen (erfolgreichen) Nachforschungen durch den Insolvenzverwalter sowohl durch positive Erteilung falscher Auskünfte als auch durch pflichtwidriges Unterlassen verwirklicht werden.[420] Ein Verheimlichen kann etwa in unrichtigen Angaben liegen, die einen geringeren Vermögensbestand als den tatsächlichen vortäuschen sollen. Bloßes Verschweigen reicht bereits dann aus, wenn eine entsprechende Aufklärungspflicht[421] besteht.[422] Die Schutzwirkung des § 97 Abs. 1 S. 3 InsO bezieht sich jedoch nicht auf die dem Schuldner gemäß § 97 Abs. 2 InsO auferlegten aktiven Mitwirkungspflichten.

b) Mitwirkungspflichten des Schuldners

162 Gemäß § 97 Abs. 2 InsO trifft den Schuldner sowohl im Eröffnungsverfahren[423] als auch im eröffneten Verfahren die generelle und vom Gesetzgeber bewusst weit

---

416 So *BGHZ* 109, 260.
417 Zu den einzelnen Tatbestandsmerkmalen siehe oben Rn. 70 ff.
418 Siehe hierzu unten Rn. 964 ff.
419 *RGSt* 64, 138, 140; *RGSt* 67, 365 f.; *OLG Frankfurt* NStZ 1997, 551; Schönke/Schröder-*Stree* § 283 Rn. 5 m.w.N.
420 LK-*Tiedemann* § 283 Rn. 38.
421 Beispielsweise aus den §§ 20, 22 Abs. 3 S. 3, 97, 101 Abs. 1 InsO.
422 *BGHSt* 11, 146; Schönke/Schröder-*Stree* § 283 Rn. 5.
423 Vgl. § 22 Abs. 3 S. 3 InsO.

formulierte Pflicht[424], den **Insolvenzverwalter** bei der Erfüllung seiner Aufgaben zu **unterstützen**. Diese Pflicht kann über § 98 InsO erzwungen werden. Der Schuldner ist dabei allerdings nicht zur ständigen Mitarbeit verpflichtet. Ihn trifft lediglich eine Pflicht zur punktuellen Mitwirkung bei einzelnen Abwicklungsmaßnahmen. Nur diese ist ihm als Nachwirkung zur früheren geschäftlichen Tätigkeit ohne Vergütung zuzumuten.[425] Von § 97 Abs. 2 InsO wird nur die **allgemeine Mitwirkungspflicht**[426] des Schuldners erfasst. Diese trifft auch sämtliche organschaftlichen Vertreter einer Insolvenzgesellschaft sowie alle vertretungsberechtigten persönlich haftenden Gesellschafter. Darauf, ob es sich lediglich um einen technischen Geschäftsführer oder um einen kaufmännischen Vorstand einer Gesellschaft handelt, kommt es nicht an.[427] Im Einzelfall können die Mitwirkungspflichten sehr weit gehen und auch die Erteilung einer Vollmacht für die Verwertung von im Ausland gelegenem Vermögen des Schuldnerunternehmens zum Gegenstand haben.[428]

Problematisch ist die **Honorierung der Mitwirkungspflicht**[429], da der Schuldner **163** wie sein Vertreter grundsätzlich dazu verpflichtet sind, dieser Verpflichtung auch ohne besondere Vergütung oder Ersatzansprüche hinsichtlich ihrer Auslagen nachzukommen.[430] Bei der **Eigenverwaltung** wird diese Mitwirkungspflicht jedoch zu einer echten Mitarbeitspflicht. Dort übernimmt der Insolvenzschuldner Aufgaben aus dem Kreis des Insolvenzverwalters und erhält nach § 278 Abs. 1 InsO das Recht, zur Lebensführung erforderliche Mittel aus der Insolvenzmasse zu entnehmen. In diesen Fällen ist mit dem Schuldner ein entsprechender Dienstvertrag abzuschließen und ihm eine angemessene Vergütung aus der Insolvenzmasse zu bezahlen. Schließlich hat seine Mitwirkungspflicht in einem solchen Regelinsolvenzverfahren bei der Verfahrensabwicklung das Ausmaß einer ständigen Mitarbeit erreicht, wodurch ihm eine anderweitige berufliche Vollzeittätigkeit nicht mehr möglich ist.

Von der verfahrensrechtlichen Mitwirkungspflicht unterscheiden sich die Fälle, in **164** denen der Schuldner als **freiberuflich Tätiger**[431] ein Interesse daran hat, seine Schulden im eröffneten Insolvenzverfahren abzuarbeiten und die Restschuldbefreiung zu erlangen. Der Insolvenzverwalter kann von sich aus eine freiberufliche Praxis des Schuldners meist nicht weiterführen. Im Einzelfall kann dem Schuldner allerdings die Möglichkeit eröffnet werden, seine Praxis trotz eröffneten Insolvenzver-

---

424 Zur Kritik aus der Literatur daran, dass dem Schuldner zugemutet wird, seine Arbeitskraft im Rahmen der Insolvenzabwicklung zur Verfügung zu stellen, obwohl sie nicht zur Insolvenzmasse gehört, vgl. Uhlenbruck-*Uhlenbruck* § 97 Rn. 14 m.w.N.
425 Uhlenbruck-*Uhlenbruck* § 97 Rn. 14 m.w.N.
426 Spezielle Mitwirkungspflichten finden sich dagegen in einzelnen Vorschriften wie z.B. § 153 Abs. 2 InsO und sind nicht über § 98 InsO zwangsweise durchsetzbar.
427 Uhlenbruck-*Uhlenbruck* § 97 Rn. 15.
428 *BVerfG* ZIP 1986, 1336; *OLG Köln* ZIP 1986, 658.
429 Uhlenbruck-*Uhlenbruck* § 97 Rn. 16.
430 Uhlenbruck-*Uhlenbruck* § 97 Rn. 20.
431 Zu denken ist etwa an eine Tätigkeit als Steuerberater, Rechtsanwalt, Wirtschaftsprüfer oder Arzt.

fahrens fortzuführen und an den Treuhänder Zahlungen zu leisten.[432] In diesen Fällen obliegt es gemäß § 295 Abs. 2 InsO dem eine selbstständige Tätigkeit ausübenden Schuldner, durch Zahlungen an den Treuhänder den Insolvenzgläubiger so zu stellen, wie er stünde, wenn er ein angemessenes Dienstverhältnis eingegangen wäre.

c) Sonstige Pflichten des Schuldners

165 Im Einzelfall muss zwischen **erzwingbaren verfahrensrechtlichen Mitwirkungspflichten** und solchen Verpflichtungen unterschieden werden, die nur verfahrensrechtliche Sanktionen zur Folge haben.[433] Dabei ergeben sich aus der Pflichtenstellung des Schuldners weitere insolvenzspezifische Pflichten, etwa zur Abgabe einer eidesstattlichen Versicherung nach § 153 Abs. 2 InsO über die Richtigkeit der vom Insolvenzverwalter aufgestellten Vermögensübersicht.[434] Gemäß § 153 Abs. 2 S. 2 InsO sind die §§ 98, 101 Abs. 1 S. 1, 2 InsO entsprechend anwendbar. Hingegen existiert bezüglich der Erklärungspflicht nach den §§ 176, 177 InsO keine vergleichbare Regelung. Jedoch können über die §§ 97, 98 InsO die Pflichten des Schuldners, im Prüfungstermin anwesend zu sein und sich zu den streitigen Forderungen zu erklären, erzwungen werden.[435] Darüber hinaus können das persönliche Erscheinen und die Mitwirkung des Schuldners bzw. eines Vertreters in der Gläubigerversammlung gemäß § 97 Abs. 3 S. 1 InsO angeordnet und über § 98 InsO durch den Einsatz von Zwangsmitteln erzwungen werden.[436]

166 Im Gegensatz zur früheren Regelung des § 101 Abs. 1 KO handelt es sich bei der **Anwesenheits- und Bereitschaftspflicht,** jederzeit zur Verfügung zu stehen, nicht mehr um eine Residenzpflicht. Durch eine flexiblere und differenziertere Regelung in der Insolvenzordnung sollen unnötige Aufenthaltsbeschränkungen für den Schuldner vermieden werden. Dies gilt allerdings nicht uneingeschränkt. So sollen im Bedarfsfall der Schuldner wie seine Vertreter für die Erfüllung ihrer Auskunfts- und Mitwirkungspflichten auch dann zur Verfügung stehen, wenn sie sich außerhalb ihres Wohnsitzes oder ihres Gesellschaftssitzes aufhalten.[437] Dies hindert den Schuldner zwar nicht daran, anderenorts eine neue Anstellung (auch im Ausland) anzunehmen, jedoch muss er bei Bedarf auf eigene Kosten anreisen. Durch § 97 Abs. 3 S. 1 InsO hat der Gesetzgeber zum Ausdruck gebracht, dass private Termine

---

432 Uhlenbruck-*Uhlenbruck* § 97 Rn. 16.
433 Uhlenbruck-*Uhlenbruck* § 97 Rn. 2.
434 *Uhlenbruck* Die Rechtsstellung des Geschäftsführers im Konkurs der GmbH in: GmbHR 1972, 170, 175.
435 Uhlenbruck-*Uhlenbruck* § 97 Rn. 2 m.w.N.
436 Vgl. zu den Auskunfts- und Mitwirkungspflichten auch *Uhlenbruck* Auskunfts- und Mitwirkungspflichten des Schuldners und seiner organschaftlichen Vertreter im Insolvenzverfahren, in: NZI 2002, 401 m.w.N.
437 Uhlenbruck-*Uhlenbruck* § 97 Rn. 17 unter Hinweis auf die Amtliche Begründung zu § 111 des RegE.

Dannecker/Hagemeier

des Schuldners bzw. seiner Vertreter sowie anderweitige persönliche Verpflichtungen gegenüber den verfahrensrechtlichen Pflichten ausnahmslos zurückstehen müssen. Dies sollte der Schuldner stets bedenken.

Gemäß § 97 Abs. 3 S. 2 InsO trifft den Schuldner(vertreter) zusätzlich die regelmäßig mit den aktiven Mitwirkungspflichten korrelierende **Pflicht**, alles **zu unterlassen**, was der Erfüllung der sich aus § 97 InsO ergebenden Pflichten zuwiderläuft. Es ist dem Schuldner weder die Vernichtung von Geschäftsunterlagen noch das Beiseiteschaffen von Vermögensgegenständen der Insolvenzmasse gestattet. Zudem hat der Schuldner alles zu unterlassen, was die Verwertung der Insolvenzmasse im Ausland erschwert.[438] Bei einer entsprechenden Zuwiderhandlung ist der Insolvenzverwalter berechtigt, von dem Schuldner bzw. von seinem Vertreter wegen vorsätzlicher sittenwidriger Schädigung gemäß § 826 BGB Schadenersatz zu verlangen.[439]   **167**

Besonders gestaltet sich die Rechtslage auch bei **nicht-erzwingbaren verfahrensrechtlichen Mitwirkungspflichten**.[440] Hierbei handelt es sich um Obliegenheiten, an deren Nichterfüllung Sanktionen geknüpft sind. So haben bestimmte Beifügungsversäumnisse bei einem Antrag auf Restschuldbefreiung lediglich dessen Zurückweisung zur Folge. Das Gleiche gilt für die Vorlage eines nicht ordnungsgemäßen Insolvenzplanes; die Folge ist ebenfalls eine Zurückweisung durch das Gericht. Eine Stellungnahme zu einem vonseiten des Insolvenzverwalters vorgelegten Insolvenzplan im Sinne von § 232 InsO kann das Gericht vom Schuldner ebenso wenig erzwingen wie eine ordnungsgemäße Verfahrensabwicklung im Rahmen der Eigenverwaltung. Im letzteren Fall droht allenfalls die Aufhebung der Anordnung der Eigenverwaltung. Das Verbraucherinsolvenzverfahren gemäß der §§ 304 ff. InsO zeichnet sich auch dadurch aus, dass bestimmte Mitwirkungspflichten mit Sanktionen bzw. mit einer Fiktion[441] ausgestattet sind.   **168**

---

438 *OLG Köln* WM 1986, 682.
439 *OLG Köln* ZIP 1998, 113.
440 Vgl. dazu Uhlenbruck-*Uhlenbruck* § 97 Rn. 2.
441 Vgl. etwa § 305 Abs. 3 InsO im Gegensatz zu einem Gläubigerantrag gegenüber einem Verbraucher, wobei § 306 Abs. 3 S. 1 InsO Anwendung findet.

Dannecker/Hagemeier

D. Verzahnung von Insolvenzrecht und Insolvenzstrafrecht

I. Normauslegung und Normausfüllung

1. Blankettgesetzgebung

169 Im Vergleich zum Kernstrafrecht sind die so genannten Blankettnormen in den Bereichen des Wirtschaftsstrafrechts besonders häufig anzutreffen. Man versteht hierunter „**offene**" **Tatbestände**, welche zu ihrer Ausfüllung auf andere Rechtsakte der Legislative oder der Exekutive verweisen.

Zu unterscheiden sind **Blankettstrafgesetze im engeren Sinne** von solchen im weiteren Sinne: Unter ersteren versteht man Normen, die auf eine andere Instanz als den Gesetzgeber des Blanketts für die Ausfüllung desselben verweisen (die so genannte Außenverweisung).[442] **Blankettstrafgesetze im weiteren Sinne** hingegen sind bloße Binnenverweisungen, also Verweisungen auf andere Normen innerhalb desselben Gesetzes; sie werden daher auch „unechte Blankettgesetze" genannt. Sie sind unter verfassungsrechtlichen Gesichtspunkten unbedenklich.[443] Ein Beispiel für ein unechtes Blankett findet sich in § 283 Abs. 1 Nr. 7b StGB, der die nicht rechtzeitige Aufstellung der Bilanz „entgegen dem Handelsrecht" unter Strafe stellt: Die Vorschrift verweist hier auf ausgestaltende Normen im Handelsrecht, und zwar nicht nur auf solche im HGB, sondern auch auf die einschlägigen Fristen in den handelsrechtlichen Spezialgesetzen.[444]

2. Tatbestandliche Bestimmtheit

170 Echte Blankettnormen sind in verfassungsrechtlicher Hinsicht nicht unproblematisch: Sie müssen sich, wie alle anderen strafrechtlichen Normen auch, an **Art. 103 Abs. 2 GG** messen lassen, der den Grundsatz normiert, dass keine Tat bestraft werden darf, wenn sie nicht vorher durch Gesetz als Straftat definiert und mit einer entsprechenden Sanktion belegt worden ist (nulla poena sine lege parlamentaria). Dies impliziert wiederum das so genannte **Bestimmtheitsgebot**: Es muss für den Normadressaten vorhersehbar sein, welches Verhalten verboten und strafbar ist.[445] Diese erforderliche Bestimmtheit kann bei Blankettnormen, in denen nicht alle Voraussetzungen einer möglichen Strafbarkeit normiert sind, weil der Inhalt der

---

442 Vgl. *Tiedemann* Wirtschaftsstrafrecht AT, Rn. 99.

443 LK-*Dannecker* § 1 Rn. 150.

444 Die Verfassungsmäßigkeit der Vorgängervorschrift des § 287 Abs. 1 Nr. 7b StGB (§ 240 Abs. 1 Nr. 4 KO), welche lediglich auf das HGB verwiesen hat, hat das BVerfG unter Aussparung der Frage, ob es sich hierbei um ein Blankettgesetz handelt, bejaht, vgl. *BVerfG* NJW 1978, 1423, 1424.

445 Vgl. *BVerfGE* 87, 209, 224; 399, 411.

Verweisungsnorm zur Konkretisierung erforderlich ist, zweifelhaft sein. Das Bundesverfassungsgericht hat hierzu ausgeführt, dass die Voraussetzungen der Strafbarkeit und die Art der Strafe für den Bürger schon aufgrund des Strafgesetzes ersichtlich sein müssen und nicht erst aufgrund des hierauf gestützten normausfüllenden Rechtsaktes vorauszusehen sein dürfen.[446] Ausreichend soll nach der Rechtsprechung des Bundesverfassungsgerichts insoweit sein, dass aus der formell-gesetzlichen Strafnorm zumindest das Risiko einer Bestrafung hervorgeht.[447] Darüber hinaus muss ebenfalls eine die Blankettnorm ausfüllende Verordnung dem Bestimmtheitsgebot des Art. 103 Abs. 2 GG genügen.[448]

Der Anspruch an die Bestimmtheit strafrechtlicher Normen wird allerdings relativiert: So herrscht zwischen dem Bundesverfassungsgericht und der wohl überwiegenden Ansicht in der Literatur Einigkeit darüber, dass an den Bestimmtheitsgrundsatz nach Art. 103 Abs. 2 GG keine **übersteigerten Anforderungen** gestellt werden dürfen.[449] Der Gesetzgeber ist daher „nach Möglichkeit" gehalten, ein Gesetz so genau zu formulieren, dass sich für den Bürger die Grenze des straffreien Raums schon eindeutig aus dem Gesetzestext ergibt.[450] Er *muss* nur „die Voraussetzungen der Strafbarkeit so konkret umschreiben, dass Anwendungsbereich und Tragweite der Straftatbestände sich aus dem Wortlaut ergeben oder jedenfalls durch **Auslegung** ermitteln lassen".[451] **171**

In der Literatur finden sich vereinzelt Zweifel an der erforderlichen Bestimmtheit der insolvenzstrafrechtlichen zentralen Begriffe[452] der (drohenden) Zahlungsunfähigkeit und der Überschuldung.[453] Diese Begriffe finden sich, wie oben dargelegt, nicht nur in den §§ 283 ff. StGB, sondern ebenfalls im Insolvenzrecht, wo sie in den §§ 17 Abs. 2, 18 Abs. 2 und 19 Abs. 2 InsO legaldefiniert sind. Diese Definitionen weichen allerdings von den durch die Rechtsprechung für das Insolvenzstrafrecht entwickelten Begriffen ab, sie sind weiter gefasst.[454] Es herrscht Uneinigkeit bezüglich der Frage, ob die seit dem 1.1.1999 in der InsO enthaltenen Legaldefinitionen für die Auslegung der gleich lautenden Begrifflichkeiten im StGB verbindlich sind.[455] Die wohl überwiegende Meinung sieht in einer vom neueren Insolvenzrecht abweichenden bzw. diese ergänzenden **insolvenzstrafrechtlichen Definition der Begriffe** kein Problem.[456] **172**

---

446 *BVerfGE* 14, 174, 185 f. = NJW 1962, 1339; vgl. auch LK-*Dannecker* § 1 Rn. 153 m.w.N.
447 *BVerfGE* 78, 374, 389; v. Mangoldt/Klein/Starck-*Nolte* Art. 103 Rn. 153; kritisch dazu LK-*Dannecker* § 1 Rn. 151 ff.
448 *BVerfG* NStZ-RR 2002, 22.
449 *BVerfG* NJW 1977, 1815; Schmidt-Bleibtreu/Klein-*Brockmeyer* Art. 103 Rn. 7; Dreier-*Schulze-Fielitz* Art. 103 Abs. 2 Rn. 35; kritisch v.Münch/Kunig-*Kunig* Art. 103 Rn. 27 ff.
450 *BVerfGE* 109, 133, 172.
451 *BVerfGE* 92, 1, 12 = NJW 1995, 1141.
452 S.o. Rn. 55 ff.
453 So *Penzlin* S. 163.
454 Vgl. *Busch* in Greeve/Leipold, Handbuch des Baustrafrechts, § 48 Rn. 5 ff.
455 Zum Streitstand *Lackner/Kühl* § 283 Rn. 5; *Fischer* Vor § 283 Rn. 6, beide m.w.N.
456 Vgl. MüKo-*Radtke* Vor §§ 283 Rn. 61 ff. und 73 ff. m.w.N.; Schönke/Schröder-*Stree/Heine* § 283 Rn. 50a m.w.N.; unentschlossen *Erdmann* S. 112 f.

3. Leichtfertige Begehungsweise/Berufsfahrlässigkeit im Wirtschaftsstrafrecht

173 Neben der vorsätzlichen Begehungsweise finden sich in § 283 Abs. 4 Nr. 2, Abs. 5 Nr. 2 StGB Möglichkeiten der Tatbestandsverwirklichung durch eine **leichtfertige Verursachung der Krise.** Das Merkmal der Leichtfertigkeit, einer gesteigerten Form der Fahrlässigkeit, die der groben Fahrlässigkeit entspricht und in der Vernachlässigung elementarer Anforderungen an den Täter durch denselben zu sehen ist,[457] taucht an verschiedenen Stellen im Wirtschaftsstrafrecht auf (vgl. z.b. §§ 261 Abs. 5, 264 Abs. 4 StGB). Die viel geübte Kritik, die Aufnahme der leichtfertigen Verwirklichung in Tatbestände des Wirtschaftsstrafrechts diene vor allem der Überwindung von Beweisschwierigkeiten hinsichtlich des Vorsatzes des Täters,[458] erscheint für die Insolvenzdelikte nicht zutreffend: Die Inkriminierung der leichtfertigen Verwirklichung insolvenzstrafrechtlicher Tatbestände findet ihre Rechtfertigung in dem Umstand, dass einem Schuldner, der sich am Rande der Überschuldung oder der Zahlungsunfähigkeit bewegt, eine besondere Verantwortung und damit auch besondere Sorgfaltspflichten auferlegt werden können, weil er mit fremden Mitteln gewirtschaftet hat und ihn insoweit eine gesteigerte Pflicht trifft.[459] Darüber hinaus besteht eine lange Tradition im Insolvenzstrafrecht, auch die fahrlässige Begehungsweise zu bestrafen.[460]

II. Wahrheitsermittlung und Selbstbelastungsfreiheit

1. Selbstbelastungsfreiheit

174 Das Prinzip der Selbstbelastungsfreiheit (**„nemo tenetur se ipsum accusare"**) bedeutet, dass den Angeklagten keine Pflicht trifft, das Gericht bei der Sachverhaltsaufklärung zu unterstützen,[461] er genießt Aussagefreiheit (vgl. §§ 136, 163a, 243 Abs. 4 StPO). Dieser Grundsatz ist allgemein anerkannt[462] und explizit in Art. 14 des Internationalen Pakts über bürgerliche und politische Rechte vom 19.12.1966[463] geregelt, welcher über Art. 59 GG nationales Recht im Rang einfachgesetzlichen Bundesrechts geworden ist. Allerdings hat er weder im Grundgesetz selber noch in der StPO[464] einen expliziten Niederschlag gefunden, wird allerdings in der Recht-

---

457 Vgl. LK-*Tiedemann* § 283 Rn. 213.

458 So allerdings die Gesetzesbegründung zu § 261 Abs. 5 StGB, BT-Drs. 12/989, S. 27 f.

459 So *Tiedemann* Wirtschaftsstrafrecht AT, Rn. 62.

460 Schon das preußische Landrecht stellte neben dem „mutwilligen" auch den fahrlässigen und „unbesonnenen" Bankrott unter Strafe, vgl. zur Geschichte *BGHSt* 15, 103, 104 f.

461 Detailliert *Eisenberg* 831 ff.

462 *Böse* Die verfassungsrechtlichen Grundlagen des Satzes „Nemo tenetur se ipsum accusare", in: GA 2002, 98 f.

463 BGBl. II 1973, S. 1533.

464 Zur „Lückenhaftigkeit der StPO" in diesem Kontext *Verrel* Nemo tenetur – Rekonstruktion eines Verfahrensgrundsatzes – 1. Teil, in: NStZ 1997, 361, 365.

sprechung als „selbstverständlich vorausgesetzter rechtsstaatlicher Grundsatz"[465] bezeichnet, der aus der Achtung der Menschenwürde resultiere. Die Literatur sieht die verfassungsrechtliche Grundlage des nemo-tenetur-Grundsatzes überwiegend in Art. 2 Abs. 1 i.V.m. Art. 1 GG und dem Rechtsstaatsprinzip begründet.[466] Entsprechend ist auch der Einsatz von Zwangsmitteln gegen den Beschuldigten mit dem Ziel, ihn zu einer aktiven Mitwirkung an seiner eigenen Strafverfolgung zu bewegen, verboten (§ 136a StPO).

Ein Ausfluss aus dem Prinzip der Selbstbelastungsfreiheit sind die strafprozessualen Regelungen, die es verbieten, bestimmte Beweise gegen den Angeklagten zu verwerten oder sogar im Vorfeld sie überhaupt zu erheben:

2. Beweisverbote

a) Allgemein

Im Insolvenzstrafrecht gelten dieselben Beweisverbote wie im allgemeinen Straf-   **175**
recht. Unter Beweisverboten sind **Beweiserhebungs- und Beweisverwertungsverbote** zu verstehen. Zu den Beweiserhebungsverboten gehören die **Beweisthemaverbote** (z.b. die Aufklärung bereits getilgter Vorstrafen gemäß § 51 Abs. 1 BZRG), die **Beweismittelverbote** (z.b. ein Zeuge, der von seinem Zeugnisverweigerungsrecht nach den §§ 52 ff. StPO Gebrauch macht) und die Beweismethodenverbote (z.b. der Einsatz verbotener Vernehmungsmethoden nach § 136a StPO).[467]

b) Besonderheiten im Insolvenzstrafrecht

aa) Der Gemeinschuldnerbeschluss des Bundesverfassungsgerichts

Eine zentrale Entscheidung zur Selbstbelastungsfreiheit und den daraus resultieren-   **176**
den Beweisverboten ist der so genannte Gemeinschuldnerbeschluss des Bundesverfassungsgerichts vom 13.1.1981.[468] In diesem Beschluss stellt das Bundesverfassungsgericht klar, dass den Gemeinschuldner auch dann die **Pflicht zur Aussage gegenüber dem Konkursverwalter** nach der Vorschrift des (damaligen) § 100 KO trifft, wenn er damit strafbewehrte Handlungen offenbaren muss. Diese Pflicht verletze auch nicht das Selbstbezichtigungsverbot: Im Gegensatz zu Zeugen, Prozessbeteiligten und Beschuldigten, denen stets ein Schweigerecht für den Fall einer Selbstbezichtigung zugebilligt werde, gehöre der Gemeinschuldner zu den Personen, die aufgrund eines besonderen Rechtsverhältnisses verpflichtet sind, anderen diese notwendige Informationen zu erteilen.[469] Der entscheidende Unterschied zu den

---

465 *BVerfG* NJW 1975, 103.
466 Übersicht bei *Böse*, GA 2002, 98, 99 ff.
467 Überblick bei *Meyer-Goßner* Einl. Rn. 50 ff.
468 *BVerfG* NJW 1981, 1431 ff. = *BVerfGE* 56, 37 ff.
469 *BVerfG* NJW 1981, 1431, 1432.

Personengruppen mit einem umfassenden Schweigerecht bestehe darin, dass sich hier nicht Selbstbelastungsfreiheit und staatliche Strafverfolgungsinteressen gegenüberstehen, sondern ein Schweigerecht des Auskunftspflichtigen in dieser Konstellation mit dem berechtigten Informationsbedürfnis anderer kollidiere, welches nur durch den Auskunftspflichtigen bedient werden könne.[470]

177 Der Gemeinschuldner ist daher aufgrund seiner **umfassenden Pflichten gegenüber den Gläubigern** in der Konkurs- bzw. Insolvenzsituation zunächst uneingeschränkt auskunftspflichtig. Allerdings hat das Bundesverfassungsgericht daneben die Ergänzung der Auskunftspflicht durch ein **strafrechtliches Verwertungsverbot** betont, da dem Gemeinschuldner im *Straf*verfahren die Selbstbelastungsfreiheit zur Seite stehe und seine selbstbelastende Aussage daher nicht „gegen seinen Willen zweckentfremdet und (außerhalb des Konkursverfahrens) der Verwertung für eine Strafverfolgung zugeführt" werden dürfe.[471] Die Verwertung einer derartigen erzwungenen Aussage sei unzulässig.

bb) § 97 Abs. 1 S. 3 InsO

178 Diesen Anforderungen hat der Gesetzgeber nunmehr in § 97 Abs. 1 S. 3 InsO explizit Rechnung getragen. Gemäß § 97 Abs. 1 S. 1 InsO hat der Schuldner dem Insolvenzverwalter, dem Insolvenzgericht und dem Gläubigerausschuss Auskunft über alle das Verfahren betreffenden Verhältnisse zu erteilen.[472] Kommt der Schuldner seinen Auskunftspflichten nicht nach, so ist die Anordnung von Beugehaft nach § 98 Abs. 2 Nr. 1 InsO möglich. § 97 Abs. 1 S. 3 InsO trägt aber gleichzeitig auch dem nemo-tenetur-Grundsatz Rechnung, indem er bestimmt, dass die im Rahmen der Auskunftspflicht gemachten Angaben, die gemäß § 97 Abs. 1 S. 2 InsO auch strafbares Verhalten, sofern es im Zusammenhang mit der Insolvenz steht, umfassen können, nicht im Strafverfahren verwendet werden dürfen, wenn der Schuldner dem nicht zustimmt – eine Möglichkeit, die bei lebensnaher Betrachtung eher unwahrscheinlich erscheint.

179 Während aus dem Gemeinschuldnerbeschluss des Bundesverfassungsgericht nach allgemeiner Meinung lediglich ein **Verwertungsverbot** resultierte,[473] dieses Verbot aber nicht Beweismittel umfasste, die erst mittelbar, aufgrund der Angaben des Schuldners, erhoben werden konnten,[474] erscheint die Reichweite des § 97 Abs. 1

---

470 *BVerfG* a.a.O.

471 *BVerfG* NJW 1981, 1431, 1433.

472 Zum Umfang dieser Auskunftspflicht vgl. Braun-*Kroth* § 97 Rn. 9; kritisch zur Auskunftspflicht *Hohnel* Selbstbelastungsfreiheit in der Insolvenz, in: NZI 2005, 152, 154.

473 *Bittmann/Rudolph* Das Verwendungsverbot gem. § 97 Abs. 1 S. 3 InsO, in: wistra 2001, 81, 82.

474 *Weyand* Zur „Verwendung" von Angaben des Schuldners für strafrechtliche Zwecke, in: ZInsO 2001, 108, 109.

Dannecker/Hagemeier

S. 3 InsO zumindest unklar.[475] Die wohl überwiegende Meinung im Schrifttum erblickt in dem Wort „verwenden" ein Indiz für ein **umfassendes Verwendungsverbot** des Inhalts, dass „auch solche Tatsachen, zu denen die Auskunft des Schuldners nur den Weg gewiesen hat, nicht verwertet werden dürfen".[476] Die Vertreter dieser Ansicht haben den Wortlaut der Begründung zu § 109 Abs. 1 des Entwurfs der Bundesregierung zur InsO, welcher wortgleich mit § 97 Abs. 1 InsO ist, auf ihrer Seite.[477] Auch das LG Stuttgart nimmt in einer Entscheidung vom 21.7.2000,[478] die sich, soweit ersichtlich, erstmalig zur Reichweite des § 97 Abs. 1 S. 3 InsO verhält, Bezug auf den Wortlaut: Aus der Tatsache, dass in § 97 Abs. 1 S. 3 InsO von „verwenden" und nicht wie in § 100 KO von „verwerten" die Rede sei, ergebe sich eindeutig ein gesetzgeberisch intendiertes **Fernwirkungsverbot**.[479]

Streitig ist in diesem Kontext, ob § 97 Abs. 1 S. 3 InsO die **Begründung des** **180** **Anfangsverdachts** verbietet und ob er des Weiteren Grundlage für ein weit reichendes Beweiserhebungsverbot sein kann.[480] Die Einführung von aus Angaben des Schuldners gemäß § 97 Abs. 1 InsO gewonnenen Erkenntnissen in die Hauptverhandlung soll nach wohl h.M.[481] jedenfalls dann kein Verwertungsverbot auslösen, wenn dieselben Erkenntnisse in rechtlich zulässiger Weise hätten gewonnen werden können (so genannter **hypothetischer Ersatzeingriff**).[482] Dem Gesetz selbst kann diese Einschränkung jedoch nicht entnommen werden.

Im Zusammenhang mit dem oben erwähnten Gemeinschuldnerbeschluss des Bun- **181** desverfassungsgerichts ist außerdem umstritten, ob ein strafprozessuales **Verwertungsverbot für Aufzeichnungen** besteht, die vom Beschuldigten oder in seinem Unternehmen über prozessrelevante Daten angefertigt wurden. Wohl unstreitig ist der Fall, in dem diese Aufzeichnungen **freiwillig**, das heißt ohne entsprechende

---

475 So beschränken sich viele Kommentierungen zu § 97 InsO auf die Wiedergabe der Gesetzesbegründung; das Problem unerwähnt lässt auch Braun-*Kroth* InsO, § 97 (vgl. Rn. 10).

476 So *Richter* Auskunft- und Mitteilungspflichten nach §§ 20, 97 Abs. 1 InsO, in: wistra 2000, 1, 3; zustimmend *Bittmann/Rudolph* wistra 2001, 81, 82; differenzierend, aber zustimmend hinsichtlich des Verwertungsverbotes außerhalb des Anfangsverdachts *Hefendehl* Beweisermittlungs- und Beweisverwertungsverbote bei Auskunfts- und Mitwirkungspflichten, in: wistra 2003, 1, 4 ff.

477 BT-Drs. 12/2443, S. 142.

478 *LG Stuttgart* NStZ-RR 2001, 282 f.

479 *LG Stuttgart* NStZ-RR 2001, 282, 283; das Wortlautargument ablehnend *Hefendehl*, wistra 2003, 1, 6.

480 Lesenwert hierzu *Hefendehl* wistra 2003, 1, 3 ff. m.w.N.; ablehnend *Gürtler* in Wabnitz/Janovsky 23. Kapitel Rn. 99 ff.

481 Übersicht über den Streitstand bei *Burhoff* Handbuch für das strafrechtliche Ermittlungsverfahren, Rn. 439; ebenso *LG Stuttgart* NStZ-RR 2001, 282, 283; ablehnend *Hefendehl* wistra 2003, 1, 8.

482 Siehe auch *BGH* NStZ 1997, 294, 295 m.w.N.; *Meyer-Goßner* Einl Rn. 57c m.w.N.; kritisch *Weyand* a.a.O.; einschränkend *Hefendehl* a.a.O., wistra 2003, 1, 8.

gesetzliche Verpflichtung gemacht wurden; in dieser Konstellation besteht kein Selbstbezichtigungszwang, folglich bleiben die Aufzeichnungen für den Prozess verwertbar.[483] Dies ist auch dann der Fall, wenn der Schuldner eine inhaltsgleiche Auskunft erteilt.[484] Schwieriger gestaltet sich der Fall, in dem die zu verwertenden Unterlagen **aufgrund gesetzlicher Verpflichtung** erstellt worden sind.[485] Diese Unterlagen enthalten Erkenntnisse, die der Schuldner dem Berechtigten auch im Wege einer Auskunft mitteilen könnte, und grundsätzlich dürfen solche Erkenntnisse, die auf einer Auskunft des Schuldners beruhen, nicht verwendet werden. Allerdings soll eine Verwendung dann möglich sein, wenn die entsprechenden Informationen durch die Sichtung der Aufzeichnungen gewonnen wurden;[486] die Vorlage von Geschäftsunterlagen sei kein Teil der Erfüllung der Auskunftspflicht des Schuldners nach § 97 Abs. 1 InsO, sondern stelle vielmehr eine Mitwirkungspflicht im Rahmen des Insolvenzverfahrens dar.[487] Bei dieser formalen Betrachtung bleibt jedoch unberücksichtigt, dass der Grundsatz „nemo tenetur se ipsum accusare" als Ausfluss der allgemeinen Handlungsfreiheit in Verbindung mit der Menschenwürde und dem Rechtsstaatsprinzip einer solchen Einschränkung entgegensteht.

182 Die in der Praxis vorkommende Konstellation, dass der Insolvenzverwalter zunächst eine Auskunft durch den Schuldner erlangt und sich dann durch die Lektüre der Unterlagen vergewissert, soll dahingehend gelöst werden, dass zwar die Auskunft des Schuldners nicht verwendbar sein soll, wohl aber die sich aus den Unterlagen ergebenden Erkenntnisse.[488] Begründet wird dies zum einen damit, dass die Vorlage von Geschäftsunterlagen kein Teil der Erfüllung der Auskunftspflichten, welche in aller Regel mündlich erfolge, sei[489] und zum anderen dem Schuldner nicht die Möglichkeit eröffnet werden solle, durch eine besonders umfangreiche Auskunftserteilung auch die **Verwendung inhaltsgleicher Unterlagen** zu verhindern.[490] Ein weiteres Problem wird darin gesehen, dass die Staatsanwaltschaft in ihren Ermittlungen auf die Insolvenzakte zugreifen kann; vereinzelt wird gefordert, dass nach § 97 Abs. 1 InsO „erzwungene" Auskünfte des Schuldners aus der Insolvenzakte zu

---

483 So *Pfohl* in Müller-Gugenberger/Bieneck, § 54 Rn. 324; *Bittmann/Rudolph* wistra 2001, 81, 84 m.w.N.; *Uhlenbruck* Auskunfts- und Mitwirkungspflichten des Schuldners und seiner organschaftlichen Vertreter im Insolvenzverfahren, in: NZI 2002, 401, 404.

484 *Bittmann/Rudolph* wistra 2001, 81, 83.

485 Weiterführend *Pfohl* in Müller-Gugenberger/Bieneck, § 54 Rn. 324 f.; undifferenziert *Pelz* Rn. 612.

486 Für viele *Busch* in Greeve/Leipold, § 51 Rn. 19 m.w.N.; a.A. *Bieneck* in Müller-Gugenberger/Bieneck, § 75 Rn. 73 ff.

487 *Richter* Auskunft- und Mitteilungspflichten nach §§ 20, 97 Abs. 1 InsO, in: wistra 2000, 1, 4; zustimmend *Uhlenbruck* NZI 2002, 401, 405.

488 *Richter* wistra 2001, 1, 4; *Bittmann/Rudolph* wistra 2001, 81, 84; *LG Stuttgart* NStZ-RR 2001, 282, 283; zustimmend auch *Gürtler* in Wabnitz/Janovsky 23. Kapitel Rn. 106; kritisch *Uhlenbruck* NZI 2002, 401, 405.

489 *Richter* wistra 2000, 1, 4.

490 *Bittmann/Rudolph* wistra 2001, 81, 84; *Gürtler* in Wabnitz/Janovsky 23. Kapitel Rn. 105 f.

entfernen seien, um dem nemo-tenetur-Grundsatz Rechnung zu tragen.[491] Dies ist jedoch mangels Vorliegens einer entsprechenden strafprozessualen Regelung abzulehnen.[492]

Ebenfalls unter das Verwendungsverbot des § 97 Abs. 1 S. 3 InsO fallen Erkennt-   **183**
nisse, die dem Insolvenzverwalter aus der Kontrolle der Post nach § 99 InsO (so genannte **Postsperre**), welche sich auch auf die Verteidigerpost eines in U-Haft befindlichen Schuldners erstrecken kann, bekannt werden.[493]

Das **Schweigen des Schuldners** im Insolvenzverfahren fällt nicht unter das Verwer-   **184**
tungsverbot des § 97 Abs. 1 S. 3 InsO, es kann daher unproblematisch zu dessen Lasten verwendet werden.[494]

Ob Auskünfte des Schuldners zu dessen Gunsten verwertet werden können, ist umstritten. Weder aus dem Wortlaut des § 97 Abs. 1 S. 3 InsO noch aus der Gesetzesbegründung ergeben sich Anhaltspunkte für eine mögliche **Verwertung der Auskünfte zugunsten des Schuldners**. Bei teleologischer Auslegung, die sich am Zweck des § 97 Abs. 1 S. 3 InsO als Ausprägung des nemo-tenetur-Grundsatzes orientiert, müssen allerdings für den Schuldner günstige Auskünfte im Strafverfahren verwendet werden können.[495]

c) Beweisverwertungsverbote bei Urteilsabsprachen

Auch in Konstellationen von Urteilsabsprachen (den so genannten Deals) ergeben   **185**
sich vielfältige Probleme. Eine Frage, über die bisher in Rechtsprechung und Literatur keine Einigkeit herrscht, ist die der **Geständnisverwertung bei missglückten Absprachen**. Dies ist beispielsweise in der Konstellation denkbar, dass das Gericht wegen schwerwiegender neuer Erkenntnisse zulässigerweise von seiner Zusage abweicht oder aber die Urteilsabsprache mangels Einhaltung der vom Bundesgerichtshof entwickelten Erfordernisse[496] unwirksam ist. Diese Situation ist von den einzelnen Senaten des Bundesgerichtshofs unterschiedlich gehandhabt worden: Während der 5. Senat ein Geständnisverwertungsverbot bei missglückten Absprachen angenommen hat,[497] sehen der 1. und der 2. Senat keinen Anlass, ein einmal abgegebenes Geständnis des Angeklagten unverwertet zu lassen, wenn die Absprache gescheitert

---

491 *Uhlenbruck* und *Hohnel* Selbstbelastungsfreiheit in der Insolvenz, in: NZI 2005, 152, 154.
492 *Busch* in Greeve/Leipold, § 51 Rn. 17; *Weyand* ZInsO 2001, 108, 109.
493 *BVerfG* NZI 2001, 132, 133; siehe hierzu auch *AG Duisburg* NZI 2004, 504, 505.
494 *Richter* wistra 2000, 1, 2; *Bittmann/Rudolph* wistra 2001, 81, 84.
495 *Bittmann/Rudolph* a.a.O., m.w.N.; auf eine vermutete Zustimmung des Schuldners nach § 97 Abs. 1 S. 3 InsO abstellend *Gürtler* in Wabnitz/Janovsky 23. Kapitel Rn. 102; zustimmend auch *Bieneck* in Müller-Gugenberger/Bieneck, § 75 Rn. 67.
496 S.u. Rn. 268 ff.
497 *BGHSt* 42, 191, 194 f.; allerdings soll, unabhängig von der inhaltlichen Unverwertbarkeit des Geständnisses, dieses zu Gunsten des Angeklagten bei der Strafzumessung berücksichtigt werden.

ist.[498] Der Große Senat hat in seinem Beschluss vom 3.3.2005 bereits darauf hingewiesen, dass diverse Fragen zur Verwertung einmal getätigter Geständnisse (gesetzgeberisch) geklärt werden müssen.[499] In der Literatur wird im Hinblick auf verfassungsrechtliche Grundsätze[500] argumentiert, dass Geständnisse dann verwertbar seien, wenn strafprozessuale Absprachen unabgeschlossen bleiben oder das Gericht zulässigerweise davon abweicht. Nicht verwertbar sollen hingegen Absprachen sein, die entweder aufgrund mangelnder Einhaltung der vom Bundesgerichtshof entwickelten Anforderungen unerkannt fehlgeschlagen oder missbräuchlich sind; bei Letzteren ergibt sich die Unverwertbarkeit freilich schon aus § 136a StPO.[501]

186 Eine Klärung dieser unsicheren Rechtslage könnte durch die **gesetzliche Implementierung der Absprache** in die StPO erreicht werden. Der Gesetzesentwurf des Bundesrates zur Regelung von Absprachen im Strafverfahren[502] sieht in § 243a Abs. 6 S. 3 die Verwertbarkeit eines einmal gemachten Geständnisses in den Fällen nachträglich weggefallener Bindung des Gerichts an die Absprache wegen einer Änderung der Bewertung der Rechts- oder Sachlage vor. Bis zur endgültigen Regelung der Absprachen im Strafverfahren – ein korrigierter Entwurf der Bundesregierung steht noch aus – wird es auch hinsichtlich der Verwertung von Geständnissen bei missglückten Absprachen keine Einigkeit geben.

d) Gegenseitige Verständigung im Strafverfahren („Deal")[503]

aa) Die Bedeutung des Deals in Wirtschaftsstrafverfahren

187 Der so genannte Deal, d.h. die Absprache über eine strafrechtliche Entscheidung, ist nirgendwo häufiger anzutreffen als in Wirtschaftsstrafverfahren. Ein großer Teil dieser Verfahren wird durch Urteilsabsprachen erledigt,[504] diese Vorgehensweise ist infolgedessen aus der Praxis nicht mehr wegzudenken.[505] Die verschiedenen Vorteile dieses Vorgehens werden von Richtern, Staatsanwälten und Verteidigern mit unterschiedlichen Prioritäten geschätzt: Während Richter und Staatsanwälte in erster Linie die prozessökonomischen Vorteile angeben, zu denen die Abkürzung des Verfahrens, vor allem die Abkürzung der Beweisaufnahme bei komplizierter Beweislage, die größere Akzeptanz des Urteils, die Arbeitsentlastung und die Minimierung der Verfahrenskosten zählen,[506] sehen Verteidiger die gewichtigsten Vorteile dieses Vorgehens in der Verringerung der psychischen Belastung für den Angeklag-

---

498 *BGH* NJW 1994, 1293, 1294 und *BGHSt* 38, 102, 105.
499 *BGHSt* 50, 40, 51.
500 *Kölbel* Geständnisverwertung bei missglückter Absprache, in: NStZ 2003, 232, 234 ff.
501 *Kölbel* a.a.O., 232, 236 f.
502 BT-Drs. 16/4197, S. 1 ff.
503 Vgl. zum Ganzen: *Sauer*, Konsensuale Verfahrensweisen im Wirtschafts- und Steuerstrafrecht.
504 Vgl. *Altenhain/Hagemeier/Haimerl/Stammen* S. 53 ff.
505 Vgl. *Dannecker* in Wabnitz/Janovsky 1. Kapitel Rn. 129.
506 Siehe *Altenhain/Hagemeier/Haimerl/Stammen* S. 59 ff.

ten, im besten Verfahrensergebnis und in der Verringerung der finanziellen Einbußen des Angeklagten durch seine Anwesenheit in der Hauptverhandlung; als weiterer Vorteil einer Verständigung wird die Umgehung von Beweisschwierigkeiten genannt.[507]

bb) Zulässigkeit und verfahrensrechtliche Grenzen des Deals

Trotz des häufigen Einsatzes der Verständigung im Strafverfahren gibt es bis dato **188 keine gesetzliche Regelung** für dieses Instrument. Aufgrund der prinzipiellen Vergleichsfeindlichkeit des deutschen Strafprozessrechts[508] war lange Zeit umstritten, ob es überhaupt zulässig sein kann, dass das Gericht dem Angeklagten schon vor oder zu Beginn einer Hauptverhandlung ein eingegrenztes Verfahrensergebnis für den Fall der (verfahrensverkürzenden) Kooperation des Angeklagten in Aussicht stellt.[509] Durch ein Grundsatzurteil des BGH[510] wurde die prinzipielle Zulässigkeit der Verständigung im Strafverfahren unter Beachtung bestimmter Rahmenbedingungen bejaht:

- Die Absprache muss grundsätzlich in der **öffentlichen Hauptverhandlung** stattfinden, Ergebnisse einer etwaigen „Vorbesprechung" müssen dort offen gelegt werden; alle Verfahrensbeteiligten müssen an der Absprache beteiligt werden.
- Das Ergebnis der Absprache muss als wesentlicher Verfahrensvorgang **im Protokoll** festgehalten werden.
- Dem Angeklagten darf, da die Entscheidungsfindung des Gerichts gemäß § 261 StPO aus dem „Inbegriff der Hauptverhandlung" resultieren muss, **kein bestimmtes Strafmaß** zugesagt werden, allerdings ist es zulässig, eine Strafobergrenze im Falle eines Geständnisses des Angeklagten anzugeben. Abweichungen hiervon sind nur möglich, wenn dem Gericht in der Hauptverhandlung bis dahin unbekannte schwerwiegende Umstände zu Lasten des Angeklagten bekannt werden.[511] Das Gericht muss außerdem auf eine solche Überschreitung der Obergrenze hinweisen.
- Ein **konkreter Schuldspruch** darf **nicht** verabredet werden, da dieser nur aufgrund der in der Hauptverhandlung gewonnenen Überzeugung des Gerichts von der Tat und deren rechtlicher Einordnung ergehen darf.
- Die **Willensentschließungsfreiheit** des Angeklagte darf nicht tangiert werden, d.h. er darf nicht zu einem Geständnis gedrängt werden; sowohl das nemo-tenetur-Prinzip[512] als auch § 136a StPO müssen berücksichtigt werden.

---

507 Vgl. *Altenhain/Hagemeier/Haimerl/Stammen* S. 65 ff.
508 So auch *BGHSt* 43, 195, 203 m.w.N. aus der Literatur.
509 Vgl. *Hellmann* Rn. 689 m.w.N.
510 *BGHSt* 43, 195 ff. = NJW 2005, 1440 ff.
511 Dieses Erfordernis wurde durch *BGH* NStZ 2004, 493 dahingehend modifiziert, dass schon dann von der Zusage abgewichen werden kann, wenn bei der Urteilsabsprache vorhandene relevante rechtliche oder tatsächliche Aspekte -im konkreten Fall eine vorangegangene Verurteilung des Angeklagten- *übersehen* wurden.
512 S.o. Rn. 174.

Dannecker/Hagemeier

- Da das Gericht weiterhin an seine Pflicht zur Wahrheitsfindung gemäß § 244 Abs. 2 StPO gebunden ist, muss das **Geständnis des Angeklagten** auf seine Glaubhaftigkeit hin überprüft und, soweit erforderlich, eine Beweiserhebung hierzu durchgeführt werden.
- Das Gericht muss die **allgemeinen Strafzumessungsgesichtspunkte** auch bei Absprachen beachten, das heißt, die Strafe muss schuldangemessen sein. Dies beinhaltet auch, dass die Strafe nicht unterhalb des für den Schuldausgleich Notwendigen bleiben darf.
- Die **strafmildernde Berücksichtigung** des im Rahmen der Absprache abgegebenen **Geständnisses** bleibt möglich.
- Dem Angeklagten darf nicht das Versprechen über einen **Rechtsmittelverzicht** abgenommen werden.

189 In einem weiteren Urteil nimmt der Bundesgerichtshof nochmals explizit Stellung zur Wirksamkeit eines im Rahmen von Absprachen erklärten **Rechtsmittelverzichts**, dessen Zulässigkeit bereits im eben genannten Urteil eingeschränkt wurde. Demnach ist das Gericht grundsätzlich gehindert, an der Vereinbarung eines Rechtsmittelverzichts mit- oder darauf hinzuwirken.[513] Darüber hinaus kommt einem Rechtsmittelverzicht des Angeklagten in der Situation einer Urteilsabsprache nur dann Wirksamkeit zu, wenn er nach dem Urteil darüber belehrt worden ist, dass er ungeachtet der getroffenen Absprache frei in seiner Entscheidung ist, ein Rechtmittel gegen das Urteil einzulegen.[514] Diese **qualifizierte Belehrung** muss gegenüber jedem Betroffenen zusätzlich zu der Belehrung nach § 35a S. 1 StPO bei jeder Urteilsabsprache erfolgen, unabhängig davon, ob die Absprache einen Rechtsmittelverzicht enthält oder nicht; sie ist außerdem als wesentlicher Verfahrensschritt gemäß § 273 Abs. 1 StPO zu protokollieren.[515]

190 Trotz der Bejahung der grundsätzlichen Zulässigkeit von Urteilsabsprachen auch in diesem Beschluss[516] weist der Bundesgerichtshof explizit darauf hin, dass gerade im Hinblick auf die prozessualen Unklarheiten in diesen Fällen[517] die Grenzen der zulässigen Rechtsfortbildung in Fragen der Verständigung im Strafprozess erreicht seien, und appelliert an den Gesetzgeber, „die Zulässigkeit und, bejahendenfalls, die wesentlichen rechtlichen Voraussetzungen und Begrenzungen von Urteilsabsprachen gesetzlich zu regeln".[518]

Dieser Appell verhallte nicht ungehört. Die **gesetzliche Regelung der Absprache** im Strafverfahren ist in Arbeit, auf einen Referentenentwurf der Bundesregierung für ein Gesetz zur Regelung der Verständigung im Strafverfahren vom 18.5.2006 folgte

---

513 *BGHSt* 50, 40, 56 f.
514 *BGHSt* 50, 40, 61.
515 *BGHSt* 50, 40, 61.
516 *BGHSt* 50, 40, 48.
517 Hierzu auch *Kölbel* Geständnisverwertung bei missglückter Absprache, in: NStZ 2003, 233, 234 ff.
518 *BGHSt* 50, 40, 64 = NJW 2005, 1440, 1443.

Dannecker/Hagemeier

der Gesetzesentwurf des Bundesrates vom 31.1.2007,[519] der die Regelung der Absprachen in § 243a StPO vorsieht. Dieser greift die bereits von der Rechtsprechung entwickelten Kriterien auf und trifft darüber hinaus weitere Vorgaben zu den Rechtsmitteln. Die endgültige Fassung des Gesetzes bleibt abzuwarten. Dennoch erscheint es trotz anhaltender und zum Teil heftiger Kritik im Schrifttum[520] entschieden zu sein, die Unwägbarkeiten der Praxis der Urteilsabsprachen, welche im Spannungsfeld zwischen funktionierender Strafrechtspflege und bestmöglicher Sachaufklärung unter Berücksichtigung der garantierten Rechte der Verfahrensbeteiligten stehen, durch gesetzliche Regelungen einzudämmen. Diese sollen Urteilsabsprachen eine demokratische Legitimation verschaffen, welche für alle Beteiligten jedenfalls mehr Rechtssicherheit bedeuten wird.

III. Sicherung der Masse durch Außenstehende, Eingriffe in die Unternehmensorganisation

1. Sicherung der Masse durch Außenstehende

In der Praxis sehen in Schieflage geratene Unternehmen häufig den vermeintlich **191** einzigen Ausweg in der Bestellung von (teilweise dubiosen) Unternehmensberatern, Steuerberatern oder Rechtsanwälten. Diese werden als externe „Sanierer" mit der Sicherung der Masse beauftragt. Ihnen stehen dazu verschiedene Instrumentarien zur Verfügung. Sie können beispielsweise auf vorhandene Gläubiger einwirken und sie zur Bildung einer irgendwie gearteten **Gläubigervereinigung** bewegen. Oftmals schließen sich einzelne Gläubiger zur Verbesserung der eigenen Position aber auch selbstständig zusammen. Es entstehen Gläubigerpools, Gläubigerfonds, Auffang-, Sanierungs- oder Betriebsübernahmegesellschaften. Auf diese Konstrukte gilt es aus strafrechtlicher wie aus insolvenzrechtlicher Sicht ein besonderes Augenmerk zu legen.[521]

a) Bildung eines Gläubigerpools[522]

aa) Vom Poolvertrag im Allgemeinen und dem Sicherungspool im Besonderen

Im Wirtschaftsleben wird man häufig mit dem Begriff des „**Pools**" konfrontiert. In **192** der angloamerikanischen Rechtssprache bezeichnet dies eine vorübergehende vertragliche **Personen- oder Unternehmensvereinigung**, deren Vertragsbeteiligte die

---

519 BT-Drs. 16/4197, S. 1 ff.
520 Lesenswert *Fischer* Regelung der Urteilsabsprache – ein Appell zum Innehalten, in: NStZ 2007, S. 433 ff.
521 Zu den beachtenswerten Konstellationen in diesem Kontext aus anwaltlicher Siche sei auf (Rn. 472) verwiesen.
522 *Rudolph* in Bittmann, § 30 Rn. 1 ff.

Dannecker/Hagemeier

gemeinschaftlich koordinierte Wahrnehmung und Durchsetzung ihrer gleichartigen Rechtspositionen verfolgen. Aus einem solchen Vorgehen versprechen sich die Poolmitglieder Vorteile gegenüber einer isoliert und individuell operierenden Rechtswahrnehmung und -durchsetzung. Ein „Pool" charakterisiert und motiviert sich demzufolge gleichermaßen durch die Gleichgerichtetheit der Interessen unterschiedlicher Mitglieder.[523] Je nach Zielsetzung treten Poolverträge im Rechtsverkehr in unterschiedlichen Erscheinungsformen auf.

193 In „**Sicherheitenpools**" können sich etwa mehrere Gläubiger eines Schuldners vertraglich über eine gemeinsame Besicherung einigen und zusammenschließen.[524] Insbesondere nach ihrer Zielrichtung[525] lassen sich solche Sicherheitenpools in Finanzierungs- und Sicherungspools unterscheiden. Bei außergewöhnlich hohem Kreditbedarf eines Unternehmens schließen sich Banken nicht selten zur gemeinschaftlichen Kreditvergabe krisenunabhängig zu einem **Finanzierungspool** zusammen.[526] Dagegen sind aus einer Krise geborene **Sicherungspools** von der Bereitstellung individueller Kreditlinien unabhängig und können als Sanierungs- und/oder als **Verwertungspool** auftreten. Während Letzterer die Interessen von Geld- und Warenkreditgebern bündelt, schließen sich in Sanierungs- oder Finanzierungspools ausschließlich Banken zusammen.[527]

bb) Der Bankenpool

194 Bei Schuldnern in wirtschaftlicher Schieflage kommt dem krisengeborenen Sicherheitenpool in der Form des Bankenpools erhebliche praktische Bedeutung zu.

(1) Grundlagen

195 Möchten mehrere Banken in einem festgelegten Umfang an denselben Sicherheiten partizipieren, so können sie formfrei[528] einen (zusammengesetzten) **Bankenpoolvertrag** abschließen.[529] Da sich sein Anwendungsbereich auf risikobehaftete Kreditengagements mit Großkunden beschränkt, gehört ein Bankenpool nicht zum Massengeschäft eines Kreditinstituts.[530]

---

523 *Köhler* in Wabnitz/Janovsky 7. Kapitel Rn. 300.
524 *May* S. 14.
525 Eine Unterscheidung nach den beteiligten Gläubigern ist ebenfalls möglich und üblich.
526 Zur Koordination solcher Kreditkonsortien zur Vermeidung der auf Grund der Diversifikation der Fremdmittelinanspruchnahme drohenden Verkomplizierung der sachenrechtlichen Beziehungen siehe *Wenzel* Der Saldenausgleich beim Sanierungs-Poolvertrag, in: WiB 1995, 458.
527 *Serick* Probleme des Sicherheitenpools der Gläubiger in der Insolvenz des Schuldners in: KTS 1989, 743, 745.
528 Es mag nicht verwundern, dass aus Beweisgründen regelmäßig die Schriftform gewählt wird.
529 *May* S. 17.
530 *May* S. 15.

Die in einem Sicherheitenpool zusammengeschlossenen Banken bilden eine Gesellschaft bürgerlichen Rechts (GbR) nach § 705 BGB.[531] Abweichend von der bei Einzelsicherheiten divergierenden Gestaltung besteht das wesentliche Merkmal solcher Sicherheiten-Poolverträge darin, dass die in den jeweiligen Sicherungsverträgen vereinbarte Zweckbindung der Sicherheiten dahingehend erweitert wird, dass sie nun die **Sicherung der Rechte sämtlicher** am Pool beteiligter **Kreditinstitute** umfasst. Der gemeinsam verfolgte Zweck muss innerhalb eines Pools allerdings nicht identisch sein.

Mit Abschluss des Bankenpoolvertrages stehen bei wirtschaftlicher Betrachtung die gepoolten Sicherheiten somit einer Gruppe von Gläubigern zur anteiligen Befriedigung zur Verfügung. Befindet sich der Kreditnehmer in einer schwierigen wirtschaftlichen Situation (Krise), so liegt der Zweck der Poolbildung für die Gläubiger in der gemeinschaftlichen Sanierung (**Sanierungspool**) oder Verwertung (**Verwertungspool**) des in wirtschaftliche Schieflage geratenen Unternehmens.

(2) Der krisengeborene Sanierungspool

Das Ziel eines solchen Poolvertrages kann zunächst einmal auf die **Sanierung des** **Schuldnerunternehmens** gerichtet sein, wenn ein solcher Versuch nicht von vornherein aussichtslos erscheint und sich die wesentlichen Kreditgeber in ihrem Sanierungswillen einig sind. Schätzen Banken eine Lage in der Praxis als riskant ein, sind sie nur dann zu einem einvernehmlichen Vorgehen bereit, wenn keines der Gläubigerinstitute eigenständig die Verwertung überlassener Gegenstände vorantreibt, um sich damit einen Vorteil zu verschaffen.[532] Wäre die Ablösung einzelner Kreditgeber durch Übernahme von deren Kreditengagements erforderlich, so stieße die Kompromiss- und Sanierungsbereitschaft der Banken ebenfalls schnell an Grenzen. Reduzieren sich die Erfolg versprechenden Möglichkeiten somit auf ein gemeinschaftliches Vorgehen sämtlicher wesentlichen Gläubigerbanken, so besteht eine vordergründige Aufgabe des Sanierungspools in der Koordination des Verhaltens sämtlicher Beteiligten, um die Fortführung und den Bestand des angeschlagenen Schuldners gemeinschaftlich zu sichern. Mit dem Bankenzusammenschluss soll der Alleingang eines einzelnen Gläubigers gezielt verhindert werden. **196**

Der Bankenpool stellt dabei **ein Instrument zur freien Sanierung** dar. Die Vorteile eines solchen Bankenpoolsanierungsverfahrens ergeben sich kontradiktorisch aus den Nachteilen des Insolvenzverfahrens bzw. der unkontrollierten Individualdurchsetzung eigener Sicherheiten einzelner Gläubiger. So ist die Insolvenzquote nicht bevorrechtigter Gläubiger seit Jahren gering. Mit Liquidation des Schuldnervermögens verfällt der Wert der geleisteten Sicherheiten. Sie sind nicht mehr mit dem Fortführungswert, sondern mit dem niedrigeren Zerschlagungswert anzusetzen. Ist ein Insolvenzverfahren abgeschlossen, so haben die Banken nicht selten Forderungs- **197**

---

531 *BGH* NJW 1989, 895; *May* S. 33; *Martinek* § 24 Abs. 8 S. 3.
532 *May* S. 22.

ausfälle über einzelwertberechtigte oder abgeschriebene Forderungen zu bilanzieren. Einen ertragreichen Kunden verliert die Bank in jedem Fall. Für die Volkswirtschaft bedeutet die Insolvenz die Zerschlagung meist „überlebensfähiger" Unternehmen, den Verlust von Arbeitsplätzen und die Verringerung von Steuereinnahmen. Durch die gemeinsame Initiative der Gläubiger noch vor Eröffnung des Insolvenzverfahrens können regelmäßig sowohl die Zerschlagung als auch die damit einhergehende Entwertung des Schuldnerunternehmens verhindert werden. Bei einer Durchsetzung der oft vielfältigen Individualsicherheiten wären diese Konsequenzen kaum zu verhindern.

198   Oftmals kann durch einen Pool die Produktion zumindest in Teilbereichen aufrechterhalten werden. Dies wertet nicht nur das Umlaufvermögen auf, sondern sichert auch Arbeitsplätze[533] und schont damit den Fiskus wie auch den Sozialstaat. Durch eine **frühe Poolbildung** erwachsen dem Unternehmen zusätzliche wirtschaftliche Möglichkeiten. So kann seine Bonität durch das vorübergehende Einräumen einer weiteren Kreditlinie[534] oder durch die Stellung einer Garantie erhöht werden. Aus dem diskreten Vorgehen einer freien Sanierung durch die Gläubigerbanken ergeben sich weitere Vorteile für das schuldnerische Unternehmen, welche sich auch positiv auf den Sanierungserfolg auswirken können. Zu denken ist trotz seiner Einbußen an das durch das besondere Vertrauensverhältnis zwischen Kunde und Bank manifestierte Bankgeheimnis, welches die Offenlegung der Bildung eines Bankenpools in der Praxis oftmals verhindert. In der Regel verfügen ohnehin nur Banken über die erforderlichen finanziellen Mittel, um eine Sanierung außerhalb eines Insolvenzverfahrens durchzuführen. Schließlich lässt sich unter einer ausgewählten Gruppe von Gläubigerbanken[535] leichter eine Einigung erzielen, als wenn diese unter allen berechtigten Klein- wie Großgläubigern erzielt werden müsste.

199   Die freie Sanierung durch einen Bankenpool bietet jedoch auch **Risiken und Nachteile.** So kann sich die Schuldenlast des Unternehmens durch die erneute Kreditvergabe weiter erhöhen, wenn letztere nicht zum merklichen Abbau bereits vorhandener Verbindlichkeiten – etwa im Rahmen einer finanziell sinnvollen Umschuldung – genutzt werden kann. Zum Schutz alter wie neuer Gläubiger ist festzuhalten, dass durch die Poolbildung eine Insolvenz nicht künstlich aufgeschoben werden darf.[536] Ansonsten droht den beteiligten Verantwortlichen eine Strafverfolgung wegen Insolvenzverschleppung bzw. wegen einer diesbezüglichen Beihilfe. Abgrenzungsschwierigkeiten und Graubereiche sowohl für die Strafverfolgungsorgane als auch für die Strafverteidigung sind hierbei durch die Vielzahl von erst durch Auslegung ermittelbaren Merkmalen und Erfordernissen zur Feststellung der Insolvenzreife eines Un-

---

533 *Martinek* § 24 Abs. 2 S. 2.
534 *May* S. 33.
535 Zur besonderen Bedeutung der Gläubigerbanken bei einer freien Sanierung vgl. auch *May* S. 32.
536 *Meyer-Cording* Konkursverzögerung durch erfolglose Sanierungsversuche, in: NJW 1981, 1242, 1243.

ternehmens jedoch vorprogrammiert. Die Liquidation eines insolventen Unternehmens bringt gesamtwirtschaftlich den Vorteil mit sich, dass Produktionsfaktoren wie Arbeit und Kapital in gesunden Betrieben besser und produktiver verwendet werden können als in erfolglosen Unternehmen.[537] Dieser Erkenntnis kann sich auch ein Gläubiger-/Bankenpool nicht entziehen.

Als Resümee kann festgehalten werden, dass auf Grund der geschilderten Vorteile nichts Generelles gegen eine freie Sanierung spricht, im Einzelfall jedoch eine missbräuchliche Verwendung dieses Instrumentariums droht.[538]

(3) Der krisengeborene Verwertungspool

Es gibt verschiedene Möglichkeiten der Einrichtung eines Verwertungspools. So kann im Poolvertrag die Klausel enthalten sein, dass sich nach erfolglosem Sanierungsversuch des Unternehmens dessen Verwertung anschließt. In einer solchen **Verwertungsklausel** können die Beteiligten vereinbaren, wie das Vermögen des Schuldners liquidiert werden soll und welche Bank im Liquidationsfalle zu welchem Anteil bedacht wird. Die Verwertung kann bei entsprechend negativer Feststellung der Sanierungsfähigkeit des Unternehmens auch von Beginn an das erklärte Ziel des Poolvertrages sein. Letzteres ist schwerpunktmäßig bei den **Lieferantenpoolverträgen** der Fall. **200**

Von den Verwertungspoolverträgen unterscheiden sich die **Bankenpoolverträge** maßgeblich in dem Punkt, dass hier keine Beweis- und Abgrenzungsschwierigkeiten im Vordergrund stehen, da zumindest im Zeitpunkt des Abschlusses des Bankenpoolvertrages gemeinsame Rechte der Gläubigerbanken untereinander noch gar nicht existieren.[539] Ausdrückliche Verwertungspools unter Beteiligung von Banken kommen daher oft nur in der Form **gemischter Sicherheitenpoolverträge** zwischen Waren- und Geldkreditgebern in Betracht. An solchen Sicherheitenabgrenzungsverträgen beteiligen sich Banken vornehmlich deshalb, weil sie gemeinsam mit anderen Kreditgebern konkurrierende Interessen durch eine optimale (Aus-)Nutzung sämtlicher Sicherheiten zur Geltung bringen wollen. Aufgrund von Vorbehalten der Kreditwirtschaft finden sich solche Verträge in der Praxis jedoch eher selten. **201**

cc) Privat- und insolvenzrechtliche Gesichtspunkte

Rechtstechnisch handelt es sich bei einem Sicherheitenpool entweder um eine **BGB-Gesellschaft** oder um ein **unechtes Treuhandverhältnis**.[540] Auf das Innenverhältnis der Banken als Gesellschafter untereinander, auf die Vermögensstruktur einer solchen BGB-Gesellschaft, den Saldenausgleich, die Verwertung und Erlösverteilung von bzw. aus den Sicherheiten, die Befristung oder die Kündigung soll an dieser **202**

---

537 *Meyer-Cording* a.a.O.
538 *May* S. 33.
539 *Wenzel* Der Saldenausgleich beim Sanierungs-Poolvertrag, in: WiB 1995, 458.
540 *Köhler* in Wabnitz/Janovsky 7. Kapitel Rn. 300.

Stelle nicht näher eingegangen werden.[541] Es genügt der Hinweis, dass bei der Bildung eines Bankenpools die allgemeinen Grenzen für die Bestellung von Sicherheiten eingehalten werden müssen, insbesondere also die Sittlichkeitskontrolle gemäß § 138 BGB zu keinen Beanstandungen führen darf. Zu Einzelheiten sei auf die allgemeine zivilrechtliche Fachliteratur verwiesen. Ein Verstoß gegen § 138 BGB hat die Nichtigkeit des Sicherungs- wie des gesamten Poolvertrages zur Folge, wenn der Zweck der BGB-Gesellschaft als sittenwidrig im Sinne dieser Vorschrift zu qualifizieren ist. Am Pool beteiligten Gläubigern droht eine **Schadensersatzklage** anderer Gläubiger nach den §§ 826, 830 Abs. 1 S. 1, 840 Abs. 1 BGB. So kann in einer Benachteiligung nicht in dem Pool organisierter Gläubiger eine **Gläubigergefährdung** im Sinne von **§ 826 BGB** liegen, wenn ein Gläubiger sich bei der Ausübung seiner Rechte zur an sich legitimen Verfolgung eigener Interessen unlauterer Mittel bedient, durch die Ansprüche anderer Gläubiger vereitelt werden können.[542] Eine Insolvenzverschleppung zeichnet sich dagegen dadurch aus, dass einem insolvenzreifen Unternehmen ein unzulänglicher Kredit gewährt wird, um damit den Eintritt der Insolvenz hinauszuzögern.[543]

203 **Poolvereinbarungen von Gläubigerbanken mit dem Gemeinschuldner** zum Zwecke der Unternehmenssanierung sind insolvenzrechtlich dagegen unbeachtlich.[544] Einzelne von Schuldnerseite aus zustimmungsbedürftige Vertragsklauseln bedürfen jedoch einer näheren insolvenzrechtlichen Betrachtung. Die Mitwirkung des Schuldners als berechtigte und verpflichtete Partei im Poolvertrag stellt eine Rechtshandlung im Sinne des § 129 InsO dar und ist somit mit der Rechtsfolge des § 143 InsO anfechtbar. Gleiches gilt für Poolverträge, die ohne Zustimmung des Schuldners abgeschlossen worden sind. In Frage könnte eine **Anfechtung wegen inkongruenter Deckung** gemäß § 131 InsO kommen. Eine Sicherheit wird dann zu einer inkongruenten Deckung, wenn ihr Geber diese Sicherheit nicht, nicht in der gewährten Art oder nicht zu diesem Zeitpunkt schuldete.[545] Eine entsprechende Anfechtung scheidet allerdings aus, wenn der Gläubigerpool durch den Abschluss des Poolvertrages nicht mehr Rechte erhält, als den beteiligten Gläubigern bereits zuvor einzeln zustanden. Willigt der Schuldner vor Ablauf der in § 131 Abs. 1 InsO genannten Frist in die Erweiterung des Sicherungszwecks ein, so kommt eine Anfechtung nach dieser Vorschrift ebenfalls nicht in Betracht. Gleiches gilt, wenn ein Poolgläubiger vor diesem Zeitraum einen Anspruch auf Erweiterung des Sicherungszwecks hatte.

204 **Bargeschäfte** gemäß § 142 InsO sind ebenfalls der Anfechtung nach § 131 InsO entzogen. Zu beachten gilt es allerdings, dass es an einem Bargeschäft im Sinne des § 142 InsO fehlt, wenn der Sicherungszweck im Zusammenhang mit Neuvalutierungen lediglich auf bereits bestehende Forderungen erweitert wird. Unter den strengen

---

541 Zu den zivilrechtlichen Grundlagen siehe *Rudolph* in Bittmann § 30 Rn. 7 ff.
542 Palandt-*Thomas* § 826 Rn. 42 ff.; vgl. hierzu auch *BGHZ* 138, 291 = NJW 1998, 1592.
543 Palandt-*Thomas* § 826 Rn. 42 ff.
544 *BGH* WM 1998, 265, 266.
545 *BGH* DZWIR 1998, 368, 373.

Dannecker/Hagemeier

Anforderungen der Absichtsanfechtung nach § 133 InsO sind Bargeschäfte auch dann anfechtbar, wenn durch eine poolvertragliche Nachbesicherung der Sicherungszweck nicht verändert wurde.[546]

Bei vorsätzlicher **Gläubigerbenachteiligung** besteht die Anfechtungsmöglichkeit des § 133 Abs. 1 InsO. Ein hierzu nachgewiesenes unlauteres, die Gläubiger benachteiligendes Verhalten ist allerdings zu verneinen, wenn der Schuldner zwar die (stets immanenten) Risiken einer Sanierung erkennt, für ihn aber die auf Grund positiver Prognose nachvollziehbare und vertretbare Bemühung um die Rettung des Unternehmens im Vordergrund steht. Durch eine sorgfältige Prüfung der Sanierungsmöglichkeit können die Pool-Banken das Risiko einer Anfechtung nach § 133 InsO minimieren. **205**

dd) Resümee

Die Bildung eines Gläubigerpools ist zulässig und per se nicht strafbar. Inzwischen ist dies sowohl vor wie auch innerhalb eines Insolvenzverfahrens gängige Praxis, kann doch so im Interesse der Mitglieder oftmals eine Fortführung des angeschlagenen Unternehmens erreicht werden.[547] Ein drohendes Insolvenzverfahren steht der Poolbildung nicht entgegen.[548] Die freie Sanierung[549] durch einen Bankenpool kann aus Schuldnersicht eine günstige Alternative zum Insolvenzverfahren und seiner Liquidation sein. Sollte es später dennoch zu einem Insolvenzverfahren kommen, so wird die Rechtsstellung der am Pool beteiligten Gläubiger in diesem Verfahren durch die vorherige Poolbildung jedoch nicht verbessert. Unabhängig von der Zusammenfassung im Poolvermögen muss für jede einzelne Sicherheit bewiesen werden[550], für welchen der Gläubiger und zur Absicherung welcher der gestellten Forderung sie bestellt wurde.[551] Den Gläubigerpools ist die Gefahr der Täuschung und Benachteiligung vor allem von Nichtpoolmitgliedern immanent. Dies eröffnet oftmals die Möglichkeit der Einleitung von Strafverfahren wegen Betruges, Untreue oder Bankrotts gemäß § 283 Abs. 1 Nr. 8 StGB.[552] Banken können sich insbesondere über § 14 StGB nach §§ 283 ff. StGB, wegen Insolvenzverschleppung oder Untreue – etwa durch die Vergabe weiterer ungesicherter Kredite – strafbar machen.[553] **206**

---

546 *BGH* DZWIR 1998, 368.
547 *Köhler* in Wabnitz/Janovsky 7. Kapitel Rn. 299 f.
548 *Burgermeister* S. 172.
549 Zur Sanierung außerhalb eines Insolvenzverfahrens siehe auch *Ganz* in Bittmann § 27 Rn. 24 ff.
550 Zur Vermeidung von Beweisschwierigkeiten als ein Hauptzweck der Poolbildung siehe *BGH* NJW 1989, 895, 896.
551 Vgl. auch *Häsemeyer* Rn. 18.66.
552 *Köhler* in Wabnitz/Janovsky 7. Kapitel Rn. 299; *Tiedemann* Insolvenzstraftaten aus der Sicht der Kreditwirtschaft, in: ZIP 1983, 513, 517 f.
553 Siehe dazu *Ganz* in Bittmann § 27 Rn. 68 ff. oder *Rudolph* in Bittmann § 30 Rn. 15 ff.

b) Einrichtung eines Gläubiger-Fonds

207 Die Einrichtung eines Gläubiger-Fonds stellt grundsätzlich neben dem Gläubiger-pool eine weitere Möglichkeit der Massesicherung durch Außenstehende dar. In diesem Bereich ist jedoch erhöhte Vorsicht geboten, bieten sich doch vielfältige Möglichkeiten strafrechtsrelevanter Anknüpfungspunkte, gerade in Fällen so genannter **externer „Sanierer"**.

208 Im Vorfeld sucht ein von dem in Schieflage geratenen Unternehmen beauftragter „Sanierer" die jeweiligen Gläubiger auf und führt mit diesen Verhandlungen, um dem angeschlagenen Unternehmen Zeit für weitere Aktivitäten zu verschaffen.[554] Spätestens mit dem Hinweis auf die geringen Erfolgsaussichten einer gerichtlichen Durchsetzung ihrer Forderungen und dem drohenden völligen Forderungsausfall bei Eröffnung des ansonsten unausweichlichen Insolvenzverfahrens geben die Gläubiger regelmäßig nach. Dann erreicht ein überzeugend auftretender „Sanierer" oftmals die Gewährung von **Stundungen** oder den Abschluss von Teilerlassverträgen im Sinne eines teilweisen **Forderungsverzichts**.[555] Gleichzeitig wird bei den Gläubigern unter Andeutung von durch Dritte bereits bereitgestellten Geldern für die Durchführung eines Sanierungsplans und damit die Einrichtung eines Gläubiger-Fonds geworben. Das Vertrauen der Gläubiger in die angebliche Sanierung wird dabei insbesondere durch die Einrichtung eines dem Zugriff des Schuldners entzogenen Anderkontos gewonnen. Zur Unterstreichung der Seriosität und als scheinbare Sicherheit werden teilweise sogar Bankvorstände als Berater oder Mitkontrolleure von den Scheinsanierern genannt.[556]

209 Je nach Vorgehensweise macht sich ein solcher „Sanierer" wegen Täterschaft oder Teilnahme an einem **(Kredit-)Betrug**, einer **Untreue**, einer **Insolvenzverschleppung** oder an einer **Gläubiger- bzw. Schuldnerbegünstigung** strafbar. Eine Untreue gegenüber den Gläubigern kann etwa dann bejaht werden, wenn der „Sanierer" den Gläubigern zusagt, ihnen im Rahmen eines Sanierungsplans Fonds-Gelder auszubezahlen, um dadurch einen Stundungsvergleich herbeizuführen, in Wirklichkeit jedoch die Gelder abredewidrig anderweitig verwenden will.[557] Macht der vermeintliche „Sanierer" falsche Angaben über den Fonds und die angeblich zur Verfügung stehenden (Dritt-)Gelder, so kann er sich wegen Betruges strafbar machen, wenn die Gläubiger dadurch zum Abschluss von Stundungs- oder Teilerlassverträgen veranlasst worden sind.

210 Oftmals misslingt den Strafverfolgungsbehörden jedoch der Nachweis eines Vermögensschadens. So muss zu Lasten des Täters nachgewiesen werden, dass die Gläubigerforderungen ohne den täuschungsbedingten Abschluss des Stundungs- oder Teil-

---

554 *Richter* Zur Strafbarkeit externer „Sanierer" konkursgefährdeter Unternehmen, in: wistra 1984, 97.
555 *Köhler* in: Wabnitz/Janovsky 7. Kapitel Rn. 297.
556 *Richter* wistra 1984, 97 und GmbHR 1984, 113, 116.
557 *OLG Stuttgart* wistra 1984, 114; *Richter* a.a.O.

Dannecker/Hagemeier

erlassvertrages zumindest teilweise noch realisierbar gewesen wären und erst nach der erfolglosen Durchführung der „Sanierung" wertlos geworden sind.[558] Gelingt dieser Nachweis nicht, so kommt eine Verfolgung der Tat als Kreditbetrug gemäß § 265b StGB in Betracht.[559] Schließlich droht dem „Sanierer" ein Strafverfahren wegen Insolvenzverschleppung, wenn und soweit er als faktischer Geschäftsführer eingestuft werden kann oder formal betrachtet sogar eine entsprechende Funktion innerhalb des verschuldeten Unternehmens übernommen hat. In den übrigen Fällen kommt zumindest eine Strafbarkeit wegen Anstiftung oder Beihilfe zu einer Insolvenzverschleppung durch den Schuldner in Betracht.[560]

c) Gründung von Auffang-, Sanierungs- oder Betriebsübernahmegesellschaften

Soll ein bereits insolventes oder zumindest entsprechend gefährdetes Unternehmen **211** vorübergehend fortgeführt oder optimal verwertet werden, so liegt häufig die Gründung so genannter Auffang-, Sanierungs- oder Betriebsübernahmegesellschaften nahe.[561] Ein solches Vorgehen ist sowohl vor als auch noch innerhalb eines Insolvenzverfahrens grundsätzlich zulässig.[562] Selbst wenn die Gründung im Einzelfall dem Interesse der Gläubiger entsprechen kann, darf nicht übersehen werden, dass es bei diesen Gesellschaften regelmäßig ausschließlich um die **Zerschlagung des Unternehmens** zu Lasten einzelner oder aller Gläubiger geht.[563] Außerhalb eines Insolvenzverfahrens kann in der Gründung einer solchen Auffanggesellschaft sogar eine Form der **gesteuerten Insolvenz** liegen. Bereits die Gründung einer Auffang-, Sanierungs- oder Betriebsübernahmegesellschaft kann strafrechtlich von Relevanz sein. Je nach Einzelfall verwirklicht sie ein Beiseiteschaffen von Vermögensbestandteilen gemäß § 283 Abs. 1 Nr. 1 StGB oder eine als unwirtschaftlich einzustufende Ausgabe im Sinne von § 283 Abs. 1 Nr. 2 StGB.[564] An eine Strafbarkeit wegen Insolvenzverschleppung, Gläubigerbegünstigung, Bankrott oder wegen Untreue ist in diesen Fällen ebenfalls zu denken. Da die Gründung solcher Gesellschaften jedoch grundsätzlich zulässig ist, sind die entsprechenden Merkmale der Straftatbestände hier besonders genau zu prüfen.[565]

---

558 *BGH* NStZ 2003, 546, 548; *Richter* a.a.O., 97, 98.
559 *Köhler* in Wabnitz/Janovsky 7. Kapitel Rn. 298.
560 *Köhler* in Wabnitz/Janovsky 7. Kapitel Rn. 298.
561 *Tiedemann* Insolvenzstraftaten aus der Sicht der Kreditwirtschaft, in: ZIP 1983, 513, 517.
562 *Köhler* in Wabnitz/Janovsky 7. Kapitel Rn. 302.
563 *Köhler* in Wabnitz/Janovsky 7. Kapitel Rn. 301.
564 *Tiedemann* Insolvenzstraftaten aus der Sicht der Kreditwirtschaft, in: ZIP 1983, 513, 517.
565 *Köhler* in Wabnitz/Janovsky 7. Kapitel Rn. 302.

2. Eingriffe in die Unternehmensorganisation

212 Verbinden sich einzelne Gläubiger eines Schuldners zu einem Gläubigerpool, so stellt sich die Frage, inwieweit sie als Konstrukt in die Unternehmensorganisation des Schuldners eingreifen können. Dies hängt zum einen von der privatrechtlichen Ausgestaltung des schuldnerischen Unternehmens, zum anderen von der **Bereitschaft des Schuldners zur Zusammenarbeit** ab. Handelt es sich bei dem Schuldner etwa um eine natürliche Person in der Form eines Einzelkaufmanns, so besteht für den Gläubigerpool rechtlich grundsätzlich keine Möglichkeit, eine Zusammenarbeit des Schuldners zu erzwingen. Insbesondere ist der Schuldner nicht dazu verpflichtet, mit dem Gläubigerzusammenschluss zu kooperieren. Ein Insolvenzverfahren ist in diesen Fällen schließlich (noch) nicht anhängig.

213 Handelt es sich bei dem Schuldner dagegen um eine Aktiengesellschaft oder eine andere vergleichbare juristische Person, so kann der Gläubigerverbund versuchen, über seine Mitbestimmung im Aufsichtsrat bzw. in einem Vergleichsgremium in die Unternehmensorganisation einzugreifen. Auch hier sind die hinter der juristischen Person stehenden natürlichen Personen aber nicht zu einer Zusammenarbeit mit dem Gläubigerpool verpflichtet.

IV. Maßnahmen zur Massesicherung und zur Befriedigung von Gläubigern

214 Die Maßnahmen zur Massesicherung und zur Befriedigung einzelner Gläubiger sind in der InsO geregelt. Zu strafrechtlich bewehrten Verhaltensweisen von Schuldnern im Kontext der Insolvenz sei auf die unten[566] aufgeführten Insolvenzdelikte der §§ 283 ff. StGB verwiesen.

1. Insolvenzanfechtung

215 Eine in der Praxis häufig vorkommende **Maßnahme zur Massesicherung**, welche während des Insolvenzverfahrens durch den Insolvenzverwalter genutzt werden kann,[567] ist die oben bereits erwähnte Insolvenzanfechtung nach §§ 129 ff. InsO. Diese bietet gemäß § 129 Abs. 1 InsO die Möglichkeit, Rechtshandlungen, die noch vor der Eröffnung des Insolvenzverfahrens vorgenommen worden sind und die Insolvenzgläubiger benachteiligen, nach den §§ 130 ff. InsO anzufechten. Mit dieser Möglichkeit soll dem Umstand Rechnung getragen werden, dass nicht selten von dem noch verfügungsberechtigten Schuldner im Vorfeld der Insolvenz Verfügungen getroffen worden sind, um entweder vorübergehend flüssige Mittel zur Verfügung zu haben oder aber auch um das Vermögen dem Zugriff der Gläubiger zu entziehen.[568]

---

566 S.u. Rn. 944 ff.
567 Braun-*de Bra* InsO, § 129 Rn. 37.
568 *Thiele* in Wimmer/Dauernheim, 17. Kapitel Rn. 130.

Wenn ein Insolvenzverfahren eröffnet wird, prüft der Insolvenzverwalter daher im- **216** mer, ob möglicherweise Anhaltspunkte vorliegen, die eine Insolvenzanfechtung nach den §§ 129 ff. InsO zur Folge haben könnten. Der Begriff der **Rechtshandlung** i.S.d. § 129 Abs. 1 InsO ist weit auszulegen. Hierunter fallen neben rechtsgeschäftlichen Verfügungen schuldrechtliche Verträge, geschäftsähnliche Handlungen und Realakte sowie Prozesshandlungen.[569] Gemäß § 129 Abs. 2 InsO sind auch Unterlassungen umfasst.

Die Rechtshandlung muss eine **Benachteiligung der Gläubiger** zur Folge haben. **217** Dies ist immer dann der Fall, wenn sie sich vermögensmindernd auswirkt[570] und damit die Chancen der Gläubiger, ihre Forderungen aus der Masse befriedigen zu können, verschlechtert werden. Benachteiligungen liegen folglich in einer Verringerung der Aktiva oder einer Erhöhung der Passiva, können aber auch dann schon angenommen werden, wenn der Zugriff auf Vermögensbestandteile und damit die Verwertung erschwert oder auch nur verzögert wird.[571] Die entstandene Benachteiligung muss die **gesamte Gläubigerschaft** betreffen.[572]

Grundsätzlich bedarf es für eine Insolvenzanfechtung nicht einer Handlung oder **218** auch nur Mitwirkung des Schuldners an den vermögensmindernden Aktionen, sondern es sind auch die Gläubiger benachteiligende **Rechtshandlungen** anfechtbar, die **durch einen Dritten** verwirklicht werden.[573]

Die näheren Voraussetzungen für eine Insolvenzanfechtung regeln die einzelnen Anfechtungstatbestände der §§ 130–136 InsO. Grundsätzlich ist es möglich, Rechtshandlungen anzufechten, die bis zu **zehn Jahre vor der Stellung des Insolvenzantrages** vorgenommen worden sind. Je länger eine Handlung zurückliegt, desto höher sind die Anforderungen an eine mögliche Anfechtung.[574]

2. Absonderung

Der Grundsatz der Gleichbehandlung aller Insolvenzgläubiger im Insolvenzverfah- **219** ren findet seine Grenzen unter anderem in der Absonderung nach § 49 InsO und der Aussonderung nach § 47 InsO aufgrund der **besonderen Rechtsstellung der betreffenden Gläubiger.**

Die bevorzugte Befriedigung einzelner Gläubiger ist im Rahmen der Absonderung **220** nach § 49 InsO möglich: Aus der Menge der Insolvenzgläubiger fallen diejenigen heraus, die einen Anspruch darauf haben, dass der Schuldner die **Verwertung** einer bestimmten Sache aus seinem Vermögen duldet. Dieses Recht kann dem Gläubiger

---

569 Siehe Braun-*de Bra* InsO, § 129 Rn. 12.
570 Vgl. Braun-*de Bra* InsO, § 129 Rn. 23.
571 Vgl. FK-*Dauernheim* InsO, § 129 Rn. 36 m.w.N.
572 Hierzu *BGH* ZIP 1981, 1229, 1231.
573 Siehe Braun-*de Bra* InsO, § 129 Rn. 20.
574 Vgl. Braun-*de Bra* InsO, § 129 Rn. 60 ff.

z.B. wegen einer Grundschuld, einer Sicherungsübereignung, einer Sicherungsabtretung oder einer Pfändung zustehen. Mit dieser Position, die sich auf eine bestimmte Sache innerhalb des Schuldnervermögens bezieht, ist der betreffende Gläubiger kein Insolvenzgläubiger im eigentlichen Sinne, sondern ein **Absonderungsberechtigter**, für den gemäß §§ 49 ff., 165 ff. InsO eine abgesonderte Befriedigung seiner Gläubigerinteressen möglich ist. Die gleichmäßige Verteilung des Erlöses im Rahmen des Insolvenzverfahrens trifft diesen Gläubiger also nicht. Zwar ist der betreffende Gegenstand nicht der Masse entzogen, sondern er wird ihr weiterhin zugerechnet. Allerdings wird dem Gläubiger der Veräußerungserlös bzw. ein Teil desselben bis zur Höhe seiner Forderung aus diesem Gegenstand zugewiesen.[575] Das Recht auf Absonderung wird gemäß § 49 InsO nach Maßgabe des ZVG geltend gemacht.[576]

3. Aussonderung

221   Gemäß § 47 Abs. 1 InsO gehören Gegenstände, an denen ein anderer ein dingliches oder persönliches Recht geltend machen kann, **nicht zur Insolvenzmasse**; der Inhaber eines solchen Rechtes hat einen Anspruch auf Aussonderung dieses Gegenstandes. Im Gegensatz zur Absonderung entzieht die Aussonderung den entsprechenden Gegenstand komplett dem Insolvenzverfahren, das heißt, er wird nicht wie bei der Absonderung verwertet, sondern steht außerhalb der Insolvenzmasse nach § 35 Abs. 1 InsO. Infolgedessen ist der betreffende Gläubiger gemäß § 47 Abs. 1 InsO auch **kein Insolvenzgläubiger**. Der Gegenstand wird also gänzlich dem betreffenden Gläubiger zugeordnet, was weiter geht als die Absonderung, die lediglich die vorrangige Befriedigung des Gläubigers aus dem Erlös gewährt. Aussonderungsberechtigt ist derjenige, der als Eigentümer gemäß § 985 BGB die betreffende Sache herausverlangen kann. Der häufigste Fall der Aussonderung ist der einfache Eigentumsvorbehalt,[577] ausreichend ist aber auch beispielsweise die Stellung als rückgabeberechtigter Vermieter, der nicht notwendigerweise selber Eigentümer der Mietsache sein muss (vgl. § 546 Abs. 1 BGB).[578]

---

575 *Becker* Rn. 268.
576 Braun-*Bäuerle* InsO, § 49 Rn. 20 ff.
577 *Bruder* in Wimmer/Dauernheim, 2. Kapitel Rn. 105.
578 *Becker* Rn. 971.

V. Auswirkungen der Insolvenz auf die soziale Stellung des Mandanten

1. Bonitätsverschlechterungen

Die Kreditkündigung, die Abgabe einer eidesstattlichen Versicherung gemäß § 807 **222** ZPO, der Insolvenzeröffnungsantrag und die Entscheidungen des Insolvenzgerichtes über Ablehnung oder Eröffnung des Insolvenzverfahrens sind wichtige Erkenntnisgrundlagen für die Gläubiger, kreditgebenden Unternehmen und Gläubiger aus Bank- und Kreditkartenverträgen. Diese Erkenntnisse werden – nicht zuletzt aufgrund des von gewerblichen Datensammelstellen der Kreditwirtschaft abrufbaren Schuldnerverzeichnisses bei den Amtsgerichten – durch die Schufa und andere Bonitätsauskunfteien (Creditreform, Bürgel, Schimmelpfeng etc.) gesammelt und verarbeitet. Die Einträge dort sind nur schwer für den einzelnen Schuldner kontrollierbar, werden aber regelmäßig bei der Neuvergabe von Krediten, Ausgabe von Kreditkarten oder sogar schon bei Kontoeröffnungen abgefragt.

Die Rechtsprechung fordert sogar von professionellen Geldgebern eine laufende **223** Abfrage der **Schuldner- und Insolvenzverfahrensverzeichnisse,** da ansonsten nahezu jedes Rechtsgeschäft, das der Schuldner nach der Insolvenzeröffnung mit einem Dritten ohne Zustimmung des Insolvenzverwalters abschließt, anfechtbar ist. Da das Insolvenzverfahren zu einer umfassenden Verfügungsbeschränkung des Schuldners (§ 82 InsO) führt, kann selbst ein langjähriges Insolvenzverfahren, das noch nicht abgeschlossen wurde, eine solche Folge bewirken. Eine Bank haftet sogar aus §§ 9 Abs. 3, 35, 82 Abs. 1 InsO, § 35 Abs. 2 Nr. 4 BDSG, §§ 823 Abs. 2, 826 BGB für eine nicht sorgfältige Recherche bei der Kontoeröffnung.[579]

Die **Schufa** ist eine Gemeinschaftseinrichtung von Kreditinstituten, Leasinggesell- **224** schaften, Kreditkartengesellschaften, Einzelhandels- und Versandhausunternehmen, Telekommunikationsanbietern und anderen Unternehmen, die Daten über die Personen sammeln, denen Geld- oder Warenkredite gegeben worden sind. Die SCHUFA Holding AG hat ihren Sitz in Wiesbaden und koordiniert die Aufgaben der einzelnen Mitglieder. Bei der Schufa sind Daten über etwa 62 Millionen Personen gespeichert.

2. Beschränkungen bei öffentlichen Aufträgen

Als eine bei öffentlichen Auftraggebern mögliche Nebenfolge einer **Verurteilung** **225** **nach § 266a StGB** kann das Unternehmen von öffentlichen Aufträgen für die Dauer von bis zu 3 Jahren ausgeschlossen werden, falls das Gericht eine Freiheitsstrafe von mehr als 3 Monaten oder eine Geldstrafe von über 90 Tagessätzen oder eine Geldbuße von wenigstens 2500 € verhängt (§ 21 Abs. 1 S. 1 Nr. 4 SchwarzArbG vom 23.7.2004). Eine solche Sanktion kann nach Satz 2 dieser Vorschrift schon verhängt

---

[579] *LG Dresden* U. v. 2.11.2007 – 10 O 929/07 beckRS 2008 4520 will eine Schufa-Auskunft nicht genügen lassen; *BGH* ZInsO 2006, 92.

werden, bevor das Straf- oder Bußgeldverfahren endgültig durchgeführt ist, wenn nämlich „kein vernünftiger Zweifel" an der Verfehlung besteht.

3. Beschränkung der Berufsfreiheit

226 Wer die satzungsmäßigen Eignungsvoraussetzungen einer organschaftlichen Geschäftsführungstätigkeit verliert (Geschäfts- und Amtsunfähigkeit, rechtskräftige Verurteilung wegen Bankrottstraftaten [§§ 6 Abs. 2 S. 4 GmbHG, §§ 283–283d StGB]), scheidet kraft Gesetzes aus der Geschäftsführungsverantwortung aus. Bleibt er dennoch „faktisch" geschäftsleitend tätig, wird eine Verantwortung als „faktischer Geschäftsführer" nahe liegen. Dann sind aber die näheren Voraussetzungen der faktischen Geschäftsführung zu prüfen. Liegt eine „faktische Geschäftsführung" vor, treffen den Verantwortlichen die gleichen Handlungs- und Unterlassungsverpflichtungen wie einen wirksam bestellten Geschäftsführer.

4. Versagung der Restschuldbefreiung

227 Nach § 290 InsO hat das Gericht dem Schuldner die beantragte Restschuldbefreiung zu versagen, wenn dies schriftlich vor oder spätestens mündlich im Schlusstermin **von einem Gläubiger beantragt** wurde.

228 **Versagungsgründe** sind
- eine Verurteilung wegen einer Straftat nach §§ 283, 283c StGB;
- ein Kreditbetrug oder eine sonstige, grob fahrlässig unrichtige Auskunft über die wirtschaftlichen Verhältnisse des Schuldners in den letzten drei Jahren vor dem Eröffnungsantrag oder danach;
- eine bereits erteilte oder versagte Restschuldbefreiung in den letzten drei Jahren vor dem Eröffnungsantrag;
- die vorsätzliche oder grob fahrlässige Beeinträchtigung der Gläubigerbefriedigung dadurch, dass der Schuldner unangemessen hohe Verbindlichkeiten begründet, sein Vermögen verschwendet oder die Eröffnung des Verfahrens verzögert hat;
- während der Eröffnung des Verfahrens oder danach die Verletzung der Auskunfts- und Mitwirkungspflichten;
- unrichtige oder unvollständige Angaben in dem nach § 305 Abs. 1 Nr. 3 InsO vorzulegenden Verzeichnis.

229 **Straftaten zum Nachteil des Unternehmens oder der Insolvenzmasse** sind damit regelmäßig Gründe, eine Restschuldbefreiung zu versagen. Ein Gläubigerantrag, der sich auf verfahrensfremde Erkenntnisse beruft, muss mindestens darlegen, weshalb die Restschuldbefreiung versagt werden soll. Das Gericht hat den Schuldner zu hören und ggf. von Amts wegen einem Versagungsgrund nachzugehen. Gegen einen Versagungsbeschluss ist die sofortige Beschwerde gemäß § 289 Abs. 2 InsO gegeben. Wird die Restschuldbefreiung angekündigt (§ 289 Abs. 1 InsO), wird gleichzeitig das Insolvenzverfahren aufgehoben und ein Treuhänder bestellt (§ 313 InsO). Mit der Rechtskraft des Beschlusses erhält der Schuldner sein Verwaltungs- und Verfügungsrecht über das Vermögen zurück.[580] Davon ausgenommen sind die pfändbaren Bezüge des Schuldners, die auf den Treuhänder übergehen (§ 291 Abs. 2 InsO). Die Restschuldbefreiung erhält der Schuldner nach Ablauf der sechsjährigen Wohlverhaltensperiode, wenn er bis dahin die Obliegenheiten gemäß § 295 InsO beachtet hat (§ 300 Abs. 1 InsO).

Die Restschuldbefreiung erstreckt sich nicht auf **Geldstrafen, Geldbußen, Ordnungs- oder Zwangsgelder** und nicht auf **Forderungen** der Gläubiger **aus unerlaubter Handlung** (§§ 823, 826 BGB), sofern der Rechtsgrund bereits bei der Forderungsanmeldung (§ 174 InsO) mitgeteilt worden ist. Folglich haftet der Schuldner für solche Forderungen auch weiterhin, bis eine Verjährung eintritt (§ 302 Abs. 1 InsO). Rechte der Insolvenzgläubiger gegen Mitschuldner und Bürgen gehen ebenfalls nicht unter (§ 302 Abs. 2 InsO), wohl aber die Rückgriffsmöglichkeiten der Mitschuldner und Bürgen gegen den Schuldner. Sie werden auf die Insolvenzmasse beschränkt.   **230**

E. Prozessuale Besonderheiten

I. Ermittlungsanlässe

Das Tätigwerden der Ermittlungsbehörden kann auf verschiedene Ermittlungsanlässe zurückgehen.

1. Betriebswirtschaftliche Prüfungen

Ein Anlass für das Tätigwerden der Ermittlungsbehörden ist häufig das betriebswirtschaftliche Gutachten. Hierbei werden, bezogen auf einen bestimmten Stichtag, fällige und geltend gemachte Verbindlichkeiten und die zu deren Tilgung vorhandenen bzw. verfügbaren Mittel einander gegenübergestellt.[581] Das für diese Feststellung oftmals herangezogene **betriebswirtschaftliche Sachverständigengutachten** wird in der Praxis auch immer mehr von den Verteidigern genutzt.[582] Nach dem vom Fachausschuss Recht des Instituts der Wirtschaftsprüfer im Januar 1999 verabschiedeten „**IDW-Prüfungsstandard**" (IDW PS 800)[583] richtet sich die Feststellung der   **231**

---

580 *Gogger* S. 123.
581 Siehe *BGHR* StGB § 283 I Zahlungsunfähigkeit 1, 2 m.w.N.; *Hartung* Probleme bei der Feststellung der Zahlungsunfähigkeit, in: wistra 1997, 1 f.; *BGH* B. v. 30.1.2003 – 3 StR 437/02, KTS 2003, 579 ff., m. Anm. *Beckemper* JZ 2003, 804 ff.
582 Siehe *Hartung* a.a.O., wistra, 1997, 1 f.
583 IDW-Prüfungsstandard: Empfehlungen zur Prüfung eingetretener oder drohender Zahlungsunfähigkeit bei Unternehmen (IDW PS 800), abgedruckt in ZIP 1999, 505 ff.

Zahlungsunfähigkeit nach einem Finanzplanschema[584]. Ein solches Gutachten wird in der Strafrechtsliteratur teilweise nur dann für sinnvoll erachtet, wenn eine halbwegs geordnete und aktuelle Buchführung des betreffenden Unternehmens vorliegt; sofern diese aber fehlt oder sehr unübersichtlich ist, wird diese Art der Feststellung der Zahlungsunfähigkeit nicht befürwortet.[585] Sollte das Gericht aufgrund seiner eigenen Sachkunde ebenso gut in der Lage sein, eine Gegenüberstellung der o.g. Art vorzunehmen, was häufig bei kleineren Insolvenzen der Fall sein wird, kann auf ein Gutachten verzichtet werden.[586]

2. Auswertung wirtschaftskriminalistischer Beweiszeichen

232 Nach der Rechtsprechung des Bundesgerichtshofs ist die Feststellung des Eintritts der Zahlungsunfähigkeit auch durch die Auswertung wirtschaftskriminalistischer Beweiszeichen möglich.[587] Dabei gibt es **äußere Anzeichen**, die ihrer zeitlichen Reihenfolge nach erfasst und bewertet werden müssen, wie etwa die Häufung von gerichtlichen Mahnbescheiden und bei Gericht anhängigen Leistungsklagen sowie von fruchtlosen Pfändungsmaßnahmen des Gerichtsvollziehers oder des Vollstreckungsgerichts, wie auch Steuer- und Sozialversicherungsrückstände, die Abgabe der eidesstattlichen Versicherung durch den Schuldner bzw. seine Organe, die Kündigung bzw. Kündigungsandrohung von Bankkrediten, die Nichtzahlung wiederkehrender Verbindlichkeiten für unternehmensnotwendige Leistungen sowie frühere Konkursanträge oder Wechsel- und Scheckproteste.[588]

3. Strafanzeige

a) Überlegungen im Vorfeld

233 Es gibt **keine mit Strafe bewehrte Pflicht** des Geschädigten, Strafanzeige zu erstatten. Allerdings müssen auch kassenärztliche Vereinigungen und Bundesvereinigungen die Staatsanwaltschaft nach § 81a Abs. 4 SGB V unverzüglich darüber in Kenntnis setzen, wenn sie im Rahmen ihrer Prüfung zu zweck- und rechtswidriger Verwendung von Finanzmitteln oder anderen Unregelmäßigkeiten feststellen, dass

---

584 Aufgrund seiner Stichtagsbezogenheit bestehen nach Uhlenbruck Bedenken gegen das Finanzplanschema, siehe *Uhlenbruck* § 17 InsO Rn. 18; a.A. *Harz* Kriterien der Zahlungsunfähigkeit und der Überschuldung unter Berücksichtigung der Änderungen nach dem neuen Insolvenzrecht, in: ZInsO 2001, 193, 196; zum Beispiel eines Finanzplanschemas siehe *Beck* in Wabnitz/Janovsky 6. Kapitel Rn. 80.

585 Siehe *Hartung* a.a.O., wistra, 1997, 1, 2.; *Beck* in Wabnitz/Janovsky 6. Kapitel Rn. 81.

586 Vgl. *LG Köln* wistra, 1992, 269, das einen entsprechenden Beweisantrag wegen eigener Sachkunde abgelehnt hat.

587 Siehe *BGHR* StGB § 283 Abs. 1 Zahlungsunfähigkeit 1 (U. v. 26.2.1987); *BGHR* StGB § 283 I Zahlungsunfähigkeit 2 (U. v. 2.8.1990); *BGH* NJW 2000, 154, 156.

588 *Müller* in Wabnitz/Janovsky 6. Kapitel Rn. 37; ausführlich *Hartung* Probleme bei der Feststellung der Zahlungsunfähigkeit, in: wistra 1997, 1, 11 f. und *Weyand* Insolvenzdelikte aus der Sicht eines Kreditinstitutes, in: ZInsO 2002, 851, 857 f.

möglicherweise ein Anfangsverdacht auf eine strafbare Handlung mit nicht nur geringfügiger Bedeutung für die gesetzliche Krankenversicherung besteht. Ansonsten steht eine mögliche Strafanzeige wegen Untreue für die Vereinigungen selbst im Raum. Soweit in der Literatur auch für sonstige speziell beauftragte Personen eine Pflicht zur Strafanzeige bejaht wird, kann dies nicht überzeugen, da es nicht Aufgabe der Unternehmen ist, Strafverfolgungsmaßnahmen zu ergreifen. Dies ist vielmehr Aufgabe des Staates. Hierfür spricht auch, dass i.d.R. nach den gesetzlichen Regelungen lediglich vorgesehen ist, dass Betriebsbeauftragte Straftaten an die Strafverfolgungsbehörden melden „sollen". Dies reicht jedoch nicht aus, um eine strafbewehrte Pflicht zur Anzeige zu statuieren.

Nach einer Abwägung aller Umstände kann im Einzelfall eine **zivilrechtliche Pflicht zur Erstattung einer Strafanzeige** bestehen, der man nachkommen sollte, wenn man **Schadensersatzansprüche** gegen sich vermeiden möchte.

Für Delikte, die kraft Gesetzes nur auf Antrag verfolgt werden, muss die **Strafantragsfrist** nach § 77b StGB von drei Monaten ab Kenntniserlangung des Verletzten von Tat und Täter berücksichtigt werden. Hier besteht aber auch bei Fristversäumung – bei entsprechender Regelung wie etwa in § 301 StGB – die Möglichkeit, dass es dennoch zu einer Strafverfolgung kommt, wenn die Staatsanwaltschaft das Einschreiten wegen des besonderen öffentlichen Interesses für geboten hält.[589]

Bei der Entscheidung, ob Strafanzeige erstattet werden soll, sollte man sich überlegen, ob ein entsprechender Verdachtsgrad bzw. diesbezügliche Beweismittel vorliegen, das Delikt eine entsprechende Schwere aufweist, ob es durch die Anzeigeerstattung möglicherweise zu einer Schadensvertiefung kommen könnte und welches Vorgehen die Unternehmenskultur für einen solchen Fall vorsieht. **234**

Bei der Abwägung der Vor- und Nachteile einer Strafanzeige sollte ein Rechtsanwalt den Mandanten über erforderliche zivilrechtliche Schritte, über die Verdachtslage, aber auch über die realistische Dauer und den nach seiner Einschätzung möglichen Ausgang des Verfahrens beraten.[590] Geht es dem geschädigten Mandanten ausschließlich um die Wiedergutmachung, so kann ihm ein Absehen von der Strafanzeige anzuraten sein, weil dies für den Täter eine Motivation zur Zahlung einer Schadensersatzsumme darstellen kann. Gerade wenn der Täter aus den eigenen Reihen stammt, kann es aber auch sinnvoll sein, ihn sofort anzuzeigen, um das eigene Abrücken von seinem Verhalten zu dokumentieren („Flucht nach vorn").

Als Nachteile einer möglichen Strafanzeige müssen Rechtsanwalt und Mandant auch berücksichtigen, dass bei einem Strafverfahren unter Umständen Betriebsgeheimnisse oder andere Verhaltensweisen und Vorfälle offen gelegt werden müssen, die auf **235**

---

589 *Wagner* in Wabnitz/Janovsky 28. Kapitel Rn. 30.
590 Zur „gewissen Prüfungspflicht bezüglich der Richtigkeit des Anzeigeinhalts" *BVerfG* NJW 2006, 2318; zu den strafrechtlich geringen Risiken einer Anzeigeerstattung *Koch* NJW 2005, 943.

den Geschädigten ein wenig schmeichelhaftes Licht werfen könnten, etwa weil sie ihm Naivität, Inkompetenz oder gar ein eigenes strafbares Verhalten nachweisen. Möglich ist aber auch, dass es durch die „Pressearbeit" der Strafverfolgungsbehörden zu einer negativen Publizität kommt.

Hiergegen sind die Vorteile einer Strafanzeige abzuwägen, die insbesondere darin liegen, dass mittels staatlichen Zwanges Beweismittel, Täter, aber auch Vermögenswerte aufgespürt und die Durchsetzbarkeit von Schadensersatzansprüchen des Geschädigten erleichtert bzw. gesichert werden können.[591]

b) Inhalt

236 Die Anforderungen und der **Inhalt einer Strafanzeige** bzw. eines Strafantrags sind in § 158 StPO geregelt. Gerade in Wirtschaftsstrafsachen, in denen der Verlauf der Ermittlungen maßgeblich durch den Zeitpunkt der Stellung der Strafanzeige sowie deren Form und Inhalt beeinflusst werden kann und in denen es besonders wichtig ist, die wesentlichen Tatsachen und Beweismittel vorzutragen, die den konkreten Verdacht einer Straftat begründen, sollte ein Rechtsanwalt die Strafanzeige aufsetzen und nicht der Geschädigte sie in Form einer eigenhändigen Anzeige erstatten. Weiter sollte der Rechtsanwalt persönlich bei der Staatsanwaltschaft vorsprechen und einen entsprechenden Termin schon bei Einreichung des Schriftsatzes vereinbaren. Hier ist jedoch zu berücksichtigen, dass die Staatsanwaltschaft nicht dazu verpflichtet ist, solche Termine einzuräumen, man aber davon ausgehen kann, dass sie grundsätzlich an sachdienlichen Gesprächen interessiert ist.

237 Diese persönliche Vorsprache des Geschädigtenvertreters dient dabei zum einen dem Ausgleich des „Wissensvorsprungs", bietet zum anderen aber auch die Möglichkeit von Absprachen zur Wahrung der **Vertraulichkeit von Geschäfts- und Betriebsgeheimnissen,** die ansonsten später im Wege der Akteneinsicht im Detail für den Beschuldigten und andere zugänglich wären. Gegenstand des Verfahrens ist in solchen Fällen auch nur das Geheimnis an sich und nicht dessen Inhalt, was der Geschädigte berücksichtigen sollte.[592] Alle Unterlagen, die der Geschädigte den Ermittlungsbehörden zur Verfügung stellt, werden indessen Aktenbestandteil, so dass infolge des Grundsatzes der Aktenehrlichkeit und -vollständigkeit die Staatsanwaltschaft diesbezüglich keine Vertraulichkeit zusichern kann.[593] Dies gilt umso mehr im Falle einer später gewünschten Entfernung der Anzeige aus den Akten.[594]

In diesem Zusammenhang kann, sofern die Namensnennung nicht erforderlich ist, auch die Bitte um eine **Nichtweitergabe des Geschädigtennamens** an die Presse ratsam sein. Dies setzt allerdings voraus, dass ein überwiegendes schutzwürdiges

---

591 *Wagner* in Wabnitz/Janovsky 28. Kapitel Rn. 30 ff.
592 *Kragler* wistra 1983, 1, 10.
593 *Wagner* in Wabnitz/Janovsky 28. Kapitel Rn. 34; a.A. *Kragler* wistra 1983, 1, 10.
594 *Wagner* in Wabnitz/Janovsky 28. Kapitel Rn. 34; a.A. *Kragler* wistra 1983, 1, 10.

Interesse des Geschädigten konkret dargelegt wird.[595] Weiter kann es unter Umständen sinnvoll sein, über eine mögliche Rückgewinnungshilfe, die jedoch im Ermessen der Staatsanwaltschaft steht, zu sprechen. Hier ist es hilfreich, wenn bereits eigene Recherchen im In- und Ausland durchgeführt worden sind.[596]

c) Kein Missbrauch

Strittig ist die allgemeine Anwendbarkeit des § 154d StPO bei erkennbar rechtsmiss- **238** bräuchlichen Anzeigen. Dies wird allerdings aufgrund des Wortlauts der Vorschrift nach h.M. abgelehnt.[597]

d) Konsequenzen

Sofern hinreichende tatsächliche Anhaltspunkte und nicht nur bloße Vermutungen **239** für das Vorliegen einer Straftat gegeben sind, leitet die Staatsanwaltschaft gemäß § 160 Abs. 1 StPO das **Ermittlungsverfahren** ein. Es ist daher von Bedeutung, dass der Staatsanwaltschaft nachvollziehbare, widerspruchsfreie und sachliche Informationen zur Verfügung gestellt werden, die nicht nur dazu dienen, private Interessen zu unterstützen. Bei der Anzeigeerstattung sollte den Strafverfolgungsbehörden ausdrücklich die Unterstützung der Ermittlungen zugesagt werden. Außerdem bietet es sich an, die Möglichkeit einer Zulassung als Nebenkläger zu prüfen.

Ergibt sich aus der Anzeige offensichtlich kein Anfangsverdacht, so stellt die Staats- **240** anwaltschaft das Verfahren gemäß § 152 Abs. 2 StPO unverzüglich ein. Ergeben sich wenigstens Anhaltspunkte für weitere Ermittlungen, wird die Staatsanwaltschaft zunächst Klärung in einem so genannten „AR-Verfahren" suchen, in dem der Angezeigte nicht zum Beschuldigten wird. Der Nachteil eines solchen Verfahrens ist, dass ein Eintrag in das AR-Register[598] in der Praxis regelmäßig keinen allzu großen Ermittlungseifer auslöst. Ist dagegen ein Anfangsverdacht gegeben, geht es dem Geschädigten jedoch hauptsächlich um ein anderes Streitverfahren, so kann das Ermittlungsverfahren durch die Staatsanwaltschaft unter den Voraussetzungen des § 154d StPO vorläufig eingestellt werden.

Hängt die öffentliche Klageerhebung wegen eines Vergehens von der Beurteilung **241** einer Frage ab, für die das Zivil- oder Verwaltungsrecht einschlägig ist, so hat die Staatsanwaltschaft die Möglichkeit, zur Beantwortung der Frage im zivil- oder

---

595 Vgl. das jeweils einschlägige Landespressegesetz.
596 *Wagner* in Wabnitz/Janovsky 28. Kapitel Rn. 34.
597 *Wagner* in Wabnitz/Janovsky 28. Kapitel Rn. 36; vgl. *LG Bielefeld* wistra 1995, 118, 120; *Ciolek-Krepold* 8 ff.; *Groß* GA 1996, 151, 152 f.; *Meyer* Gedanken zur Nachrangigkeit strafrechtlicher Ermittlungen, wenn wegen des gleichen Sachverhalts ein Zivilrechtsstreit geführt wird, in: JurBüro 1990, 1403 ff.; a.A. *Haas* Ein Beitrag zur Auslegung des § 154d StPO, in: MDR 1990, 684.
598 Vgl. § 47 Abs. 5 AktenO.

verwaltungsrechtlichen Verfahren eine Frist zu setzen. Dies gilt auch für präjudizielle Fragen aus dem Bereich des Arbeits- und Sozialrechts in analoger Anwendung.[599] Nach ergebnislosem Fristablauf kann die Staatsanwaltschaft das Verfahren endgültig einstellen. Eine vorläufige Einstellung des Verfahrens unter den Voraussetzungen des § 154d StPO ist auch dann möglich, wenn das Verfahren zur Klärung der Rechtsfrage bereits anhängig ist.[600]

242 Wenig hilfreich ist für den Anzeigenden eines Wirtschaftsdelikts gemäß § 374 Abs. 1 Nr. 5 a, 7 und 8 StPO, wenn es nach Verneinung des öffentlichen Interesses nach § 376 StPO[601] zu einer **Verweisung auf den Privatklageweg** kommt, da sich solche Verfahren in der Regel durch ihre lange Dauer und ein geringes Interesse seitens der Justiz auszeichnen. Dies gilt auch dann, wenn das Verfahren später von der Staatsanwaltschaft gemäß § 377 Abs. 1 S. 2 StPO übernommen wird, weil auch in diesem Fall Dauer und Verlauf des Verfahrens nachteiliger sind, als wenn es die Staatsanwaltschaft von Beginn an selbst betrieben hätte.

243 Auf das in §§ 172 ff. StPO geregelte **Klageerzwingungsverfahren**[602] kann der Geschädigte nur nach einer Verfahrenseinstellung gemäß § 170 Abs. 2 S. 1 StPO zurückgreifen; dies gilt bei den Privatklagedelikten nur unter der weiteren Einschränkung, dass die prozessuale Tat auch ein Offizialdelikt beinhaltet.[603] Ansonsten bleibt es nur bei der Möglichkeit der Dienstaufsichtsbeschwerde.

4. Selbstanzeige des Schuldners

244 Der nemo-tenetur-Grundsatz wird im Steuerstrafrecht durch das „**Verwendungsverbot**" in § 393 Abs. 2 AO erweitert, das dem Steuerpflichtigen die Möglichkeit bietet, seiner Verpflichtung zur Offenbarung aller steuerlich relevanten Tatsachen, also auch strafbarer Verhaltensweisen, nachzukommen.[604] An der Verfassungsmäßigkeit dieser Vorschrift bestehen jedoch erhebliche Bedenken.[605]

Freiwillige Angaben zu **allgemeinen Straftaten**, die in Tateinheit mit der angezeigten Steuerstraftat stehen und die im Rahmen der Selbstanzeige gemäß § 371 AO gemacht werden, werden von diesem Verwendungsverbot allerdings nicht erfasst.[606]

---

599 *Meyer-Goßner* § 154d Rn. 3.
600 Löwe/Rosenberg-*Beulke* § 154d Rn. 8.
601 Vgl. auch Nr. 86 und 87 RiStBV.
602 *OLG Stuttgart* NStZ-RR 2005, 113 m.w.N. zu den strengen formellen Voraussetzungen dieses Verfahrens.
603 *Wagner* in Wabnitz/Janovsky 28. Kapitel Rn. 37.
604 *Dannecker/Biermann* in Blumers/Müller/Frick, Betriebsprüfungshandbuch, K Rn. 76 ff.
605 *LG Göttingen*, wistra, 2008, 231, 231 ff.
606 Siehe *BGHSt* 49, 136 ff. und zust. *BVerfG* NJW 2005, 352 f.; dazu auch *BGHSt* 36, 238 ff.; kritisch *Eidam* Einschränkende Auslegung des Verwendungsverbotes aus § 393 II 1 AO im Fall einer Selbstanzeige gemäß § 371 AO?, in: wistra 2004, 412 ff. und *ders.* Neuere Entwicklungen um den Grundsatz der Selbstbelastungsfreiheit und das Rechtsinstitut der Selbstanzeige im Steuerstrafverfahren, in: wistra 2006, 11 ff. jeweils m.w.N.

Dannecker/Hagemeier

Das Verwendungsverbot greift auch dann nicht ein, wenn der Steuerpflichtige eine allgemeine Straftat preisgibt, die er gleichzeitig mit der Steuerstraftat begangen hat und beide Delikte eine Tat im prozessualen Sinne bilden.[607] Da das Beweisverwendungsverbot des § 393 Abs. 2 S. 2 AO seinem Zweck entsprechend einschränkend auszulegen ist, ist es auf die genannten Fälle nicht anwendbar. Zum einen werden hier dem Staat keine neuen Steuerquellen eröffnet, zum anderen sind keine steuerrechtlichen Offenbarungspflichten betroffen, die mit steuerrechtlichen Mitteln zwangsweise durchsetzbar sind (vgl. § 328 AO). Nach § 393 Abs. 1 AO ist eine zwangsweise Durchsetzung aber dann nicht zulässig, wenn der Steuerpflichtige dadurch gezwungen wäre, sich selbst wegen einer Steuerstraftat zu belasten.[608]

5. Zufallsfunde im Sinne von § 108 Abs. 1 StPO

Die Regelung des § 108 StPO bezweckt die **Sicherstellung möglicher Beweismittel** **245** für ein anderes Verfahren. Sie will damit das allgemeine Beschlagnahmerecht (nicht jedoch das Recht zur Durchsuchung) in Fällen erweitern, in denen die Voraussetzungen für eine Beschlagnahme im Übrigen nicht gegeben sind.[609] Dies ist insbesondere dann der Fall, wenn zu Unrecht vom Vorliegen von Gefahr im Verzug ausgegangen wurde oder wenn der Ermittlungsbeamte die Beweisbedeutung des Gegenstandes für ein anderes Verfahren nicht einschätzen kann bzw. nicht weiß, ob ein anderes Verfahren bereits eingeleitet wurde.[610]

Die einstweilige Beschlagnahme nach § 108 Abs. 1 StPO ist eine vorläufige Maß- **246** nahme, die vorsieht, dass die Staatsanwaltschaft den beschlagnahmten Gegenstand auf seine **Beweisrelevanz für das andere Verfahren** überprüft. Diese Maßnahme wird bereits dann ergriffen, wenn ein ungewisser Verdacht einer Straftat oder der mutmaßliche Zusammenhang mit einer bereits bekannten Tat vorliegt. Es reicht also die nahe liegende Möglichkeit, dass der Gegenstand zum Beweis einer anderen Straftat geeignet ist, aus.[611] Die Vorschrift bietet jedoch keine Rechtsgrundlage für eine gelegentlich der Durchsuchung erfolgende Ausschau bzw. **gezielte Suche** nach „Zufallsfunden". Ein solches Vorgehen wird häufig bei der Vorbereitung und Vornahme der Durchsuchung deutlich, wenn etwa „vorsorglich" Steuerfahnder zum Brandstiftungstatort mitgenommen werden.[612]

Für die Sicherstellung von Zufallsfunden im Rahmen einer Durchsuchung bei einem **247** **Berufsgeheimnisträger** gelten Besonderheiten.[613] Auch hier dürfen Gegenstände, die auf eine andere Straftat hindeuten als die, wegen der die Durchsuchung durchge-

607 *Gürtler* in Wabnitz/Janovsky 23. Kapitel Rn. 115 m.w.N.
608 *Gürtler* in Wabnitz/Janovsky 23. Kapitel Rn. 116 m.w.N.
609 *Meyer-Goßner* § 163d Rn. 24.
610 LR-*Schäfer* § 108 Rn. 3; SK-*Rudolphi* § 108 Rn. 7; *BGHSt* 19, 374, 376.
611 LR-*Schäfer* § 108 Rn. 8; *Meyer-Goßner* § 108 Rn. 2.
612 LR-*Schäfer* § 108 Rn. 9 m.w.N.
613 LR- *Schäfer* a.a.O., § 97 Rn. 25; § 108 Rn. 10, 22 m.w.N.; KK-*Nack* § 97 Rn. 2.

führt wird, grundsätzlich sichergestellt werden. Dies gilt unabhängig davon, ob die andere Straftat vom Berufsgeheimnisträger selbst, seinem Mandanten oder einem Dritten begangen wurde; allerdings ist die einstweilige Beschlagnahme dann unzulässig, wenn in einem hypothetischen Verfahren wegen der Tat, auf die sich der Zufallsfund bezieht, der Beschlagnahme ein Beschlagnahmeverbot beispielsweise nach § 97 StPO oder der Grundsatz der Verhältnismäßigkeit entgegenstehen würde. Wichtig ist dies insbesondere bei der Durchsuchung bei Angehörigen der in § 53 StPO genannten Berufe, wenn ein Beweisgegenstand im Sinne des § 97 Abs. 2 S. 3 StPO oder eine strafrechtliche Verstrickung des Berufsgeheimnisträgers nicht gegeben ist und daher der Berufsgeheimnisträger an der Tat, hinsichtlich derer die Sicherstellung erfolgt, nicht beteiligt ist.[614]

248 Ein prozessual schwerwiegender Verstoß gegen die Grenzen einer richterlich angeordneten Durchsuchung kann ausnahmsweise dann zu einem **Verwertungsverbot** führen, wenn das Interesse an der Tataufklärung aufgrund der Schwere des Eingriffs hinter dem Interesse des betroffenen Bürgers am Schutz seiner Privatsphäre zurücktreten muss. Für nicht richterlich angeordnete Durchsuchungen kann freilich nichts anderes gelten.[615]

249 Will sich ein Betroffener gegen die Beschlagnahme eines Zufallsfundes wenden, so kann er sowohl für die richterlich angeordnete als auch für die nicht richterlich angeordnete Durchsuchung die **Entscheidung des Richters nach § 98 Abs. 2 S. 2 StPO** beantragen, da der Rechtsschutz sich gegen die Art und Weise der Durchsuchung richtet.[616]

6. Sonstige Ermittlungsanlässe

250 Gelegentlich geben auch der Insolvenzverwalter oder die den Ermittlungsbehörden zugeleiteten Zivilakten den Anstoß für Ermittlungen bezüglich möglicher Insolvenzstraftaten. Im Regelfall erhält die Staatsanwaltschaft jedoch Kenntnis von Zwangs- und Vollstreckungsmaßnahmen über Mitteilungen der Insolvenz- und Vollstreckungsgerichte nach der **„Anordnung über Mitteilungen in Zivilsachen"** (MiZi), einer bundesweit geltenden Vereinbarung zwischen dem Bundesjustizministerium und den Landesjustizverwaltungen, beruhend auf § 12 Abs. 5 EGGVG. Diese enthalten vom Vollstreckungsgericht Informationen über die Abgabe der eidesstattlichen Versicherung einer AG, KGaA, GmbH, Genossenschaft oder OHG bzw. KG, deren Gesellschafter keine natürliche Person ist bzw. den Erlass eines Haftbefehls nach § 901 ZPO gegen eine der genannten Gesellschaften. Sie können aber auch vom Insolvenzgericht die Mitteilung der Abweisung der Insolvenzeröffnung mangels Masse bzw. über die Eröffnung des Insolvenzverfahrens beinhalten.[617]

---

614 *Gürtler* in Wabnitz/Janovsky 23. Kapitel Rn. 64.
615 LR-*Schäfer* § 108 Rn. 18 m.w.N.
616 LR-*Schäfer* § 108 Rn. 21 m.w.N.
617 *Pelz* Rn. 593.

Die Ermittlungsbehörden fordern in der Regel sämtliche **IN-Akten** beim Insolvenz-   **251**
gericht an, die gerade bei der Antragstellung durch den Gläubiger (§ 14 Abs. 1 InsO)
wertvolle Informationen zur Zahlungsunfähigkeit des Schuldners enthalten. Anhaltspunkte für strafbare Handlungen in den Insolvenzakten sind insbesondere die fehlende oder verzögerte Vorlage von Unterlagen durch den Schuldner, die entgeltliche
oder unentgeltliche Übertragung von Vermögenswerten auf nahe Angehörige bzw.
die Abweichung von Vermögensübersichten von früheren Bilanzen oder Ähnliches
(Verdacht des Beiseiteschaffens). Verdächtig ist außerdem die Stellung des Antrags
durch einen Gläubiger, insbesondere durch den Sozialversicherungsträger (Verdacht
der Insolvenzverschleppung bzw. einer Straftat nach § 266a StGB). Weiterhin Verdacht begründend ist, dass die Summe der Forderungsabtretungen die Außenstände
übersteigt (Erschleichen von Bank- oder Warenkrediten) oder seit Monaten Lohn-
rückstände bestehen, aber vor kurzem noch Lieferverbindlichkeiten begründet wurden (Lieferantenbetrug).

Anlass für Ermittlungen wegen etwaiger Insolvenzdelikte geben zuweilen auch   **252**
vergebliche Vollstreckungsmaßnahmen, bei denen der **Gerichtsvollzieher** Pfandab-
stand erklärt.[618] Überdies sind die **Pfändungsprotokolle** des Gerichtsvollziehers
eine wichtige Erkenntnisquelle, da sich daraus die Zahl und das Datum der Vollstre-
ckungsaufträge der Gläubiger sowie die Höhe der jeweiligen Forderung und der
Vollstreckungserfolg ergeben. Hierbei ist jedoch zu beachten, dass der zuständige
Dienstvorgesetzte des Gerichtsvollziehers diesem zunächst eine Aussagegenehmi-
gung nach § 54 Abs. 1 StPO, Nr. 66 RiStBV erteilen muss.[619]

Gerade die **drohende Zahlungsunfähigkeit** des Schuldners ist durch die Ermitt-   **253**
lungsbehörden in der Regel sehr **schwer nachzuweisen**.[620] Neben dem Rückgriff auf
die wirtschaftskriminalistischen Beweiszeichen und das betriebswirtschaftliche Gutachten behilft man sich hier auch manchmal damit, dass man nach letztlich eingetretener Zahlungsunfähigkeit das „Drohen der Zahlungsunfähigkeit" für den Zeitraum
davor einfach annimmt. Abgesehen davon, dass ein solcher Rückschluss unbestritten
unzulässig ist, weil richtigerweise für einen bestimmten Stichtag davor die drohende
Zahlungsunfähigkeit ex-ante festgestellt werden muss, ist auch dies schwer nachzuweisen, weil es für den Begriff des „Drohens" keine konkrete Definition gibt,
sondern vielmehr eine Art Prognose vorgenommen werden muss.[621]

Fraglich ist in diesem Zusammenhang auch, ob die Ermittlungsbehörden im Falle
des **Schuldner-Eigenantrags** wegen drohender Zahlungsunfähigkeit und der dar-
aufhin erfolgenden Eröffnung des Insolvenzverfahrens vom Vorliegen der drohenden
Zahlungsunfähigkeit ausgehen dürfen. Die Strafbarkeitsbedingung des § 283 Abs. 6

---

618 *Köhler* in Wabnitz/Janovsky 7. Kapitel Rn. 346 f.
619 *Köhler* in Wabnitz/Janovsky 7. Kapitel Rn. 368 ff.
620 *Müller* in Wabnitz/Janovsky 6. Kapitel Rn. 6; *Reck* ZInsO 1999, 195, 197 f.
621 Siehe auch IDW-Prüfungsstandard: Empfehlungen zur Prüfung eingetretener oder drohender Zahlungsunfähigkeit bei Unternehmen (IDW PS 800), abgedruckt in ZIP 1999,
S. 505 ff.; *Beck* in Wabnitz/Janovsky 6. Kapitel Rn. 6; *Reck* ZInsO 1999, 195, 197.

StGB ist mit der Eröffnung des Insolvenzverfahrens jedenfalls gegeben. Hinsichtlich der Feststellung der drohenden Zahlungsunfähigkeit als Tatbestandsvoraussetzung des § 283 Abs. 1 StGB zieht das Vorliegen eines Eröffnungsgrundes aber nicht zwingend eine Bindungswirkung nach sich.[622]

254 Weitere Hintergrundinformationen zu möglichen Insolvenzdelikten erhalten die Ermittlungsbehörden über das **Handels- oder Genossenschaftsregister** bzw. das **Gewerbe- bzw. Gewerbezentralregister**.[623] Letzteres enthält nach § 149 GewO vollziehbare und nicht mehr anfechtbare Entscheidungen der Verwaltungsbehörden, die die Ungeeignetheit oder die Unzuverlässigkeit des Gewerbetreibenden betreffen. Es beinhaltet aber auch Informationen über mögliche Strohmannverhältnisse, soweit sie den Verwaltungsbehörden bekannt sind. Da das GZR jedoch in erster Linie den Verwaltungs- und Bußgeldbehörden dienen soll, sind die Auskunftsrechte der Strafverfolgungsbehörden nach § 150a Abs. 2 GewO beschränkt.[624]

255 Auch **Anfragen der Ermittlungsbehörden bei den Krankenkassen** oder Finanzbehörden nach Zahlungsrückständen sind nicht unüblich. Die Daten, die bei den Sozialbehörden zu Strafverfolgungszwecken zu erheben sind, unterliegen dem Sozialgeheimnis des § 35 Abs. 1 SGB I und dürfen nur nach Maßgabe der §§ 67 ff. SGB X erhoben werden. Ansonsten gibt es weder eine Auskunftspflicht noch eine Verpflichtung zur Vorlage der Sozialdaten (§ 35 Abs. 2, Abs. 3 SGB I). In Wirtschaftsstrafverfahren sind Sozialdaten oft bei Taten nach § 266a StGB relevant. Die hier zuständige Stelle (etwa die AOK) ist dabei gegenüber der Staatsanwaltschaft nach § 69 Abs. 1 Nr. 1, 2 SGB X zur Auskunft verpflichtet. Die weitere Auskunftsverpflichtung gegenüber Strafverfolgungsbehörden richtet sich nach den §§ 68 Abs. 1, 73 SGB X. Letztere Vorschrift erfordert einen richterlicher Beschluss.[625]

256 Gerade bei Insolvenzstraftaten bieten sich Ermittlungen bei der Hausbank des Schuldners an, die Informationen zu Kontenbewegungen, aber auch Kreditvereinbarungen, betriebswirtschaftlichen Auswertungen, Bilanzen und sonstigem Schriftverkehr haben. Diese Informationen machen sich die Ermittlungsbehörden regelmäßig durch ein **Auskunftsersuchen (Bankanfrage)**, dem die Banken nachkommen müssen, eine Durchsuchung nach § 103 StPO, deren Voraussetzungen im Regelfall vorliegen,[626] oder über den informellen Weg zugänglich. Hier gilt, dass es ein strafprozessual zu beachtendes Bankgeheimnis nicht gibt, unter Umständen jedoch die Einschaltung des Ermittlungsrichters angezeigt sein kann.[627]

---

622 *Beck* in Wabnitz/Janovsky 6. Kapitel Rn. 91 f.

623 Das Gewerbezentralregister wird gemeinsam mit dem Bundeszentralregister bei der Dienststelle des Generalbundesanwalts in Bonn geführt.

624 *Köhler* in Wabnitz/Janovsky 7. Kapitel Rn. 353 ff.

625 Vgl. *Niemeyer* in Müller-Gugenberger/Bieneck, § 11 Rn. 58 m.w.N.; *Pelz* 601 f.

626 Siehe *Rengier* Praktische Fragen bei Durchsuchungen, insbesondere in Wirtschaftsstrafsachen, in: NStZ 1981, 372, 373.

627 *Meyer-Goßner* § 161 Rn. 4.

Der Durchsuchungsbeschluss enthält häufig eine **Abwendungsbefugnis des Kreditinstituts**, d.h. dass dem Beschluss ein schriftliches Auskunftsersuchen beigefügt ist, über dessen Beantwortung die Bank die Durchsuchung abwenden kann. Ein solches Vorgehen ist allerdings dann nicht angezeigt, wenn es sich um gewichtige Straftaten handelt oder die Beteiligung eines Bankmitarbeiters an der Straftat zu befürchten ist. Im Übrigen beinhaltet der Durchsuchungsbeschluss zumeist die Anweisung, dass der Kunde über die Ermittlungsmaßnahmen nicht informiert werden darf.

Bei derartigen Ermittlungen sind für die Strafverfolgungsbehörden vor allem die Kontenübersichten der letzten Monate und Informationen zu Konten, Krediten und Sicherheiten des Schuldners sowie zu Erhöhungen der Kreditlinie, unberechtigten Überziehungen derselben, nicht erfolgten Überweisungen, Scheckrückgaben, Wechselprotesten, Kündigungen von Krediten, Zugriffen auf Sicherheiten etc. von Bedeutung.[628]

In der Regel holt die Staatsanwaltschaft in solchen Fällen eine Auskunft aus dem **Schuldnerverzeichnis** ein. Sofern sich daraus die Abgabe einer eidesstattlichen Versicherung des Schuldners ergibt, ist dies ein deutlicher Hinweis auf die eingetretene Zahlungsunfähigkeit. Dagegen kann man aus einem im Schuldnerverzeichnis enthaltenen Hinweis auf den Erlass eines Haftbefehls nach § 901 ZPO gegen den Geschäftsführer noch keinen verlässlichen Schluss ziehen, da der Gläubiger möglicherweise vor Abgabe der eidesstattlichen Versicherung, etwa zur Abwendung der Haftbefehlsvollstreckung, befriedigt worden sein kann. **257**

Die routinemäßige Anforderung aller **M-Akten** ist dabei auch bei der Prüfung des Vorliegens einer Insolvenzverschleppung nicht notwendig, weil ihr Inhalt nur einen geringen Erkenntnisgewinn verspricht. Pfändungs- und Überweisungsbeschlüsse haben ebenso wie gerichtliche Durchsuchungsgestattungen gemäß § 758 ZPO allein nur eine geringe Aussagekraft. Denn erfolglose Zwangsvollstreckungsmaßnahmen ziehen in der Regel Ladungen zur Abgabe einer eidesstattlichen Versicherung bzw. Haftbefehlsanträge nach sich, die sich jedoch auch schon aus dem Schuldnerverzeichnis ergeben. Die Anforderung der M-Akte ist insofern nur dann sinnvoll, wenn es auf den genauen Zeitpunkt des Eintritts der Zahlungsunfähigkeit ankommt.[629] **258**

---

628 *Köhler* in Wabnitz/Janovsky 7. Kapitel Rn. 408 ff.
629 *Bittmann* in Bittmann, Insolvenzstrafrecht § 1 Rn. 68 f.

II. Untersuchungsspektrum

1. Auswertung von Betriebsprüfungen

259 Die Kenntnis von der Krise eines Unternehmens kann sich auch aus der Auswertung einer Betriebsprüfung ergeben. In diesem Zusammenhang wird gerade bei kleineren Unternehmen häufig versucht, sich zusätzliche Liquidität durch Fördermittel der Bundesagentur für Arbeit zu verschaffen. Dabei werden Lohnkostenzuschüsse und Gelder aus Strukturmaßnahmen zweckwidrig verwendet; oftmals wird die Lohnzahlung auch gänzlich eingestellt.

260 **Arbeitgeber, Arbeitnehmer und Dritte**, die bei einer Betriebsprüfung angetroffen werden, haben diese zu dulden und zu unterstützen. Auf Verlangen haben sie Auskunft zu erteilen über Tatsachen, die über die Prüfungstatbestände des § 304 Abs. 1 SGB III Aufschluss geben. Sofern die Gefahr besteht, dass die Betroffenen aufgrund ihrer Aussage mit einem Straf- oder Ordnungswidrigkeitenverfahren überzogen werden, haben sie das Recht, die Aussage zu verweigern (§ 306 Abs. 1 SGB III).[630]

2. Auswertung von Angaben im Insolvenzverfahren gemäß § 97 InsO

261 Im Rahmen von Insolvenzdelikten kommt dem Beweisverwertungsverbot des § 97 **Abs. 1 S. 3 InsO** eine besondere Bedeutung zu. Diese Vorschrift verpflichtet den Schuldner nämlich dazu, dem Insolvenzgericht, dem Insolvenzverwalter und dem Gläubigerausschuss und auf Anordnung des Gerichts der Gläubigerversammlung über alle Verhältnisse, die das Verfahren betreffen, Auskunft zu geben. Der Schuldner muss daher auch Auskunft geben über Umstände, die möglicherweise ein Straf- oder Ordnungswidrigkeitenverfahren nach sich ziehen. Allerdings darf eine Auskunft, die ein Schuldner nach seiner Verpflichtung in Satz 1 erteilt, nur mit **Zustimmung des Schuldners** in einem Straf- bzw. einem Ordnungswidrigkeitenverfahren gegen einen in § 52 Abs. 1 StPO bezeichneten Angehörigen verwendet werden.

262 Hier stellt sich das bereits oben angesprochene[631] Problem, dass nicht deutlich wird, unter welchen Voraussetzungen die Staatsanwaltschaft gegen den Schuldner nun ein **Verfahren einleiten** darf bzw. welche Beweismittel in einem Straf- oder Ermittlungsverfahren verwendet werden dürfen, ohne dass diese durch die Angaben des Schuldners zu rechtswidrigen Bestandteilen der Ermittlungsakte geworden sind. Die staatsanwaltschaftliche Praxis sieht vor, dass aus der Eröffnung des Insolvenzverfahrens bzw. dessen Ablehnung mangels Masse sich zwar grundsätzlich kein Anfangsverdacht für das Vorliegen einer Insolvenzstraftat ergibt, das Insolvenzgericht allerdings aufgrund der **Mitteilung in Zivilsachen (MiZi)** verpflichtet ist, die mangels Masse abgelehnte Eröffnung des Insolvenzverfahrens der Staatsanwaltschaft mitzu-

---

630 Im Gegensatz zu § 97 InsO besteht keine Auskunftsverpflichtung, bei erteilter Auskunft auch kein Verwertungsverbot; siehe *Schulze* in Bittmann, Insolvenzstrafrecht § 2 Rn. 374.
631 S.o. Rn. 176 ff.

teilen. Dies führt in der Regel dazu, dass sich die Staatsanwaltschaft im Rahmen des Vorermittlungsverfahrens die Insolvenzakten zusenden lässt. Diesem Vorgehen steht das Beweisverwertungsverbot des § 97 Abs. 1 S. 3 InsO nicht entgegen.[632]

Auch wenn in der Begründung zu § 109 des Regierungsentwurfs der Insolvenzordnung in der Beschlussempfehlung des Rechtsausschusses[633] explizit hervorgehoben wurde, dass die Auskunft des Schuldners „ohne dessen Zustimmung auch nicht im Ansatz für weitere Ermittlungen dienen darf", führt dies nicht zu einem Weitergabeverbot der Teile der Insolvenzakten, die Auskünfte des Schuldners enthalten oder auf solchen beruhen. Zum einen würde ein solches Weitergabeverbot durch das Insolvenzgericht zu einer Kompetenzverlagerung der Beurteilung eines strafrechtlich relevanten Verhaltens führen, zum anderen dürfte dem Insolvenzgericht teilweise auch die erforderliche Sachkunde eines Wirtschaftsstaatsanwalts zur Beurteilung eines solchen Sachverhalts fehlen. Letztlich ist es auch in der Praxis häufig schwierig, die spezifischen Aktenteile eindeutig zuzuordnen bzw. zu trennen. **263**

Hier muss zudem berücksichtigt werden, dass die relevanten Aktenteile oft nicht nur Angaben des Schuldners beinhalten, die ihn selbst belasten, sondern auch Informationen, die Dritte (Geschäftsführer und Vertragspartner) belasten können. Gerade was diese dritten Personen angeht, ist allerdings unstreitig anerkannt, dass der Inhalt der Insolvenzakte vollumfänglich verwertbar ist und damit der Staatsanwaltschaft auch bekannt gemacht werden muss. Da nur derjenige geschützt werden soll, der im Insolvenzverfahren tatsächlich Angaben macht, können die Strafverfolgungsbehörden aus dem Schweigen des Insolvenzschuldners, der seiner Auskunftspflicht nach § 97 InsO vor dem Insolvenzgericht nicht nachkommt, entsprechende Schlussfolgerungen ziehen. **264**

In der Hauptverhandlung muss damit jede Beweisführungskette an sich und die gesamte Beweisführung als solche, völlig und sukzessiv, ohne jeden Hinweis auf eine Schuldnerauskunft, gemäß § 97 Abs. 3 S. 1 InsO schlüssig sein. Die **Unabhängigkeit einer Beweiskette von den Auskünften des Schuldners** hat die Staatsanwaltschaft im Zweifel nachzuweisen. **265**

In der staatsanwaltschaftlichen Praxis wird im Einzelfall darüber entschieden, ob die Insolvenzakte trotz des Verwertungsverbots des § 97 Abs. 3 S. 1 InsO genügend Anhaltspunkte beinhaltet, um über die Frage eines Anfangsverdachts zu entscheiden. Dies wird in der Regel nach kriminalistischer Erfahrung möglich sein; dennoch wäre es sinnvoll, mit *Richter*[634] zusätzliche Kriterien bei der Prüfung dieser Frage anzulegen, etwa die Routineerhebung bei Mahn- und Vollstreckungsgerichten, die Schuldnerkartei und die Auskünfte bei Sozialversicherungsträgern sowie Gerichtsvollziehern bereits im Prüfungsverfahren heranzuziehen. **266**

---

632 *Gürtler* in Wabnitz/Janovsky 23. Kapitel Rn. 98 ff.
633 Vgl. BT-Drs. 12/7302166.
634 Vgl. *Richter* Auskunft- und Mitteilungspflichten nach §§ 20, 97 Abs. 1 InsO, in: wistra 2000, 1, 5.

3. Zusammenarbeit der Ermittlungsbehörden mit anderen Institutionen

267 Als die Strafprozessordnung geschaffen wurde, ging man davon aus, dass die Staatsanwaltschaft und die Kriminalpolizei grundsätzlich ohne Mithilfe von außen in der Lage sein werden, Straftaten aufzuklären. Heute sind die Ermittlungsbehörden darauf angewiesen, auf andere Institutionen wie etwa die Steuer- und Zollfahndung zurückzugreifen, um umfangreichere Taten aufklären zu können. Dabei sind präventive Maßnahmen nur in den allerseltensten Fällen möglich, wie beispielsweise durch Pressewarnungen oder vorläufige Berufsverbote. Betrügerische Unternehmen gehen nämlich generell davon aus, dass der Privatmann oder Kaufmann ihr kriminelles Vorgehen nicht durchschauen bzw. sich dagegen wappnen kann. Daher hat sich eine **Vielzahl von Vereinen und Verbänden** darauf spezialisiert, den Opfern eines solchen Verhaltens in Notsituationen als Ansprechpartner und Helfer zur Seite zu stehen. Dadurch erhalten sie Informationen und Beweismittel, die dem Staatsanwalt unbekannt sind, die sich dieser aber im Laufe des Ermittlungsverfahrens zunutze machen kann. Ein solches Vorgehen sehen die Richtlinien für das Straf- und Bußgeldverfahren bezüglich der Verfolgung des unlauteren Wettbewerbs (Nr. 260 bis 260 c) ausdrücklich vor. Im Anschluss sollen einige in der Praxis bedeutsame Institutionen vorgestellt werden, deren Kenntnisse für die Ermittlungsbehörden besonders wichtig sind.

a) Zusammenarbeit mit öffentlichen Institutionen auf nationaler Ebene

aa) Bundesanstalt für Finanzdienstleistungsaufsicht (BAFin)

268 Seit dem 1.5.2002 existiert mit der Verschmelzung der ehemaligen Bundesaufsichtsämter durch das Gesetz über die Bundesanstalt für Finanzdienstleistungsaufsicht (FinDAG) vom 22.4.2002 eine einheitliche Aufsicht für Banken, Finanzdienstleistungsinstitute und Versicherungen, also für den gesamten Finanzmarkt. Bei der **BAFin** handelt es sich um eine selbstständige Bundesanstalt des öffentlichen Rechts im Geschäftsbereich des Bundesfinanzministeriums, die etwa 2400 Kreditinstitute, 800 Finanzdienstleistungsunternehmen und 700 Versicherungen überwacht.[635]

269 Der BAFin obliegt die **Solvenzaufsicht** über die Banken, Finanzdienstleistungsinstitute und Versicherungsunternehmen. Dabei erteilt sie u.a. gemäß § 32 KWG die Erlaubnis, dass Kreditinstitute im Inland tätig sein dürfen und wacht über die Einhaltung der Vorschriften zur Eigenkapitalausstattung, der Liquiditätshaltung und der Risikobegrenzung im Bankengeschäft und wertet dazu zahlreiche meldepflichtige Daten, Jahresabschlüsse und Prüfberichte aus. Zudem hat sie die Möglichkeit, Prüfungen anzuordnen, um die wirtschaftliche Lage eines Kreditinstituts zu beurteilen und kann zur Abwehr von Gefahren für die Vermögenswerte von Gläubigern auch Maßnahmen wie eine vorläufige Schließung des Instituts treffen. Außerdem ist die BAFin mit der Überwachung der Einhaltung des Geldwäschegesetzes, des Gesetzes

---

[635] *Tschanett* in Wabnitz/Janovsky 29. Kapitel Rn. 3

über Kapitalanlagegesellschaften u.a. betraut. Infolge der starken Globalisierung auch des Bankwesens hat die Zusammenarbeit mit der BAFin in den vergangenen Jahren stark zugenommen.

Die BAFin erstattet **Strafanzeige**, wenn Anhaltspunkte für das Vorliegen eines **270** Deliktes, häufig der Geldwäsche, gegeben sind. Sie handelt dabei allerdings nicht als verlängerter Arm der Strafverfolgungsbehörden und hat insbesondere keine Möglichkeit zur eigenen Durchführung strafprozessualer Maßnahmen. Die Mitarbeiter der Bundesaufsicht sind auch keine Ermittlungspersonen der Staatsanwaltschaft. Ermittelt der Staatsanwalt etwa in einem bankenbezogenen Delikt, so wendet er sich mit einer Mitteilung des zugrunde liegenden Sachverhalts an die BAFin mit dem Ersuchen, die erforderlichen Unterlagen und eine Stellungnahme zum Fall an ihn weiterzuleiten. Er hat dann die Möglichkeit, von der Bankenaufsicht Informationen zu Geldwäschevorgängen, Prüf- und Jahresberichten und entsprechenden Auswertungen sowie zur Aufdeckung von Missständen zu erhalten. Der Staatsanwalt muss dabei allerdings die in § 60a KWG, Nr. 25 MiStra geregelte Mitteilungspflicht an die BAFin und die in diesem Zusammenhang mögliche Durchbrechung des Steuergeheimnisses nach § 8 Abs. 2 KWG beachten.[636]

In neuerer Zeit hat insbesondere die **Versicherungsaufsicht** einen großen Raum im Aufgabenbereich der BAFin eingenommen.

Sektor Bankenaufsicht **271**
Graurheindorfer Str. 108
53117 Bonn
Tel.: 0228/41080

Sektor Versicherungsaufsicht
Graurheindorfer Str. 108
53117 Bonn
Tel.: 0228/41080
E-Mail: poststelle@bafin.de

Sektor Wertpapieraufsicht/Asset-Management
Lurgiallee 12
60439 Frankfurt a. M.
Tel.: 0228/41080
E-Mail: poststelle-ffm@bafin.de
Internet: www.bafin.de

bb) Bundeszentralamt für Steuern

Das Bundeszentralamt ist Bundesoberbehörde im Geschäftsbereich des Bundesfi- **272** nanzministeriums mit Hauptsitz in Bonn und weiteren Sitzen in Berlin, Saarlouis

---

636 *Tschanett* in Wabnitz/Janovsky 29. Kapitel Rn. 3 ff.

und Schwendt/Oder. Seine Abteilungen Steuern I (internationaler Bereich) und Steuern II (nationaler Bereich) sind für die Ermittlungsbehörden besonders interessant.

Die Aufgaben der Abteilung Steuern I sind dabei zum einen die Amtshilfe für in- und ausländische Behörden und zum anderen die Umsatzsteuerbetrugsbekämpfung, das Umsatzsteuerkontrollverfahren und die Umsatzsteuervergütung an ausländische Unternehmen. Die Abteilung Steuern II befasst sich mit der Vergütung, Erstattung und Freistellung von Kapitalertragssteuern. Sie umfasst auch die **Informationszentrale für steuerliche Auslandsbeziehungen (IZA)**, die die Finanzbehörden bei der Aufklärung internationaler Sachverhalte unterstützt, indem sie ihnen Informationen über ausländische Kapitalgesellschaften und die Rechtsprechung zur Beurteilung von Auslandsbeziehungen zur Verfügung stellt. Die IZA ist dabei eine der wesentlichen Auskunftsstellen, wenn es um Wirtschafts- und Steuerstrafsachen geht, die einen Auslandsbezug aufweisen, etwa wenn es um Unternehmen geht, die als Zwischen- oder Briefkastenfirmen zu qualifizieren sind. Bei einem Aufklärungsbedarf auch außersteuerrechtlicher Fälle sollte eine entsprechende schriftliche Anfrage bei der IZA eine kurze Sachverhaltsdarstellung beinhalten.[637]

An der Küppe 1
53225 Bonn
Tel.: 0228/4060
E-Mail: poststelle@bzst.bund.de
Internet: www.bzst.bund.de

cc) Informationszentrale für den Steuerfahndungsdienst beim Finanzamt Wiesbaden II, IZ-Steufa

273 Aufgrund einer entsprechenden Verwaltungsvereinbarung der Bundesländer vom 27.10.1977 wurde beim Finanzamt Wiesbaden II eine Informationszentrale für den Steuerfahndungsdienst eingerichtet, die Informationen darüber bereitstellt, ob und bei welcher Steuerfahndungs- oder Strafsachenstelle der Finanzämter Vorgänge über bestimmte Personen, die etwa häufig ihren Firmensitz wechseln, vorhanden sind.

Dostojewskistr. 8
65187 Wiesbaden
Tel.: 0611/8130
E-Mail: poststelle@Finanzamt-Wiesbaden-2.de
Internet: www.steuerlinks.de/finanzamt-wiesbaden-ii.html

dd) Bundesagentur für Arbeit (BfA)

274 Bei der Bundesagentur für Arbeit handelt es sich um eine sich selbst verwaltende Körperschaft des öffentlichen Rechts mit zehn Regionaldirektionen. Da die Zuständigkeit für die Verfolgung und Ahndung unerlaubter gewerbsmäßiger Arbeitnehmer-

---

637 *Tschanett* in Wabnitz/Janovsky 29. Kapitel Rn. 14 f.

Dannecker/Hagemeier

überlassung und unerlaubter Arbeitsvermittlung seit dem 1.1.2004 der Zollverwaltung obliegt und die Bundesagentur für Arbeit nur noch **Ordnungswidrigkeiten** verfolgen kann, spielt eine Kooperation mit ihr von Seiten der Strafverfolgungsbehörden eine eher geringe Rolle. Dennoch kann sie im Bereich der **Schwarzarbeit**, in der sie nach § 2 Abs. 2 des Gesetzes zur Bekämpfung der Schwarzarbeit mit der Zollverwaltung zusammenarbeitet, wie auch im Bereich der **Vermittlung und Überlassung ausländischer Arbeitnehmer** hilfreich und koordinierend tätig sein. Dabei ist die Agentur selbst auch an den Ermittlungsergebnissen der Strafverfolgungsbehörden interessiert, um ihrerseits durch Verwaltungsakte dem kriminellen Handeln von Wirtschaftsstraftätern entgegenwirken zu können.

Bezüglich der häufigen Fallgestaltung der **missbräuchlichen Inanspruchnahme** **275** **von Insolvenzgeld** gemäß §§ 183 bis 189 SGB III ergeben sich oftmals grundsätzliche Fragen, die die örtlichen Arbeitsagenturen nicht mehr beantworten können.[638]

Regensburger Str. 104
90478 Nürnberg
Tel.: 0911/1790
E-Mail: Zentrale@arbeitsagentur.de
Internet: www.arbeitsagentur.de

ee) Industrie- und Handelskammern (IHK)

Die Industrie- und Handelskammern sind Körperschaften des öffentlichen Rechts, **276** die der Wirtschafsförderung dienen und im ganzen Bundesgebiet gleichartig organisiert sind. Sämtliche deutschen inländischen Unternehmen sind per Gesetz Kammermitglieder, außer landwirtschaftliche Betriebe und Handwerksbetriebe sowie freie Berufe. Seit der Wiedervereinigung gibt es in Deutschland 81 Industrie- und Handelskammern mit der gemeinsamen Spitzenorganisation des Deutschen Industrie- und Handelskammertags (DIHK). Zu den Aufgaben der Kammern zählen die Abgabe von Stellungnahmen und die Erarbeitung von Vorschlägen zu Fragen des Wirtschafts- und Handelsrechts, des Steuer- und Haushaltswesens, der Aus- und Weiterbildung, der Industrie und des Außenhandels. Eine besondere Rolle spielt dabei die **Bekämpfung von Missständen im Bereich des unlauteren Wettbewerbs**, welche zu den gesetzlich festgelegten Aufgaben der Kammern gehört; Nr. 260c RiStBV besagt explizit, dass der Staatsanwalt in Wettbewerbssachen die Kammern kontaktieren muss.

In Insolvenzsachen besteht nach § 156 Abs. 2 S. 2 InsO die Möglichkeit, der zustän- **277** digen IHK die Möglichkeit zu geben, sich im Berichtstermin zur wirtschaftlichen Lage des Schuldners bzw. deren Beseitigung zu äußern. Dies kann aufgrund der Sachkenntnis der Kammer auf ein mögliches Strafverfahren Einfluss haben. Die Kammern verfügen außerdem über ein umfassendes Verzeichnis öffentlich bestellter

---

638 *Tschanett* in Wabnitz/Janovsky 29. Kapitel Rn. 2.

Dannecker/Hagemeier

und vereidigter **Sachverständiger**, die sie jeweils empfehlen können. Andere Personen sollen nach § 73 Abs. 2 StPO nur unter besonderen Umständen zu Begutachtungen hinzugezogen werden. Falls ein EDV-Sachverständiger für die EDV-Beweissicherung benötigt wird, ist es geboten, sich an den DIHK zu wenden. Der DIHK kann aufgrund seiner über 80 Auslandshandelskammern auch bei Auslandsermittlungen hilfreich sein, etwa bei der Erstellung von Gutachten zu ausländischem Zivilrecht. Auch bei der Europäischen Union in Brüssel ist er vertreten.[639]

DIHK
Breite Straße 29
10178 Berlin
Tel.: 030/203080
E-Mail: infocenter@berlin.dihk.de
Internet: www.dihk.de

b) Zusammenarbeit mit privaten Institutionen auf nationaler Ebene

aa) Telekommunikationsanbieter

278 Wenn es um die Auskunft über Telekommunikationsdaten geht, ist zwischen Bestands- und Verbindungsdaten einerseits sowie dem Telekommunikationsinhalt andererseits zu differenzieren.

Bei den **Verbindungsdaten** handelt es sich um die Daten zu Dauer, Zeitpunkt, Ort und Adressaten der Telekommunikation sowie die Daten darüber, wann jemand bei seinem Internetprovider mit welcher Benutzerkennung und welcher dynamischen IP-Adresse eingeloggt war (§§ 100g, h StPO). Bei den **Bestandsdaten** handelt es sich um Daten, die für die Durchführung des Telekommunikationsverkehrs gespeichert werden, etwa den Inhaber der Telefonnummer bzw. web- oder E-Mail-Adresse. Dazu gehört auch die Zugangskennung zu einem Internetprovider (§§ 111, 112 TKG).

Der **Telekommunikationsinhalt** umfasst neben der Überwachung von Telefongesprächen auch den Inhalt jeglicher elektronischen Kommunikation, also auch den E-Mail-Verkehr, das Versenden von sms per Handy sowie das Surfen im Internet (§§ 100a, b StPO).

279 Nach § 111 Abs. 1 TKG sind alle Telekommunikationsdienstleister dazu verpflichtet, **Kundendateien** zu führen, in die Rufnummern und Rufnummernkontingente sowie Name und Adresse der Inhaber aufzunehmen sind. Diese Daten sind der Bundesnetzagentur für Elektrizität, Gas, Telekommunikation, Post und Eisenbahnen (Canisiusstr. 21, 55122 Mainz; für Auskunftsersuchen: Postfach 8001, 55003 Mainz) derart zur Verfügung zu stellen, dass die Agentur einzelne Daten und Datensätze in einem

---

[639] *Tschanett* in Wabnitz/Janovsky 29. Kapitel Rn. 29.

automatisierten Verfahren abrufen kann (§ 112 TKG). Dabei haben die Telekommunikationsdienstleister zu gewährleisten, dass ihnen die Abrufe unbekannt bleiben.

Auf Anfrage erteilt die Bundesnetzagentur jederzeit kostenfrei Auskunft an Gerichte, Staatsanwaltschaften und sonstige Strafverfolgungsbehörden, zur Gefahrenabwehr auch an die Polizeibehörden, an Nachrichtendienste und an Zollfahndungs- oder Zollkriminalämter. Die abrufende Behörde trägt dabei grundsätzlich die Verantwortung für die Zulässigkeit der Übermittlung. Die Anfrage erfolgt über standardisierte Formblätter, da telefonische Anfragen nicht angenommen werden.   **280**

Ein Auskunftsersuchen ist gemäß §§ 100g und h StPO auch für die Zukunft möglich; eine Anfrage für die Vergangenheit hatte bisher möglichst schnell zu erfolgen, da die Verbindungsdaten maximal 60 Tage, regelmäßig jedoch deutlich kürzer (meist nur wenige Tage bis zum Rechnungsversand) gespeichert wurden. Diese Problematik wird sich mit der Neuregelung des Telekommunikationsgesetzes, die eine Datenspeicherung über sechs Monate erlaubt, deutlich entschärfen.[640]   **281**

Soll eine Telekommunikationsüberwachung nach § 100a StPO angeordnet werden, so muss die Anfrage unter Vorlage eines richterlichen Beschlusses direkt an den Telekommunikationsdienstleister geschickt werden (beachte aber § 12 Abs. 2 TKÜV).

Wichtige deutsche Mobilfunk-Betreiber: **282**

D1/T-Mobile Deutschland
Landgrabenweg 151
53227 Bonn
Tel.: 0228/9360

D2/Vodafone
Am Seestern 1
40547 Düsseldorf
Tel.: 0211/5330

E+/E-Plus Mobilfunk GmbH
E-Plus-Platz 1
40403 Düsseldorf
Tel.: 0211/4480

O2/O2 Germany GmbH & Co. OHG
Georg Brauchle Ring 23–25
80992 München

bb) Institutionen der freiwilligen Selbsthilfe

Hier sollen beispielhaft einige namhafte Organe der Wirtschaft zur Vorbeugung von wirtschaftsschädlichem Verhalten aufgeführt werden: **283**

---

640 Vgl. dazu Rn. 408.

(1) Deutscher Schutzverband gegen Wirtschaftskriminalität e.V. (DSW)

284 Dieser Schutzverband hatte seinen Ursprung im Verein gegen das Bestechungswesen e.v. in Bonn, der im Jahre 1978 nach einer Sitzverlegung unter dem Namen „Verein gegen Bestechung und Wirtschaftskriminalität" nach Frankfurt a.M. mit der „Deutschen Zentralstelle zur Bekämpfung der Schwindelfirmen" aus Hamburg fusionierte.

Bei den Verbandsmitgliedern des DWS handelt es sich um etwa 100 Körperschaften des öffentlichen Rechts, Verbände und Unternehmen. Die Aufgabe des DWS ist die **Bekämpfung von Wirtschaftsdelikten aller Art**, insbesondere von Korruptionsdelikten, Kreditschwindel und strafbarer Werbung. Er unterstützt die Strafverfolgungsbehörden und die Organe der Rechtspflege nicht nur durch die Bereitstellung von Informationen, sondern erstellt auch Gutachten zu Fragen des § 16 UWG oder führt präventive Maßnahmen aus. Beispielsweise macht er bei Schwindelfirmen, die sich bis zu einer Verurteilung weiter kriminell betätigen, zivilrechtlich einen Unterlassungsanspruch nach § 8 UWG geltend und ist nach Bundesgerichtshofs-Rechtsprechung gemäß § 8 Abs. 3 Nr. 2 UWG unbeschränkt klagebefugt.

Landgrafenstraße 24 B
61348 Bad Homburg
Tel.: 06172/12150
E-Mail: mail@dsw-schutzverband.de
Internet: www.dsw-schutzverband.de

(2) SCHUFA Holding AG

285 Bei der im Jahre 1927 gegründeten Schufa handelt es sich um eine Gemeinschaftseinrichtung von Unternehmen der Wirtschaft, die ihren Kunden Waren- und Geldkredite einräumen. Hier werden **Daten von Privatpersonen** gespeichert, die der Schufa von Kreditinstituten, Leasinggesellschaften, Kreditkartengesellschaften, Einzelhandels- und Versandhausunternehmen, Telekommunikationsanbietern und anderen Unternehmen überlassen werden, die selbst gewerbsmäßig Geld- oder Warenkredite an die Verbraucher geben. Zudem beurteilt die Schufa die bei den Amtsgerichten geführten Schuldnerverzeichnisse, mit dem Ziel, den ihr angeschlossenen Unternehmen Informationen zur Kreditwürdigkeit ihrer Kunden zu übermitteln und sie so gegebenenfalls vor Verlustgeschäften zu bewahren.

286 Es gibt bundesweit acht regional tätige, selbstständige Schufa-Gesellschaften, die sich zunächst zur Bundes-Schufa zusammengeschlossen hatten, die die Aufgaben der einzelnen Mitglieder koordinierte und überwachte. Seit 2000 haben die regionalen Gesellschaften ihre Anteile auf eine neu gegründete SCHUFA Holding AG übertragen, die seither die Aufgaben der Bundes-Schufa ausführt. Bei den Anteilseignern handelt es sich in der Hauptsache um Sparkassen, Spezialkreditinstitute und Privatbanken. Bei der Schufa sind Daten über etwa 62 Millionen Personen gespeichert.

Kormoranweg 5
65201 Wiesbaden
Tel.: 0611/92780
E-Mail: info@schufa.de
Internet: www.schufa.de

(3) Verband der Vereine Creditreform e.V.

Der „Verein Creditreform zum Schutze gegen schädliches Creditgeben" wurde 1879   **287**
in Mainz gegründet, um seine Mitglieder vor Forderungsausfällen zu bewahren und
ist heute eine der führenden Unternehmensgruppen in Europa, was Unternehmensin-
formationen und andere Dienstleistungen angeht (etwa Forderungsinkasso). Der
Verein hat etwa 127 000 Mitglieder, die sich aus Unternehmen jeder Größe zusam-
mensetzen, und unterhält 130 Niederlassungen. Der Verein stellt über 3,6 Millionen
deutschen Unternehmen Informationen zur Verfügung. Über den Creditreform International Service besteht daneben die Möglichkeit, internationale Unternehmensin-
formationen zu erlangen, vorwiegend jedoch über westeuropäische Unternehmen.
Allerdings kommen immer mehr mittel- und osteuropäische Unternehmen dazu.

Die Creditreform unterhält bei einer zentralen Datenbank in Neuss Auskünfte über   **288**
insolvente deutsche Schuldner, die dort nach verschiedensten Vorgaben ausgewertet
werden können. So kann etwa nach dem Wohnsitz unbekannt verzogener Schuldner
geforscht werden. Die Informationen stammen dabei aus allgemein zugänglichen
Quellen, wie den Schuldnerverzeichnissen der Amtsgerichte oder veröffentlichten
Geschäftsberichten und Bilanzen. Es werden Daten über die finanzielle Lage von
Privatpersonen, aber auch Jahresabschlüsse von etwa 30 000 deutschen und öster-
reichischen Unternehmen zur Verfügung gestellt, die den Kunden und Mitgliedern
im Online-Verfahren zugänglich gemacht werden.

Hellersbergstr. 12
41460 Neuss
Tel.: 02131/1090
E-Mail: creditreform@verband.creditreform.de
Internet: www.creditreform.de

(4) Bundesverband der Verbraucherzentralen und Verbraucherverbände

Im Jahre 1966 wurde von den Verbraucherzentralen der Bundesländer und der   **289**
Arbeitsgemeinschaft der Verbraucherverbände der Verbraucherschutzverein gegründet, der seit Juni 2001 ein Teil des Bundesverbandes der Verbraucherzentralen und
Verbraucherverbände ist. Aufgrund seiner Finanzierung über die institutionelle Förderung durch das Bundesministerium für Verbraucherschutz, Ernährung und Land-
wirtschaft unterliegt der Verband der Kontrolle des Bundesrechnungshofs.

Die Aufgaben des Verbands bestehen neben der Unterstützung der Strafverfolgungs-   **290**
behörden vor allem auch in der Betreuung von Verbrauchern. Dafür stehen eine

Beratungs-, UWG- und AGB-Abteilung zur Verfügung, die die Betätigungsfelder des Verbands zum Ausdruck bringen. Der Bundesverband der Verbraucherzentralen und Verbraucherverbände wird also in beratender Funktion tätig, leitet aber teilweise auch selbst gerichtliche Maßnahmen ein. Er unterhält des Weiteren Kontakte zu Verbraucherverbänden weltweit.

Markgrafenstr. 66
10969 Berlin
Tel.: 030/258000
E-Mail: info@vzbv.de
Internet: www.vzbv.de

c) Zusammenarbeit mit internationalen Organisationen

291 Infolge der Globalisierung besteht immer mehr Bedarf an **grenzüberschreitender Zusammenarbeit** bei der Verfolgung von Straftaten. Zwar wurden über die Regelungen der internationalen Rechtshilfe diesbezüglich schon bedeutende Fortschritte gemacht, allerdings reichen diese Vorschriften vielfach noch nicht aus, um Ermittlungshandlungen mit Auslandsbezug schnell und effektiv vorzunehmen. Daher wurden von der Europäischen Gemeinschaft in den vergangenen Jahren durch die Schaffung verschiedener Institutionen bereits Maßnahmen zur Kriminalitätsbekämpfung getroffen. Deutsche Ermittlungsbehörden können, soweit im Einzelfall ein Auslandsbezug gegeben ist, sich an diese Behörden wenden.

aa) Europäisches Amt für Betrugsbekämpfung (OLAF)

292 Das Europäische Amt für Betrugsbekämpfung (OLAF = Office Européen de Lutte Anti-fraude) wurde im Frühsommer 1999 aus der Direktion „Unité de Coordination de la Lutte Anti Fraude" (UCLAF) von der Europäischen Kommission gegründet, der es allein verantwortlich ist.[641] Das Amt soll sicherstellen, dass die Mitgliedstaaten auch betrügerische Machenschaften zum Nachteil der Gemeinschaft und nicht nur zu ihrem eigenen Nachteil bekämpfen. Dazu nimmt OLAF Verwaltungsermittlungen zum Schutze der Gemeinschaft vor, insbesondere in den Bereichen Steuerhinterziehung, Zollbetrug, Subventionsmissbrauch und Korruption. Es verfolgt aber auch Dienstvergehen innerhalb der EU-Organe. Obwohl das Amt dabei vollkommen unabhängig ist, kann es **strafprozessuale Befugnisse mit Eingriffscharakter** nur auf der Grundlage des jeweiligen nationalen Rechts vornehmen. Hier müssen die entsprechenden Institutionen der Mitgliedsländer tätig werden.

293 Die Aufgaben von OLAF bestehen somit darin, interne und externe Untersuchungen auch innerhalb der Räumlichkeiten der Gemeinschaftsorgane durchzuführen, einschließlich der Überprüfung der sich dort befindlichen Buchhaltung bzw. Unterlagen. OLAF kann dabei die Ermittlungshandlungen der Mitgliedstaaten unterstützen,

---

641 *Dannecker* in Wabnitz/Janovsky 2. Kapitel Rn. 148 ff.; *Hecker* § 4 Rn. 28, 30.

koordinieren bzw. ins Rollen bringen. Das Amt führt daneben auch eine Datenbank, mit der gesammelte Informationen ausgewertet werden. Die Erkenntnisse daraus werden in Form von Seminaren an Richter und Staatsanwälte weitergegeben, um diese für besonders betrugsanfällige Bereiche zu sensibilisieren. Damit hat OLAF eine wichtige Vorarbeit geleistet, um die Betrugsbekämpfung auf europäischer Ebene zu verbessern.

Rue Joseph II, 30
B-1000 Bruxelles
Tel.: 0032/22969063
E-Mail: olaf-courrier@ec.europa.eu
Internet: www.ec.europa.eu/anti_fraud

bb) Europäisches Justizielles Netz für Strafsachen (EJN)

Das im Jahre 1996 in Belgien gegründete „Europäische Justizielle Netz", das im Juni **294** 1998 seine Tätigkeit aufnahm, soll eine enge Zusammenarbeit auf europäischer Ebene bei der **Bekämpfung der grenzüberschreitenden Schwerkriminalität** sicherstellen und die **Rechtshilfe verbessern**.[642] Dabei existieren in jedem der 27 Mitgliedstaaten auf nationaler Ebene etwa 250 Ansprechpartner, die direkt miteinander in Verbindung stehen, um so die internationale Kooperation mittels persönlicher Verbindungen zwischen den Ermittlungsbehörden zu verbessern. Es werden hier Ermittlungsmaßnahmen koordiniert, Auskünfte ausgetauscht und Rechtshilfeersuchen unterstützt. Seit Dezember 2002 gibt es auch ein Europäisches Justizielles Netz für Zivil- und Handelssachen.

Deutsche EJN-Kontaktstellen finden sich bei der Generalstaatsanwaltschaft sowie beim Generalbundesanwalt und dem Bundesjustizministerium. Der erste Ansprechpartner im Notfall für ausländische Stellen ist dabei die Generalstaatsanwaltschaft Celle.

Internet: www.ejn-crimjust.eu.int

cc) Einheit für justizielle Zusammenarbeit der Europäischen Union (Eurojust)

Die Gründung der Eurojust wurde im Oktober 1999 auf einer Sondertagung des **295** Europäischen Rats beschlossen. Die Behörde, die somit die jüngste Einrichtung zur Bekämpfung der schweren Kriminalität auf europäischer Ebene ist, ist seit Februar 2002 in Den Haag tätig. Sie setzt sich aus entsandten Richtern, Staatsanwälten oder Polizeibeamten der 27 Mitgliedstaaten zusammen, deren Aufgabe es ist, die **justizielle Zusammenarbeit bei der Ermittlungs- und Strafverfolgungstätigkeit** zu verbessern. Dabei ist eine enge Kooperation mit dem Europol und dem EJN vorgesehen.[643]

---

642 *Hecker* § 5 Rn. 68.
643 *Hecker* Europäisches Strafrecht, 2. Aufl. 2007, § 5 Rn. 75.

296   Die Arbeit von Eurojust besteht im Wesentlichen darin, bei Ermittlungen, die zwei oder mehrere Mitgliedsstaaten betreffen (auf Antrag auch dann, wenn nur ein Staat betroffen ist), die zuständigen Strafverfolgungsbehörden zu kontaktieren und zu koordinieren. Die einzelnen Mitglieder unterliegen dabei dem nationalen Recht ihres Heimatstaates, haben aber dennoch Zugang zu den nationalen Registern der anderen Mitgliedsländer. Möglicherweise entwickelt sich aus der Eurojust eine europäische Staatsanwaltschaft.

Maanweg 147
NL-2516 AB Den Haag
Tel.: 0031/704125000
E-Mail: info@eurojust.europa.eu
Internet: www.eurojust.europa.eu

dd) Europäisches Polizeiamt (EUROPOL)

297   Die Einrichtung eines europäischen Polizeiamtes wurde bereits im Vertrag von Maastricht im Jahre 1992 beschlossen. Ziel war es, durch die internationale Kooperation von Polizei-, Justiz- und Zollbehörden insbesondere der organisierten Kriminalität entgegenzuwirken. Europol wurde 1995 mit Sitz in Den Haag gegründet und ist tatsächlich seit 1999 tätig. Jeder Mitgliedstaat entsendet eine Verbindungsperson an Europol zur Wahrnehmung der internationalen Interessen.[644] Darüber hinaus hat jeder Mitgliedstaat eine Kontaktstelle zu Europol. In Deutschland ist dies das BKA, in Notfällen auch die LKAs.

298   Europol hat die Möglichkeit, zur Erfüllung seiner Aufgaben auf **alle Datensammlungen der Mitgliedstaaten** zuzugreifen. Durch Experten aus allen Fachbereichen ist hier ein mehrsprachiger Service rund um die Uhr gewährleistet. Den Europol-Mitarbeitern wird Immunität zugesichert.[645] Die Tätigkeit von Europol soll durch einen optimierten Informationsfluss und der Analyse der Informationen zu einer Verbesserung der polizeilichen Zusammenarbeit zwischen den Mitgliedsstaaten und somit einer effektiveren Verbrechensbekämpfung führen. Voraussetzung ist dabei, dass ein kriminelles Handeln mindestens zwei Mitgliedstaaten betrifft. Europol kann allerdings nur die Ermittlungen der Mitgliedstaaten unterstützen und keine eigenen Maßnahmen treffen.

Der Zuständigkeitsbereich von Europol betrifft mittlerweile den Bereich des Drogenhandels, der organisierten Schleuserkriminalität, des Nuklearschmuggels, des Menschenhandels, der Kinderpornographie, der Geldfälschung und Geldwäsche, des organisierten (Kraftfahrzeug-)Diebstahls, der terroristischen Straftaten, der schwerwiegenden Betrugsstraftaten, der Umweltkriminalität, der Produktpiraterie und des illegalen Handels mit Kulturgütern, kann aber durch einstimmigen Ratsbeschluss auch auf weitere Bereiche ausgedehnt werden.

---

644 *Hecker* § 5 Rn. 61 f.
645 Siehe Europol-Immunitätenprotokollgesetz vom 19.5.1998.

Dannecker/Hagemeier

Raamweg 47
NL-2596 HN The Hague
Tel.: 0031/703025000
E-Mail: info@europol.europa.eu
Internet: www.europol.europa.eu

ee) Wirtschaftsprüferkammer

Bei dieser Körperschaft des öffentlichen Rechts handelt es sich um eine **Berufsor-** **299**
ganisation aller Wirtschaftsprüfer, vereidigten Buchprüfer, Wirtschaftsprüfungsgesellschaften und Buchprüfungsgesellschaften in Deutschland. Nach § 57 Wirt-
schaftsprüferordnung obliegt ihr u.a. die Vertretung ihrer Mitglieder in der Öffentlichkeit (etwa vor Behörden, Gerichten, aber auch im Gesetzgebungsverfahren), die
Beratung ihrer Mitglieder, aber auch die Berufsaufsicht über ihre Mitglieder, soweit
diese nicht der Generalstaatsanwaltschaft unterfällt, die Durchführung von Qualitätskontrollverfahren und des Wirtschaftsprüferexamens sowie die Bestellung, Anerkennung und der Widerruf der Wirtschafts- und Buchprüfer oder entsprechender
Gesellschaften.

Im Rahmen der Siebten WPO-Novelle wurde mit dem Berufsaufsichtsreformgesetz **300**
ein völlig neues Instrument der **präventiven Berufsaufsicht über Abschlussprüfer**
eingeführt. Es gibt der WPK nach den §§ 61a 2 Nr. 2, 62b Abs. 1 WPO die Möglichkeit, stichprobenartig und ohne besonderen Anlass Ermittlungen bei denjenigen
Praxen durchzuführen, die Prüfungsmandate bei Unternehmen von öffentlichem
Interesse im Sinne des § 319a HGB haben. Diese zusätzlichen Ermittlungsbefugnisse („inspections") entsprechen internationalen Erwartungen, indem sie die angestrebte Gleichwertigkeit und gegenseitige Anerkennung der Untersuchungssysteme
auf internationaler Ebene ermöglichen. Zudem sollen dadurch mögliche Kontrollen
durch ausländische Inspektoren in Deutschland bei Prüfern, die im Ausland gelistete
Unternehmen oder deren Verbundunternehmen prüfen, vermieden werden.

Während die Deutsche Prüfstelle für Rechnungslegung (DPR) sich ebenfalls schon **301**
stichprobenartig (und anlassbezogen) mit der Überprüfung der Rechnungsleger befasst, hat der Gesetzgeber nun auch der Aufsicht über die spezifischen Berufspflichten der Abschlussprüfer ein entsprechendes Instrumentarium zur Verfügung gestellt
und somit das System zum Schutz des Kapitalmarktes und der an ihm Beteiligten
vervollständigt. Im Gegensatz zur Qualitätskontrolle, bei der die Angemessenheit
und die Effektivität des gesamten Qualitätssicherungssystems der Praxis beurteilt
werden, befassen sich die **Sonderuntersuchungen** hauptsächlich damit, ausgewählte
Aspekte der Bearbeitung der einzelnen Mandate durch den Berufsangehörigen sowie
Teilbereiche des Qualitätssicherungssystems der Praxis zu überprüfen; insofern wird
das Qualitätskontrollverfahren durch die Sonderuntersuchungen nicht obsolet.

Die **Ermittlungsbefugnisse** entsprechen denen der repressiven Berufsaufsicht und **302**
wurden im Übrigen durch die Siebte WPO-Novelle beträchtlich erweitert. Danach ist
die betroffene Praxis zur Auskunft und Vorlage aller relevanten Unterlagen ver-

pflichtet. Zudem erhält die WPK die Befugnis, bei Bedarf die Geschäftsräume von Berufsangehörigen zu betreten und dort Unterlagen einzusehen. Die Verschwiegenheitspflicht wurde dazu vom Gesetzgeber explizit eingeschränkt. Das verfassungsrechtlich garantierte Aussageverweigerungsrecht bei Gefahr der Selbstbelastung betrifft dabei die Auskunftserteilung, enthält aber keine Befreiung von der Verpflichtung zur Vorlage von Unterlagen oder der Duldung der Einsicht in Unterlagen. Deshalb müssen auch die angesprochenen Qualitätskontroll- und Nachschauberichte vorgelegt oder offengelegt werden.

303 Sofern sich im Rahmen einer Sonderuntersuchung tatsächlich Hinweise auf das Vorliegen einer Straftat oder einer Ordnungswidrigkeit ergeben, müssen der Betroffene und die Praxis davon unterrichtet und über ihre Rechte und Pflichten förmlich belehrt werden. Ihnen wird rechtliches Gehör gewährt. Die Vorstandsabteilung Berufsaufsicht würdigt den Sachverhalt dann berufsrechtlich. Dabei gelten die üblichen Verfahrensgrundsätze und Sanktionen für die Durchführung von Verwaltungs- und Berufsaufsichtsverfahren durch die WPK.

WPK Hauptgeschäftsstelle
Rauchstraße 26
10787 Berlin
Tel.: 030/72 61 61-0
Fax: 030/72 61 61-212
E-Mail: kontakt@wpk.de

4. Auswertung von Erkenntnissen aus der Vernehmung des Beschuldigten

304 Im Insolvenzverfahren besteht eine **uneingeschränkte Aussageverpflichtung** des Schuldners, die auch zwangsweise durchgesetzt werden kann (§§ 5, 20, 97 Abs. 1 S. 1 und 98 Abs. 2 InsO). Diese Pflicht betrifft nicht nur den Schuldner selbst, sondern auch die gesetzlichen Vertreter wie Geschäftsführer, Vorstand oder Liquidatoren.

Dieser Verpflichtung zur uneingeschränkten Aussage steht allerdings § 97 Abs. 1 S. 3 InsO gegenüber, der bestimmt, dass eine Auskunft des Schuldners nach § 97 Abs. 1 S. 1 InsO in einem Straf- oder Ordnungswidrigkeitenverfahren gegen den Schuldner oder seinen Angehörigen im Sinne des § 52 I StPO nur dann verwendet werden darf, wenn der Schuldner zustimmt.[646]

5. Auswertung von Erkenntnissen aus der Vernehmung von Zeugen

305 Bei Ermittlungen wegen Insolvenzstraftaten sind in der Regel die **Angaben von Gläubigern, Lieferanten und anderen Kreditoren** von Bedeutung. Daher werden geschädigte Geschäftspartner, aber auch andere Zeugen, etwa Bankangestellte, ehemalige und gegenwärtige Mitarbeiter, etwaige frühere Gesellschafter und möglicher-

---

646 *Köhler* in Wabnitz/Janovsky 7. Kapitel Rn. 381; ausführlicher unter Rn. 261.

weise auch Nachbarn als Zeugen vernommen. Daneben werden diese „Umfeldermittlungen" häufig auch in Form von schriftlichen Anhörungen oder rein informatorischen Gesprächen vorgenommen.

a) Auskunftsverweigerungsrecht eines Zeugen gemäß § 55 StPO

aa) Bei Vorliegen eines rechtskräftigen Urteils

Nach § 55 StPO ist ein Zeuge grundsätzlich nur dann zur **Verweigerung der Aus-** **306** **kunft auf einzelne Fragen** berechtigt, wenn deren Beantwortung ihn oder einen nach § 52 Abs. 1 StPO bezeichneten Angehörigen der Gefahr aussetzen würde, wegen einer Straftat oder Ordnungswidrigkeit verfolgt zu werden. Eine vollständige Verweigerung der Aussage kommt nur ausnahmsweise dann in Betracht, wenn die vollständige in Frage kommende Aussage in einem so engen Zusammenhang mit einem möglicherweise strafbaren oder ordnungswidrigen Verhalten steht, dass im Umfang der vorgesehenen Vernehmungsgegenstände nichts übrig bleibt, wozu er ohne die Gefahr der Verfolgung wegen einer Straftat oder Ordnungswidrigkeit wahrheitsgemäß aussagen könnte.[647] Eine Verfolgungsgefahr, die ein Recht zur Aussageverweigerung im Sinne des § 55 Abs. 1 StPO begründet, besteht jedoch dann nicht mehr, wenn eine Strafverfolgung des Zeugen hinsichtlich des Gegenstandes der Einvernahme zweifelsfrei ausgeschlossen ist, weil diesbezüglich bereits ein rechtskräftiges Urteil gegen ihn vorliegt und damit die **Strafklage verbraucht** ist.[648]

Eine nähere Abgrenzung ist allerdings in den Fällen vorzunehmen, in denen der **307** Gegenstand der Zeugeneinvernahme und der vom rechtskräftigen Urteil erfasste Sachverhalt nicht identisch sind, aber in einem mehr oder weniger **engen Zusammenhang** stehen. So kann sich der Zeuge nur dann auf ein Auskunftsverweigerungsrecht berufen, wenn sich die Befragung auf Geschehnisse bezieht, die im Verhältnis zu den von dem rechtskräftigen Urteil erfassten Vorgängen **andere Taten** im verfahrensrechtlichen Sinne des § 264 Abs. 1 StPO darstellen würden, und der Zeuge dafür eventuell durch eine wahrheitsgemäße Aussage zumindest weitere Ermittlungsansätze gegen sich selbst liefern müsste.[649] Ein anderer Fall liegt u.a. dann vor, wenn er wegen der Tatbeteiligung, die Gegenstand seiner Vernehmung sein soll, zwar rechtskräftig verurteilt ist, diese aber nach Anklage Teil einer Serie von noch nicht abgeurteilten Delikten ist.[650]

Nach ständiger Rechtsprechung des **Bundesverfassungsgerichts** wäre es mit der **308** Menschenwürde eines Zeugen und dem Rechtsstaatsprinzip nicht vereinbar, wenn er zu einer Aussage gezwungen würde, durch die er sich selbst der Gefahr einer Strafverfolgung aussetzen würde.[651] Dabei ist zu berücksichtigen, dass eine solche

---

647 Vgl. *BGH* NStZ 2002, 607; *BGH* NJW 2005, 2166.
648 Vgl. *BGH* NJW 1999, 1413.
649 Vgl. *BVerfG* NJW 2002, 1411 = NStZ 2002, 378 f.
650 *OLG Köln* NStZ 2005, 269 f.
651 Vgl. *BVerfGE* 38, 105 = NJW 1975, 103; *BVerfGE* 56, 37 = NJW 1981, 1431.

Gefahr schon weit vor einer direkten Belastung gegeben sein kann, weil die Voraussetzungen für die Annahme eines Anfangsverdachts im Sinne des § 152 Abs. 2 StPO sehr gering sind.

Der Zeuge wäre somit in seinen Verteidigungsmöglichkeiten erheblich eingeschränkt, wenn er durch seine wahrheitsgemäße Aussage Anhaltspunkte dafür liefern müsste, dass er bezüglich eines Teils der nicht abgeurteilten Taten strafrechtlich involviert war. Im Gegensatz zu dem vom Bundesverfassungsgericht entschiedenen Fall[652] besteht hier mehr als eine bloß geringe Wahrscheinlichkeit, dass der Zeuge bei einer wahrheitsgemäßen Aussage weitere Ermittlungsmaßnahmen gegen sich erwarten muss.

bb) Bei fehlender Rechtskraft bezüglich des Straf- bzw. sonstigen Rechtsfolgenausspruchs

309 Steht hinsichtlich des Lebensvorgangs, zu dem der Zeuge befragt werden soll, ein rechtskräftiger Schuldspruch im Raum, ist jedoch der Straf- bzw. sonstige **Rechtsfolgenausspruch** noch nicht rechtskräftig geworden, so sind Besonderheiten zu beachten.

In diesem Fall kann sich der Zeuge auf ein Auskunftsverweigerungsrecht berufen, wenn er ansonsten für die Strafzumessung oder den sonstigen Rechtsfolgenanspruch relevante Tatsachen offenlegen müsste, die möglicherweise zu seinen Lasten berücksichtigt werden könnten.[653] Diesbezüglich darf allerdings nicht vergessen werden, dass so genannte **doppelrelevante Tatsachen**, die sowohl für den Schuld- als auch für den Rechtsfolgenausspruch maßgebend sind, durch die Rechtskraft des Schuldspruchs und der diesem zugrunde liegenden Feststellungen für das weitere Verfahren gegen den Zeugen schon bindend geworden sind.[654] Der Zeuge kann sich also der Beantwortung der Fragen bezüglich dieser Feststellungen nicht entziehen, weil das Gericht, das noch über den Rechtsfolgenausspruch zu entscheiden hat, an die bisher getroffenen Feststellungen gebunden ist, so dass es weitere Umstände, die der Zeuge bei einer Befragung möglicherweise offenlegen müsste, nicht mehr zu seinen Lasten verwerten dürfte.[655]

cc) Bei Vorliegen eines rechtskräftigen Freispruchs

310 Auch wenn der Zeuge von dem gegen ihn gerichteten Tatvorwurf rechtskräftig freigesprochen wurde, darf er die Auskunft auf solche Fragen verweigern, deren Beantwortung für ihn die **Gefahr einer Wiederaufnahme** seines rechtskräftig abgeschlossenen Verfahrens, insbesondere auf der Grundlage des § 362 StPO, begründen

---

652 *BVerfGE* 38, 105 = NJW 1981, 1431.
653 Vgl. *BGH* NStZ 2005, 269 ff. m.w.N.
654 *Meyer-Goßner* § 353 Rn. 20 m.w.N.
655 *Gürtler* in Wabnitz/Janovsky 23. Kapitel Rn. 94.

könnte.[656] Dies gilt vor allem dann, wenn man in der wahrheitsgemäßen Aussage ein glaubhaftes Geständnis gemäß § 362 Nr. 4 StPO sehen könnte. Allerdings hat der Zeuge ein Aussageverweigerungsrecht nur bezüglich der Fragen, deren wahrheitsgemäße Beantwortung die Gefahr einer Einleitung eines neuen Ermittlungsverfahrens wegen einer anderen Tat im Sinne des § 264 Abs. 1 StPO begründen könnte.

Ein vollumfängliches Auskunftsverweigerungsrecht des Zeugen ergibt sich auch **311** nicht daraus, dass die Strafverfolgungsbehörden unter Missachtung des Straf- und Verfolgungshindernisses und trotz des Fehlens von Wiederaufnahmegründen neue Ermittlungen einleiten, die die von der Rechtskraftwirkung des Freispruchs umfassten Tatvorwürfe betreffen. Die Auslegung strafprozessualer Normen darf nämlich nicht auf der Annahme eines rechtswidrigen Verhaltens der Verfahrensbeteiligten beruhen.

b) Sachverhaltsaufklärung im Ermittlungsverfahren durch Fragebögen an Zeugen

Vor allem bei großen „Wirtschaftsverfahren" mit einer Vielzahl von Geschädigten **312** gehen die Ermittlungsbehörden aus wirtschaftlichen Gründen dazu über, Fragebögen an die vermutlich Geschädigten zu versenden, um sich einen **Überblick über die Höhe des Vermögensschadens** zu verschaffen.

Bei dem teilweise in der Literatur kritisierten Einsatz von Fragebögen im Rahmen **313** der Anhörung möglicher Geschädigter als Zeugen handelt es sich nicht um einen Justizverwaltungsakt, sondern um eine **Prozesshandlung**, d.h. um eine auf Einleitung, Durchführung und Gestaltung eines Strafverfahrens gerichtete Betätigung eines Strafverfolgungsorgans, nämlich die Vorbereitung der öffentlichen Klage. Diese Prozesshandlungen sind dem Rechtsweg nach §§ 23 ff. EGGVG zum OLG nicht unterworfen, da der Rechtsweg nur der Überprüfung der Rechtmäßigkeit von Verwaltungshandlungen der Justizverwaltung dient. Handlungen, die der Ermittlung, Aufklärung und Ahndung von Straftaten dienen, „verwalten" jedoch nicht, sondern gehören funktionell zur Rechtspflege, so dass sich der von solchen Maßnahmen Betroffene nur nach Maßgabe der Strafprozessordnung dagegen wehren kann. Maßnahmen, die die Abschlussentscheidung vorbereiten, wie die Zeugenanhörung, werden im Laufe des weiteren Verfahrens bestätigt oder nicht. Sie können jedoch nicht zum Gegenstand eines Nebenverfahrens gemacht werden, sondern sind grundsätzlich **unanfechtbar**.[657]

Auch wenn der Einsatz von Fragebögen in der Rechtspraxis **generell anerkannt** ist **314** und keine – ausnahmsweise – Anfechtung gemäß §§ 23 ff. EGGVG rechtfertigt,[658] sollten die Ermittlungsbehörden aufgrund der verfassungsrechtlich garantierten Un-

---

656 Vgl. *BGH* StV 1984, 408; *Meyer-Goßner* § 55 Rn. 9.
657 *Meyer-Goßner* § 23 EGGVG Rn. 9.
658 *OLG Frankfurt a.M.* NStZ-RR 2005, 13.

schuldsvermutung darauf achten, **keine Suggestivformulierungen** zulasten des Beschuldigten in den Fragebogen aufzunehmen, um die Verlässlichkeit der beantworteten Bögen nicht zu gefährden.[659]

III. Eingriffsbefugnisse

1. Durchsuchung und Beschlagnahme gemäß §§ 94 ff. StPO

315 Da der Erfolg von Durchsuchungs- und Beschlagnahmehandlungen häufig den Ausgang der späteren Hauptverhandlung bestimmt, handelt es sich bei diesen strafprozessualen Maßnahmen um die wesentlichen Elemente des staatsanwaltschaftlichen Ermittlungsverfahrens. Dennoch gibt es in der Praxis in diesem Zusammenhang zahlreiche rechtliche Probleme.

Liegen der Verdacht einer Insolvenzstraftat und die Voraussetzungen des § 102 StPO vor, so sind im Rahmen der Durchsuchung beim Schuldner **alle relevanten Geschäftsunterlagen**, aber auch private Dokumente des Schuldners über Ausgaben etc. sicherzustellen und gegebenenfalls zu beschlagnahmen (§§ 94, 98 StPO). Dabei sollten die Fundorte und Beweismittel jeweils gekennzeichnet, geordnete Beweismittel nicht auseinandergerissen und ein ausführliches Sicherstellungsverzeichnis aufgestellt werden.

Aus dem **Verhältnismäßigkeitsgrundsatz** kann sich ergeben, dass dem Betroffenen Kopien der sichergestellten Unterlagen zu überlassen sind, damit die Fortführung des Unternehmens nicht beeinträchtigt wird.

316 Wichtige Beweismittel für Insolvenzstraftaten sind vor allem Bilanzen und andere **Vermögensübersichten**, Gewinn- und Verlustrechnungen, Geschäfts- und Prüfberichte, Geschäftsbücher und Belege, Steuererklärungen, Kontoauszüge, aber auch Gütertrennungsverträge, Einkaufsrechnungen für Luxusgüter, Gesellschafts- und Beteiligungsverträge, Übereignungsverträge zugunsten Angehöriger, Unterlagen über private Konten, Bürgschaftsverträge und Nachweise über Auslandsvermögen.

317 Durchsuchungen in Wirtschaftsstrafsachen sind in der Regel umfangreich und dauern entsprechend lange, sollten den Geschäftsbetrieb jedoch möglichst nicht beeinträchtigen. Allerdings werden Telefongespräche des Schuldners während der Durchsuchung von den Ermittlungsbehörden in der Regel unterbunden, wobei eine rechtliche Handhabe dazu nur gegeben ist, wenn Indizien dafür sprechen, dass der Schuldner unlautere Gespräche führen will. Dasselbe gilt für „Stubenarrest", also die Aufforderung des Schuldners oder seiner Mitarbeiter, den durchsuchten Raum nicht zu verlassen.[660]

---

659 *Gürtler* in Wabnitz/Janovsky 23. Kapitel Rn. 97; krit. zu Fragebögen *Pelz* Rn. 598.
660 *Rengier* Praktische Fragen bei Durchsuchungen, insbesondere in Wirtschaftsstrafsachen, in: NStZ 1981, 372, 375.

Häufig verlangt der Schuldner die **Anwesenheit seines Rechtsanwalts** bei der Durchsuchungsaktion. Dabei hat der Schuldner zwar grundsätzlich das Recht, seinen Anwalt zu kontaktieren, ein Anwesenheitsrecht des Rechtsanwalts besteht jedoch nicht.[661]

a) Durchsuchung und Beschlagnahme in Privatwohnungen

Fraglich ist, ob die Anordnung der Beschlagnahme es rechtfertigt, dass Wohnungen und andere Räume, in denen sich die Gegenstände, die beschlagnahmt werden sollen, befinden, **gegen den Willen des Berechtigten** betreten werden dürfen. Nach einer vorzugswürdigen Auffassung[662] regeln die §§ 94 ff. StPO nur den Eingriff in den Schutzbereich des Art. 14 GG, nicht auch den in den Schutzbereich des Art. 13 GG. Für Letzteren gelten die §§ 102 ff. StPO. Dies ergebe sich schon aus der Entstehungsgeschichte der Vorschriften,[663] die die Beschlagnahme von den Durchsuchung trenne, weshalb man in der **Beschlagnahmegestattung nicht zugleich** auch eine **Durchsuchungserlaubnis** sehen könne und umgekehrt. Ergebe sich allerdings aus den Umständen, dass die Beschlagnahme nur in geschützten Räumen vorgenommen werden könne, so könne in der Beschlagnahmeanordnung stillschweigend eine Durchsuchungsgestattung liegen. Dies sei allerdings im Hinblick auf die Verhältnismäßigkeit des Eingriffs bedenklich; auch sei unklar, ob dabei dem Begründungserfordernis nach §§ 105 Abs. 1, 34 StPO (und Art. 13 Abs. 1 GG in Verbindung mit dem Rechtsstaatsprinzip) entsprochen werde. Insofern sei die Annahme einer konkludent in der Beschlagnahmeanordnung liegenden Durchsuchungsgestattung nicht empfehlenswert.

318

Diese Grundsätze sollen dabei sowohl für die richterlich angeordnete Beschlagnahme als auch für eine Anordnung durch die Staatsanwaltschaft oder deren Hilfsbeamte gelten. Zu beachten ist hier außerdem, dass im umgekehrten Fall eine Beschlagnahme nach Betreten einer Wohnung auf der Basis eines Durchsuchungsbeschlusses nicht in Art. 13 GG eingreift.[664]

319

Aus ermittlungstechnischer Sicht ist es ein großer, häufig irreversibler Fehler, wenn im Rahmen von Ermittlungen und Durchsuchungen beim Verdacht von Wirtschaftsdelikten lediglich der Firmensitz und nicht auch die privaten Räumlichkeiten durchsucht werden. Erfahrungsgemäß finden sich bei gut durchdachten Wirtschaftsstraftaten die **relevanten Beweismittel nicht in den Räumen des Unternehmens**, sondern in Wohnung, PKW oder anderen Verstecken, für die jeweils ein Durchsuchungsbe-

320

---

661 *Köhler* in Wabnitz/Janovsky 7. Kapitel Rn. 404 m.w.N.
662 So SK-*Rudolphi* Vor § 94 Rn. 31 ff.; LR-*Schäfer* § 94 Rn. 45; a.A. *Meyer-Goßner* § 98 Rn. 24, der davon ausgeht, dass ein Durchsuchungsbeschluss nur notwendig sei, wenn nicht bekannt sei, wo sich der gesuchte Gegenstand befindet; *Fezer* 7/38.
663 LR-*Schäfer* § 94 Rn. 45.
664 Siehe *BVerfGE* 76, 83, 91; *BVerfG* (Kammer) NJW 1995, 2839.

schluss beim zuständigen Ermittlungsrichter beantragt werden muss. In Betracht gezogen werden muss zudem je nach Fallgestaltung eine Durchsuchung bei Dritten nach § 103 StPO.

b) Durchsuchung und Beschlagnahme in Geschäftsräumen

aa) In §§ 52 ff. StPO bezeichnete Personen

321   Nach § 97 StPO dürfen Unterlagen einer Person, der gemäß §§ 52 ff. StPO aufgrund ihrer Berufsausübung ein **Zeugnisverweigerungsrecht** zusteht, nicht beschlagnahmt werden, soweit sie diesem besonderen Vertrauensverhältnis unterliegen. Damit soll verhindert werden, dass das Zeugnisverweigerungsrecht, auf das sich diese Person rechtmäßig berufen hat, mittelbar über den Weg der Beschlagnahme eines Surrogats für die verweigerte Aussage umgangen werden kann.[665]

322   Auch wenn das Zeugnisverweigerungsrecht nach §§ 52 ff. StPO und das Beschlagnahmeverbot gemäß § 97 StPO in die gleiche Richtung zielen, unterscheiden sie sich doch darin, dass den Berufsträgern nach § 53 Abs. 1 S. 1 Nr. 1 bis 3 b StPO ein **Zeugnisverweigerungsrecht** hinsichtlich dessen, was ihnen in ihrer beruflichen Funktion anvertraut worden oder bekannt geworden ist, unabhängig davon zusteht, ob das Vertrauensverhältnis zu einem Dritten oder dem Beschuldigten begründet ist. Dagegen bezieht sich das **Beschlagnahmeverbot** gemäß § 97 Abs. 1 Nr. 1 und Nr. 2 StPO nach h.M. nur auf Beweisgegenstände, die das **Vertrauensverhältnis** zwischen dem **Zeugnisverweigerungsberechtigten und dem Beschuldigten** betreffen, und nicht auf Beweisobjekte, die das Vertrauensverhältnis zu einem Dritten berühren.[666] Insofern ist das Beschlagnahmeverbot nicht einschlägig, wenn derjenige, zu dessen Gunsten das Zeugnisverweigerungsrecht besteht, nicht beschuldigt ist. Dieser Regelungszweck des § 97 StPO ergibt sich aus seinem unmittelbaren Wortlaut, der explizit auf den „Beschuldigten" abstellt und somit sicherstellen will, dass der Beschuldigte sich beispielsweise einem Steuerberater anvertrauen kann, ohne sich in die Gefahr der Selbstbelastung zu begeben.[667]

Aufgrund des insofern eindeutigen Wortlauts des § 97 Abs. 1 Nr. 1 und 2 StPO kann der Gegenmeinung,[668] die eine Deckungsgleichheit der Schutzbereiche des § 97 StPO und der §§ 52 ff. StPO annimmt, nicht gefolgt werden.

323   Wenn der Mandant allerdings bis zur Abtrennung eines Verfahrens, das dieselbe Tat betraf, Mitbeschuldigter war, also ein Fall der so genannten **prozessualen Gemeinsamkeit** vorliegt, sind Besonderheiten zu beachten. Dies gilt im Übrigen auch für den Verteidiger.[669] Der Bundesgerichtshof geht in einer solchen Konstellation davon

---

665 Siehe LR-*Schäfer* § 97 Rn. 2; SK-*Rudolphi* § 97 Rn. 1 jeweils m.w.N.
666 LR-*Schäfer* § 97 Rn. 6 m.w.N.
667 *Meyer-Goßner* § 97 Rn. 10; SK-*Rudolphi* § 97 Rn. 2 und 5.
668 AK-*Amelung* § 97 Rn. 14 f. m.w.N.; zum Meinungsstreit auch *Ciolek-Krepold* Durchsuchung und Beschlagnahme, München 2002 Rn. 251 ff. m.w.N.
669 Ausführlich zum Meinungsstreit siehe LR-*Schäfer* § 97 Rn. 62 ff.

aus, dass infolge dieser prozessualen Gemeinsamkeit die Anwaltsunterlagen im abgetrennten Verfahren, im der Zeuge weiterhin Beschuldigter ist, wie auch im Verfahren gegen seine früheren Mitbeschuldigten beschlagnahmefrei sind, da eine Verfahrensregel zum Schutz des Beschuldigten nicht durch den formalen Akt einer Verfahrenstrennung beseitigt werden dürfe.[670]

Ein Kritikpunkt an dem Kriterium der prozessualen Gemeinsamkeit ist, dass das Beschlagnahmeverbot den Zugriff auf eventuell wichtige Beweismittel unter Umständen dadurch verhindert, dass Verfahren zu irgendeinem Zeitpunkt möglicherweise auch zufällig miteinander verbunden waren. Insofern sollte nach Auffassung der Kritiker in erster Linie auf den **materiellen Beschuldigtenbegriff** abgestellt werden, der gewährleistet, dass die Lösung weniger willkürlich und sachfremd ist.

Unumstritten ist jedoch, dass durch eine **willkürliche Verfahrenstrennung** das Beschlagnahmeverbot nicht **rechtsmissbräuchlich** instrumentalisiert werden darf, weshalb der Meinungsstreit letztlich nur untergeordnete Bedeutung hat. In diesem Zusammenhang ist noch anzumerken, dass, auch wenn man von einer Beschlagnahmemöglichkeit geschützter Unterlagen im Verfahren gegen andere als den Mandanten wegen einer prozessualen Gemeinsamkeit ausgeht, die Herausgabe dieser Unterlagen durch eine Ordnungsmaßnahme (vgl. § 95 Abs. 2 StPO) nicht erzwungen werden darf.[671] **324**

Dem in § 97 Abs. 1 StPO normierten **Beschlagnahmeverbot beim Verteidiger** und dem sich selbst verteidigenden Beschuldigten kommt eine besondere Bedeutung zu, da die freie Kommunikation zwischen Mandant und Verteidiger ein wesentliches Element einer effektiven Verteidigung ist. Dabei bezieht sich § 97 StPO ebenfalls lediglich auf das Zeugnisverweigerungsrecht des Verteidigers, das so lange andauert, bis dieser davon entbunden wird (§ 53 Abs. 2 StPO). Das Beschlagnahmeverbot wird allerdings bezüglich der Verteidigungsunterlagen aus dem Rechtsgedanken des § 148 StPO, des Art. 6 Abs. 3 b und c EMRK sowie dem verfassungsrechtlich garantierten Grundsatz des „fair trial" (Art. 2 Abs. 1, Art. 20 Abs. 3 GG) ergänzt. Danach werden auch solche Urkunden vom Beschlagnahmeverbot umfasst, die ein Dritter dem Verteidiger **zu Verteidigungszwecken übergeben** hat, da diese Unterlagen dem Zeugnisverweigerungsrecht des Verteidigers unterliegen.[672] **325**

Diesen Schutz genießen allein die Verteidiger, zu denen neben Rechtsanwälten und Rechtslehrern an deutschen Hochschulen die gemäß § 138 Abs. 2 StPO als Verteidiger zugelassenen Personen und die nach §§ 139, 142 Abs. 2 StPO bestellten Referendare gehören. Streitig ist, ob sich **Syndikusanwälte**[673] in Verfahren gegen den ständigen Dienstherrn auf diesen Schutz berufen können. Da in diesen Fällen zu- **326**

---

670 Siehe *BGHSt* 43, 300 ff. = NStZ 1998, 471, 472; a.A. LR-*Schäfer* § 97 Rn. 23.

671 *Gürtler* in: Wabnitz/Janovsky 23. Kapitel Rn. 6 f.

672 *OLG Frankfurt a.M.* NStZ-RR 2005, 270 f. m.w.N.; *OLG Hamm* StV 1995, 570; *LG Fulda* NJW 2000, 1508; *Meyer-Goßner* § 97 Rn. 36 ff.; KK-*Nack* § 97 Rn. 24 m.w.N.

673 Siehe LR-*Schäfer* § 97 Rn. 29, 84 m.w.N.; *Gürtler* in Wabnitz/Janovsky 23. Kapitel Rn. 8 m.w.N.

meist jedoch Mitgewahrsam des Dienstherrn an den betreffenden Unterlagen besteht, was ein Beschlagnahmeverbot begründet, kann dies in der Regel dahinstehen.

327 Soweit der **Beschuldigte** selbst Unterlagen angefertigt hat, die er offenbar **zu seiner eigenen Verteidigung** im Verfahren verwenden will und die sich in seinem Gewahrsam befinden, sind diese ebenfalls vor der Beschlagnahme geschützt. Dies ergibt sich nicht direkt aus § 97 StPO, sondern aus der Freiheit der Kommunikation zwischen Mandant und Verteidiger gemäß § 148 StPO und gilt daher nur, wenn ein Verteidigermandat besteht oder sich in Anbahnung befindet. § 148 StPO dehnt somit den Schutzbereich des § 97 Abs. 2 S. 1 StPO über den Gewahrsam des Verteidigers auch auf die Sphäre des Beschuldigten als seinem Gesprächspartner aus. Da auch dem sich selbst verteidigenden Beschuldigten die Möglichkeit einer effektiven Verteidigung gegeben werden muss (siehe Art. 6 Abs. 3 c EMRK), sind seine Verteidigungsunterlagen allerdings auch dann geschützt, wenn er keinen Verteidiger an seiner Seite hat.

328 Das Beschlagnahmeverbot des § 97 StPO betrifft in der Regel nur Gegenstände, die sich im **Gewahrsam des Zeugnisverweigerungsberechtigten** befinden (siehe § 97 Abs. 2 S. 1 StPO). Diesen Beschlagnahmebeschränkungen unterliegen demnach auch Mitteilungen der Vertrauensperson an den Beschuldigten, wenn sie sich noch oder wieder im Gewahrsam dieser Vertrauensperson befinden. Eine Beschlagnahme ist jedoch dann möglich, wenn sich diese Mitteilungen außerhalb der Sphäre der Vertrauensperson befinden und somit auch für Dritte leichter zugänglich sind. Gegenstände im Gewahrsam des Beschuldigten können dagegen, sofern es sich nicht um gemäß § 148 StPO oder Art. 6 Abs. 3 c EMRK besonders geschützte Unterlagen handelt, jederzeit beschlagnahmt werden, auch wenn das Originaldokument, die Abschrift oder Kopie der Urkunde im Gewahrsam des Zeugnisverweigerungsberechtigten ist. Die tatsächliche Verfügbarkeit ist dabei für die Beurteilung des Gewahrsams maßgebend. An Beweisstücken in einem Schließfach, das der Zeugnisverweigerungsberechtigte nur gemeinsam mit dem Vermieter desselben, etwa einer Bank, ausüben kann, besteht beispielsweise gemeinsamer Gewahrsam. Den **Gewahrsam in einem Unternehmen** hat derjenige inne, der das Unternehmen rechtlich und tatsächlich beherrscht. Bei einer juristischen Person ist das derjenige, der zur Geschäftsführung berufen ist. Ein Alleingewahrsam des Zeugnisverweigerungsberechtigten ist dabei schon nach dem Normwortlaut nicht notwendig, da **Mitgewahrsam** ausreicht, soweit der weitere Mitgewahrsam nicht dem Beschuldigten zusteht.[674]

329 In der Praxis schwierig sind vor allem die Fälle, die sich auf die **Durchsuchung einer Personengruppe** beziehen, von denen nur einige Beschuldigte oder Tatverdächtige sind (etwa bei einem Verfahren gegen einen von mehreren Rechtsanwälten einer Sozietät), da hier die Klärung der Gewahrsamsfrage sich besonders schwer gestaltet (insbesondere bei EDV-Daten). Hier hat man es nämlich mit einer Gemengelage aus Unterlagen (z.B. Handakten) zu tun, die sowohl Beschuldigte (Anwälte und Mandanten) als auch Nichtbeschuldigte (Anwälte und Mandanten) betreffen,

---

674 *Gürtler* in Wabnitz/Janovsky 23. Kapitel Rn. 9 ff.

und teilweise wegen der Beschuldigteneigenschaft des Anwalts oder wegen einer Verstrickung gemäß § 97 Abs. 2 S. 3 StPO der Beschlagnahme unterliegen, teilweise aber auch nach §§ 53 Abs. 1 S. 1 Nr. 2 und 3, 97 Abs. 1 und § 148 StPO einen besonderen rechtlichen Schutz genießen. § 97 Abs. 2 S. 3 StPO sagt dazu explizit, dass das Vertrauensverhältnis bei Tatverstrickung des Berufsangehörigen der Strafverfolgung weicht. Dies gilt umso mehr, wenn der Berufsträger der Beschuldigte ist. In diesem Zusammenhang muss also nur darauf geachtet werden, dass die Durchsuchungsziele genau bestimmt werden, die Beweisgegenstände sorgfältig gesichert werden und der Verhältnismäßigkeitsgrundsatz strikt gewahrt wird, so dass Interessen Dritter davon nicht tangiert werden.[675]

Der 2. Senat des **Bundesverfassungsgerichts** hat mit Beschluss vom 12.4.2005 eine **330** richtungsweisende Entscheidung zur **Beschlagnahme von Datenträgern** in einer Rechtsanwaltskanzlei bzw. einer Steuerberatungskanzlei im Rahmen eines Ermittlungsverfahrens gegen einen der Berufsträger getroffen. Er hatte dabei die Frage zu erörtern, welche Rolle die Vertrauensbeziehungen zwischen den direkt von dem Eingriff betroffenen Berufsgeheimnisträgern und ihren Mandanten für die Zulässigkeit eines strafprozessual veranlassten Datenzugriffs spielt. Der Senat stellte dazu fest, es sei nicht ausreichend, dass die Sicherstellung und Beschlagnahme der Datenträger samt der darauf gespeicherten Daten zur gesetzlichen Strafverfolgung Erfolg versprechend scheine; vielmehr müsse gerade die entsprechende Zwangsmaßnahme zur Ermittlung und Strafverfolgung notwendig sein. Hier sei die Verhältnismäßigkeit des Eingriffs mittels dieser Zwangsmaßnahme ganz strikt zu prüfen.[676]

Bei der entsprechenden Abwägung der Umstände des Einzelfalls sind einerseits das **331** staatliche Interesse an einer wirksamen Strafverfolgung und andererseits die rechtlich geschützten Interessen Dritter zu berücksichtigen, die quasi ohne eigenes Zutun von der staatlichen Zwangsmaßnahme betroffen sind. Hierbei spielt auch der **Grundsatz der „freien Advokatur"** eine wesentliche Rolle, da Rechtsanwälte als Organ der Rechtspflege und Steuerberater und ihre Mandanten ganz besonders auf den Schutz der Vertraulichkeit ihrer Kommunikation angewiesen sind.

Die besondere Brisanz des vom Bundesverfassungsgericht entschiedenen Falles ergab sich daraus, dass die Zwangsmaßnahme aufgrund der Vielzahl verfahrensunerheblicher Daten einen sehr weiten Eingriffsbereich aufwies und somit viele Personen von der Maßnahme betroffen waren, die mit dem Tatvorwurf nichts zu tun hatten, keinen Anlass für Ermittlungen in „ihre Richtung" gesetzt hatten und letztlich in dem besonderen Vertrauensverhältnis zu den genannten Berufsgeheimnisträgern betroffen waren.

Bei der Prüfung der **Verhältnismäßigkeit** ist nach den Vorgaben des Bundesverfas- **332** sungsgerichts[677] Folgendes zu beachten: Kernpunkt der Überlegungen ist zunächst,

---

675 Siehe LR-*Schäfer* § 97 Rn. 30a.
676 *BVerfGE* 67, 157, 173, 178; 96, 44, 51; 100, 313, 391.
677 *BVerfG* wistra 2005, 295 ff.

ob sich auf dem fraglichen Computer überhaupt beweiserhebliche Daten befinden können, da ansonsten die Maßnahme an sich schon ungeeignet wäre. Wird dies bejaht, so bedeutet dies zwangsläufig, dass bei einer Sicherstellung und Beschlagnahme des Datenträgers auch in großem Maße verfahrensirrelevante Daten vorgefunden werden. Sofern die Sicherung der beweiserheblichen Daten allerdings durch für den Betroffenen andere, weniger einschneidende Weise erreicht werden kann, ist ein Zugriff auf den gesamten Datenbestand nicht notwendig.

333 Insoweit gibt es verschiedene Möglichkeiten, wie dem **Verhältnismäßigkeitsgrundsatz** bei der Durchsuchung, Sicherstellung und **Beschlagnahme von Datenträgern** Rechnung getragen werden kann: Wenn man davon ausgeht, dass der Datenträger beweiserhebliche Daten enthält, ist festzustellen, ob ein Zugriff auf den gesamten Datenbestand erforderlich ist; ein dauerhafter Zugriff auf den gesamten Datenbestand ist jedenfalls dann nicht notwendig, wenn die Sicherstellung der beweiserheblichen Daten auf eine für den Betroffenen weniger einschneidende Art und Weise möglich ist. Eine Sicherstellung überschießender, vertraulicher, aber verfahrensirrelevanter Informationen ist zu vermeiden. Ist eine **Differenzierung der Daten** hinsichtlich ihrer Beweiserheblichkeit für das Verfahren möglich, so muss geprüft werden, ob man die potentiell bedeutsamen von den übrigen Daten trennen kann, etwa durch die Erstellung einer (Teil-)Kopie der verfahrensrelevanten Daten oder das Löschen bzw. die Herausgabe der irrelevanten Daten. Möglicherweise kommt im Einzelfall zur Zugriffsbegrenzung auch eine Kombination verschiedener Möglichkeiten in Betracht; jedenfalls müssen vor einer endgültigen Beschlagnahme immer alle Möglichkeiten ausgeschöpft werden. Hier ist insbesondere die Auswertung der Struktur eines Datenbestandes wichtig. Vor allem bei einer gemeinsamen Nutzung der EDV-Anlage durch mehrere Sozien kann sich die eventuell durch eine Zugriffsbeschränkung gesicherte Datenstruktur nach den Berufsträgern ausrichten, etwa mittels einer themen-, zeit-, mandanten- oder mandatsbezogenen Ordnung der Datenablage. Eine Differenzierung der Daten nach ihrer Verfahrensrelevanz kann unter Umständen auch mithilfe geeigneter Suchbegriffe oder Programme gelingen.

334 Eine genaue Prüfung der Daten nach ihrer Bedeutung für das Verfahren ist am Durchsuchungsort nicht immer machbar. Sofern dies nicht möglich ist, muss eine solche Prüfung im Rahmen der **vorläufigen Sicherstellung** des Datenträgers in Betracht gezogen werden. Das Verfahrensstadium der Durchsicht gemäß § 110 StPO, das der endgültigen Entscheidung über den Umfang der Beschlagnahme vorgeschaltet ist,[678] sieht vor, dass im Rahmen des Vertretbaren nur solche Daten einem dauerhaften und zu vertiefenden Eingriff unterliegen, die verfahrensrelevant und verwertbar sind.

Sofern es den Strafverfolgungsbehörden im Rahmen der Durchsicht nicht möglich ist, die **verfahrensrelevanten Daten** von den übrigen zu trennen und Letztere auszusondern, steht der Verhältnismäßigkeitsgrundsatz der Erforderlichkeit der Be-

---

678 Siehe *BVerfGE* 77, 1, 55.

schlagnahme des gesamten Datenbestandes nicht entgegen. Die Beschlagnahme aller Daten oder der gesamten EDV-Anlage darf allerdings nicht auf die pauschale Begründung gestützt werden, dass eine etwaige Datenverschleierung nicht ausgeschlossen werden kann; es muss vielmehr im konkreten Einzelfall geprüft werden, ob der umfassende Datenzugriff dem Übermaßverbot gerecht wird, um einem möglicherweise drohenden Verwertungsverbot entgegenzuwirken.[679]

Ein **Verwertungsverbot** wegen einer fehlerhaften Durchsuchung und Beschlag-   **335** nahme von Datenträgern wird regelmäßig bei schwerwiegenden, bewussten oder willkürlichen Verfahrensverstößen vorliegen, etwa dann, wenn im Rahmen der Datenträgerbeschlagnahme die Eingrenzung auf den Ermittlungszweck systematisch oder planmäßig außer Acht gelassen wurde.

bb) Beschlagnahmefreie Gegenstände nach § 97 Abs. 1 StPO

Die Gegenstände, die nicht der Beschlagnahme unterliegen, werden in § 97 Abs. 1   **336** Nr. 1 bis 3 StPO aufgezählt. **Beschlagnahmefrei** ist danach zum einen die schriftliche Mitteilung im Sinne einer Gedankenäußerung, die eine Person einer anderen zukommen lässt, um diese über etwas in Kenntnis zu setzen. Des Weiteren wird die Aufzeichnung genannt, bei der es sich um eine auf Papier oder einem anderen Material (z.B. Ton-, Bild- oder Datenträger) festgehaltene Gedankenerklärung über Wahrnehmungen oder Überlegungen des Zeugnisverweigerungsberechtigten handelt. Außerdem werden die gerade bei steuer- und rechtsberatenden Berufen nachhaltig diskutierten **Handakten** aufgezählt, die klar von dem umfassenden Begriff der Mandantenakten abzugrenzen sind. Mandantenakten sind nämlich alle einen Mandanten betreffende Unterlagen, wie Schriftverkehr, Geschäftsbelege usw. Dabei ist es gleichgültig, ob der Rechtsanwalt oder Steuerberater diese Unterlagen selbst angefertigt oder vom Mandanten oder einem Dritten erhalten hat. Davon zu unterscheiden sind die so genannten Handakten, bei denen es sich um einen selbstständigen Teil der Mandantenakten handelt und die grundsätzlich beschlagnahmefrei sind. Dazu zählen gemäß § 66 Abs. 2 StBerG, § 50 Abs. 3 BRAO alle Dokumente, die der Berater im Zusammenhang mit seiner beruflichen Tätigkeit vom Auftraggeber oder für ihn erhalten hat, sowie die vom Berater als Interna dazu gefertigten Arbeitspapiere.

Die Beschlagnahmefreiheit ist jedoch umstritten für den **Briefwechsel zwischen**   **337** **Rechtsanwalt oder Steuerberater und seinem Auftraggeber** sowie für solche Dokumente, die der Mandant schon im Original oder in Abschrift erhalten hat. Dabei soll es sich nach einer Auffassung gleichfalls um Informationen handeln, die als wesentliche Bestandteile des Vertrauensverhältnisses zwischen dem Auftraggeber und dem Rechtsanwalt oder Steuerberater besonders schützenswert sind und demnach uneingeschränkt beschlagnahmefrei sind.[680] Dem wird in der Regel zu folgen

---

679 Siehe *BVerfG* wistra 2005, S. 295 ff.
680 Siehe *Ciolek-Krepold* Rn. 249 f.; *Bauwens* Schutz der Mandantenakten bei Durchsuchungen in der Kanzlei des Steuerberaters, in: wistra 1988, 100.

sein. Der Regelung des § 97 Abs. 1 StPO liegt nämlich zugrunde, dass der Berater nicht zu einer Herausgabe von Informationen gezwungen werden soll, bezüglich derer er im Verfahren ein Zeugnisverweigerungsrecht hätte. Eine Umgehung des § 53 StPO soll also vermieden werden. Das heißt allerdings in der Konsequenz, dass im Regelfall auch der Schriftverkehr zwischen dem Mandanten und seinem Berater, soweit er das spezielle Vertrauensverhältnis zwischen ihnen betrifft, dem Beschlagnahmeverbot unterfällt.[681]

cc) Ander-/Treuhandkonten

338 Nach § 97 Abs. 2 S. 1 StPO sind nur solche Gegenstände, die sich im **Gewahrsam des Zeugnisverweigerungsberechtigten** befinden, von der Beschlagnahmefreiheit umfasst. Insofern ist fraglich, inwieweit und unter welchen Voraussetzungen **Unterlagen von Anderkonten** beschlagnahmt werden können.[682] Denkbar ist der Fall, dass erschlichene Gelder auf das Ander- bzw. Treuhandkonto eines Notars oder Rechtsanwalts transferiert und von dort aus entsprechend dem Tatplan auf ausländische Konten weitergeleitet werden. Sollte der Notar oder Rechtsanwalt nichts über den Hintergrund des Geldtransfers wissen und damit nicht selbst tatverdächtig sein, so ist fraglich, ob die relevanten Dokumente, die dem Geldtransfer zugrunde liegen und möglicherweise die Hintermänner erkennen lassen, aufgrund des (Mit-)Gewahrsams des Rechtsanwalts bzw. Notars dem Beschlagnahmeprivileg des § 97 Abs. 1 StPO unterliegen. Dieses beschränkt sich grundsätzlich auf solche Dokumente, die sich im Gewahrsam eines Rechtsanwalts oder Notars befinden (§ 97 Abs. 2 S. 1 StPO). Im vorliegenden Fall werden die betreffenden Anderkonten jedoch bei einem Kreditinstitut geführt, so dass sich die Unterlagen über die Kontobewegungen sowohl beim Zeugnisverweigerungsberechtigten als auch beim Kreditinstitut befinden. Es stellt sich damit die Frage, ob trotz des Gewahrsams des Kreditinstituts die dort befindlichen Unterlagen ebenfalls dem Beschlagnahmeverbot unterfallen.

339 Nach einer Ansicht soll die Bank bezüglich der Kontoführung als eine Art Gehilfe des Rechtsanwalts bzw. Notars auftreten, so dass die Regelungen der §§ 53a, 97 Abs. 4 StPO eingreifen, die das Zeugnisverweigerungsrecht auch auf den Gehilfen ausdehnen, womit das Beschlagnahmeverbot auch die Unterlagen, die sich im Bankgewahrsam befinden, umfasst.[683] So sah dies auch das *LG Darmstadt*, das die **Gehilfeneigenschaft der Bank** für ein Notaranderkonto bejahte. Ausgehend vom Regelungszweck der §§ 53a, 97 Abs. 4 StPO erhob das Landgericht zum dabei entscheidenden Kriterium, ob zwischen der Tätigkeit des Notars bzw. Anwalts und der entsprechenden Hilfsperson im Einzelfall ein derart **unmittelbarer Zusammenhang** besteht, dass allein durch die Ausdehnung des Verweigerungsrechts auf die

---

681 *Gürtler* in Wabnitz/Janovsky 23. Kapitel Rn. 17 ff.
682 *Meyer-Goßner* § 97 Rn. 11 ff.; KMR-*Müller* § 97 Rn. 4; SK-*Rudolphi* StPO, § 97 Rn. 10 jeweils m.w.N.
683 *Ranft* Durchsuchung und Beschlagnahme in Geschäftsräumen von Banken, in: WiB 1996, 49, 58.

Hilfsperson der Gesetzeszweck, nämlich die Verhinderung der Umgehung des dem Notar bzw. Anwalt zustehenden Verweigerungsrechts, erreicht werden kann. Dies kann nach Ansicht des Gerichts dann angenommen werden, wenn sich der Notar oder Anwalt zur Erfüllung seiner Berufspflicht der Bank als Hilfsperson bedienen muss.[684] Denn in einem solchen Fall kann die Bank nicht allein entscheiden, ob sie die Herausgabe der Unterlagen verweigern will, sondern muss eine entsprechende Erklärung des Notars bzw. Anwalts gemäß §§ 97 Abs. 4, 53a Abs. 1 S. 2 StPO einholen.

Unstreitig ist dabei, dass durch eine Beschlagnahme der Kontounterlagen bei der Bank die Beschlagnahmefreiheit gemäß § 97 StPO hinsichtlich der Kontounterlagen, die der Anwalt bzw. Notar in seinem Gewahrsam hat, umgangen werden kann.[685]

Das *Landgericht Würzburg* hat sich dennoch gegen ein Beschlagnahmeverbot ge- **340** wendet. Nach dieser Ansicht sollen Unterlagen über ein Rechtsanwaltsanderkonto grundsätzlich beim Kreditinstitut beschlagnahmefähig sein. Dies wird damit begründet, dass der Rechtsanwalt an den sich dort befindlichen Kontounterlagen keinen Gewahrsam habe und infolgedessen das Beschlagnahmeprivileg gemäß § 97 Abs. 1 Nr. 3 StPO nicht einschlägig sei. Auf eine mögliche Weisungsgebundenheit der Bank gegenüber dem Rechtsanwalt komme es nicht an. Dem ist im Ergebnis zu folgen.

Das Beschlagnahmeverbot des § 97 Abs. 1 StPO greift nicht allein deshalb bei einer Treuhandtätigkeit ein, weil diese von einem Notar oder Rechtsanwalt ausgeführt wird. Entscheidend ist vielmehr, ob der Berufsgeheimnisträger eine Handlung ausführt, die für seine **berufliche Stellung und Qualifikation kennzeichnend** ist.[686] Obwohl das Beschlagnahmeverbot nach § 97 Abs. 2 StPO nur dann gilt, wenn sich die Gegenstände im Gewahrsam des Zeugnisverweigerungsberechtigten befinden, was vorliegend aufgrund des Gewahrsams der Bank nicht der Fall ist, sind nach § 97 Abs. 4 StPO die Abs. 1 bis 3 der Vorschrift aber entsprechend anzuwenden, soweit die „Hilfspersonen" im Sinne des § 53a StPO zeugnisverweigerungsberechtigt sind.

Die teilweise vertretene Ansicht, die Banken seien (wie **selbstständige Gewerbetreibende**) bezüglich der Führung der Notaranderkonten Hilfspersonen gemäß § 53a StPO, da sich der Notar zur Erfüllung seiner Amtspflichten dieser Konten bedienen müsse, ist sehr strittig,[687] kann jedoch dahinstehen. Die amtliche Begründung zur Einführung der Regelung unterstützt dies eher nicht.[688]

Im gegebenen Fall kann man allerdings bereits hinsichtlich des Hauptberufsträgers **341** nicht von einem Beschlagnahmeverbot ausgehen. Nach § 53 Abs. 1 Nr. 3 StPO sind Rechtsanwälte und Notare nur dann zeugnisverweigerungsberechtigt, wenn sie ge-

---

684 Siehe *LG Darmstadt* WM 1990, 12, 13 = DNotZ 1991, 560, m. zustimmender Anm. von *Knoche* DNotZ 1991, 561 f.; siehe auch *LG Köln* WM 1991, 589, *LG Frankfurt* WM 1994, 2279.

685 Siehe auch *Stahl* wistra 1990, 94; *Ranft* a.a.O.; ebenso *Ciolek-Krepold* Rn. 266.

686 *OLG Frankfurt* NJW 2002, 1135 ff.

687 Zum Meinungsstreit siehe *Meyer-Goßner* § 53a Rn. 2.

688 Siehe BT-Drs. I/3713, 48 und *OLG Frankfurt* NJW 2002, 1135, 1336.

rade in ihrer Stellung als Berufsgeheimnisträger tätig werden und dieses besondere berufliche Vertrauensverhältnis betroffen ist. Insofern ist fraglich, ob die vorliegend allenfalls in Betracht kommende notarielle Verwahrung nach § 23 BNotO als ein Unterfall der in § 24 BNotO geregelten Rechtsbetreuung dem Schutzbereich des § 53 StPO unterliegt. Dafür müsste die notarielle Verwahrung nicht allein eine Aufbewahrung sein, sondern, um der Stellung des Notars als Organ der vorsorgenden Rechtspflege gerecht zu werden, den Zweck haben, durch die notarielle, rechtskundige Prüfung und Überwachung eine größere Sicherheit zu bieten.[689] Das Erfordernis eines berechtigten Sicherungsinteresses der Beteiligten am Verwahrungsgeschäft ergibt sich dabei schon aus § 54a Abs. 2 Nr. 1 BeurkG. Vom Vorliegen eines solchen Interesses kann jedoch dann nicht ausgegangen werden, wenn wie hier das Geschäft auch ohne weiteres ohne den Notar hätte abgewickelt werden können.[690] Der bloße Transfer von Geldern auf Auslandskonten stellt keine berufstypische Tätigkeit des Notars oder Rechtsanwalts dar, da er dabei nur als Übermittler fungiert und somit die Kontounterlagen beim Kreditinstitut nicht besonders schutzwürdig sind.

dd) Grenzen des Beschlagnahmeverbots

(1) Der Zeugnisverweigerungsberechtigte wird zum Beschuldigten

342   Da § 97 StPO in erster Linie eine Umgehung der Regelungen über das Zeugnisverweigerungsrecht verhindern will, greift diese Norm nicht ein, wenn der Zeugnisverweigerungsberechtigte selbst zum **Beschuldigten** wird. Dies würde nämlich zu einer ungerechtfertigten Besserstellung des Beschuldigten, der zum Kreis der zeugnisverweigerungsberechtigten Personen gehört, führen. Der Gesetzgeber nimmt dabei bewusst in Kauf, dass dadurch ein anvertrautes Geheimnis preisgegeben wird. Die Verwertung der Informationen, die durch die Beschlagnahme erlangt wurden, ist jedoch nur in dem Verfahren gegen den Beschuldigten bzw. gegen die derselben Tat Mitbeschuldigten zulässig.[691] Unter einem Beschuldigten versteht man dabei eine Person, gegen die **objektive Verdachtsgründe** bestehen, zu denen kumulativ die entsprechende subjektive Einschätzung der Ermittlungsbehörden bzw. des Ermittlungsrichters hinzutreten muss. Letztere kann sich entweder aus der Einleitung eines förmlichen Ermittlungsverfahrens ergeben, oder aus der Vornahme einer Prozesshandlung, etwa einer von einer Strafverfolgungsbehörde vorgenommenen Maßnahme, die erkennbar das Vorgehen gegen eine Person wegen einer Straftat zum Gegenstand hat. Ein solcher erster Verfolgungsakt kann beispielsweise in einer Beschlagnahme bestehen.

---

689 Arndt/Lerch-*Sandkühler* BNotO, 4. Aufl., § 23 Rn. 38.
690 Eylmann-*Vaasen-Hertel* BNotO, BeurkG, § 54a BeurkG Rn. 4.
691 *BGHSt* 38, 144, 146 f.; LR-*Schäfer* § 97 Rn. 25 ff. m.w.N.

(2) Teilnahmeverdacht

Das Beschlagnahmeverbot des § 97 Abs. 2 S. 3 StPO greift nicht ein, wenn der **343** Zeugnisverweigerungsberechtigte selbst tatverdächtig ist.[692] Da das Vertrauensverhältnis zwischen Straftätern nicht über ein Beschlagnahmeverbot geschützt werden soll, ist nach § 97 Abs. 2 S. 3 StPO bei solchen Zeugnisverweigerungsberechtigten eine Beschlagnahme möglich, die der Teilnahme an einer dem Beschuldigten zur Last gelegten Tat, der Begünstigung, Hehlerei oder Strafvereitelung verdächtig sind. Dabei muss der Begriff der **Tatbeteiligung prozessrechtlich** im Sinne des § 264 StPO und nicht materiellrechtlich verstanden werden. Es ist in diesem Zusammenhang unerheblich, ob gegen die verdächtigen Vertrauenspersonen bereits ein Ermittlungsverfahren eingeleitet wurde oder die Einleitung eines solchen Verfahrens überhaupt möglich ist bzw. etwa von vorneherein wegen eines Verfahrenshindernisses ausgeschlossen ist. Ausreichend ist demnach die bloße Verstrickung des Zeugnisverweigerungsberechtigten in die Tat; seine Teilnahme muss nicht strafbar sein. Das bedeutet, dass das Beschlagnahmeverbot auch dann nicht eingreift, wenn die Begünstigung zugunsten eines Angehörigen begangen wurde und somit nach § 258 Abs. 6 StGB nicht strafbar ist. Allerdings genügt der bloße Verdacht der Teilnahme an einer Tat, die nicht Gegenstand des Verfahrens ist, wegen der die Beschlagnahme vorgenommen wurde, insoweit nicht.

Auch hier ist der **Verhältnismäßigkeitsgrundsatz** im Auge zu behalten. Insbeson- **344** dere bei einem Tatverdacht gegen Rechtsanwälte und Steuerberater muss bei der Prüfung der Verhältnismäßigkeit der Schutz des besonderen Vertrauensverhältnisses beachtet werden. Eine Ausnahme besteht hier jedoch für den **Verteidiger.** Ist der Verteidiger einer Tat verdächtig, die mit der seinem Mandanten vorgeworfenen Tat in keinem Zusammenhang steht, ist das besondere Vertrauensverhältnis nicht betroffen, und § 97 StPO greift nicht ein. Werden bei der Durchsuchung beim Verteidiger Zufallsfunde gemacht, die auf eine Strafbarkeit des Mandanten hinweisen, und wären diese Gegenstände im Verfahren gegen den Mandanten gemäß § 148 StPO oder § 97 Abs. 1 StPO vor einer Beschlagnahme beim Verteidiger geschützt, so wäre eine Sicherstellung gemäß § 108 StPO nicht zulässig. Beschlagnahmte Beweismittel für das Verfahren gegen den Verteidiger, die auch als Beweise im Verfahren gegen den Mandanten wegen einer ganz anderen Tat bedeutsam sein könnten, dürfen bei Letzterem nicht verwertet werden, da es dem Mandanten nicht angelastet werden soll, dass der Verteidiger wegen einer anderen Tat beschuldigt wird.

Fraglich ist jedoch, ob dann, wenn der Verteidiger der **Teilnahme, Begünstigung,** **345** **Strafvereitelung oder Hehlerei** in Verbindung mit der seinem Mandanten vorgeworfenen Tat beschuldigt oder auch nur verdächtig ist, § 97 StPO entsprechend dem sonstigen Grundsatz nicht einschlägig sein soll. Nach § 148 StPO besteht ein generelles Beschlagnahmeverbot zugunsten des Verteidigers für alle Unterlagen, gleichgültig, ob sie sich beim Beschuldigten oder erst auf dem Weg zum Verteidiger

---

692 LR-*Schäfer* § 97 Rn. 36 ff.; *Meyer-Goßner* § 97 Rn. 4, 38 jeweils m.w.N.

befinden.[693] Wenn jedoch „**gewichtige Anhaltspunkte**" für eine Tatbeteiligung des Verteidigers vorliegen, ist nach der Rechtsprechung von einer Ausnahme von der Beschlagnahmefreiheit auszugehen. Somit wird die Schwelle für den Teilnahmeverdacht im Vergleich zur gesetzlichen Regelung nach § 97 Abs. 2 S. 3 StPO angehoben.[694] Um zu gewährleisten, dass die Vorschrift des § 97 Abs. 2 S. 3 StPO nur quasi als „ultima ratio" zur Anwendung kommt, muss das besondere Vertrauensverhältnis zwischen Verteidiger und Mandant nur in den Fällen einer effektiven Strafverfolgung weichen, in denen gegen den Verteidiger erhebliche Verdachtsmomente bekannt werden.[695]

346 Die Rechtsprechung geht neben dem in § 138a StPO verankerten Missbrauchstatbestand und dem Regelungsbereich des § 97 Abs. 2 S. 3 StPO noch von einem **allgemeinen Missbrauchsverbot** aus, das dem Verteidiger, wie auch jedem anderen Verfahrensbeteiligten, den Einsatz prozessualer Rechte zur Durchsetzung rechtlich missbilligter Ziele untersagt.[696]

Eine Entbindung des Verteidigers kommt dabei allerdings nur nach einer Abmahnung und beim eindeutigen Vorliegen eines Missbrauchs seiner prozessualen Befugnisse in Betracht. In diesem Zusammenhang ist daher fraglich, ob die Strafverfolgungsbehörden bei jedem Missbrauch des Verteidigers auf die sich in seinem Gewahrsam befindlichen Unterlagen zugreifen dürfen. Hier soll vor allem dann, wenn die Unterlagen dem Verteidiger übergeben wurden, damit sie vor einer Beschlagnahme sicher sind, § 97 StPO nicht mehr eingreifen. Denn das Beschlagnahmeprivileg soll nicht dazu dienen, ein strafbares Verhalten zu unterstützen.

Da jedoch die Folgen des Missbrauchs der Verteidigerrechte in den §§ 138a ff. StPO abschließend geregelt sind und der Missbrauchsgedanke als solcher zu unbestimmt ist, um den Anforderungen der Rechtssicherheit gerecht zu werden, bleibt es bei den Vorschriften der §§ 138a ff. StPO, und der Missbrauchsvorwurf bzgl. der Verteidigerrechte allein hebt das Beschlagnahmeprivileg des § 97 StPO nicht auf. Sofern Steuerberater, Steuerbevollmächtigte, Wirtschaftsprüfer oder vereidigte Buchprüfer nicht zugleich als Verteidiger auftreten, gelten für sie diese Besonderheiten nicht (siehe § 392 AO).

---

693 *BGH* NJW 1990, 722; *Meyer-Goßner* § 148 Rn. 8; LR-*Schäfer* § 97 Rn. 56.

694 *BGH* NJW 1982, 2508; *BGH* NJW 1973, 2035; *Meyer-Goßner* § 97 Rn. 38 f.; KMR-*Müller* § 97 Rn. 14; KK-*Nack* § 97 Rn. 20 jeweils m.w.N.; a.A. u.a. LR-*Schäfer* § 97 Rn. 96 ff., wonach die Regelungen der §§ 138a ff., 148 StPO abschließender Natur sind und zumindest bis zur Entscheidung über das vorläufige Ruhen der Verteidigerrechte nach § 138c Abs. 3 StPO das Vertrauensverhältnis zwischen dem Verteidiger und seinem Mandanten nicht eingeschränkt werden darf, weshalb eine Beschlagnahme nicht zulässig ist.

695 Im Gegensatz zur Mindermeinung, die eine Beschlagnahme bei einem der Teilnahme verdächtigen Verteidiger erst nach einer Entscheidung über das vorläufige Ruhen der Vereidigerrechte gemäß § 138c Abs. 3 StPO zulassen will.

696 *BGHSt* 38, 111, 113; *OLG Hamburg* NStZ 1986, 586 f. jeweils m.w.N.

Dannecker/Hagemeier

(3) Buchhaltungs- und Geschäftsunterlagen als Tatwerkzeuge nach § 97 StPO

Nach § 97 StPO fallen schriftliche Mitteilungen, Aufzeichnungen und sonstige Ge- **347**
genstände unter das Beschlagnahmeverbot, sofern sie dem Zeugnisverweigerungsrecht unterliegen. Allerdings gilt das Beschlagnahmeprivileg nicht dort, wo der
Zeugnisverweigerungsberechtigte die so genannten **Deliktsgegenstände** bei sich
aufbewahrt. Dabei handelt es sich nach § 97 Abs. 3 S. 3 StPO um Gegenstände, die
mit der Straftat in Verbindung stehen, wegen der sie beschlagnahmt werden sollen.
Nur die Gegenstände, die entsprechend dem Tatplan in irgendeinem Stadium der Tat,
also auch im Vorbereitungsstadium, zur Tatbegehung im weiteren Sinne verwendet
wurden oder verwendet werden sollten, sind zur Tatbegehung „bestimmt" oder
„gebraucht".

Äußerst streitig ist noch immer die Frage, ob und inwieweit eine **Beschlagnahme** **348**
von Buchhaltungsunterlagen sowie die auf der Basis dieser Unterlagen gefertigten
Dokumente, die Buchhaltung, der Bilanzentwurf, die Bilanz usw., beim Steuerbera-
ter und den anderen in § 53 Abs. 1 S. 1 StPO genannten Personen zulässig ist. Da die
Buchhaltung aufgrund der Möglichkeiten der EDV immer häufiger von externen
Steuerberatern übernommen wird, spielt dieses Problem eine zunehmend große
Rolle in der Praxis.

Die Beschlagnahme von Unterlagen, die zur Täuschung der Kreditinstitute oder des
Finanzamtes bezüglich der Steuererklärung falsche Angaben enthalten und somit
Tatwerkzeuge im Sinne des § 97 Abs. 2 S. 3 StPO sind, ist ohne weiteres zulässig.
Dies gilt selbst dann, wenn sich diese Unterlagen im Gewahrsam eines Berufsange-
hörigen im Sinne des § 53 Abs. 1 S. 1 Nr. 3 StPO befinden. Die Beschlagnahme von
Buchhaltungsunterlagen ist zulässig, wenn sie falsche Angaben enthalten, der Täter
davon Kenntnis hatte und sich diese Unrichtigkeit zunutze gemacht hat.[697]

Eine Beschlagnahme der **ordnungsgemäß erstellten Buchführung** ist dann zuläs- **349**
sig, wenn der Wirtschaftsstraftäter auf der Basis richtiger Bilanzen falsche Bilanzen
erstellt hat, um so zu weiteren Krediten zu kommen, oder in Kenntnis der aufgrund
der Buchhaltung offensichtlich schlechten Finanzlage weitere Kredite erschlichen
hat. Dies gilt vor allem deshalb, weil hier ein so enger kausaler Zusammenhang
zwischen der ordnungsgemäßen Buchhaltung und der Straftat besteht, dass die
Unterlagen unter den Begriff der Tatwerkzeuge im Sinne des § 97 Abs. 2 S. 3 StPO
gefasst werden können. Häufig kann durch den Abgleich der ordnungsgemäßen mit
den gefälschten Buchführungsunterlagen auf den Vorsatz des Täters geschlossen
werden. Bei der Prüfung, ob ein Gegenstand als Tatwerkzeug im genannten Sinne für
das jeweils einschlägige Wirtschaftsdelikt zu qualifizieren ist, müssen die Umstände
des Einzelfalls berücksichtigt werden. So greift das Beschlagnahmeverbot des § 97

---

697 *Quermann* DStR 1988, 254, 256; *Heilmeier* Beschlagnahme von Buchführungsunterlagen
des Mandanten bei einem Steuerberater, Wirtschaftsprüfer oder Rechtsanwalt, in: DStR
1980, 519 ff.; *Freund* Wirtschaftskriminalität und Beschlagnahmeprivileg, in: NJW 1976,
2002, 2003.

StPO in Insolvenzdelikten bei der Beschlagnahme von Buchhaltungsunterlagen dann nicht ein, wenn dem Unternehmen in der finanziellen Krise Vermögenswerte entnommen und diese Entnahmen nicht ordnungsgemäß verbucht wurden. Bei solchen „falschen Buchhaltungsunterlagen" handelt es sich nämlich um **Tatwerkzeuge**.

350 Werden die entnommenen Vermögenswerte dann in ein neu gegründetes Unternehmen eingebracht, für das nur formell ein anderer Geschäftsführer bestellt wurde, das aber tatsächlich vom Beschuldigten selbst als faktischem Geschäftsführer geleitet wird, sind auch die Geschäftsunterlagen des neu gegründeten Unternehmens beschlagnahmefähig, selbst wenn sich diese bei einem zeugnisverweigerungsberechtigten Steuerberater befinden. Hier sind auch die Bücher des neuen Unternehmens falsch, da sie von einem **unrichtigen „Erwerbsvorgang"** ausgehen, allein der Vermögenssicherung vor dem berechtigten Zugriff der Gläubiger dienen sollen und letztlich Anhaltspunkte für den Vorsatz des Beschuldigten beinhalten können.[698]

351 Weiterhin stellt sich die Frage, ob **Buchhaltungsunterlagen**, die der Beschuldigte dem **Steuerberater oder Wirtschaftsprüfer überlassen** hat und die keine Tatwerkzeuge sind, beschlagnahmt werden können. Dies wird teilweise mit der Begründung verneint, dass die Unterlagen dem besonderen Vertrauensverhältnis zwischen Steuerberater und seinem Mandanten unterliegen und somit das Beschlagnahmeverbot gemäß §§ 53 Abs. 1 Nr. 3 a und 97 StPO gilt.

Dagegen sollen diese Unterlagen aufgrund des **Mitgewahrsams des Mandanten** nach einer vorzugswürdigen Meinung generell beschlagnahmefähig sein, da das Beschlagnahmeverbot nur für Gegenstände im Alleingewahrsam des Steuerberaters anerkannt ist. Zudem könne sich das Beschlagnahmeverbot nicht auf Gegenstände beziehen, die der Kaufmann aufzubewahren hat. Im Übrigen unterfällt die externe Buchhaltung nicht dem besonderen Vertrauensverhältnis zwischen Mandant und Steuerberater. Die Buchhaltungsunterlagen können also dann beschlagnahmt werden, wenn sie für die Vorbereitung und Fertigung der Jahresabschlüsse und Steuererklärungen nicht mehr gebraucht werden[699], weil der Steuerberater ab diesem Zeitpunkt nur noch **Sachwalter** und nicht mehr Vertrauensperson ist.

352 Außerdem sollen solche Buchhaltungsunterlagen beschlagnahmefähig sein, die nicht innerhalb des besonderen Vertrauensverhältnisses zwischen dem Steuerberater und Mandanten entstanden sind und deren Inhalt damit in keinerlei Verbindung zu diesem Verhältnis steht. Gerade bei Buchhaltungsunterlagen, für die eine **öffentlich-rechtliche Aufzeichnungs- und Aufbewahrungspflicht** besteht, die also für eine behördliche Überprüfung jederzeit zur Verfügung stehen müssen, kann eine Vertrau-

---

698 *Ciolek-Krepold* Rn. 273 ff.; *Schmidt* Beschlagnahme von Geschäftsunterlagen bei Zeugnisverweigerungsberechtigten, in: wistra 1991, 245, 250 f.; *Volk* Strafrecht und Wirtschaftskriminalität, in: DStR 1989, 338, 343; a.A. zu den Geschäftsunterlagen der neuen Firma: *Schäfer* Die Beschlagnahme von Handelsbüchern beim Steuerberater, in: wistra 1985, 12, 15.

699 *LG Stuttgart* wistra 1988, 40; *LG Heilbronn* DStR 1980, 698; *LG Berlin* NJW 1977, 725; KK-*Nack* § 97 Rn. 11; *Meyer-Goßner* § 97 Rn. 40; *Schäfer* a.a.O., 12, 14; *Pelz* Rn. 609.

lichkeit aufgrund des Vorliegens einer besonderen Vertrauensbeziehung zwischen Mandant und Steuerberater oder Wirtschaftsprüfer nicht angenommen werden, da die Buchhaltungstätigkeit nicht zu den eigentlichen Aufgaben der genannten Berufsgruppen gehört und auch von anderen Personen vorgenommen werden könnte. Somit ist also von einer Beschlagnahmefähigkeit solcher Unterlagen auszugehen, die der gesetzlichen Buchführungspflicht unterliegen.[700] Das gilt jedoch nicht für die Unterlagen, welche die mit der Buchführung zusammenfallende Beratertätigkeit betreffen, wie Korrespondenz, Gutachten oder auch die Frage, wie die Buchhaltung organisiert werden soll. Hauptsächlich umfasst diese Tätigkeit jedoch die **„vorbereitenden Abschlussbuchungen"**, welche die Beratung hinsichtlich der Behandlung von Abschreibungen und Rückstellungen oder die private Nutzung und den Eigengebrauch betreffen. Aus dieser Beratung resultieren aber wiederum Buchungen, die als Teil der Buchhaltung aus den genannten Gründen beschlagnahmefähig sind.

Das Beschlagnahmeverbot greift mangels Vorliegens eines besonderen Vertrauensverhältnisses auch bezüglich der Buchhaltungsunterlagen dann nie ein, wenn Dokumente beim Berater „versteckt" werden, um sie der Beschlagnahme zu entziehen.[701]

ee) Beschlagnahme von Unterlagen beim Syndikusanwalt

Streitig ist, ob der im Unternehmen fest angestellte **Syndikusanwalt** im Verfahren gegen seine Arbeitgeber ein Zeugnisverweigerungsrecht nach § 53 Abs. 1 Nr. 3 StPO hat und sich somit auf den Schutz des § 97 StPO berufen kann. **353**

Die h.M. bejaht dies für den Fall, dass der Syndikusanwalt für das Unternehmen eine **echte Anwaltstätigkeit** ausübt und die dafür notwendige Unabhängigkeit, Weisungsfreiheit, Unabhängigkeit bzgl. der Annahme oder Ablehnung von Mandaten usw. gegeben sind. Dies gilt aber nur dann, wenn die Geschäftsunterlagen im Alleingewahrsam des Syndikusanwalts stehen und es sich dabei um schriftliche Mitteilungen zwischen dem Syndikusanwalt und dem Dienstherren oder einer gleichgestellten Person handelt bzw. es um Aufzeichnungen des Syndikusanwalts in Sachen geht, die von seinem Zeugnisverweigerungsrecht umfasst sind (§ 97 Abs. 1 Nr. 1 bis 3 StPO).[702]

---

700 *LG München I* NJW 1989, 536; *LG Darmstadt* NStZ 1988, 286.
701 *OLG Frankfurt* StV 1982, 64; *LG Kaiserslautern* AnwBl. 1979, 120; s. auch *Schumann* Zur Beschlagnahme von Mandantenunterlagen bei den Angehörigen der rechts- und steuerberatenden Berufe, in: wistra 1995, 50, 52.
702 *LG Frankfurt a.M.* StV 1993, 351 und die Anm. von *Pankewitz* dazu in WuB April 1995, 354 f.; *Hassemer* Das Zeugnisverweigerungsrecht des Syndikusanwalts, in: wistra 1986, 1 ff.; *Roxin* Das Zeugnisverweigerungsrecht des Syndikusanwalts, in: NJW 1992, 1129, 1130 f.; *ders.* Das Beschlagnahmeprivileg des Syndikusanwalts im Lichte der neuesten Rechtsentwicklung, in: NJW 1995, 17 ff.

ff) Entbindung von der Schweigepflicht

354 Eine Verweigerung der Aussage ist gemäß § 53 Abs. 2 StPO dann nicht zulässig, wenn die Zeugnisverweigerungsberechtigten von der Schweigepflicht entbunden sind. Nach h.M. ist dieser Grundsatz auf das Beschlagnahmeverbot zu übertragen, weshalb die Entbindung von der Schweigepflicht zur **Aufhebung des Beschlagnahmeverbots** nach §§ 148, 97 StPO führt.[703]

(1) Entbindung durch das Geschäftsleitungsorgan der Insolvenzschuldnerin

355 In Literatur und Rechtsprechung wird die Frage sehr kontrovers diskutiert, ob der Insolvenzverwalter oder der angeklagte frühere Geschäftsführer den zeugnisverweigerungsberechtigten Berater des Gemeinschuldners von seiner Schweigepflicht entbinden kann. Da eine solche Befugnis zur Verfügung über die Vermögensmasse ein **höchstpersönliches Recht des Gemeinschuldners** betrifft, hat bis vor kurzem die h.M. ein entsprechendes Recht des Insolvenzverwalters im Strafprozess abgelehnt.[704] Weil eine Entbindung von der Schweigepflicht nicht allein zur Disposition der juristischen Person stehen sollte, hat man dies auch für den Fall angenommen, in dem der Geschäftsführer Straftaten zum Nachteil der Gesellschaft begangen hat.[705] Dazu hat das OLG Schleswig festgestellt, dass zwar die Gesellschaft „Anvertrau-

---

703 *BGHSt* 38, 144, 145; *OLG Hamburg* NJW 1962, 689, 690; SK-*Rudolphi* StPO, § 97 Rn. 22; KK-*Nack* § 97 Rn. 5; LR-*Schäfer* § 97 Rn. 73 ff.; a.A. *Gülzow* Beschlagnahme von Unterlagen der Mandanten bei deren Rechtsanwälten, Wirtschaftsprüfern und Steuerberatern, in: NJW 1981, 265, 267; *Bringewat* Zeugnisverweigerungsrecht und Beschlagnahmeprivileg des Verteidigers, in: NJW 1974, 1740, 1742.

704 *OLG Schleswig* NJW 1984, 294; *OLG Koblenz* NStZ 1986, 426, 428; *LG Saarbrücken* wistra 1995 m. abl. Anm. *Weyand*; LR-*Dahs* § 53 Rn. 70 ff.; LR-*Schäfer* § 97 Rn. 47, 100; *Meyer-Goßner* § 53 Rn. 46.

705 *LG Düsseldorf* NJW 1958, 1152; vgl. auch *LG Kaiserslautern* AnwBl. 1979, 119, wonach grundsätzlich der Konkursverwalter einer juristischen Person berechtigt sei, deren Berufsgeheimnisträger von der Schweigepflicht zu entbinden, wenn eine solche Entbindung dazu diene, die dem Konkursverwalter übertragene Aufgabe zur Vermögensverwaltung der in Konkurs gefallenen Gesellschaft wahrzunehmen. Dies sei aber im Falle eines Strafverfahrens gegen frühere Organe gerade nicht der Fall: *„Die Reichweite einer solchen Entbindung von der Schweigepflicht kann grundsätzlich nicht darauf erstreckt werden, dass sie nunmehr zur Durchführung von Strafverfahren gegen einen ungetreuen Geschäftsführer dient. Insofern ist nicht einzusehen, dass es sich hier um die Durchsetzung von Ansprüchen handeln soll, die letztlich auf der Vermögensverwaltung durch den Konkursverwalter beruhen."*; *LG Berlin* wistra 1993, 278. Zustimmung hat diese Auffassung in der Literatur erhalten durch *Münchhalffen* zustimmende Anmerkung zu *OLG Düsseldorf* StV 1993, 347; *Schmitt* Probleme des Zeugnisverweigerungsrechts (§ 53 Abs. 1 Nr. 3 StPO, § 383 Abs. 1 Nr. 6 ZPO) und zugleich des Beschlagnahmeverbots (§ 97 StPO) bei Beratern juristischer Personen, in: wistra 1993, 11; *Herrmann*, ablehnende Anmerkung zu *OLG Koblenz* NStZ 1985, 566; *Robrecht* DB 1968, 473; *Behm* S. 126; *Eisenberg* Rn. 1285a (ausdrücklich auch für den Fall, dass dem Organ Straftaten zum Nachteil der Gesellschaft zur Last gelegt werden).

ende" nach § 53 StPO ist, sich aber bezüglich der Entbindung von der Schweige-pflicht durch ihren Geschäftsführer erklären muss, zu dem das entsprechende Ver-trauensverhältnis auch begründet worden ist.

(2) Entbindung durch den Insolvenzverwalter

Eine neuere, im Vordringen befindliche Auffassung geht dagegen davon aus, dass **356** die Entbindung von der Verschwiegenheit gerade **kein persönliches Recht des Geschäftsführers** sein könne, weil nur die juristische Person Inhaberin des Ge-heimhaltungsinteresses sei.[706] Da die Schweigepflicht demjenigen gegenüber be-stehe, der Auftraggeber des Beraters sei, könne auch nur dieser von dieser Pflicht entbinden. Da die Berater grundsätzlich für die Gesellschaft tätig werden, diese im Krisenfall aber allein vom Insolvenzverwalter vertreten wird, könne auch nur Letzterer von der Verschwiegenheit entbinden.[707] Auf eine Zustimmung des Ge-schäftsführers komme es insoweit nicht an. Das ergebe sich auch aus dem Gedan-ken der Einheit der Rechtsordnung, da dem Insolvenzverwalter im Zivilprozess auch eine Entbindungsbefugnis bzgl. der Schweigepflicht über Tatsachen, welche die Masse betreffen, zustehe.[708] Für diese Auffassung lässt sich außerdem der Wortlaut des § 97 Abs. 1 S. 3 InsO anführen, der ein strafrechtliches Verwertungs-verbot für Angaben des Gemeinschuldners vorsieht, die dieser im Laufe des Insol-venzverfahrens infolge gesetzlicher Verpflichtung gegenüber dem Insolvenzver-walter macht. Auch das OLG Oldenburg folgte jüngst dieser Auffassung.[709] Der Senat ergänzte zu den bereits genannten Gründen, dass das von § 53 StPO ge-schützte Vertrauensverhältnis allein zwischen der Gesellschaft und dem Berufsge-heimnisträger bestehe. Persönliche Verhältnisse des ehemaligen Geschäftsführers seien nicht Gegenstand des Mandats gewesen. Die Gegenansicht führe „zu einer sachlich nicht vertretbaren Beeinträchtigung der Wahrheitsermittlung im Strafver-fahren", welcher im Interesse der Allgemeinheit höchste Bedeutung zukomme.[710] Im insolvenzrechtlichen Schrifttum ist diese Auffassung herrschend;[711] in der straf-rechtlichen Literatur wird sie nur vereinzelt vertreten.[712] Eine Einschränkung wird teilweise für Tatsachen vorgenommen, die ausschließlich die persönliche Sphäre des vormaligen Organs betreffen. Dann könne ein eigenes Vertrauensverhältnis

---

706 *OLG Düsseldorf* wistra 1993, 120 m.w.N.
707 *LG Lübeck* NJW 1978, 1014; für Insolvenzfälle *LG Hamburg* StV 2002, 647; für Ge-schäftsführerwechsel: *LG Düsseldorf* vom 3.2.2004 – III Qs 5, 6 und 7/04 (bisher nicht veröffentlicht); *LG Bochum* v. 15.3.2005 – 12 Qs 4/05 (bisher nicht veröffentlicht).
708 *OLG Nürnberg* MDR 1977, 144, 145; *LG Lübeck* ZIP 1983, 711.
709 *OLG Oldenburg* NJW 2004, 2176.
710 *OLG Oldenburg* NJW 2004, 2176.
711 Beck/Depré/*Köhler* S. 1212; MüKo-*Ganter*, § 5 InsO Rn. 28.
712 *Fischer* § 203 Rn. 32; SK-*Hoyer* § 203 Rn. 74; LK-*Schünemann* § 203 Rn. 101; LR-*Schäfer* § 97 Rn. 53; *Schäfer* Der Konkursverwalter im Strafverfahren, in: wistra 1985, 211; *Nassall* KTS 1988, 647; *Gürtler* in Wabnitz/Janovsky, 23. Kapitel Rn. 53 ff.

zwischen Organ und Berufsgeheimnisträger bestehen, z.b. wenn der Berufsgeheimnisträger von einem Geschäftsführer persönlich um Rat gefragt werde.[713]

(3) Entbindung durch den Insolvenzverwalter in Verbindung mit dem beschuldigten Geschäftsführer einer GmbH

357 Nach der in der **Rechtsprechung** überwiegend vertretenen Auffassung kann der **Insolvenzverwalter** bzw. im Falle eines Geschäftsführerwechsels der neue Geschäftsführer allein den Berufsgeheimnisträger nicht wirksam von seiner beruflichen Verschwiegenheitspflicht entbinden. Zusätzlich erforderlich ist eine Entbindungserklärung des vormaligen **Organs der Gesellschaft**.[714] Zur Begründung wird darauf hingewiesen, dass ein Vertrauensverhältnis nur zwischen natürlichen Personen entstehen könne, auch wenn das Vertragsverhältnis formal zwischen juristischer Person und Berufsgeheimnisträger zustande komme.[715] Dieses Vertrauensverhältnis sei höchstpersönlicher Natur.[716] Das Recht der Organe auf Vertrauensschutz ende auch nicht mit der Insolvenzeröffnung.[717] Das anvertraute Wissen lasse sich auch nicht in Tatsachen aufteilen, die ausschließlich für die Insolvenzmasse von Bedeutung seien, und solche, die der persönlichen Sphäre des Organs zuzurechnen seien.[718] Im Regelfall sei von einer „ambivalenten Beratung" auszugehen.[719]

Auch im Schrifttum kann diese Auffassung als herrschend bezeichnet werden.[720] Mit dem Begriff des Vertrauensverhältnisses wird eine Beziehung beschrieben, die nur zwischen natürlichen Personen entstehen und bestehen könne. Die „wirklichen Partner und Träger des Vertrauensverhältnisses" seien die Organmitglieder. Diese müssten eine Entbindungserklärung abgeben. Zusätzlich stehe dem Insolvenzverwalter eine Mitbefugnis bei der Entbindung zu, da die Vermögensinteressen der juristischen Person – jedenfalls potentiell – mitberührt seien.[721]

---

713 Beck/Deprè/*Köhler* S. 1212; *Nassall* KTS 1988, 649 ff.
714 *OLG Schleswig* NJW 1981, 294; *OLG Celle* wistra 1986, 83; *OLG Düsseldorf* wistra 1993, 120; *OLG Koblenz* AG 1988, 342; *OLG Koblenz* NStZ 1985, 426; *OLG Frankfurt* AG 1988, 342 ff.; *LG Saarbrücken* wistra 1995, 239; *AG Berlin-Tiergarten* wistra 2004, 319.
715 Vgl. nur *OLG Koblenz* AG 1988, 342, 344.
716 *OLG Düsseldorf* wistra 1993, 120.
717 *OLG Schleswig* NJW 1981, 294.
718 *LG Saarbrücken* wistra 1995, 239, 240.
719 *OLG Frankfurt* AG 1988, 342, 347.
720 *Dahs* in: FS Kleinknecht, 1985, 63 ff.
721 *Meyer-Goßner* § 53 Rn. 46; KMR-*Neubeck* § 53 Rn. 29; KK-*Senge* § 53 Rn. 47; AK-*Amelung,* § 97, Rn. 29; LR-*Dahs* § 53 Rn. 71; *Ciolek-Krepold* Rn. 293 f.; *Littbarski* AG 1988, 348; *Kunz* Ablehnende Anmerkung zu *OLG Oldenburg* v. 28.5.2004, WPK Magazin 3/2004, S. 48 f.; *Krause* in FS Dahs, S. 349, 376 f.; *Lichtner* Die Verschwiegenheitspflicht des Wirtschaftsprüfers, 98; Franzen/Gast/*Joecks* § 399 AO Rn. 40. Auch der Gesetzgeber scheint dieser Auffassung zuzuneigen. In der Begründung zu § 20 InsO-E des Gesetzesentwurfs zur Vereinfachung des Insolvenzverfahrens des Bundesministerium der Justiz heißt es (ZVI-Dokumentation 2/2006, S. 92): „*Im Eröffnungsverfahren reicht je-*

(4) Stellungnahme

Der letztgenannten Auffassung ist zu folgen. Die Verschwiegenheitspflicht nach **358** § 203 StGB und den jeweiligen Berufsgesetzen (§ 43 Abs. 2 WPO, § 22 Abs. 5 StBG, § 43a Abs. 2 BRAO) ist nicht nur durch das formale Element des Auftragsverhältnisses gekennzeichnet, sondern auch durch ein personales Element, das die Vertrauensbeziehung zu einem bestimmten Beratungsempfänger ausmacht. In dieser Weise haben sich auch die Berufsverbände geäußert.

Der Ausschuss „Steuerberatungsrecht" der **Bundessteuerberaterkammer** hat den **359** Beschluss des OLG Oldenburg vom 28.5.2004 zum Anlass genommen, über die Frage der Entbindung von der Verschwiegenheitspflicht durch den Insolvenzverwalter zu diskutieren, und hat sich der vermittelnden Auffassung angeschlossen. Zur Begründung hat der Ausschuss auf den Schutzzweck des Zeugnisverweigerungsrechts nach § 53 Abs. 1 Ziff. 3 StPO hingewiesen. Das Zeugnisverweigerungsrecht solle gewährleisten, dass der für eine juristische Person Handelnde deren Berater ohne Furcht vor Nachteilen umfassend informieren könne. Im Zivilprozess seien hingegen nur die Vermögensinteressen der Gesellschaft betroffen, so dass eine Entbindung durch den ehemaligen Geschäftsführer grundsätzlich nicht erforderlich sei.

Auch die **Wirtschaftsprüferkammer** hat sich dieser Auffassung angeschlossen. **360** Schon 1989[722] hat sie ihren Mitgliedern mitgeteilt, dass „das Recht zur Entbindung von der Verschwiegenheitspflicht nicht zur Disposition der GmbH, sondern auch der Person, die im Rahmen der anvertrauten Tatsachen Betroffene des Vertrauensverhältnisses zwischen WP/vBP und seinem Vertragspartner" steht. In einem Strafverfahren gegen die Geschäftsführer einer GmbH seien Betroffene die anvertrauenden Geschäftsführer. Diesen stehe danach das Recht zur Entbindung von der Verschwiegenheitspflicht nach § 53 Abs. 2 StPO zu. Dieses Recht auf Vertrauensschutz könne ihnen nicht dadurch entzogen werden, dass über das Gesellschaftsvermögen die Insolvenz eröffnet worden ist und nach § 6 KO an die Stelle des Gemeinschuldners als Verwaltungs- und Verfügungsberechtigter der Insolvenzverwalter getreten sei.

Von der Verschwiegenheitspflicht kann folglich nur derjenige entbinden, zu dessen **361** Gunsten diese Pflicht gesetzlich begründet ist. Sind mehrere geschützt, so muss jeder

---

doch häufig eine Auskunft durch den Schuldner und/oder die Mitglieder der Vertretungs- und Aufsichtsorgane nicht aus, um das Vermögen zu sichern und eine zuverlässige Grundlage für die Eröffnung des Insolvenzverfahrens zu schaffen. Vielmehr kommt einer darüber hinausgehenden Mitwirkung des Schuldners eine nicht zu unterschätzende Bedeutung auch in diesem Stadium zu. So berichtet die Praxis von Fällen, in denen sich Rechtsanwälte, Steuerberater, Wirtschaftsprüfer oder Notare bei einem Auskunftsersuchen des vorläufigen Insolvenzverwalters auf ihre Verschwiegenheitspflicht berufen, so dass eine Entbindung von der Schweigepflicht durch den Schuldner notwendig ist."

722 WPK, „Das berufsrechtliche Stichwort: Entbindung von der Verschwiegenheitspflicht durch den Konkursverwalter" in den WPK-Mitteilungen 1 – 2/1989.

Dannecker/Hagemeier

von ihnen die Entbindungserklärung abgeben.[723] Es reicht nicht aus, wenn der beschuldigte Geschäftsführer die Entbindungserklärung bezüglich der Tatsachen, die er dem Berater anvertraut hat, abgibt.[724]

(5) Faktische Geschäftsführung

362 Auch bei der faktischen Geschäftsführung ergeben sich bezüglich der Entbindung von der Schweigepflicht Probleme. Es stellt sich nämlich die Frage, ob der faktische oder der offiziell bestellte Geschäftsführer die Entbindungserklärung abgeben muss. Entsprechend dem materiellen Strafrecht ist allein entscheidend, wer tatsächlich gegenüber dem Berater für die juristische Person gehandelt hat. Daher ist nur der **faktische Geschäftsführer** zur Entbindung von der Schweigepflicht befugt.[725]

(6) Sonderfall: Beschlagnahme von Mandantenunterlagen beim Berater

363 Eine häufige Fragestellung in diesem Kontext ist weiterhin, inwieweit die Beschlagnahme von Mandantenunterlagen beim Steuerberater, Rechtsanwalt oder Wirtschaftsprüfer zulässig ist, wenn dem beschuldigten Geschäftsführer im Zusammenhang mit der Vertretung der GmbH eine Straftat vorgeworfen wird und die Entbindung von der Schweigepflicht im Raum steht. Konkret geht es dabei um die Frage, wie man die Entbindung von der Schweigepflicht bezüglich der Beratung und Vertretung einer juristischen Person behandelt. Hier besteht nämlich ein großes Interesse der Organe der juristischen Person, Berechtigte zu sein, weil sie sich damit die Möglichkeit der Nichtentbindung von der Schweigepflicht sichern. Diese schützt sie wiederum davor, über strafbare Handlungen, die sie zum Vorteil der Gesellschaft begangen haben, aussagen zu müssen.

364 Zunächst ist zu differenzieren: Handelt es sich um Gegenstände, die sich aufgrund einer gesetzlichen Pflicht als Buchhaltung, Abschlusserstellung oder als sonstige Dokumentation bei dem Berater befinden, greift schon der Schutz des § 97 StPO nicht ein. Für sonstige Unterlagen, die sich auf das durch § 97 StPO geschützte Vertrauensverhältnis beziehen, besteht das Beschlagnahmeverbot bis zur Entbindung von der Schweigepflicht fort. Der Grund liegt darin, dass sich das „Vertrauensverhältnis" über die Förmlichkeit der Vertragslage auf das Verhältnis zu konkreten Personen bezieht. Außerdem muss auch der GmbH der umfängliche Schutz zustehen, der Einzelpersonen eingeräumt ist, so dass jede Art eines auch mittelbaren Selbstbelastungszwangs vermieden werden kann. Deshalb müssen auch die Ge-

---

723 LR-*Dahs* § 53 Rn. 71; *Meyer-Goßner* § 53 Rn. 46; *Krause* in FS Dahs, 349, 361.
724 Siehe *LG Berlin* wistra 1993, 278; *Schmitt* Probleme des Zeugnisverweigerungsrechts (§ 53 Abs. 1 Nr. 3 StPO, § 383 Abs. 1 Nr. 6 ZPO) und zugleich des Beschlagnahmeverbots (§97 StPO) bei Beratern juristischer Personen, in: wistra 1993, 9, 11.
725 Siehe *BGHSt* 31, 122; *Löffeler* Strafrechtliche Konsequenzen faktischer Geschäftsführung – Eine Bestandsaufnahme der neueren Rechtsprechung, in: wistra 1989, 121; *Ciolek-Krepold* Rn. 288 f.

Dannecker/Hagemeier

schäftsführer so behandelt werden, als wenn sie selbst Mandanten des Beraters wären.[726] Nur auf diese Weise kann den Vorgaben des in der allgemeinen Handlungsfreiheit in Verbindung mit der Menschenwürde und dem im Rechtsstaatsprinzip wurzelnden Grundsatz „nemo tenetur se ipsum accusare" hinreichend Rechnung getragen werden. Zur Entbindung befugt sind deshalb der bisherige **Geschäftsführer und der Insolvenzverwalter gemeinsam.**[727]

(7) Belehrung

Insgesamt ist Folgendes anzumerken: Eine Zustimmung zu einem Verzicht auf ein **365** Recht setzt voraus, dass der Betroffene von dem Recht, vorliegend dem Beschlagnahmeverbot, Kenntnis hat. Dabei geht man grundsätzlich davon aus, dass die zeugnisverweigerungsberechtigten Personen ihre Rechte kennen und deshalb über diese nicht belehrt werden müssen, wohingegen bei den Angehörigen der Beschuldigten eine Belehrung über das Zeugnis- und Untersuchungsverweigerungsrecht und somit auch über das Beschlagnahme- und Verwertungsverbot gemäß § 97 StPO erforderlich ist (siehe §§ 52 Abs. 3 und 81c Abs. 3 StPO). In der Konsequenz muss daher nach § 52 Abs. 2 StPO eine Belehrung bezüglich § 97 StPO nur gegenüber den in § 52 StPO genannten **zeugnisverweigerungsberechtigten Personen** vorgenommen werden.

gg) Folgen des Beschlagnahmeverbots

Grundsätzlich gilt, dass entsprechend dem Umfang des Beschlagnahmeverbots auch **366** ein **umfassendes Verwertungsverbot** besteht, das sich auch auf den sachlichen Inhalt des Beweismittels bezieht, weshalb ein diesbezüglicher Vorhalt ebenfalls ausscheidet. Nicht zulässig ist außerdem der Einsatz des Beweismittels etwa zum Schriftvergleich. Das Vorliegen eines Beschlagnahmeverbotes wird zunächst vor der Anordnung der Beschlagnahme vom Ermittlungsrichter und dann nach § 98 Abs. 2 S. 2 StPO vollumfänglich im Verfahren geprüft. Eine rechtswidrige Beschlagnahme kann auch im Fall eines Verstoßes gegen den Richtervorbehalt gegeben sein und dann letztlich zu einem Verwertungsverbot führen.

Der BGH geht jedoch dann nicht von einem Verfahrenshindernis aus, wenn die **367** Staatsanwaltschaft durch eine unzulässige Beschlagnahme der Handakten des Verteidigers von der Verteidigungsstrategie Kenntnis erlangt hat. Ein Verwertungsverbot liegt auch dann nicht vor, wenn der frühere Gewahrsamsinhaber, gegebenenfalls nach einer Belehrung über ein etwaiges Verwertungsverbot, der **Verwertung zustimmt.** Die Verwertbarkeit eines Beweismittels richtet sich dabei nicht nur nach der

---

726 Siehe *OLG Schleswig* NJW 1981, 294; *OLG Celle* wistra 1986, 83; *Gürtler* in Wabnitz/ Janovsky, 23. Kapitel Rn. 57; SK-*Rudolphi* StPO, § 97 Rn. 7a m.w.N.

727 A.A. (Allein der Insolvenzverwalter) *OLG Nürnberg* OLGZ 1977, 370, 373; *LG Lübeck* NJW 1978, 1014; LR-*Schäfer* § 97 Rn. 52 m.w.N.; *Schäfer* Der Konkursverwalter im Strafverfahren, in: wistra 1985, 209, 210; zu den Gegenauffassungen vgl. aber oben im Text.

Dannecker/Hagemeier

Zulässigkeit der Beschlagnahme, sondern auch danach, ob es zumindest zum Zeitpunkt der Benutzung des Beweismittels beschlagnahmt werden konnte. Waren die entsprechenden Voraussetzungen bei der Beschlagnahme nicht gegeben, liegen sie aber später vor, so ist das Beweismittel verwertbar.[728]

hh) Beschlagnahme von Behördenakten (§ 96 StPO)

368 Die Beschlagnahmefähigkeit von Behördenakten spielt vor allem in Verbindung mit **Korruptionsdelikten** eine große Rolle. Auch wenn die Beschlagnahmefähigkeit von Behördenakten mit dem Hinweis auf die staatliche Gewaltenteilung teilweise verneint wird, ist mit der h.M. davon auszugehen, dass solche Unterlagen im Sinne einer effektiven Strafverfolgung grundsätzlich der Beschlagnahme unterliegen.[729]

ii) Teilnahme eines Wirtschaftsreferenten

369 Nimmt ein Wirtschaftsreferent an der Durchsuchung teil, muss berücksichtigt werden, dass dieser möglicherweise später mit der Erstellung eines Gutachtens beauftragt wird (oder gegebenenfalls bereits beauftragt ist) und er deshalb keine Handlungen vornehmen darf, die nachher den Vorwurf der **Befangenheit** begründen könnten. Die Befangenheit wird nach h.M. aber nicht schon dadurch begründet, dass er an der Durchsuchung teilnimmt und dabei organisatorisch der Staatsanwaltschaft eingegliedert ist.[730] Der Wirtschaftsreferent nimmt nämlich innerhalb seines Verantwortungsbereiches weisungsfrei Aufgaben wahr und wird somit nicht ermittlerisch, sondern lediglich begutachtend tätig. Dies gilt im Übrigen unabhängig davon, ob er sich bereits bei der Durchsuchung oder erst bei der Beschlagnahme betätigt. Zu beachten ist dabei, dass die Beauftragung des Wirtschaftsreferenten nach § 78c Abs. 1 Nr. 3 StGB die Verjährung unterbrechende Wirkung haben kann[731], und dass vor der Beauftragung nach Nr. 70 Abs. 1 RiStBV dem Verteidiger Gelegenheit gegeben werden sollte, zur Auswahl des Wirtschaftsreferenten Stellung zu nehmen.[732]

2. Beweissicherung im EDV-Bereich

370 Die Beweissicherung im EDV-Bereich ist nicht nur auf die Verfolgung der Computerkriminalität beschränkt. So werden in nahezu allen Fällen, in denen der Beschuldigte oder ein am Verfahren beteiligter Dritter sich die EDV-Technik zunutze macht, die Ermittler letztlich auf die Datenverarbeitung zurückgreifen und sie als Beweis-

---

728 Siehe *Meyer-Goßner* § 97 Rn. 48; LR-*Schäfer* § 97 Rn. 140 ff. m.w.N.
729 Siehe *BGHSt* 38, 237, 240 f.; *LG Wuppertal* NJW 1992, 770 jeweils m.w.N.
730 *OLG Zweibrücken* NJW 1979, 1995; *Lemme* Zur Ablehnung des Wirtschaftsreferenten der Staatsanwaltschaft gem. § 74 StPO, in: wistra 2002, 281, 283 und 286; *Meyer-Goßner* § 73 Rn. 9, § 74 Rn. 5; a.A. *Dose* NJW 1978, 349, 354; LR-*Dahs* § 74 Rn. 7; vgl. *Pelz* Rn. 617.
731 Siehe dazu *Köhler* in: Wabnitz/Janovsky 7. Kapitel Rn. 397.
732 *BGH* StV 1986, 465.

Dannecker/Hagemeier

mittel im Verfahren einsetzen. Dies gilt gerade auch für Verfahren im Bereich der Wirtschaftskriminalität, da sich hier die Anforderungen an die Suche nach relevanten Beweismitteln oftmals als höher erweisen, wenn die Täter das Know-how zur Verdunklung und unwiderruflichen Löschung von Daten haben. Insofern müssen auch die Strafverfolgungsbehörden über die notwendigen Fachkenntnisse im Umgang mit der EDV-Technik verfügen. Da es gerade im Bereich des materiellen Strafrechts zahlreiche gesetzgeberische Initiativen zur Bekämpfung des Missbrauchs der Kommunikations- und Informationstechnologie gegeben hat, stellt sich die Frage, wie auf die EDV strafprozessual Zugriff genommen werden kann.

a) Die Rolle der EDV-Beweissicherung

Die EDV-Beweissicherung macht das Spannungsfeld deutlich, in dem sich die Strafverfolgungsbehörden befinden. Zum einen sind sie nach dem Legalitätsprinzip zur Strafverfolgung, also auch zur Ermittlung und Sicherung von entsprechenden Beweisen, verpflichtet, zum anderen können die damit verbundenen Eingriffe in Grundrechtspositionen der Betroffenen nur auf der Basis einer entsprechenden gesetzlichen Grundlage vorgenommen werden. Fraglich ist also, ob die vom Gesetzgeber vorgesehenen Rechtsgrundlagen in den §§ 161 und 163 StPO bzw. den jeweiligen Polizeigesetzen der Länder den Herausforderungen der neuen **Entwicklungen im EDV-Bereich** gerecht werden. **371**

Nach der Rechtsprechung des Bundesverfassungsgerichts zur Wesentlichkeitstheorie bei Grundrechtseingriffen bezüglich der **Neuregelung der §§ 161, 163 StPO** sind Grundrechtseingriffe nach Art. 20 Abs. 3 GG jedenfalls dann verfassungsmäßig nicht zu beanstanden, wenn sie weniger intensiv als sonstige Eingriffe sind und es deshalb keiner Spezialermächtigung durch den Gesetzgeber bedarf.[733] **372**

Gerade Eingriffsermächtigungen für die Datenerhebung und Datenverarbeitung sind am Gesetzesvorbehalt zu messen und bedürfen somit einer **formell-rechtlichen Ermächtigungsgrundlage**, wie das Bundesverfassungsgericht bereits in seinem Volkszählungsurteil klargestellt hat.[734] Eine Ausdehnung der bestehenden Rechtsgrundlagen im Wege der Analogie ist im Bereich der Strafverfolgung nicht zulässig, ein darauf beruhender Eingriff verstieße gegen Art. 20 Abs. 3 GG.[735]

---

733 Siehe *Hilger* NStZ 2000, 561, 564.
734 Siehe dazu *BVerfG* NJW 1996, 3146; *Bär* Zugriff auf Computerdaten im Strafverfahren, S. 69 ff.; *Rogall* S. 74.
735 So auch der *BGH* in seinen Entscheidungen zur „Raumgesprächsaufnahme" und zum „Stimmenvergleich", siehe *BGHSt* 34, 39, 50 f. und *BGHSt* 31, 296, 297 f.; teilw. abgewandelt in *BGH* NJW 2003, 2034.

b) Durchsuchungen im EDV-Bereich

aa) Betroffene

373 Für eine Durchsuchung nach §§ 102 oder 103 StPO bedarf es auch im EDV-Bereich einer gewissen Wahrscheinlichkeit einer strafrechtlichen Verurteilung des Betroffenen im Sinne des § 152 StPO. Eine Durchsuchung von juristischen Personen oder Personengesellschaften richtet sich, gerade wenn Rechenzentren oder Telekommunikations- oder Informationsdienstleister in einer solchen Rechtsform betrieben werden, ebenfalls nach **§ 102 StPO**. Nach h.M. kann eine Durchsuchung auch auf § 102 StPO gestützt werden, wenn sich der Verdacht gegen ein **vertretungsberechtigtes Unternehmensorgan** und nicht gegen einen sonstigen Mitarbeiter richtet, weil so den verdächtigen Gesellschaftern das Privileg einer nur beschränkten Durchsuchung nach § 103 StPO genommen wird. Eine Durchsuchung bei einer nicht am Verfahren beteiligten Person nach § 103 StPO setzt nämlich voraus, dass Tatsachen auf das Vorliegen von beschlagnahmbaren Gegenständen hinweisen. Diese Gegenstände müssen dazu hinreichend individualisiert und zumindest gattungsmäßig bestimmbar sein. Nicht ausreichend ist beispielsweise die Durchsuchung einer Bank zur Auffindung von Kontounterlagen; hier müssen Tatsachen vorliegen, die auf verfahrensrelevante Informationen in den Kontounterlagen hinweisen. Im EDV-Bereich dürfte allerdings die Suche nach „Datenträgern" ausreichend sein, wenn die Durchsuchung durch Hinweise auf darauf gespeicherte verfahrensrelevante Informationen untermauert wird.

374 Wenn es um die **Durchsuchung eines Host-Providers** geht, muss für die Abgrenzung zwischen § 102 StPO und § 103 StPO stets die materiell-rechtliche Verantwortungsfrage berücksichtigt werden. Eine solche Verantwortlichkeit liegt nach den §§ 8 ff. TDG bzw. §§ 6 ff. MDStV nur dann vor, wenn der Diensteanbieter eigene Informationen in sein Angebot aufgenommen bzw. sich fremde Daten zu eigen gemacht hat. Die diesbezüglichen Haftungsprivilegierungen sind bereits bei der Feststellung des Anfangsverdachts zu berücksichtigen und spielen somit auch für das Strafprozessrecht eine Rolle.[736]

Eine Durchsuchung scheidet im Übrigen auch dann aus, wenn die zu sichernden Beweismittel bereits **anderen Zwangsmaßnahmen** unterliegen.[737]

bb) Inbetriebnahme von EDV-Anlagen

375 Fraglich ist in diesem Zusammenhang ferner, ob eine Durchsuchung nach §§ 102, 103 StPO auch die Befugnis zur Inbetriebnahme des fremden Rechners beinhaltet; der Blick in andere Rechtsgebiete zeigt, dass hiervon nicht grundsätzlich ausgegan-

---

736 Siehe *LG Stuttgart* NStZ 2003, 36; *LG Stuttgart* NStZ-RR 2002, 241 = CR 2001, 626 m. Anm. *Eckhardt*.
737 Siehe *LG Frankfurt* MMR 2004, 344 m. Anm. *Bär*.

gen werden kann.[738] Die **Zulässigkeit der Inbetriebnahme** richtet sich vielmehr nach dem Inhalt und Umfang des Durchsuchungsbegriffs, der über die zivilrechtliche „Besichtigung" hinausgeht. Die „Suche" stößt dabei dort an ihre inhaltlichen Grenzen, wo sie über die Zweckbestimmung der Handlung hinausgeht. Somit muss unterschieden werden, ob mit der Durchsuchung der EDV-Anlage **verfahrensrelevante Informationen** gefunden werden sollen, deren Sicherstellung von der Durchsuchung nicht mehr abgedeckt wird, oder der Rechner als rein **technisches Hilfsmittel** eingesetzt werden soll, mit dem die gefundenen Daten ausgewertet werden sollen. Letzteres wird durch die §§ 102, 203 StPO nicht gedeckt.[739]

cc) Programmnutzung

Die Verwendung von Programmen bzw. die Nutzung fremder Datenbanken im Wege   **376**
der Datenkommunikation[740] durch Ermittlungsmaßnahmen fällt jedenfalls unter die gesetzlichen Schranken des **Urheberrechts**. Allerdings sieht § 45 UrhG explizit vor, dass es im Interesse der Rechtspflege und öffentlichen Sicherheit zulässig ist, einzelne Vervielfältigungsstücke von Werken zur Verwendung in einem Verfahren vor einer Behörde oder einem Gericht herzustellen.[741] Dies bedeutet aber auch, dass eine Programmnutzung im Vorfeld der Ermittlungen ebenso wenig zulässig ist wie eine solche nach Abschluss des konkreten Verfahrens.

dd) Umfang und Grenzen der Durchsuchungsbefugnisse

Die §§ 102 und 103 StPO erlauben die Durchsuchung der Wohnung und anderer   **377**
Räume, wie Betriebsräume, Büros usw., die vom Betroffenen tatsächlich genutzt werden. Auf konkrete Eigentumsverhältnisse oder die jeweiligen Nutzungs- und Besitzrechte des Einzelnen kommt es also nicht an. Allerdings muss der Durchsuchungsbeschluss gemäß **§ 105 StPO** Aufschluss über die **Reichweite der Durchsuchung** geben. Er muss demnach u.a. zumindest annäherungsweise mittels beispielhafter Angaben erkennen lassen, nach welcher Art von Beweismitteln gesucht werden soll.[742] Dies soll sicherstellen, dass die Reichweite des Eingriffs von vornherein für den Betroffenen und die Ermittler erkennbar und damit auch kontrollierbar ist.

In Verbindung mit der EDV-Beweissicherung stellt sich hier die neue Rechtsfrage,   **378**
inwieweit unter Nutzung der vorhandenen Datenübertragungstechniken eine Aus-

---

738 Siehe die steuerliche Betriebsprüfung nach §§ 193 ff. AO, die den Steuerpflichten nicht
   zur Überlassung der EDV-Anlage zur Prüfung verpflichtet bzw. die „Druckbalkenent-
   scheidung" des Bundesgerichtshofs, nach der eine Inaugenscheinnahme eine rein sinnli-
   che Wahrnehmung und kein Zerlegen beinhaltet, *BGHZ* 93, 191, 192.
739 *Bär* in: Wabnitz/Janovsky 25. Kapitel Rn. 14 ff.
740 Siehe Art. 7 IuKDG vom 22.7.1997 (BGBl. I 1870, S. 1877) bzw. BR-Drs. 966/96, 41 ff.
741 *Melichar* in Schricker, UrhG, § 45 Rn. 3; *Fromm/Nordemann* § 45 Rn. 3.
742 Siehe *BVerfG* NStZ 1992, 91; *Schoreit* NStZ 1999, 173 ff.; *Meyer-Goßner* § 105 Rn. 5;
   KK-*Nack* StPO, § 105 Rn. 4.

dehnung der Suche nach Beweismitteln auf Daten zulässig ist, die sich anderswo, etwa innerhalb eines lokalen Netzwerks oder eines **Hauptrechners** in einem anderen Gebäude, befinden. Es geht also um die Frage, ob über eine Online-Abfrage auch Daten ermittelt werden dürfen, die sich nicht mehr in dem Raum befinden, in der der zulässig durchsuchte Rechner steht.

Da die Bejahung dieser Frage zu einer beliebig weiten Ausdehnung der Durchsuchung und damit zu einer Aushöhlung der richterlichen bzw. staatsanwaltschaftlichen Prüfung der Durchsuchungsvoraussetzungen führen würde, geht die h.m. davon aus, dass die §§ 102, 103 StPO eine Überschreitung der Informationsschranken der durchsuchten Räume, für die der konkrete Durchsuchungsbeschluss gilt, nicht decken. Insofern dürfen die Strafverfolgungsbehörden unternehmensinterne Datenbestände innerhalb eines **lokalen Netzwerks** (LAN) nicht abrufen, wenn sich die Durchsuchung nicht auf den Raum bezieht, in dem sich der Zentralrechner (Server) befindet. Dasselbe gilt, wenn Daten einer Filiale abgerufen werden sollen.

379 Aufgrund der fehlenden Ermächtigungsgrundlage führt eine Durchsuchung, die die Informationsschranken der durchsuchten Räume überschreitet, zu einem **Beweisverwertungsverbot**.[743] Für die Ermittler bedeutet dies, dass sie möglichst vorab schon einen entsprechend erweiterten Durchsuchungsbeschluss beantragen sollten. Ist zunächst nicht absehbar, dass der Durchsuchungsbeschluss nicht ausreicht, so kommt außerdem bei Gefahr in Verzug eine Erweiterung der Befugnisse im Wege der Eilkompetenz in Betracht.

ee) Durchsuchungen mit Auslandsbezug

380 Noch schwieriger ist der Fall, in dem es infolge der Durchsuchung von Computernetzwerken zu einer Überschreitung der **Grenzen des eigenen Hoheitsbereichs** kommt, was gerade bei multinationalen Konzernen mit Tochterunternehmen in unterschiedlichen Ländern und internationalen Handelsverflechtungen leicht möglich ist. Die Zulassung einer solchen Überschreitung wäre vom fremden Staat kaum nachvollziehbar und würde zum einen zwischenstaatliche Rechtshilfevereinbarungen, zum anderen völkerrechtliche Grundsätze unterlaufen.[744] Auch wenn sich einige Unternehmen die Schwierigkeiten bei grenzüberschreitenden Durchsuchungen zunutze machen und deshalb Unternehmensteile ins Ausland verlagern, sind hoheitliche Direktermittlungen via Datenleitung aufgrund der Hoheitsverletzung des jeweils anderen Staates nicht zulässig und führen zu einem Verwertungsverbot. Etwas anderes gilt, wenn die gewonnenen Daten für jedermann zugänglich sind, da dann weder staatliche Souveränitätsinteressen noch private Interessen verletzt sind.

---

743 Siehe *Bär* Handbuch zur EDV-Beweissicherung im Strafverfahren, Rn. 452 ff.; *Amelung* Grundfragen der Verwertungsverbote bei beweissichernden Hausdurchsuchungen im Strafverfahren, in: NJW 1991, 2535 f.
744 Siehe auch Nr. 121 RiVASt.

Dannecker/Hagemeier

Es kann im Übrigen ratsam sein, Daten aus einem anderen Hoheitsgebiet ohne weitere Verwendung vorläufig zu sichern, um eine zwischenzeitliche Löschung zu verhindern, und mit dem betroffenen Staat abzuklären, ob die Daten verwendet werden dürfen.[745]

ff) Ausführung der Durchsuchung

Für die Durchsuchungsanordnung ist die neuere Rechtsprechung des Bundesverfassungsgerichts zum Begriff der **„Gefahr im Verzug" nach § 105 StPO und Art. 13 GG** von wesentlicher Bedeutung.[746] Das Bundesverfassungsgericht hat dazu klargestellt, dass die vorherige **richterliche Durchsuchungsanordnung** die Regel und die nichtrichterliche Anordnung die Ausnahme sein soll und dass die Anwendung und Auslegung des Begriffs „Gefahr im Verzug" der vollen richterlichen Kontrolle unterliegen. Auf die Eilkompetenz darf daher nur dann zurückgegriffen werden, wenn im Einzelfall entsprechende Tatsachen gegeben sind, die in einem unmittelbaren zeitlichen Zusammenhang mit der Durchsuchungsmaßnahme stehen und in den Ermittlungsakten festgehalten werden.[747]   **381**

Für die EDV-Beweissicherung heißt dies, dass reine Mutmaßungen, hypothetische Erwägungen oder bloße kriminalistische Erfahrungswerte nicht für die Annahme einer **Eilkompetenz** genügen. Da jedoch gerade im EDV-Bereich stets eine recht hohe Gefahr der Vernichtung beweisrelevanter Daten besteht, wird hier eine Eilkompetenz häufig gegeben sein.

Nach Auffassung des Bundesgerichtshofs wird dem richterlichen Vorbehalt gemäß Art. 13 GG und § 105 StPO auch eine **fernmündliche Durchsuchungsgestattung** gerecht[748], die auch nicht dadurch rechtswidrig ist, dass sie nicht ausreichend dokumentiert ist. Dafür müsste vielmehr ein willkürliches Handeln oder ein schwerer Verfahrensverstoß vorliegen.[749]   **382**

Bei der Ausführung der Durchsuchung besteht immer die Gefahr, dass Mitarbeiter des Unternehmens durch irgendwelche Löschmechanismen, etwa durch Tasten-   **383**

---

745 Vgl. dazu die Konvention zur Bekämpfung von Kriminalität im Cyberspace (Cyber-Crime Konvention) unter www.conventions.coe.int/treaty/en/projects/FinalCyberCrime.htm; *Kugelmann* Völkerrechtliche Mindeststandards für die Strafverfolgung im Cyberspace – Die Cyber-Crime Konvention des Europarats, in: TMR 2002, 19 f.; *Gercke* Die Cybercrime Konvention des Europarats, in: CR 2004, 782 und MMR 2004, 801, 804.

746 Siehe *BVerfGE* 103, 142, 156 ff. = NJW 2001 1121; vgl. dazu *Amelung* Die Entscheidung des BVerfG zur „Gefahr im Verzug" im Sinne des Art. 13 II GG, in: NStZ 2001, 337; *Einmahl* Gefahr in Verzug und Erreichbarkeit des Ermittlungsrichters bei Durchsuchungen und Beschlagnahmen, in: NJW 2001, 1393; *BVerfG* NStZ 2003, 319 = StV 2003, 205; *VerGH Brandenburg* StV 2003, 207 und *Bär* Handbuch der EDV-Beweissicherung, Rn. 356 ff.

747 *BVerfG* StV 2003, 305.

748 Siehe *BGH* NJW 2005, 1060.

749 Vgl. *BGH* NStZ 2004, 449; *Amelung* Die Entscheidung des BVerfG zur „Gefahr im Verzug" im Sinne des Art. 13 II GG, in: NStZ 2001, 340.

druck, Steckerziehen, gezieltes Abstürzenlassen des Rechners etc., **beweisrelevante Daten vernichten** oder über eine Online-Verbindung solche Daten nach außen transferieren bzw. von außen löschen lassen. Ein derartiges Vorgehen kann nur dadurch verhindert werden, dass für die Durchsuchungsdauer die bestehenden Anschlüsse für Kommunikationseinrichtungen unterbrochen werden, was allerdings im Hinblick auf eine für eine solche Maßnahme erforderliche Rechtsgrundlage problematisch ist: Mangels Überwachung kann dieses Handeln nicht auf § 100a StPO gestützt werden, und die §§ 100a, b, g und h StPO enthalten abschließende Regelungen. Auch die §§ 94 ff. StPO sind nicht einschlägig. Allerdings kommt ein Rückgriff auf die neuen Ermittlungsgeneralklauseln in §§ **161, 163 StPO** bzw. eine polizeirechtliche Eingriffsbefugnis zur Gefahrenabwehr in Betracht.[750]

Ein Rückgriff auf diese Generalklauseln ist auch beim vom eigentlichen Durchsuchungsbeschluss umfassten **so genannten „WLAN-Scannen"**, also der Suche nach WLAN-Routern in den durchsuchten Räumlichkeiten mittels entsprechender Geräte und Software, möglich. Allerdings dürfen sich die Ermittler hier nicht in das WLAN einwählen und eine Verbindung dazu aufbauen; für eine solche Maßnahme wäre ein Beschluss nach § 100a StPO notwendig.[751]

384 Geben Personen **Passwörter und Kennwörter** nicht preis, mit denen beweisrelevante Daten geschützt werden, so müssen die EDV-Anlagen mitgenommen und im Rahmen der Durchsicht näher bewertet werden. Insbesondere der Beschuldigte kann aufgrund des **Verbots der Selbstbelastung** nicht dazu gezwungen werden, solche Informationen weiterzugeben. Soweit andere Personen, etwa der Systemverwalter, als Zeugen vernommen werden sollen, ist zu berücksichtigen, dass nicht die Ladung der Polizei, sondern nur die Ladung der Staatsanwaltschaft nach § 161a StPO eine zwangsweise durchsetzbare Pflicht zum Erscheinen und zur Aussage begründet.

gg) Durchsicht von Unterlagen

385 Die Durchsicht nach § 110 StPO, bei der es sich um eine Teilhandlung der Durchsuchung handelt, bezweckt die Prüfung der Frage, ob aufgefundene und mitgenommene Daten näher zu überprüfen sind, also beschlagnahmt werden müssen, oder zurückgegeben werden sollten. Sie umfasst bei den „Papieren" auch die **so genannten „technischen Papiere"**, also Datenträger und Speichermedien aller Art sowie die EDV-Anlage selbst, und kann seit der Neufassung des § 110 StPO auch von den Ermittlungsbeamten durchgeführt werden.[752]

---

750 *Bär* in Wabnitz/Janovsky 25. Kapitel Rn. 28 ff.

751 Vgl. dazu *Bär* Handbuch der EDV-Beweissicherung, Rn. 356 ff.; *ders.* Wardriver und andere Lauscher – Strafrechtliche Fragen im Zusammenhang mit WLAN, in: MMR 2005, 434 ff.

752 *BGH* CR 1988, 142 = StV 1988, 90 und *BVerfG* NStZ 2002, 377 für die Durchsicht eines Notebooks.

c) Beschlagnahme von Computerdaten

Die Beschlagnahme nach § **94 StPO** schließt sich in der Regel an die Durchsuchung **386** an und soll die staatliche Gewalt über den aufgefundenen beweiserheblichen Gegenstand begründen, um ihn für das weitere Strafverfahren zu sichern. Gegenstände aus dem EDV-Bereich im Sinne der StPO sind externe und interne Speichermedien, die gesamte EDV-Anlage, Handbücher, Peripheriegeräte und Computerausdrucke. Nicht darunter fallen also immaterielle Werte und unkörperliche Gegenstände wie Bildschirmanzeigen oder einzelne Informationen. Dieser Qualifikation liegt das zivilrechtliche Verständnis vom Begriff der „**Sache" im Sinne des § 90 BGB** zugrunde, nach dem zum Zeitpunkt der Zwangsmaßnahme ein existentes körperliches Objekt vorliegen muss. Wird dabei eine ganze EDV-Anlage sichergestellt, so wird diese als **Gesamtgegenstand** gesehen, in dem Einzelteile wie Speicherchips und Laufwerke völlig aufgehen. Hier kann die zivilrechtliche Differenzierung zwischen Sachgesamtheiten und wesentlichen Bestandteilen nach § 93 BGB herangezogen werden. Somit können Speicherchips im Rechnerinneren nicht als Einzelgegenstände gesehen werden, da bei ihrem Ausbau ein Datenverlust eintreten kann. Gerade bei kleineren EDV-Anlagen wäre es nicht nachvollziehbar, wenn man den Rechner in kleine, schwer verwertbare Teile aufspaltete, zumal häufig aufgrund spezieller Einstellungen der Hard- und Software eine weitere Auswertung der Einzelgegenstände nicht möglich wäre.

Nicht ganz so eindeutig lässt sich eine Aussage für die im Rechner befindlichen **387** **Festplatten** treffen; hier muss im Einzelfall geprüft werden, ob ein Ausbau möglich ist, ohne dass eine Funktionsbeeinträchtigung, insbesondere ein Verlust der Daten zu befürchten ist. Auch bei größeren EDV-Anlagen, bei denen keine so enge Einheit zwischen den Speichermedien und der Gesamtanlage besteht, kann eine andere rechtliche Beurteilung geboten sein.

Nach § 94 StPO ist weiter erforderlich, dass der beschlagnahmte Gegenstand einen **388** konkreten Bezug zum Ermittlungsverfahren aufweist und geeignet ist, die Aufklärung der Straftat zu fördern. Auf individuelle Eigentums-, Besitz- oder Gewahrsamsverhältnisse am jeweiligen Gegenstand kommt es also nicht an. Die **potentielle** **Beweisbedeutung** eines Gegenstands ist gegeben, wenn er zur Tatbegehung gebraucht oder durch die Tat hervorgebracht oder verändert wurde, also nicht bloßes technisches Hilfsmittel der Ermittlungsbehörden ist. Beweisbedeutsam sind somit Datenträger mit entsprechenden Daten, der Gesamtgegenstand der EDV-Anlage sowie Computerausdrucke, auch wenn sie noch in Datenform vorliegen; dies führt lediglich zu einer Verstärkung des Beweises.[753]

Nach § 94 StPO können Beweisgegenstände in Verwahrung genommen oder in **389** anderer Weise sichergestellt werden. Die Verwahrung wird allerdings auch im Rahmen der EDV-Beweissicherung die Regel sein. Bei Sicherstellung in anderer Weise kommt in diesem Zusammenhang insbesondere die so genannte „**Image-Siche-**

---

753 *Bär* in Wabnitz/Janovsky 25. Kapitel Rn. 36 ff. m.w.N.

rung" in Betracht, bei der mit Hilfe eines Datensicherungsgerätes (Streamers) eine vollständige Kopie der beweiserheblichen Daten des Massenspeichers eines Rechners oder anderen Datenspeichers auf einem Speichermedium der Ermittlungsbehörden erstellt wird. Dieses ist dann letztlich das Beweismittel im Verfahren, weil es trotz seiner anderen äußeren Erscheinung dieselben Daten wie der Quelldatenträger enthält. Da bei dieser Form der Sicherstellung jedoch Informationen auf dem Speichermedium verändert werden können, ohne dass erkennbare Spuren hinterlassen bzw. **so genannte „hidden files"**, also versteckte Daten, nicht mitkopiert werden oder Downloads bestimmter Daten aufgrund gewisser Voreinstellung nur auf dem Quelldatenträger laufen, sollte davon nur in Ausnahmefällen Gebrauch gemacht werden.[754]

390 § 99 StPO ist eine Sondervorschrift zur Postbeschlagnahme, die sich ihrem Wortlaut nach nur auf körperliche Objekte bezieht, weshalb ein Eingriff in die körperlose Übertragung von Daten auch im Wege einer funktionellen Auslegung der Regelung nicht auf § 99 StPO gestützt werden kann. Dies ist nur über **§ 100a StPO** möglich.[755] Allerdings kann ein Rückgriff auf § 99 StPO im Rahmen der Übertragung von **E-Mails** möglich sein. Wird eine E-Mail nämlich auf dem Mailserver eines Adressaten zwischengespeichert, so ist diese als Datei wie in einem herkömmlichen Postfach in verkörperter Form vorhanden. Sieht man in der E-Mail also eine Postsendung im weiteren Sinne und die Mailkommunikation nicht als einheitlichen Vorgang, so kann § 99 StPO einschlägig sein.[756]

d) Strafprozessuale Mitwirkungspflichten

391 Gerade im EDV-Bereich besteht ein großes Interesse der Ermittlungsbehörden, Personen zu einer **aktiven Mitwirkung** am Verfahren, etwa durch die Preisgabe von Passwörtern oder das Geben von Hinweisen zur Bedienung des Rechners bzw. zum Auffinden relevanter Daten, zu bewegen.

Fraglich ist dabei, inwieweit eine solche Zeugenpflicht (aufgrund des Verbots des Selbstbelastungszwangs kann diese Pflicht sich nur auf am Verfahren unbeteiligte Dritte beziehen) auf **§ 95 StPO** gestützt werden kann.

aa) Zeugenpflicht

392 Die in Art. 33 Abs. 1 GG verankerte Zeugenpflicht, die in den §§ 48 ff. und § 161a StPO für das Strafverfahren bedeutsame Ausgestaltungen findet, betrifft nur eine Person, die über Tatsachen aussagt, die ihre eigene Wahrnehmung betreffen. Zur Zeugenpflicht gehören nach h.M. die **Erscheinenspflicht**, die **Aussagepflicht** und die **Beeidigungspflicht** vor Gericht und der Staatsanwaltschaft.

---

754 *Bär* in Wabnitz/Janovsky 25. Kapitel Rn. 41 m.w.N.
755 Siehe KK-*Nack* § 99 Rn. 7; *Meyer-Goßner* § 99 Rn. 9.
756 So *LG Ravensburg* NStZ 2003, 325; KK-*Nack* § 100a Rn. 8.

Ebenso ist allgemein anerkannt, dass Zeugen nur über das aussagen müssen, was irgendwann einmal Gegenstand ihres Wissens war. Es trifft sie also keine Pflicht, vor der Aussage Vorbereitungshandlungen vorzunehmen oder Erkundigungen einzuholen.

Insofern kann die Verpflichtung zur Bekanntgabe von Informationen im Zusammenhang mit der EDV-Anlage nur die Personen treffen, die selbst am Rechner tätig sind. Diese sind zur Auskunft über die Konfiguration von Hard- und Software, die Art und den Zeitpunkt der Datensicherung, Möglichkeiten der Datenfernübertragung oder auch über ihre Tätigkeit am Rechner verpflichtet. Keine Pflicht des Zeugen besteht jedoch zum Ausdruck aufgefundener Computerdaten.

Im Rahmen der Durchsuchung kann es erforderlich sein, **anwesende Personen** als **393** Zeugen zu befragen. § 161a StPO verpflichtet den Zeugen allerdings nur zum Erscheinen „auf Ladung", setzt aber keine Ladungsfrist fest. Im Gegensatz zum Zivilverfahren ist jedoch anerkannt, dass im Strafverfahren diesbezüglich auch keine Fristen zu beachten sind.[757] Die Ladung ist zudem formlos möglich, so dass sie auch kurzfristig im Rahmen des Durchsuchungsverfahrens ausgesprochen werden kann. Allerdings darf der Zeuge nicht zum Objekt des Verfahrens gemacht werden, weshalb ihm die Möglichkeit der Beiziehung eines Rechtsbeistandes eingeräumt werden muss (vgl. § 68b StPO).[758]

bb) Editionspflicht (§ 95 StPO)

Auch dem strafprozessualen **Herausgabeverlangen des § 95 Abs. 1 StPO**, das den **394** Gewahrsamsinhaber körperlicher Gegenstände dazu verpflichtet, diese „auf Erfordern vorzulegen oder auszuliefern", kommt im EDV-Beweissicherungsverfahren eine große Bedeutung zu.

Diese Pflicht bezieht sich dabei auf bereits **vorhandene körperliche Gegenstände**, also Datenträger, nicht jedoch auf einzelne Daten. Eine Verpflichtung zur Herstellung solcher verkörperter Datenträger, etwa in Form von Ausdrucken, ist der Regelung des § 95 Abs. 1 StPO nicht zu entnehmen. Sie kann auch nicht als vorbereitende Hilfstätigkeit für die Herausgabe qualifiziert werden. Demnach kann aus § 95 StPO eine zwangsweise durchsetzbare Pflicht zum Ausdruck von Computerdateien nicht hergeleitet werden.[759] Das Bundesverfassungsgericht sieht allerdings den Wortlaut des § 95 StPO als nicht überschritten an, wenn ein Durchsuchungs- und Beschlag-

---

757 *Meyer-Goßner* § 51 Rn. 2, § 48 Rn. 1; KK-*Senge* § 48 Rn. 4; *Rengier* Praktische Fragen bei Durchsuchungen, insbesondere in Wirtschaftsstrafsachen, in: NStZ 1981, 376; *Kramer* Rn. 113.
758 *Bär* in Wabnitz/Janovsky 25. Kapitel Rn. 50 ff. m.w.N.; *BVerfGE* 38, 105, 116.
759 Siehe dazu *Bär* Zugriff auf Computerdaten im Strafverfahren, S. 406; *Leicht* Pflicht zur Herausgabe von Datenträgern und Mitwirkungspflichten bei der Aufbereitung von Dateien im Strafverfahren, iur 1986, 346, 352; *Tschacksch* S. 256.

nahmebeschluss verbunden mit einem Herausgabeverlangen eine Kopie von nach konkreten Anforderungen zusammengestellten Einzeldaten verlangt.[760]

Dass der Adressat der Editionspflicht Gewahrsamsinhaber ist, ist bei § 95 StPO konstitutive Eingriffsvoraussetzung. Somit muss sich im Falle des **Mitgewahrsams** mehrerer Personen eine Vorlageverpflichtung an alle Gewahrsamsinhaber richten.

395 Die überwiegende Meinung[761] lehnt eine Pflicht zur Mitwirkung beim Ausdruck von Computerdaten auch über § 261 HGB ab. Da diese Bestimmung vor allem den Schutz der Gläubiger bezweckt, kann sie gerade nicht für Zwecke der Strafverfolgung herangezogen werden.

Überdies ergibt sich eine Verpflichtung zur Erstellung von Ausdrucken der Daten auch nicht aus der Kostenregelung des § 23 JVEG.[762]

3. Telefonüberwachung gemäß §§ 100a ff. StPO

396 Die §§ 100a ff. StPO[763] regeln die Voraussetzungen einer Überwachung des Fernmeldeverkehrs bzw. der Telekommunikation. Die Telekommunikation erfasst danach alle Formen des Empfangs oder der Übermittlung von Nachrichten, Zeichen, Bildern oder Tönen auf Fernsprech-, Telegrafen- und Rundfunkanlagen.[764] Die Frage, ob davon auch der Datenaustausch zwischen Maschinen erfasst ist und somit etwa **Mautgebührendaten** im Strafverfahren verwendet werden dürfen, ist in Literatur und Rechtsprechung noch heftig umstritten.[765]

397 Jedenfalls erfasst sind Mobilfunk, Telex, Teletex, Telebox, Bildtelefon, Satellitenübertragung, Fernschreiben, die Kommunikation mit Online-Diensten, Videodienste sowie grundsätzlich auch die Übertragung von EDV-Daten (PC-Kommunikation und Dateitransfer). Die Telekommunikation beinhaltet dabei nicht nur den Gesprächsinhalt, sondern auch andere, unmittelbar und notwendigerweise mit dem Telefonieren verbundene Vorgänge, wie etwa das Anwählen des Gesprächspartners. Daher ist eine richterliche Anordnung auch Voraussetzung für eine so genannte Zählervergleichseinrichtung, mittels derer Telefonanschlüsse dahingehend überwacht werden können, dass die jeweils gewählten Telefonnummern sowie der

---

760 *BVerfG* NStZ-RR 2003, 177.
761 *Bär* Zugriff auf Computerdaten im Strafverfahren, S. 418 ff.
762 *Bär* in Wabnitz/Janovsky 25. Kapitel Rn. 61.
763 Im Rahmen des Entwurfs eines Gesetz zur Neuregelung der Telekommunikationsüberwachung und anderer verdeckter Ermittlungsmaßnahmen sowie zur Umsetzung der Richtlinie 2006/24/EG (vgl. unter III 3. d)) sollen die §§ 100a ff. StPO auch Maßnahmen ohne Wissen des Betroffenen zulassen.
764 *Burhoff* Handbuch für die strafrechtliche Hauptverhandlung, Rn. 833 ff.
765 Verneint von *LG Magdeburg* NJW 2006, 1073; *Göres* Rechtmäßigkeit des Zugriffs der Strafverfolgungsbehörden auf die Daten der Mauterfassung, in: NJW 2004, 195; a.A. *Eisenberg/Singelnstein* Zur Unzulässigkeit der heimlichen Ortung per „stiller" SMS, in: NStZ 2005, 62.

Zeitpunkt und die Dauer des Anrufs festgehalten werden können. Über § 100a StPO ist auch die so genannte **Fangschaltung** zulässig.[766]

Nach den §§ 100a ff. StPO ist nur der Fernmeldeverkehr erfasst, der über Anlagen der „Post" oder anderer Telekommunikationsanbieter stattfindet, nicht jedoch der, der über betriebsinterne oder behördeninterne Fernmeldeanlagen läuft.[767]

a) Verwertbarkeit der Erkenntnisse aus der Telefonüberwachung nach Wegfall der Katalogtat

Der Bundesgerichtshof hat sich der Problematik der Verwertbarkeit von Erkenntnissen aus der Telefonüberwachung (TÜ) nach Wegfall der Katalogtat in seiner Entscheidung vom 26.2.2003 angenommen.[768] In diesem Fall beruhte die Maßnahme der TÜ auf dem Tatvorwurf der Geldwäsche. Dem Angeklagten wurde vorgeworfen, mit einer Gruppe von polnischen Mittätern im großen Umfang Zigaretten aus osteuropäischen Staaten nach Deutschland geschmuggelt zu haben. Hier stellte sich die Frage nach der Verwertbarkeit der Erkenntnisse der TÜ, die letztlich zur Überführung der Angeklagten als Täter des gewerbs- und bandenmäßigen Schmuggels (§ 373 AO) geführt hatten. Der Senat hat dazu festgestellt, dass die TÜ nach § 100a Abs. 1 Nr. 2 StPO dann nicht auf den Verdacht der Geldwäsche gestützt werden könne, „wenn eine Verurteilung wegen Geldwäsche aufgrund der Vorrangklausel des § 261 Abs. 9 S. 2 StGB nicht zu erwarten ist und die der Geldwäsche zugrunde liegende Tat keine Katalogtat i.s.d. § 100a StPO ist"[769]. Danach ist eine TÜ wegen des Verdachts der Geldwäsche nur dann gerechtfertigt, wenn die der Geldwäsche **zugrunde liegende Tat selbst eine Katalogtat** nach § 100a StPO ist oder dies zumindest nicht auszuschließen ist. Ansonsten bestünde die Möglichkeit, darüber eine für die Schmuggeltaten unzulässige TÜ wegen des Verdachts der Geldwäsche anzuordnen, obwohl schon bei ihrer Anordnung absehbar wäre, dass infolge der Subsidiaritätsregelung des § 261 Abs. 9 S. 2 StGB eine Verurteilung wegen Geldwäsche ausscheidet. Aufgrund der tatbestandlichen Weite des Geldwäschetatbestandes, der zugleich zahlreiche nach anderen Vorschriften strafbewehrte Handlungen umfasst, könnte letztlich wegen nahezu jedes Verdachtes einer Katalogtat nach § 261 Abs. 9 S. 2 StPO die TÜ angeordnet werden. Das würde dem Willen des Gesetzgebers, der in § 100a StPO einen gegenüber § 261 Abs. 9 S. 2 StGB deutlich enger gefassten Katalog festlegte und zum Schutz des Fernmeldegeheimnisses die TÜ nur beim Vorliegen bestimmter, besonders schwerer Straftaten zulassen wollte, zuwider laufen. **398**

Dies gilt nach dem Bundesgerichtshof allerdings mit folgender Ausnahme, die eine hohe Praxisrelevanz aufweist: Ein entsprechender Verstoß gegen den Regelungsge- **399**

---

766 *Burhoff* Handbuch für die strafrechtliche Hauptverhandlung, Rn. 833b.
767 *Burhoff* Handbuch für die strafrechtliche Hauptverhandlung, Rn. 833, 833a.
768 *BGH* NStZ 2003, 1880 ff.
769 *BGH* NStZ 2003, 1880 ff.

halt des § 100a StPO ist **grundsätzlich heilbar** und führt daher nicht zur Unverwertbarkeit der aus der TÜ gewonnenen Erkenntnisse, wenn die Beweislage zum Zeitpunkt des ermittlungsrichterlichen Beschlusses den Verdacht einer anderen Katalogtat nach § 100a StPO, zum Beispiel der Mitgliedschaft in einer kriminellen Vereinigung nach § 129 StGB, gerechtfertigt hätte.[770]

b) Vorhalt von zufällig im Rahmen einer Telefonüberwachung erlangten Erkenntnissen gegenüber Dritten bei fehlender Katalogtat

400 Das OLG Karlsruhe hat in diesem Zusammenhang zudem entschieden, dass **Zufallserkenntnisse** aus einer TÜ, die einen **Dritten** betreffen, der sich selbst keiner Katalogtat verdächtig gemacht hat, dann nicht im Wege des Vorhalts verwertet werden dürfen, wenn hinsichtlich des Vorhalts die Erkenntnisquelle verschwiegen wird.

Diese Entscheidung ergänzt die Rechtsprechung des Bundesgerichtshofs[771] zur Unzulässigkeit der unmittelbaren Verwertung von Aufnahmen gemäß § 100b Abs. 5 StPO dahingehend, dass bei einer Beschuldigtenvernehmung eine derartige Aufnahme nicht vorgehalten und eine dennoch gewonnene Aussage nicht verwertet werden darf. Um das Verwertungsverbot nicht umgehen zu können, soll es außerdem unabhängig davon gelten, ob aus dem Vorhalt hervorgeht, dass es sich um Erkenntnisse aus einer TÜ handelt. Gerade für Strafverfahren, die ihren Ausgang in Zufallsfunden im Rahmen einer TÜ genommen haben, ist diese Entscheidung bedeutsam.

401 Daran schließt sich eine weitere Frage an, die vom OLG Karlsruhe[772] erörtert wurde, nämlich ob man gewonnene Erkenntnisse (unabhängig vom Vorhalt der Vernehmung) zur Basis für die **Fortsetzung der Ermittlungen** gegen den Dritten machen darf. Die rechtswidrige Erlangung des Beweismittels muss nämlich nicht zwangsläufig zur Unverwertbarkeit des Mittels im Strafverfahren führen. Das Strafprozessrecht trifft für die Rechtsfolgen eines solchen Verfahrensverstoßes keine Regelung (abgesehen vom Fall des § 136a Abs. 3 StPO). Das Verwertungsverbot richtet sich nach der Art des Verstoßes und dem zugrunde liegenden Sachverhalt.[773] So ist ein später gewonnenes Beweismittel nicht zwangsläufig deshalb unverwertbar, weil das ursprüngliche keinen Beweiswert besitzt. Unverwertbare Erkenntnisse dürfen in engen Grenzen auch zum Anlass von Ermittlungshandlungen gegen dritte Personen genommen werden. Dabei ist maßgebend, inwieweit die neuen Beweismittel ausschließlich und unmittelbar infolge der TÜ gewonnen wurden. Sofern die TÜ lediglich einen bestehenden Verdacht bestätigt und daneben ein **zusätzlicher Sachbeweis** vorliegt, der den Täter belastet, bleiben die Erkenntnisse der TÜ verwertbar, nicht jedoch, wenn die Überwachungsergebnisse der einzige Beweis gewesen wären.

---

770 Kritisch dazu *Arloth* NStZ 2003, 609 f.
771 Siehe *BGH* NJW 1978, 1390; NJW 1982, 455.
772 *OLG Karlsruhe* NJW 2004, 2687.
773 Siehe etwa *BGHSt* 32, 68.

Eine im Rahmen des **Vorhalts** bei der Vernehmung entgegen der Regelung des **402**
§ 100b Abs. 5 StPO gewonnene Erkenntnis ist unverwertbar, wenn die vorgehaltenen
Tatsachen ausschließlich und unmittelbar durch ein unverwertbares Beweismittel
belegt werden können. Im Gegensatz dazu ist eine Verwertung jedoch möglich, wenn
das Beweismittel neben anderen nur eine erkennbare Spur wäre. Gerade beim Vorhalt ist neben § 100b Abs. 5 StPO auch die Regelung des § 136a StPO bedeutsam,
auch wenn sich dies nicht explizit aus der Entscheidung des OLG Karlsruhe ergibt.
§ 136a StPO mit seiner Abgrenzung zwischen kriminalistischer List und unzulässiger Täuschung (die bei jeder Art von Lüge vorliegt) kann hier herangezogen werden
und gilt dabei nicht nur für Tatsachen, sondern auch für Rechtsfragen.[774]

Diese Rechtsprechung zur Verwertung von Zufallsergebnissen wurde vom **Bundesverfassungsgericht**[775] bestätigt, das keine Bedenken gegen die Verwendung von
Zufallserkenntnissen aus einer TÜ für weitere Ermittlungen durch die Strafverfolgungsbehörden äußerte, allerdings – wie der Bundesgerichtshof entschied – nicht im
Rahmen des Vorhalts. Dies gilt selbst dann, wenn die Tat keine Katalogtat nach
§ 100a StPO ist. Diese Zufallserkenntnisse sind zwar nicht als unmittelbare Beweismittel verwertbar, können aber zum Anlass für weitere Ermittlungen werden.[776]

c) Aktuelle Rechtsfragen

Bei der Telekommunikationsüberwachung ist anerkannt, dass die den Sicherheitsbe-   **403**
hörden zu übermittelnden Daten auch die Funkzelle und somit den **Standort** umfassen, von dem aus die jeweilige Kommunikation geführt wird. Dies ergibt sich
eindeutig aus § 7 Abs. 1 Nr. 7 TKÜV und § 96 Abs. 1 Nr. 1 TKG.

Fraglich und in der Rechtsprechung ungeklärt war jedoch, ob die Verpflichtung zur
Mitteilung der Funkzelle auch für Handys im **Stand-by-Modus** gilt. Dies wurde
mittlerweile in zahlreichen von Entscheidungen bejaht, die übereinstimmend davon
ausgehen, dass eine dem Fernmeldeverkehr unterfallende Telekommunikation kein
zwischen den Personen zustande gekommenes Gespräch voraussetzt. Dies ergibt
sich aus § 88 TKG („nähere Umstände erfolgloser Verbindungsversuche"), aus dem
allgemeinen Begriff der Telekommunikation in § 3 Nr. 22 TKG, der erweiterten
Bestimmung des § 7 Abs. 1 Nr. 7 TKÜV („empfangsbereite mobile Endgeräte") und
aus § 100a StPO, in dem der Aufenthaltsort des Beschuldigten genannt wird.[777]
Verwertbar ist zudem ein Raumgespräch des Beschuldigten mit einem Dritten in

---

774 Siehe *OLG Karlsruhe* MMR 2005, 114 ff. m. ausführlicher Anm. von *Bär.*
775 *BVerfG* NJW 2005, 2766; siehe auch *BGH* NStZ 1998, 426.
776 Vgl. *Gürtler* in Wabnitz/Janovsky 23. Kapitel Rn. 73 ff.
777 Kritisch dazu *Bernsmann/Jansen* StV 1999, 591; *Bernsmann* NStZ 2002, 103; dies dürfte
    im Hinblick auf das Gesetz zur Neuregelung der Telekommunikationsüberwachung und
    anderer verdeckter Ermittlungsmaßnahmen sowie zur Umsetzung der Richtlinie 2006/24/
    EG unstreitig sein.

einem Kfz, wenn ein Beschluss nach § 100a StPO vorlag, der Beschuldigte die von ihm begonnene Telekommunikation jedoch versehentlich nicht beendete.[778]

404 Anerkannt ist auch, dass weitergehende Maßnahmen, wie der Einsatz eines IMSI-Catchers[779] oder zusätzliche Peilungen, nicht auf § 100a StPO gestützt werden können. Unter einem **IMSI-Catcher** versteht man dabei ein Gerät, das die International Mobile Subscriber Identity (IMSI), also die weltweit eindeutige Kennung eines Teilnehmers herausfinden kann, indem es die Basisstation eines Mobilfunknetzes simuliert. Es erfasst dabei alle Geräte im Einzugsbereich dieser Station und kann dadurch das gesuchte Handy recht genau orten. Allerdings sind von der Maßnahme üblicherweise auch viele andere Teilnehmer betroffen, die sich ebenfalls im Einzugsbereich der Station befinden. Der Einsatz des Gerätes ist daher nur unter den Voraussetzungen des **§ 100i StPO** zulässig.[780]

405 Ein weiteres Problem ist die Festlegung des Umfangs des § 100b Abs. 2 StPO in Verbindung mit dem Begriff der „Rufnummer oder anderen Kennung", die nach § 3 TKG als Zeichenfolge bestimmt wird, die den Telekommunikationsnetzen zu Adressierungszwecken dient. Nach der Entscheidung des Bundesgerichtshof-Ermittlungsrichters[781] wird davon auch die Hardwaregeräte-Kennnummer (so genannte **IMEI-Nummer**[782]) beim Mobilfunk umfasst, die bei jeder Telekommunikation neben der Rufnummer übermittelt wird. Somit ist den Anforderungen an die Überwachungsanordnung genügt, wenn die IMEI-Nummer, nicht jedoch die Rufnummer von austauschbaren Handykarten angegeben wird.[783] Dem möglichen Missbrauch durch auswechselbare Handykarten kann nur über die Auslegung des § 100b Abs. 2 StPO begegnet werden. Auch wenn ein Mobilfunkteilnehmer über das so genannte „**Roaming**" auf andere Mobilfunknetze zugreifen kann, ist eine Überwachungsanordnung nach § 100b Abs. 2 StPO gegenüber dem Anbieter ausreichend, mit dem der Anschlussinhaber in einer Vertragsbeziehung steht; allerdings müssen die anderen Netzbetreiber über die Anordnung informiert werden (§ 12 TKG).[784]

406 Auch die **Kontrolle des E-Mail-Verkehrs** wirft neue Rechtsfragen auf. Das Versenden einer E-Mail erfolgt technisch in drei Schritten: Im ersten Schritt wird die

---

778 *BGH* NJW 2003, 2034 = StV 2003, 370.

779 *Gundermann* Das neue TKG-Begleitgesetz – Digitalisierte Telekommunikation und staatliche Eingriffsbefugnisse, in: K & R 1998, 54; *Fox* Der IMSI-Catcher, in: DuD 1997, 539.

780 *Bär* in Wabnitz/Janovsky 25. Kapitel Rn. 92 f. m.w.N.; derartige Maßnahmen könnten durch das Gesetz zur Neuregelung der Telekommunikationsüberwachung und anderer verdeckter Ermittlungsmaßnahmen sowie zur Umsetzung der Richtlinie 2006/24/EG ohnehin teilweise obsolet werden.

781 *BGH*-Ermittlungsrichter, MMR 1999, 99 m. Anm. *Bär*; dies wird durch das Gesetz zur Neuregelung der Telekommunikationsüberwachung und anderer verdeckter Ermittlungsmaßnahmen sowie zur Umsetzung der Richtlinie 2006/24/EG gestützt.

782 IMEI = International Mobile Equipment Identification.

783 Vgl. dazu *LG Hamburg* MMR 2002, 403 m. Anm. *Bär*.

784 *BGH* NStZ 2003, 272 = StV 2003, 4 und *BGH* wistra 2003, 70; *Bär* Handbuch zur EDV-Beweissicherung im Strafverfahren, Rn. 101 ff.

           Dannecker/Hagemeier

Nachricht über die Kommunikationsnetze vom Rechner des Absenders an den Mail-Server des Internet-Providers gesendet, bei dem der Adressat registriert ist und über ein Postfach verfügt. Im zweiten Schritt wird die Nachricht auf der Festplatte des jeweiligen Mailservers so lange gespeichert, bis der Adressat die Nachricht in einem dritten Schritt abruft und somit auf seinen Rechner überträgt. Insofern kann die Speicherung teilweise Monate andauern.[785]

Das *LG Hanau* hat entschieden, dass die Sicherstellung von E-Mail-Nachrichten grundsätzlich, also auch im Schritt zwei, nur auf der Grundlage des § **100a StPO** erfolgen darf, da die E-Mail-Kommunikation als einheitlicher Vorgang zu qualifizieren sei.[786] Dagegen wird eingewandt, dass im Schritt zwei der Kommunikationsvorgang unterbrochen sei und somit gerade keine Telekommunikation im Sinne des § 100a StPO stattfinde. So würde der Schutz des Art. 10 GG zu weit auf gespeicherte Daten ausgedehnt.[787] Sobald jedoch Daten einer Kommunikation nicht nur ganz kurzfristig zwischengespeichert werden und so auf einem Datenträger, etwa einer Mailbox oder einem Tonband, körperlich fixiert sind, muss die **Sicherstellung nach § 94 bzw. § 99 StPO** erfolgen.[788] In den Schritten eins und drei ist der Schutzbereich des Art. 10 GG tangiert, weshalb hier unstreitig eine Sicherstellung nach § 100a StPO vorgenommen werden muss.[789]

Die Rechtsfragen im Zusammenhang mit der **Internet-Telefonie** bzw. **Voice-over-IP** **407** **(VoIP)**, also die Sprachübertragung mittels Internet-Protokolls (IP), und dem bisher dadurch entstandenen begrenzt strafprozessual kontrollierbaren Raum, dürften durch das Gesetz zur Neuregelung der Telekommunikationsüberwachung und anderer verdeckter Ermittlungsmaßnahmen sowie zur Umsetzung der Richtlinie 2006/24/EG weitgehend geklärt sein.[790]

Bisher ordnete die überwiegende Meinung VoIP als Telekommunikationsdienst im Sinne des § 3 Nr. 24 TKG ein, was zum Eingreifen der §§ 108 ff. TKG hinsichtlich des Datenschutzes und etwaiger Überwachungsmaßnahmen führte.[791]

Seit der Entscheidung des Bundesgerichtshofs in der so genannten „Autotelefonentscheidung", die sich durch die Neuregelung des § 100g StPO nicht geändert hat,

---

785 *KK-Nack* § 100a Rn. 7; *Palm/Roy* Mailboxen: Staatliche Eingriffe und andere rechtliche Aspekte, in: NJW 1996, 1791.

786 *LG Hanau* NJW 1999, 3647; StV 2000, 354; *LG Mannheim* StV 2002, 242.

787 *BVerfG* NJW 2000, 55, 56 und B. v. 2.3.2006, 2 BvR 2099/04.

788 *LG Ravensburg* NStZ 2003, 325; *KK-Nack* § 100a Rn. 8; „Mailboxentscheidung" des Bundesgerichtshofs, CR 1996, 489 m. Anm. *Bär* Handbuch zur EDV-Beweissicherung im Strafverfahren, Rn. 452 ff.

789 *KK-Nack* StPO, § 100a Rn. 7; *BGH* CR 1996, 488.

790 Siehe Rn. 408.

791 *Bär* Handbuch zur EDV-Beweissicherung im Strafverfahren, Rn. 121 ff.; *Katko* Voice-over-IP, in: CR 2005, 106; *Holznagel/Bennekoh* Voice over IP – Regelungsbedarf und erste Ansätze, in: MMR 2005, 589.

bestehen auch keine rechtlichen Bedenken mehr bezüglich der Verwertbarkeit der mittels eines Auskunftsersuchens gewonnenen Erkenntnisse nach § 12 FAG in einem späteren Strafverfahren.[792]

d) Gesetz zur Neuregelung der Telekommunikationsüberwachung und anderer verdeckter Ermittlungsmaßnahmen sowie zur Umsetzung der Richtlinie 2006/24/EG

408   Der Deutsche Bundestag hat am 9.11.2007 die Umsetzung der EU-Richtlinie zur Vorratsdatenspeicherung (2006/24/EG) in deutsches Recht beschlossen, die zum 1.1.2008 durch das **Gesetz zur Neuregelung der Telekommunikationsüberwachung und anderer verdeckter Ermittlungsmaßnahmen sowie zur Umsetzung der Richtlinie 2006/24/EG** vom 21.12.2007[793] erfolgt ist. Dadurch wird teilweise auch den angesprochenen Rechtsfragen[794] Rechnung getragen. Ziel der EU-Richtlinie war jedoch in erster Linie die Vereinheitlichung der nationalen Vorschriften der EU-Mitgliedstaaten zur Speicherung von **Telekommunikationsdaten** vor dem Hintergrund einer zunehmenden Gefahr durch den Terrorismus und der Schwierigkeiten der Strafverfolgung in diesem Bereich.

Nach der Gesetzesänderung vom 21.12.2007 dürfen Telekommunikationsverkehrsdaten (nicht aber die Telekommunikationsinhalte selbst) gemäß § 97 Abs. 2 S. 2 TKG bis zu sechs Monate nach Rechnungsversendung gespeichert und zu Strafverfolgungszwecken genutzt werden (§ 113b TKG). Die Speicherung von Daten zu Abrechnungszwecken durch die Telekommunikationsunternehmen war zwar auch bisher schon für eine Dauer von sechs Monaten möglich. Allerdings mussten die Daten, wenn eine Abrechnung schon vor Ablauf dieser sechs Monaten erfolgte, sofort gelöscht werden.

409   Der **Inhalt der Kommunikation** bzw. Daten über aufgerufene Internetseiten dürfen hingegen nicht gespeichert werden. Allerdings ist eine Vorratsspeicherung zulässig für Daten, die zur Rückverfolgung und Identifizierung der Quelle einer Nachricht benötigt werden, also bei Telefonfestnetz- und Mobilfunkverbindungen Rufnummer, Name und Anschrift des Teilnehmers, bei Internetzugang, Internet-Telefonie und E-Mails die zugewiesene Benutzerkennung und Rufnummer sowie Name und Adresse des registrierten Nutzers einer IP-Adresse. Darüber hinaus werden auch Daten ge-

---

792 *BGH* NStZ 1993, 192; *BGH* NStZ 1998, 92 = wistra 1998, 66 = StV 1998, 173; *Palm/Roy* Mailboxen: Staatliche Eingriffe und andere rechtliche Aspekte, in: NJW 1996, 1796 und *LG Frankfurt* NJW 1996, 1008 zum Auskunftsersuchen im ZDF-Fall – Dr. Schneider; a.A. *Welp* Strafprozessuale Zugriffe auf Verbindungsdaten des Fernmeldeverkehrs, in: NStZ 1994, 214; *Klesczewski* Das Auskunftsersuchen an die Post – die wohlfeile Dauerkontrolle von Fernmeldeanschlüssen?, in: StV 1993, 386 und *Eisenberg/Nischan* Strafprozessualer Zugriff auf digitale multimediale Videodienste, in: JZ 1997, 82.
793 BGBl. I 2007, S. 3198.
794 Siehe Rn. 403 ff.

speichert, die den **Adressaten der Nachricht** betreffen, nämlich dessen Telefonfest-netz- oder Mobilfunkrufnummer, die Rufnummer bei einer etwaigen Rufumleitung sowie Name und Anschrift des Adressaten und bezüglich E-Mail oder Internet-Telefonie die Benutzerkennung oder Rufnummer sowie ebenfalls Name und An-schrift des Adressaten.

Des Weiteren unterliegen der Vorratsspeicherung jene Daten, die zur Bestimmung **410** von Datum, Uhrzeit und Dauer einer Nachrichtenübermittlung, etwa die An- und Abmeldung bei einem Internetzugangsdienst, benötigt werden oder die die Art der Nachrichtenübermittlung, etwa den in Anspruch genommenen Telefonanbieter oder Internetdienst, erkennen lassen. Zudem können Daten gespeichert werden, die der Bestimmung der Endeinrichtung dienen. Dies sind neben der Rufnummer bei Mobil-funkverbindungen die internationale Mobilteilnehmerkennung (**IMSI**) und die inter-nationale Mobilfunkgerätekennung (**IMEI**) sowie im Falle von vorbezahlten anony-men Diensten die Standortkennung (**Cell-ID**). Im Falle der Internetnutzung ist dies neben der Rufnummer der digitale Teilnehmeranschluss (DSL). Letztlich werden bei Mobilfunkgeräten gemäß § 111 Abs. 1 TKG auch die zur Standortbestimmung be-nötigten Daten (Cell-ID) auf Vorrat gespeichert.

Aufgrund der damit verbundenen Eingriffe in die Privatsphäre der Bürger war schon die EU-Richtlinie politisch und rechtlich umstritten. Welche Rechtsfragen ihre Um-setzung im Gesetz zur Neuregelung der Telekommunikationsüberwachung und an-derer verdeckter Ermittlungsmaßnahmen löst und welche anderen sie wiederum aufwirft, wird sich zeigen.[795]

Exkurs: Ermittlungen in EDV-Netzwerken

Das Problem bei der Durchsuchung und Beschlagnahme von EDV-Anlagen ist, dass **411** man oft nicht weiß, wo sich die jeweiligen Rechner und Datenträger tatsächlich befinden. Häufig müssen zur Ermittlung dieser Orte die Spuren der Nutzer im Internet ausgewertet werden. Außerdem ist fraglich, welche Ermächtigungsgrundla-gen bei Beweiserhebungen der Strafverfolgungsbehörden in Datennetzen einschlä-gig sind. Soweit Ermittlungsbeamte im Rahmen des so genannten „**Streifen auf dem Datenhighway**" beim Surfen im Internet für jedermann frei zugängliche Infor-mationen abrufen[796], genügt die allgemeine strafprozessuale Ermittlungsbefugnis gemäß den §§ 161, 163 StPO.[797] Eine fremde Grundrechte beeinträchtigende Zwangswirkung liegt bei einem derartigen Verhalten noch nicht vor, da der einzelne Anbieter von Informationen sich mit dem diesbezüglichen Zugriff beliebiger Dritter

795 Die Umsetzungsfrist lief nach Art. 15 Abs. 1 der Richtlinie schon am 15.9.2007 ab, durfte allerdings für die Dienste Internetzugang, Internet -Telefonie und E-Mails bis längstens zum 15.3.2009 aufgeschoben werden. Die dazu notwendige gesonderte Erklärung der Mitgliedstaaten haben 16 der 25 Mitgliedstaaten abgegeben, darunter auch Deutschland und Österreich.

796 Siehe auch die so genannten „Cyber-Cops", Internetfahnder der bayerischen Kriminal-polizei.

797 *Zöller* Verdachtslose Recherchen und Ermittlungen im Internet, in: GA 2000, 568 f.

einverstanden erklärt. Sind strafrechtlich relevante Informationen jedoch nicht mehr frei verfügbar, stoßen die Ermittler in den Datennetzen schnell an ihre Grenzen. Häufig sind Daten verschlüsselt oder nur über spezifische Zugangskennungen verfügbar. Hier würde sich der polizeiliche Ermittler selbst nach § 202 StGB strafbar machen, wenn er sich gegen den Zugriff besonders gesicherte Daten verschafft, die nicht für ihn bestimmt sind.

412
Allerdings ist gerade bei schweren Delikten ein Ermittlungserfolg häufig an einen Zugriff auf Daten gekoppelt, die sich in durch Zugangskennungen geschützten Bereichen befinden.

Eine solche Fallgestaltung lag der so genannten „**Mailboxentscheidung**" des **Bundesgerichtshofs** zugrunde, bei der man im Rahmen einer Durchsuchung einen handschriftlichen Zettel mit Anschlüssen und allen dazugehörigen Kennungen für eine Mailbox gefunden hatte, auf der man die beweiserheblichen Daten vermutete. Die Frage war dabei, ob die Ermittler sich mithilfe dieser Kennungen in die Mailbox einwählen durften, obwohl der Systembetreiber mit dem Passwort nur einer bestimmten Person den Zugriff auf die Mailbox erlauben wollte. Die Fallgestaltung ist insofern vergleichbar mit dem Betreten eines Geschäfts ohne Kenntnis des Inhabers durch den Einsatz eines Schlüssels, der einem Angestellten gehört.

Da in dieser Konstellation jedenfalls Grundrechtspositionen beeinträchtigt werden, ist fraglich, auf welche spezielle Ermächtigungsgrundlage ein solches Vorgehen gestützt werden kann. Dabei ist zu differenzieren, ob eine Maßnahme der Strafverfolgung oder der präventiv-polizeilichen Gefahrenabwehr dient.

413
Laut Bundesgerichtshof[798] sind beispielsweise bei einer länger dauernden Videoüberwachung eines Verdächtigen sowohl Ermächtigungsgrundlagen der StPO als auch des Polizeirechts einschlägig, so dass beide nebeneinander anwendbar erscheinen.[799] Dies wird allerdings in der Literatur stark kritisiert.[800] Im Einzelfall wird sich eine Differenzierung zwischen Gefahrenabwehr und Strafverfolgung nur anhand des **objektiv erkennbaren Eingriffszwecks** vornehmen lassen. Hier ist entscheidend, wie sich der Sachverhalt für einen verständigen Bürger bei natürlicher Betrachtungsweise darstellt. Kann danach keine eindeutige Aussage getroffen werden, so ist das **Schwergewicht des polizeilichen Handelns** ausschlaggebend. Im Einzelfall kann es dennoch zu einer Gemengelage aus Strafverfahrensrecht und Polizeirecht kommen, was ein „Befugnis-Hopping", also ein Wahlrecht der Polizei bezüglich der Rechtsgrundlage, aber nicht zulässt.[801]

---

798 *BGH* NStZ 1992, 44.
799 Siehe auch den Streitstand zu „doppelfunktionellen Maßnahmen" bzw. zum Bestehen einer „Gemengelage"; vgl. *Dörschuck* Doppelfunktionales Handeln des Polizeivollzugsdienstes, in: Kriminalistik 1997, 740; *Arzt* Kriminalistik 1998, 353; *Knemeyer* 74 ff.
800 *Rogall* Zur Zulässigkeit einer langfristigen Video-Überwachung der Wohnungstür eines Tatverdächtigen, in: NStZ 1992, 45 ff.; *v. Hippel/Weiß* Eingriffsqualität polizeilicher Observierungen, in: JR 1992, 316 ff.; *Gusy* Zur Zulässigkeit datenschutzrelevanter polizeilicher Observierungen nach Strafprozessrecht und Polizeirecht, in: StV 1991, 499 ff.
801 *Knemeyer* 74 ff.; so im Ergebnis auch *BVerwGE* 47, 255, 265; *Bär* in Wabnitz/Janovsky 25. Kapitel Rn. 101.

Dannecker/Hagemeier

Bei den in Betracht kommenden strafprozessualen Rechtsgrundlagen handelt es sich   **414** zunächst um den **Einsatz verdeckter Ermittler** gemäß § 110a StPO, der jedoch nur in Verbindung mit den dort genannten Katalogtaten, insbesondere beim Vorliegen von Staatsschutzdelikten, zulässig ist.

Möglich ist bezüglich der Mailbox-Entscheidung weiter die Einschlägigkeit der Durchsuchungsvorschriften nach §§ 102, 103 StPO. Problematisch ist dabei jedoch, dass sich die Ermittler beim **Datenabruf via Datenleitung** zwar in den Räumen des Verdächtigen befinden, sie aber nicht am Rechnerstandort körperlich anwesend sind. Zudem wird § 106 StPO missachtet, weil der Betroffene keine Kenntnis von der Durchsuchung hat. Dies führt nach h.M. allerdings nicht zwingend zur Unverwertbarkeit der Erkenntnisse, weil es sich hierbei um eine reine Ordnungsvorschrift handelt.[802] Anders als es die Durchsuchungsvorschriften vorsehen, geht es in dieser Fallgestaltung auch nicht um die Sicherstellung körperlicher Gegenstände. Aufgrund der fehlenden Kenntnis des Betroffenen von der Maßnahme sowie der daraus folgenden fehlenden gerichtlichen Kontrolle hat die Maßnahme einen gänzlich anderen Eingriffscharakter. Dies wird insbesondere dann deutlich, wenn bei einer solchen Maßnahme Daten im Ausland abgerufen und somit auch die **räumlichen Grenzen** der Durchsuchung überschritten werden. Insofern können nach der Bundesgerichtshofs-Entscheidung[803] die §§ 102, 103 StPO nicht zur Begründung eines Online-Zugriffs auf fremde Daten herangezogen werden.

Aus diesen Gründen kann nach Bundesgerichtshof[804] auch die so genannte „**ver-**   **415** **deckte Online-Durchsuchung**", bei welcher dem Beschuldigten ein dafür konzipiertes Computerprogramm zugespielt werden soll, das ohne seine Kenntnis die Dateien auf seinem Rechner kopiert und zur Durchsicht an die Ermittlungsbehörden weiterleitet, nicht auf § 102 StPO gestützt werden. Da die Datenübertragung von und zu einem Rechner als Fernmeldeverkehr nach Art. 10 GG zu qualifizieren ist, kann nach der Mailbox-Entscheidung des Bundesgerichtshofs die Online-Abfrage von Daten als Telekommunikation im Sinne des § 100a StPO beurteilt werden. Der wesentliche Unterschied des Falles im Vergleich zu einer herkömmlichen Telekommunikationsüberwachung liegt darin, dass die Verbindung zum Rechner durch die Sicherheitsbehörden selbst erst hergestellt wird. Daher wird der Verbindungsaufbau zu einer fremden Mailbox vom Ermittlungsrichter des Bundesgerichtshofs auch als **Eingriff in die Telekommunikation** gewertet, weshalb dafür die Voraussetzungen des § 100a StPO gegeben sein müssen. Zudem müssen die Erfordernisse des § 103 StPO erfüllt sein, also die Maßnahme auf die Daten begrenzt sein, auf die sich der Durchsuchungszweck bezieht. Weiter darf nach Auffassung des Bundesgerichtshofs auf die Daten nicht beliebig oft, sondern nur einmal zugegriffen werden.[805] Hieraus wird deutlich, dass § 100a StPO nicht als Rechtsgrundlage für den heimlichen Online-Datenabruf geschaffen ist und somit höchstens für eine Übergangsphase bis

---

802 Siehe *BGH* NJW 1983, 375 sowie *Meyer-Goßner* § 106 Rn. 1 m.w.N.

803 Siehe *BGH* NJW 1997, 1934 = CR 1996, 489 m. Anm. *Bär* in Wabnitz/Janovsky 25. Kapitel Rn. 104 f. m.w.N.

804 *BGH* NJW 2007, 930, 930 ff. m. Anm. *Hamm* = NStZ 2007, 279, 279 f. = BGHSt 51, 211 ff.

805 *Bär* in Wabnitz/Janovsky 25. Kapitel Rn. 106.

zu einer gesetzlichen Neuregelung herangezogen werden kann.[806] Soweit nach dem Bundesgerichtshof § 100a StPO als Rechtsgrundlage anwendbar ist, kommt ein Rückgriff auf die subsidiäre Ermittlungsgeneralklausel der §§ 161, 163 StPO nicht in Betracht.

416   Die bis dato einzige landesrechtliche Norm des § 5 Abs. 2 Nr. 11 Verfassungsschutz-gesetz Nordrhein-Westfalen (VSG), die allerdings nicht der Polizei, sondern der Verfassungsschutzbehörde Online-Durchsuchungen erlaubte, ist vom **Bundesver-fassungsgericht**[807] für verfassungswidrig erklärt worden. In seinem Urteil hat das Bundesverfassungsgericht entschieden, dass eine heimliche Online-Durchsuchung nur beim Vorliegen tatsächlicher Anhaltspunkte einer Gefahr für ein überragend wichtiges Rechtsgut verfassungsrechtlich zulässig ist; die **Rechtsgüter von überra-gender Wichtigkeit** sind namentlich Leib, Leben und Freiheit der Person sowie „solche Güter der Allgemeinheit, deren Bedrohung die Grundlage oder den Bestand des Staates oder die Grundlagen der Existenz der Menschen berührt".[808] Diese auf den ersten Blick recht hohen Anforderungen an einen Eingriff erfahren dadurch eine erhebliche Relativierung, dass im Rahmen der Gefahrenprognose für eines dieser Rechtsgüter ein Zugriff auf das informationstechnische System auch dann möglich ist, wenn sich nicht mit hinreichender Wahrscheinlichkeit feststellen lässt, dass die Gefahr in näherer Zukunft eintritt, sofern bestimmte Tatsachen auf eine im Einzelfall drohende Gefahr für eines der überragend wichtigen Rechtsgüter hinweisen.[809]

Die grundsätzliche Möglichkeit der **heimlichen Infiltration eines informati-onstechnischen Systems** wird damit bejaht, allerdings sind die verfassungsrechtli-chen Anforderungen an eine entsprechende Ermächtigung zu beachten und die einzelne Maßnahme ist unter den Vorbehalt der richterlichen Anordnung zu stel-len.[810] Ein besonderes Augenmerk ist dabei auf den Schutz des **Kernbereichs privater Lebensgestaltung** zu legen. Da dessen Tangierung durch die Ermittlungs-maßnahme zumeist nicht ausgeschlossen werden kann, sind entsprechende verfah-rensrechtliche Vorkehrungen zu treffen. Gerade die Heimlichkeit der Maßnahme und die daraus resultierenden mangelnden Abwehrmöglichkeiten des Betroffenen[811] er-fordern darüber hinaus eine besonders sorgfältige Abwägung im Rahmen der Ver-

---

806 Siehe auch *Palm/Roy* Der BGH und der Zugriff auf Mailboxen, in: NJW 1997, 1905 und *Zöller* Verdachtslose Recherchen und Ermittlungen im Internet, in: GA 2000, 574; a.A. jedoch *Vassilaki* Die Überwachung des Fernmeldeverkehrs nach der Neufassung der §§ 100a, 100b StPO, in: JR 2000, 447 und *Kudlich* Der heimliche Zugriff auf Daten in einer Mailbox: ein Fall der Überwachung des Fernmeldeverkehrs? in: NJW 1997, 1934; *ders.* JuS 1998, 214.
807 *BVerfG* U. v. 27.2.2008 – 1 BvR 370/07 u. 1 BvR 595/07.
808 *BVerfG* U. v. 27.2.2008 – 1 BvR 370/07 u. 1 BvR 595/07 –, Absatz-Nr. 247.
809 *BVerfG* a.a.O., Absatz-Nr. 251.
810 *BVerfG* a.a.O., Absatz-Nr. 257.
811 Das *BVerfG* spricht hier vom „vollständigen Kontrollverlust" des Betroffenen gegenüber einem Eingriff in den Kernbereich seiner privaten Lebensgestaltung, a.a.O., Absatz-Nr. 275.

hältnismäßigkeit. Wenn sich die Ermächtigungsgrundlage auf Maßnahmen beschränkt, durch welche die Inhalte und Umstände der laufenden Telekommunikation im Netz erhoben bzw. darauf bezogene Daten ausgewertet werden, muss der Eingriff an Art. 10 Abs. 1 GG gemessen werden.[812] Der Schutzbereich des Art. 10 Abs. 1 GG ist allerdings dann nicht tangiert, wenn die Nutzung des informationstechnischen Systems als solches überwacht wird oder die Speichermedien des Systems durchsucht werden. Auch Art. 13 Abs. 1 GG ist hier nicht einschlägig,[813] vielmehr greift das allgemeine Persönlichkeitsrecht, das Art. 2 Abs. 1 i.V.m. Art. 1 Abs. 1 GG gewährleistet und welches auch die informationelle Selbstbestimmung schützt, ein.[814] Inwieweit diese Vorgaben bei der Schaffung einer StPO-Norm zur Ermöglichung von Online-Durchsuchungen vom Gesetzgeber berücksichtigt werden, bleibt jedenfalls abzuwarten.

Es kommen immer mehr neue technische Ermittlungsmöglichkeiten zum Einsatz, **417** deren rechtliche Zulässigkeit häufig noch nicht abschließend geklärt ist. Hier ist zunächst das Versenden von so genannten „**Spitzel-SMS**" zur Aufenthaltsermittlung zu nennen. Dabei werden auf das Handy des Täters verdeckte SMS gesendet, um Verbindungsdaten zu erzeugen, die nachher beim Provider abgefragt werden können. Aus Ermittlersicht wird das Versenden der Spitzel-SMS auf § 100a bzw. § 100f Abs. 1 Nr. 2 StPO gestützt, wohingegen die spätere Ortung nach § 100g StPO vorgenommen werden kann.[815] Nach dem Gesetz zur Neuregelung der Telekommunikationsüberwachung und anderer verdeckter Ermittlungsmaßnahmen sowie zur Umsetzung der Richtlinie 2006/24/EG, nach dem die Telekommunikationsanbieter Daten zur Aufenthaltsermittlung zu Strafverfolgungszwecken bereitstellen müssen, dürfte diese Problematik allerdings weitgehend obsolet sein.[816]

Weitere Ermittlungsmöglichkeiten sind der Einsatz von **Cookies oder Trojanern** **418** auf dem Rechner des Täters, mit deren Hilfe unterschiedlichste Handlungen bis hin zum Auslesen der gesamten Festplatte vorgenommen werden können. Mittels so genannter „**Keylogger**" kann jede Eingabe in den fremden Rechner mitprotokolliert und an die Sicherheitsbehörden übertragen werden. Da in allen diesen Fällen jedoch keine Überwachung der Telekommunikation stattfindet, kann nicht auf § 100a StPO zurückgegriffen werden. Allerdings kommt eine Bezugnahme auf § 100f Abs. 1 Nr. 2 StPO in Betracht, da hier, vergleichbar mit einer Videoüberwachung, das Vorgehen des Täters beobachtet wird.[817]

---

812 *BVerfG* a.a.O., Absatz-Nr. 184.
813 *BVerfG* a.a.O., Absatz-Nr. 191 ff.
814 Vgl. *BVerfG* a.a.O., Absatz-Nr. 201.
815 Die Zulässigkeit dieses Vorgehen ist strittig, siehe *Tiedemann* Die „stille SMS" – Überwachung im Mobilfunk, in: K&R 2004, 63 und *Eisenberg/Singelnstein* Zur Unzulässigkeit der heimlichen Ortung per „stiller" SMS, in: NStZ 2005, 62.
816 Vgl. Rn. 408 ff.
817 Zu diesen und anderen neuen Ermittlungsmethoden siehe *Bär* Handbuch zur EDV-Beweissicherung im Strafverfahren Rn. 290 ff.

IV. Berücksichtigung von Verteidigungsinteressen, Pflichtverteidigung

1. Stellung und Funktion des Verteidigers in Wirtschaftsstrafsachen

a) Besonderheiten bei Wirtschaftsstrafsachen

419   Aufgrund der zunehmenden Professionalität der Strafverfolgungsbehörden sowie einer Tendenz der Rechtsprechung, Geschäftsleitungsorgane verstärkt in die strafrechtliche Verantwortung zu nehmen, gewinnt auch die Rolle des Verteidigers in Wirtschaftsstrafsachen immer mehr an Bedeutung.[818] Die **Kernaufgaben des Verteidigers** bestehen dabei darin, als Organ der Rechtspflege die Gesetzlichkeit des Verfahrens sicherzustellen und zugunsten seines Mandanten entlastende Umstände zu ermitteln und im Prozess vorzubringen. Seine Parteilichkeit stößt allerdings dort an Grenzen, wo er sich nicht mehr der prozessual erlaubten Mittel bedient und sich selbst wegen Strafvereitelung strafbar macht.[819]

420   Einer der wesentlichsten Grundsätze der Verteidigertätigkeit besteht in seiner Unabhängigkeit gegenüber der Justiz und anderen staatlichen Institutionen, aber auch gegenüber seinem Mandanten. Gerade in Wirtschaftsstrafsachen ist diese **Unabhängigkeit** häufig problematisch. Wenn etwa der Geschäftsführer einer GmbH nach § 84 Abs. 1 Nr. 2 GmbHG tatverdächtig ist und der Verteidiger die GmbH vor der Einleitung des Strafverfahrens insolvenzrechtlich beraten hat, dürfte er nunmehr nicht mehr unabhängig sein und sollte das Mandat beenden, da er befürchten muss, möglicherweise selbst der Beihilfe beschuldigt zu werden. Auch wenn der Großteil des Kanzleiumsatzes auf Mandaten eines einzelnen Auftraggebers basiert, ist die Unabhängigkeit gefährdet, da nicht auszuschließen ist, dass der Verteidiger aus wirtschaftlichen Interessen nicht mehr frei entscheiden kann.[820]

421   Üblicherweise wird der Strafverteidiger erst dann beauftragt, wenn „das Kind in den Brunnen gefallen ist", das heißt, wenn ein Ermittlungsverfahren bereits eingeleitet wurde. Das wird der Stellung des Verteidigers in Wirtschaftsstrafsachen allerdings nicht ganz gerecht. Er sollte im Rahmen einer Art **Risikomanagement** schon vorher im Unternehmen beratend tätig werden, um strafrechtliche Risiken bereits im Vorhinein auszuschließen. Die Anforderungen an strafrechtliche Präventionsmaßnahmen sind durch das Gesetz zur Kontrolle und Transparenz im Unternehmensbereich (KonTraG)[821] von 1998 schon deutlich erhöht worden. So wurde darin etwa der Vorstand einer AG dazu verpflichtet, ein geeignetes Risikomanagement-System

---

818 Siehe Erdal-Entscheidung in *BGHSt* 37, 106 ff.
819 *BGHSt* 38, 111, 115; *Krekeler* Strafrechtliche Grenzen der Verteidigung, in: NStZ 1989, 146; *Meyer-Goßner* Vor § 137 Rn. 1.
820 *Dierlamm* in Wabnitz/Janovsky 27. Kapitel Rn. 5.
821 BGBl. I 1998, S. 786.

einzurichten.[822] Versäumt der Vorstand dies, so kann er sich persönlich schadensersatzpflichtig machen. Auch der Aufsichtsrat hat auf die Einrichtung eines solchen Systems hinzuwirken. Gemäß §§ 289 Abs. 1, 315 Abs. 1 HGB ist über die Risiken der künftigen Entwicklung im Lagebericht der Gesellschaft zu berichten. Der Abschlussprüfer bewertet schließlich das System und erstattet Bericht. Es wird hier deutlich, dass man ohne solche Präventionsmaßnahmen, über die man wirtschaftsstrafrechtlich beraten werden muss, vor einem Strafverfahren nicht sicher sein kann.[823]

Große Wirtschaftsstrafsachen stoßen häufig in der Öffentlichkeit und in den Medien auf starkes Interesse, was dazu führen kann, dass Mandanten insbesondere in der Boulevardpresse zur Steigerung der Auflage bloßgestellt werden und die rechtliche Würdigung des Falles in sachfremder Weise vorgenommen wird. Der Verteidiger muss im **Umgang mit den Medien** besondere Sensibilität walten lassen und folgende Grundsätze beachten: **422**

In erster Linie muss ihm der Schutz des Mandanten am Herzen liegen, weshalb er sich in **Diskretion und Zurückhaltung** üben und nicht der Versuchung erliegen sollte, vor der Presse als „Starverteidiger" aufzutreten. Diesbezüglich ist auch das Werbeverbot nach § 43b BRAO zu berücksichtigen, das Werbung nur insoweit erlaubt, als sie über die Tätigkeit in Form und Inhalt sachlich unterrichtet und nicht auf die Erteilung eines Mandats im Einzelfall gerichtet ist.[824]

Der Verteidiger sollte auch jeden Anschein einer **Beeinflussung des schwebenden Verfahrens** durch die Presse vermeiden, weil dies zu einem Vertrauensverlust gegenüber der Justiz, insbesondere hinsichtlich der Unabhängigkeit der Richter, führt, was auch dem eigenen Mandanten schadet.

Mandatsbezogene Informationen dürfen vom Verteidiger ohnehin nur bei einer entsprechenden Entbindung des Verteidigers von der **anwaltlichen Schweigepflicht** durch den Mandanten weitergegeben werden.[825]

Bei Auskünften an die Presse ist außerdem einzukalkulieren, dass die Medienvertreter die Informationen zugunsten einer „guten Story" möglicherweise leicht abwandeln und so dem Mandanten Schaden zufügen. Insofern bietet es sich unter Umständen an, eine **schriftliche Presseerklärung** herauszugeben, die den Unternehmensstandpunkt kurz und sachlich darstellt. Eine solche Presseerklärung könnte etwa den Inhalt haben, dass die Vorwürfe derzeit geprüft würden, man aber von der Unschuld des beschuldigten Mitarbeiters ausgehe. Der Beschuldigte selbst sollte sich dabei nicht zur Sache äußern, weil dies als Beweismittel gegen ihn verwendet werden könnte. Zudem sollte man auch eine Presseerklärung unterlassen, die nicht den **423**

---

822 *Windolph* Risikomanagement und Riskcontrol durch das Unternehmensmanagement nach dem Gesetz zur Kontrolle und Transparenz im Unternehmensbereich, in: NStZ 2000, 522.
823 *Dierlamm* in Wabnitz/Janovsky 27. Kapitel Rn. 7.
824 *BGH* U. v. 15.3.2001 – I ZR 337/98; *OLG Köln* U. v. 29.7.1998 – 6 U 66/98.
825 Vgl. dazu auch Rn. 354 ff.

Tatsachen entspricht. Eine gute Alternative ist häufig eine gemeinsame Presseerklärung der Staatsanwaltschaft, des Gerichts und der Verteidigung, die das Medieninteresse etwas beschwichtigen kann.

424 Wenn im Einzelfall die Bloßstellung des Mandanten das akzeptable Maß überschreitet, stellt sich für den Verteidiger die Frage, ob **presserechtliche Gegenmaßnahmen** wie zivilrechtliche Schadenersatzansprüche, Berichtigungsansprüche in Gestalt von Gegendarstellung und Widerruf oder Unterlassungsansprüche bzw. strafrechtliche Maßnahmen wie ein Strafantrag oder eine Strafanzeige nach §§ 185 ff. StGB ergriffen werden sollten. Insbesondere der Mandant wird möglicherweise darauf hinwirken. Dabei ist jedoch zu beachten, dass solche Maßnahmen in der Praxis keine großen Erfolgsaussichten haben. Im Übrigen besteht hier die Gefahr, dass diese Maßnahmen als weitere Angriffsfläche für die Medienvertreter dienen. Außerdem kann eine negative zivilrechtliche Entscheidung auch in das Strafverfahren einfließen. Insofern sollte man ein presserechtliches Vorgehen gut mit dem Mandanten beraten und gegebenenfalls einen darauf spezialisierten Kollegen hinzuziehen.

b) Sockelverteidigung

425 Unter einer Sockelverteidigung versteht man die Entwicklung einer **von allen Beschuldigten getragenen Verteidigungsstrategie,** etwa wenn sich die Verteidigung nur auf bestimmte rechtliche oder tatsächliche Ausführungen stützt. Es geht also um ein Verfahren mit mehreren Beschuldigten und mehreren Verteidigern. Häufig einigt man sich darauf, dass sich die Verteidigung allein gegen bestimmte objektive Tatbestandselemente richtet, sich ausschließlich auf Fragen der Rechtswidrigkeit oder Schuld beschränkt oder die individuelle Verantwortung einzelner Beschuldigter in den betreffenden Hierarchieebenen nicht berücksichtigt wird.

426 Die Sockelverteidigung soll die individuellen Verteidigungsstrategien koordinieren, Widersprüche vermeiden und so die **Gesamtverteidigung optimieren.** Die Risiken einer Sockelverteidigung bestehen darin, dass sich der Verteidiger im Spannungsverhältnis zwischen den Interessen seines Mandanten und den Interessen der Gruppe befindet. Hier gilt es zu beachten, dass im Zweifel das Interesse des eigenen Mandanten Vorrang hat und die Unabhängigkeit des Verteidigers gewahrt bleiben muss, was unter Umständen dazu führen kann, dass der Verteidiger nach Beratung mit dem Mandanten aus der Gruppe ausscheiden und in die Einzelverteidigung übergehen muss.

Die Ermittlungsbehörden versuchen in der Praxis häufig, einzelne **Beschuldigte aus dem Sockel „herauszulösen",** etwa indem einem der Beschuldigten eine Einstellung nach § 153a Abs. 1 StPO angeboten wird, wenn er die anderen Beschuldigten mit einem (Teil-)Geständnis belastet. Bei einer solchen Entscheidung muss der Verteidiger frei und sich der Endlichkeit der Sockelverteidigung bewusst sein.[826] Der

---

826 *Richter* Sockelverteidigung, in: NJW 1993, 2152, 2156.

Dannecker/Hagemeier

Verteidiger, der sich an die Absprachen zur Sockelverteidigung nicht mehr gebunden fühlt, muss dies allerdings den anderen Verteidigern sofort mitteilen, damit sie ihre Verteidigungsstrategie entsprechend umstellen können.[827] Es hat sich in der Praxis jedoch gezeigt, dass ein solches Auseinanderbrechen der Sockelverteidigung eher die Ausnahme bildet.

Besonders wichtig ist es, den **Mandanten** in die Sockelverteidigung vollumfänglich **427** **einzubinden** und über die Strategien genau zu informieren, damit er nicht den Eindruck gewinnt, dass über seinen Kopf hinweg gehandelt wird.[828] Dies würde nämlich zu einem erheblichen Vertrauensverlust führen und seinem Recht auf umfassende Information widersprechen. Insofern darf es auch keine interne Absprache unter den Verteidigern geben, den oder die Mandanten über bestimmte Gegebenheiten (vorerst) nicht zu informieren. Außerdem ist zu beachten, dass es einen groben Standesverstoß darstellt, wenn man zum Mandanten eines Verteidigerkollegen direkten Kontakt aufnimmt, weil dies mit der Pflicht der kollegialen Rücksichtnahme im Widerspruch steht.[829]

c) Unternehmensvertretung

Sofern sich Ermittlungen zunächst gegen „Verantwortliche und Mitarbeiter der X **428** AG" richten und somit eine Verteidigerbestellung für einzelne Verdächtige noch nicht sinnvoll ist, sollte ein **Unternehmensanwalt** beauftragt werden, damit keine kostbare Zeit verloren geht. Dieser führt die Korrespondenz mit den Ermittlungsbehörden und kann ihnen gegebenenfalls eine Unternehmensstellungnahme zu den erhobenen Vorwürfen übermitteln. Er kann das Unternehmen außerdem im Rechtsmittelverfahren gegen Zwangsmaßnahmen wie Durchsuchung oder Beschlagnahme oder in Bußgeldverfahren nach § 30 OWiG bzw. in verwaltungsrechtlichen Annexverfahren vertreten.

Sobald die Staatsanwaltschaft einzelne Beschuldigte benannt hat, kann der Unter- **429** nehmensanwalt die Verteidigung durch Bestellung weiterer Verteidiger und Zeugenbeistände koordinieren. Ein so genanntes **Doppelmandat**, das eine Einzelverteidigung und zugleich die Vertretung des Unternehmens zum Gegenstand hat, ist zwar grundsätzlich nach § 146 Abs. 1 StPO möglich, kann aber im Einzelfall zu einer zunächst unvorhersehbaren Interessenkollision zwischen den Unternehmensinteressen und den Interessen des Mandanten führen. Im Unternehmensstrafrecht gibt es nämlich häufiger den Fall, dass die strafrechtlichen Interessen einzelner Beschuldigter den zivilrechtlichen oder öffentlich-rechtlichen Interessen des Unternehmens zuwiderlaufen, was bei einem Doppelmandat dazu führen würde, dass der Verteidiger beide Mandate niederlegen müsste. Aus diesem Grund sollte von einem Doppel-

---

827 *Richter* NJW 1993, 2152, 2156.
828 *Richter* NJW 1993, 2152, 2156.
829 *Dierlamm* in Wabnitz/Janovsky 27. Kapitel Rn. 23.

mandat genauso abgesehen werden wie von der Verteidigung des Unternehmens und einzelner Beschuldigter innerhalb einer Sozietät, weil auch hier der Anschein der Interessenkollision zu vermeiden ist.[830]

Häufig wird der Unternehmensanwalt darum ersucht, den Ermittlungsbehörden zur Klärung der Organisationsstruktur des Unternehmens ein **Organigramm** auszuhändigen. Um Durchsuchungen und Zeugenbefragungen dazu zu vermeiden, sollte diesem Ersuchen freiwillig nachgekommen werden.

2. Recht zur Stellung von Beweisanträgen

430 Eines der effektivsten Mittel des Verteidigers zur Einflussnahme auf den Umfang der Beweisaufnahme ist der Beweisantrag. Damit kann er das Gericht dazu bringen, Tatsachen zur Kenntnis zu nehmen, die für den Angeklagten sprechen. Außerdem kann über den Beweisantrag herausgefunden werden, wie die **richterliche Beweiswürdigung** aussieht. Der Beweisantrag lässt sich auch taktisch dazu einsetzen, um über einen drohenden Revisionsgrund das Gericht unter Druck zu setzen. Da es für den Verteidiger von Vorteil ist, abschätzen zu können, wie das Gericht die Beweisaufnahme wertet und aus welchen Gründen es einen Beweisantrag ablehnt, kann es günstig sein, über die Stellung weiterer Anträge die Beweisaufnahme in die gewünschte Richtung zu lenken. Dabei muss der Verteidiger aber berücksichtigen, dass manche Beweisanträge zu **Prozessverzögerungen** führen können, die für den Mandanten ungünstig sind, etwa weil dieser in Untersuchungshaft sitzt. Allerdings sind zeitraubende und umfangreiche Beweisaufnahmen häufig auch ein Grund für eine einvernehmliche Erledigung des Verfahrens. Dies muss der Verteidiger im Einzelfall gegeneinander abwägen.

a) Inhalt des Beweisantrags

431 Der Beweisantrag soll eine möglichst genau bezeichnete **zu beweisende Tatsache** und ein **bestimmtes Beweismittel** beinhalten. Der Verteidiger muss die Beweistatsache dabei zwar bestimmt behaupten, aber nicht ihre Wahrheit versichern. Vielmehr kann er als Beweistatsachen auch Tatsachen benennen, die er nur vermutet oder für möglich hält.[831] Einer Begründung des Beweisantrags bzw. einer Bezeichnung der Informationsquellen bedarf es allerdings nicht. Unter Umständen kann es sinnvoll sein, eine Begründung hinzuzufügen, insbesondere dann, wenn dem Gericht der Sinn der Beweisführung erst erschlossen werden soll.

---

830 Zur Zulässigkeit der Verteidigung mehrerer Beschuldigter durch Wahlverteidiger einer Anwaltssozietät: *BVerfGE* 43, 79, 89 ff.; *BGH* NStZ 1994, 490; *OLG Karlsruhe* NStZ 1999, 212 m. abl. Anm. *Stark.*
831 *BGHSt* 21, 118; StV 1989, 287; 1993, 233.

Dannecker/Hagemeier

b) Form des Beweisantrags

Grundsätzlich muss der Beweisantrag **mündlich** gestellt und in das Hauptverhand- **432**
lungsprotokoll aufgenommen werden (§§ 273 Abs. 1, 274 StPO). In der Regel wird
der Beweisantrag jedoch schriftlich vorbereitet, verlesen und dann zur Akte gereicht.
Der Beweisantrag muss ordnungsgemäß **protokolliert** werden, daher sollte der
Verteidiger sich den protokollierten Antrag vom Protokollbeamten nochmals vorle-
sen lassen. Zur schriftlichen Ausarbeitung des Beweisantrags kann es für den Verteidiger zur sorgfältigen Formulierung des Antrags notwendig sein, eine Sitzungsunter-
brechung zu beantragen.

c) Zeitpunkt der Antragstellung

Beweisanträge müssen **in der Hauptverhandlung** gestellt werden. Außerhalb der **433**
Hauptverhandlung gestellte Anträge sind keine Beweisanträge und daher in der
Hauptverhandlung zu wiederholen. Innerhalb der Hauptverhandlung können sie **bis
zur Verkündung des Urteils** gestellt werden.[832] Eine möglichst späte Antragstellung ist insofern vorteilhaft, als sich Gericht und Staatsanwaltschaft dann nicht auf
den Inhalt des Beweismittels einstellen können. Beispielsweise ist es unvorteilhaft,
wenn ein Zeuge aussagt, der Angeklagte habe an einem bestimmten Tag zu einer
bestimmten Uhrzeit eine Straftat begangen, und zum Vernehmungszeitpunkt schon
ein Beweisantrag auf Vernehmung eines Alibizeugen vorliegt. Dann nämlich würde
dem Belastungszeugen die Aussage des Alibizeugen vorgehalten, was dazu führen
würde, dass dieser seine Aussage dahingehend korrigieren könnte, dass die Straftat
etwa möglicherweise schon eine Woche oder einen Tag früher stattgefunden hätte,
was das Gericht in der Regel gerne akzeptiert. Grundsätzlich ist aber eine möglichst
frühzeitige Beweisantragstellung zu empfehlen; etwas anderes gilt nur für die
Fälle, in denen das Beweismittel einen erheblichen Beweiswert hat und bei zu früher
Stellung eine „Bearbeitung" des Beweismittels durch das Gericht oder die Staatsanwaltschaft droht.[833]

d) Beweisermittlungsantrag

Der Unterschied zwischen einem Beweisantrag und einem Beweisermittlungsantrag **434**
ist, dass bei Letzterem der Antragsteller die Beweistatsache nicht kennt oder das
Beweismittel nicht bezeichnen kann.[834] Insofern bezweckt er die Erforschung von
nützlichem Beweismaterial und die **Vorbereitung eines Beweisantrags**[835] und beinhaltet den Anspruch des Antragstellers auf die Erfüllung der **gerichtlichen Aufklä-**

---

832 *BGHSt* 21, 118; *KG* StV 1991, 59.
833 *Ferner* in Bittmann § 37 Rn. 60.
834 *BGHSt* 30, 131.
835 *BGH* NStZ 1985, 205.

rungspflicht gemäß § 244 Abs. 2 StPO. Der Antrag ist nach § 273 Abs. 1 StPO zu protokollieren. Gegen eine Ablehnung durch den Vorsitzenden kann nach § 238 Abs. 2 StPO das Gericht angerufen werden, das dann im Rahmen seiner Sachaufklärungspflicht entscheidet. Dabei hat das Gericht jedoch ein umfangreicheres Ermessen als beim Beweisantrag, so dass ein Beweisermittlungsantrag jedenfalls in den Fällen abgelehnt werden kann, in denen auch ein Beweisantrag abgelehnt werden kann. Die Reaktion auf eine Beweisanregung steht im Ermessen des Gerichts; es bedarf im Ablehnungsfall keines förmlichen Bescheides.

e) Ablehnungsbeschluss

435 Der Vorsitzende kann im Rahmen seiner Sachleitungsbefugnis die Beweisaufnahme allein und ohne Begründung anordnen. Die Ablehnung eines Beweisantrags muss durch einen **Gerichtsbeschluss** erfolgen, der in der Hauptverhandlung bekannt zu machen, zu protokollieren und zu begründen ist (§ 244 Abs. 6 StPO). Die Begründung muss dabei so konkret sein, dass es dem Antragsteller möglich ist, seine weitere Verhandlungsführung darauf einzustellen, und das Revisionsgericht in die Lage versetzt wird, den Beschluss auf Rechtsfehler zu überprüfen.[836] Die Entscheidung ist vor dem Ende der Beweisaufnahme bekanntzugeben.

Wenn die **Beweiserhebung unzulässig** ist, muss der Beweisantrag zwingend abgelehnt werden (§ 244 Abs. 3 S. 1 StPO). Ansonsten darf ein Beweisantrag nur abgelehnt werden, wenn die Beweiserhebung offenkundig überflüssig ist, die zu beweisende Tatsache bedeutungslos oder schon erwiesen ist, das Beweismittel völlig ungeeignet oder unerreichbar ist, wenn der Antrag zum Zwecke der Prozessverschleppung gestellt wurde oder wenn eine beweiserhebliche Behauptung zugunsten des Angeklagten als wahr unterstellt werden kann (§ 244 Abs. 2 S. 2 StPO).

f) Präsente Beweismittel

436 Sofern Beweismittel präsent sind, also zur sofortigen Beweiserhebung zur Verfügung stehen, sind die Ablehnungsmöglichkeiten des Gerichts beschränkt. Nach § 245 Abs. 1 StPO ist unabhängig von einem Beweisantrag Beweis zu erheben bei allen vom Gericht geladenen und in dieser Eigenschaft erschienenen Zeugen und Sachverständigen sowie bei den vom Gericht oder der Staatsanwaltschaft zu Beweiszwecken herbeigeschafften Beweismitteln.[837]

---

836 *BGHSt* 1, 29; 2, 284.
837 *BGHSt* 37, 172; *BGH* StV 1995, 567.

Dannecker/Hagemeier

3. Einzelfragen zur Akteneinsicht

a) Rechte des Beschuldigten bei Versagung der Akteneinsicht im Ermittlungsverfahren

Die Neufassung des § 147 StPO[838] sieht bei Versagung der Akteneinsicht durch die **437** Staatsanwaltschaft in den in § 147 Abs. 5 2 StPO genannten Fällen den Rechtsbehelf des **Antrags auf gerichtliche Entscheidung** nach Maßgabe des § 161a Abs. 3 S. 2–4 StPO vor. Die Zuständigkeit für die Gewährung von Akteneinsicht liegt somit beim Landgericht, in dessen Bezirk die Staatsanwaltschaft ihren Sitz hat (§ 161a Abs. 3 S. 2 StPO), was dazu führt, dass auch in den Fällen, in denen die Anfechtung entsprechender Entscheidungen bereits nach bisherigem Recht möglich war, ein **einheitlicher Rechtsweg nach § 161a Abs. 3 S. 2–4 StPO** eröffnet wurde.[839] Im Vorverfahren stehen dem Beschuldigten ansonsten gegen ablehnende Verfügungen der Staatsanwaltschaft neben der **Gegenvorstellung** und **Dienstaufsichtsbeschwerde** keine Rechtsmittel zur Verfügung.[840]

Da § 147 Abs. 5 S. 2 StPO nunmehr festlegt, dass in den übrigen Fällen ein Rechts- **438** behelf nicht gegeben ist, kommt auch ein Antrag nach §§ 23 ff. EGGVG nicht in Betracht, womit der nach altem Recht geführte Streit obsolet ist.[841] Auch im Falle einer **willkürlichen Versagung** der Akteneinsicht[842] kommt eine Ausnahme von diesem Grundsatz nicht in Betracht, weil § 147 Abs. 5 S. 2 StPO n.F. hier nur (noch) Rechtsschutz in analoger Anwendung des § 161a Abs. 3 StPO zulässt. Die vom Bundesgerichtshof entwickelten Leitsätze[843] zur Frage des Rechtsschutzes im Rahmen einer Anordnung nach § 98 Abs. 2 StPO, nach denen die im Hinblick auf diese Frage auftretenden Probleme aus Gründen der klaren Rechtswegzuweisung und des effektiven Rechtsschutzes bei einem Gericht zu konzentrieren sind, stellen dies klar. Da das gemäß § 147 Abs. 5 S. 2 i.V.m. § 161a Abs. 3 StPO zuständige Gericht ohnehin schon zur Entscheidung über die dort bezeichneten Fälle berufen ist und daher über die größte Sachverhaltsnähe verfügt, liegt es nahe, vorliegend auf dieses Gericht zurückzugreifen.

b) Das Recht zur Akteneinsicht im Ausgangsverfahren nach Verfahrenstrennung

Nach Abtrennung und Anklageerhebung gegen einen von mehreren Beschuldigten, **439** gegen die zuvor im Rahmen eines staatsanwaltschaftlichen Ermittlungsverfahrens wegen eines gemeinsamen Tatkomplexes ermittelt wurde, hat das Gericht in dem

---

838 In Kraft seit 1.11.2000.
839 BT-Drs. 13/9718, S. 37 f.; *OLG Frankfurt a.M.* NStZ-RR 2005, 376 f. m.w.N.
840 *Meyer-Goßner* § 147 Rn. 40; KK-*Laufhütte* § 147 Rn. 24.
841 *Meyer-Goßner* § 147 Rn. 40.
842 *BGH* NStZ-RR 1996, 40.
843 *BGHSt* 44, 265 ff. = NJW 1999, 730; *BGHSt* 45, 183 ff. = NJW 1999, 3499.

abgetrennten Verfahren weder die Pflicht zur Aktenbeiziehung, noch besteht ein Recht des Angeklagten auf Akteneinsicht bezüglich des Ausgangsverfahrens, solange in jenem Verfahren die Ermittlungen nicht abgeschlossen sind und die Erteilung der Akteneinsicht den Untersuchungszweck nach **pflichtgemäßer Beurteilung** der Staatsanwaltschaft gefährden würde.[844] Der Bundesgerichtshof[845] begründet auch dann ein zeitweiliges Hindernis für das Akteneinsichtsrecht des Verteidigers nach § 147 Abs. 2 StPO, wenn gegen den Beschuldigten ein weiteres, noch nicht abgeschlossenes Verfahren durchgeführt wird, das mit dem Verfahren, in dem bereits Anklage erhoben wurde, im Zusammenhang steht. Allein die Tatsache der Anklageerhebung in einem Verfahren rechtfertigt es nicht, das Kriterium der Gefährdung des Untersuchungszwecks in einem weiteren, zu einem „Gesamtkomplex" zählenden Ermittlungsverfahren von vornherein zurücktreten zu lassen.[846]

440 Gleiches gilt auch nach der Abtrennung eines zuerst gegen mehrere Beschuldigte geführten Ermittlungsverfahrens und Anklageerhebung gegen einen von diesen Beschuldigten. Dies gilt jedenfalls dann, wenn keine Anhaltspunkte dafür vorliegen, dass die Anklageerhebung missbräuchlich erfolgte bzw. sich aus den Akten des noch nicht abgeschlossenen Ausgangsverfahrens keine Anhaltspunkte für Umstände ergeben, die für die angeklagte Tat bedeutsam und im abgetrennten Verfahren nicht bekannt sind. Ein sofortiges Entfallen der Beschränkung der Akteneinsicht gemäß § 147 Abs. 2 StPO im vorliegenden Fall würde dem Gesichtspunkt der Verfahrensbeschleunigung widersprechen und zu widersinnigen Ergebnissen führen.[847]

c) Die Beschuldigtenanhörung vor Erteilung der Akteneinsicht an den Verletzten

441 Das Bundesverfassungsgericht[848] hat betont, dass einem Beschuldigten vorab rechtliches Gehör zu gewähren ist, wenn einem **Verletzen Akteneinsicht** gewährt werden soll. Im entschiedenen Fall waren den Anwälten von Kleinaktionären ohne vorherige Anhörung des Beschuldigten im Ausgangsverfahren gemäß § 406e StPO verschiedene Aktenteile zur Einsicht von der Staatsanwaltschaft übermittelt worden. Nachdem ihre Beschwerde zum Landgericht als unzulässig verworfen worden war, rügten die Beschwerdeführer eine Verletzung ihrer Rechte nach Art. 2 Abs. 1, 12 Abs. 1 und 19 Abs. 4 GG. Obwohl das Bundesverfassungsgericht die Sache nicht zur Entscheidung annahm, wies es ausdrücklich darauf hin, dass die über die Akteneinsicht entscheidende Staatsanwaltschaft grundsätzlich dann zu einer Anhörung des von der Akteneinsicht betroffenen Beschuldigten oder Dritten verpflichtet

---

844 *BGHSt* 49, 317.
845 *BGHSt* 49, 317 = NJW 2005, 300.
846 *Gürtler* in Wabnitz/Janovsky 23. Kapitel Rn. 81.
847 *Gürtler* in Wabnitz/Janovsky 23. Kapitel Rn. 81.
848 Zu § 475: *BVerfG* NStZ-RR 2005, 242; zu § 406e: *BVerfG* StraFo 2007, 23.

Dannecker/Hagemeier

ist, wenn die Erteilung der Akteneinsicht zugleich einen Eingriff in die Grundrechtspositionen des Betroffenen bedeutet.[849]

Die Instanzgerichte verlangen nicht nur, dass ein Antragsteller ein **berechtigtes Interesse** gerade **an konkreten Aktenteilen** darlegt[850] und dass nach dem Stand der Ermittlungen zumindest ein hinreichender Tatverdacht bejaht werden kann, da ansonsten das Interesse des Betroffenen an einer Wahrung seiner Informations- und Datengeheimnisse überwiege.[851] **442**

Nach § 475 Abs. 1 S. 2 StPO sind Auskünfte und Akteneinsicht zu versagen, wenn **schutzwürdige Interessen des Beschuldigten** überwiegen.[852] Damit soll ein Gleichlauf zu § 406e StPO hergestellt werden.[853] Da der Staatsanwalt in diesen Fällen gerade nicht der Sachwalter des Beschuldigten ist, ist die vorherige Anhörung des Beschuldigten geboten.[854] **443**

d) Einsicht in sog. „Spurenakten"

Umstritten ist, ob das in § 147 StPO geregelte Akteneinsichtsrecht auch Spurenakten einschließt. Bei diesen Akten handelt es sich um Unterlagen, die zwar tatbestandsbezogene Sachverhaltsüberprüfungen oder Personenüberprüfungen enthalten, allerdings nicht aufgrund eines Verfahrens gegen den Beschuldigten entstanden sind. Soweit der Inhalt dieser Akten auch für die **Schuldfeststellung** des im vorliegenden Verfahren Betroffenen oder für die **Rechtsfolgenfestsetzung** bedeutsam sein kann, ist nach richtiger Auffassung auch hier Akteneinsicht zu gewähren. Eine teilweise vertretene Auffassung geht davon aus, dass sich das Einsichtsrecht, ohne Rücksicht auf das vorliegende Verfahren, auf alle Spurenakten bezieht.[855] **444**

4. Besonderheiten der Pflichtverteidigung

Wenn ein Angeschuldigter noch keinen Verteidiger hat, wird ihm in den Fällen **der notwendigen Verteidigung** gemäß § 140 Abs. 1 und Abs. 2 StPO ein Pflichtverteidiger bestellt.[856] Ob der Angeklagte dabei über ausreichende finanzielle Mittel zur **445**

---

849 Darstellung der Gründe und Einordnung der Entscheidung des BVerfG bei *Wallau* FS Dahs, S. 509 ff.; *Koch* FS Hamm S. 289 ff.
850 *LG Frankfurt/Main* StV 2003, 495; *LG Kassel* StraFo 2005, 428 m. Anm. *Kempf/Durth*; *Meyer-Goßner* § 475 Rn. 2; *Riedel/Wallau* NStZ 2003, 393.
851 *LG Stade* StV 2001, 159; *LG Köln* StraFo 2005, 78; *LG Dresden* StV 2006, 13; *Riedel/Wallau* NStZ 2003, 393; a.A. *LG Mühlhausen* wistra 2006, 76.
852 *Meyer-Goßner* § 475 Rn. 3 m.w.N.
853 Krit. *Koch* FS Hamm S. 289, 297 unter Hinweis auf *LG Dresden* StV 2006, 11, 13; *LG Bochum* NStZ 2006, 720.
854 BVerfG NStZ-RR 2005, 242; StraFo 2007, 23; *Wallau* FS Dahs S. 509 ff.; *Koch* FS Hamm S. 289, 298; a.A. *LG Dresden* StV 2006, 11; KK-*Franke* § 478 Rn. 3 m.w.N.
855 *Niemeyer* in: Müller-Gugenberger/Bieneck, § 11 Rn. 85.
856 Zusammenfassend *Mehle* NJW 2007, 969; *Burhoff* Handbuch für die strafrechtliche Hauptverhandlung, Rn. 643 ff. mit Beispielen und w.N.

Bezahlung eines Wahlverteidigers verfügt, ist dabei unwesentlich;[857] vielmehr wird der Beschuldigte, der nur bemakelte Vermögenswerte besitzt, einem mittellosen Beschuldigten nach Bundesgerichtshof[858] gleichgestellt. Die Beiordnung eines Verteidigers (oder mehrerer Verteidiger) ist gesetzlich nicht vorgesehen, aber zulässig, und kann auch **neben mehreren Wahlverteidigern** angezeigt sein, wenn der sichere Fortgang der Hauptverhandlung anders nicht gewährleistet werden kann oder die Schwierigkeit oder Komplexität des Falles es gebietet.[859] Man spricht hier auch von der so genannten „Zwangsverteidigung", die grundsätzlich im Interesse der effektiven Strafrechtspflege in Kauf zu nehmen ist und zumeist sowohl für den Mandanten als auch für den Wahlverteidiger unter dem Gesichtspunkt der Arbeitsteilung von Vorteil ist.[860]

446   Der Verteidiger kann dabei (nur auf Antrag der Staatsanwaltschaft) schon im Vorverfahren, muss aber **spätestens zur Anklageerhebung** bestellt werden. Ausnahmsweise kann auch eine spätere Bestellung erforderlich sein, etwa bei einer Nachtragsanklage, wenn die Tat sich erst in der Hauptverhandlung als Verbrechen oder besonders schwieriger Fall zeigt.[861] Eine rückwirkende Bestellung ist nach h.M. jedenfalls unzulässig und unwirksam.[862]

Besonders in Wirtschaftsstrafsachen kommt es häufig vor, dass Rechtsanwälte, die zuerst als **Wahlverteidiger** tätig waren, ihr Mandat niederlegen und beantragen, **zum Pflichtverteidiger** bestellt zu werden. Aufgrund des zum Mandanten bestehenden Vertrauensverhältnisses wird diesem Antrag in der Regel stattzugeben sein. Bei einem entgegen § 142 Abs. 1 S. 1 StPO außerhalb des Gerichtsbezirks zugelassenen Verteidiger gilt dies allerdings nur, wenn ein **besonderes Vertrauensverhältnis** vorliegt.[863]

447   Die **Verteidigerbeiordnung** kann der Angeklagte mangels Beschwer nicht anfechten. Gegen die Beiordnung eines Pflichtverteidigers neben einem Wahlverteidiger, ebenso gegen die Ablehnung eines darauf gerichteten Antrags sowie gegen die Ablehnung der Bestellung generell hat der Angeklagte ein **Beschwerderecht nach § 304 Abs. 1 StPO** (der nicht beigeordnete Rechtsanwalt dagegen hat ebenso wie der Wahlverteidiger kein Beschwerderecht).[864]

Falls sich ein Wahlverteidiger meldet, kann die **Pflichtverteidigung** nach § 143 StPO **zurückgenommen** werden. Eine Entpflichtung des Pflichtverteidigers dage-

---

857 *EGMR* EuGRZ 1992, 542.
858 *BGHSt* 47, 68, 75; a.A. *Nestler* StV 2001, 642.
859 Siehe dazu *Meyer-Goßner* § 141 Rn. 1a m.w.N.
860 *Burhoff* Handbuch für die strafrechtliche Hauptverhandlung Rn. 649 ff. mit Beispielen und w.N.
861 *Meyer-Goßner* § 141 Rn. 4 und 5 m.w.N.
862 *Meyer-Goßner* § 141 Rn. 8 m.w.N.
863 *Burhoff* Handbuch für die strafrechtliche Hauptverhandlung, Rn. 649, geht davon aus, dass dieses Verhalten berufswidrig ist und dazu führen kann, dass dem Verteidiger gemäß § 145 Abs. 4 StPO die Kosten auferlegt werden.
864 *Meyer-Goßner* § 141 Rn. 9 ff. m.w.N.

gen kommt nur unter hohen Voraussetzungen in Betracht. Hier müssen die Umstände des Einzelfalls auf eine ernsthafte Gefahr für den ordnungsgemäßen Verfahrensablauf schließen lassen. Dies kann etwa beim Vorliegen eines gestörten Vertrauensverhältnisses zwischen Pflichtverteidiger und Mandant gegeben sein.[865]

V. Übernahme verfahrensfremder Ergebnisse

1. Private Ermittlungen des Geschädigten

a) Inhalt

Private Ermittlungen des Geschädigten, also Ermittlungen, die in Eigeninitiative vorgenommen werden, sind vor allem im Bereich der **Wirtschaftsdelikte** von erheblicher praktischer Bedeutung, weshalb es nicht verwunderlich ist, dass Privatdetekteien ihre Tätigkeitsschwerpunkte auf dem Gebiet des Kapital- und Anlagebetrugs, der Betriebsspionage sowie der Wirtschaftsdelikte mit Auslandsbezug haben. Hauptkunden sind dabei neben Unternehmen, die ihre verdächtigen Mitarbeiter überprüfen lassen, Kreditinstitute und große Gläubiger, insbesondere aus dem Baubereich. **448**

Entsprechende Recherchen führen außerdem häufig auch Wirtschaftsprüfungsgesellschaften, andere Sachverständige, Unternehmensangehörige und qualifiziertes Sicherheitspersonal durch Gegenstand solcher Ermittlungen ist die Gewinnung von täter- und tatspezifischen Informationen, die **Beschaffung von entsprechenden Beweismitteln** und das Auffinden von Diebesgut und verschwundenen Vermögenswerten.

Der Vorteil privater Ermittlungen ist gerade im Bereich der Wirtschaftsstrafsachen, dass das Vorgehen geheim und diskret vor sich gehen kann. Unternehmensintern fühlen sich die verdächtigen Mitarbeiter weiter sicher, können so leichter überführt werden und haben daher kaum die Möglichkeit, Beweise zu vernichten; in der Außenwirkung des Unternehmens kommt es zu keinem Imageschaden und nicht zu Verunsicherungen von Kunden oder Lieferanten. Private Recherchen können aber auch zur Vorbereitung der Anzeigeerstattung oder zur Unterstützung der Ermittlungsbehörden erfolgen.[866] **449**

b) Zulässigkeit und Grenzen

Da die Regelungen der Strafprozessordnung nicht die privaten Ermittler betreffen, so dass deren Ermittlungstätigkeit gesetzlich nicht ausdrücklich geregelt ist, sind die Grenzen und die Zulässigkeit der privaten Recherchen problematisch. Gerade wenn „Privatfahnder" mittels Täuschung oder Zwang an ihre „Beweise" und Informatio- **450**

---

865 *Burhoff* Handbuch für die strafrechtliche Hauptverhandlung, Rn. 650 ff. mit vielen Beispielen und w.N.
866 *Wagner* in Wabnitz/Janovsky 28. Kapitel Rn. 15 f.

nen kommen, ist die **Verwertbarkeit** im späteren Verfahren zweifelhaft. Zudem kann es durch ein solch unprofessionelles Vorgehen, das durch den Erfolgsdruck und die wirtschaftliche Abhängigkeit der Privatermittler gefördert wird, zu einer Behinderung der Ermittlungen der Strafverfolgungsorgane kommen; man spricht in diesem Zusammenhang zuweilen auch von einer **„Verschmutzung der Erkenntnisquellen"**[867].

451   Im Gegensatz zu den allgemein anerkannten und juristisch aufgearbeiteten Ermittlungsbefugnissen des Strafverteidigers[868] sind Zulässigkeit und Grenzen privater Ermittlungen kaum Gegenstand der wissenschaftlichen Diskussion.[869] In der Praxis behilft man sich bei der Festlegung dieser Grenzen mit einem analogen Rückgriff auf die zahlreichen arbeitsrechtlichen Entscheidungen zu den **Befugnissen des Detektivs am Arbeitsplatz**; auch der Verband für Sicherheit in der Wirtschaft e.V.[870] befasst sich mit dieser Problematik. Grundsätzlich sind Privatermittlungen zu Strafverfolgungszwecken nicht verboten. Dennoch ist umstritten, ob man sich bei der Frage, ob Anzeige erstattet werden soll bzw. wenn der Privatermittler als eine Art „verlängerter Arm"[871] des Rechtsanwalts tätig wird, auf das „gefährliche Terrain" privater Ermittlungen begeben kann.

452   Eine überwiegende Meinung tendiert hier mit Blick auf die Stellung des Geschädigten als eines selbstständigen Verfahrensbeteiligten, den Befugnissen des Verletztenanwalts gemäß § 406 f. StPO und der unabhängig davon bestehenden Offizialmaxime dazu, Beschränkungen abzulehnen und teilweise sogar ein Recht auf eigene Ermittlungen zu befürworten.[872] Die **Grenzen** solcher Ermittlungen sind da, wo sie mit den Rechten der Betroffenen kollidieren. Sie werden also durch das materielle Recht und dabei vor allem durch das Strafgesetzbuch, durch strafrechtliche Nebengesetze und das **allgemeine Persönlichkeitsrecht** beschränkt. Der Schutzbereich des allgemeinen Persönlichkeitsrechts, das ein sonstiges Recht im Sinne des § 823 Abs. 1 BGB ist, umfasst insbesondere die Privat- und Intimsphäre, die persönliche Ehre, das Recht am eigenen Wort und Bild sowie das Recht auf informationelle Selbstbestimmung. Bei der Auslegung ist die Einwirkung der Grundrechte zu beachten.[873] Das Bundesdatenschutzgesetz hingegen bildet mangels Einschlägigkeit keine Schranke für private Ermittlungen.[874]

Der ermittelnde Rechtsanwalt muss jedoch bei seiner Tätigkeit die Bundesrechtsanwaltsordnung und die Berufsordnung beachten und unterliegt daher insbesondere

---

867 *Hassemer/Matussek* DS. 25.
868 *BGH* NJW 2000, 1277 f. m.w.N.; *Hassemer/Matussek* S. 12 ff.; *Bockemühl* S. 38.
869 So *Mende* S. 27 u. 70 ff.
870 Weitere Informationen zum Landesverband Baden-Württemberg unter www.vsw-bw.com.
871 *Hassemer/Matussek* S. 9 ff.
872 *Wagner* in Wabnitz/Janovsky 28. Kapitel Rn. 19.
873 *Wagner* in Wabnitz/Janovsky 28. Kapitel Rn. 20.
874 *Bockemühl* S. 59 ff.

einem **Täuschungs- und Zwangsverbot**. Zudem gelten für ihn bei einer Zeugenbefragung dieselben Förmlichkeiten wie für einen Verteidiger.[875]

Zusätzlich kann die private Ermittlungstätigkeit durch **staatliche Gegeninteressen** nach § **164 StPO** beschränkt werden; dies erfordert allerdings, dass zur privaten Recherchetätigkeit ein störender Charakter im Sinne des § 164 StPO hinzutreten muss. Über die Drittwirkung der Grundrechte können sich auch verfassungsrechtliche Grundsätze beschränkend auf die private Ermittlungstätigkeit auswirken. Hier kommt vor allem die Garantie der Menschenwürde nach Art. 1 Abs. 1 GG in Betracht.[876] **453**

Zur Begründung eines Rechts auf eigene Ermittlungen ist auch an ein mögliches Eingreifen von Rechtfertigungsgründen wie Notwehr, Notstand, die erlaubte Selbsthilfe, das vorläufige Festnahmerecht und bei einem Eingriff in das allgemeine Persönlichkeitsrecht des Betroffenen das Vorliegen überwiegender berechtigter Allgemeininteressen zu denken. Gerade bei lang andauernden Observationen der verdächtigen Mitarbeiter, beim Aushorchen durch heimliche Lauschzeugen ohne technische Hilfsmittel, bei einer Durchsuchung von Schreibtischen, Spinden oder der Kleidung des verdächtigen Mitarbeiters bzw. bei Befragungen von Mitarbeitern außerhalb des Unternehmens, die rufschädigend wirken können, ist allerdings eine **Güter- und Interessenabwägung** vorzunehmen.[877] Ein wichtiges Kriterium bei einer solchen Abwägung ist, ob die Ermittlungshandlung offen, also nicht heimlich, oder verdeckt durchgeführt wird, bzw. ob dabei technisch gestützte Methoden zum Einsatz kommen oder nicht.[878] Hier gilt, dass verdeckte Ermittlungen als schwerere Eingriffe in die Betroffenenrechte zu werten sind als offene Recherchen. Heimliche, durch technische Maßnahmen gestützte private Ermittlungshandlungen, etwa mittels Telefon- oder Videoüberwachung bzw. durch die Anbringung von Wanzen, sind nach der Strafprozessordnung jedoch grundsätzlich nicht zulässig. **454**

c) Verwertbarkeit der Ergebnisse

Einer Verwertung rechtmäßig erlangter Beweismittel im Straf- und Zivilprozess steht grundsätzlich nichts entgegen. Ausnahmsweise kann etwas anderes gelten, wenn die Verwertung der **ursprünglichen Zweckgebundenheit des Beweismittels** widerspricht und es somit zu einem Eingriff in den unantastbaren Kernbereich des Art. 1 Abs. 1 S. 2, Abs. 3 GG käme; hier ist eine Verwertung ausgeschlossen.[879] **455**

Die Verwertung von Ermittlungsergebnissen aus „**Vernehmungen**" von **Angehörigen** des Beschuldigten unterliegt dem Rechtsgedanken des § 252 StPO, so dass eine

875 *Dierlamm* in Wabnitz/Janovsky 27. Kapitel Rn. 63.
876 *Bockemühl* S. 49 ff.
877 *Krey* Zur Problematik privater Ermittlungen durch den Verletzten einer Straftat, S. 51 ff.
878 *Krey* S. 51 ff.; *Bockemühl* S. 61 ff.
879 *Krey* 101; *Eisenberg* 330 ff.; *Bockemühl* S. 116 ff.

Verwertung der gegenüber dem Geschädigtenvertreter gemachten „vernehmungs-ähnlichen" Angaben ausgeschlossen ist, wenn sich der Zeuge in der Hauptverhand-lung auf sein Zeugnisverweigerungsrecht beruft.

456 Werden im Rahmen von privaten Ermittlungen die genannten Schranken überschrit-ten, so sind die Ermittlungshandlungen rechtswidrig, was allerdings nicht zwangs-läufig zu einer **Unverwertbarkeit** der Ermittlungsergebnisse führt.[880] Bei der Beur-teilung der Verwertbarkeit rechtswidrig erlangter privater Ermittlungsergebnisse handelt es sich nämlich um eine **rechtliche Grauzone.**[881] Grund dafür ist zum einen, dass sich die Beweisverbote der StPO nicht gegen Privatpersonen richten. Zum anderen sollen durch das rechtswidrige Verhalten der Privatermittler die sich recht-mäßig verhaltenden Strafverfolgungsorgane und das Strafverfahren selbst nicht ne-gativ beeinflusst werden. Das Ermittlungsergebnis kann nach h.M. nur ausnahms-weise dann nicht verwertet werden, wenn die entsprechende private Ermittlungs-handlung in äußerst menschenrechtswidriger Weise erfolgte oder einen schweren **Eingriff in die Menschenwürde** darstellte.[882] Gleiches gilt, wenn bei einem Eingriff in das allgemeine Persönlichkeitsrecht nach Art. 2 Abs. 1 GG in Verbindung mit Art. 1 Abs. 1 GG nach einer Abwägung aller Umstände des Einzelfalls, insbesondere des Tatvorwurfs und der Schwere des Eingriffs, ein **überwiegendes Allgemeininte-resse an der Strafverfolgung nicht bejaht** werden kann.[883]

2. Eigene Ermittlungen des Verteidigers

457 Um weitere Entlastungsbeweise für den Mandanten zu gewinnen, kann es für den Verteidiger notwendig sein, eigene Ermittlungen anzustellen. In der Praxis kommt dabei insbesondere die **Vernehmung von Zeugen** in Betracht. Der Verteidiger sollte darüber Protokoll führen und den Zeugen vorab über seine Rechte, vor allem darü-ber, dass er gegenüber dem Verteidiger keine Aussage machen muss, belehren. Empfehlenswert ist zudem, eine dritte Person bei der Befragung hinzuzuziehen, um schon im Vorhinein dem Vorwurf der Zeugenbeeinflussung zu begegnen. Der Man-dant dagegen sollte bei der Anhörung nicht anwesend sein. Gerade in der wirtschafs-strafrechtlichen Praxis wird die Zeugenbefragung durch den Verteidiger oft in An-wesenheit eines anwaltlichen Zeugenbeistandes vorgenommen, der insbesondere den wichtigen und sensiblen Zeugen beraten kann.[884]

---

880 *BGH* NJW 1989, 2760 f.; *Krey* Zur Problematik privater Ermittlungen durch den Verletz-ten einer Straftat, S. 98 Fn. 181 m.w.N.; *Essankandari* Die rechtliche Problematik der (rechtswidrigen) Beschaffung (steuerlich) relevanter Informationen durch Dritte gegen Bezahlung, in: DStZ 1999, 322 ff.
881 *Mende* S. 26 m.w.N.
882 *Eisenberg* S. 395 ff. m.w.N.
883 *Eisenberg* S. 397 ff.; KK-*Senge* Vor § 48 Rn. 52.
884 *Dierlamm* in Wabnitz/Janovsky 27. Kapitel Rn. 63.

Teil 2
Verteidigung in der Unternehmenskrise

Thomas Knierim

A. Insolvenzverschleppung

I. Einführung in die anwaltliche Beratung

1. Typische Beratungsthemen

a) Strafrechtliche Situationsanalyse

In Unternehmenskrisen stellen sich den Unternehmensorganen, ausgehend von der **458** Pflicht zur Unternehmensführung, Fragen der Risikoerkennung und Risikobeherrschung (als Teile des Risikomanagements) von Existenzkrisen, der Sanierung in einer existenzbedrohenden Phase und der alternativen Unternehmensverwertung. Geht die Unternehmenskrise in eine Insolvenzphase über, muss die Unternehmensleitung über eine rechtzeitige Insolvenzantragstellung, die Masseerhaltung und eine möglichst umgehende und vollständige Betriebsübergabe an den Insolvenzverwalter nachdenken. Das strafrechtliche Spektrum von Pflichtverstößen reicht von der klassischen Insolvenzverschleppung über Betrug, Untreue, Vorenthalten von Sozialversicherungsbeiträgen bis hin zu den Modalitäten einer Teilnahmehandlung von Beratern an derartigen Delikten.[1] Terminologisch[2] werden unterschieden:[3]

Insolvenzstraftaten im engeren Sinne	Insolvenzstraftaten im weiteren Sinne	
Bankrotthandlungen, §§ 283–283d StGB	Unterlassen der Einberufung der Gesellschafterversammlung bei Verlusten in Höhe der Hälfte des Grund- oder Stammkapitals (§ 401 Abs. 1 Nr. 1 AktG, § 84 Abs. 1 Nr. 1 GmbHG, § 148 Abs. 1 Nr. 1 GenG)	**459**

---

1 *BGH* NStZ 2000, 34; *Wessing* Insolvenz- und Strafrecht – Risiken und Rechte des Beraters und Insolvenzverwalters, in: NZI 2003, 1; *ders.* Strafbarkeitsgefährdungen für Berater, in: NJW 2003, 2265.

2 LK-*Tiedemann* Vor § 283 Rn. 2 m.w.N.

3 Die Einteilung ist nicht einheitlich; Insolvenzverschleppung wird häufig auch zu den Insolvenzdelikten im weiteren Sinne gerechnet, so *Weyand/Diversy* Rn. 14; *Leipold/Böttger* in Volk § 18 Rn. 10.

Insolvenzstraftaten im engeren Sinne	Insolvenzstraftaten im weiteren Sinne
Insolvenzverschleppung, § 15a Abs. 4 InsO (bis 31.10.2008: § 401 Abs. 1 Nr. 2 AktG a.F., § 84 Abs. 1 Nr. 2 GmbHG a.F., § 148 Abs. 1 Nr. 2 GenG a.F. und § 130b HGB a.F.); Sonderdelikte nach § 55 KWG, § 141 VAG	Betrug gegenüber Unternehmenskäufern, Firmenbestattungen, Lieferanten-, Wechsel- und Scheckbetrug, Lastschriftbetrug, Sozialversicherungsbetrug (§§ 263, 266a StGB)
Besserstellungen, §§ 288, 289 StGB[4]	Kreditbetrug (§§ 263, 265b StGB) Subventionsbetrug (§§ 263, 264 StGB) Versicherungsbetrug (§§ 263, 265 StGB) Untreue (§ 266 StGB) Urkundenfälschung (§ 269 StGB) Falsche Versicherung an Eides Statt (§ 156 StGB) Steuerhinterziehung (§§ 370 ff. AO) Vorenthalten von Arbeitnehmeranteilen zur Sozialversicherung (§ 266a StGB)

460 Ob ein Unternehmen **Insolvenz anmelden** muss, hängt nicht nur von der gesetzlich begrenzten Pflicht zur Insolvenzantragstellung ab, sondern auch von der wirtschaftlich komplexen Situation, in der sich das Unternehmen aus Sicht seiner Geschäftsleiter befindet. Wenn es über kein verwertbares Vermögen und keine flüssigen Mittel (mehr) verfügt, wenn Kredite gekündigt sind und ein Gläubiger bereits Insolvenzantrag gestellt oder aufgrund eines Zahlungstitels die Abgabe der eidesstattlichen Versicherung des Geschäftsführers gemäß § 807 ZPO beantragt hat, ist die Wahrscheinlichkeit eines Gangs zum Insolvenzgericht hoch. Aber nicht alle Fälle sind einfach. Häufig ist die Lage diffus, geht die Frage einher mit den Chancen und Risiken eines Prozessverfahrens, mit schwierigen arbeitsrechtlichen Streitigkeiten oder mit einer Erörterung hoher überfälliger Forderungen, von deren Bezahlung die Bedienung der Verbindlichkeiten und damit die Zahlungsfähigkeit abhängt. Hier wird es nötig sein, den Mandanten über die konkrete Unternehmenssituation zu befragen, ihn über seine Handlungspflichten im Krisenfall aufzuklären und auf die Folgen einer Pflichtverletzung aufmerksam zu machen. Erst danach (und vielleicht erst nach weiteren Klärungen) kann eine Prognose im Hinblick auf die Insolvenzantragspflicht gewagt werden.

---

4 Diese Delikte werden selten erwähnt, da sie auch außerhalb einer Insolvenz praktische Bedeutung haben. Sie stellen regelmäßig Vorstufen zu Bankrotthandlungen dar.

Das Gespräch könnte nach folgender Checkliste verlaufen: **461**

I. Befragung über die Unternehmenssituation

1. Fragen nach der finanziellen Ordnung des Unternehmens
   * Gibt es eine funktionierende Liquiditätsplanung?
   * Wie werden Kosten und Gewinne einzelner Projekte kalkuliert?
   * Wie geht das Unternehmen mit Krediten um?
   * Werden überfällige Forderungen im Wege des Factoring vorfinanziert?
2. Fragen nach Krisenanzeichen
   * Befindet sich das Unternehmen in einer strategischen Krise?
   * Besteht bereits eine Erfolgskrise?
   * Ist eine Unterbilanz eingetreten, das Stammkapital um mehr als die Hälfte aufgezehrt?
   * Haben die Gesellschafter der Gesellschaft statt Kapital nur noch Darlehen gewährt?
   * Ist eine Liquiditätskrise eingetreten?
3. Fragen nach einer Überschuldung/Zahlungsunfähigkeit
   * Deckt das Firmenvermögen bei unterstellter Firmenfortführung die Verbindlichkeiten?
   * Kann bei einer Liquidation von Vermögensteilen genügend Liquidität für die Bezahlung der aktuell offen stehenden, fälligen Forderungen erzielt werden?
   * Ist das Unternehmen bereits zahlungsunfähig?

II. Beratung des Geschäftsleiters

1. Pflicht zur Sanierung und zur Sanierungsfähigkeitsanalyse
2. Pflicht zu Sofortmaßnahmen zur Beseitigung der Insolvenzreife
3. Pflicht zur Einberufung der Gesellschafterversammlung
4. Pflicht zum Schutz des Stammkapitals
5. Pflicht zur Stellung des Insolvenzantrages
6. Pflicht zur Masseerhaltung
7. Pflicht zur Bezahlung von Sozialversicherungsbeiträgen und Steuern

III. Warnung des Geschäftsleiters

1. Persönliche Haftung für Pflichtverletzungen gegenüber der Gesellschaft
2. Persönliche Haftung für vertragliche Pflichten (Kreditsicherheiten)
3. Abgabenrechtliche Verantwortung des Geschäftsleiters
4. Strafrechtliche Verantwortung
5. Gewerbeuntersagungsverfahren

In den folgenden Abschnitten werden die einzelnen Besprechungspunkte erläutert. **462** Dabei kann entsprechend der Konzeption dieses Buches nur ein grober Überblick gegeben werden. In einschlägigen Sanierungs- und Krisenratgebern finden sich zahlreiche weitergehende Hinweise.[5]

---

5 Bspw. *Wiester* Die GmbH in der Unternehmenskrise, München 2006.

b) Prüfungsaufgaben des strafrechtlichen Beraters/Verteidigers

463 Der strafrechtliche Berater/Verteidiger steht in einer Krisensituation und natürlich erst recht, wenn ein Insolvenzgrund bereits feststellbar ist, in einem vertragsrechtlichen Dilemma: Er muss damit rechnen, dass Honorarzahlungen aus der (künftigen) Insolvenzmasse heraus an ihn einem Anfechtungsrecht der Insolvenzverwaltung unterliegen. Außerdem kann er durch einen falschen Rat oder eine Beteiligung an einer fremden Tat auch selbst Adressat der Bankrottstraftatbestände werden. Deshalb ist der Verteidiger oder (im Vorfeld eines Ermittlungsverfahrens) ein strafrechtlicher Berater gehalten, Folgendes zu prüfen:

464 **Mandatsziel:** Das Ziel, das mit dem Mandanten vereinbart wird, sollte zwischen beiden Vertragspartnern schriftlich festgelegt werden, zumindest aber Teil eines Informations- und Belehrungsschreibens an den Mandanten sein. Genügt die Erteilung eines Rechtsrats, soll eine konkrete verfahrensbezogene Tätigkeit entfaltet werden, muss u.U. ein drohendes Verfahren abgewendet werden oder soll gar rechtsgestaltend beraten werden? Die Vereinbarung oder das Informationsschreiben kann die erteilten Informationen bestätigen und die konkreten Absprachen und zugleich die gesprächsweise erteilten Hinweise und Warnungen dokumentieren.

465 **Mandatsplanung:** Im nächsten Schritt sollte der Verteidiger sich Gedanken machen, wie der Ablauf des Mandats geplant werden soll, wer die erforderlichen Informationen beschafft, mit welchen Gesprächspartnern Kontakt aufzunehmen ist, wer die erhaltenen Informationen und Nachweise bearbeitet und diese zielorientiert für das Verfahren oder für die Weiterverwendung durch den Mandanten einsetzt. Hierher gehören auch der etwaige Abschluss einer Honorarvereinbarung und die Anforderung eines berufsüblich angemessenen Kostenvorschusses. Verfügt der Mandant über keine hinreichenden Mittel, gehören hierher die Überlegungen für PKH- und Beratungshilfeanträge. Steht ein Anfechtungstatbestand der InsO im Raum, müsste geklärt werden, wie eine Anfechtung vermieden werden kann.

466 **Anwaltliches Vorgehen:** Besteht das Mandatsziel im Vorfeld einer Insolvenzverschleppung in der Vermeidung einer Strafbarkeit, so kommt nicht immer nur der Rat zum einfachen Unterlassen einer geplanten Handlung in Betracht. Oft ist nach legalen Alternativen zu suchen. Anders als bei behördlichen Genehmigungsverfahren, in denen man eine Voranfrage für einen hypothetischen Sachverhalt stellen kann, kommt eine Anfrage bei der Staatsanwaltschaft, wie diese ein mögliches Verhalten strafrechtlich beurteilen würde, kaum in Betracht. Daher wird der strafrechtliche Berater sich um eine möglichst vollständige Klärung der Sachgrundlagen, meist notwendigerweise unter Hinziehung des Steuerberaters oder Wirtschaftsprüfers des Mandanten, bemühen. Erst danach kann ein konkreter Rat erteilt werden, der letztlich auch dem Mandanten hilft, da dieser sich auf eine ordnungsgemäße, auf vollständiger Tatsachengrundlage erteilte, vertretbare Rechtsauskunft verlassen darf.

Besteht das Mandatsziel in einer Vertretung oder Verteidigung im Ermittlungs- oder **467** Hauptverfahren, so wird im Normalfall eine telefonische oder schriftliche Vertretungsanzeige an die Ermittlungsbehörde verbunden mit der **Vollmachtsvorlage** und einem **Akteneinsichtsantrag** geboten sein. Die Akteneinsicht folgt je nach Auftrag aus § 147 StPO (Verteidigung), § 406e StPO (Geschädigtenvertretung) oder §§ 477, 478 StPO (Nebenbeteiligte, sonstige Interessen). Unternehmen sind regelmäßig als Betroffene einer (möglichen) Einziehung oder eines Verfalls auch **Nebenbeteiligte** am Verfahren gemäß §§ 442 Abs. 2, 440 Abs. 3, 432 StPO. Ihnen steht dann schon aus dieser Stellung heraus ein Anhörungs-, Informations- und Akteneinsichtsrecht zu.

2. Klärung der Unternehmenssituation

In der Anwaltsberatung wird es sodann darauf ankommen, die Existenzrisiken des **468** Unternehmens und die rechtlichen Risiken aus der bestehenden Krisensituation zu erfahren. Es würde den Umfang des Buches sprengen, diese Themen im Einzelnen darzulegen.[6] Daher soll die folgende Checkliste genügen:

---

1. Fragen nach der finanziellen Ordnung des Unternehmens
   a) Liquiditätsplanung
   b) Kosten-/Gewinnsituation
   c) Umgang mit Krediten
   d) Forderungsmanagement

2. Fragen nach Krisenanzeichen
   a) Strategiekrise
   b) Erfolgskrise
   c) Liquiditätskrise
   d) Existenzkrise

Bereits bei der Erfolgskrise treten **erste gesetzliche Krisenwarnsignale** auf:

- **1. Warnsignal:** Das Reinvermögen der GmbH sinkt unter die Stammkapitalziffer ab (so **469** genannte **Unterbilanz**). Von einem Reinvermögen spricht man, wenn man von dem Wert der Aktiva die Verbindlichkeiten gegenüber Dritten abzieht. Das hat zur Folge, dass Ausschüttungen an Gesellschafter (offen oder verdeckt) unzulässig werden (§§ 30, 31 Abs. 1 GmbHG; § 57 AktG).
- **2. Warnsignal:** Die GmbH wird **kreditunwürdig**. Gesellschafterdarlehen werden zu **470** Eigenkapitalersatz. Kreditunwürdigkeit kann schon trotz ausreichender Sicherheiten dann bestehen, wenn aufgrund schlechter Bilanzkennzahlen oder einer risikomäßigen negativen Klassifizierung des Geschäftsprofils der Gesellschaft eine Kapitaldienstfähigkeit verneint wird. Auch führen Gesellschafter, die die Situation erkennen, in einer solchen Situation regelmäßig der Gesellschaft kein Kapital mehr zu (§ 39 Abs. 1 Nr. 5 InsO).

---

6 Ein Beispiel für eine solche Planung findet sich bei *Wiester* S. 20.

471
- **3. Warnsignal:** Fällt das Vermögen der GmbH unter die **Hälfte des Stammkapitals,** ist eine deutliche Verlustsituation eingetreten, die nach § 49 Abs. 3 GmbHG die Geschäftsführer zwingend dazu verpflichtet, eine Gesellschafterversammlung einzuberufen. Eine vorsätzliche oder fahrlässige Pflichtverletzung ist sogar strafbar (§ 84 Abs. 1 Nr. 1 GmbHG). Die Einberufungspflicht entsteht in dem Moment, in dem der Verlust erkennbar ist. Eine vorherige Bilanzaufstellung ist nicht erforderlich. Also kann schon ein großer Forderungsausfall zu einem Kapitalverlust führen und zu einer solchen Einberufung zwingen.

472
- Droht die Zahlungsunfähigkeit, ist das **4. Warnsignal** eingetreten, nämlich die auf absehbare Zeit prognostizierte Deckungslücke der voraussichtlichen Verbindlichkeiten des Unternehmens durch die voraussichtlich zu erzielenden Umsätze (§ 18 Abs. 2 InsO). Hier zeigt sich der Vorteil einer Liquiditätsplanung, die eine verlässliche Grundlage für diese von erheblichen Unsicherheiten geprägte Einschätzung geben kann. Gerade Unternehmen der Baubranche, die bei Schlechtwetterzeiten voraussichtlich keine ausreichenden Mittel haben, können so die Grundlage für eine Fortbestehensprognose legen. Wenn aber dauerhaft Deckungslücken bei Lieferantenforderungen auftreten, Zahlungsziele deutlich überschritten werden, Kontokorrentkredite bzw. Betriebsmittelkredite regelmäßig bis zum Limit in Anspruch genommen oder überzogen werden, Schecks, Lastschriften und Wechsel „platzen", spricht der BGH von Beweisanzeichen, mit deren Hilfe eine Illiquidität festgestellt werden kann.[7]

473 Bei Beratungsgesprächen kann die folgende **Checkliste** hilfreich sein:

Geschäftsstrukturen
- Wirtschaftliche Situation ist gekennzeichnet durch hohe Lagerbestände, langlaufende Forderungen, kurzfristig fällig werdende (höhere) Verbindlichkeiten
- Kundeninsolvenz
- Ausreizen der Kreditlimite, hoher Verschuldungsgrad
- Häufiger Wechsel von Führungskräften, besonders im Finanz- und Rechnungswesen
- Streit mit ausgeschiedenen Arbeitnehmern (u.U. Arbeitsgerichtsverfahren)

Rechnungslegung
- Wechsel des Personals und/oder des Beraters
- Verzögerungen oder Unregelmäßigkeiten bei Buchhaltung und Bilanzierung
- Einschränkungen des Wirtschaftsprüfer-Testates
- Änderung der (handelsrechtlichen) Abschreibungsmethoden ohne erkennbaren Anlass
- Auflösung von Reserven durch Wertberichtigungen in größerem Umfang
- Auflösung von Rückstellungen und Rücklagen

---

7 *BGH* StV 1987, 343; NStZ 1989, 503; wistra 1991, 26; wistra 1993, 184; NStZ 1994, 424; wistra 2000, 18; vgl. dazu auch: LK-*Tiedemann* Vor § 283 Rn. 142; *Bieneck* in Müller-Gugenberger/Bieneck, § 76 Rn. 46; *Harz* Kriterien der Zahlungsunfähigkeit und der Überschuldung unter Berücksichtigung der Änderungen nach dem neuen Insolvenzrecht, in: ZInsO 2001, 193, 195; instruktiv: *LG Duisburg* U. v. 23.7.2007 – 59-39 Ns 16/06 BeckRS 2008 9184.

Zahlungs- und Finanzgebahren
- Zahlungen erst nach mehrfacher Mahnung oder nach Titulierung
- Vergebliche Vollstreckungsversuche von Gläubigern
- Nichtzahlung der Kosten für Betriebsgrundlagen, d.h. Leasingkosten, Miete
- Wechsel-, Scheckproteste, Lastschriftrückgaben mangels Deckung oder wegen standardisierten Widerspruchs
- Kreditkündigungen durch Finanzgläubiger und Lieferanten
- Stundungsanträge, Teilzahlungsvereinbarungen mit Finanzamt und Sozialkassen
- Globalzession, Sicherungszession von Warenlagern, hohe Grundpfandrechte
- Insolvenzanträge durch Gläubiger, die wieder zurückgenommen werden.

Bereits in Teil 1. B. dieses Buches sind die Merkmale der Überschuldung und der Zahlungsunfähigkeit behandelt worden. Für die Sachverhaltsklärung, auf dessen Grundlage der Rechtsanwalt seinen Rat erteilen kann, ist eine Befragung des Geschäftsleiters zu den dort behandelten Kriterien unumgänglich.   **474**

3. Beratung und Belehrung über die Pflichten der Unternehmensorgane

a) Gesetzliche Handlungspflichten

In einer Unternehmenskrise bestehen gesteigerte Pflichten der Geschäftsleitung – aber auch der Gesellschafter – gegenüber der Gesellschaft. Der folgende Überblick verdeutlicht die engen Zusammenhänge zwischen den bestehenden gesellschaftsrechtlichen Pflichten mit den Haftungsfolgen bei Pflichtverletzungen und einer strafrechtlichen Verantwortung.   **475**

aa) Pflichten der Geschäftsführungs- und Kontrollorgane

Die Organe der Kapitalgesellschaften (AG, GmbH, KGaA, eG, VVAG) sind verpflichtet, möglichen Krisen vorzubeugen sowie eingetretene Krisen nach Möglichkeit zu bereinigen; gleiches gilt für kapitalistische Personengesellschaften, besonders für die GmbH & Co. KG.   **476**

Die Pflichten der Geschäftsführung und der Aufsichtsorgane zeigt die nachfolgende Übersicht:

Pflichten	Geschäftsführungsorgan	Kontrollorgan
Krisenprävention	Unternehmensbezogene Organisation Gesetzliches Überwachungssystem (§ 91 Abs. 2 AktG) Operatives Frühwarnsystem Strategisches Frühwarnsystem	AktG: Aufsichtsrat (§ 111 Abs. 1): Berichterstattung (§ 90), Zustimmungspflicht anordnen, Bücher prüfen (§ 116), Sonderprüfung (§ 142) GmbHG: Gesellschafterversammlung (§ 46 Nr. 6), Aufsichtsrat (§ 50)

Pflichten	Geschäftsführungsorgan	Kontrollorgan
Sanierungs-planung	Erstellen eines Sanierungskonzepts Prüfung der Finanzierungsmöglichkeiten (Kapitalerhöhung, Sanierungszuschüsse, Rücklagenauflösung, Darlehensaufnahme)	GmbHG: Entscheidung über Kapitalveränderungen, §§ 53, 55
Einberufung der Gesellschafter	Vorstand der AG: Hauptversammlung Geschäftsführung GmbH: Gesellschafterversammlung	AG: HV einberufen (die aber nur beschränkte Mittel hat, § 119) GmbHG: starke Kontrollstellung der Gesellschafter
Zahlungsverbot	Zahlungsverbote sehen vor: § 92 Abs. 2, § 93 Abs. 3 Nr. 6 AktG; § 64 S. 1, § 43 Abs. 2, § 9b Abs. 1 GmbHG; § 130a Abs. 1, 2, § 177a HGB.	Ersatzansprüche durchsetzen
Insolvenzantrags-pflicht	Insolvenzantragspflichten normiert § 15a Abs. 1–3 InsO; (bis 31.10.2008 § 92 AktG; § 64 Abs. 1 GmbHG)	Entscheidung über Auflösung der Gesellschaft, § 60 Abs. 1 Nr. 2 GmbHG

bb) Faktischer Geschäftsführer, Strohmann

477 Faktische Geschäftsführer haben die gleichen Pflichten wie bestellte Organmitglieder eines Geschäftsführungsorgans. Diese Rechtsfigur ist vom BGH bereits Anfang der 80er Jahre entwickelt worden.[8] Hingegen bestehen jedoch erhebliche verfassungsrechtliche Bedenken im Hinblick auf den Grundsatz „nullum crimen sine lege".[9]

478 Für die Beurteilung der Frage, ob eine Person faktisch wie ein Organmitglied gehandelt und sich deshalb wie ein nach dem Gesetz bestelltes Organmitglied (strafrechtlich) zu verantworten hat, kommt es auf das Gesamterscheinungsbild der Tätigkeit im Lichte der Gesamttätigkeit der Gesellschaft an.[10] Nach dieser Rechtsprechung sind die Voraussetzungen der Figur des faktischen Geschäftsführers, die in der

---

8 *BGH* wistra 1983, 31 = BB 1983, 788 = *BGHSt* 31, 118: *BGH* wistra 1990, 60, 61; NStZ 1997, 553; wistra 1999, 459, 462; dazu *K. Schmidt* in FS Rebmann S. 419; *Richter* Der Konkurs der GmbH aus der Sicht der Strafrechtspraxis (Teil 1/Teil 2), in: GmbHR 1984, 137, 142; *Moosmayer* NStZ 2000, 295; *Hermann/Tsambikakis* GmbHR 2001, 858; *Maurer* Strafbewehrte Handlungspflichten des GmbH-Geschäftsführers in der Krise, in: wistra 2003, 174, 175; *Tsambikakis* GmbHR 2005, 331.
9 Eingehend dazu LK-*Dannecker* § 1 Rn. 182 m.w.N.
10 *BGH* U. v. 10.5.2000 – 3 StR 101/00.

zivilrechtlichen Rechtsprechung des Bundesgerichtshofes entsprechend verwandt wird,[11] erst dann erfüllt, wenn sowohl betriebsintern als auch nach außen hin alle Dispositionen weitgehend von dem faktischen Geschäftsführer ausgehen und er im Übrigen auch auf **sämtliche Geschäftsvorgänge** bestimmenden Einfluss nimmt.[12] Die Gesellschafter müssen mit dem Vorgehen des faktischen Geschäftsführers einverstanden sein.[13]

Als weitere, zur Bestimmung einer Strafbarkeit zwingend festzustellende Vorausset- **479** zung muss die Person gegenüber dem formellen Geschäftsführer die überragende Stellung in der Gesellschaft einnehmen. Auch wenn es dazu nicht notwendig ist, dass der bestellte und im Handelsregister eingetragene Geschäftsführer völlig aus seiner Stellung als **gesetzlicher Geschäftsführer verdrängt** wird,[14] so ist zur Feststellung einer überragenden Stellung der Person als faktischer Geschäftsführer erforderlich, dass dieser von den **acht Kriterien einer Geschäftsführung** nach den §§ 35 ff. GmbHG – Bestimmung der Unternehmenspolitik, Unternehmensorganisation, Einstellung von Mitarbeitern, Gestaltung der Geschäftsbeziehungen zu Vertragspartnern, Verhandlung mit Kreditgebern, Entscheidung der Steuerangelegenheiten, Steuerung der Buchhaltung, Höhe der eigenen Entlohnung – mindestens **sechs erfüllt**.[15]

Bei der Prüfung, ob diese Voraussetzungen zutreffen, ist zu bedenken, dass ein **480** Bedürfnis für die Erstreckung der strafrechtlichen Verantwortlichkeit auf den faktischen Geschäftsführer nur dann besteht, wenn er einen **Einfluss** ausübt, der **über den des formellen Geschäftsführers hinausgeht**.[16] Lässt sich daher für eine Gesellschaft nicht feststellen, wie diese organisiert war und wer ihre Geschäfte geführt hat, so können die Voraussetzungen der faktischen Geschäftsführertätigkeit nicht nachgewiesen werden.

Dagegen sind **Strohmänner** Personen, die nur der Form halber als Geschäftsführer **481** oder sonstiges Organmitglied angemeldet sind, tatsächlich aber keine oder nur untergeordnete Funktionen in der Gesellschaft ausüben.[17] Sie überlassen die tatsächliche Geschäftsführung einem Hintermann, der entweder als faktischer Geschäftsführer anzusehen oder als mittelbarer Täter gemäß § 25 Abs. 2 StGB mitverantwortlich ist. Die strafrechtliche Verantwortung trifft unabhängig von der tatsächlich ausgeübten

---

11 *BGH* U. v. 10.5.2000 – 3 StR 101/00 – unter Verweis auf: *BGHZ* 41, 282, 287; 47, 341, 343; 75, 96, 106; 104, 44, 46.
12 *BGHSt* 31, 118, 121.
13 Alle Gesellschafter: Scholz-*Tiedemann* § 84 GmbHG Rn. 33; Mehrheit der Gesellschafter: *OLG Karlsruhe* NJW 2006, 1364; LK-*Schünemann* § 14 StGB Rn. 70; *BGHSt* 31, 118, 122 = NJW 1983, 240; NStZ 2000, 34, 36; eine reine Anmaßung genügt nicht: *BGHSt*. 46, 62, 65 = NJW 2000, 2285.
14 *BGH* NJW 1988, 1789, 1790.
15 Statt vieler: *BGH* NJW 1997, 66, 67; U. v. 27.6.2005 – II ZR 113/03; *BayObLG* GmbHR 1997, 453, 454; *Dierlamm* NStZ 1996, 153, 156.
16 *OLG Düsseldorf* B. v. 16.10.1987 – 5 Ss 193/87 – 200/87 I = NStZ 1988, 368, 369.
17 *W. Schmid* in Müller-Gugenberger/Bieneck § 29 Rn. 2 ff. m.w.N.; *BGH* wistra 2002, 240, 242.

Funktion jedenfalls auch den so genannten Strohmann, wenn es sich um originäre Handlungspflichten in einer ihm formal zustehenden Position handelt.[18]

482 Die Besonderheit in der **anwaltlichen Beratung** besteht darin, gerade Auskunftspersonen genau nach den Anwendungskriterien der Rechtsprechung zu befragen. Kommen sie u.u. als faktische Geschäftsführer oder nur als Strohmann in Betracht, muss der beratende Anwalt klären, ob sich zwischen den Interessen der Auskunftsperson und den Interessen einer etwaig beratenen Gesellschaft erkennbare Unterschiede feststellen lassen, die einen Verzicht auf das eine oder andere Mandat nahelegen. Strohleute können sich trotz der anzuwendenden Strafnormen in der Strafzumessung mit einer geringeren Verantwortlichkeit entlasten.[19] Faktische Geschäftsführer haben u.U. ein Interesse daran, die Verantwortlichkeiten innerhalb der Gesellschaft umfassend aufzuklären, um den Vorwurf der Verletzung einer Geschäftsführungspflicht abzuwehren.

cc) Mehrgliedrige Organe, Gesamtverantwortung

483 Bei **mehrgliedrigen Organen** (Vorstand/Aufsichtsrat) ist vom Grundsatz der Gesamtverantwortung auszugehen. Jedes Organmitglied hat dafür zu sorgen, dass die gesetzlichen Verpflichtungen durch das Gesamtorgan wahrgenommen werden. Unbeschadet der internen Geschäftsaufteilung sind die Organmitglieder zur gegenseitigen Überwachung und Kontrolle verpflichtet. Sie haben damit alles Zumutbare zu unternehmen, um einen strafrechtlich relevanten Erfolgseintritt zu vermeiden.[20] Diese Pflichten können aber zulässigerweise horizontal wie auch vertikal delegiert werden, wenn die Kriterien der geeigneten Auswahl, der wirksamen Ausstattung mit Handlungsermächtigungen und der ausreichenden Überwachung eingehalten werden.[21] Das gilt auch und gerade im Bereich des § 130 OWiG, so dass etwaige Mängel in der Überwachung durch entsprechende Sanktionen aufgefangen werden können.

dd) Gesellschafter

484 Der **nicht vertretungsberechtigte Gesellschafter** einer Personen- oder Kapitalgesellschaft hat zwar eine Treuepflicht gegenüber den Mitgesellschaftern und der Gesellschaft. Er muss aber nicht die Erhaltung der Gesellschaft anstreben, Maßnahmen der Krisenprävention ergreifen oder eine Krise der Gesellschaft bekämpfen. Seine Treuepflicht verbietet es ihm nur, eine sinnvolle und mehrheitlich angestrebte

---

18 *Weyand/Diversy* Rn. 26.

19 *KG* wistra 2002, 313 ff.; *OLG Hamm* StV 2002, 204 = NStZ-RR 2001, 173 ff.

20 *Scholz-Tiedemann* § 82 Rn. 30 f., 33; siehe hierzu auch die Lederspray-Entscheidung des BGH *BGHSt* 37, 106 ff., 123 f.; einschränkend *BGH* NJW 1992, 122; *BGH* StV 1998, 126 f. allerdings für technische Bereiche; *OLG Frankfurt* GmbHR 2004, 1016.

21 *OLG Frankfurt* GmbHR 2004, 1016 für die Sicherstellung der Zahlung von Arbeitnehmerbeiträgen zur Sozialversicherung; *BayObLG* B. v. 10.8.2001 – 3 ObOWi 51/2001 – wistra 2001, 478 f.; allg. hierzu für die Delegation steuerlicher Pflichten *BFH* GmbHR 1985, 30 ff. und *H.-F. Müller* GmbHR 2003, 389 ff. zur steuerlichen Haftung von Geschäftsführern in der Krise der Unternehmung.

Sanierung der Gesellschaft aus eigennützigen Gründen zu verhindern.[22] Den Gesellschaftsgläubigern gegenüber ist er aus dem Gesellschaftsverhältnis heraus nicht verpflichtet. Sofern nichts anderes vereinbart ist, hat er in der Krise keine Nachschusspflicht und auch keine Pflicht zur Stellung eines Insolvenzantrags. Ausnahmen können sich bei der faktischen Geschäftsführung eines Gesellschafters ergeben oder bei der faktischen Dominanz eines Alleingesellschafters, der regelmäßig in einem Treueverhältnis i.S.v. § 266 Abs. 1 Alt. 2 StGB steht.[23]

b) Pflicht zum Krisenmanagement

Unabhängig von der wirtschaftlichen Betätigung des zu beratenden Mandanten **485** bestehen gesetzliche Verpflichtungen zur Risikoprüfung, zur Krisenprävention und zur angemessenen Reaktion auf eine unabwendbare drohende Insolvenz.

Eine auf Einhaltung der Sorgfalt eines ordentlichen und gewissenhaften Geschäfts- **486** leiters bedachte Geschäftsleitung wird schon aus eigenem Unternehmenssteuerungsinteresse heraus heute ein **Risikomanagementsystem** einrichten. Der Gesetzgeber fordert es bei der Aktiengesellschaft explizit (§ 91 Abs. 2 AktG), es wird aber auch zunehmend als Anforderung gewissenhafter Geschäftsführung bei anderen Gesellschaftsformen praktiziert, zumal sich aus § 252 Nr. 4 HGB die Notwendigkeit ergibt, alle wirtschaftlichen Risiken im Jahresabschluss angemessen zu berücksichtigen.[24] Kreditgeber erwarten regelmäßig eine Risikodarstellung ihres Kreditkunden für die Beurteilung der Bonität und Kapitaldienstfähigkeit der ausgereichten Finanzierungen. Dabei müssen die Anforderungen je nach Größe der Gesellschaft (Personalführung, Geschäftsfelder, Absatzmärkte, Umsatzgrößen etc.) abgestuft werden. Das Institut der Wirtschaftsprüfer hat Anforderungen an die Prüfung eines solchen Risikofrüherkennungssystems veröffentlicht.[25] Danach
- sind alle Risiken vollständig zu erfassen;
- muss das Risikomanagement in einen permanenten Überwachungsprozess aller Unternehmensbereiche eingebettet sein;
- hat der Vorstand eine regelmäßige analytische Berichterstattung über die Risiken sicherzustellen;
- muss das Risikomanagement dokumentiert werden;
- muss das Risikomanagement laufend der Unternehmensentwicklung angepasst und auf Effizienz durch die Interne Revision geprüft werden.

Keineswegs ist damit eine bestimmte **Risikostrategie** (spekulativ, konservativ, büro- **487** kratisch usw.) festgelegt. Wenn der Unternehmer auf Märkten handelt, die ein hohes Risiko erfordern, muss das Risikomanagement dementsprechend angepasst aktiv

---

22 *BGH* NJW 1995, 1739.
23 *BGH* wistra 1996, 344 ff.; zu den Grenzen des Weisungsrechts des Gesellschafters *OLG Frankfurt/Main* ZIP 1997, 450 ff.
24 *Scharpf* DB 1997, 737.
25 *IDW* PS 340.

sein. Dabei müssen Informationen über Risiken mit bestandsgefährdendem Charakter dem Vorstand mitgeteilt werden, sofern diese Risiken nicht im Rahmen des Risikomanagementprozesses bereits von nachgeordneten Stellen bewältigt worden sind. Weiterhin ist über die realistischen oder auch spekulativen **Chancen der Geschäftsentwicklung** zu berichten, die den Risiken gegenüber zu stellen sind. Ohne auf die in der Literatur eingehend diskutierten Modelle eines Risikomanagementsystems, die Art und Weise der Risikoinventur und der Risikoanalyse einzugehen, wird man sagen können, dass jegliches für das Unternehmen wirksame und effektive Risikomanagementsystem sich strafrechtlich gesehen schon auf der Tatbestands- oder Rechtswidrigkeitsebene entlastend auswirken kann, weil ein pflichtwidriges Verhalten entfällt.

488 Über die Risikolage des Unternehmens und die Maßnahmen zur Bewältigung haben Vorstand, Aufsichtsrat und Abschlussprüfer nach §§ 289 Abs. 1, 317 Abs. 2 HGB regelmäßig zu berichten.

c) Sanierungspflicht

489 Eine erkannte Krisensituation muss von den Geschäftsleitungsorganen in ihren Ursachen analysiert werden. Sodann sind Sanierungsfähigkeit und Sanierungswürdigkeit zu bedenken. Ein Unternehmen ist dann **sanierungsfähig**, wenn es nach Durchführung eines Sanierungsplans mit hinreichender Wahrscheinlichkeit aus eigener Kraft am Markt nachhaltig **Einnahmenüberschüsse** erwirtschaften kann. Es ist **sanierungswürdig**, wenn unter Abwägung aller Faktoren eine Belastung der öffentlichen und privaten Gläubiger sowie der Gesellschafter durch die Unternehmensfortführung geringer ausfällt als durch eine Insolvenz. In einem **Sanierungsplan** sind die finanzwirtschaftlichen und strukturellen Maßnahmen zur Beseitigung der Krise zu entwickeln. Zu einem Sanierungsplan gehören eine Plan-GuV, eine Plan-Bilanz und ein Finanzplan. Neben der Personalkosteneinsparung, der Erhöhung von Kreditlinien und der Veräußerung von Unternehmensteilen kann die Sanierung auch durch Kapitalbeschaffung durch Gesellschafter-Darlehen oder durch eine Kapitalerhöhung vorgenommen werden.

d) Zahlungsverbot

490 Ein Zahlungsverbot für die geschäftsführenden Organe der jeweiligen Gesellschaft besteht nach den § 64 S. 1 GmbHG, § 92 Abs. 2 AktG, § 130a Abs. 1, 2 HGB; § 177a HGB.[26] Wird hiergegen verstoßen, haften die Organmitglieder auf Ersatz der Zahlungen, die nach Eintritt von Zahlungsunfähigkeit oder Überschuldung geleistet werden (**Zahlungsverbot**). Damit soll die Schmälerung der späteren Insolvenzmasse verhindert und die gleichmäßige Befriedigung der Gläubiger gesichert werden. Ver-

---

26 Jeweils aufgrund der Neuregelungen durch das MoMiG vom 23.10.2008, in Kraft seit dem 1.11.2008, BGBl. I S. 2026.

botene Zahlungen sind alle Maßnahmen nach Insolvenzreife, die unter Bevorzugung einzelner Gläubiger zu einer Schmälerung des Gesellschaftsvermögens und damit der Insolvenzmasse führen. Ob allerdings die Eingehung neuer Verbindlichkeiten auch unter das Zahlungsverbot fällt, ist umstritten.[27]

Eine verbotene Zahlung liegt jedenfalls in folgenden Fällen vor: **491**
- **Einlösung eines Kundenschecks** auf ein debitorisches Bankkonto;[28]
- **Ausstellung und Zusendung von solchen Rechnungen** an Kunden, auf denen ein debitorisch geführtes Bankkonto vermerkt ist, wodurch die bevorzugte Tilgung von Bankverbindlichkeiten herbeigeführt wird; die persönliche Haftung des Geschäftsführers kann hier nur durch Einrichtung eines kreditorisch geführten Kontos bei einer anderen Bank und Veranlassung der Zahlungen auf dieses Konto vermieden werden;[29]
- **Tilgung von Schulden**, auch wenn die dazu verwendeten Gelder der Gesellschaft zu gerade diesem Zweck von einem Dritten zur Verfügung gestellt worden sind.[30]

Ab dem 1.11.2008 gilt das Zahlungsverbot auch für **Zahlungen an Gesellschafter**, soweit diese Zahlungen zur Zahlungsunfähigkeit der Gesellschaft führen mussten (§ 64 S. 3 GmbHG; § 92 Abs. 1 S. 3 AktG; § 130a Abs. 1 S. 3 HGB). Diese Neuregelung dient dem Schutz der Gesellschaftsgläubiger gegen Vermögensverschiebungen zwischen Gesellschaft und Gesellschaftern. Das Zahlungsverbot darf wegen Art. 103 Abs. 2 GG nicht rückwirkend auf die Zeit vor Inkrafttreten des MoMiG angewendet werden.

Ein Verstoß gegen das Zahlungsverbot führt zu einem **Erstattungsanspruch** der **492** Gesellschaft, der erst fünf Jahre nach Ablauf des Jahres, in dem die Zahlung geleistet wurde, verjährt (§ 93 Abs. 4 AktG, § 43 Abs. 4 GmbHG, § 199 BGB). Erhält die Masse aus den durchgeführten Geschäften einen Gegenwert, so mindert dies den Ersatzanspruch.[31] Der Erstattungsanspruch mindert sich aber nicht um eine fiktive Insolvenzquote.[32] Zahlungsverbot und Erstattungsanspruch richten sich auch gegen einen faktischen Geschäftsführer.

Eine **Ausnahme von der Erstattungspflicht** besteht nur für solche Zahlungen, die **493** mit der Sorgfalt eines ordentlichen oder gewissenhaften Geschäftsleiters vereinbar sind. Darunter fallen jedenfalls Zahlungen in Erfüllung vorteilhafter Verträge, die auch ein Insolvenzverwalter leisten würde (§ 103 InsO) zur Abwendung höherer Schäden aus einer sofortigen Betriebseinstellung (z.B. Lohn-, Miet- und Steuerzahlungen)[33], oder solche, die in der Absicht geleistet werden, den Betrieb im Interesse

---

27 Näher dazu Scholz-*Schmidt* § 64 GmbHG Rn. 23.
28 *BGH* GmbHR 2000, 182.
29 *OLG Oldenburg* ZIP 2004, 1315.
30 *BGH* DB 2003, 1213.
31 *OLG Hamm* GmbHR 1993, 584.
32 *BGH* BB 2001, 430.
33 *OLG Celle* ZIP 2004, 1210.

einer ernstlich erwarteten Sanierung aufrecht zu erhalten.[34] Für Zahlungen an Sozialversicherungsträger wird auf die Ausführungen in Teil 2 C (Rn. 717 ff.) verwiesen.

e) Insolvenzantragspflicht

494 Geschäftsführung und Vorstand müssen die wirtschaftliche Lage des Unternehmens
laufend überwachen und sich insbesondere bei Anzeichen einer kritischen Entwicklung einen Überblick über den Vermögensstand verschaffen.[35] Bei Anzeichen einer
Überschuldung sind sie verpflichtet, einen Überschuldungsstatus aufzustellen. Ist
Zahlungsunfähigkeit oder Überschuldung eingetreten, so müssen sie innerhalb einer
Frist von drei Wochen den Antrag auf Eröffnung des Insolvenzverfahrens stellen;
anderenfalls drohen straf- und zivilrechtliche Sanktionen wegen Insolvenzverschleppung (§ 15a Abs. 1 InsO).

495 Die Insolvenzantragspflicht beginnt bereits mit dem Eintritt eines Antragsgrundes,
wenn das Leitungsorgan die Drei-Wochen-Frist nicht nutzt, um Maßnahmen zur
Beseitigung der Krise oder zur ordnungsgemäßen Insolvenzantragstellung vorzunehmen.

496 Durch das MoMiG ist die Insolvenzantragspflicht ab dem 1.11.2008 auch auf
Zweigniederlassungen ausländischer Gesellschaften ausgeweitet worden, wenn deren Insolvenzverfahren wegen ihres deutschen Verwaltungssitzes in Deutschland
stattfindet. Der neue § 15a Abs. 1 S. 1 InsO lautet: „Wird eine juristische Person
zahlungsunfähig oder überschuldet, haben die Mitglieder des Vertretungsorgans
oder die Abwickler ohne schuldhaftes Zögern, spätestens aber 3 Wochen nach Eintritt der Zahlungsunfähigkeit oder Überschuldung, einen Insolvenzantrag zu stellen".
Die bisherige Rechtsprechung zu Inlandsgesellschaften dürfte problemlos darauf zu
übertragen sein. Die Rechtsprechung zu Auslandsgesellschaften wird dagegen die
Anwendbarkeit deutschen Rechts zu prüfen haben.[36]

497 Durch § 15a Abs. 3 InsO wird auch ersatzweise der informierte **Gesellschafter** einer
juristischen Person verpflichtet, bei Zahlungsunfähigkeit oder Überschuldung einen
Insolvenzantrag zu stellen, wenn die Gesellschaft führungslos ist.[37] Damit soll eine
Umgehung der Insolvenzantragspflicht verhindert werden. Die Pflicht soll auch
einen mittelbaren Anreiz darstellen, das Geschäftsführungsorgan der juristischen
Person ordnungsgemäß zu bestellen, damit die Gesellschaft handlungsfähig ist. Die
Verpflichtung kann nur bestehen, wenn kein Geschäftsführungsorgan bestellt oder
das bestellte Organ zur Ausübung der Geschäfte dauerhaft verhindert ist. Die Bestimmung beruht auf dem Grundgedanken einer Allzuständigkeit der Gesellschafter
und einer Schadensabwendungspflicht für den Rechtsverkehr.

---

34 *OLG Hamburg* GmbHR 2004, 797.
35 *BGH* BB 1995, 975.
36 Siehe Rn. 515.
37 *BGH* DStR 2007, 450.

Entschuldigen kann sich der Gesellschafter nach der gesetzlichen Vorstellung nur **498** damit, dass er von der Zahlungsunfähigkeit und der Überschuldung oder der Führungslosigkeit **keine Kenntnis** hatte. Hier trifft ihn die volle Beweislast. Er muss deshalb darlegen, dass er die Umstände, die auf die Zahlungsunfähigkeit, die Überschuldung und die Geschäftsführerlosigkeit schließen lassen, nicht kannte. Eine Nachforschungspflicht wird dem einzelnen Gesellschafter hiermit nicht auferlegt. Anzunehmen ist aber, dass bei Kenntnis von einem Insolvenzgrund bei personalisierten juristischen Personen Anlass für die Nachfrage besteht, warum der Geschäftsführer keinen Insolvenzantrag stellt. Alternativ wird der Gesellschafter bei personalisierten juristischen Personen Anlass zur Nachfrage nach den Vermögensverhältnissen haben, wenn die Gesellschaft führungslos ist. Naturgemäß werden Art und Umfang der Nachfragepflichten von der Höhe der Gesellschaftsbeteiligung abhängen; so sind wohl keine Nachforschungspflichten für Gesellschafter, die mit 10% oder weniger beteiligt sind, anzunehmen.

Mit Kenntnis i.S. der Vorschrift ist die positive Kenntnis gemeint; Kennenmüssen **499** genügt grundsätzlich nicht. In vergleichbaren Fällen von Nachforschungspflichten soll es allerdings genügen, dass sich die Person, auf deren Kenntnis es ankommt, bewusst der Kenntnis verschlossen hat. Nach der Intention des Gesetzes soll dieses bewusste Verschließen vor der Kenntnis auch in Bezug auf die Insolvenzantragspflicht der Gesellschafter der positiven Kenntnis gleichstehen.

4. Beginn und Ende der insolvenzrechtlichen Pflichten

Der **sachliche Anwendungsbereich** der Insolvenzverschleppungsdelikte richtet sich **500** nach dem Bestand des Gesellschaftsverhältnisses. Erst wenn dieses wirksam entstanden ist, können einzelgesetzliche Strafnormen anzuwenden sein. Bei einer **Scheingesellschaft** sind mangels einer allgemeinen, strafrechtlich sanktionierten Insolvenzantragspflicht für Unternehmen nur allgemeine Deliktstatbestände anwendbar. Ein Handeln **vor der Entstehung der juristischen Person** kann dieser nicht zugerechnet werden, so dass zwar die Vor-GmbH sowohl insolvenz- als auch (im Zivilprozess) parteifähig ist.[38] Die Anwendung des Insolvenzverschleppungs-Strafrechts verstößt in diesen Fällen nach ganz herrschender und zutreffender Meinung gegen das Analogieverbot.[39] Bankrottstrafrecht ist demgegenüber für alle Rechtsformen anwendbar. Für das – praxisrelevante – Rechnungslegungsstrafrecht bedeutet dies, dass wenigstens eine Buchführungspflicht nach den Vorschriften des HGB oder des PublG bestehen muss.

---

38 *BGH* MDR 2004, 233 (IX ZB 34/03) = KTS 2004, 113 f.; die Parteifähigkeit entfällt allerdings, wenn die Eintragung nicht zeitnah betrieben wird – vgl. *OLG Hamm* GmbHR 2006, 1044 f.

39 *Tiedemann* GmbH-Strafrecht (Sonderausgabe aus Scholz, Kommentar zum GmbH-Gesetz, 9. Aufl.) § 84 Rn. 87; *Bieneck* in Müller-Gugenberger/Bieneck § 75 Rn. 46 ff., je m.w.N.; vgl. auch *KG* U. v. 4.7.2001 – 29 U 9/01.

501 Die **persönliche Verantwortung** im Sinne von § 14 Abs. 1 StGB trägt ein Organmitglied erst mit dem Beginn der Organstellung, nicht mit dem etwaig vorherigen Abschluss eines Anstellungsvertrages.[40] Bestellung, Abberufung, Amtsniederlegung (Rücktritt) sind erst mit Zugang wirksam werdende empfangsbedürftige Willenserklärungen, deren Adressaten andere Geschäftsführer oder die Gesellschafter sind.[41] Grundsätzlich genügt die jederzeitige fristlose oder auch befristete Niederlegung oder Abberufung, damit eine strafrechtliche Pflichtenstellung endet. Die überwiegende Ansicht in der Rechtsprechung nimmt aber bei Amtsniederlegung oder Abberufung des Alleingeschäftsführers Rechtsmissbrauch und damit Unwirksamkeit an, wenn kein Nachfolger bestimmt und kein wichtiger Grund vorliegt.[42] Geht man jedoch von der Wirksamkeit der Beendigung der Pflichtenstellung aus, ist eine „nachwirkende Pflicht zur Antragstellung" strafrechtlich wegen des Analogieverbotes ausgeschlossen.[43]

502 Wer die satzungsmäßigen Eignungsvoraussetzungen verliert, weil Geschäfts- und Amtsunfähigkeit wegen einer rechtskräftigen Verurteilung wegen Bankrottstraftaten (§ 6 Abs. 2 S. 4 GmbHG, §§ 283–283d StGB) vorliegt, ist ebenfalls nicht mehr Adressat der Strafnormen. In all diesen Fällen ist allerdings zu prüfen, ob die Voraussetzungen einer „faktischen Geschäftsführung" vorliegen. Davon unabhängig bestehen die oben in Rn. 222 ff. beschriebenen persönlichen Konsequenzen. Dazu gehören beispielsweise die Restschuldbefreiung nach der Verbraucherinsolvenz gemäß § 290 Abs. 1 Nr. 1 InsO, wobei die abgeurteilte Straftat nicht im Zusammenhang mit dem aktuellen Insolvenzverfahren stehen muss; der Berater muss hier auf § 46 Abs. 1 S. 1 BZRG achten[44]; für die Praxis ebenfalls wichtig ist, dass Forderungen von Gläubigern, die aus Straftaten resultieren und als solche auch zur Tabelle angemeldet wurden, von der Restschuldbefreiung ausgenommen sind (§§ 302 Abs. 1 Nr. 1, 174 Abs. 2 InsO).

503 Die Strafbarkeitsbedingung des § 283 Abs. 4 StGB bewirkt, dass ein von den Bankrottdelikten erfasstes strafbares Verhalten erst im Zeitpunkt des Kriseneintritts, d.h. im Zeitpunkt des Überschuldungseintritts oder der Zahlungsunfähigkeit Bedeutung für die Bankrottdelikte erlangt. Die Strafbarkeitsbedingung des § 283 Abs. 4 StGB muss vorliegen, um eine Tat verfolgen zu können.[45]

---

40 *Stück* GmbHR 2006, 1009 ff., *Gehrlein* DStR 1997, 31 ff.
41 Bei der Niederlegung durch den Geschäftsführer gegenüber der Gesellschafterversammlung, nicht aber gegenüber dem Mitgesellschafter – *OLG Düsseldorf* BB 2005, 1812 f. = ZIP 2005, 1741; eingehend mit Aufzählung aller Beendigungsmöglichkeiten *Wachter* GmbHR 2001, 1129 ff.; vgl. auch *OLG Naumburg* GmbHR 2001, 569 ff.; ausreichend ist die Abgabe der Willenserklärung gegenüber einem Gesamtvertretungsberechtigten – *BGH* ZIP 2001, 2227 ff., 2228.
42 *BGH* BGH Report 3/07, 130 ff., *OLG Zweibrücken* GmbHR 2006, 430 f. m.w.N.; *Dietsch* NotBZ 2006, 233 ff.; a.A. *Wachter* GmbHR 2001, 1129, 1132.
43 *Tiedemann* GmbH-Strafrecht § 84 Rn. 35.
44 Vgl. beispielsweise *BGH* NJW 2003, 174f. = KTS 2003, 297ff. u. EWiR 2003, 289f. m. Anm. *Gundlach/Schirrmeister*; *OLG Celle* NZI 2001, 314, *BayObLG* MDR 2002, 173f.
45 *BGH* U. v. 30.8.2007 – 3 StR 170/07; *Trüg/Habetha* wistra 2007, 365.

Knierim

Sodann bedeutet das **rechtliche Ende** der Gesellschaft auch das Ende der Pflichten-   **504**
stellung ihrer Organe.[46] Nach Abweisung des Insolvenzantrags mangels Masse (§ 26
InsO) oder nach Erledigung des Insolvenzverfahrens durch Abwicklung und Verteilung
der Masse ist die juristische Person aufgelöst (vgl. § 60 Abs. 1 Nr. 5 GmbHG). Grundsätzlich werden bisherige Geschäftsführer zu Abwicklern. Da jedoch im Insolvenzverfahren keine Vermögensbestandteile mehr vorhanden sind, die zu verwalten wären, und
der Geschäftsbetrieb beendet ist, bestehen keine handels- und steuerrechtlichen Buchführungspflichten mehr.[47] Stellt sich allerdings erst im Nachhinein heraus, dass verwertbare Vermögensgegenstände noch existieren, hat der Abwickler u.U. eine eigene Insolvenzantragspflicht, deren Verletzung strafbewehrt ist.

II. Strafbarkeit wegen Insolvenzverschleppung

1. Überblick

a) Maßgebliche Strafnormen

Die strafrechtlichen Normen begrenzen den Handlungsspielraum des geschäftsführ-   **505**
renden Organs einer Gesellschaft. Durch die Neuregelungen des MoMiG sind ab
dem 1.11.2008 alle bisherigen im Gesellschaftsrecht verstreuten Einzeltatbestände
zur Insolvenzantragspflicht in § 15a InsO zusammengefasst worden. Ob sich diese
Lösung als praktikabel erweisen wird, ist besonders deshalb fraglich, weil durch die
Neuregelung die Insolvenzantragspflicht aus den jeweiligen Einzelgesetzen gestri-
chen wurde und damit der Normadressat den Normbefehl nicht mehr in einem
Gesetz findet, das er zur täglichen, geschäftlichen Normanwendung benötigt.

b) Historische Entwicklung

Der Insolvenzverschleppungstatbestand hat seinen historischen Ursprung in den   **506**
Insolvenzverschleppungstatbeständen nach dem Allgemeinen Deutschen Handelsgesetzbuch (ADHGB von 1864) und in den späteren Einzelgesetzen für Kapitalgesellschaften. Dagegen bestanden für Personen-Handelsgesellschaften keine Strafvorschriften, weil die persönliche Haftung natürlicher Personen und das allgemeine
strafrechtliche Instrumentarium schädliche Geschäftspraktiken ausreichend verhindert haben.[48] Der historische Überblick in der Einführung (Rn. 19 ff.) stellt die
Verzahnung der über das Gesellschaftsrecht für jede Rechtsform einzeln verteilten
Normen dar.

---

46 *Gehrlein* DStR 1997, 31 ff.; vgl. auch zur Löschung der GmbH *Kögel* GmbHR 2003,
   460 ff.
47 *KG* ZIP 1997, 1511; einschränkend *LG München I* ZIP 2001, 2291 f.
48 Vgl. *Müller-Gugenberger* in FS Tiedemann 2008, S. 1003, 1004.

507 Rechtsformspezifische Straf- und Verweisungsnormen enthalten auch die deutschen Ausführungsregelungen zu den europäischen Unternehmensformen. Für die EWIV enthält das Ausführungsgesetz vom 14.4.1988 die Strafnormen mit den §§ 13–15;[49] bei der europäischen Aktiengesellschaft (SE) sind die aktienrechtlichen Straftatbestände auf die SE erstreckt worden (§ 53 SE-AG).[50] Für die genossenschaftsstrafrechtlichen Bestimmungen verweist das Gesetz über die europäische Genossenschaft (SCE) auf das GenG (§ 36 SCE-AG).[51]

2. Verletzung der Anzeigepflicht bei halbem Kapitalverlust

508 Der § 84 Abs. 1 Nr. 1 GmbHG sanktioniert die Verletzung der Anzeigepflicht aus § 49 Abs. 3 GmbHG. Wer als Geschäftsführer den Gesellschaftern nicht rechtzeitig oder nicht wahrheitsgemäß einen Verlust in Höhe der Hälfte des Stammkapitals anzeigt, gefährdet die Interessen der Gesellschaft wie auch die Interessen der Gesellschafter und der Gläubiger der Gesellschaft. Als echtes Unterlassungs- und Gefährdungsdelikt[52] besteht eine uneingeschränkte Akzessorietät zur gesellschaftsrechtlichen Anzeigepflicht. Geschütztes Rechtsgut ist das Informationsinteresse der Gesellschafter.[53] Die Gesellschafter können deswegen auch auf die Informationen verzichten mit der Folge, dass deren Verzicht bzw. die Einwilligung in eine Nichtinformation tatbestandsausschließend wirkt.[54]

a) Tathandlung

509 Die Anzeigepflicht setzt mit dem Eintritt eines Verlustes ein, sie beginnt erst dann, wenn die Hälfte des Stammkapitals tatsächlich aufgezehrt ist.[55] Feststellungen darüber, ob der Verlust tatsächlich eingetreten ist, setzen voraus, dass eine tatsächlich **aufgestellte Bilanz** diesen Verlust ausweist. Hierbei soll es sich um ein ungeschriebenes Tatbestandsmerkmal handeln.[56] In einer Unternehmenskrise hat ein Geschäftsführer deshalb zunächst die Pflicht, unverzüglich eine Sonderbilanz zwar nicht nach Liquidationswerten, wohl aber unter Berücksichtung etwaiger Rücklagen, stiller Reserven und weiterer Besonderheiten aufzustellen. Erst nach der Erstellung einer solchen Bilanz muss der Geschäftsführer die Gesellschafter unverzüglich informieren. Geschieht das nicht, so ist die Tat bereits mit dem Unterlassen vollendet.

---

49 EWIV-AG vom 14.4.1988.

50 SE-AG vom 22.12.2004, BGBl. I 2004, S. 3675; vgl. auch §§ 45, 46 SE-BG für die Arbeitnehmer-Mitbestimmung.

51 SCE-AG vom 14.8.2006, BGBl. I 2006, S. 1911, 1931 ff.; siehe auch §§ 47, 48 SCE-BG.

52 Scholz-*Tiedemann* § 84 GmbHG Rn. 13, 15.

53 Scholz-*Tiedemann* § 84 GmbHG Rn. 43; Gleiches gilt für das Grundkapital der AG, *Reuter* BB 2003, 1797, 1801.

54 Scholz-*Tiedemann* § 84 GmbHG Rn. 53.

55 Scholz-*Tiedemann* § 84 GmbHG Rn. 42.

56 Scholz-*Tiedemann* § 84 GmbHG Rn. 3, 57 f.

Beendigung des Delikts tritt erst dann ein, wenn mehr als die Hälfte des Stammkapitals wiederhergestellt ist oder aufgrund verbesserter wirtschaftlicher Lage die gesamte Unterbilanz aufgeholt ist. Eine anderweitige verlässliche Kenntnis der Gesellschafter vom Verlust der Hälfte des Stammkapitals lässt die Verpflichtung zur Anzeige aus § 49 Abs. 3 GmbHG entfallen.[57] Bei einer Ein-Mann-GmbH, bei der der Gesellschafter gleichzeitig Geschäftsführer der Gesellschaft ist, kann der Tatbestand deshalb nicht verwirklicht werden.

Eine verspätete Anzeige ändert an dem eingetretenen Tatbestand nichts, wirkt aber strafmildernd. Die Anzeigepflicht besteht auch dann, wenn der Verlust vom Geschäftsführer selbst zu verantworten ist. Die Anzeigepflicht wird nicht suspendiert, wenn durch die Offenbarung des Verlustes gleichzeitig eine eigene Straftat offenbart werden muss. Allerdings dürfen die Angaben des Geschäftsführers in einem Strafverfahren nicht verwertet werden.[58]　**510**

Eine anderweitige Feststellung der Verletzung der Anzeigepflicht, beispielsweise durch Aufarbeitung der Buchhaltung oder durch Verwertung schriftlicher Erklärungen gegenüber den Gesellschaftern oder einer entsprechenden protokollierten Beschlussfassung in der Gesellschafterversammlung, wird dadurch allerdings nicht gehindert.　**511**

b) Vorsatz und Fahrlässigkeit

§ 84 Abs. 1 Nr. 1 GmbHG setzt (bedingt) vorsätzliches oder fahrlässiges Handeln voraus. Ein Irrtum über die Höhe des Verlustes ist als Tatbestandsirrtum zu werten, wenn die Bilanz, die einer Mitteilung bzw. unterlassenen Mitteilung zugrunde liegt, ordnungsgemäß erstellt ist. Ist ein vorsätzliches Verhalten ausgeschlossen, kann eine fahrlässige Begehung angenommen werden, wenn der Status grobe Bewertungsfehler enthält oder eine grob fehlerhafte Ermittlung der Vermögensgegenstände festgestellt werden kann. Der Fahrlässigkeitsvorwurf kann sich auch auf eine vorwerfbare Unkenntnis von dem eingetretenen Stammkapitalverlust beziehen.[59]　**512**

c) Strafrahmen, Verjährung

Eine Tathandlung nach § 84 Abs. 1 Nr. 1 GmbHG steht zu einer solchen nach Nr. 2 ebenso wie zu anderen Insolvenzdelikten im Verhältnis der Tatmehrheit. Die Verjährungsfrist beginnt mit dem Entfallen der Anzeigepflicht, also mit der Tatbeendigung. Sie beträgt 5 Jahre für Vorsatz- und 3 Jahre für Fahrlässigkeitsdelikte.　**513**

---

57 Scholz-*Tiedemann* § 84 GmbHG Rn. 61, 63.
58 *BVerfGE* 56, 41; *Bittmann* § 11 Rn. 4.
59 Scholz-*Tiedemann* § 84 GmbHG Rn. 71, 73.

d) Prozessuales

514 Die praktische Bedeutung des § 84 Abs. 1 Nr. 1 GmbHG ist gering. Ermittlungsverfahren werden regelmäßig bereits dann eingeleitet, wenn die Insolvenzgerichte Mitteilung an die Ermittlungsbehörden machen. Die Ermittlungsbehörden konzentrieren sich jedoch in aller Regel auf die wesentlich wichtigere Insolvenzverschleppung sowie darauf, ob Bankrotthandlungen vorliegen. Eine Ermittlung der Umstände, die die Pflicht zur Anzeige auslösen konnten, ist häufig schwierig. Ob die Gesellschafter von der Insolvenzreife der Gesellschaft überrascht wurden oder ob für sie absehbar gewesen ist, dass die Insolvenz eintreten wird, spielt deshalb meistens erst dann eine Rolle, wenn über die für die Insolvenzantragspflicht selbst maßgeblichen Zeitpunkte gestritten wird. Bleibt die Verletzung der Anzeigepflicht im gesamten Ermittlungsverfahren die einzige nachweisbare Pflichtverletzung, so liegt es jedenfalls nahe, das Ermittlungsverfahren nach Dispositionsgrundsätzen einzustellen.[60]

3. Insolvenzverschleppung, § 15a Abs. 4 InsO

a) Bedeutung, Schutzzweck

515 Die Verletzung der Insolvenzantragspflicht für juristische Personen oder andere Gesellschaften ohne natürlichen Vollhafter wird seit dem 1.11.2008 zentral in § 15a Abs. 4 InsO geregelt. Die Norm sieht für vorsätzliches Verhalten Freiheitsstrafe bis zu 3 Jahren oder Geldstrafe vor. Für fahrlässiges Verhalten wird in § 15a Abs. 5 InsO bis zu 1 Jahr Freiheitsstrafe oder Geldstrafe angedroht. Die bisherigen Strafnormen der §§ 84 Abs. 1 Nr. 2 und 64 Abs. 1 GmbH, § 401 Abs. 1 Nr. 2 AktG, § 148 Abs. 1 Nr. 2 GenG, § 130b HGB, § 15 EWIV-AG sind aufgehoben worden, die Verweisungsnormen in § 177a HGB, § 53 Abs. 4 SE-AG und § 36 Abs. 1 SCE-AG sind entsprechend angepasst. Ausdrücklich will der Gesetzgeber damit auch alle Auslandsgesellschaften erfassen, die in Deutschland tätig werden.[61] Allerdings wird die Rechtsprechung zunächst die Anwendbarkeit deutschen Rechts zu prüfen haben[62] (Art. 3 EuInsVO) und erst nach Bejahung einer EU-Konformität[63] zur Anwendung der Antragspflicht kommen können.

---

60 *Bittmann* § 11 Rn. 16.
61 Gesetzesentwurf der Bundesregierung zum MoMiG vom 23.5.2007, Seite 126 f.
62 Vgl. dazu den Referentenentwurf eines Art. 10 EGBGB vom 7.1.2008, durch den ausschließlich das Recht des Gründungsstaates auf die gesellschaftsrechtlichen Pflichten einer Auslandsgesellschaft angewendet werden sollen, s.a. *Altenhain/Wietz*, Die Ausstrahlungswirkung des Referentenentwurfs zum Internationalen Gesellschaftsrecht auf das Wirtschaftsstrafrecht, NZG 2008, 569.
63 S. dazu die Entscheidungen zur Anwendung des Rechts des Gründungsstaates auf EU-Gesellschaften: *EuGH* NZG 1999, 298 – Centros; NZG 2002, 1164 – Überseering; NZG 2003, 1064 – Inspire Art.

b) Täterschaft und Teilnahme

Die Strafvorschrift des neuen § 15a Abs. 4 InsO ist ein **Sonderdelikt**. Als Täter einer **516** unterlassenen Insolvenzantragspflicht kommen deshalb nur die in § 15a Abs. 1–3 InsO genannten Personen in Betracht:

- **Fallgruppe 1:** Verpflichtet sind **amtierende Organmitglieder** einer juristischen Person oder Abwickler (§ 15a Abs. 1 S. 1 InsO);
- **Fallgruppe 2:** Gleichzeitig und unabhängig von der ersten Gruppe der Verpflichteten sind auch **organschaftliche Vertreter** der zur Vertretung der Gesellschaft ermächtigten Gesellschafter oder die Abwickler einer Gesellschaft ohne Rechtspersönlichkeit verpflichtet (§ 15a Abs. 1 S. 2 InsO);
- **Fallgruppe 3:** Ebenso sind die natürlichen Personen, die die organschaftlichen Vertreter der Fallgruppe 2 darstellen – auch über eine Kette von juristischen Personen oder Gesellschaften ohne Rechtspersönlichkeit hinweg – verpflichtet (§ 15a Abs. 2 InsO);
- **Fallgruppe 4:** Bei einer führungslosen GmbH, Aktiengesellschaft oder Genossenschaft ist auch jeder Gesellschafter zur Antragstellung verpflichtet, es sei denn, er hat keine Kenntnis vom Insolvenzgrund oder der Führungslosigkeit.

Zur **Fallgruppe 1** gehören alle Kapitalgesellschaften nach deutschem Recht („juris- **517** tische Person", § 11 Abs. 1 InsO), d.h. GmbH, AG, KGaA, e.G., SCE, SE-AG. Deren wirksam bestellte Organmitglieder trifft die Insolvenzantragspflicht wie auch alle anderen Verpflichtungen zur rechtsbeständigen Organisation der Gesellschaft. Bei mehreren bestellten Organmitgliedern ist jeder zur Antragsstellung verpflichtet. Der Kreis der tauglichen Täter wird über die Organe hinaus auf die entsprechenden Organmitglieder ausländischer Rechtsformen erstreckt, mit dem Ziel, eine Umgehung der deutschen Verbotsnormen durch Wahl einer Auslandsgesellschaft zu verhindern. Auf diese Weise wird eine Strafbarkeitslücke, die für die Limited und andere Auslandsgesellschaften bestand, geschlossen.[64]

Das bezieht sich nach der Rechtsprechung auch auf faktische Geschäftsführer.[65] **518** Weiterhin sind Strohmänner[66] und Liquidatoren[67] zur Antragstellung verpflichtet. Andere Personen, die Einfluss auf die Aktivitäten der Gesellschaft haben, wie z.B. Gesellschafter (außer bei der Fallgruppe 4), Prokuristen, Aufsichtsräte, Bankenvertreter, Steuer- oder Unternehmensberater, Sanierer oder Gläubiger, die die Gesellschaftsgeschicke wesentlich beeinflussen, ohne Organmitglied oder Organvertreter im Sinne der Fallgruppen 2 und 3 zu sein, kommen demnach allenfalls als Anstifter

---

64 Vgl. Seite 113 ff.
65 *BGH* NJW 1984, 2958; ebenso *Haas* DStR 2003, 423.
66 *Maurer* Strafbewehrte Handlungspflichten des GmbH-Geschäftsführers in der Krise, in: wistra 2003, 174, 175; *Rönnau* Rechtsprechungsüberblick zum Insolvenzstrafrecht, in: NStZ 2003, 525, 527; a.A. *KG* wistra 2002, 313/314; *OLG Hamm* NStZ-RR 2001, 173, 174; *Schulz* StraFo 2003, 155, 157.
67 *BGH* wistra 1999, 459, 462.

oder Gehilfen in Betracht.[68] § 14 Abs. 2 Nr. 2 StGB ist nicht anwendbar.[69] Für den eingetragenen Verein regelt weiter § 42 Abs. 2 BGB die Pflicht zur Insolvenzantragstellung, die Strafbarkeit des Vereinsvorstandes ergibt sich künftig auch aus § 15a Abs. 4 InsO, ebenso bei rechtsfähigen Stiftungen gemäß § 80 BGB. Der nichteingetragene Verein wird durch § 11 Abs. 1 S. 2 InsO der juristischen Person gleichgestellt. Die Verwendung des Terminus „juristische Person" greift für alle Rechtspersönlichkeiten privaten und öffentlichen Rechts (vgl. aber § 12 InsO), für die eine gesetzliche Insolvenzantragspflicht nach § 15a Abs. 1–3 InsO besteht.

519 Besteht die **Geschäftsführung aus mehreren Personen,** so ist jeder Geschäftsführer – nach der Rechtsprechung einschließlich des faktischen Geschäftsführers – verpflichtet, den Insolvenzantrag zu stellen. Eine interne Aufgabenverteilung, also beispielsweise das Bestehen von Ressortverantwortlichkeiten, ist für die Insolvenzantragspflicht ohne Bedeutung. Deshalb ist in einem solchen Falle auch die Gesamtvertretungsberechtigung kein Hindernis für die Insolvenzantragspflicht. Stellt nur einer der Geschäftsführer den Insolvenzantrag, so werden alle anderen Geschäftsführer von der Antragspflicht befreit.

520 Zur **Fallgruppe 2** zählen alle Personengesellschaften nach deutschem Recht, d.h. die GbR, oHG, KG, ParnterschaftsG, Partnerreederei und EWIV („Gesellschaft ohne Rechtspersönlichkeit", § 11 Abs. 2 Nr. 1 InsO), sofern sie keine natürliche Person als Gesellschafter haben. Das betrifft vor allem die GmbH & Co. oHG, GmbH & Co. KG, die Ltd & Co. KG und alle anderen Gesellschaften nach deutschem Sitzrecht. Eine ARGE zwischen zwei Kapitalgesellschaften wird dadurch auch betroffen. In diese Fallgruppe fällt auch die Kapitalgesellschaft in Gründung, da auch sie eine „Gesellschaft ohne Rechtspersönlichkeit" darstellt. Sie ist ohnehin schon insolvenzfähig,[70] nur bestand bisher keine Insolvenzantragspflicht.

521 Die Strafbarkeit eines Geschäftsführers oder Vorstandes einer **ausländischen Gesellschaft** wird durch die Neuregelung mit Sicherheit strittig. Die **Fallgruppe 3** sollte eine solche Verantwortlichkeit erfassen, was aber nach dem internationalen Kollisionsrecht in Frage gestellt werden muss. Auf die Darstellung zur Limited in der Einführung (Rn. 7 ff.) sowie die im Abschnitt VI (Rn. 599 ff.) behandelten Fragen zu Auslandsgesellschaften wird hier verwiesen.

522 Mit der **Fallgruppe 4** werden **Gesellschafter** und **Aufsichtsräte** ausschließlich bei der GmbH, der AG und der Genossenschaft dazu verpflichtet, im Falle der Führungslosigkeit der Gesellschaft Insolvenzantrag zu stellen. Zu welchem Zeitpunkt „Führungslosigkeit" (§ 10 Abs. 2 S. 2 InsO) eintritt, ist gesetzlich nicht bestimmt.[71] Ob hierzu bereits ein Krankenstand von wenigen Tagen, ein Urlaub von vier Wochen oder ein gänzliches Liegenbleiben der Geschäfte gehört, ist äußerst zweifelhaft. Die

---

68 Scholz-*Tiedemann* § 84 GmbHG Rn. 19; *Köhler* in Wabnitz/Janovsky § 7 Rn. 26 ff.
69 *BGH* wistra 1999, 459, 462.
70 Vgl. *Deutscher/Körner* wistra 1996, 8, 11.
71 *AG Hamburg*, NJW 2009, 304: „unbekannter Aufenthalt des Geschäftsführers genügt nicht."

Tatbestandsbestimmtheit wird nicht verbessert durch die kumulative Notwendigkeit der Kenntnis von Führungslosigkeit und Insolvenzgrund, weil der Gesetzgeber diese Kenntnis vermutet. Durch die Satzstellung „es sei denn" besteht die Gefahr, dass dem Gesellschafter unangemessene Nachforschungspflichten auferlegt werden.

Beispiel: Man stelle sich eine Genossenschaft vor, die nur durch die Vertreterversammlung ein Organ bestellt. Ein Genosse, der als Angestellter tätig ist, erfährt zufällig von der Illiquidität der Genossenschaft und davon, dass der gesamte Vorstand zurückgetreten ist. Soll dieser Genosse bestraft werden, obwohl er auf die Bestellung eines Ersatzvorstandes überhaupt keinen Einfluss nehmen kann? **523**

Mit Kenntnis i.s. der Vorschrift ist die positive Kenntnis gemeint; Kennenmüssen genügt grundsätzlich nicht.[72] **524**

Für den Problemfall des **ausgeschiedenen Organmitglieds** ergeben sich aus der neuen Strafnorm des § 15a Abs. 4 InsO keine neuen Erkenntnisse. Die Norm will insgesamt auf die wirksam bestellten, für die Geschäftsführung verantwortlichen Personen einwirken, den notwendigen Insolvenzantrag rechtzeitig zu stellen. Aufgrund der Akzessorietät ist derjenige für den Insolvenzantrag verantwortlich, der im Zeitpunkt, in dem der Insolvenzantrag spätestens gestellt werden muss (nach Ablauf der Drei-Wochen-Frist), Geschäftsführer oder Mitglied des geschäftsführenden Organs ist. **525**

In der Rechtsprechung und Literatur werden Fälle behandelt, in denen Geschäftsführer während der Drei-Wochen-Frist ihr Amt niederlegen oder sich von der Gesellschafterversammlung abberufen lassen und die **Gesellschaft** dadurch **handlungsunfähig** wird.[73] Der gesetzliche Zweck des § 15a Abs. 1 S. 1 InsO wird dadurch gefährdet, weil dann kein verantwortliches Organ mehr vorhanden ist, um der Antragspflicht zu genügen. Über den Wortlaut des § 15a Abs. 1 S. 1 InsO hinaus kann eine Strafbarkeit wegen des Gesetzlichkeitsgrundsatzes des Art. 103 Abs. 2 GG nicht ausgedehnt werden. Allerdings ist in der strafrechtlichen Rechtsprechung anerkannt, dass die Amtsniederlegung oder die Abberufung zur Umgehung der Insolvenzantragspflicht rechtsmissbräuchlich ist, wenn durch die Amtsniederlegung ohne gleichzeitige Bestellung eines neuen Geschäftsführers kein wichtiger Grund für das Ausscheiden vorliegt. Wer die Handlungsunfähigkeit der Gesellschaft absichtlich herbeiführt, um dadurch den gesetzlichen Zweck der gleichmäßigen Befriedigung aller Gläubiger in der Insolvenz zu gefährden, ist für diesen Zustand auch verantwortlich.[74] Dies ist nicht der Fall, wenn die Gesellschafterversammlung einem Geschäftsführer kündigt, der in grob pflichtwidriger Weise die Geschäfte der Gesellschaft geführt hat. **526**

Allerdings kann nicht jede zivilrechtliche Unwirksamkeit einer Amtsniederlegung oder Abberufung bereits den Gefahrenzustand schaffen, der zu einer erhöhten Gefahrensituation führt. Fällt beispielsweise der Geschäftsführer selbst in Insolvenz oder **527**

---

72 Näheres dazu Rn. 498 f.
73 *BGHZ* 75, 97, 111; *BGHSt* 2, 54; 29, 100, 103.
74 *BGH* NJW 1980, 24, 15; *BayObLG* DB 1981, 2219.

hat er die Insolvenz durch Bankrotthandlungen herbeigeführt, wird man im Rahmen der Zumutbarkeit abwägen müssen, ob er der Insolvenzantragspflicht nachkommen muss.

528 Ein Geschäftsführer, der nicht rechtsmissbräuchlich sein Amt während der Drei-Wochen-Frist oder danach niederlegt, ohne selbst der Insolvenzantragspflicht genügt zu haben, muss seinen **Nachfolger** dahingehend **instruieren**, dass dieser den Insolvenzantrag stellt. Eine Einarbeitungsfrist wird man dem Nachfolger kaum über den Zeitraum der Unverzüglichkeit (§ 121 BGB) gewähren können. Der neue Geschäftsführer wird sich deshalb nur in besonders begründeten Fällen darauf berufen können, dass er eine Einarbeitungszeit von mehr als zwei Wochen benötigt hat, um dann die wirtschaftliche Krisensituation des Unternehmens zu erkennen. Eine Strafbarkeit des ausscheidenden Geschäftsführers besteht nicht, wenn der eingetretene Nachfolger den Antrag rechtzeitig innerhalb der Drei-Wochen-Frist stellt.

529 Ebenso entfällt eine Insolvenzantragspflicht des ausscheidenden Geschäftsführers, wenn er **wirksam abberufen** worden ist und somit nicht mehr die Berechtigung besitzt, einen wirksamen Insolvenzantrag zu stellen.[75] Es ist nicht automatisch rechtsmissbräuchlich, wenn der Geschäftsführer sein Amt ohne wichtigen Grund niederlegt. Vertrauensverluste, Eingrenzungen der Geschäftsführungsbefugnis durch die Gesellschafterversammlung über das gewöhnliche Maß hinaus oder sonstige schwerwiegende Beeinträchtigungen der Entscheidungsbefugnis und Entscheidungsgrundlagen einer Geschäftsführung können Anlass für eine solche **Amtsniederlegung** sein. Dem Geschäftsführer kann in solchen Fällen nicht vorgeworfen werden, er handle rechtsmissbräuchlich.

530 Es sollten aber von der Verteidigung sachliche Gründe geltend gemacht werden, die über die öffentlich-rechtliche Pflicht zur Insolvenzantragsstellung hinausreichen. In der Regel wird das bis zum Ablauf der Drei-Wochen-Frist nicht vorgeworfen werden können. Nach Eintritt der Insolvenzreife und nach Ablauf der Drei-Wochen-Frist wird ein Geschäftsführer aber weiterhin strafrechtlich verantwortlich bleiben, den Insolvenzantrag zu stellen.[76] Für etwaige Vorwürfe entlastend dürfte es jedenfalls sein, dass durch das MoMiG ausdrücklich Antragsrechte für jeden Gesellschafter und jeden Aufsichtsrat von Kapitalgesellschaften in § 15 InsO festgeschrieben wurden.

531 Nach den allgemeinen Grundsätzen können sich Gesellschafter auch wegen **Anstiftung** oder **Beihilfe** zur Insolvenzverschleppung eines rechtswidrig und vorsätzlich handelnden Organs der Gesellschaft strafbar machen. Dies gilt gleichermaßen für die Mitglieder eines beratenden Beirats, auch wenn es sich hier um kein Pflichtorgan der Gesellschaft handelt.

---

75 *Uhlenbruck* Die Pflichten des Geschäftsführers einer GmbH oder GmbH & Co. KG in der Krise des Unternehmens, in: BB 1985, 1282, 1284.
76 *Spannowsky* wistra 1990, 48, 51.

Knierim

c) Tathandlung

Die Strafbarkeit wegen Insolvenzverschleppung setzt voraus, dass der Insolvenzan- **532**
trag
* entgegen § 15a Abs. 1–3 InsO nicht oder
* nicht richtig oder
* nicht rechtzeitig gestellt wird.

Zur näheren Erläuterung der Insolvenzgründe wird auf Rn. 53 ff. verwiesen.[77]

Die Tat ist spätestens mit Ablauf der Drei-Wochen-Frist **vollendet**. Eine Handlungs- **533**
pflicht besteht aber auch danach fort. Folglich kann auch das Unterlassen einer
Anzeige nach Ablauf der Drei-Wochen-Frist als Dauerdelikt weiterverfolgt werden.
Die Antragspflicht entfällt und die Tat ist **beendet**, wenn
* die Insolvenzreife wegfällt,
* eine verspäteter eigener Antrag gestellt wird,
* ein Mitgeschäftsführer gemäß § 15 InsO einen Eigenantrag stellt oder
* das Insolvenzverfahren aufgrund eines Gläubigerantrages eröffnet wird.

Wird ein **Fremdinsolvenzantrag** gestellt, sind die Verpflichteten noch nicht von der **534**
eigenen Antragspflicht entbunden. Zwar ist das Insolvenzgericht nach dem Gläubigerantrag in gleichem Maße wie bei einem Eigenantrag verpflichtet, die Insolvenzreife zu ermitteln und dazu gegebenenfalls Auskünfte des Geschäftsführers zu erzwingen. Der Gläubiger kann seinen Antrag aber jederzeit (beispielsweise nach
Befriedigung seiner Forderung) wieder zurücknehmen und auf diese Weise das
Insolvenzeröffnungsverfahren beenden. Auch ist erst mit der Eröffnung des Insolvenzverfahrens sicher, dass ein zulässiger Fremdantrag vorliegt. Zuvor kann sich der
Verpflichtete nicht darauf verlassen, dass das von Gesetzes wegen Erforderliche auch
ohne sein Zutun geschieht. Eine abweichende Auffassung davon will den Fremdantrag genügen lassen, um die Anzeigepflicht entfallen zu lassen.[78] Dem ist allerdings
entgegenzuhalten, dass ein Fremdantrag sowohl unzulässig als auch unbegründet
sein kann und dass nur die Geschäftsführung einer Gesellschaft selbst beurteilen
kann, ob die Voraussetzungen für den Insolvenzantrag vorliegen. Erfolgt ein Fremdantrag in einer Sanierungsphase, so berührt dies die eigenständige Verpflichtung der
Geschäftsführung ohnehin nicht, weil der Straftatbestand das Unterlassen erst nach
Ablauf der Drei-Wochen-Frist erfasst.[79]

Die Neuregelung des § 15a Abs. 4 InsO führt eine Strafbarkeit für den „nicht richti- **535**
gen" Antrag ein. Bisher bestanden zum Inhalt eines Insolvenzantrages unterschiedliche Auffassungen. Einig sind sich alle Autoren, dass ein ernsthaft gemeinter und

---

77 Von besonderer Bedeutung ist die bis zum 31.12.2010 befristete Änderung des Überschul-
   dungsbegriffs (§ 19 Abs. 2 InsO) durch Art. 5 des Finanzmarktstabilisierungsgesetzes
   (FMStG) vom 17.10.2008 (BGBl. I 2008, 1982). Danach wird der alte zweistufige Über-
   schuldungsbegriff (vgl. *BGHZ* 119, 201) wieder eingeführt.
78 *Bieneck* in Müller-Gugenberger/Bieneck § 10 Rn. 84.
79 *Scholz/Tiedemann* § 84 GmbHG Rn. 8.

zulässiger Antrag gestellt werden muss.[80] Der **Inhalt eines Insolvenzantrages** bestimmt sich nach den §§ 13–15 InsO. Das Gesetz enthält allerdings keine Regelung, welche Angaben im Insolvenzantrag gemacht werden müssen. Formvorschriften sind auch durch das MoMiG nicht in die InsO eingefügt worden. Grundsätzlich ist aus strafrechtlicher Sicht lediglich erforderlich, dass der ernsthafte Wille des Antragstellers zum Ausdruck kommt, für die Gesellschaft aufgrund eines Insolvenzgrundes im Sinne der §§ 17 ff. InsO einen Eigenantrag für die Gesellschaft stellen zu wollen. Es ist nicht erforderlich, dass dem Insolvenzantrag bereits sämtliche Gläubiger- und Schuldnerverzeichnisse, eine Übersicht über die Vermögensmasse oder sonstige Unterlagen beigefügt werden. In den Fallgruppen 3 und 4 wird das auch kaum praktisch möglich sein. Selbst die Verletzung von Informations- und Auskunftspflichten gegenüber dem Insolvenzgericht im Insolvenzantragsverfahren ist nicht vom Tatbestand des § 15a Abs. 4 InsO erfasst.[81]

536 Ob der Insolvenzantrag damit **prüfbar** ist, ist in diesem Zeitpunkt nicht entscheidend.[82] Wenn schon beim Gläubigerantrag nicht gefordert wird, dass eine ausführliche, prüfbare Begründung vorliegt,[83] darf für den Eigenantrag kein höherer Maßstab angelegt werden. Auch würde es den Akzessorietätsgrundsatz des § 15a Abs. 4 InsO überschreiten, wenn eine gesetzlich nicht vorgegebene Verpflichtung, beispielsweise das Ausfüllen von Listen, Fragebögen oder die Übersendung der Buchhaltungsdaten, zur Voraussetzung eines wirksamen Antrages gemacht würde. Schließlich darf auch nicht verkannt werden, dass in der überwiegenden Anzahl von Unternehmen (der Gesetzgeber geht von nahezu 100 % aus) eine computergestützte Buchhaltung vorliegt, deren Übergabe auf einem elektronischen Datenträger das Insolvenzgericht ebenfalls vor eine kaum lösbare Prüfungsaufgabe stellen würde, die aber nach allgemeiner Auffassung zur Stellung eines wirksamen Insolvenzantrages genügen würde. Deshalb kann auch nicht gefordert werden, dass der Antragsteller sich sprachlich korrekt ausdrückt, dass er Begrifflichkeiten verwendet, die nur einem Fachmann geläufig sind, oder dass bereits bei der Antragsstellung den Auskunftspflichten des § 20 InsO genügt wird. Das Insolvenzgericht hat alle für die Prüfung erforderlichen Informationen von Amts wegen zu ermitteln (§ 5 Abs. 1 InsO). Erforderlichenfalls können die dem Insolvenzgericht zur Verfügung stehenden Zwangsmittel (§§ 97–99, 101 InsO) eingesetzt werden, die für die Beurteilung der Insolvenzreife erforderlichen Tatsachen in Erfahrung zu bringen.[84] Deshalb genügt der Antragsteller mit einem schlichten Antrag seiner Pflicht aus § 15a Abs. 1–3 InsO, selbst wenn er seinem Antrag keine Unterlagen beifügt.[85]

---

80 *Bittmann* § 11 Rn. 25.
81 So zur GmbH: *BayObLG* wistra 2000, 315; *KG* wistra 2002, 313, 315.
82 **A.A.:** *Bittmann* § 11 Rn. 26; *LG Duisburg* NZI 2002, 501; *LG Potsdam* NZI 2002, 555 f.
83 So *LG Arnsberg* ZInsO 2002, 680.
84 *LG Göttingen* ZIP 2002, 1048 f.
85 Hier kann auch der Hinweis auf § 305 Abs. 3 S. 2 InsO nicht verfangen, wonach der Antrag auf Eröffnung eines Verbraucherinsolvenzverfahrens als zurückgenommen gilt, wenn die erforderlichen Unterlagen nicht innerhalb eines Monates vorgelegt werden.

d) Drei-Wochen-Frist, Fristablauf

Die Insolvenzantragspflicht beginnt erst mit der **Kenntnis des Verpflichteten** nach **537** § 15a Abs. 1–3 InsO **vom Eintritt der Insolvenzreife**.[86] Die Kenntnisnahme kann mit dem Eintritt der Insolvenzreife zusammenfallen, sie kann aber auch erst nach dem Eintritt der Insolvenzreife vorliegen. Vor dem (nachweisbaren) Eintritt der objektiven Insolvenzreife kann man Vermutungen oder Berechnungen bestenfalls der straflosen Vorbereitungsphase zurechnen. In der Praxis bedeutet das, dass die Insolvenzreife nicht bejaht werden kann, solange sie in vertretbarer Weise verneint werden darf.[87] Erst ab eindeutiger Insolvenzreife ist der Verpflichtete gehalten, ohne schuldhaftes Zögern (§ 121 Abs. 1 BGB), spätestens jedoch nach drei Wochen einen Eigenantrag auf Eröffnung des Insolvenzverfahrens zu stellen.

Damit hängt es von dem Beginn der Frist ab, ab welchem Zeitpunkt der Verpflichtete **538** den Eintritt der Insolvenz wahrnehmen kann. Erkannte er dies erst verspätet, so darf er gleichwohl die Drei-Wochen-Frist ausnutzen, weil die Kenntnisnahme Tatbestandselement des § 15a Abs. 1–3 InsO ist.[88] Das gilt nur dann nicht, wenn sich der Geschäftsführer der Einsicht einer Insolvenzreife mutwillig verschlossen hat, wohl aber, wenn während der dreiwöchigen Sanierungsphase die Sanierung tatsächlich begonnen wird und diese – zunächst – auch erfolgreich anschlägt. Dafür spricht auch, dass die InsO Sanierungsbemühungen wesentlich stärken möchte, als bisher die KO um den Erhalt des Betriebes, der Arbeitsplätze und der Betriebsmittel als gesetzlichen Zweck zu fördern.

Der Fristenlauf richtet sich nach §§ 187, 188 BGB. Der Verpflichtete hat innerhalb **539** von drei Wochen ab dem Zeitpunkt seiner Kenntnisnahme die Möglichkeit, die Sanierung der Gesellschaft prüfen zu lassen und einzuleiten.[89] Ist eine **Sanierung aussichtslos**, weil die Zahlungsunfähigkeit evident ist, oder ist eine Krisenüberwindung nicht beabsichtigt und werden deshalb auch keine Anstrengungen unternommen, um die Krise zu beseitigen, so darf die Drei-Wochen-Frist nicht ausgenutzt werden. Vielmehr ist in diesem Fall unverzüglich Insolvenz anzumelden.[90]

Die Aussicht auf den Eingang eines von der Konzernmuttergesellschaft zugesagten **540** Geldbetrages stellt immer dann eine **aussichtsreiche Krisenbeseitigung** dar, wenn die Muttergesellschaft das Cash-Management durchführt und ohne Weiteres mit dem Eingang der Zahlung zu rechnen ist. Das Gleiche gilt für den Eingang von bonitätsmäßig zweifelsfreien Forderungen. So kommt es in der Praxis häufiger vor, dass in Baubetrieben und Handwerksunternehmen längere Zahlungsziele vereinbart werden und die Liquidität bis zur Fälligkeit der Hauptforderung deutlich unter die erforder-

---

86 *BGHSt* 15, 306, 370; *BGHZ* 75, 96, 110.
87 *BGHZ* 126, 188, 199 (Beurteilungsspielraum); *Bittmann* § 11 Rn. 44; *BGH* wistra 1998, 105; U. v. 6.5.2008 – 5 StR 34/08, Rn. 43.
88 Für die GmbH: *BGHSt* 15, 306, 310; *BGHZ* 75, 96, 110; *BGH* NJW 2003, 3787, 3788.
89 Für die GmbH: *BGHSt* 15, 306, 311; *BGH* NJW 2003, 3787, 3788.
90 Für die GmbH: *BGH* DStR 2001, 1537, 1538; *BGH* NJW 1994, 2220, 2224; *OLG Köln* NZI 2001, 252, 253; *Goette* ZInsO 2001, 529, 534.

lichen betriebswirtschaftlichen Grenzen sinkt. In einem solchen Fall kann noch nicht einmal von einer Krise der Gesellschaft gesprochen werden, weil es zum ordnungsgemäßen Wirtschaften dieser Gesellschaft gehört, Leistungen zu erbringen, für die ein Zahlungsanspruch mit hinausgeschobener Fälligkeit besteht. Ob die Gesellschaft gleichwohl verpflichtet ist, für den Fall der Inanspruchnahme aus öffentlich-rechtlichen Verpflichtungen Rücklagen zu bilden, ist in der Rechtsprechung nicht abschließend entschieden. Die Sanierung der Gesellschaft muss nicht innerhalb der drei Wochen durchgeführt sein, sie muss aber durch ein betriebswirtschaftlich-analytisches Gutachten belegt sein, und mit der Sanierung muss begonnen worden sein. Wird die Sanierung durch ein Finanzierungsinstitut begleitet, so muss innerhalb der drei Wochen eine unbedingte Zusage zur Bereitstellung von Liquidität oder zum Ausgleich der bestehenden Unterbilanz bei der Geschäftsführung vorliegen.[91]

e) Vorsatz und Fahrlässigkeit

541 Der Vorsatz muss sich auf alle Tatbestandsmerkmale beziehen, also sowohl auf den Insolvenzgrund, die Verpflichtetenstellung als auch auf die Frist des § 15a Abs. 1 InsO. Das gilt aber auch für die Tathandlungsalternativen des § 15a Abs. 4 InsO. Wer also nicht weiß, dass er keinen „richtigen" Antrag gestellt hat, kann sich nicht strafbar machen, wenn alle sonstigen Voraussetzungen erfüllt sind. Der Verpflichtete muss im Übrigen die Überschuldung oder Zahlungsunfähigkeit erkennen. Hat der Verpflichtete die maßgeblichen Tatsachen erkannt, weil er beispielsweise weiß, dass ein Gerichtsvollzieher vergeblich zu pfänden versuchte hat, die Sozialversicherungsbeiträge nicht mehr beglichen werden können oder realisierungsfähige Firmenwerte im Drei-Wochen-Zeitraum nicht mehr zur Deckung der kurzfristig fällig werdenden Verbindlichkeiten reichen, dann liegt die Annahme nahe, dass er wusste, dass er zu einer Antragsstellung verpflichtet war, selbst wenn er diese Schlussfolgerung selbst nicht gezogen hat. Kannte er allerdings die maßgeblichen Tatsachen nicht oder hat er die Vermögensgegenstände unrichtig bewertet, ist seine Prognose unrichtig gewesen oder sind ihm begründete Zusagen auf Prolongation von Finanzierungen oder Einlagen von Gesellschaftern gemacht worden, so liegt ein den Vorsatz ausschließender Tatbestandsirrtum vor. In einem solchen Fall wird in der Regel auch keine fahrlässige Tatbegehung vorliegen, weil kein Sorgfaltspflichtverstoß gegeben ist.

542 Eine **fahrlässige Begehung** setzt voraus, dass nach dem Auftreten von Krisenanzeichen keine Maßnahmen unternommen wurden, um einen Status zu erstellen, oder dass in grober Weise gegen die Sorgfaltspflichten eines ordentlichen Geschäftsführers im Sinne der §§ 35, 43, 64 S. 1 GmbHG Sachverhalte ermittelt worden sind, die kein zutreffendes Bild über die tatsächliche Lage der Gesellschaft geben konnten. Eine allgemeine Pflicht zur ständigen Beobachtung von Liquidität und von Gewinn-

---

91 *Bieneck* in Müller-Gugenberger/Bieneck § 76 Rn. 5; *Köhler* in Wabnitz/Janovsky 7. Kapitel Rn. 46.

und Verlustentwicklungen besteht allerdings nicht.[92] Gerade weil dem Geschäftsführer ein Beurteilungsspielraum bei der Aufstellung des Vermögens-, Finanz- und Liquiditätsstatus' zusteht, darf ein noch vertretbares Verhalten nicht zur Grundlage eines Fahrlässigkeitsvorwurfes gemacht werden.[93] Besonders problematisch ist die Neuregelung des § 15a Abs. 5 InsO für den Gesellschafter einer GmbH, AG oder e.G., bei der Insolvenzreife eingetreten ist. Für Gesellschafter dieser Kapitalgesellschaften bestehen weder gesetzliche Pflichten zur Erkundigung über die wahren Verhältnisse der Gesellschaft, noch können die Gesellschafter solche Ansprüche zuverlässig durchsetzen.

Fehlen dem Geschäftsführer die zur Deutung der Vermögenslage erforderlichen intellektuellen Fähigkeiten oder das erforderliche Fachwissen, so hat er sich **fachkundig beraten** zu lassen.[94] In der Praxis bedeutet das häufig, dass eine Geschäftsführung durch Einschaltung eines in Insolvenzfragen erfahrenen Beraters (Rechtsanwalt, Steuerberater oder Wirtschaftsprüfer) einen Status erstellen lassen darf, der ihm eine Entscheidungsgrundlage für sein Verhalten im Rahmen des § 15a InsO bietet. Kommt das Gutachten zu dem Ergebnis, dass keine Insolvenzreife eingetreten ist, handelt der Verpflichtete schon nicht tatbestandsmäßig, wenn er den Insolvenzantrag unterlässt. Ein Irrtum des Beraters kann dem Verpflichteten nicht zugerechnet werden, es sei denn, es stellt sich heraus, dass der Berater bewusst falsch oder bewusst lückenhaft informiert worden ist. Kommt der Berater zu dem Ergebnis, dass Insolvenzreife vorliegt, kann ein entschuldigtes Verhalten der Geschäftsführung nur dann vorliegen, wenn die Geschäftsführung über bessere Erkenntnisse verfügt, nicht aber, wenn die Geschäftsführung irrtümlich annimmt, eine kurzzeitige Insolvenzlage könne bis zum Ablauf der Drei-Wochen-Frist überwunden werden.[95]   **543**

Einem Verpflichteten kann indessen nicht vorgeworfen werden, sich auf eine günstige, **vertretbare Rechtsauffassung** zu stützen. Er muss eine Risikosicht nicht überbetonen, hat aber zu prüfen, ob wirklich lediglich differierende Rechtsauffassungen bestehen oder ob eine Sachverhaltsunrichtigkeit vorliegt, die bei Richtigstellung zu einer wesentlich anderen Beurteilung führen würde.   **544**

f) Rechtswidrigkeit

Ein Rechtfertigungsgrund der **Einwilligung** kann nicht anerkannt werden. Die Insolvenzantragspflicht ist eine öffentlich-rechtliche Pflicht, der alle geschäftsführenden Organe von Kapitalgesellschaften und Gesellschaften ohne natürlichen Vollhafter   **545**

---

92 *BGH* NJW 1994, 2220, 2224; *Bremer* GmbHR 2002, 257; *Haas* DStR 2003, 423, 424; *K. Schmidt* ZGR 1998, 633, 635.
93 *OLG Naumburg* NZG 2001, 136; *BGH* NJW 1994, 2220, 2224; *OLG Düsseldorf* GmbHR 1999, 479.
94 *BGH* NJW 1994, 2220, 2224.
95 *Köhler* in Wabnitz/Janovsky 7. Kapitel Rn. 48.

unterliegen. Ein sonstiger Rechtfertigungsgrund ist kaum denkbar. Insbesondere kommt ein **rechtfertigender Notstand** nicht in Betracht, weil Arbeitsplätze gerettet werden sollen.

546 Allerdings hat sich aufgrund der im Aktienrecht anerkannten Möglichkeit, erheblichen Schaden von der Gesellschaft abzuwenden (vgl. § 77 AktG), in der Praxis ein **notwehrähnliches Recht** herausgebildet, das **in Übernahmekonstellationen** eine Rolle spielt. Wenn nämlich durch die unterlassene Insolvenzantragstellung eine Ausbeutung der Gesellschaft zum Vorteil bestimmter Interessen, aber zum Nachteil der großen Mehrheit der Gläubiger verhindert werden kann, ist das Unterlassen gerechtfertigt.

g) Schuld

547 Ein Verbotsirrtum führt nur im Fall der Unvermeidbarkeit zum Entfallen der Schuld. Ein **vermeidbarer Verbotsirrtum** liegt dagegen vor, wenn der Geschäftsführer aufgrund eigener oder fremder Beurteilung in vorwerfbarer Weise irrtümlich davon ausgeht, dass keine Insolvenzreife eingetreten ist oder dass seine Sanierungsbemühungen innerhalb der drei Wochen aussichtsreich sind. Kurzfristige Fristüberschreitungen ändern an der Strafbarkeit nichts, werden aber in der Praxis regelmäßig nach den §§ 153 ff., 154 StPO behandelt.

h) Strafrahmen

548 Bei einer vorsätzlichen Insolvenzverschleppung droht Geldstrafe oder bis zu 3 Jahren Freiheitsstrafe. Bei einem fahrlässigen Verhalten liegt das Höchstmaß der Freiheitsstrafe bei 1 Jahr. Das Strafmaß wird bei **Ersttätern** relativ milde sein, wenn erkennbar ist, dass sich der Geschäftsführer rechtzeitig um eine Befriedigung seiner Gläubiger bemüht hat oder nur wegen der unzureichenden Aufklärung der tatsächlichen Verhältnisse der Gesellschaft die Frist kurzfristig überschritten wurde. Hier bieten sich die Möglichkeiten der §§ 153 ff. StPO an. **Strafschärfend** wird hingegen zu berücksichtigen sein, wenn zahlreiche Pflichtverletzungen im Zusammenhang mit dem Eintritt der Insolvenzreife begangen worden sind, u.a. Bankrotthandlungen, Nichtabführung von Sozialversicherungsbeiträgen, oder andere Fremdschädigungsdelikte festgestellt werden.

i) Verjährung

549 Die Straftat verjährt bei vorsätzlicher Begehungsweise nach fünf Jahren (§ 78 Abs. 3 Nr. 4 StGB), bei fahrlässiger Begehung nach drei Jahren (§ 78 Abs. 3 Nr. 5 StGB). In einem langwierigen Ermittlungsverfahren ist deshalb immer zu prüfen, ob nicht bereits das Fahrlässigkeitsdelikt absolut verjährt ist (§ 78c Abs. 3 S. 2 StGB). Wird die Verjährung jedoch wirksam unterbrochen, so verdoppelt sich die Verjährungsfrist.

k) Konkurrenzen

Der Straftatbestand der Insolvenzverschleppung steht in Tatmehrheit zu den meisten **550** anderen Delikten. Beim Zusammentreffen mit anderen Unterlassungsdelikten gilt aber in der Regel, dass ein Pflichtenbündel durch ein und dieselbe Handlung erfüllt werden kann. So kann beispielsweise die unterlassene Insolvenzantragstellung in Tateinheit mit der unterlassenen Abführung von Sozialversicherungsbeiträgen und der unterlassenen Abführung von Steuern stehen.[96] Für mehrere Antragspflichten bei verschiedenen Gesellschaften – beispielsweise bei einer GmbH & Co. KG für die KG und deren Komplementär-GmbH – wird in der Praxis Tatmehrheit angenommen. Falls die Handlungszeitpunkte auseinanderfallen, liegt regelmäßig Tatmehrheit vor.[97]

4. Bis zum 31.10.2008 geltende Rechtslage

Wenn sich die Gesetzeslage ändert, besteht Einigkeit, dass gemäß § 2 StGB die **551** mildere Rechtslage dem Täter zugute kommen muss. Wenn die frühere und die aktuelle Regelung im Hinblick auf den zu entscheidenden Fall gleich sind, wendet die h.M. das Tatzeitrecht an. Deshalb soll die bis zum 31.10.2008 geltende Rechtslage dargestellt werden.

a) GmbH

aa) Bedeutung

Das GmbHG wollte mit der Insolvenzantragspflicht für Geschäftsführer (§ 64 Abs. 1 **552** GmbHG a.F.) bzw. Liquidatoren (§ 71 Abs. 4 GmbHG a.F.) vor den besonderen Gefahren für Gesellschaftsgläubiger, Gesellschafter oder sonstige rechtlich Betroffene schützen, die sich aus einer Verschleppung der Insolvenz und den für die GmbH typischen Haftungsbeschränkungen ergeben. Als Blankettstrafnorm sah § 84 Abs. 1 Nr. 2 GmbHG a.F. vor, dass das vorsätzlich pflichtwidrige Unterlassen einer Antragstellung mit Freiheitsstrafe bis zu 3 Jahren oder Geldstrafe bestraft werden konnte; nach § 84 Abs. 2 GmbHG a.F. konnte die fahrlässige Unterlassung mit Freiheitsstrafe bis zu einem Jahr und Geldstrafe bestraft werden. Da die durch das MoMiG aufgehobenen Vorschriften auch weiterhin in der Strafverfolgungspraxis eine Rolle spielen werden, soll der Anwendungsbereich dieser Norm noch dargestellt werden.

bb) Täterschaft und Teilnahme

Die Strafvorschrift des § 84 Abs. 1 Nr. 2 GmbHG a.F. war ein **Sonderdelikt**. Als **553** Täter einer unterlassenen Insolvenzantragspflicht kommt deshalb nur ein Geschäftsführer einer existenten GmbH in Betracht. Bei mehreren bestellten Geschäftsführern sind alle zur Antragsstellung verpflichtet. Das bezieht sich nach der Rechtsprechung

---

96 Ausführlich hierzu Michalski-*Dannecker* § 84 Rn. 100 ff.
97 Scholz-*Tiedemann* § 84 GmbHG Rn. 108; *Köhler* in Wabnitz/Janovsky 7. Kapitel Rn. 52.

auch auf faktische Geschäftsführer.[98] Weiterhin sind Strohmänner[99] und Liquidatoren[100] zur Antragstellung verpflichtet. Ausgeschiedene Geschäftsführer sind nicht mehr zur Antragstellung verpflichtet, es sei denn, die Amtsniederlegung wäre rechtsmissbräuchlich oder sie hätten den Nachfolger nicht auf die Pflicht zur Antragstellung hingewiesen. Auf die oben unter Rn. 477 f. dargestellten Grundsätze kann verwiesen werden.

554 Andere Personen, die Einfluss auf die Aktivitäten der Gesellschaft haben, wie z.b. Gesellschafter, Prokuristen, Aufsichtsräte, Bankenvertreter, Steuer- oder Unternehmensberater, Sanierer oder Gläubiger, die die Gesellschaftsgeschicke wesentlich beeinflussen, kommen demnach allenfalls als **Anstifter** oder **Gehilfen** in Betracht.[101] § 14 Abs. 2 Nr. 2 StGB ist nicht anwendbar.[102]

555 Obwohl eine Vor-GmbH insolvenzfähig ist,[103] besteht noch keine strafrechtliche Verantwortung des Geschäftsführers, da die Strafbarkeit des Geschäftsführers einer nicht eingetragenen Gesellschaft durch § 84 GmbHG nicht erfasst wird. Die Ausdehnung der Strafbarkeit scheitert an dem Gesetzlichkeitsgrundsatz des Art. 103 Abs. 2 GG. Das Gleiche gilt auch für die Strafbarkeit eines Geschäftsführers oder Vorstandes einer **ausländischen Gesellschaft** nach deutschem Recht.

556 Gesellschafter einer *führungslosen GmbH* haben keine strafbewehrte Verantwortung für die Stellung des Insolenzantrages.[104] Die strafrechtliche Verantwortung der Gesellschafter oder einzelner Gesellschafter setzt dann ein, wenn sie faktisch die Geschäfte der insolvenzreifen GmbH führen, z.b. über die Bankkonten verfügen, Forderungen der Gesellschaft einziehen oder Vermögensgegenstände veräußern, oder wenn sie die Liquidation der Gesellschaft – ohne Bestellung eines Liquidatoren – in eigener Regie durchführen.

557 Nach den allgemeinen Grundsätzen können sich Gesellschafter auch wegen **Anstiftung** oder **Beihilfe** zur Insolvenzverschleppung eines rechtswidrig und vorsätzlich handelnden Organs der Gesellschaft schuldig machen. Dies begründet auch eine Verantwortlichkeit eines beratenden Beirats, obwohl es sich hier um kein Pflichtorgan der Gesellschaft handelt.

---

98 *BGH* NJW 1984, 2958; ebenso *Haas* DStR 2003, 423.
99 *Maurer* Strafbewehrte Handlungspflichten des GmbH-Geschäftsführers in der Krise, in: wistra 2003, 174, 175; *Rönnau* Rechtsprechungsüberblick zum Insolvenzstrafrecht, in: NStZ 2003, 525, 527; a.A. *KG* wistra 2002, 313, 314; *OLG Hamm* NStZ-RR 2001, 173, 174; *Schulz* StraFo 2003, 155, 157.
100 *BGH* wistra 1999, 459, 462.
101 Scholz-*Tiedemann* § 84 GmbHG Rn. 19; *Köhler* in: Wabnitz/Janovsky § 7 Rn. 26 ff.
102 *BGH* wistra 1999, 459, 462.
103 Vgl. *Deutscher/Körner* wistra 1996, 8, 11.
104 *Spannowsky* wistra 1990, 48, 51; *Krekeler/Werner* Rn. 1471.

cc) Tathandlung

Die Strafbarkeit wegen Insolvenzverschleppung setzt voraus, dass die Antragspflicht **558** des § 15a InsO verletzt wird. Die Tat ist spätestens mit Ablauf der Drei-Wochen-Frist dieser Norm vollendet. Eine Handlungspflicht besteht aber auch danach fort. Folglich kann auch das Unterlassen einer Anzeige nach Ablauf der Drei-Wochen-Frist als Dauerdelikt weiterverfolgt werden. Wegen der Einzelheiten kann auf die Darstellung der neuen Rechtslage zu § 15a InsO verwiesen werden, die bei der Umschreibung der Tathandlungen mit Ausnahme der Alternative 2 (nicht richtiger Insolvenzantrag) keine Änderungen zur Folge hat.

Für den **Inhalt eines Insolvenzantrags** gilt, dass ein ernsthaft gemeinter und zuläs- **559** siger Antrag gestellt werden muss.[105] Der (sonstige) Inhalt eines Insolvenzantrags bestimmt sich nach den §§ 13–15 InsO. Das Gesetz enthält allerdings keine Regelung, welche Angaben im Insolvenzantrag gemacht werden müssen. Grundsätzlich ist deshalb aus strafrechtlicher Sicht lediglich erforderlich, dass der ernsthafte Wille des Antragstellers zum Ausdruck kommt, für die Gesellschaft aufgrund eines Insolvenzgrundes im Sinne der §§ 17 ff. InsO einen Eigenantrag für die Gesellschaft stellen zu wollen. Es ist nicht erforderlich, dass dem Insolvenzantrag bereits sämtliche Gläubiger- und Schuldnerverzeichnisse, eine Übersicht über die Vermögensmasse oder sonstige Unterlagen beigefügt werden. Auch die Verletzung von Informations- und Auskunftspflichten gegenüber dem Insolvenzgericht im Insolvenzantragsverfahren ist nicht vom Tatbestand des § 84 Abs. 1 Nr. 2 GmbHG in der bis zum 31.10.2008 geltenden Fassung erfasst.[106]

dd) Weitere Tatbestandsmerkmale

Für weitere Tatbestandsmerkmale hat die Neuregelung des § 15a InsO nichts an der **560** bisherigen Rechtsprechung geändert. Es kann daher auf die Darstellung unter 3. verwiesen werden.

ee) Verjährung

Die Straftat verjährt bei vorsätzlicher Begehungsweise nach fünf Jahren (§ 78 Abs. 3 **561** Nr. 4 StGB), bei fahrlässiger Begehung nach drei Jahren (§ 78 Abs. 3 Nr. 5 StGB). In einem langwierigen Ermittlungsverfahren ist deshalb immer zu prüfen, ob nicht bereits das Fahrlässigkeitsdelikt absolut verjährt ist (§ 78c Abs. 3 S. 2 StGB).

ff) Konkurrenzen

Der Straftatbestand der Insolvenzverschleppung steht in Tatmehrheit zu den meisten **562** anderen Delikten. Beim Zusammentreffen mit anderen Unterlassungsdelikten gilt aber in der Regel, dass ein Pflichtenbündel durch ein und dieselbe Handlung erfüllt

---

105 *Bittmann* § 11 Rn. 25.
106 *BayObLG* wistra 2000, 315; *KG* wistra 2002, 313, 315.

werden kann. So kann beispielsweise die unterlassene Insolvenzantragstellung in Tateinheit mit der unterlassenen Abführung von Sozialversicherungsbeiträgen und der unterlassenen Abführung von Steuern stehen.[107]

Für mehrere Antragspflichten bei verschiedenen Gesellschaften – beispielsweise bei einer GmbH & Co. KG für die KG und deren Komplementär-GmbH – wird in der Praxis Tateinheit angenommen. Jedenfalls wenn die Handlungszeitpunkte auseinanderfallen, liegt regelmäßig Tatmehrheit vor.[108]

b) Aktiengesellschaft, Kommanditgesellschaft auf Aktien

563 Durch § 401 Abs. 1 Nr. 2 und Abs. 2 AktG a.F. wird das pflichtwidrige vorsätzliche oder fahrlässige Unterlassen der Insolvenzantragspflicht mit Freiheitsstrafe bis zu drei Jahren oder Geldstrafe (bei vorsätzlicher Begehungsweise) oder mit Freiheitsstrafe bis zu einem Jahr oder Geldstrafe (bei fahrlässiger Begehungsweise) bestraft. Da das Aktienrecht bereits im allgemeinen deutschen Handelsgesetzbuch von 1877 geregelt war und erst durch das Aktiengesetz von 1937 aus dem HGB ausgegliedert worden ist, sind die Strafnormen des Aktienrechts Vorbild für alle anderen vergleichbaren Strafnormen bei Kapitalgesellschaften geworden.

564 Die Strafnorm des § 401 AktG ist dabei zu den allgemeinen Vorschriften des Aktienrechts akzessorisch. Es muss daher sorgfältig ermittelt werden, wann und zu welchem Zeitpunkt die Insolvenzantragspflicht entstanden ist.[109]

565 Nach § 92 Abs. 2 AktG a.f. haben die Mitglieder des Vorstandes (auch die stellvertretenden Vorstandsmitglieder gemäß § 94 AktG) ohne schuldhaftes Zögern, spätestens aber drei Wochen nach dem Eintritt einer Insolvenzreife den Antrag auf Eröffnung des Insolvenzverfahrens zu stellen. Diese Verpflichtung trifft auch Abwickler gemäß § 268 Abs. 2 S. 1 AktG a.F. Faktische Organmitglieder sind ebenfalls zur Antragstellung verpflichtet, nicht aber sonstige Verantwortliche der Gesellschaft im Sinne von § 14 StGB.[110] Interne Aufgabenverteilungen sind grundsätzlich unbeachtlich. Es gilt bei dieser öffentlich-rechtlichen Pflicht die Eilzuständigkeit und Generalverantwortlichkeit des Geschäftsführungsorgans. Dagegen hatte der Gesetzgeber nicht Aktionäre oder den Aufsichtsrat zur Antragsstellung verpflichtet. Solche Personen können allerdings wegen Anstiftung oder Beihilfe nach den allgemeinen Grundsätzen der Teilnahme strafbar sein. Auch für Aktiengesellschaften gelten die gleichen Grundsätze zur Verwirklichung des Tatunrechts, Irrtum, Rechtswidrigkeit und Schuld, wie sie schon bei der GmbH erläutert wurden. Auf die Darstellung dazu wird deshalb verwiesen (Rn. 553 ff.).

---

107 Ausführlich hierzu Michalski-*Dannecker* § 84 Rn. 100 ff.
108 Scholz-*Tiedemann* § 84 GmbHG Rn. 108; *Köhler* in Wabnitz/Janovsky 7. Kapitel Rn. 52.
109 *BGH* NStZ 2003, 546; *BGH* B. v. 25.6.2008 – 4 StR 104/08 BeckRS 2008 13861.
110 A.A. *Wegner* in Achenbach/Ransiek VII 2. Rn. 73.

Bei der **KGaA** haftet grundsätzlich ein Gesellschafter den Gesellschaftsgläubigern **566**
unbeschränkt, im Übrigen haftet nur das aus Aktien bestehende Grundkapital (§ 278
Abs. 1 AktG). Gemäß § 283 Nr. 14 AktG treffen den persönlich haftenden Gesellschafter die verschiedenen Antragspflichten zur Eröffnung des Insolvenzverfahrens
(§ 98 Abs. 2 AktG), die ansonsten dem Vorstand der AG obliegen. Gem. § 408 AktG
ist das pflichtwidrige Unterlassen des Insolvenzantrages ebenso strafbar wie in § 401
Abs. 1 Nr. 2 AktG. Auf die Ausführungen zur AG kann deshalb verwiesen werden
(Rn. 563 ff.).

c) Genossenschaft

Die Strafnorm des § 148 Abs. 1 Nr. 2 GenG a.F. ist akzessorisch zu den §§ 98, 99 **567**
GenG. Als **tauglicher Täter** der unterlassenen Insolvenzantragstellung kommt ein
bestelltes Vorstandsmitglied oder ein bestellter Liquidator in Betracht. Interne Aufgabenverteilungen in einem Kollegialorgan sind grundsätzlich unbeachtlich. Auch
faktische Vorstandsmitglieder können taugliche Täter sein, nicht jedoch andere Personen wie insbesondere Genossenschaftsmitglieder, Mitglieder der Vertreterversammlung oder Aufsichtsräte. Hier kann allenfalls eine Anstiftung oder Beihilfe
nach den allgemeinen Grundsätzen strafbar sein.

Die durch § 99 Abs. 1 GenG a.F. normierte Insolvenzantragspflicht weicht von den **568**
Grundsätzen bei anderen Kapitalgesellschaften sowie von § 19 InsO ab: Bei einer
Genossenschaft ist die Überschuldung gemäß § 98 GenG a.F. nur dann ein Insolvenzgrund, wenn die Genossen Nachschüsse bis zu einer begrenzten Haftsumme zu
leisten haben und die Überschuldung ein Viertel des Gesamtbetrages der Haftsumme
aller Genossen übersteigt (Nr. 1), die Genossen zu Nachschüssen nicht verpflichtet
sind (Nr. 2) oder die Genossenschaft aufgelöst ist (Nr. 3).

d) Offene Handelsgesellschaft und GmbH & Co. KG

Insolvenzverschleppung bei der offenen Handelsgesellschaft (oHG) und der GmbH **569**
& Co. KG kann strafrechtlich nur im Rahmen der §§ 130b, 177a HGB a.F. verfolgt
werden. Die Strafgesetze sind Blanketttatbestände und verweisen auf die Pflichten
des geschäftsführenden Gesellschafters nach § 130a HGB. Die Verweisung in
§ 130b HGB ist in gleicher Weise ausgestaltet wie § 84 Abs. 1 Nr. 2, Abs. 2 GmbHG
a.F. Ein Versuch der Insolvenzverschleppung bei der oHG und der GmbH & Co. KG
ist nicht strafbar. Die fahrlässige Begehungsweise wird durch § 130b Abs. 2 HGB
a.F. unter Strafe gestellt. Ebenso wie § 64 Abs. 1 GmbHG a.F. ist § 130a HGB a.F.
ein Schutzgesetz im Sinne von § 823 Abs. 2 BGB, so dass eine Schadensersatzpflicht der zur Antragstellung verpflichteten Personen gegenüber den Gesellschaftsgläubigern in Höhe des so genannten „Quotenschadens" in Betracht kommt, wenn
die Antragspflicht verletzt wurde.[111]

---

111 *Schulze-Osterloh* AG 1984, 141.

570 Eine Insolvenzantragspflicht nach § 130a Abs. 1 oder 4 HGB a.f. besteht, wenn keiner der Gesellschafter der oHG oder KG eine natürliche Person ist und somit niemand unbeschränkt mit seinem ganzen Vermögen haftet. Da die **oHG** bereits kraft Gesetzes (§ 102 HGB) dann entsteht, wenn sich mehrere Gesellschafter zur Durchführung eines kaufmännischen Gewerbes verbinden, Handelsgeschäfte im Sinne der §§ 343 ff. HGB aber alle Geschäfte sind, die ein Kaufmann in seinem Geschäftsbetrieb durchführt, kann sehr schnell aus einer an sich als Gesellschaft bürgerlichen Rechts oder als einmalige Zweckverbindung (Joint-Venture) geplanten Gesellschaftsform eine offene Handelsgesellschaft mit der unbeschränkten Haftung der Gesellschafter gemäß § 128 HGB erwachsen. Im Geschäftsverkehr wird deshalb häufig die Haftung dadurch begrenzt, dass entweder bereits bei Gründung der GbR eine beschränkte Haftung auf das Gesellschaftsvermögen vereinbart und nach außen publiziert wird oder an der GbR nur Kapitalgesellschaften mit beschränkter Haftung beteiligt sind.

571 Über § 177a S. 1 HGB a.F. finden die §§ 130a, 130b HGB a.f. auch bei der **KG** Anwendung, bei der keine natürliche Person als Komplementär mit seinem gesamten Vermögen persönlich haftet. Hauptanwendungsbereich der gesamten Vorschriften ist damit das Verhalten der GmbH & Co. KG oder der AG & GmbH KG.

572 Im Unterschied zu den Kapitalgesellschaften können Personengesellschaften wie die oHG und die KG auch aufgrund einfachen rechtsgeschäftlichen Tätigwerdens am Markt entstehen. Deshalb kann eine „**Vor-KG**" der Insolvenzantragspflicht unterliegen, nicht aber eine Vor-GmbH.

573 Die §§ 130b, 177a HGB a.F. sind **Sonderdelikte**. Täter dieser Delikte können nur organschaftliche Vertreter sein, die zur Vertretung der Gesellschaft befugt sind. Das Gleiche gilt für Liquidatoren.[112] Der faktische organschaftliche Vertreter, das heißt ein faktischer Geschäftsführer oder ein Gesellschafter, der über seine persönlich beschränkte Haftung hinaus die Geschäftsführung maßgeblich gestaltet, ist nach der Rechtsprechung ebenfalls zur Antragstellung verpflichtet.[113] Einen **Kommanditisten** oder einen **stillen Gesellschafter** trifft die Antragspflicht nicht. In beiden Konstellationen gilt der gesetzliche Ausschluss von der Geschäftsführung. Die Rechtsprechung macht davon nur eine Ausnahme, wenn diese Einzelpersonen maßgeblich die Geschäftsführung mitgestalten, mithin als faktische Organe anzusehen sind.

574 Zur Insolvenzverschleppung bei der oHG und KG können Gesellschafter dadurch **anstiften**, dass sie die Geschäftsführung anweisen, keinen Insolvenzantrag zu stellen. Diese Weisung ist nicht bindend. Eine Einwilligung der Gesellschafter und der Gläubiger hebt die Antragspflicht nicht auf.[114]

---

112 *BGH* NJW 1984, 2958; NJW 1988, 1789; *Baumbach/Hopt* § 133a HGB Rn. 6.
113 *BGH* NJW 1984, 2958; NJW 1988, 1789; näher dazu oben Rn. 553 ff.
114 *Bieneck* in Müller-Gugenberger/Bieneck § 84 Rn. 17.

Für die Unterlassung der Insolvenzantragspflicht gelten die gleichen Überlegungen **575** wie bei der GmbH (Rn. 552 ff.). Das bezieht sich auch auf die Informations-, Kontroll- und Aktivitätspflicht des verpflichteten Organs. Die Überschreitung der Drei-Wochen-Frist führt in jedem Fall zur Tatbestandsverwirklichung, auch wenn Sanierungsbemühungen ernsthaft betrieben wurden und für die Zukunft auch durchaus Erfolg versprochen haben.[115] Die Frist kann auch mit Zustimmung der Gläubiger nicht verlängert werden.[116] Die Tat kann mit bedingtem Vorsatz oder fahrlässig verwirklicht werden (§ 130b Abs. 1, 2 HGB a.F.). Für Irrtums- und Rechtfertigungsfragen gelten die allgemeinen Grundsätze.

e) Europäische Wirtschaftliche Interessenvereinigung

Nach § 11 i.V.m. § 15 des Gesetzes zur Ausführung der EWG-Verordnung über die **576** Europäische Wirtschaftliche Interessenvereinigung (EWIV) a.F. sind Geschäftsführer oder Abwickler einer EWIV, bei der keine natürliche Person eine Haftung übernommen hat, bei Eintritt der Insolvenzreife verpflichtet, den Antrag auf Eröffnung des Insolvenzverfahrens zu stellen. Es gilt der gleiche Strafrahmen für vorsätzliche oder fahrlässige Pflichtverstöße wie bei den anderen Gesellschaften ohne natürlichen Vollhafter.[117]

---

115 Scholz-*Tiedemann* § 84 GmbHG Rn. 81.
116 *Wegner* in Achenbach/Ransiek VII 2. Rn. 36.
117 *Wegner* in Achenbach/Ransiek VII 2. Rn. 69, 70; *Bieneck* in Müller-Gugenberger/
   Bieneck § 84 Rn. 24, 27.

Knierim

III. Firmenbestattungen

1. Praktische Bedeutung

577 Seit Anfang der 90er Jahre ist bundesweit zu beobachten, dass eine neue Form der Insolvenzkriminalität entstanden ist.[118] Die organisierte **„Bestattung" inländischer und auch im Inland tätiger ausländischer Kapitalgesellschaften** hat eine erhebliche Breite erreicht. Von Insolvenz bedrohte Unternehmer versuchen, sich durch Verwertung der Gesellschaft einem Insolvenzverfahren zu entziehen, Straftaten zu verschleiern oder die Zuständigkeit eines bestimmten Insolvenzgerichts zu erschleichen. Von dem Phänomen der „Firmenbestattung" zu unterscheiden ist das Auftreten im Namen einer tatsächlich nicht existenten Gesellschaft (Scheingesellschaft).[119]

578 Wenn eine inländische Kapitalgesellschaft, bei der Insolvenzreife bereits eingetreten ist, an einen oder mehrere neue Gesellschafter verkauft wird, treten in aller Regel die Gesellschafter, die mit gesellschaftsrechtlichen Verpflichtungen kaum belastet sind, als Verkäufer auf. Käufer sind häufig Personen, die von einem professionellen Betreiber dieses „Geschäfts" vermittelt worden sind. Bei den neuen Gesellschaftern handelt es sich regelmäßig um vermögenslose Personen, die bereit sind, gegen ein geringes Entgelt in die formale Stellung des Gesellschafters und gegebenenfalls auch des Geschäftsführers der Kapitalgesellschaft einzutreten. Im Anschluss an die formwirksame Übertragung der Gesellschaftsanteile wird regelmäßig eine Inventarübergabe dokumentiert; ob sie tatsächlich stattfindet, ist nicht nachprüfbar. Ebenso wird regelmäßig auch eine Quittung für eine Kaufpreiszahlung ausgestellt. In einigen Ermittlungsverfahren ist festgestellt worden, dass der Kaufpreis tatsächlich entweder aus der insolvenzreifen Firma stammte oder tatsächlich nicht übergeben worden ist. Sodann kommt es vor, dass der Sitz der Gesellschaft typischerweise an einen kleinen Ort in den neuen Bundesländern verlegt wird. In der Folge wiederholt sich dieser Vorgang ein- oder mehrmals. Im Ergebnis der Transaktion sind Geschäftsunterlagen und Vermögenswerte der Gesellschaft „verloren gegangen".

579 Der am Anfang der Kette stehende ursprüngliche Geschäftsführer kann sich in einer solchen Fallkonstellation regelmäßig durch schriftliche Empfangsbestätigungen des nachfolgenden Geschäftsführers entlasten. Nachvollziehbar sind solche Übernahme-

---

118 *Wirtschaftswoche* Nr. 34/97 „Lange Blutspur"; *Spiegel* Nr. 50/98 „Unbekannt Verzogen"; aus der strafrechtlichen Literatur vgl. dazu *Goltz/Klose* Strafrechtliche Folgen des gezielten Ankaufs von Anteilen insolventer Gesellschaften mit beschränkter Haftung, in: NZI 2000, 108; *Hey/Regel* Firmenbestatter/Strafrechtliche Würdigung eines neuen Phänomens, in: GmbHR 2000, 115; *Ogiermann* Die Strafbarkeit des systematischen Aufkaufs konkursreifer Unternehmen, in: wistra 2000, 250; *Hirte* Die organisierte „Bestattung" von Kapitalgesellschaften: Gesetzgeberischer Handlungsbedarf im Gesellschafts- und Insolvenzrecht, in: ZInsO 2003, 833; *Schröder* DNotZ 2005, 596; *Wachter* GmbHR 2004, 955; *Weyand* Professionelle „Firmenbestatter", in: PStR 2006, 176; vgl. auch *LG Potsdam* wistra 2005, 193; *BGH* NStZ 1998, 568.

119 Vgl. dazu *Leuering* ZRP 2008, 73.

protokolle aber nur selten, da ein vollständiges Inventar, Bilanzen oder Ähnliches kaum Bestandteil dieser Übergabeprotokolle sind. Der den Empfang quittierende neue Geschäftsführer ist dann regelmäßig mit unbekanntem Wohnsitz „verschwunden", so dass weder ein Vermögensstatus auf den Zeitpunkt der ersten Anteilsübertragung noch nachvollziehbare andere Unterlagen für die Ermittlungen zur Verfügung stehen.

Regelmäßig wird über das Vermögen der Gesellschaft ein **Insolvenzantrag von Krankenkassen oder Finanzämtern** gestellt, seltener auch ein Eigen-Insolvenzantrag des neuen Geschäftsführers. Mit dem Antrag begründet der Geschäftsführer, dass er die Verhältnisse der Gesellschaft erst jetzt kennenlernt, ihm stünden keine weiteren Unterlagen zur Verfügung und sein Vorgänger habe ihn auch über die Verhältnisse der Gesellschaft nicht in Kenntnis gesetzt. Eine eigene Aufarbeitung habe erst jetzt ergeben, dass die Gesellschaft über keine Masse mehr verfüge. Ziel des Insolvenzantrages ist die Abweisung der Eröffnung des Insolvenzverfahrens mangels kostendeckender Masse (§ 26 InsO). **580**

Im Vorermittlungsstadium eines solchen Insolvenzantragsverfahrens wird der als Sachverständiger beauftragte **vorläufige Insolvenzverwalter** bemüht sein, die Verhältnisse der Gesellschaft aufzuklären. Da dem antragstellenden Geschäftsführer – jedenfalls formal – keine Gesetzesverletzung vorzuwerfen ist, fehlt es aber regelmäßig an einem durchsetzbaren zivilrechtlichen Anspruch gegen den aktuellen Geschäftsführer, da entsprechende Unterlagen fehlen. Zudem werden die Bankrottdelikte der §§ 283 f. StGB und die Buchführungsdelikte des § 283b StGB in aller Regel nicht auf den neuen Geschäftsführer anwendbar sein, solange innerhalb angemessener (Wochen-)Fristen ein Insolvenzantrag erfolgte. Die Recherchen des vorläufigen Insolvenzverwalters laufen deshalb ins Leere, so dass dem Insolvenzgericht nichts Anderes übrig bleibt, als den Antrag mangels Masse zurückzuweisen. **581**

Eine mögliche **Variante** besteht darin, die Anteile auf eine Person mit Wohnsitz im Ausland oder auf ausländische Gesellschaften zu übertragen. Auch dann wird ein ebenfalls im Ausland ansässiger neuer Geschäftsführer bestellt. Die tatsächlich handelnden Personen sind aber in aller Regel Personen mit Verbindungen nach Deutschland. Als Sitzland sind besonders beliebt: Frankreich und Spanien, vor allem Mallorca. Der Ermittlungsaufwand in derartigen Fällen steigt, weil ausländische Behörden oder Gerichte in das Insolvenzeröffnungsverfahren eingeschaltet werden müssen und hierzu – wegen fehlender deutscher Sprachkenntnisse bei den ausländischen Behörden oder Gerichten – sämtliche Unterlagen zunächst in die entsprechende Fremdsprache zu übersetzen sind. Dazu kann in einer weiteren Variante ein ausländisches Insolvenzverfahren eröffnet werden, mit der Folge, dass die internationale Zuständigkeit des ausländischen Insolvenzgerichtes einem deutschen Insolvenzverfahren den Boden entzieht. **582**

Die Probleme entstehen häufig durch die Nutzung der grenzüberschreitenden Gestaltungen. In solchen Varianten stehen fremdsprachige Rechte, die nicht einheitliche Handhabung der jeweiligen Insolvenzgerichte und Insolvenzverwalter wie auch **583** die kaum im Rechtshilfeweg durchsetzbaren strafrechtlichen Fragen im Vordergrund. Die Insolvenz ausländischer Kapitalgesellschaften mit Verwaltungssitz im Inland ist nach der Rechtsprechung des EuGH zur europäischen Niederlassungsfreiheit nur am Gründungssitz des Unternehmens zu bekämpfen.[120]

584 Typischerweise werden in diesen Fällen vor allem die Aussonderungsrechte privater Gläubiger und die Zahlungsansprüche der öffentlich-rechtlichen Gläubiger (Finanzämter, Sozialversicherungsträger, Gemeinden) gefährdet. In den verschiedenen Varianten kann es nach der Übernahme zum Abschluss von Austauschverträgen kommen, bei denen zum Teil erhebliche Vermögenswerte an die insolvenzreife Kapitalgesellschaft geliefert werden, ohne dass eine Absicherung des Lieferanten für seine Zahlungsforderung besteht. Durch eine schnelle Sitz- und Vermögensverlagerung werden deshalb oft Eigentumsvorbehalte oder die Realisierung von Sicherungseigentum vereitelt, ebenso scheitern vertragliche Rücktritts- und Herausgabeansprüche.

585 Ob der Unternehmensverkauf als solcher wirksam ist, ist umstritten.[121] Nichtigkeit wird jedenfalls dann vorliegen, wenn ein Scheingeschäft beurkundet wurde, Identitätstäuschungen festzustellen sind oder ein völliges Missverhältnis zwischen Übertragung und Gegenleistung bestand. Ansonsten dürfte in Anbetracht des zunehmend vom europäischen Gesellschaftsrecht überlagerten deutschen Registerrechts die Sitzverlagerung als solche ebenso wenig anzufechten sein, wie die Übertragung von Gesellschaftsanteilen in einem solchen Fall. Allerdings wird auch durch einen wirksamen Vertrag eine etwa eingetretene Strafbarkeit nicht beseitigt.

2. Strafbarkeit

a) Insolvenzverschleppung

586 Zentrales Delikt für die Strafbarkeit des Altgeschäftsführers[122] ist der Tatbestand der Insolvenzverschleppung (§ 15a Abs. 4, 5 InsO). Der Tatbestand ist erfüllt, wenn das Gesellschaftsorgan vorsätzlich oder fahrlässig den Antrag auf Eröffnung des Insolvenzverfahrens nicht unverzüglich nach Eintritt der Zahlungsunfähigkeit (§ 17 Abs. 2 InsO) oder Überschuldung (§ 19 InsO) stellt.

587 Die Ausnutzung der Drei-Wochen-Frist des § 15a Abs. 1 InsO rechtfertigt dabei einen unterlassenen Insolvenzantrag nicht. Vielmehr besteht der Prüfungszeitraum nur dann, wenn aussichtsreiche Sanierungsverhandlungen geführt werden oder dieser Zeitraum benötigt wird, um sich Klarheit über die tatsächlichen vollständigen

---

120 *EuGH* ZIP 2002, 2037 = NJW 2002, 3614 = NZG 2002, 1164 (Überseering); dazu auch *Eidenmüller* ZIP 2002, 75; ZIP 2002, 2233; *Hirte* NJW 2003, 1090.

121 Das *AG Memmingen* (GmbHR 2004, 952) hält einen solchen Vertrag für nichtig gemäß §§ 134, 138 BGB.

122 *Gerloff* in Bittmann § 29 Rn. 45 ff.

finanziellen und wirtschaftlichen Verhältnisse der Gesellschaft zu verschaffen.[123] Diese Verpflichtung gilt auch für den faktischen Geschäftsführer, besonders dann, wenn er beim Übergang der Firmenanteile auch von dem neuen Gesellschafter mit der Geschäftsführungsaufgabe betraut ist.[124]

Die **Nachweisprobleme** der Insolvenzverschleppung liegen darin, dass zur sicheren **588** Beurteilung der Vermögenssituation der Gesellschaft stets ein Überschuldungsstatus erforderlich ist. Dieser lässt sich nur aufstellen, wenn auch Gesellschaftsunterlagen auffindbar sind. Wann genau eine Insolvenzreife unter rein kriminalistischen Aspekten eingetreten ist, lässt sich durch ausreichende **Beweisanzeichen** prüfen, etwa

- fruchtlose Vollstreckungen von Gerichtsvollziehern;
- die Abgabe der eidesstattlichen Versicherung oder
- die erheblichen Rückstände bei Banken, Finanzämtern und Sozialversicherungen.[125]

Zwar sind diese Beweisanzeichen nur Hinweise darauf, dass die geschäftliche Situa- **589** tion schwierig und das Unternehmen schlecht geführt und wenig organisiert ist. Ob ein Finanzmanagement aber tatsächlich bereits kollabiert ist oder ob sich lediglich infolge von unverschuldeten Umständen eine vorübergehende Liquiditätslücke in dem Finanzsystem der Gesellschaft ergeben hat, kann erst die Betrachtung eines längerfristigen Zeitraums (ca. 1 Jahr) ergeben.[126]

Die Insolvenzantragspflicht wird durch die **Veräußerung des Unternehmens** nicht **590** verändert, wenn zu diesem Zeitpunkt bereits Insolvenzreife eingetreten war. Der Geschäftsführer bleibt also in der gesetzlichen Verpflichtung, solange seine Organstellung nicht wirksam beendet worden ist.[127] Ein Altgeschäftsführer muss den Antrag noch selbst stellen oder seinen Nachfolger hierzu unverzüglich veranlassen. Unterlässt er dies, macht er sich wegen Insolvenzverschleppung selbst strafbar. Unabhängig von der Veräußerung der Gesellschaftsanteile trägt der Geschäftsführer die strafrechtliche Verantwortung. Das gilt auch für den faktischen Geschäftsführer, der die Geschicke des Unternehmens lenkt.[128]

Ob auch der neue Geschäftsführer ebenso strafrechtlich verantwortlich ist, ist um- **591** stritten. Teilweise wird er als Mittäter gesehen, teilweise nur als Gehilfe.[129] Der Streit beruht auf der denkbaren Unwirksamkeit des Bestellungsakts zum Geschäftsführer. Wer die strafrechtliche Haftung des GmbH-Geschäftsführers prinzipiell mit dessen

---

123 *BGHZ* 29, 100, 105; *BGHZ* 100, 9; *BGHZ* 126, 181; *BGH* NJW 1995, 338, 339; *Spannovsky* wistra 1990, 48; *Reiff/Arnold* ZIP 1998, 1897.
124 *BGHSt* 31, 118, 122; *BGHZ* 104, 44; *Baumgart* wistra 1992, 41; *LG Potsdam* wistra 2005, 193.
125 Näher dazu Rn. 468 ff.
126 *Weyand/Diversy* Rn. 48.
127 *Hey/Regel* Firmenbestatter/Strafrechtliche Würdigung eines neuen Phänomens, in: GmbHR 2000, 115, 120; *Schröder* DNotZ 2005, 596, 599.
128 *Hey/Regel* a.a.O., GmbHR 2000, 115, 120.
129 *Gerloff* in Bittmann § 29 Rn. 74 ff. m.w.N.

Knierim

wirksamer Bestellung verknüpft, kann daran denken, nur eine Beihilfe zu den Insolvenzdelikten des Altgeschäftsführers anzunehmen. Soweit der Neugeschäftsführer in der Folgezeit tatsächlich aktiv wird, ist er nach allen Meinungen Täter des Insolvenzdelikts.

592 Als eigentlicher Drahtzieher kommt der **Hintermann** grundsätzlich als Mittäter in Frage. Allerdings ist § 15a Abs. 4, 5 InsO ein Sonderdelikt, das im Tatbestand an eine bestimmte Tätereigenschaft anknüpft.[130] Die bei den Bankrottdelikten denkbare Zurechnung über § 14 Abs. 1 StGB scheitert, weil der Hintermann nicht zum Geschäftsführer bestellt wird. Auch die Strafbarkeit nach § 15a Abs. 4 InsO scheitert daran, dass der Hintermann nicht als Geschäftsführer fungiert. Allerdings ist das Verhalten als Anstiftung gemäß § 26 StGB zu Straftaten des Neugeschäftsführers einzustufen. In den seltenen Fällen, in denen der Hintermann die Geschäfte der GmbH federführend lenkt, kommt eine Verantwortung als faktischer Geschäftsführer in Betracht.[131] Das Auftreten des Hintermanns gegenüber gutgläubigen Altgeschäftsführern bzw. Altgesellschaftern, denen eine Sanierung ihrer GmbH versprochen wird, ist nach § 263 Abs. 1 StGB zu würdigen. In diesen Fällen ist sodann auch an einen banden- und/oder gewerbsmäßigen Betrug nach § 263 Abs. 3 und 5 StGB zu denken, wenn mehrere Personen mit dem gleichen Tatplan zusammenarbeiten.

b) Eingehungsbetrug

593 Wegen Eingehungsbetruges können der Altgeschäftsführer und auch der neue Geschäftsführer bestraft werden, wenn sie im Zeitpunkt einer Warenbestellung wissen, dass die Gesellschaft insolvent ist, und dies nicht offenbaren. Für die Strafbarkeit genügt es, wenn ein Geschäftsführer eine bereits eingerichtete Organisationsstruktur ausnutzt und dies zur täuschungsbedingten nachteiligen Vermögensverfügung bei dem Lieferanten führt. Unter strafrechtlichen Aspekten ist nicht erforderlich, dass ein Geschäftsführer selbst die Bestellungen aufgibt, er kann diese Aufgabe auch Mitarbeitern des Unternehmens überlassen.[132]

c) Untreue

594 Wer im eigenen Interesse **Vermögen der Gesellschaft beiseite schafft,** ohne dafür dem Unternehmen eine gleichwertige Gegenleistung zu verschaffen, macht sich wegen Untreue gemäß § 266 Abs. 1 StGB strafbar.[133] In Firmenbestattungsfällen gilt das besonders auch für Gesellschafter, die die Gesellschaftsanteile erwerben. Da die Gesellschafter bis zur Grenze des Stammkapitals (vgl. Existenzvernichtungshaftung)

---

130 *Achenbach* in Achenbach/Ransiek I 3 Rn. 4 f.
131 *BGHSt* 3, 32, 38; 21, 101, 103; 31, 118, 121; wistra 1990, 60, 61; NJW 2000, 2285 f.; zusammenfassend *Schaal* in Erbs/Kohlhaas G 131, § 84 Rn. 5; kritisch dazu *Haas* DStR 2003, 423 f.; *Ransiek* in Achenbach/Ransiek VIII 1 Rn. 22 ff. m.w.N.
132 *BGH* wistra 1998, 148.
133 *Weyand/Diversy* Rn. 66.

über das Vermögen der Gesellschaft verfügen dürfen, kann ein Neugeschäftsführer mit Einwilligung der Gesellschafter durchaus das Firmenvermögen weitgehend übertragen, beispielsweise an eine Auffanggesellschaft. Der Gläubiger, der im Einzelfall vorgeleistet hat, ist nicht schutzbedürftig, weil ihm bekannt ist, dass er mit einer Kapitalgesellschaft kontrahiert, deren Haftung begrenzt ist. Lediglich dann, wenn die Existenzgrundlagen der Gesellschaft vernichtet werden, besteht eine strafrechtliche (Mit-)Verantwortung des Gesellschafters.[134]

Eine Anwendung von § 266 StGB auf das **Zerstören oder Beiseiteschaffen von** **595** **Firmenunterlagen** dürfte daran scheitern, dass dadurch keine wesentliche Verschlechterung der Vermögenslage eintritt. Es dürfte aber schon nicht nachweisbar sein, dass die handelnde Person eine Vermögensbetreuungspflicht im Verhältnis zu der insolventen Gesellschaft hatte, wenn es sich nicht um den Geschäftsführer selbst handelte.

d) Beitragsvorenthaltung

Die Beitragsvorenthaltung beginnt in dem Zeitpunkt, in dem die jeweiligen Sozial- **596** versicherungsbeiträge fällig werden. Deshalb ist derjenige handlungspflichtig, der zu diesem Zeitpunkt als bestellter oder faktischer Geschäftsführer die Geschäfte der GmbH leitet.[135]

Gesellschaftsaufkäufer sind regelmäßig bestrebt, eine Gesellschaft zu übernehmen, **597** bei der Arbeitnehmer bereits entlassen sind oder zumindest unverzüglich entlassen werden, sobald eine formale Verantwortung der Aufkäufer entsteht. Der Straftatbestand der Beitragsvorenthaltung kommt also erst dann für einen Neugeschäftsführer in Betracht, wenn die Fälligkeit der Sozialversicherungsbeiträge während seiner Geschäftsführungstätigkeit eintritt. Sind bereits bei der Übernahme fällige Beiträge zu Sozialversicherungen nicht bezahlt und der neue Geschäftsführer stellt dies fest, ist er – bei sonst zu bejahender Insolvenzreife – unverzüglich zur Insolvenzantragstellung verpflichtet.

e) Bankrottdelikte

In den Fällen der schlichten „Beerdigung" einer (wegen Fehlens der Geschäftsunter- **598** lagen nicht widerlegbaren) nahezu vermögenslosen GmbH ergeben sich Ansätze zur Strafverfolgung nur durch die § 283 Abs. 1 Nr. 6 StGB (Beseitigung von Geschäftsunterlagen), § 283 Abs. 1 Nr. 8 StGB (Verschleierung der tatsächlichen Vermögensverhältnisse) oder auch des § 283 Abs. 1 Nr. 7 StGB (unterlassene Bilanzierung). Auf die Darstellung dieser Deliktsnormen in Rn. 1003 ff.; 1007 ff. wird verwiesen.

---

134 *BGH* BB 1989, 1712; *BGHSt* 35, 333, 335.
135 *BGH* NJW-RR 1986, 1293; *BGHZ* 133, 370; *OLG Düsseldorf* GmbHR 1994, 403.

IV. Auslandsgesellschaften

1. Einführung

a) Insolvenzverschleppung bei im Inland registrierten Gesellschaften

599   Der Tatbestand der Insolvenzverschleppung bezieht sich nur auf Kapitalgesellschaften oder Personengesellschaften ohne eine vollhaftende natürliche Person, die im Inland in einem Register (Handels-, Vereins-, Genossenschafts-, Unternehmensoder Schiffsregister) eingetragen sind. Das auch in Deutschland anzutreffende Phänomen, dass Gesellschaftszusätze auf dem Briefbogen angegeben werden, tatsächlich aber keine Gesellschaftsform wirksam gegründet worden ist (Scheingesellschaft), kommt auch grenzüberschreitend vor. Daher ist zu Beginn jeder Prüfung, welche in- oder ausländischen Regeln des Gesellschaftsrechts gelten, die Wirksamkeit der Gesellschaft zu prüfen.[136] Davon betroffen sind auch Regelungen nach dem Publizitätsgesetz (PublG), die mittelbar auch rechtsformbezogen sind, sowie die Bestimmungen des Umwandlungsrechts.[137]

b) Insolvenzverschleppung bei im Ausland registrierten Gesellschaften

600   Für **ausländische Gesellschaften** ist zwischen Gesellschaften aus EU-Mitgliedstaaten und Gesellschaftsformen anderer Staaten (Drittstaaten) zu unterscheiden.

601   Für **Nicht-EU-Gesellschaftsformen** gilt ergänzend zu Art. 2 EuInsVO die „Sitztheorie" des BGH.[138] Es kann also eine inländische Rechnungslegungspflicht bestehen. Das deutsche Bankrottstrafrecht ist grundsätzlich anwendbar.

602   Für die **EU-Gesellschaften** gilt demgegenüber das Recht des Gründungsstaates, soweit sie im EU-Bereich wirksam gegründet[139] und (noch weiter) registriert sind

---

136 Gründungsschwindel: *BGH* B. v. 29.9.2004 – 5 StR 357/04; B. v. 10.5.2000 – 3 StR 101/00.

137 Zum Umwandlungsstrafrecht (§§ 313-315 UmwG) vgl. *Müller-Gugenberger/Bieneck* in Müller-Gugenberg/Bieneck § 41 Rn. 32.

138 Dies gilt auch für die Unternehmen im Bereich der EFTA, etwa das Fürstentum Liechtenstein – vgl. *BGH* NJW 2005, 3351 = BB 2005, 2373 = DNotZ 2006, 145 ff. mit zust. Anm. *Thölke*; zweifelhaft für Nicht-EWR-Staaten, wie etwa Island, Liechtenstein und Norwegen, bejahend aber für die Schweiz wegen „sektorieller Abkommen" – *OLG Stuttgart* ZIP 2006, 1822 = BB 2006, 2487 ff. m. Anm. *Wachter*, 2489 f. (nicht rechtskräftig – Rev.: *BGH* II ZR 158/06); a.A. aber *AG Ludwigsburg* ZIP 2006, 1507 ff., allerdings ohne überzeugende Begründung. Zur Behandlung einer Limited, die in Jersey gegründet wurde, ihren Verwaltungssitz aber in der EU hat, als Personengesellschaft: *BGH* GmbHR 2002, 1021 und für die Limited der Isle of Man (aber auch allg. für die normannischen Besitzungen der britischen Krone – *OLG Stuttgart* ZIP 2007, 1108 ff. Anders allerdings im Bereich des deutsch-amerikanischen Freundschaftsvertrages, soweit es sich nicht um eine reine „Briefkastenfirma" handelt, also ein „genuine link" vorhanden ist, was schon bei einer Geschäftsbeziehung in den USA der Fall sein soll – vgl. *BGH* BB 2004, 1668 f. m. Anm. *Mellert* BB 2004, 1869 f. und EwiR 2004, 919 f. m. Anm. *Paefgen*.

(was durch den Vermerk „active" dokumentiert bzw. durch den Eintrag „dissolved" als nicht mehr existent gekennzeichnet ist).[140] Der EuGH hat bereits beginnend mit dem „Centros"-Urteil[141] für eine englische Limited, die nicht in England tätig werden sollte, die Anwendung des Rechts des Gründungsstaates gefordert. Auch auf das Strafrecht hat das erhebliche Auswirkungen hat. Auf die Zweifel über die Reichweite dieser Entscheidung hat der EuGH mit den Urteilen „Überseering"[142] und „Inspire Art"[143] mit Nachdruck die so genannte Sitztheorie jedenfalls innerhalb der EU abgelehnt und in seiner Rechtsprechung auch zur Durchsetzung der europäischen Grundfreiheiten beigetragen. Es deutet sich an, dass diese Rechtsprechung auch in anderen Bereichen des Gesellschaftsrechts fortgeführt wird.[144]

Als Beispiel sei die engl. **Limited** genannt: **603**

Engl. Limited[145]		
Rechtsgrundlagen, Gründung	Vgl. dazu den dt. Leitfaden	Englische Handelsregister – Companies House in Cardiff[146]
Existenz	Registrierung im Heimatstaat	Recherche im Internet www.companieshouse.gov.uk
Vertretungsberechtigung	„Director"	Anstellung und Organbestellung sind wie im dt. Recht zu trennen[147]
Gewerberechtliche Zulassung	Grundsätzlich ist die Ltd. gewerberechtlich zulässig	Problemfälle bedürfen einer besonderen Begründung[148]
Insolvenzantragspflichten	Insolvency Act	Schadenersatzpflichten nach Sect. 216, 217 InsAct

139 *Leuering* ZRP 2008, 73 befasst sich sowohl mit den tatsächlich gegründeten Gesellschaften als auch mit den Scheingesellschaften; vgl. dazu Art. 3 EuInsVO; *Kindler* in: MüKo-BGB, Bd. 11 IntInsR, Art. 3 EuInsVG Rn. 125 ff.
140 *AG Stuttgart* U. v. 18.12.2007 – 105 Ls 153 Js 47778/05 für eine Limited & Co. KG.
141 *EuGH* NJW 1999, 2027 = GmbHR 1999, 474; noch anders die Entscheidung des *EuGH* vom 27.9.1988, NJW 1989, 2186.
142 *EuGH* NJW 2002, 3614 = GmbHR 2002, 1137; in der Folge *BGHZ* 154, 185 = NJW 2003, 1461; auch *BGH* NJW 2005, 1648.
143 *EuGH* NJW 2003, 3331 = GmbHR 2003, 1260.
144 Vgl. dazu das „Sevic"-Urteil des *EuGH* NJW 2006, 425 = GmbHR 2006, 140; diese Entscheidung hat zur Änderung des UmwG vom 19.4.2007, BGBl. I 2007, S. 542, geführt.
145 Homepage des Handelsregisters des „Companies House in Cardiff" (vgl. Sec. 704 ff., Companies Act 1985 – dem Wirtschaftsministerium angegliederte Behörde – „Executive Agency of the Department of Trade and Industry") unter www.companieshouse.gov.uk unter „WebcheckService" – vgl. *Meyding/Bödeker* BB 2006, 1009 ff.; Register für Nordirland, Wales, Schottland und die Kanalinseln – vgl. *Holzborn/Israel* NJW 2003, 3015 ff.
146 www.companieshouse.gov.uk
147 Vgl. zur Rechtstellung *Stöber* GmbHR 2006, 746 ff. und 1146 – im Ergebnis ist ebenfalls zwischen Anstellungsvertrag (nach deutschem Recht) und Organstellung (nach engl. Recht ähnlich wie im deutschen Recht geregelt) zu unterscheiden.
148 *OLG Dresden* ZIP 2006, 1097 f.; *Lutter/Beyer* in Lutter/Hommelhoff GmbHG § 12 Rn. 22; vgl. zum Streitstand *OLG Jena* im Vorlagebeschluss v. 9.3.2006 zum *BGH* wegen der Versagung der Eintragung in das Handelsregister – GmbHR 2006, 708 ff., 710 m.w.N.

604 Informationen zu nahezu allen **europäischen Gesellschaftsformen** können abgerufen werden unter www.company-registers.info/en. Eine gelöschte, d.h. in Abwicklung befindliche ausländische Gesellschaft kann nicht mehr als Kapitalgesellschaft angesehen werden.[149]

2. Zivilrechtliche Haftung

605 Umstritten ist insbesondere die zivilrechtliche Haftung eines „Directors" wegen Verletzung der Insolvenzantragspflicht. Da es für eine ausländische Rechtsform keine inländische Insolvenzantragspflicht gibt und die deutschen Straftatbestände streng akzessorisch zum deutschen Gesellschaftsrecht sind, ist eine solche Anwendung nicht möglich.[150] Auslandsgesellschaften unterliegen den rechtsformbezogenen Strafnormen des Gründungsstaates. Soll eine Strafverfolgung dort bewirkt werden, muss der Austausch von Ermittlungsverfahren und Ermittlungsergebnissen in die jeweiligen Gründungsländer ermöglicht werden. Dies ist eine der Bestrebungen der laufenden Gesetzgebungspraxis über die Angleichung europäischen Strafrechts.

606 Nach den §§ 823 ff. BGB können Schadensersatzansprüche begründet sein, wenn deutsches Recht verletzt ist. Durch Art. 4 EUInsVO gilt das Recht des ersten, ein Insolvenzverfahren eröffnenden Staates. Die Wirkungen des Insolvenzverfahrens richten sich deshalb auch nach diesem (ausländischem) Recht. Ob die ausländischen EU-Gesellschaften nach dem neuen MoMiG[151] durch neue Anmeldepflichten zum Handelsregister gem. §§ 13e–g HGB tatsächlich erfasst werden können, ist fraglich.[152] Zur Durchsetzung der Erklärungspflichten fehlt es an Santionsmöglichkeiten des Registergerichts. Auf eine Strafbarkeit nach § 82 GmbHG oder dem neuen § 15a Abs. 3 InsO wird daher die Anmeldung im Handelsregister wie auch die unterlassene Anmeldung aus praktischen Gründen wenig Auswirkungen haben.

3. Strafrechtliche Verfolgung

a) Freie Rechtsformwahl

607 Durch die Rechtsprechung des EuGH hat sich die unternehmerische Betätigung in Deutschland vor allen Dingen für mittelständische und Kleinbetriebe vollständig verändert. Zahlreiche ausländische Kapitalgesellschaften, insbesondere in Gestalt der britischen „Limited", aber auch die problematische Mischform der „Limited & Co. KG" können in einem anderen Staat der Europäischen Union gegründet werden,

---

149 *LG Duisburg* ZIP 2007, 926 = GmbHR 2007, 608.
150 *LG Duisburg* ZIP 2007, 926; *OLG Celle* DB 2007, 681; *BGH* ZIP 2007, 1306, GmbHR 2008, 870 (wobei der *BGH* ein inländisches Gewerbeverbot zulässt); *OLG Jena* ZIP 2006, 708.
151 I.d.F. der BT-Drs. 16/6140 v. 25.7.2007.
152 Näher dazu *Wachter* GmbHR 2006, 793 ff.

ihre wirtschaftliche Betätigung und Niederlassung aber in Deutschland ausüben. Es gilt nach der Rechtsprechung des EuGH für derartige Gesellschaften das Recht des Heimatstaates selbst dann, wenn der Betätigungsstaat durch eigene Beschränkungen versucht, die wirtschaftliche Tätigkeit einzuengen oder zu kontrollieren.[153]

b) Anwendbarkeit deutscher Strafnormen

Jedenfalls die **rechtsformbezogenen Strafnormen** können auf Auslandsgesellschaften nicht angewandt werden, solange ausländisches Recht auf die Rechtsform, Kapitalausstattung, Organisation, Vertretung und Registrierung anwendbar ist.[154] Selbst wenn im EU-Ausland Rechnungslegungspflichten strafbewehrt wären, betrifft die Strafbarkeit einzelner Verstöße hiergegen nur das Gründungs- bzw. Registerland. Die für bestimmte Rechtsformen vorgesehenen deutschen Straftatbestände zeichnen sich dadurch aus, dass die Adressaten der jeweiligen Norm präzise bestimmt sind. Es sind Musterfälle der Sonderdelikte. Sowohl der Kreis der Verantwortlichen, an die sich die Strafdrohung richtet, als auch das jeweilige Tatverhalten, das die Sanktion nach sich ziehen soll, ist – auch in terminologischer Hinsicht – regelmäßig eindeutig umschrieben. Mit der Wahl der Rechtsform ist zugleich die „Wahl" der dafür einschlägigen Strafvorschriften getroffen. Bei Nicht-EU-Auslandsgesellschaften führt die Neuregelung des § 15a InsO aber über die §§ 3–7 StGB zur Anwendbarkeit des deutschen Strafrechts auf die Insolvenzverschleppung. Die Anwendung von anderen gesellschaftsrechtlichen Tatbeständen auf andere Gesellschaftsformen ist sowohl nach deutschem Recht als auch nach ausländischem Recht nicht möglich, selbst wenn die wirtschaftliche Ähnlichkeit groß sein sollte.[155] **608**

c) Rechnungslegung

Die deutsche Rechnungslegungspflicht betrifft nicht das Ausland. Eine eigenständige (deutsche) Rechnungslegungspflicht der inländischen (unselbstständigen) Zweignie- **609**

---

153 *Müller-Gugenberger* in FS Tiedemann, 1003, 1011.

154 *Müller-Gugenberger* in FS Tiedemann, 1003, 1014; *RGSt* 68, 210 (für die Liechtensteinische AG) *Vallender* ZGR 2006, 425 ff.; *Wachter* GmbHR 2003, 1254 ff.; *von Hase* BB 2006, 2141 (mit zutreffendem Hinweis auf die Haftung nach § 823 Abs. 2 BGB aus der Verletzung der Insolvenzantragspflicht nach englischem Recht), *Zimmer* NJW 2003, 3585 ff.; *Eidenmüller* Ausländische Kapitalgesellschaften im deutschen Recht 2004, § 9 Rn. 34; eine etwaige zivilrechtliche Verschleppungshaftung aus §§ 64 Abs. 2 GmbHG, 823 Abs. 2 BGB soll nicht gehindert sein, *LG Kiel* GmbHR 2006, 710 ff. m. Anm. *Langner*, 713 ff. = ZIP 2006, 1248 ff. m. Anm. *Just*, 1251 ff., insbes. auch zum „existenzgefährdenden Eingriff" bei der Limited, wobei allerdings für die deliktsrechtliche Seite nur auf den wenig spezifischen Betrug gemäß § 263 StGB abgestellt wird, die näherliegende, aber schwieriger zu begründende Untreue gem. § 266 StGB gerät nicht in den Blickpunkt; *Richter* in FS Tiedemann S. 1023, 1029.

155 *Müller-Gugenberger* in FS Tiedemann 1003, 1014; *RGSt* 68, 210 (für die Liechtensteinische AG).

derlassung nach dem HGB ist derzeit noch umstritten, insbesondere auch weil § 325a HGB von der Rechnungslegung der (ausländischen) „Hauptniederlassung" ausgeht. Hieran knüpft die Bankrottstrafbarkeit gemäß §§ 283 Abs. 1 Nr. 5–7, 283b StGB an. Folglich ist die Verletzung der bestehenden Rechnungslegungspflicht nach englischem Recht vom deutschen Bankrottstrafrecht nicht geschützt. Allgemeines Strafrecht bleibt aber gem. §§ 3–7 StGB anwendbar.[156]

d) Scheingesellschaften

610 Für das Strafrecht hat die EuGH-Rechtsprechung zu Versuchen geführt, kriminelle Machenschaften unter dem Deckmantel einer ausländischen Gesellschaft durch die gesellschaftsrechtlichen Straftatbestände zu bekämpfen.[157] Indessen dürfen deutsche Strafverfolgungsbehörden ausländische Strafnormen nicht anwenden.[158]

V. Neuregelungen durch das MoMiG (2008)

611 Das Gesetz zur Modernisierung und zur Bekämpfung von Missbräuchen (MoMiG) ist am 23.10.2008 ausgefertigt worden und zum 1.11.2008 in Kraft getreten (BGBl. I S. 2026). Neben dem neuen § 15a InsO bringt es zahlreiche Änderungen im GmbH-Recht und im Recht der Kapitalaufbringung insgesamt. Eine Übergangsregelung ist nicht vorgesehen. Daher werden sich Rechtsverstöße gegen Kapitalerhaltungsvorschriften, die durch die Neuregelung entfallen, bereits auf laufende Strafverfahren in der Weise auswirken, dass die neue Rechtslage zugrunde zu legen ist, soweit es sich um mildere Regelungen handelt (§ 2 Abs. 2, 3 StGB).

1. Unternehmergesellschaft

612 Existenzgründern, die für die Gründung einer GmbH kein Kapital aufbringen können, kommt das Gesetz durch eine Einstiegsvariante, die **haftungsbeschränkte Unternehmergesellschaft** (§ 5a GmbHG), entgegen. Diese GmbH ohne bestimmtes Mindeststammkapital muss solange ein Viertel ihrer Jahresgewinne in eine gesetzliche Rücklage einstellen, bis dadurch das Mindeststammkapital der regulären GmbH angespart ist. Das Mindeststammkapital der regulären GmbH bleibt bei 25 000 € (§ 5 Abs. 1 GmbHG).

---

156 *LG Kiel* GmbHR 2006, 710, 713, 715 (hier auch zum existenzvernichtenden Eingriff bei der Ltd).

157 Vgl. *Schlösser* Die Strafbarkeit des Geschäftsführers einer private company limited by shares in Deutschland – Zu den Folgen der „Inspire Art"-Entscheidung des EuGH für die Anwendbarkeit deutschen Strafrechts –, in: wistra 2006, 81; *Rönnau* ZGR 2005, 832; *Gross/Schork* NZI 2006, 10; *Vallender* ZGR 2006, 457; *Kienle* GmbHR 2007, 696.

158 *Weller* IPrax 2003, 207, 208; *Vallender* ZGR 2006, 459.

Knierim

Die Gesellschafter können künftig individueller über die jeweilige Höhe ihrer **613**
Stammeinlagen bestimmen. Bislang musste die Stammeinlage mindestens 100 Euro
betragen und durfte nur in Einheiten aufgeteilt werden, die durch 50 teilbar sind.
Künftig muss jeder Geschäftsanteil nur noch auf einen Betrag von mindestens einem
Euro lauten. Vorhandene Geschäftsanteile können künftig leichter gestückelt und
übertragen werden.

2. Kapitalaufbringung

Rechtsunsicherheiten im Bereich der Kapitalaufbringung werden beseitigt, indem **614**
das Rechtsinstitut der „verdeckten Sacheinlage" im Gesetz geregelt wird (§ 19
Abs. 4 GmbHG). Eine **verdeckte Sacheinlage** liegt dann vor, wenn zwar formell
eine Bareinlage vereinbart und geleistet wird, die Gesellschaft bei wirtschaftlicher
Betrachtung aber einen Sachwert erhalten soll. Damit entfallen in Zukunft die
schwer einzuhaltenden Vorgaben der Rechtsprechung zur verdeckten Sacheinlage.
Wegen der einschneidenden Rechtsfolgen, die dazu führen, dass der Gesellschafter
seine Einlage i.E. häufig zweimal leisten muss, sieht das Gesetz jetzt vor, dass der
Wert der geleisteten Sache auf die Bareinlageverpflichtung des Gesellschafters ange-
rechnet wird. Die Anrechnung erfolgt allerdings erst nach Eintragung der Gesellschaft in das Handelsregister. Weiß der Geschäftsführer also von der geplanten
verdeckten Sacheinlage, liegt ergo eine vorsätzliche verdeckte Sacheinlage vor, so
darf er in der Handelsregisteranmeldung nicht versichern, die Bareinlage sei erfüllt
(§ 82 Abs. 1 Nr. 1 HGB).

3. Absicherung des Cash-Pooling

Das bei der Konzernfinanzierung international gebräuchliche Cash-Pooling ist ein **615**
Instrument zum Liquiditätsausgleich zwischen den Unternehmensteilen im Konzern.
Dazu werden Mittel von den Tochtergesellschaften an die Muttergesellschaft zu
einem gemeinsamen Cash-Management geleitet. Im Gegenzug erhalten die Tochter-
gesellschaften Rückzahlungsansprüche gegen die Muttergesellschaft. Obwohl das
Cash-Pooling als Methode der Konzernfinanzierung als ökonomisch sinnvoll erach-
tet wird, ist auf Grund der neueren Rechtsprechung des BGH zu **§ 30 GmbHG** in der
Praxis Rechtsunsicherheit über dessen Zulässigkeit entstanden.

Das MoMiG orientiert die Frage der Eigenkapitalrückgewähr nunmehr an der bilan- **616**
ziellen Betrachtung des Gesellschaftsvermögens. Danach kann eine Leistung der
Gesellschaft an einen Gesellschafter dann nicht als verbotene Auszahlung von Gesellschaftsvermögen gewertet werden, wenn ein reiner Aktivtausch vorliegt, also der
Gegenleistungs- oder Rückerstattungsanspruch der Gesellschaft gegen den Gesellschafter die Auszahlung deckt und zudem vollwertig ist. Leistet der Gesellschafter
an die GmbH für einen Vermögenswert der Gesellschaft, der zur Erhaltung des
Stammkapitals erforderlich ist, eine vollwertige Gegenleistung oder besteht ein
vollwertiger Rückzahlungsanspruch, so soll in Zukunft keine verbotene Auszahlung

mehr angenommen werden. Gesellschafterdarlehen werden nicht wie haftendes Eigenkapital zu behandeln sein (§ **30 GmbHG**). Tilgungsleistungen auf solche Forderungen können somit keine verbotene Auszahlung des zur Erhaltung des Stammkapitals erforderlichen Vermögens sein.

617 In der AG werden vom Verbot der Einlagenrückgewähr solche Leistungen ausgenommen, die in einem bestehenden Beherrschungs- oder Gewinnabführungsvertrag zwischen den Vertragspartnern oder auf deren Weisung[159] an Dritte erfolgen oder durch einen vollwertigen Gegenleistungs- oder Rückgewähranspruch gegen den Aktionär gedeckt sind (§ 57 Abs. 1 S. 3 AktG). Das dient vor allem einem konzerneinheitlichen Cash-Management, um die Ausnahme vom Kapitalerhaltungsgebot auch auf Leistungen an Dritte auf Veranlassung des herrschenden Unternehmens zu erweitern, z.B. an andere Konzernunternehmen oder an Unternehmen, die mit dem herrschenden Unternehmen oder anderen Konzernunternehmen in Geschäftsverbindungen stehen.

618 Durch die Abschaffung der Eigenkapital ersetzenden Gesellschafterdarlehen und die stattdessen in die InsO aufgenommenen Regelungen über Gesellschafterdarlehen wird auch die Limited erfasst, über die ein Insolvenzverfahren in Deutschland stattfindet.

619 Eine entsprechende Regelung soll auch im Bereich der **Kapitalaufbringung** gelten. Diese stellt allerdings strengere Anforderungen. Hier ist erforderlich, dass der Rückgewähranspruch nicht nur vollwertig, sondern liquide ist (jederzeit fällig ist oder durch fristlose Kündigung durch die Gesellschaft fällig gestellt werden kann). Denn beispielsweise bei einem erst nach längerer Zeit kündbaren Darlehen ist eine Prognose sehr unsicher, ob der Rückzahlungsanspruch tatsächlich vollwertig ist. Zudem ist das Hin- und Herzahlen in der Anmeldung der Gesellschaft offenzulegen, damit der Registerrichter prüfen kann, ob die Voraussetzungen einer Erfüllungswirkung trotzdem gegeben sind.

4. Änderungen des Eigenkapitalersatzrechts

620 Die sehr komplex gewordene Materie des Eigenkapitalersatzrechts (§§ 30 ff. GmbHG) wurde erheblich vereinfacht und grundlegend dereguliert. Beim Eigenkapitalersatzrecht geht es um die Frage, ob Kredite, die Gesellschafter ihrer GmbH gewähren, als Darlehen oder als Eigenkapital zu behandeln sind. Das Eigenkapital steht in der Insolvenz hinter allen anderen Gläubigern zurück. Grundgedanke der Neuregelung ist, dass die Organe und Gesellschafter einer gesunden GmbH einen einfachen und klaren Rechtsrahmen vorfinden sollen.

621 Für die AG ist das Verbot der Einlagenrückgewähr nicht anzuwenden auf die Rückgewähr eines Aktionärsdarlehens oder auf Leistungen auf Forderungen aus Rechtshandlungen, die einem Aktionärsdarlehen wirtschaftlich entsprechen (§ 57 Abs. 1

---

159 Zu verdeckten Beherrschungsverträgen vgl. *Goslar* DB 2008, 800.

S. 4 AktG). Damit wird die Rechtsprechung zur Rechtsfigur des Eigenkapital ersetzenden Gesellschafterdarlehens aufgegeben; Tilgungsleistungen auf solche Forderungen können in Zukunft keine verbotenen Auszahlungen mehr sein und können
damit auch nicht unter Berufung auf diese Vorschrift verweigert bzw. zurückgefor-
dert werden.

Die Regelungen für Gesellschafterdarlehen in der Krise (§§ 32a, 32b GmbHG; oHG, **622**
§ 129a HGB; **GmbH & Co. KG**, § 172a HGB jeweils bis zum 31.10.2008) wurden
durch das MoMiG aufgehoben. Eine Unterscheidung zwischen „kapitalersetzenden"
und „normalen" Gesellschafterdarlehen wird es nicht mehr geben. Das Rückzahlungsverbot (§ 30 GmbHG) bzw. der Erstattungsanspruch für verbotene Auszahlungen (§ 31 GmbHG) sind nunmehr nicht mehr entsprechend anzuwenden auf
• die Rückgewähr eines Gesellschafterdarlehens;
• auf Leistungen auf Forderungen aus Rechtshandlungen, die einem Gesellschafterdarlehen wirtschaftlich entsprechen (§ 30 Abs. 1 S. 2 GmbHG).

Einige der bisherigen gesellschaftsformbezogenen Regelungen sind rechtsformneu- **623**
tral in die InsO übernommen. Hat ein Dritter der Gesellschaft ein Darlehen oder eine
gleichgestellte Leistung gewährt, für die ein Gesellschafter eine Sicherheit bestellt
oder sich verbürgt hat, so kann ein nicht zurückgezahltes Darlehen für den Dritten
zum teilweisen oder vollständigen Ausschluss von der Teilnahme am Insolvenzverfahren führen. Der Dritte nimmt nur noch mit dem Anteil am Verfahren teil, mit dem
er bei Inanspruchnahme des sicherungsgebenden oder bürgenden Gesellschafters
ausgefallen ist (§ 44a InsO). Er wird also zunächst auf die Inanspruchnahme des
sicherungsgebenden Gesellschafters verwiesen. Der bisherige § 32a Abs. 2 GmbHG
wurde damit in das Insolvenzrecht in angepasster Form (unter Verzicht auf das
Krisenmerkmal) übernommen. Ist eine Rückzahlung bereits erfolgt, wird eine
Rechtshandlung anfechtbar, durch welche die Gesellschaft einem Dritten für eine
Forderung auf Rückzahlung eines Darlehens innerhalb bestimmter Fristen Befriedigung gewährt hat, wenn ein Gesellschafter für die Forderung eine Sicherheit bestellt
hatte oder als Bürge haftete; dies gilt sinngemäß für Leistungen auf Forderungen, die
einem Darlehen wirtschaftlich entsprechen (§ 135 Abs. 2 InsO).

Übt der Insolvenzverwalter das Anfechtungsrecht aus, hat der Gesellschafter, der die **624**
Sicherheit bestellt hatte oder als Bürge haftete, die dem Dritten gewährte Leistung
zur Insolvenzmasse zu erstatten. Die Verpflichtung besteht nur bis zur Höhe des
Betrags, mit dem der Gesellschafter als Bürge haftete oder der dem Wert der von ihm
bestellten Sicherheit im Zeitpunkt der Rückgewähr des Darlehens oder der Leistung
auf die gleichgestellte Forderung entspricht. Der Gesellschafter wird von der Zahlungspflicht an die Insolvenzmasse frei, wenn er die Gegenstände, die dem Gläubiger als Sicherheit gedient hatten, der Insolvenzmasse zur Verfügung stellt (§ 143
Abs. 3 InsO). Hat ein Gesellschafter der GmbH Vermögenswerte zur Nutzung überlassen, kann er seinen Aussonderungsanspruch während der Dauer des Insolvenzverfahrens, höchstens aber für eine Zeit von einem Jahr ab dessen Eröffnung, nicht
geltend machen. Dafür wird ihm ein finanzieller Ausgleich zugebilligt.

625 Damit erleichtert das MoMiG die Fortführung und Sanierung von Unternehmen im Insolvenzfall. Diese Regelung beseitigt die Gefahr, dass dem Unternehmen mit der Eröffnung des Insolvenzverfahrens Gegenstände nicht mehr zur Verfügung stehen die für eine Fortführung des Betriebes notwendig sind. Bestehen Sanierungschancen, wird es dem Insolvenzverwalter regelmäßig innerhalb der Jahresfrist möglich sein, eine Vereinbarung zu erreichen, die die Fortsetzung des schuldnerischen Unternehmens ermöglicht.

5. Folgeänderungen im Insolvenzrecht, Nachrang

626 Der Nachrang der Eigenkapital ersetzenden Forderungen auf Rückgewähr von Gesellschafterdarlehen und ihnen wirtschaftlich gleichgestellte Leistungen in der Insolvenz (§ 39 Abs. 1 Nr. 5 InsO) wird auf alle derartigen Forderungen ausgedehnt; das Tatbestandsmerkmal „Eigenkapital ersetzend" entfällt (§ 39 Abs. 1 Nr. 5 InsO). Die Neuregelung erfasst alle deutschen Kapitalgesellschaften (GmbH, AG, KGaA), die kapitalistischen Personengesellschaften, die SE und die Limited, wenn deren Insolvenz nach deutschem Recht abgewickelt wird.[160]

627 Das Sanierungsprivileg bei der GmbH (§ 32a Abs. 3 S. 3 GmbHG) wird in das Insolvenzrecht übernommen. Erwirbt ein Gläubiger bei drohender oder eingetretener Zahlungsunfähigkeit der Gesellschaft oder bei Überschuldung Anteile zum Zweck ihrer Sanierung, führt dies bis zur nachhaltigen Sanierung nicht zur Nachrangigkeit seiner Forderungen aus bestehenden oder neu gewährten Darlehen oder aus Rechtshandlungen, die einem solchen Darlehen wirtschaftlich entsprechen (§ 39 Abs. 4 S. 2 InsO).

628 Das Kleinbeteiligungsprivileg (geschäftsführende Gesellschafter, die mit zehn Prozent oder weniger am Haftkapital beteiligt sind, § 32a Abs. 3 S. 2 GmbHG) wird auf alle betroffenen Gesellschaften erstreckt, so dass die bisher für die AG aufgrund der BGH-Rechtsprechung bestehenden Ausnahmen wegfallen (§ 39 Abs. 5 InsO).

629 Die Rückzahlung von Eigenkapital ersetzenden Gesellschafterdarlehen oder die Stellung bzw. Ausreichung von Sicherungen für deren Rückgewähr aus Gesellschaftsmitteln kann nach geltendem Recht innerhalb bestimmter Fristen angefochten werden (§ 135 InsO). Diese Anfechtungsmöglichkeit wird auf alle Gesellschafterdarlehen ausgedehnt und gilt auch für gleichgestellte Forderungen (§ 135 Abs. 1 InsO). Anfechtbar wird auch eine Rechtshandlung, mit der eine Gesellschaft einem Dritten für eine Forderung auf Rückzahlung eines Darlehens innerhalb bestimmter Fristen Befriedigung gewährt hat, wenn ein Gesellschafter für die Forderung eine Sicherheit bestellt hatte oder als Bürge haftete; dies gilt sinngemäß für Leistungen auf Forderungen, die einem Darlehen wirtschaftlich entsprechen (§ 135 Abs. 2 InsO).

---

160 BR-Drs. 354/07, S. 130.

6. Amtsunfähigkeit von Vertretungsorganen

Die Änderungen für die GmbH, die AG (einschließlich der KGaA), SE, e.G., SCE **630**
sowie oHG/KG und EWIV haben auch die Amtsfähigkeit eines Vertretungsorgans
eingeschränkt.[161] Die Bestellungsverbote nach § 6 Abs. 2 Nr. 3 GmbHG, § 76
Abs. 3 Nr. 3 AktG sind um weitere Straftaten ergänzt worden, die im Falle einer
Verurteilung zu einer Freiheitsstrafe von mindestens einem Jahr, einer Berufung in
das Leitungsorgan entgegenstehen (Inhabilität von Geschäftsleitungsorganen). Zu
dem neuen Vorstrafenkatalog gehören außer den eigentlichen Insolvenzstraftaten
auch die zentral neu geregelte Insolvenzverschleppung (§ 15a InsO), Falschangaben
nach § 82 GmbHG, § 399 AktG sowie unrichtige Darstellungen nach § 400 AktG,
§ 331 HGB, § 313 UmwG, § 17 PublG sowie Kreditbetrug, Untreue und Vorenthalten von Sozialversicherungsanteilen (§§ 265b, 266, 266a StGB). Die Normen sehen
ausdrücklich die Erstreckung auf Auslandsverurteilungen wegen vergleichbarer
Taten vor. Ein amtierendes Organmitglied wird amtsunfähig.

Ergänzt wird die Ausweitung der Ungeeignetheit für eine Leitungsposition durch **631**
eine Erweiterung in § 82 Abs. 1 Nr. 5 GmbHG und § 399 Abs. 1 Nr. 6 AktG. Die
Strafbarkeit einer falschen Versicherung über das Nicht-Vorliegen eines Bestellungs-
hindernisses im Sinne der Katalogtaten gilt nicht nur mehr für Geschäftsführer einer
GmbH, sondern umfassend für alle Geschäftsleiter einer inländischen oder ausländischen juristischen Person.

7. Registerpflicht, Firmenangaben

Einige Gestaltungsmöglichkeiten des ausländischen Rechts wurden in das deutsche **632**
Recht übernommen, indem eine Trennung von Satzungssitz und Verwaltungssitz
erlaubt wird (Streichung von § 4 Abs. 2 GmbHG und von § 5 AktG durch das
MoMiG).[162]

Die Pflicht zur Eintragung einer inländischen Geschäftsanschrift ins Handelsregis- **633**
ter sowie die sich daran anschließenden Zustellungserleichterungen gelten auch für
Zweigniederlassungen ausländischer Gesellschaften. Hat der Vertreter der ausländischen Gesellschaft in seiner Person Gründe verwirklicht, die zu einem Bestellungs-
verbot als GmbH-Geschäftsführer führen würden, so kann er auch keine Zweigniederlassung einer ausländischen Gesellschaft errichten; bei der Anmeldung muss er
eine Versicherung gegenüber dem Registergericht abgeben, dass solche Bestel-
lungshindernisse bei ihm nicht vorliegen (§ 13g HGB). Eine deutsche staatliche
Genehmigung, die für bestimmte Unternehmensgegenstände erforderlich ist, muss
analog zur Situation bei der GmbH nicht mehr beim Handelsregister vorgelegt
werden (§ 13e HGB).

---

161 *Leuering* ZRP 2008, 73.
162 *Preuß* GmbHR 2007, 57.

634   Hinsichtlich der Pflichtangaben auf Geschäftsbriefen wird klargestellt, dass bei Zweigniederlassungen ausländischer Gesellschaften eine doppelte Angabeverpflichtung besteht, und zwar sowohl in Bezug auf die ausländische Haupt- als auch auf die inländische Zweigniederlassung (§ 35a GmbHG).

B. Kapitalerhaltung und Untreue

I. Einführung in die anwaltliche Beratung

1. Haftungs- und Untreueprobleme

635   Für die anwaltliche Beratung ist die **Verknüpfung von Kapitalerhaltungsnormen mit Straftatbeständen** in der insolvenzrechtlichen Praxis von grundlegener Bedeutung. Eine der Hauptaufgaben der Insolvenzverwaltung besteht darin, die Unternehmenspraxis auf Geschäfte zu durchleuchten, die Grundlage für einen Haftungsanspruch gegen Geschäftsführer und Gesellschafter sein können. In Literatur und Rechtsprechung werden dazu diskutiert:
- die Unterschreitung des Grund-/Stammkapitals;
- die Existenzvernichtungshaftung;
- die Haftung für zweckwidrige, riskante oder aussichtslose Investitionen;
- die Haftung für unternehmensschädliche Geldverwendungen;
- die (mittelbare) Inanspruchnahme wegen Insolvenzforderungen von Gläubigern aus gesetzlichen Haftungsnormen und unerlaubter Handlung.

636   Nicht selten haben zwar die insolventen Gemeinschuldner **keine ausreichende Masse**, um alle Forderungen der Insolvenzgläubiger zu befriedigen, wohl aber die Geschäftsführer/Vorstände und/oder Gesellschafter der insolventen Unternehmen. Auch darf nicht übersehen werden, dass für Leitungsorgane oft eine so genannte Directors and Officers (D&O)-Versicherung abgeschlossen wurde, die nur in Anspruch genommen werden kann, wenn ein Haftungstatbestand besteht (oder konstruiert wird). Für viele Insolvenzverwalter ist die Versuchung groß, durch geeignete Berichte und Formulierungen, gegebenenfalls auch durch direkte Strafanzeigen die Ermittlungsbehörden auf mögliche Haftungsfälle aufmerksam zu machen und dadurch eine günstige Ermittlungsgrundlage für Schadenersatzprozesse zu bekommen.

2. Sachverhaltsaufklärung

637   Aufgabe des beratenden Anwaltes ist es, die Sachverhalte, die **Grundlage der Verteidigung** und/oder der Haftungsprüfung sein sollen, aufzuklären. Wenn der Mandant keine ausreichenden Informationen beschaffen kann, dann wird eine solche Aufklärung durch Akteneinsicht bei den Ermittlungsbehörden (§ 147 StPO) erforderlich sein. Auch wird der Verteidiger zu überlegen haben, ob er mit Einwilligung seines Mandanten in die Akten von Parallelverfahren, Zivil- oder Steuerverfahren Einblick nimmt.

Die **Kontaktaufnahme mit dem Insolvenzverwalter** empfiehlt sich immer dann,   **638** wenn eine einvernehmliche Regelung absehbar ist oder eine Mithilfe bei der Insolvenzverwaltung zu einer Milderung oder gar zu einer endgültigen Abwehr des Anspruches führen kann. Dagegen wird eine erfolgversprechende Verteidigung nicht umhin können, das Vorgehen der Insolvenzverwaltung zu begleiten und ggfls. auch die Maßnahmen zu kritisieren oder dagegen vorzugehen. Die Berichte der Insolvenzverwaltung sind wichtige Erkenntnisgrundlagen für die Tatsachengrundlagen der Insolvenzverwaltung. Auch wird zu beachten sein, dass Insolvenzverwalter aufgrund ihrer Stellung als Zeugen häufig gute Verbindungen zur örtlich zuständigen Staatsanwaltschaft haben.

Besonders bei unzureichenden Tatsachengrundlagen für einen Haftungsprozess auf   **639** der Basis der Unterlagen, die einer Insolvenzverwaltung vorliegen, wird in der Praxis darüber gestritten, ob und inwieweit – auch unter Umgehung der Privat- und Firmengeheimnisse des Insolvenzschuldners – über §§ 93, 97 InsO hinaus die **Unterlagen Dritter** angefordert und eingesehen werden können. In Betracht kommen vor allem die Prüfungsunterlagen von Rechtsanwälten, Steuerberatern und Wirtschaftsprüfern. Im Ergebnis sollte man einen Insolvenzverwalter alleine nicht für befugt halten, den Berater von der Verschwiegenheitspflicht zu entbinden. Vielmehr muss aufgrund des früher begründeten Vertrauensverhältnisses eine Entbindungserklärung des bisherigen Geschäftsleitungsorgans eingeholt werden. Auf die ausführliche Darstellung der verschiedenen Auffassungen in Rn. 354 ff. wird verwiesen.

3. Beratung über die Kapitalerhaltungspflicht

Der praktisch wichtigste Anwendungsfall der Kapitalerhaltungsvorschriften betrifft   **640** die GmbH. Ein geschäftsführendes Organ einer GmbH ist verpflichtet, das Stammkapital der Gesellschaft zu erhalten und darauf zu achten, dass das Stammkapital während der unternehmerischen Tätigkeit der Gesellschaft nicht an die Gesellschafter ausgezahlt wird (vgl. beispielsweise § 30 Abs. 1 GmbHG). Das Auszahlungsverbot hat gerade in einer nachfolgenden Insolvenz der Gesellschaft große praktische Bedeutung, weil der Insolvenzverwalter in dem Umfang, in dem dieses Verbot verletzt wurde, einen eigenständigen zivilrechtlichen Haftungsanspruch gegen den Geschäftsführer einer Gesellschaft bzw. jedes Organmitglied hat (§ 43 Abs. 1 GmbHG i.V.m. § 30 Abs. 1 GmbHG).[163] Zur Rückzahlung einer in der Unternehmenskrise erhaltenen Auszahlung von Eigenkapital/Stammkapital ist nach § 31 GmbHG der Gesellschafter verpflichtet; falls dieser nicht belangt werden kann, sind die übrigen Gesellschafter verpflichtet. Dagegen besteht eine Verpflichtung zur

---

163 § 30 GmbHG ist kein Schutzgesetz im Sinne von § 823 Abs. 2 BGB, vgl. *Hachenburg-Goerdeler/Müller* § 30 GmbHG Rn. 16.

Kapitalerhaltung nicht mehr, wenn die Gesellschaft durch Aufhebungsbeschluss, Kündigung oder einen sonstigen Auflösungsgrund aufgelöst worden ist, eine Befriedigung von Gläubigern nicht mehr zu besorgen ist und das Vermögen der Gesellschaft durch die Abwickler zugunsten der Gesellschafter liquidiert werden kann. Für die AG gilt das Verbot der Einlagenrückgewähr nach § 57 Abs. 1 AktG.

641 Die **Kapitalerhaltungsvorschriften** des Gesellschaftsrechts dienen dazu, das haftende Gesellschaftsvermögen zu schützen und Gläubigern sowie den Arbeitnehmern der Gesellschaft den Zugriff auf das Gesellschaftsvermögen bei einer Liquidation oder Insolvenz zu ermöglichen. Diese Vorschriften gleichen damit wenigstens im Umfang der beschränkten Haftung den Nachteil aus, den ein Gläubiger dadurch erleidet, dass er mit einer Kapitalgesellschaft kontrahiert, deren Haftung auf das Gesellschaftsvermögen beschränkt ist.

Klassischerweise werden die Kapitalerhaltungsvorschriften weit ausgelegt. Sie verbieten jegliche Weggabe von Aktivvermögen der Gesellschaft an die Gesellschafter, soweit dadurch eine Unterbilanz herbeigeführt oder vertieft wird. Eine Unterbilanz wird festgestellt, indem man das Nettovermögen mit dem Stammkapital der Gesellschaft (§ 3 Abs. 1 Nr. 3 GmbHG) vergleicht. Eine Unterbilanz ist eingetreten, wenn das Nettovermögen hinter dem Stammkapital zurückbleibt. Eine Unterbilanz ist nicht gleichzusetzen mit der Überschuldung im Sinne von § 19 InsO.[164]

642 Manchmal wird die Unterbilanz auch mit einem „Jahresfehlbetrag" (vgl. § 275 Abs. 2 Nr. 20 HGB) verwechselt. Der Jahresfehlbetrag darf nicht mit einer Unterbilanz gleichgesetzt werden, sondern ist nur das Ergebnis der Gewinn- und Verlustrechnung des laufenden Geschäftsjahres. Selbst wenn in mehreren Jahren hintereinander Jahresfehlbeträge entstehen, muss dadurch noch nicht das Stammkapital der Gesellschaft angegriffen sein. Auch lässt sich aus dem Jahresfehlbetrag noch nicht auf die allgemeine Vermögenslage schließen, da sich neben den bilanzierten Vermögenswerten durch Änderung der Bilanzierungs- und Bewertungsgrundsätze sowie durch Aufdeckung stiller Reserven höhere Vermögenswerte darstellen lassen, als dies in der Bilanz gezeigt werden muss.

643 Wer als **Geschäftsführer** gegen § 30 Abs. 1 GmbHG verstößt, ist gemäß § 43 Abs. 1 GmbHG schadenersatzpflichtig, wenn er gegen die Sorgfalt eines ordentlichen Geschäftsführers verstoßen und diesen Pflichtenverstoß auch zu vertreten hat. Der Haftung steht nicht entgegen, dass der Geschäftsführer mit der verbotswidrigen Auszahlung eine Weisung der Gesellschafterversammlung befolgt hat. Eine derartige Weisung der Gesellschafter ist für den Geschäftsführer, wenn sie zu einer Unterbilanz führen sollte, nicht verbindlich (§ 43 Abs. 3 S. 3 GmbHG). Die Rechtsprechung zu § 43 GmbHG geht davon aus, dass das Verschulden des Geschäftsführers nicht vom Anspruchssteller bewiesen werden muss, vielmehr muss der Geschäftsführer das

---

164 Vgl. dazu Rn. 55 ff.

Fehlen schuldhaften Verhaltens nachweisen (Beweislastumkehr). Die Gesellschaft muss also nur die Unausgewogenheit von Leistung und Gegenleistung sowie das Vorliegen bzw. das Entstehen einer Unterbilanz darlegen und beweisen.

Gegen **Gesellschafter** besteht ein Rückzahlungsanspruch nach § 31 Abs. 1 GmbHG   **644** in dem Umfang, in dem eine Unterbilanz eingetreten ist. Bestand die Unterbilanz bereits, ist die vollständige Leistung an die Gesellschaft zurückzuzahlen.

Nichtgesellschafter können in entsprechender Anwendung der §§ 30, 31 GmbHG   **645** haften, wenn die direkte Auszahlung an einen tatsächlichen Gesellschafter erfolgt ist, dieser aber nur treuhänderisch für den Dritten tätig war.[165] Da Treugebern regelmäßig die Rechte und Pflichten eines Gesellschafters zustehen, muss der Treuhänder als Vertreter des Treugebers oder als in dessen Namen auftretender Gesellschafter sich an dem gleichen Maßstab messen lassen. Wird also beispielsweise dadurch gegen § 30 Abs. 1 GmbHG verstoßen, dass die Gesellschaft an den Treugeber auszahlt, kann diese Zahlung dem Treuhänder zugerechnet werden. Daneben besteht auch ein Anspruch gegen den Treugeber.

4. Insbesondere: die Existenzgefährdung

Um die Kapitalerhaltungsvorschriften abzusichern, hat die Rechtsprechung – beson-   **646** ders die Strafgerichte, denen inzwischen die Zivilgerichte folgen – einen Bestandsschutz für Gesellschaftsmittel (Produktionsmittel und freie Liquidität) judiziert, der neben die Kapitalerhaltungsvorschriften tritt.[166]

Das Verbot des so genannten existenzvernichtenden Eingriffs richtet sich vor allen   **647** Dingen an Gesellschafter. Diese dürfen nicht auf Gesellschaftsvermögen zugreifen, ohne hierbei auf die Erhaltung der Fähigkeit der Gesellschaft zur Bedienung ihrer Verbindlichkeiten hinreichend Rücksicht zu nehmen; andernfalls können sie im Wege der Ausfallhaftung für Verbindlichkeiten der Gesellschaft herangezogen werden.[167] Dieses Verbot, in die betrieblichen Existenzgrundlagen einzugreifen, lässt sich auch auf Geschäftsführer übertragen.[168] Dem Geschäftsführer ist es deshalb verboten, Gesellschaftsvermögen an die Gesellschafter ohne Gegenleistung wegzugeben, wenn dadurch der wirtschaftliche Zusammenbruch der Gesellschaft in absehbarer Zeit mit hoher Wahrscheinlichkeit ausgelöst wird.[169] Auf eine Weisung der Gesellschafterversammlung kommt es dabei nicht an.[170] Die Rechtsprechung hat die strafrechtliche Rechtsprechung zur Untreue als Schutzgesetz im Sinne von § 823 Abs. 2 BGB angewandt. Ein Schadensersatzanspruch einer GmbH gegen ihren Ge-

---

165 Bittmann-*Gruber* § 6 Rn. 24.
166 *Fleck* ZGR 1990, 31/36; *Lutter/Hommelhoff* § 30 GmbHG Rn. 5; *Schnauder/Müller-Christmann* JuS 1998, 980, 984.
167 *BGHZ* 149, 10 (Bremer Vulkan); *BGHZ* 150, 61; *BGH* NJW 2002, 3024 (KBV).
168 *Vetter* ZIP 2003, 601, 610.
169 *Lutter/Hommelhoff* § 30 GmbHG Rn. 5.
170 *BGH* GmbHR 1995, 654, 655; *BGH* GmbHR 1999, 922.

sellschafter-Geschäftsführer wegen mit Einverständnis aller Gesellschafter vorgenommener Vermögensverschiebungen besteht, wenn entweder daraus eine Existenzgefährdung der Gesellschaft resultiert[171] oder entgegen § 30 GmbHG das Stammkapital angegriffen wird.[172] Dagegen schützt § 266 StGB nicht Gesellschafter gegen Treubrüche von Vorstandsmitgliedern oder Geschäftsführern, da diese allein der Gesellschaft zur Treue verpflichtet sind.[173] Die deliktische Haftung aus § 823 Abs. 2 i.V.m. § 266 StGB kann auch den faktischen Geschäftsführer einer GmbH treffen, sofern nur der Betreffende nach dem Gesamterscheinungsbild seines Auftretens die Geschicke der Gesellschaft durch eigenes Handeln im Außenverhältnis maßgeblich in die Hand genommen hat.[174]

5. Beratung über die Informationspflichten

a) Informationspflichten gegenüber den Gesellschaftern

648 Nach § 49 Abs. 3 GmbHG muss der Geschäftsführer die Gesellschafterversammlung unverzüglich, das heißt ohne schuldhaftes Zögern (§ 121 BGB), einberufen, wenn der Wert des Eigenkapitals in der Jahresbilanz oder in einer Zwischenbilanz auf den Betrag des halben Stammkapitals sinkt. Bei einer Verletzung der Einberufungspflicht haftet der Geschäftsführer entsprechend § 43 Abs. 2 GmbHG und u.U. auch gemäß §§ 826 BGB, 823 Abs. 2 BGB i.V.m. § 266 Abs. 1 StGB auf Schadenersatz.

649 Es ist dabei umstritten, ob bei der Bewertung des Eigenkapitals die zu § 19 InsO bzw. § 64 GmbHG a.F. entwickelten Bewertungsgrundsätze (Liquidationsansatz) oder die handelsrechtlichen Bewertungsgrundsätze bei Unternehmensfortführung (Going-Concern) heranzuziehen sind. In aller Regel handelt es sich bei den Voraussetzungen des § 49 Abs. 3 GmbHG nur um ein Krisenanzeichen, so dass grundsätzlich von einer Unternehmensfortführung auszugehen ist.[175] Auch in einer Krise darf zunächst von einer positiven **Fortführungsprognose** ausgegangen werden. Dort sind die regelmäßig höheren Fortführungswerte zugrunde zu legen. Bei negativer Fortführungsprognose sind allerdings regelmäßig die niedrigeren Zerschlagungswerte anzusetzen.[176]

---

171 *BGHSt* 35, 333, 337 = NJW 1989, 112; *BGH* NJW 2000, 154; offen gelassen von *BGHZ* 142, 92, 94 = NJW 1999, 2817, 2818.
172 *BGHZ* 142, 92, 94 = NJW 1999, 2817, 2818; *BGHZ* 119, 257, 261 = NJW 1993, 193; *BGHZ* 149, 10 = NJW 2001, 3622, 3626; anders noch *LG Bremen* ZIP 1998, 561 f., bestätigt durch *OLG Bremen* NZG 1999, 724 = AG 1999, 466.
173 *Bamberger/Roth* § 823 BGB Rn. 206; GK-AktG-*Hopt* § 93 Rn. 476; MüKo-AktG-*Hefermehl/Spindler* § 93 Rn. 173; *BGHSt* 50, 331 = NJW 2006, 522.
174 *BGH* BB 2005, 1867.
175 *Baumbach/Hueck-Zöllner* § 49 GmbHG Rn. 15; § 84 GmbHG Rn. 11.
176 *Lutter/Hommelhoff* § 49 GmbHG Rn. 13.

Über den Wortlaut des § 49 Abs. 3 GmbH hinaus muss die Gesellschafterversamm- **650** lung auch dann einberufen werden, wenn der Stammkapitalverlust nicht anhand einer Bilanz, sondern aufgrund anderer Umstände festgestellt wird.[177] Besteht beispielsweise aufgrund äußerer Umstände der Verdacht, dass der Wert des Eigenkapitals auf den Betrag des halben Stammkapitals herabgesunken ist, so hat der Geschäftsführer die Verpflichtung, sich durch einen Zwischenstatus Klarheit zu verschaffen. Nach dem Aktienrecht besteht eine Pflicht des Vorstandes, durch ein Risikofrüherkennungssystem (§ 91 Abs. 2 AktG) laufend zu beobachten, dass alle Risiken für die Existenz und Fortführung der Gesellschaft in einem Risikoerfassungs- und -verwaltungssystem laufend beobachtet und bewertet werden. Dieses Risikofrüherkennungssystem muss zwar nicht vorsehen, dass eine laufende Zwischenbilanz erstellt wird, es muss aber deutliche Warnsignale und Hinweise durch Beobachtung der Umsätze, der Kostenentwicklung, der Inanspruchnahmen der Gesellschaft aus Gewährleistungsfällen sowie etwaiger sonstiger Warnkriterien geben.

b) Informationspflichten außerhalb der Gesellschafterversammlung

Neben den Informationspflichten bei Unterschreiten der Stammkapitalsziffer bzw. **651** des gezeichneten Eigenkapitals hat jedes Geschäftsführungsorgan im Vorfeld einer jeden Gesellschafterversammlung eine umfassende Vorbereitungs- und Informationspflicht.[178] Außerhalb der Gesellschafterversammlung hat der Geschäftsführer nach § 51a GmbHG jedem Gesellschafter auf Verlangen Auskunft über Angelegenheiten der Gesellschaft zu geben und Einsicht in Bücher und Schriften zu gestatten. Ferner kann die Satzung oder auch ein einfacher Gesellschafterbeschluss dem Geschäftsführer weitergehende Berichtspflichten auferlegen.

6. Beratung über Loyalitäts- und Treuepflichten

Durch das besondere organschaftliche Verhältnis, in dem Organmitglieder zu der **652** Gesellschaft stehen, entsteht auch außerhalb besonderer gesetzlicher Verpflichtungen eine Loyalitäts- und Treuepflicht gegenüber der Gesellschaft.[179] Diese allgemeine Pflicht muss auf den Einzelfall bezogen sein. Bei legitimen Interessengegensätzen wird man abwägen müssen, welchen Interessen der Vorzug zu geben ist. Ist das Interesse der einen oder anderen Seite auf die Verwirklichung eines gesetzwidrigen Zustandes gerichtet, wird man dem jeweiligen Gegeninteresse den Vorzug geben müssen. Die Verletzung von Loyalitäts- und Treuepflichten führt erst bei einem Verschulden des Geschäftsleitungsorgans zu einer Schadenersatzhaftung. Strafnormen zum Schutz von individuellen Rechtsgütern, insbesondere § 266

---

177 *Baumbach/Hueck-Zöllner* § 49 GmbHG Rn. 16.
178 *Baumbach/Hueck-Zöllner* § 51a GmbHG Rn. 42.
179 *BGHZ* 10, 187, 192.

StGB, können darüber hinaus bestimmte Grundregeln für Verhaltenspflichten enthalten, auch wenn in den Strafnormen nur die Strafbarkeit eines bestimmten Verhaltens normiert ist.

653   Aus der allgemeinen Treuepflicht eines Geschäftsleitungsorgans wird regelmäßig ein **Wettbewerbsverbot** abgeleitet.[180] Dieses Wettbewerbsverbot gilt während der gesamten Amtszeit des Geschäftsleitungsorgans; nach Ende der Organstellung gilt ein Wettbewerbsverbot nur, wenn es vertraglich vereinbart worden ist.[181] Die so genannte nachvertragliche Treuepflicht ist nicht strafrechtlich sanktioniert, kann aber zur Strafbarkeit wegen Geheimnisverrat (§ 85 GmbHG) führen.

654   Aus der Treuepflicht leitet man auch das **Verbot der Interessenwahrnehmung** zum eigenen Vorteil ab. Ein Geschäftsführer darf nicht für seinen eigenen Vorteil Geschäftschancen wahrnehmen, die der Gesellschaft zustehen können.[182] Es ist ihm ferner verboten, sich an die geschäftliche Tätigkeit der Gesellschaft „anzuhängen" („Ankopplungsverbot").[183] In diesen Fällen kommt eine Untreue gemäß § 266 StGB in Betracht.

655   Aus dem Verbot des Ankoppelns folgt u.a. das Verbot, sich Provisionen für den Fall versprechen zu lassen, dass ein Geschäft zwischen der Gesellschaft und einem Dritten zustande kommt, oder für diesen Fall andere Vorteile in Anspruch zu nehmen.[184] Zivilrechtlich folgt aus dem Treuegebot auch eine umfassende Verschwiegenheitspflicht des Geschäftsführers, wenn sie nicht ohnehin vertraglich vereinbart ist.[185] Diese Verpflichtung kann strafrechtlich nur im Rahmen des § 85 GmbHG Bedeutung erlangen. Sie besteht auch nach Beendigung der Amtszeit fort.[186]

II. Strafbarkeit nach § 266 StGB

1. Probleme des Untreuetatbestandes

656   Der Untreuetatbestand stellt Handlungen oder Unterlassungen unter Strafe, durch die eine **Vermögensbetreuungspflicht** zum Schaden des betreuten Vermögens verletzt wird. Ob und wann einem Vorstandsmitglied, einem Aufsichtsrat oder einem leitenden Mitarbeiter der Vorwurf einer Untreue bei der Durchführung von alltäglichen oder besonderen Geschäften des Unternehmens gemacht werden kann, ist in der Rechtsprechung nicht unumstritten. In der staatsanwaltschaftlichen Praxis wird oft übersehen, dass der Versuch einer Untreue nicht strafbar ist und der Tatbestand nicht

---

180 *Scholz-Schneider* § 43 GmbHG Rn. 126, 134.
181 *Scholz-Schneider* § 43 GmbH Rn. 126, 134.
182 *Baumbach/Hueck-Zöllner* § 35 GmbHG Rn. 22.
183 *Scholz-Schneider* § 43 GmbHG Rn. 148.
184 *OLG Düsseldorf* GmbHR 1995, 227 (ungesichertes Arbeitnehmer-Darlehen an die Ehefrau des Geschäftsführers).
185 *Baumbach/Hueck-Zöllner* § 35 GmbHG Rn. 21.
186 *BGHZ* 91, 1, 6.

dazu dient, das Geschäftsleben von allgemein unseriösen oder anstößigen Handlungen frei zu halten. Stets muss neben einem qualifiziert pflichtwidrigen, vorsätzlichen Verhalten ein kausal verursachter, vorsätzlich herbeigeführter Vermögensnachteil vorliegen.

§ 266 Abs. 1 StGB beschreibt zwar die Art und Weise der Pflichtbegründung, über **657** den Inhalt der **Vermögensbetreuungspflicht** gibt er aber keine nähere Auskunft. Deshalb muss der materielle Kern aus außerstrafrechtlich begründeten Pflichten abgeleitet werden.[187] Deshalb wird auch die Qualität und Schwere von Verhaltensweisen, die diese Pflicht im strafrechtlichen Sinne verletzen, nicht durch den Tatbestand selbst vorgegeben.[188]

Die **Tatbestandsausfüllung** durch einschränkende, ungeschriebene Tatbestands- **658** merkmale erfolgt auf verschiedene Arten, die besonders im Zusammenhang mit Insolvenzverfahren bedeutsam sind. Die folgende Auflistung der Tatbestandseinschränkungen ist deshalb nur exemplarisch. Als pflichtwidrig im Sinne von § 266 Abs. 1 StGB anzusehen sind:

- Pflichtverletzungen, die Einwirkungsmöglichkeiten auf das betreute Fremdvermögen begründen, welche über das Normalmaß geordneter Beziehungen hinausgehen („Fehlen einer engmaschigen Kontrolle");
- Vermögensbetreuungspflichten, die dem Pflichtigen eine gewisse Selbstständigkeit einräumen („Möglichkeit zur verantwortlichen Entscheidung innerhalb eines gewissen Ermessensspielraums" und nicht rein mechanische Hilfstätigkeiten);[189]
- Pflichten, deren wesentlicher Inhalt auf eine fremdnützige Geschäftsbesorgung in einer nicht ganz unbedeutenden Angelegenheit ausgerichtet sind („Hauptpflicht", das heißt zumindest nicht nur ganz beiläufige Nebenpflicht);[190]
- eine Tätigkeit von einer gewissen Bedeutung;[191]
- Verstöße gegen Pflichten, in denen der funktionale Zusammenhang zum Vermögensschutz zum Ausdruck kommt („fremdnütziger Charakter des Schuldverhältnisses").[192]

Diese Parameter werden im Einzelfall im Wege einer **wertenden Gesamtbetrach-** **659** **tung** gewichtet, wodurch freilich eine klare, einzelfallunabhängige Grenze des Tatbestandes kaum bestimmbar ist.[193] Etwas überspitzt ausgedrückt: Ob eine für § 266

---

187 *Kubiciel* NStZ 2005, 353; LK-*Schünemann* § 266 Rn. 94; *Taschke* in FS Lüderssen, S. 663, 668; krit. *Saliger* ZStW 112 (2000), 563, 569.
188 *Sax* JZ 1977, 663, 664 f.; *Nelles* (Untreue zum Nachteil von Gesellschaften 1990, 505) hält § 266 daher für einen Blankettstraftatbestand, während die Gegenauffassung zutreffend von einem normativen Tatbestandsmerkmal ausgeht, s. nur *Tiedemann* WirtschaftsstrafR AT 2004, 65 m. w. N.
189 *RGSt* 69, 58, 61; *BGHSt* 3, 289, 294; 4, 170, 172; 13, 330, 332.
190 *RGSt* 71, 90, 91; auch *BGHSt* 1, 186, 188 ff.; 4, 170, 172; 5, 187, 188 f.; 22, 190, 191 f.
191 *BGHSt* 4, 170, 172.
192 *BGH* wistra 1986, 256; *BGH* § 266 I Vermögensbetreuungspflicht 9; *OLG Hamm* NJW 1973, 1809, 1810 f.
193 *Hellmann/Beckemper* Rn. 341 ff.; *Martin/Seier* JuS 2001, 874; *Seier* JuS 2002, 237.

Knierim

StGB ausreichende Vermögensbetreuungspflicht vorliegt, wird oft erst feststehen, wenn ein Gericht den konkreten Fall entschieden hat.[194]

660 Die Rechtsprechung hat zur **Abgrenzung der Untreue von den Bankrottdelikten** gemäß §§ 283 ff. StGB die so genannte „Interessenformel" entwickelt.[195] Entscheidend soll danach das wirtschaftliche Interesse des Täters an einer eigennützigen Handlung (dann Untreue) oder an einem dem Unternehmen zukommenden Vorteil (dann Bankrott) sein. Liegt die Tat jedoch nur im überwiegenden Interesse des Täters, aber auch im Interesse des Unternehmens, dann bleibt es bei der Anwendbarkeit der §§ 283 ff. StGB.[196] Einem eigennützigen Handeln wird es allerdings gleichgesetzt, wenn der Täter im Interesse des Gläubigerpools oder eines anderen unternehmensfremden Zweckes handelt. Dann liegt nur eine Untreue vor.[197]

661 Die Abgrenzung hatte bislang Bedeutung für die Fälle, in denen eine Bestrafung wegen eines Bankrottdeliktes ein Bestellungshindernis für Vorstände und Geschäftsführer gewesen ist (beispielsweise § 6 Abs. 2 S. 3 GmbHG). Durch das am 1.11.2008 in Kraft getretene MoMiG ist wegen der darin vorgesehenen Verschärfung der Bestellungsverbote die Unterscheidung für nach dem Inkrafttreten des MoMiG begangene Taten bedeutungslos geworden.

2. Eigennützige Auszahlung

a) Täterkreis, Vermögensbetreuungspflichten

662 Geschäftsführer und Vorstand sind vermögensbetreuungspflichtig im Sinne des § 266 StGB, jedoch ist der sie treffende Pflichtenkreis in der Regel ausfüllungsbedürftig. So wird etwa durch § 30 GmbHG, § 57 AktG die konkrete Pflicht zur Erhaltung des Stammkapitals aufgestellt, andererseits aber durch § 87 Abs. 1 AktG die Höhe der Vorstandsvergütung an den ausfüllungsbedürftigen Begriff der Angemessenheit geknüpft oder über § 93 Abs. 1 AktG, § 43 GmbHG, § 34 Abs. 1 S. 1 GenG der unbestimmte Maßstab des „ordentlichen und gewissenhaften Geschäftsleiters" zum Leitbild erhoben.[198] Gerade dieser Pflichtenmaßstab ist kaum durch sachliche Kriterien einzugrenzen. In der gesellschaftsrechtlichen Literatur wird konzediert, dass es sich nicht um einen einheitlichen Maßstab handelt, sondern sich die Ausfüllung nach der „Art und Größe des Unternehmens", nach der „Konjunkturlage" und den „Zeitverhältnissen" richtet.[199] Ähnliches gilt für die Bestimmung der „Angemessenheit" der Vorstandsvergütung.[200] Um den Anforderungen des Art. 103

---

194 *Fischer* § 266 Rn. 29, 36 ff.
195 *BGHSt* 28, 371, 374.
196 LK-*Tiedemann* Vor § 283 Rn. 79; vgl. auch § 12.
197 *BGHSt* 30, 130.
198 *Kargl* ZStW 113 (2001), 565, 595.
199 MüKo-AktG-*Hefermehl/Spindler* § 93 Rn. 22 m.w.N.
200 *Rönnau/Hohn* Die Festsetzung (zu) hoher Vorstandsvergütungen durch den Aufsichtsrat – ein Fall für den Staatsanwalt?, in: NStZ 2004, 113, 116 ff.

Abs. 2 GG zu entsprechen, ist deshalb eine Beschränkung der Strafbarkeit im Wege der restriktiven (verfassungskonformen) Auslegung vorzunehmen.

Im Normalfall ergibt sich eine **Vermögensbetreuungspflicht aus Vertrag**, Satzung oder Einzelanweisung. Überschreitet der Vermögensbetreuungspflichtige die ihm vorgegebenen Grenzen, dann liegt ein tatbestandsmäßiges Handeln vor. Die Pflichten müssen sich aber auf eine Vermögensbetreuung von einiger Bedeutung beziehen (also beispielsweise nicht die Bestimmungen eines Mietvertrages über die Aufbewahrung von Schlüsseln!). Die Schutzrichtung von Zivilrecht und Strafrecht ist hier gleich, weil sich der Täter eine Dispositionsbefugnis über das Vermögen anmaßt, die ihm nicht übertragen worden ist, oder die ihm übertragen worden ist, die er aber nicht in der vorgenommenen Weise nutzen durfte. Eine strafrechtliche Haftung für Vermögensnachteile aus solchem Handeln lässt sich somit auf das Anvertrauen von Vermögensinteressen zurückführen. Im Ergebnis liegt hier eine strenge Akzessorietät von außerstrafrechtlicher Pflichtverletzung und strafrechtlichem Untreueunrecht vor.

663

Konkrete **vermögensbezogene Normen des Gesellschaftsrechts** sind ebenfalls geeignete Ausfüllungsnormen für das Pflichtwidrigkeitsmerkmal des § 266 StGB. Ein Verstoß gegen § 30 GmbHG, § 57 AktG ist auch strafrechtlich relevant, weil ein Geschäftsleitungsmitglied in einen Bereich eingreift, den er absolut unangetastet lassen muss. Nahezu immer stellt sich in der anwaltlichen Beratung die Frage, ob der Geschäftsführer von dem Verbot des § 30 GmbHG durch das Einverständnis der Gesellschafter *strafrechtlich* befreit worden ist. Das hat der BGH für den Fall einer über die betrieblichen Existenzgrundlagen hinausgehenden Vermögensverfügung bejaht, bei einer Existenzvernichtung aber eine Einwilligung für unwirksam angesehen.[201] Auch die h.M. in der Literatur nimmt bei Einverständnis der Gesellschafter Pflichtwidrigkeit an, wenn das Stammkapital beeinträchtigt oder die wirtschaftliche Existenz der Gesellschaft in anderer Weise gefährdet wird.[202]

664

Kritiker halten dem entgegen, dass die Wirksamkeit des Einverständnisses nicht mit Gläubigerschutzgedanken belastet werden dürfe.[203] Auch wenn man den Gesellschafter für nicht befugt halten will, über die Existenzgrundlagen der Gesellschaft zu disponieren, lässt sich dies nur aus den Auflösungs- und Liquidationsbestimmungen des Gesellschaftsrechts herleiten. Zwar haben auch die Gesellschafter den § 30 GmbHG zu beachten, doch greift ihr Verhalten nicht in die Sphäre des Vermögensinhabers, sondern allein in die der Gläubiger ein. Anders gewendet: Ist der Gesellschafter mit der Stammkapitalunterschreitung einverstanden, verletzt ein entsprechendes Tun nicht die institutionell verbürgte Sorge um das Vermögen. Auch § 266

665

---

201 *BGHSt* 35, 333, 335 f.; NJW 2000, 154 f.; 2003, 2996, 2998; *Lackner/Kühl* § 266 Rn. 20; LK-*Schünemann* § 266 Rn. 125; kritisch zur dogmatischen Begründung: Schönke/Schröder-*Lenckner/Perron* § 266 Rn. 21; Fischer § 266 Rn. 49.
202 Vgl. die Nachweise bei *Fischer* § 266 Rn. 52b.
203 *Fischer* § 266 Rn. 522; *Gribbohm* ZGR 1990, 1 ff.; *Schäfer* GmbHR 1993, 789 ff.; *Ulmer* in: Festschrift für Pfeiffer, S. 853, 868.

StGB soll den Gläubigern indessen keinen besonderen Schutz verschaffen. Die Untreue kann deshalb nicht als eine Art institutioneller Verflechtung von Vermögensinhaber, Vermögen und Dispositionsbefugten gesehen werden.

666 Fehlt es an eindeutigen Grenzziehungen durch den Vermögensinhaber oder durch Gesetz, so wird auf die Verpflichtung zur Geschäftsführung nach den Maßstäben eines „**ordentlichen und gewissenhaften**" Geschäftsleiters zurückgegriffen. Wenn der Vermögensbetreuungspflichtige eigene Ziele verfolgt, statt die Belange des Vermögensinhabers wahrzunehmen, kann dies eine Pflichtverletzung bedeuten.[204] Auch gesellschaftsrechtlich stellt die Verfolgung eigener Ziele durch einen Vorstand eine pflichtwidrige Handlung dar.[205] Indessen werden die Grenzen des Tatstrafrechts gesprengt, wenn statt eines bestimmten sozial relevanten und nachprüfbaren Verhaltens die innere Einstellung des Täters zum Anknüpfungspunkt für die Strafbarkeit gemacht wird. Auch lässt sich einwenden, dass auch in vorgeblich objektiven Entscheidungen stets Interessen des Entscheidenden einfließen und zudem im Wirtschaftsleben die Parallelisierung von Interessen der Geschäftsführung und der Gesellschaft als zweckmäßig zur beiderseitigen Nutzensteigerung erachtet wird.

667 Eine gesellschaftsrechtliche Pflichtwidrigkeit ist mithin nur dann strafrechtlich relevant, wenn sich eine Entscheidung nicht mehr auf die Verfolgung von Gesellschaftszwecken zurückführen lässt,[206] wenn sie nicht mehr als eine den Vermögensinhaber vertretende Entscheidung gedacht werden kann.

b) Tathandlungen

668 Wer als Geschäftsführer oder Vorstandsmitglied in der Unternehmenskrise eigennützig Auszahlungen oder die Weggabe anderer Vermögenswerte an sich oder einen Dritten ohne Rechtsgrund veranlasst, handelt in der Regel pflichtwidrig. Typische Handlungen sind
* Beiseiteschaffen von Waren und anderen Vermögenswerten im eigenen Interesse (auch um sie „still" in ein anderes Unternehmen einzubringen);
* unberechtigte Entnahme von Barmitteln;
* Überweisungen auf das eigene Konto oder ein gesellschaftsfremdes Konto (auch unter Nutzung einer „Legende", eines Scheinbeleges oder einer „gekauften" oder „bestellten" Rechnung);[207]

---

204 MüKo-BGB-*Hefermehl/Spindler* § 93 AktG Rn. 26.
205 *Jakobs* in GS A. Kaufmann, S. 271, 273 f.; *ders.* ZStW 97 (1985), 751, 760 f.
206 Tiedemann in FS Tröndle, S. 319, 329.
207 Bildung so genannter „schwarzer Kassen": vgl. *Weimann* Die Strafbarkeit der Bildung so genannter schwarzer Kassen, Stuttgart 1996; *BVerfG* NJW 2005, 110 m. Anm. *Wieland*; *RGSt* 73, 235; *RGSt* 74, 171; *BGHSt* 2, 324; *BGHSt* 18, 312; *BGH* NStZ 1983, 455; *BGH* wistra 1989, 60; *BGH* NJW 2007, 1760 (CDU-Hessen, Kanther/Weyrauch) m. Anm. *Saliger* NJW 2007, 545; *OLG Frankfurt am Main* NStZ-RR 2004, 244; *LG Darmstadt*, U. v. 14.5.2007 – 712 Js 5213/04 – 9 KLs („Siemens") – BeckRS 2007, 16611; *BFHE* 142, 549; *BFH* DStR 2004, 1038; MüKo-*Dierlamm* § 266 StGB Rn. 45.

- Ausstellen und Einreichen von Schecks, die auf das Unternehmen gezogen sind, auf das eigene oder ein unternehmensfremdes Konto;
- Einkauf zu einem ungünstigen Preis bei einem Gläubiger bei gleichzeitig deutlich niedrigerem Marktpreis;
- Auszahlung überhöhter Provisionen oder sonst unberechtigter Beraterhonorare (bei gleichzeitig deutlicher Einschränkung der Liquidität);
- „Aushöhlung" der Gesellschaft durch (fremdfinanzierte) Kapitalausschüttungen;[208]
- Unterlassen einer wirtschaftlich gebotenen Herabsetzung der Geschäftsführerbezüge.

Problematisch sind **Investitionsentscheidungen**, die ein Geschäftsleitungsmitglied **669** in der (objektiv bestehenden, aber noch nicht erkannten) Krise der Gesellschaft trifft und die erhebliche Auswirkungen auf das Gesellschaftsvermögen haben kann. Beispielsweise kann das der Erwerb immaterieller Güter oder Beteiligungen an anderen Unternehmen sein. Der BGH wendet in solchen Fällen die so genannte „Business-Judgement-Rule" an, die eine sorgfältige Aufklärung der Sachverhaltsgrundlagen, eine Analyse der Chancen und Risiken und eine pflichtgemäße Abwägung aller Tatsachen und Bewertungen verlangt.[209] Wenn das Geschäftsleitungsmitglied die Krise erkennt, hat es umgehend für eine Sicherung der Liquidität zu sorgen, weil die Kapitalerhaltungspflichten Vorrang vor der Durchführung von Investitionen haben. Stellt sich das eingeleitete Investitionsvorhaben als unumkehrbar dar, muss ein Insolvenzantrag gemäß § 18 InsO gestellt werden.

c) Einverständnis

Das Einverständnis aller Gesellschafter in die Auszahlung beseitigt die Tatbestands- **670** mäßigkeit des Handelns.[210] Das Einverständnis ist nicht unwirksam, wenn es erschlichen ist, gesetzeswidrig herbeigeführt wurde oder auf nicht behebbaren Willensmängeln beruht. Führt die Umsetzung der bewilligten Handlung zu einem Unterschreiten der Kapitalerhaltungsvorschriften im Sinne von § 30 GmbHG, § 57 AktG oder wird dadurch die Existenz der Gesellschaft gefährdet oder vernichtet, so ist das Einverständnis unwirksam.[211]

---

208 *BGH* NJW 1997, 66, 69.
209 *BGH* NJW 2006, 453; wistra 1985, 190.
210 *BGHSt* 3, 23; *OLG Hamm* NStZ 1986, 119; *Fischer* § 266 StGB Rn. 49.
211 *BGHSt* 9, 216; 35, 333, 335; wistra 2005, 105; wistra 2004, 341; NJW 1983, 1807; NJW 1993, 1278; NJW 1997, 68; NJW 2000, 154; *OLG Hamm* wistra 1999, 350.

Knierim 255

3. Cash-Pooling

a) Bedeutung

671 Bei dem zentralen Cashmanagement sind **zwei Varianten** zu unterscheiden, nämlich zum Einen der Übergang der Liquidität auf die Management-Gesellschaft mit Verfügungsbefugnis der übertragenden Gesellschaft, zum Anderen die Variante ohne eine solche Verfügungsbefugnis. Die Managementgesellschaft ist regelmäßig die Muttergesellschaft.[212] Das Problem der zweiten Alternative entsteht dadurch, dass nur die Schulden und Guthaben zum Zwecke des Zinsausgleichs bei der Bank kalkulatorisch konsolidiert werden. Wird das Guthaben umgebucht, verliert die abgebende Gesellschaft den Anspruch gegen die Bank. Stattdessen erhält sie eine Gutschrift auf dem Konzernverrechnungskonto.[213] Benötigt die abgebende Gesellschaft die vorher verlorene Liquidität, kann das Problem der Muttergesellschaft darin liegen, dass sie über diese Liquidität nicht mehr verfügen kann, ohne dass ein Insolvenzgrund eintritt. Hinzu kann im Einzelfall das Problem treten, dass das Geld auf dem Konto der Muttergesellschaft eine verbotene Einlagenrückgewähr darstellt[214] und zur Haftung des Geschäftsführers der Tochtergesellschaft führen kann.[215]

672 Cash-Pooling oder auch Cash-Management ist ein in großen Konzernen und mittelständischen Unternehmensgruppen weit verbreitetes **Instrument des Finanzmanagements**. Dadurch kommen betriebswirtschaftliche Bündelungseffekte, Absicherungsstrategien und nützliche Einsatzmöglichkeiten zur Anwendung, die dem Konzern dauerhaft die Zahlungsfähigkeit sichern und bei Bedarf eine hohe Flexibilität verleihen. Zugleich ist die Bündelung der Liquidität auch Ausdruck einer stark konzentrierten Leitungsfunktion, denn wer über den Einsatz von Geldern entscheiden darf, bestimmt Investitionsentscheidungen und lenkt die Geschäfte des Konzerns.[216]

673 Im **Vertragskonzern** ist der Transfer von Geldern in den Grenzen der §§ 310, 317, 323 AktG ohne weitere Schranken zulässig. Die Dispositionsbefugnis der Geschäftsführer und Vorstände darf jedoch nur innerhalb der Grenzen der Ausfallhaftung erfolgen, d.h. eine solche Maßnahme ist unzulässig, wenn die die Gelder ausreichende Gesellschaft selbst nicht mehr in der Lage ist, ihre wesentlichen Geschäfte durch die dafür notwendige Liquidität zu versorgen.[217] Gerät die Holding oder die begünstigte

---

212 *Hentzen* DStR 2006, 948.
213 *BGH* NJW 2001, 3622; *OLG München* ZIP 2006, 25 m. Anm. *Pentz* ZIP 2006, 781; *Blöse* GmbHR 2006, 146; *Schilmar* DStR 2006, 568.
214 *BGH* ZIP 2004, 263.
215 *OLG München* ZIP 2006, 25.
216 *Boettger* S. 78; *Fuhrmann* NZG 2004, 552; *Habersack/Schürnbrand* NZG 2004, 689; *Helmreich* GmbHR 2004, 457; *Reidenbach* WM 2004, 1421.
217 *BGHZ* 149, 10, 17; *BGHZ* 150, 61; vgl. auch *Seidel* DStR 2004, 1130.

Gesellschaft in eine Krise im Sinne der §§ 283 ff. StGB, dann besteht sogar die Gefahr, dass in den Zahlungsverschiebungen Bankrotthandlungen gesehen werden.[218]

Der **ungesicherte Geldtransfer** innerhalb einer Gesellschaftsgruppe hat zu zwei grundlegenden Entscheidungen („Kinowelt"[219] und „Bremer Vulkan"[220]) des BGH geführt, in denen Maßstäbe für die strafrechtliche Beurteilung aufgestellt worden sind, die weiter konkretisiert werden müssen.[221]   **674**

Fall Kinowelt: Der Aufsichtsrat der Kinowelt AG (Kinowelt) genehmigte im Frühjahr 2001 den Plan des Vorstands, alle Anteile an der bisherigen 10%-Beteiligung Sportwelt Beteiligungsgesellschaft mbH (Sportwelt) zu übernehmen. Der spätere Angeklagte war auch Mehrheitsgesellschafter und Geschäftsführer der Sportwelt. Zuvor hatte eine unabhängige Wirtschaftsprüfungsgesellschaft eine Risikoanalyse der Sportwelt vorgelegt, nach der erhebliche Unsicherheiten für den wirtschaftlichen Erfolg der Sportwelt bestanden. Zur Übernahme kam es indes nicht, da die Kinowelt im Verlauf des Jahres 2001 in erhebliche finanzielle Schwierigkeiten geriet. Schon im Mai 2001 war sie nicht mehr in der Lage, ihren finanziellen Verpflichtungen nachzukommen. Trotz festgestellter Sanierungsfähigkeit scheiterten Anfang August 2001 Sanierungsbemühungen. Im Zeitraum Januar 2001 bis April 2001 veranlasste der Angeklagte zur Durchführung des Übernahmevorhabens Zahlungen in einer Gesamthöhe von circa 15,5 Mio. DM von der Kinowelt an die Sportwelt. Nach dem Scheitern der Sanierungsbemühungen wurden noch weitere Geldtransfers in einer Gesamthöhe von circa 1,1 Mio. DM ausgeführt.   **675**

Fall Bremer Vulkan: Der Vorstandsvorsitzende der BVV-AG, eines Werftenverbunds mit dem Schwerpunkt Schiffbau, verhandelte mit der Treuhandanstalt über den Erwerb zweier ostdeutscher Werften. H war von Anfang an in die Verhandlungen mit der Treuhandanstalt einbezogen, die bei den Privatisierungsverhandlungen das Ziel verfolgte, Arbeitsplätze zu sichern und an den Standorten moderne konkurrenzfähige Werften entstehen zu lassen. Am 11.8.1992 kam es zum Aufkauf der beiden Ostwerften, die zu diesem Zeitpunkt jeweils als GmbH im Handelsregister eingetragen waren. Als Erwerberin übernahm die BVV-AG dabei eine Garantie, Arbeitsplätze bis zu einem vorgeschriebenen Zeitpunkt zu sichern und bis dahin die Werften nicht stillzulegen. Darüber hinaus sollten näher beschriebene Investitionen im Millionenumfang erfolgen. Nach Zustimmung der Europäischen Kommission, die Wert darauf legte, dass sich die Beihilfeleistungen der Treuhandanstalt nicht zugleich als Subventionen für die im Westen gelegenen Betriebsstätten der BVV-AG auswirken würden, einigte man sich darauf, dass vierteljährlich entsprechende Berichte zu fertigen seien, die zudem von einem Wirtschaftsprüfer einmal jährlich testiert werden mussten. Die BVV-AG befand sich in der Folge – bedingt durch die wirtschaftlichen Schwierigkeiten im Schiffbau – ständig in einer angespannten finanziellen Situation. Um die Li-   **676**

---

218 *Volk-Böttger* § 18 Rn. 320; *OLG Frankfurt* NStZ 1997, 551.
219 *BGH* NJW 2006, 453 m. Anm. *Kutzner* NJW 2006, 3541; auch *Leipold* NJW-Spezial 2006, 88.
220 *BGH* NJW 2004, 2248 = NStZ 2004, 559 = StV 2004, 425.
221 Bestätigt durch *BGH* wistra 2005, 105.

quiditätsstruktur innerhalb des Konzerns zu optimieren, war ein zentrales Cash-Management-System in der Planung, durch das Finanzüberhänge innerhalb des Konzerns genutzt werden sollte, um so die Aufnahme von Bankkrediten zu reduzieren. Da die beiden Ostwerften auf Grund der erhaltenen Leistungen über erhebliche Liquiditätsreserven verfügten, wurden auch sie nach einiger Zeit in das automatische Cash-Management-System einbezogen. Nach anfänglichen Erfolgen bei der finanziellen Konsolidierung des Gesamtkonzerns gab es im Verlauf des Jahres 1995 Rückschläge wegen Forderungsausfällen, so dass am 1.5.1996 das Anschlusskonkursverfahren eröffnet werden musste. Im Februar 1996 waren Gelder der Ostwerften in erheblichem Umfang im Gesamtkonzern angelegt oder – als Transferleistungen im Cash-Management-System – von anderen Tochterunternehmen beansprucht. Insgesamt flossen dadurch rund 850 Millionen DM aus den beiden Ostwerften ab.[222]

b) Pflichtwidrigkeit und Unternehmensinteresse

677   Ein Geschäftsleitungsorgan verhält sich nur dann pflichtwidrig im Sinne des § 266 Abs. 1 StGB, wenn es die ihm im Innenverhältnis eingeräumten Befugnisse im Außenverhältnis überschreitet und dadurch dem Vermögen des betreuten Unternehmens einen (spürbaren) Nachteil zufügt. Der **unternehmerische Ermessensspielraum** war bereits Gegenstand der bekannten Entscheidung des BGH im Fall „ARAG/Garmenbeck".[223] Die dort entwickelten Grundsätze zum Ermessensspielraum bei unternehmerischen Entscheidungen, wonach dem Vorstand bei der Wahrnehmung seiner Pflichten ein weiter Entscheidungsspielraum zusteht, ohne den eine unternehmerische Tätigkeit schlechterdings nicht denkbar ist, übernimmt der BGH in seine strafrechtliche Rechtsprechung zur Untreue.[224] Mit einem „weiten Entscheidungsspielraum" sind die Grenzen der Pflichtwidrigkeit entsprechend großzügig formuliert. So waren im Fall Kinowelt nur die drei nach dem Scheitern der Sanierungsbemühungen durchgeführten Geldtransfers pflichtwidrig, nicht aber bereits die Entscheidung über den Erwerb der Sportwelt inklusive sämtlicher nachfolgender Transferleistungen.[225] Der Ermessensspielraum ist also nicht schon überschritten, wenn ein Vermögensbetreuungspflichtiger Entscheidungen trifft, die auf Grund ihres Prognosecharakters wirtschaftliche Unsicherheiten bergen. Dagegen ist ein Kapitaltransfer ohne eine solche Grundlage im Unternehmensinteresse kaum vertretbar.

678   Der Vermögenssorgeverpflichtete muss aber für eine angemessene, das heißt möglichst **breite Entscheidungsgrundlage** sorgen, auf der seine Entscheidung unter

---

222 *BGH* StV 2004, 425 m. Anm. *Wattenberg* StV 2005, 523; aus zivilrechtlicher Sicht: *BGHZ* 149, 10 (Bremer Vulkan).
223 *BGHZ* 135, 244 = NJW 1997, 1926, 1927 f.
224 *BGH* NJW 2006, 453, 454 f. (Kinowelt); so schon früher im Fall der Mannheimer Sparkasse, *BGHSt* 47, 148 = NJW 2002, 1211 = NStZ 2002, 262 und in der Mannesmann/Vodafone-Übernahme-Entscheidung, *BGHSt* 50, 331 = NJW 2006, 522 = NZG 2006, 141 = NStZ 2006, 214.
225 *BGH* NJW 2006, 453, 455 f.

Abwägung von Chancen und Risiken aufbauen muss. Das kann in der Praxis zu erheblichen Diskussionen darüber führen, welchen Charakter und welchen Inhalt solche Informationen haben können. Eine für alle Fälle passende Formel kann hier nicht aufgestellt werden. Sicherlich wird man das im Einzelfall von der Bedeutung der zur Entscheidung anstehenden Sache, von der Art und Weise der Belastung des Gesellschaftsvermögens, von der Vertraulichkeit der Investition (vgl. beispielsweise bei Übernahmen oder Investmententscheidungen) und der Größenordnung im Verhältnis zu dem Gesamtunternehmen bewerten müssen. Sicher ist, dass jedenfalls durch eine den beruflichen Regeln folgende sachverständige Begutachtung eine hinreichend breite Entscheidungsgrundlage geschaffen ist.[226]

Der BGH hat sich bei der Kinowelt-Entscheidung für eine nahezu vollständige **679** Anlehnung an das Zivilrecht entschieden, also die gesellschaftsrechtliche Pflichtwidrigkeit auch als strafrechtlich relevante Pflichtverletzung angesehen.[227] Bei unternehmerischen Entscheidungen liegt die Hauptpflicht des Vorstandes darin, zum Wohle des Unternehmens, das heißt im Unternehmensinteresse zu handeln. Die allgemeine Sorgfaltspflicht nach §§ 76, 93 Abs. 1 S. 1 AktG begründet eine Vermögensbetreuungspflicht und ist verletzt, wenn der äußerst weite Ermessensspielraum überschritten wird.[228] Deshalb kann eine solche Verletzung der Hauptpflicht letztlich auch mit einer strafrechtlichen Pflichtverletzung i.S. des § 266 StGB gleich gesetzt werden.[229] Für die Nichtbeachtung von Nebenpflichten (beispielsweise § 89 Abs. 4 S. 1 AktG) gilt das nicht.

Pflichten gegenüber verbundenen Konzernunternehmen dürfen nicht anders behan- **680** delt werden als die Pflichten gegenüber dem eigenen Unternehmen, dem das Geschäftsleitungsmitglied angehört.[230] Dazu hat der BGH in der „Bremer Vulkan-Entscheidung" ausgeführt, dass in den mit der THA abgeschlossenen Verträgen kein generelles Verbot verankert ist, Vermögen der Ostwerften auf die Konzernmutter zu übertragen. Zwar sei die Vertragsauslegung grundsätzlich Sache des Tatrichters; aber selbst nach dem insoweit engen Überprüfungsmaßstab des Revisionsgerichts lägen Rechtsfehler vor, weil das LG sich „nicht ausreichend mit den gesellschaftsrechtlichen Grundlagen auseinandergesetzt" habe, nach denen grundsätzlich ein „Alleingesellschafter oder einverständlich handelnde Gesellschafter ... berechtigt (seien), auch formlos der Tochtergesellschaft Vermögenswerte zu entziehen. Die Gesellschaft hat gegenüber ihren Gesellschaftern keinen Anspruch auf Gewährleistung ihres Bestands". Selbst das Verbot, Subventionsleistungen nicht den im Westen gelegenen Betriebsstätten der BVV AG zugute kommen zu lassen, rechtfertige

---

226 *BGH* NJW 2006, 453, 455.
227 *BGH* NJW 2006, 453, 454; zust. *Kutzner* NJW 2006, 3541, 3542; dagegen *Schünemann* NStZ 2006, 196, 198.
228 MüKo-AktG-*Hefermehl/Spindler* § 93 Rn. 10, 24 ff.
229 Krit. *Kasiske* wistra 2005, 18.
230 *BGH* NJW 2006, 453, 456; dagegen *Hüffer* AktG § 17 Rn. 9, 47; abl. auch *OLG Düsseldorf* AG 1994, 36, m. Anm. *Kohte* EWiR 1994, 211; befürwortend MüKo-AktG-*Bayer* § 17 Rn. 51 ff.; *Lutter* in FS Steinhoff, 1990, S. 125, 132 f.; *Michael/Weber* ZIP 1994, 678, 688.

keine darüber hinausgehende Vermögensbindung, zumal Subventionsleistungen und sonstige Vermögenswerte der Ostwerften ohne weiteres trennbar seien.

681 Auch besondere Vermögensbetreuungspflichten gegenüber der öffentlichen Hand lehnt der BGH ab. Investitionsbeihilfen können zwar eine „privatrechtliche Bindung" auslösen. Durch diese bloß vertraglichen Pflichten werden aber nicht gleichzeitig Treupflichten i.s. des § 266 Abs. 1 StGB begründet, die darauf gerichtet sind, fremde Vermögensinteressen wahrzunehmen. Nach der ständigen Rechtsprechung des BGH besteht zwischen dem Empfänger von staatlichen Leistungen und der öffentlichen Hand keine Vermögensbetreuungspflicht, weil der Empfänger nicht fremdnützig, sondern eigennützig tätig ist. Eine etwa drohende Strafbarkeitslücke kann durch den Subventionsbetrug nach § 264 Abs. 1 Nr. 2 StGB geschlossen werden.

682 Neben der hier behandelten Verantwortung für ungesicherte Geldtransfers im Konzern muss aber die Möglichkeit bedacht werden, dass durch die Transfers in die Existenz des eigentlichen Vermögensträgers eingegriffen werden kann (Existenzvernichtungshaftung).

683 Schließlich ist anzumerken, dass die in der Literatur[231] vertretene Ansicht, neben der Feststellung einer gesllschaftlichen Pflichtverletzung sei auch die Bewertung als gravierendes Fehlverhalten erforderlich, in der Praxis von der **Ackermann-Entscheidung des BGH**[232] überholt wurde. Dort führt der 3. Senat aus, dass grundsätzlich schon die Pflichtverletzung den Untreuetatbestand erfülle; eines zusätzlichen Erfordernisses einer gravierenden Pflichtverletzung bedürfe es nicht.

c) Rechtfertigung durch Pflichtenkollision?

684 Im Konzernverbund kann sich ein sich pflichtwidrig verhaltender Konzern-Vorstand regelmäßig dadurch entlasten, dass er in seiner Funktion als Geschäftsführer der Tochtergesellschaft die Aufgabe hatte, diese Zahlungen herbeizuführen, um Schäden vom Tochterunternehmen abzuwenden. Dabei kommt es darauf an, ob ein wirksamer Aufsichtsratsbeschluss oder sogar ein Hauptversammlungsbeschluss vorgelegen hat, der die Muttergesellschaft zu derartigen Transferzahlungen verpflichtete. Es muss also ein wirksamer Rechtsanspruch der Tochtergesellschaft begründet worden sein. Allein das wirtschaftliche Interesse daran, den Zusammenbruch der Tochtergesellschaft zu verhindern, ist kein legitimes Interesse für ungesicherte Transferzahlungen an diese.

685 Die Pflichtenkollision bei einer Person, die gleichzeitig Geschäftsführer einer Tochtergesellschaft ist, deren Existenzgefährdung er abwenden soll, und die Pflicht des Vorstandes der Muttergesellschaft, das Vermögen der Gesellschaft zu bewahren, ist grundsätzlich vorrangig im Sinne der Unterlassungspflicht aufzulösen, es sei denn, höherrangige Interessen im Sinne des § 34 StGB wären verletzt.[233]

---

231 *Kubiciel* NStZ 2005, 353, 357.
232 NJW 2006, 522 ff.
233 Schönke/Schröder-*Lenckner* Vor §§ 32 ff. StGB Rn. 75.

Knierim

4. Zuwendungen an Dritte

a) Begriffsbildung, Fallgruppen

Erfolgsprämien, Provisionen, Vermittlungsgebühren, Tantiemen auf Umsatzbasis, **686**
Schmiergeldzahlungen und andere Leistungen von Wirtschaftsunternehmen sind seit
vielen Jahren üblich. Bei derartigen, hier unter dem Sammelbegriff „**Sonderzuwen**
dungen" ausgelegten Zahlungen handelt es sich in aller Regel nicht um Leistungen
aufgrund einer rechtlichen oder sittlichen Verpflichtung, sondern um freiwillige
Leistungen des geschäftsführenden Organs eines Unternehmens, von und mit denen
es sich materielle oder immaterielle Vorteile erhofft, auf die indessen kein rechtlicher
Anspruch besteht. So ist beispielsweise in Fragen des Personalmanagements die
Prämierung von Mitarbeiterleistungen oder auch Teamleistungen, sozialem Engagement, Projekterfolgen etc. eine wichtige Grundlage für die Motivation der Mitarbeiter und zur emotionalen Bindung an das Unternehmen. Im Bereich von Werbung,
Marketing und Sponsoring sind derartige freiwillige Leistungen wichtige Indikatoren für die Einbettung des Unternehmens in einen sozialen, politischen, gesellschaftlichen oder kulturellen Zusammenhang, ein Marketinginstrument oder Grundlage
für eine Werbestrategie.

Empfänger der Gelder oder geldwerten Vorteile sind neben den Unternehmensan- **687**
gehörigen Personen und Unternehmen, die in gleicher Weise am Wettbewerb teilnehmen, in einer Geschäftsbeziehung zu dem Unternehmen stehen oder die soziale/
kulturelle Einbettung des Unternehmens befördern können.

Der wirtschaftliche **Erfolg eines Unternehmens** lässt sich nicht nur in reinen Zahlen **688**
messen, sondern auch in seiner Anerkennung der betrieblichen Leistung durch
Aufsichts- und Kontrollbehörden, durch Versicherungsträger und Finanzinstitute,
durch Kunden-/Lieferantenbeziehungen. Markenunternehmen legen großen Wert
darauf, durch derartige Sonderzuwendungen ein attraktives Geschäftsumfeld zu bieten.[234] Der wirtschaftliche Erfolg, den das Unternehmen durch die Tätigkeit der
Unternehmensangehörigen erzielt, soll durch Sonderzuwendungen auch dem Mitarbeiter zugute kommen und ihn animieren, weiterhin gewinnorientiert den Unternehmenserfolg zu unterstützen.

Von strafrechtlichem Interesse sind weniger Fälle, in denen derartige Sonderzuwen- **689**
dungen an Mitarbeiter gezahlt werden (eine Ausnahme stellt der Mannesmann-Fall
dar),[235] sondern vielmehr die Fälle, in denen die Zuwendung zwischen Geschäfts-
bzw. Vertragspartnern verschiedener Unternehmen erfolgen und dann die §§ 299 ff.,
331 ff. StGB zu prüfen sind. Wenn Unternehmen durch Wettbewerbsdruck nach allen
erdenklichen Möglichkeiten suchen, sich gegenüber Wettbewerbern einen Vorsprung

---

234 Vgl. dazu *BGH* wistra 2004, 25; *KG* vom 2.6.2005, 2 AR 176/03 – 3 Ws 27/05 – BeckRS
   2006, 2365; *LG Karlsruhe* U. v. 8.11.2007 – 3 KLs 620 Js 13113/06 – BeckRS 2008 2163
   = CCZ 2008, 117.
235 *BGH* wistra 2004, 25 f.

zu sichern, um aussichtsreiche Verträge abzuschließen oder auch nur um bislang ertragreiche Geschäftsverbindungen zu erhalten, geraten sie mitunter in den Sog verlockender Modelle für „Sonderzuwendungen". Das können erlaubte Bonifikationen, Rabatte, Zugaben (so genannte Erlösschmälerungen) oder verbotene Bestechungszahlungen im geschäftlichen oder behördlichen Verkehr sein. Nicht selten erkennen Entscheidungsträger der Unternehmen oder Vertragspartner das finanzielle Potential einer ihnen übertragenen Aufgabe und machen bereits aus eigenem Antrieb die Aushändigung vertraulicher Informationen oder den Vertragsabschluss von Sonderzuwendungen an sich abhängig. Neben den Strafnormen der §§ 299 ff. StGB bzw. bei Amtsträgerbeteiligung der §§ 331 ff. StGB (für Abgeordnete gilt § 108d StGB) kommt die Anwendung des Untreuetatbestandes nach § 266 Abs. 1 StGB in Betracht.

690 Es muss jedoch auf den Einzelfall abgestellt werden. Die Verwirklichung einer Untreue ist sowohl aus der Sicht des Zuwendenden als auch aus der Sicht des Empfängers zu betrachten. Werden die Einzelheiten des Falles nicht geklärt, so kann nicht herausgearbeitet werden, ob tatsächlich ein Vermögensnachteil des Unternehmens entstanden ist, der nicht durch Vorteile – und seien sie auch immaterieller Natur – kompensiert wird. Liegen aber wirtschaftliche Vorteile durch das verfolgte Rechtsgeschäft auf der Hand, kann schon auf den ersten Blick nicht von einer Untreue ausgegangen werden.

691 Hinzu kommt, dass die Handelnden einer so genannten „Schmiergeldabrede" gerade nicht die Vorstellung haben, durch die Vorteilsgewährung einen Schaden für den Zuwendenden eintreten zu lassen, sondern die Zahlung entweder unmittelbar oder zumindest mittelbar durch den Erhalt oder den Abschluss des Auftrages bzw. die Unterstützung der Geschäftsbeziehung zu fördern. Beide handeln also grundsätzlich nicht in der Annahme, durch ihre Absprache dem Unternehmen einen Schaden zuzufügen.

692 Die folgenden Fallbeispiele sollen den Ablauf und die zivil- und strafrechtlichen Konsequenzen veranschaulichen. Die Rechtsprechung und Literatur diskutiert anhand von Fallgruppen deren Einordnung und Konsequenzen umso mehr, als spektakuläre Untreue- und Korruptionsfälle (VW, BMW, Siemens) in den letzten Jahren zu zahlreichen Ermittlungsverfahren geführt haben.[236]

693 **Fall 1:** Der Einkäufer einer GmbH wird beauftragt, neue Computerhard- und -software zu suchen. Ein Markenunternehmen macht dem Einkäufer dazu ein gutes Angebot, ist allerdings nicht der günstigste Anbieter in dem Auswahlverfahren, das allein den Marktverhältnissen folgt. Weil dem Einkäufer aber ein Privat-PC im Wert eines Monatsgehaltes versprochen wird, schließt der Einkäufer mit dem Markenunternehmen den Liefervertrag ab. Der Unternehmer führt den Auftrag aus und stellt den Privat-PC bei dem Einkäufer zu Hause auf.

---

236 Vgl. *BayObLG* NJW 1996, 268; *BGH* wistra 2001, 295; *BGH* StV 2002, 142; *LG Darmstadt* CCZ 2008, 8; *Dierlamm* FS Widmaier (2008) S. 607, 609.

Fall 2: Die PC-Beschaffung für das Gesamtunternehmen wird von der Geschäftsfüh- 694
rung koordiniert. Zwar muss der Einkäufer A einen Preiswettbewerb durchführen, der
Geschäftsführer selbst bespricht aber alle Angebote und entscheidet letztendlich auch
darüber. Er verspricht dem Einkäufer A für den Fall eines besonders guten Abschlusses, einen PC auf Firmenkosten anzuschaffen und dem Einkäufer zur Nutzung zu
überlassen.

Fall 3: In einem großen Beschaffungsauftrag erkennt der Einkäufer eines Automobil- 695
unternehmens, dass der sehr an dem Zuschlag interessierte Zulieferer K bereit ist, die
bereits einkalkulierte „Sonderleistung" an freundliche Geschäftspartner an ihn, den
Einkäufer, persönlich zu leisten. Nach Durchführung des ansonsten unproblemati-
schen Wettbewerbs erhält der Zulieferer den Auftrag. Nach der ersten Rechnungsstel-
lung wird eine „Sonderzahlung" im Briefumschlag an den Einkäufer ausgehändigt.
Die Zahlung ist – wie der Einkäufer weiß – in die Rechnungen einkalkuliert.

Fall 4: Der Geschäftsführer eines Unternehmens schließt für das Unternehmen be- 696
triebliche Versicherungen und Lebensversicherungen zur betrieblichen Alterssiche-
rung seiner Mitarbeiter ab. Zeitgleich tritt er als Vermittlungsvertreter der gleichen
Versicherung auf, mit der er schon mehrere Jahre zuvor einen Agenturvertrag abgeschlossen hat. Aufgrund der abgeschlossenen Versicherungsverträge erhält der Geschäftsführer in den Folgejahren erhebliche Versicherungsprovisionen, die er nicht an
sein Unternehmen abführt.

b) Abgrenzung der Untreue zu Korruptionsdelikten

Eine gesetzliche Definition der „Korruption" existiert in Deutschland nicht. Das 697
deutsche Strafrecht kennt die folgenden Strafnormen:[237]

	Vorteilsannahme Bestechlichkeit durch	Vorteilsgewährung Bestechung an
§§ 299–300 StGB im geschäftlichen Verkehr	Abs. 1 Angestellte oder Beauftragte Abs. 3 im Ausland	Abs. 2 Angestellte oder Beauftragte Abs. 3 im Ausland
§§ 331–335 StGB Diensthandlungen	§§ 331, 332, 335 EUBestG, IntBestG: Amtsträger, Richter	§§ 333, 334, 335, EUBestG, IntBestG: Amtsträger, Richter
§§ 108b–e StGB Beteiligung an Volks- und Sozialwahlen	108b Abs. 2 Wähler 108e Abs. 1 Stimmenkauf und -verkauf	108b Abs. 1 Wahlgeschenke 108e Abs. 1 Stimmenkauf und -verkauf

Durch diese Tatbestände werden Handlungen verboten, durch die einer Person, die 698
Angestellte(r) oder Beauftragte(r) eines Vertragspartners im geschäftlichen Verkehr
ist, oder die Amtsträger, Richter oder Abgeordneter im Behördenverkehr ist, ein
Vorteil angeboten, versprochen oder gewährt wird, auf den kein Rechtsanspruch
besteht. Regelmäßig, aber nicht notwendigerweise soll dadurch ein unrechtmäßiges

---

237 *Bannenberg* in Wabnitz/Janovsky 10. Kapitel, S. 618 ff.

Verhalten des Vorteilsnehmers ausgelöst oder belohnt werden.[238] Häufige Begleitumstände solcher Handlungen sind Heimlichkeit, Geheimnisweitergabe an Unbefugte, sachwidrige Einflussnahme auf Entscheidungsprozesse und die Begründung einer – verdeckten – Austauschbeziehung.[239] Diese Strafnormen verbieten sowohl dem Vorteilsgeber als auch dem Vorteilsnehmer solche Handlungen. Intention des Gesetzgebers ist es, den freien Wettbewerb zwischen den Unternehmen und die Objektivität und Rechtmäßigkeit staatlichen/behördlichen Handelns zu schützen.[240]

699 Dagegen zählen **Delikte**, die sich **gegen das Vermögen** eines Unternehmens richten, dem der Handelnde angehört (beispielsweise Unterschlagung, Untreue oder Geheimnisverrat) ebenso wie auch Kartellordnungswidrigkeiten nicht zu den Korruptionsdelikten. Vorwürfe wegen Unterschlagung, Untreue oder Geheimnisverrat können dann mit Korruptionsdelikten einhergehen, wenn das Einverständnis eines Geschäftsherrn auf der Geber- wie auch auf der Nehmerseite ausgeschlossen und ein nicht kompensierter Vermögensnachteil festgestellt wird.

700 Zwar werden in der Kriminologie[241] und in der strafrechtlichen Literatur[242] auch über die o.g. gesetzlichen Normen hinaus andere Definitionen für „Korruption" verwendet, wegen Art. 103 Abs. 2 GG dürfen aber keine Analogien gezogen werden, die nicht im Gesetz normiert sind. Definitionsversuche jenseits der gesetzlichen Tatbestände werden zudem den verschiedenen zulässigen Erscheinungsformen in einem freien Wettbewerb und einer freien Geschäftsförderung nicht gerecht, wie man an zweifelsfrei zulässigen Maßnahmen der Verkaufsförderung, Bonifikationen, Preisnachlässen, Zugaben, Sponsoring, Forschung und Entwicklung, Joint-Venture-Bildung usw. erkennen kann. Würde man ein einwandfreies geschäftliches Verhalten zu einem bemakelten Vorgang umdeuten, würde man auch gegen Normen des Vertrags- und Gesellschaftsrechts und des Wettbewerbsrechts verstoßen. Daher darf die Zuwendung an einen Dritten nicht nur im Geschäftsverkehr und im vertraglichen Bereich, sondern auch in der wirtschaftlichen Sinnhaftigkeit nicht mit einer Untreue gleichgesetzt werden.

701 Nach den handels- und steuerrechtlichen Vorgaben ist der Kaufmann zur Einhaltung der **Grundsätze ordnungsmäßiger Buchführung** verpflichtet, d.h. alle Geschäftsvorfälle sind zeitnah, wahr und vollständig zu verbuchen. Auch wenn die in § 4 Abs. 5 S.1 EStG genannten Geschäftsvorfälle den Gewinn nicht mindern dürfen, sind diese gleichwohl als Aufwendungen zu verbuchen. Für Teile dieser in § 4 Abs. 5 S. 1 EStG genannten Betriebsausgaben gilt dies nämlich immer dann, wenn die vom

---

238 *Fischer* § 299 Rn. 4, 7 ff.; *Lackner/Kühl* § 299 Rn. 2.
239 *Bannenberg* in Wabnitz/Janovsky S. 8; *Dölling* HKP 2007, S. 3; *ders.* Gutachten C zum 61. DJT 1996 C 9 ff.; *Volk* in GS Zipf 1999, S. 418, 421.
240 *Fischer* Vor § 298 Rn. 6; § 299 Rn. 2.
241 *BKA* Bundeslagebild Korruption 2000–2005; dazu auch *Dölling* HKP 2007, S. 3.
242 *Bannenberg* in Wabnitz/Janovsky 10. Kapitel, S. 618 ff.; *Blessing* in Müller-Gugenberger/Bieneck § 53 C: Schmiergeldzahlungen; *Bürger* wistra 2003, 130; *Dölling* HKP 2007, S. 3; *ders.* Gutachten C zum 61. DJT 1996 C 9 ff.; *Volk* in GS Zipf S. 418, 421.

Abzugsverbot erfassten Zwecke Gegenstand einer mit Gewinnerzielungsabsicht ausgeübten Tätigkeit sind (§ 4 Abs. 5 S. 2 EStG). Betriebsausgaben sind unabhängig von ihrer zivilrechtlichen oder strafrechtlichen Bewertung alle Aufwendungen, die durch den Betrieb veranlasst sind (§ 4 Abs. 4 EStG).[243] Allerdings dürfen Schmiergeldzahlungen nicht steuerlich abgesetzt werden.

Um einen Vermögensnachteil im Sinne einer Vermögensbilanz (§ 246 HGB) zu **702** bestimmen, sind die zivilrechtlichen Wirkungen einer solchen Zuwendungsabrede zu untersuchen. Dabei ist zwischen der Schmiergeldabrede als solcher und dem erstrebten Hauptvertrag zu trennen. Nach herrschender Ansicht in der Rechtsprechung sind **Schmiergeldabsprachen** wegen Verstoßes gegen §§ 134, 138 BGB **nichtig**.[244] Allerdings sind Rückforderungsansprüche des Gebers gegen den Nehmer aus §§ 812, 817 S. 1 BGB durch § 817 S. 2 BGB ausgeschlossen. Lediglich der Geschäftsherr des Empfängers hat gegen diesen einen Herausgabeanspruch aus § 667 BGB.

Der **Hauptvertrag** ist dagegen nach deutschem Recht mit allen Rechten und Pflich- **703** ten **grundsätzlich wirksam**.[245] Bei der Zahlung von Sonderzuwendungen ist allerdings zu berücksichtigen, dass die von den Vertragspartnern abgeschlossenen Hauptverträge durchaus nichtig sein können. Indessen führt nur ein besonderes kollusives Zusammenwirken der Personen zu einem Nachteil des jeweiligen Unternehmens und dann auch zur Nichtigkeit der Hauptverträge (§ 138 Abs. 1 BGB).[246] Von der Nichtigkeit eines Hauptvertrages ist aber nicht in jedem Fall auszugehen. So stellt beispielsweise die Durchführung eines Leistungswettbewerbs nach objektiven Kriterien der Leistungsfähigkeit und Wirtschaftlichkeit keine Grundlage für die Annahme einer Nichtigkeit dar. Hier hat der BGH auch besonders den Schutz der beteiligten Unternehmen und des Wettbewerbs im Auge. Wenn keine Wettbewerbsbeeinträchtigung feststellbar ist, besteht keine Notwendigkeit, zur Annahme einer Nichtigkeit im Sinne von § 138 Abs. 1 BGB zu kommen. Auch wettbewerbswidrig abgeschlossene Verträge sind als solche nicht nichtig (§§ 1, 4 UWG).[247]

Wenn der Leistungsvertrag nicht nach objektiven Kriterien nachteilig gestaltet wor- **704** den ist, bestehen keine weitergehenden Schadensersatz- oder Ausgleichsansprüche. **Schadenersatzansprüche eines Wettbewerbers** gegen Beteiligte sind zwar dem Grunde nach denkbar, müssen aber der Höhe nach durch den Wettbewerber nachgewiesen werden (§ 33 Abs. 3 GWB). Ein Kartellschaden und eine etwaige Gewinnab-

---

243 *Schmidt* EStG § 4 Rn. 19, 470.
244 *OLG Karlsruhe*, BB 2000, 635; *Dölling-Maschmann* HKP 3. Ka-pitel Rn. 200.
245 *BGHZ* 141, 357.
246 *BGH* WM 1988, 1380, 1381; *BGH* NJW 1989, 26; Palandt-*Heinrichs* § 164 Rn. 13; *Schubert* in Wabnitz/Janovsky 10. Kapitel Rn. 97.
247 *Baumbach/Hefermehl* § 1 UWG Rn. 913; *Schockenhoff* NJW 1995, 500; *BGH* NJW 1995, 1361.

schöpfung drohen nur bei einem kartellrechtlich erheblichen Markteinfluss (§§ 34, 34a GWB). Auch ein etwaiger Schaden der Vergabestelle muss nachgewiesen werden (§§ 125, 126 GWB).

705 Steuerrechtlich gesehen ist nach § 4 Abs. 5 S. 1 EStG die **Versagung eines Betriebsausgabenabzuges für Bestechungszahlungen** seit 1999 nicht mehr von rechtskräftigen gerichtlichen Feststellungen abhängig.[248] Für die Zahlung bzw. andere Vorteilsgewährung aufgrund einer Schmiergeldabsprache hat der Gesetzgeber den steuerlichen Betriebsausgabenabzug gemäß § 4 Abs. 5 S. 1 Nr. 10 EStG versagt. Eine etwaige Vorsteuer aus Rechnungen darüber wie auch aus Scheinrechnungen oder Verdeckungsrechnungen darf die Umsatzsteuerzahllast nicht mindern oder nicht als Vorsteueranspruch erfasst werden. § 4 Abs. 5 S. 1 Nr. 10 EStG greift dagegen grundsätzlich nicht bei Zahlungen ohne ausreichenden Leistungs- und Empfängernachweis (§ 160 AO) oder bei Auslandssachverhalten, die ungenügend vom Unternehmen recherchiert wurden (§ 92 AO).[249] Die Nichtabzugsfähigkeit des § 4 Abs. 5 S. 1 Nr. 10 EStG bezieht sich allein auf steuerliche Gewinnermittlungsvorschriften. Sonstige Leistungen im Sinne des § 4 Abs. 5 S. 1 Nr. 1–4 EStG können dagegen durchaus in Abzug gebracht werden.

706 Für Leistungen, die in mehrstufigen Konstellationen nicht vom Veranlasser/Geber der Abrede erbracht werden, sondern aus dem Vermögen anderer Personen oder Unternehmen stammen, ist der Sachverhalt ohnehin nicht im Rechnungswesen dokumentationsfähig und damit steuerrechtlich nicht relevant. Beim Nehmer besteht zumindest eine Steuerpflicht für erlangte geldwerte Vorteile als sonstige Einkünfte gemäß § 22 Nr. 3 EStG. Bei den Tatbeteiligten auf beiden Seiten (§§ 69, 71 AO) der Abrede kommt eine Haftung für die Steuerschuld in Betracht.

707 Die steuerrechtlichen Folgen bei einem wirksam zustande gekommenen Hauptvertrag sind dagegen grds. nicht anders als bei anderen Geschäftsvorfällen zu beurteilen. Der nach deutschem Recht wirksame Vertrag löst alle „normalen" steuerrechtlichen Folgen aus. Schadensersatzansprüche von Mitwettbewerbern oder auch vom Auftraggeber sind sämtlich Betriebsausgaben oder jedenfalls als Verbindlichkeiten rückstellungsfähig, ebenso sind grundsätzlich auch wirtschaftliche Belastungen nach dem Gesetz gegen Wettbewerbsbeschränkungen (GWB) abzugsfähig. In mehrstufigen Konstellationen könnte das Problem der Steuerumgehung (§ 42 AO) entstehen.

---

248 Dölling-*Lembeck* HKP 5. Kapitel Rn. 14 ff.
249 *Braun* Das Abzugsverbot für Schmiergeldzahlungen nach § 4 Abs. 5 Nr. 10 EStG, DStZ 1999, 644; *Heerspink* Bestechung und das Abzugsverbot, PStR 2002, 279; *Klingelhöfer* Im Spannungsfeld von Steuer- und Strafrecht: Schmiergelder, StBP 1999, 309; *Quedenfeld* Die Hinterziehung von Steuern auf Schmiergeldzahlungen, PStR 2000, 55; *Rößler* Das Abzugsverbot für Schmiergeldzahlungen nach § 4 Abs. 5 Nr. 10 EStG, DStZ 2000, 131; *Seipl/Buchheim* Nützliche Aufwendungen, PStR 2001, S. 175; *Wicheterich/Glochemann* Steuer- und strafrechtliche Aspekte von Schmiergeldzahlungen an Mitarbeiter von Staatsunternehmen, INF 2000, 1.

Ob das Ergebnis der unternehmerischen Tätigkeit durch etwaige **Rückforderungs-**   **708**
rechte des Empfängers belastet sein kann, wie beispielsweise bei Kartellverstößen,
unterliegt einem komplizierten Prüfungsprozess. So sind beispielsweise die Feststellungen eines Kartellverstoßes, eines gegen das geprüfte Unternehmen gerichteten
eventuellen (d.h. noch nicht geltend gemachten) Schadenersatzanspruches oder eines
Risikos aus der Nichtabzugsfähigkeit bestimmter Aufwendungen von externen Stel-
lungnahmen/Gutachten Dritter oder von Ermittlungshandlungen steuerlicher Außen-
prüfern abhängig. Wie sich aus den Anforderungen der Rechtsprechung an die
Bildung von Verbindlichkeits- und Drohverlustrückstellungen in § 249 HGB ergibt,
lässt sich ein pauschales, allgemeines wirtschaftliches Risiko, das aus Verstößen von
Leitungsorganen gegen nicht rechnungslegungsbezogene Normen resultiert, nicht
bilanziell erfassen. Das gilt auch für Korruptionsvorgänge.[250]

Korruptive Zuwendungen führen deshalb nicht zu einer unmittelbaren Vermögens-   **709**
schädigung bei dem Geberunternehmen. Das wird auch durch eine nähere Analyse
der bei Korruptionsfällen anzuwendenden Straftatbestände gestützt. Die §§ 299,
333, 334 StGB dienen nicht dem Schutz des Leistenden oder seines Unternehmens,
sondern dem Schutz des freien lauteren Wettbewerbs[251] bzw. dem Vertrauen in die
Unkäuflichkeit staatlicher Behörden und damit der Sachlichkeit staatlicher Entscheidungen.[252]

Die Untreue setzt dagegen eine vorsätzliche unabgestimmte und pflichtwidrige Ver-   **710**
mögensverwendung von Leitungsorganen oder beauftragten Treuhändern zum
Nachteil des Unternehmensvermögens voraus. Dabei sind Zuwendungen an Dritte,
die zur Erlangung eines Auftrages oder einer sonstigen Besserstellung des Unternehmens führen, keine zweckwidrige Verwendung von Vermögen.[253] Selbst wenn man
zu einem pflichtwidrigen Handeln käme, wird ein Schaden des Unternehmens ausgeschlossen sein, weil dem Unternehmen unmittelbare Vorteile aus dem Geschäft
erwachsen, die sowohl in einem gleichwertigen Vermögensgegenstand als auch in
einer äquivalenten Erwerbschance gesehen werden können.[254] Die lediglich abstrakte Möglichkeit einer Schadenersatzpflicht des handelnden Unternehmens, wenn
weder Art und Umfang des möglichen Rückforderungsanspruchs noch Art und
Umfang etwaiger weiterer, damit im Zusammenhang stehender wettbewerbsrechtli-
cher Haftungstatbestände bekannt sind, genügt nicht für die Feststellung eines Vermögensnachteils im bilanziellen Sinn.

---

250 *Peemöller/Hofmann* S. 22 unter Verweis auf die Systematisierungen bei LeCoutre und
     Gössweiner Wesen und Probleme der Bilanzdelikte, Neuwied 1970, 53 ff.; *Sell* S. 17 ff.
251 *Lackner/Kühl* § 299 Rn. 1; *BGH* NJW 2006, 3290, 3298.
252 *Lackner/Kühl* § 331 Rn. 1; *BGHSt* 15, 88, 96; *NStZ-RR* 2002, 272, 273 m.w.N.
253 *LG Bonn* NStZ 2001, 375, 377 (Fall Kohl); *BGHSt* 51, 100 (Fall Kanther); *OLG Frankfurt*
     NStZ-RR 2004, 244; *Fischer* § 266 Rn. 46c nimmt Untreue nur für den Fall der verdeck-
     ten Zahlung von Schmiergeldern beim Empfänger an.
254 *Fischer* § 266 Rn. 73; *Lackner/Kühl* § 266 Rn. 17b; *BGHSt* 47, 295, 302; NJW 1975,
     1235; NStZ 1986, 455; NJW 1983, 1807, 1808.

5. Risikogeschäfte

711 Strafrechtliche Risiken für unternehmerisches Handeln sind nicht nur in den viel diskutierten Fällen der Risikoentscheidungen[255] kaum abzuschätzen.[256] Einem Finanzierungsgeschäft ist als typisches Vorausleistungsgeschäft der Bank immer ein Risiko immanent.[257] Entscheidungsträger laufen Gefahr, dass § 266 StGB zum Feld strategischer oder persönlicher Auseinandersetzung wird, lassen sich doch mit dem Hinweis auf den weiten Untreuetatbestand im Verein mit ausgreifenden gesellschaftsrechtlichen Pflichten staatsanwaltschaftliche Ermittlungen leicht initiieren.[258] So sind vielfältige Strafverfahren dadurch gekennzeichnet, dass einem Unternehmensleiter von Aufsichtsrat, Aktionären oder Gläubigern – auch Insolvenzverwaltern – Untreue nur vorgeworfen wird, um sie gesellschaftsbezogen „mundtot" zu machen oder im Wege der Schadenersatzklage an die Haftsumme einer D&O-Versicherung zu kommen.

712 Ein Risikogeschäft, dessen Abschluss für das betreute Vermögen eine besondere Gefahr darstellt, kann bereits darin liegen, dass die Aussichten auf Rückführung einer Vorleistung oder auf Erhalt eines äquivalenten Gegenwertes unsicher, zuweilen sogar spekulativ sind.[259] Bei einem einfachen Verstoß gegen **öffentlich-rechtliche Normen** (beispielsweise des KWG), interne Beleihungsvorschriften oder Anweisungen der Finanz-, Wertpapier-, Versicherungs- oder Börsenaufsicht kann schon eine pflichtwidrige Handlung im Sinne des § 266 StGB angenommen werden.[260] Mit Urteil vom 6.4.2000[261] entwickelte der BGH mutig eine Reduzierung des Tatbestandes auf ein pflichtwidriges Verhalten, das außerhalb der so genannten „Business-Judgement-Rule" liegt und damit eine Anknüpfung an betriebswirtschaftliche Vorgaben enthält. Maßstab für die Verletzung der Vermögensbetreuungspflicht ist danach nicht die (einfache) Verletzung einer öffentlich-rechtlichen Norm oder der Satzung, sondern ein wertender Vergleich der betrieblichen Informations- und Risikolage mit den damit einhergehenden Geschäftschancen.

713 Eine Pflichtwidrigkeit ist aber nicht bereits dann begründet, wenn die Forderungen gegen den Leistungsempfänger ausfallen oder sich die Geschäftschance nicht reali-

---

255 *Bieneck* in Müller-Gugenberger § 86 Rn. 2 ff.; *Hillenkamp* NStZ 1981, 161; *Rose* wistra 2005, 281; *Seier* in Achenbach/Ransiek V 2 Rn. 339; Schönke/Schröder-*Lenckner/Perron* § 266 StGB Rn. 20.

256 *Waßmer* S. 73.

257 Zur Problematik vgl. *Keller/Sauer* wistra 2002, 365; *Kiethe* BKR 2005, 177; *Knauer* NStZ 2002, 399; *Schmitt* Untreue von Bank- und Sparkassenverantwortlichen bei der Kreditvergabe, in: BKR 2006, 125.

258 *Hopt* in FS Mestmäcker, 1996, S. 109, 114 sowie *Lampe* GA 1987, 241 ff.

259 Zu Bankgeschäften: *BGH* NJW 1955, 508; *BGH* MDR 1979, 636; *BGH* wistra 1985, 190; kritisch *Seier* in Achenbach/Ransiek V 2 Rn. 239, 316.

260 *BGH* MDR 1979, 636; NJW 1975, 1234.

261 *BGHSt* 46, 30 = wistra 2000, 305 = NStZ 2001, 527; fortgeführt durch *BGHSt* 47, 148 = wistra 2002, 101 = NJW 2002, 1211.

siert. Die Anforderungen an die Feststellung eines pflichtwidrigen Verhaltens werden **allgemeinen kaufmännischen Sorgfaltspflichten** angenähert.[262] Erst wenn keine sichere Informationsgrundlage hergestellt, wenn die Chancen und Risiken des Geschäftes, der wirtschaftlichen Verhältnisse des Kunden und der Realisierbarkeit von Sicherheiten nicht umfassend abgewogen werden, kann das Risikogeschäft pflichtwidrig sein. Der für die Sorgfaltspflicht maßgebliche Pflichtenkreis und die Gewichtung einzelner Verstöße lässt sich dem gesetzlichen und regulatorischen Umfeld des betroffenen Unternehmens entnehmen.[263]

6. Existenzvernichtung

Der „existenzgefährdende Eingriff" in die Vermögensverhältnisse einer Gesellschaft **714** und die eines Konzernunternehmens ist durch die zunehmende (auch internationale) Verflechtung von Unternehmen und die ständige Ausweitung von Unternehmensgruppen in allen Insolvenzfällen größerer Unternehmensgruppen von Bedeutung. Bezogen auf einzelne Rechtsformen und Gewerbetreibende ergeben sich folgende Rechtsgrundlagen:

Zum einen hat die Rechtsprechung als Bestandteil der Vermögensbetreuungspflicht angesehen, dass die Produktionsmittel und Liquidität einer Gesellschaft nicht existenzbedrohend beeinträchtigt werden dürfen.[264] Dieses Verbot gilt für alle vom vertretungsberechtigten Organ veranlassten Maßnahmen, unabhängig davon, ob die Auszahlungen an einen Gesellschafter erfolgen, an ein Konzernunternehmen geleistet oder ein Dritter (beispielsweise im Wege des „Asset-Deals") begünstigt wird. Das gilt erst recht für Vermögenstransaktionen, die nur scheinbar auf einer vertraglichen Verpflichtung beruhen, keine werthaltige Gegenleistung enthalten, zu einem dramatischen Liquiditätsentzug führen (u.U. zu Kreditkündigungen) oder auf ein verbundenes Unternehmen übertragen werden sollen, das vom Geschäftsführer oder Vorstand selbst nicht mehr beherrscht werden kann.

Mitunter wird durch diese Rechtsprechung auch ein **Gläubigerschutz** erreicht, wenn **715** nämlich eine innerhalb des Konzernverbundes wirksame und werthaltige Übertragung zu einer bedeutenden Schlechterstellung eines Gläubigers führen würde (beispielsweise die vollständige Übertragung von Sport- und Fernsehrechten auf eine Gesellschaft, deren Anteile von Personen oder Unternehmen gehalten werden, auf die weder ein Insolvenzverwalter durch Anfechtung noch ein Gläubiger Zugriff hat. Dadurch wird das Untreuedelikt „faktisch zum … Insolvenzdelikt", wobei jedoch die „Interessen der Gläubiger … nicht unmittelbar, sondern nur als Reflex des Schutzes

262 *OLG Naumburg* NZG 2000, 380; *BGHZ* 135, 244, 253.
263 *BGHSt* 47, 148 = wistra 2002, 101; dazu *Keller/Sauer* wistra 2002, 365; *Kiethe* BKR 2005, 177; *Klanten* DStR 2002, 1190; *Knauer* NStZ 2002, 399; *Kühne* StV 2002, 193; *Marxen/Müller* EWiR § 266 StGB 2/02, 307; *Schmitt* Untreue von Bank- und Sparkassenverantwortlichen bei der Kreditvergabe, in: BKR 2006, 125.
264 *BGHSt* 35, 330, 336 f. = NJW 1989, 112.

des Vermögens der GmbH geschützt" werden.[265] Der Gläubigerschutz wird allerdings schon dadurch erreicht, dass die gesellschaftsrechtlichen Regelungsmechanismen, nach denen das Stammkapital der GmbH trotz entgegenstehender Gesellschafterbeschlüsse erhalten werden soll, wirtschaftlich ganz vorrangig gerade den Gläubigern dienen.

716 Die **Einwilligung** aller Gesellschafter in die Auszahlung beseitigt die Tatbestandsmäßigkeit des Handelns.[266] Die Einwilligung ist aber unwirksam, wenn sie erschlichen ist, gesetzeswidrig herbeigeführt wurde oder auf nicht behebbaren Willensmängeln beruht. Führt die Umsetzung der bewilligten Handlung zu einer Verletzung der Kapitalerhaltungsvorschriften im Sinne von § 30 GmbHG, § 57 AktG, oder wird dadurch die Existenz der Gesellschaft gefährdet oder vernichtet, ist die Einwilligung unwirksam.[267]

C. Beitragsvorenthaltung

I. Einführung

1. Bedeutung, Historie

717 In einer Unternehmenskrise oder auch im Verlauf des Insolvenzverfahrens ergeben sich regelmäßig Konstellationen, in denen die öffentlich-rechtlichen Pflichten des Unternehmens als Arbeitgeber gegenüber Sozialversicherungsträgern verletzt werden. Im Vorfeld der Insolvenz, in dem kein Gleichrang der Gläubiger besteht, können einzelne Gläubiger, beispielsweise Banken und Lieferanten, bevorzugt werden, und die Verpflichtungen zur Lohnzahlung und zur Abführung der Sozialversicherungsbeiträge, sonstiger Beiträge der Arbeitnehmer zu Direktversicherungen, vermögenswirksamer Leistungen etc. werden „hintenan gestellt". Manchmal geschieht das sogar in Absprache mit dem jeweiligen Arbeitnehmer, dem dann der Nettolohn gezahlt wird, die gesetzlichen Beiträge und Steuern aber einbehalten werden. Dieses Verhalten zum Nachteil von Sozialversicherungsträgern wird durch § 266a StGB unter Strafe gestellt.

718 Die Einführung dieser **untreueähnlichen Vorschrift** durch das Zweite Gesetz zur Bekämpfung der Wirtschaftskriminalität vom 15.5.1986 (BGBl. I S. 721), in Kraft seit dem 1.8.1986, erschien erforderlich, weil eine Bestrafung des Täters (des Arbeitgebers oder des Mitarbeiters, an den die entsprechenden Verpflichtungen delegiert

---

265 *Hellmann/Beckemper* Rn. 354.
266 *BGHSt* 3, 23; *OLG Hamm* NStZ 1986, 119; *Fischer* § 266 Rn. 49.
267 *BGHSt* 9, 216; 35, 333, 335; *BGH* wistra 2005, 105; wistra 2004, 341; NJW 1983, 1807; NJW 1993, 1278; NJW 1997, 68; NJW 2000, 154; *OLG Hamm* wistra 1999, 350.

waren) wegen Untreue nach § 266 Abs. 1 StGB jeweils daran scheiterte, dass die Abführung von Sozialversicherungsbeiträgen eine Leistung an einen unternehmensfremden Dritten ist, mit dem kein Treueverhältnis besteht. Außerdem hat es sich der Gesetzgeber zum Ziel gesetzt, die präventive Wirkung des strafrechtlichen Schutzes zur Schaffung eines eigenständigen Tatbestandes zu erhöhen.[268]

Die Vorschrift ist mehrfach **geändert und ergänzt** worden, wobei jeweils die Arbeitgeberpflichten verschärft und damit der Sanktionskatalog für verschiedene Verhaltensweisen erweitert worden ist: **719**

- Durch Artikel 8 des Gesetzes zur Erleichterung der Bekämpfung von illegaler Beschäftigung und Schwarzarbeit vom 23.7.2002 (BGBl. I S. 2787) ist der Absatz 1 neu gefasst, der Absatz 3 geändert und Absatz 4 eingefügt worden.
- Durch Artikel 2 des Gesetzes zur Intensivierung der Bekämpfung über Schwarzarbeit und damit zusammenhängender Steuerhinterziehung vom 23.7.2004 (BGBl. I S. 1842, in Kraft seit dem 1.8.2004) wurden die Absätze 2 und 3 der Strafvorschrift neu gefasst.[269]
- In den Änderungen der Sozialversicherungsvorschriften führte das Zusammenwirken von Sozialrecht und Strafrecht dazu, dass in Unternehmenskrisen regelmäßig die Arbeitgeberpflicht zur Abführung der Sozialversicherungsbeiträge vorherrscht. Nach früherer Rechtslage war der Arbeitnehmer grundsätzlich verpflichtet, die Beiträge zu leisten.

Das Interesse der Versichertengemeinschaft an der Sicherstellung der Mittel für die Sozialversicherung wird durch die beiden ersten Absätze geschützt.[270] Da Arbeitsförderung nach SGB III in die Sozialversicherung integriert wurde, ist die frühere Unterscheidung entfallen, § 266a Abs. 1 StGB erfasst nunmehr auch diese Beiträge. Absatz 3 schützt das Vermögensinteresse des Arbeitnehmers. Um die Arbeitgeberanteile ebenfalls erfassen zu können, ist mit Wirkung zum 1.8.2004 § 266a Abs. 2 StGB in Anlehnung an § 370 AO neu gestaltet worden.[271] **720**

Neben § 266a StGB wird häufig auch **§ 263 StGB** geprüft. Zwar verlangt bereits § 266a StGB als Sondertatbestand ein heimliches Vorgehen. Der Tatbestand entfällt aber, wenn der Täter sein weisungswidriges Verhalten offenlegt (§ 266a Abs. 6 StGB).[272] **721**

---

268 *Martens* wistra 1985, 21.
269 *Lackner/Kühl* Vor § 1 Rn. 15.
270 *BGH* NStZ 2006, 227, 228 m. Anm. *Rolletschke* wistra 2006, 105; *OLG Frankfurt* ZIP 1995, 213, 215; *OLG Köln* NStZ-RR 2003, 212; Ignor/Rixen-*Pananis* Rn. 720; *Ignor/ Rixen* NStZ 2002, 510, 512; *Lackner/Kühl* § 266a Rn. 1; MüKo-*Radtke* § 266a Rn. 3 ff.
271 BR-Drs. 155/04, S. 75; *Joecks* wistra 2004, 441, 442; *Laitenberger* Beitragsvorenthaltung, Minijobs und Schwarzarbeitsbekämpfung, in: NJW 2004, 2703; *Rönnau/Kirch-Heim* Das Vorenthalten von Arbeitgeberbeiträgen zur Sozialversicherung gem. § 266a Abs. 2 StGB n.F. – eine geglückte Regelung? in: wistra 2005, 321.
272 Schönke/Schröder-*Lenckner/Perron* § 266a Rn. 2; *Rolletschke* wistra 2005, 211.

2. Sozialrechtliche Arbeitgeberpflichten

a) Arbeitgeber als Schuldner der Sozialversicherungsbeiträge

722 Nach § 28e Abs. 1 S. 1 SGB IV ist der Arbeitgeber Schuldner des nach § 28d SGB IV zu zahlenden Gesamtsozialversicherungsbeitrags. Zum Ausgleich steht ihm ein Anspruch gegen den Beschäftigten in Höhe der von diesem zu tragenden Teil des Gesamtsozialversicherungsbeitrags zu, § 28g SGB IV. Je nach **Beitragsfälligkeit** sind die Beiträge in voraussichtlicher Höhe der Beitragsschuld spätestens am drittletzten Bankarbeitstag des Monats fällig, in dem die Beschäftigung ausgeübt wird oder als ausgeübt gilt; ein verbleibender Restbetrag wird zum gleichen Stichtag des Folgemonats fällig, § 23 Abs. 1 S. 2 SGB IV. Der Arbeitgeber wird mithin laufend neu Beitragsschuldner, sobald ein Beschäftigungsverhältnis begründet wurde, völlig unabhängig davon, wann und zu welchem Zeitpunkt der Arbeitnehmer einen Anspruch auf Auszahlung von Lohn hat, und prinzipiell unabhängig davon, ob der Arbeitnehmer den Nettolohn auch in der der Beitragsbemessung zugrunde liegenden Höhe tatsächlich erhält.[273] Für bestimmte Branchen nach dem EntsendeG gelten seit dem 1.1.2009 sofortige Anmeldepflichten für neu begründete Arbeitsverhältnisse.

723 Dabei enthält § 22 Abs. 1 SGB IV das so genannte **Entstehungsprinzip**, wonach die Beitragsansprüche der Sozialversicherungsträger bereits dann entstehen, sobald die gesetzlichen Voraussetzungen dafür vorliegen, und es dabei nicht auf das im Bereich der Lohnsteuer geltende Zuflussprinzip ankommt. Diese bereits 1977 eingeführte Vorschrift hatte vor allem unter der alten Konkursordnung Bedeutung, wonach gemäß § 59 Abs. 1 Nr. 3e KO die Ansprüche auf Sozialversicherungsbeiträge der letzten sechs Monate vor Konkurseröffnung Masseschulden waren, die vom Konkursverwalter von Amts wegen zu begleichen waren mit der im Übrigen bereits genannten Bevorrechtigung der Beitragsansprüche nach § 61 KO. Durch die Insolvenzordnung kommt dieser Vorschrift nur noch eine klarstellende Wirkung zu.

724 Kommt der Arbeitgeber seiner öffentlich-rechtlich ausgestalteten Beitragszahlungspflicht gegenüber der Einzugsstelle nicht nach, kann diese die Beitragsforderungen gegebenenfalls **vollstrecken** sowie auf die Beitragsschulden **Säumniszuschläge** erheben, § 24 SGB IV.

b) Schadensersatzhaftung

725 Arbeitgeber haften für die Erfüllung sozialversicherungsrechtlicher Melde- und Abführungspflichten aufgrund der sozialrechtlichen Pflicht der §§ 28 ff. SGB IV und bei vorsätzlicher Unterlassung der Abführung gemäß §§ 823 Abs. 2 BGB i.V.m.

---

273 Für bestimmte Branchen nach dem EntsendeG gelten seit dem 1.1.2009 sofortige Meldepflichten für neu begründete Arbeitsverhältnisse.

§ 266a StGB.[274] Das gilt *nur für Beiträge zur Sozialversicherung*, nicht aber für Beiträge an die Urlaubs- und Lohnausgleichskasse der Bauwirtschaft.[275] Die Säumnis der Beitragszahlung tritt mit dem Tage ein, an dem die Beiträge, nicht das Arbeitsentgelt, fällig werden.[276] Duldet der Sozialversicherungsträger eine verspätete Zahlung, so liegt darin keine die Fälligkeit aufschiebende Stundung.[277]

Ist der Arbeitgeber ein in der Rechtsform einer Kapital- oder Personengesellschaft organisiertes Unternehmen, dann ist das jeweilige **Leitungsorgan**, das die Geschäftsführungsbefugnis ausübt, für die Erfüllung dieser Verpflichtungen verantwortlich (§ 28e Abs. 1 SGV IV). **726**

Den Einzugsstellen steht der **tatsächlich Handelnde** als weiterer Schuldner für die Beitragsforderung zur Verfügung. Ist der eigentliche Schuldner ein Unternehmen, dann wird die Haftungsbeschränkung bei Kapitalgesellschaften oder auch bei Kommanditgesellschaften durchbrochen.[278] Die Haftung vor Eintragung der Gesellschaft setzt nach § 14 Abs. 1 Nr 2 StGB voraus, dass der Geschäftsführer auch Gesellschafter ist.[279] **727**

Für den **Vorsatz** soll das Bewusstsein genügen, die Abführung der Beiträge bei Fälligkeit zu unterlassen.[280] Der Gläubiger muss darlegen und beweisen, dass der Geschäftsführer pflichtwidrig die Arbeitnehmerbeiträge zur Sozialversicherung nicht abgeführt hat.[281] Der Gläubiger kann sich jedoch zur Darlegung der Tatsachen auf Insolvenzanträge anderer Gläubiger stützen.[282] Der Sozialversicherungsträger muss eine Gesamtabrechnung ab Beginn eines Rückstandes vorlegen, aus dem die Rückstände schlüssig werden.[283] **728**

274 BGHZ 133, 370, 374 = NJW 1997, 130; BGHZ 134, 304 = NJW 1997, 1237; BGHZ 136, 332, 333 = NJW 1998, 22; BGH NJW 1997, 1237; NJW 1998, 1306, 1307; NJW 1998, 1484, 1485; BGHZ 144, 311 = NJW 2000, 2993; BGH NJW 2002, 1122; DStR 2003, 602 m. Anm. *Goette* = GmbHR 2003, 544; NJW 2005, 2546 = ZIP 2005, 1026 = DStR 2005, 978; ZInsO 2006, 489; DB 2006, 2681; NJW 2006, 3573 = WM 2006, 2134; BAG NJW 2005, 3739 = DB 2005, 2414; Bamberger/Roth § 823 BGB Rn. 207; Lutter/Hommelhoff-Kleindiek § 43 GmbHG Rn. 67; Roth/Altmeppen § 43 GmbHG Rn. 48; Thümmel BB 2002, 1105, 1107; z.T. krit Kiethe ZIP 2003, 1957; die Rspr. zusammenfassend Groß ZIP 2001, 945; kritisch gegen eine persönliche Haftung: Bamberger/Roth § 823 BGB Rn. 208.
275 BAG NJW 2005, 3739 = DB 2005, 2414.
276 *BGH* NJW 1998, 1306, 1307; *OLG Naumburg* NJW-RR 1999, 1343 m. krit. Anm *Wegner* wistra 2000, 35.
277 *OLG Brandenburg* GmbHR 2003, 595.
278 *BGH* INF 2005, 4090; WM 2003, 1876.
279 *KG* GmbHR 2003, 591.
280 *BGHZ* 133, 370, 381 = NJW 1997, 130; *BGHZ* 134, 304, 314 = NJW 1997, 1237; *BGH* NJW 2001, 967, 969; NJW 2002, 1122, 1123; *OLG Düsseldorf* NJW-RR 2000, 410, 411; *OLG Schleswig* GmbHR 2002, 216, 217.
281 *BGH* NJW 2002, 1123, 1124 = JZ 2002, 666 m. Anm. *Katzenmeier* gegen *OLG Düsseldorf* NJW-RR 1998, 243; NJW-RR 2001, 246, 247; *OLG Naumburg* NJW-RR 1999, 1343; *OLG Schleswig* GmbHR 2002, 216, 217 für die Zahlungsunfähigkeit.
282 *BGH* NJW 2002, 1123, 1125 = JZ 2002, 666 m. Anm. *Katzenmeier*.
283 *OLG Dresden* GmbHR 1998, 889 f.

c) Einwilligung oder Weisungen des Gesellschafters

729 Da es sich bei der Pflicht zur Abführung der Sozialversicherungsbeiträge um eine gesetzliche Pflicht des Geschäftsführers handelt, entlastet ihn weder eine Weisung des Alleingesellschafters[284] noch die Übertragung der Führung des Betriebes auf einen Dritten[285] oder das Niederlegen der Geschäftsführung, wenn er gleichwohl die Geschicke der GmbH weiter bestimmt hat.[286] Dagegen wird er von der Pflicht befreit, wenn er das Amt wirksam niedergelegt hat und keinerlei weitere Tätigkeit für die Gesellschaft mehr erfolgt.[287] Von der Abführungspflicht wird der Geschäftsführer befreit, wenn die Erfüllung der Leistung trotz entsprechender Vorsorge unmöglich geworden ist.[288] Im Wesentlichen sind die zivil- und strafrechtliche Auslegung des § 266a StGB deckungsgleich, weshalb auf die Darstellung des Straftatbestandes verwiesen werden kann.

3. Insolvenzanfechtung, neue Rechtslage ab 1.1.2008

730 Sind die Beiträge vollständig an die Sozialkassen entrichtet worden, bestand in Insolvenzverfahren, die **bis zum 31.12.2007** eröffnet wurden, eine **Anfechtungsmöglichkeit** des Insolvenzverwalters.[289] Bereits vor Inkrafttreten, aber schon in Kenntnis der künftigen Insolvenzordnung hatte der BGH mehrfach entschieden, dass eine während der „kritischen Zeit", also während eines Zeitraumes von drei Monaten vor der Verfahrenseröffnung, im Wege der Zwangsvollstreckung erlangte Sicherung oder Befriedigung prinzipiell als inkongruent anzusehen ist.[290] Außerdem hat der BGH eine inkongruente Deckung angenommen, wenn der Schuldner in der Krise nur zur Vermeidung einer unmittelbar bevorstehenden Zwangsvollstreckung geleistet hat, wobei es im verfahrensrechtlichen Sinn nicht darauf ankam, ob die Zwangsvollstreckung bereits begonnen hat, als die Leistung durch den Schuldner erfolgte.[291] Die Androhung von Vollstreckungsmaßnahmen erzeuge eine Drucksituation, der der Schuldner nur durch Befriedigung des Gläubigers entgehen könne. Die Insolvenzantragstellung und die Androhung derselben führen auch zu einer inkongruenten Deckung.[292] Derjenige, der die Androhung des Verfahrens oder die Antragsstellung dazu „missbraucht", seine Individualrechte durchzusetzen, erhalte dadurch eine Leistung, die ihm nach Sinn und Zweck der gesetzlichen Regelungen auf diesem Weg nicht zukommen soll, mit der Folge, dass Inkongruenz anzunehmen sei. Glei-

---

284 *OLG Naumburg* NJW-RR 1999, 1343.

285 *OLG Rostock* NJW-RR 1998, 688.

286 *OLG Naumburg* GmbHR 2000, 558; *LG Stendal* GmbHR 2000, 88; vgl. zur Haftung des faktischen Geschäftsführers *Geißler* GmbHR 2003, 1106.

287 *BGH* DStR 2003, 602 m. zust. Anm. *Goette* = GmbHR 2003, 544.

288 *BGH* DB 2006, 2681.

289 *Knopse/Gellrich* NZI 2006, 303.

290 *BGHZ* 128, 196, 199; 136, 309, 312.

291 *BGHZ* 136, 309, 312 = NJW 1997, 3445.

292 *BGHZ* 157, 242 = NJW 2004, 1385.

ches gilt dabei auch schon für den Fall, dass der Gläubiger lediglich mit der Stellung des Insolvenzantrags droht. Nach der bis zum 31.12.2007 geltenden Rechtslage hatte damit der Insolvenzverwalter die Möglichkeit, durch Anfechtung die Leistungen des Arbeitgebers zurück zu fordern.

Seit dem 1.1.2008 ist die Insolvenzanfechtung durch eine Änderung des § 28e **731** Abs. 1 S. 2 SGB IV **ausgeschlossen**. Die Norm fingiert nunmehr, dass Zahlungen des Arbeitgebers so gestellt werden, als seien sie aus dem Vermögen des Arbeitnehmers erbracht. Eine Rückwirkung der Norm schließt der BGH aus.[293]

II. Strafrechtliche Verantwortung

1. Arbeitgeberbegriff

Nur ein Arbeitgeber oder eine ihm nach § 266a Abs. 5 StGB gleichgestellte Person **732** kann Täter des Deliktes sein. Arbeitgeber ist derjenige, dem der Arbeitnehmer nach den §§ 611 ff. BGB Dienste leistet und der dem Arbeitnehmer zur Lohnzahlung verpflichtet ist. Die zivilrechtliche Wirksamkeit eines Arbeitsvertrages wird nach der überwiegenden Auffassung in Rechtsprechung und Literatur nicht vorausgesetzt; es kommt allein auf die tatsächlich durchgeführten Bedingungen der Beschäftigung an. So soll ein **tatsächliches** (faktisches) **Arbeitverhältnis** bereits dann genügen, wenn die Beteiligten es als ein Arbeitsverhältnis ansehen oder der Arbeitsplatz und die auszuführende Aufgabe so ausgestaltet sind, dass ein Über-/Unterordnungsverhältnis mit fester Entlohnung entsteht.[294] Als Arbeitgeber soll deshalb auch ein faktisch Verantwortlicher wie der faktische Geschäftsführer einer GmbH gelten,[295] nicht aber ein Strohmann.[296]

Für die Arbeitgeberstellung muss aber gefordert werden, dass das Beschäftigungs- **733** verhältnis eindeutig zwischen der Gesellschaft und einem Beschäftigten zustande gekommen ist. Handelt der Beschäftigte nur für einen Anderen persönlich, dann ist das Beschäftigungsverhältnis nicht mit dessen Gesellschaft zustande gekommen. Die Arbeitgeberverpflichtungen treffen dann nur die Einzelperson, nicht aber die Gesellschaft.[297]

Arbeitgeber ist nach § 266a Abs. 5 StGB auch der Auftraggeber eines Heimarbei- **734** ters, Hausgewerbetreibenden oder wer diesen Personen nach dem Heimarbeitsgesetz gleichgestellt ist; auch ein Zwischenmeister ist Arbeitgeber (§ 12 SGB IV, §§ 1, 2 HeimArbG).[298]

---

293 *BGH* DB 2008, 1096.
294 LK-*Gribbohm* § 266a Rn. 15.
295 *BGHSt* 47, 318, 324 = NStZ 2002, 547, 549; NJW 2002, 2480, 2482; *KG* NJW-RR 1997, 1126.
296 *Lackner/Kühl* § 266a Rn. 4; *OLG Hamm* NStZ-RR 2001, 793.
297 Schönke/Schröder-*Lenckner/Perron* § 266a Rn. 11.
298 BT-Drs. 10/318, 30.

735 Im Falle einer gewerbsmäßigen erlaubten **Arbeitnehmerüberlassung** ist Arbeitgeber im Sinne des § 266a Abs. 1 StGB der Verleiher (vgl. § 3 Abs. 1 Nr. 2 AÜG), nicht der Entleiher. Erfolgt die Arbeitnehmerüberlassung in illegaler Weise, gilt nach § 10 Abs. 1 S. 1 AÜG der Entleiher als Arbeitgeber, sodass dieser Täter des § 266a StGB sein kann. Wird der Arbeitnehmer aber durch den Verleiher entlohnt, gilt auch der Verleiher im Umfang der Lohnauszahlung als Arbeitgeber und damit als Schuldner der Arbeitnehmeranteile zur Sozialversicherung.[299]

736 Eine strafrechtliche Zurechnung nach **§ 14 Abs. 1 StGB** setzt voraus, dass das jeweilige Sonderdelikt eigentlich das Handeln der Organisation oder Gesellschaft verlangt, diese aber nur durch ihre Vertreter handeln kann. Dem Vertreter wird die Nichtbeachtung der Strafnorm als eigenes Verhalten zugerechnet,[300] wenn er wie ein Organ handelt. Ein eigennütziges Verhalten der Person scheidet aus.[301] Sein Handeln oder Unterlassen muss im Zusammenhang mit dem objektiven Aufgabenkreis des Unternehmens stehen, was für gesetzliche Pflichtbeiträge zur Sozialversicherung unproblematisch der Fall ist.

737 Die interne Geschäftsverteilung in einem mehrköpfigen Leitungsorgan ändert an der zivilrechtlichen Verantwortlichkeit nichts.[302] Im Strafrecht dürfen aber keine überzogenen Anforderungen gestellt werden. Daher kommt es darauf an, ob bei einer Geschäftsverteilung auf mehrere Personen und damit einer Übertragung von Verantwortlichkeiten im Unternehmen bei einer bestimmten Personen konkrete Handlungspflichten in funktionellem Zusammenhang mit den Unternehmensaufgaben bestanden. Die Zumutbarkeit des Handelns und der mögliche Irrtum über eine Pflicht zum Eingreifen spielen insbesondere bei den Geschäftsleitungsmitgliedern eine Rolle, die nicht personalverantwortlich sind.[303] Diese Mitglieder trifft nur eine allgemeine Informations- und Überwachungspflicht. Erst wenn die nicht unmittelbar für Personalangelegenheiten zuständigen Leitungsmitglieder im Rahmen der Information oder der Überwachung feststellen, dass den gesetzlichen Anforderungen nicht genügt wird, müssen sie eingreifen.[304] Die Überwachungspflicht besteht auch während des Urlaubes fort. Sie gilt ab der Bestellung zum Geschäftsführer und endet mit der Abberufung oder der (nicht missbräuchlichen) Amtsniederlegung.[305]

---

299 *BGH* NStZ 2001, 599; *Köhler* in Wabnitz/Janovsky 7. Kapitel Rn. 256.
300 *Fischer* § 266a Rn. 3.
301 *BGHSt* 30, 128.
302 *BGH* NJW 1997, 130; NJW 1997, 133; NJW 1997, 1237; NJW 1992, 177.
303 *Fischer* § 266a Rn. 5.
304 *Bente* wistra 1997, 105; *ders.* NJW 2001, 967; *Lackner/Kühl* § 266a Rn. 4; *BGHZ* 133, 370; 134, 304, 313; *Tag* BB 1997, 1115.
305 *BGH* NJW 2002, 1122; NJW 2003, 3787, 3789.

Knierim

2. Arbeitnehmerbegriff

Arbeitnehmer ist derjenige, der in abhängiger Stellung arbeitet. Im Normalfall be- **738** steht ein ausdrückliches Arbeitsverhältnis. Es kommt aber nicht auf das Vorliegen eines Vertrages an, sondern vor allem auf die tatsächliche Ausgestaltung des Arbeitsplatzes. Die Rechtsprechung hat dafür folgende Kriterien entwickelt:
*   Eingliederung in den Betriebsablauf des Arbeitgebers,
*   umfassende Weisungsgebundenheit,
*   Entlohnung nach festen Entgeltsätzen und
*   Fehlen eines eigenen unternehmerischen Risikos.

Formale Merkmale wie Bezeichnungen, Entlohnungen, Abführung von Lohnsteuer **739** und Sozialversicherungsanteilen sind von untergeordneter Bedeutung, sie können wie auch die Weisungsberechtigung Indiz sein. Die Merkmale des § 7 Abs. 4 SGB IV (Scheinselbstständigkeit) sind nur Indizien für eine Arbeitnehmereigenschaft.[306] Besonders das Merkmal eines Alleinauftrages, das heißt einer im Wesentlichen für nur einen Auftraggeber durchgeführten Tätigkeit sollte früher schon zur Annahme einer Scheinselbstständigkeit ausreichen. Mittlerweile ist anerkannt, dass erst eine Gesamtschau aller in § 7 Abs. 4 SGB IV genannten Kriterien eine Beurteilung der Arbeitnehmereigenschaft erlaubt, da sonst der Bestimmtheitsgrundsatz des § 1 StGB verletzt ist.[307]

Arbeitnehmerähnliche Personen sind keine Arbeitnehmer, ebenso nicht freie Mitar- **740** beiter, Strafgefangene, DRK-Schwestern, Nichtsesshafte in therapeutischen Einrichtungen etc. Es müssen tatsächliche Feststellungen getroffen werden, ob und inwieweit tatsächlich sozialversicherungspflichtige Arbeitsverhältnisse im Sinne des § 7 SGB IV vorlagen. Maßgebend ist also, ob das Sozialversicherungsverhältnis wirksam begründet worden ist. Auf Meldungen gegenüber der Einzugsstelle kommt es insoweit nicht an.[308]

In Fällen, in denen nach Absprache zwischen Arbeitgeber und Arbeitnehmer ein **741** Dritter einen Teil des Lohnes erhält (meist als Lohnaufteilung, um Geringfügigkeitsgrenzen oder andere Abgabenerleichterungen zu erreichen), wird das Arbeitsverhältnis nicht mit dem Dritten begründet, sondern nur mit dem jeweiligen Anspruchsberechtigten. Die Auszahlung an den Dritten stellt zwar eine gegen die öffentlichrechtlichen Vorschriften verstoßende Nettolohnzahlung dar, da sie aber aufgrund der Vereinbarung im Arbeitsverhältnis entrichtet wird, ist sie zivilrechtlich wirksam und verursacht keine Vermögensnachteile für das Vermögen des Arbeitgeber-Unternehmens.

---

306 *BGH* NStZ 2001, 599, 600; *Schulz* NJW 2006, 183.
307 *Fischer* § 266a Rn. 4.
308 *Schäfer* wistra 1982, 96, 98.

3. Beiträge zur Sozialversicherung

742 Die Zahlungen in den verschiedenen Versicherungszweigen können nach Pflichtbeiträgen und freiwilligen Beiträgen unterschieden werden. Die Norm ist sozialrechtsakzessorisch ausgestaltet, so dass alle Pflichtbeiträge zur Sozialversicherung von § 266a Abs. 1 StGB (Arbeitnehmeranteile) und § 266a Abs. 2 StGB (Arbeitgeberanteile) erfasst werden.[309] Wann ein Arbeitnehmer welche Beiträge zur Sozialversicherung zu entrichten hat, ist für jeden Versicherungszweig eigenständig zu beantworten. Insbesondere kommen dabei Ausschlusstatbestände für geringfügige Beschäftigte, leitende Angestellte und Sonderfälle in Betracht. So setzt die sozialrechtliche Beitragspflicht zumindest ein (faktisches) versicherungspflichtiges Beschäftigungsverhältnis voraus. Für einmaliges Arbeitsentgelt gilt nach § 22 Abs. 1 SGB IV, dass die Beitragspflicht nur entsteht, wenn das einmalige Arbeitsentgelt auch ausgezahlt wird. Einer Anklage muss daher mit hinreichender Klarheit entnommen werden können, für welchen Arbeitnehmer in welchem Versicherungszweig der Sozialversicherung welche Arbeitnehmeranteile abzuführen gewesen wären.[310]

743 **Krankenversicherung**: Hier sind die Versicherten kraft Gesetzes (§§ 5 ff. SGB V) und freiwillig Versicherte (§§ 9 ff. SGB V) zu unterscheiden. Für die Beitragspflicht ist insbesondere § 5 Abs. 1 Nr. 1 SGB V maßgeblich, wonach „Arbeiter, Angestellte und zu ihrer Berufsausbildung Beschäftigte, die gegen Arbeitsentgelt beschäftigt sind" versicherungspflichtig sind.

744 **Rentenversicherung**: Die Beitragspflicht zur Rentenversicherung ist in § 1 SGB VI normiert. Beitragspflichtig sind danach grundsätzlich alle gegen Entgelt beschäftigte Arbeitnehmer (§ 14 SGB IV), Lehrlinge und Auszubildende.

745 **Arbeitslosenversicherung**: Die Beitragspflicht zur Arbeitslosenversicherung/Arbeitsförderung trifft jeden gegen Entgelt beschäftigten Arbeiter oder Angestellten.

746 **Ausländische Sozialversicherungsbeiträge** sollen auch von § 266a Abs. 1 StGB geschützt sein, wenn sie sich aus einem bilateralen Vertrag ergeben und die für die Arbeitnehmereigenschaft maßgeblichen Voraussetzungen eingehalten sind (Entsendebescheinigungen).[311] Dazu geht der BGH von einer strengen sozialrechtlichen Akzessorietät aus und wendet die §§ 5, 6 SGB IV in vollem Umfang auf § 266a Abs. 1 StGB an.

---

309 *BGHSt* 47, 318; NJW 2007, 233.
310 *Bente* wistra 1992, 177, 178.
311 *BGH* U. v. 24.10.2007 – 1 StR 160/07 beckRS 2007 18920.

Knierim

4. Vorenthalten von Beiträgen

Die Absätze 1 bis 3 des § 266a StGB beschreiben unterschiedliche Tathandlungen, **747** bei deren Vorliegen die Sanktionen greifen. Da die Absätze 2 und 3 durch das **Schwarzarbeitsbekämpfungsgesetz** vom 23.7.2004 neu gefasst worden sind, soll im Folgenden nur auf die Neufassung eingegangen werden. Die früher geregelte Beitragsvorenthaltung durch Ersatzkassenmitglieder ist wegen Bedeutungslosigkeit entfallen.

a) Beiträge des Arbeitnehmers zur Sozialversicherung

Der Grundfall der Norm ist in Absatz 1 geregelt. Danach stellt jedes Nichtabführen **747a** von fälligen Beiträgen des Arbeitnehmers zur Sozialversicherung durch den Arbeitgeber ein echtes Unterlassungsdelikt dar. „**Vorenthalten**" bedeutet dabei, dass der Beitrag bei Fälligkeit an die zuständige Einzugsstelle nicht abgeführt wird. Es genügt auch nach der Neuregelung ein „Vorenthalten auf Zeit", also auch die kurzfristige „Liquiditätsleihe".[312] Unter „**Beiträgen zur Sozialversicherung**" sind die Beiträge zu Kranken-, Pflege-, Renten- und Arbeitslosenversicherung zu verstehen (vgl. § 28d SGB IV). Seit der Neuregelung durch das Erste Schwarzarbeitsbekämpfungsgesetz vom 23.7.2002 ist ausdrücklich normiert, dass der Tatbestand unabhängig davon erfüllt ist, ob Arbeitsentgelt gezahlt wird oder nicht. Der frühere Meinungsstreit zwischen der Lohnzahlungstheorie und der Lohnpflichttheorie ist damit überholt. Die Bestimmung greift also auch dann ein, wenn der Arbeitgeber keinen Lohn zahlt.

Bei der Frage der **Fälligkeit** von Sozialversicherungsbeiträgen muss differenziert **748** werden. Die vor Fälligkeit getroffene Stundungsabrede schließt während des Laufs der Stundungsabrede die Strafbarkeit aus.[313] Die Stundungsvereinbarung muss den Anforderungen des § 23 Abs. 1 SGB IV und den öffentlich-rechtlichen Vertragsvorschriften in SGB X entsprechen.[314]

Bei **illegaler Arbeitnehmerüberlassung** ist der Verleiher wegen § 28e Abs. 2 S. 1 **749** SGB IV nur verpflichtet, Sozialversicherungsbeiträge abzuführen, wenn tatsächlich auch Lohn gezahlt wird. Nur dann ist er Arbeitgeber im Sinne des § 266a StGB.

b) Beiträge des Arbeitgebers zur Sozialversicherung

Nach der Neuregelung von § 266a Abs. 2 StGB ist die Nichtabführung der von dem Arbeitgeber zu tragenden Beiträge zur Sozialversicherung einschließlich der Beiträge für Arbeitsförderung unter Strafe gestellt.[315] Jetzt sind auch diejenigen Fälle

---

312 *BGH* ZInsO 2001, 124; dieser Auffassung des Zivilsenats haben sich die Strafsenate des *BGH* angeschlossen, beispielsweise *BGH* NZI 2002, 454.
313 *Krekeler/Werner* Rn. 912.
314 Offen gelassen von *BGH* NJW 1992, 177, 178.
315 *Rönnau/Kirch-Heim* Das Vorenthalten von Arbeitgeberbeiträgen zur Sozialversicherung gem. § 266a Abs. 2 StGB n.F. – eine geglückte Regelung? in: wistra 2005, 321, 325.

erfasst, in denen die vorenthaltenen Beiträge alleine vom Arbeitgeber zu tragen sind (insbesondere Pauschalbeiträge zur Kranken- und Rentenversicherung im Falle geringfügiger Beschäftigungsverhältnisse, § 8 SGB IV, und Beiträge zur Unfallversicherung gemäß den §§ 150 ff. SGB VII). Keine Änderung ist durch die Neufassung für geringfügige Beschäftigungsverhältnisse in Privathaushalten eingetreten (§ 8a SGB IV). Weil der Gesetzgeber hier einen geringen Unrechtsgehalt annimmt, verbleibt es bei der Ahndung solcher Privatfälle als Ordnungswidrigkeit (§ 111 Abs. 1 Nr. 2a SGB IV, § 209 Abs. 1 Nr. 5 SGB VII).[316]

750 Bis zur Neufassung von § 266a Abs. 2 StGB war das Nichtabführen des Arbeitgeberanteils von der Strafbarkeit ausgenommen. Dass auch Arbeitgeberbeiträge von der Norm erfasst werden können, hatte der Gesetzgeber ursprünglich mit der Begründung abgelehnt, die uneingeschränkte Einbeziehung der Arbeitgeberanteile in den Tatbestand würde dazu führen, dass auch die Nichtzahlung einer eigenen Schuld sanktioniert würde, was dem deutschen Straf- und Bußgeldrecht mit einigen wenigen Ausnahmen (vgl. beispielsweise §§ 26b, 26c UStG) fremd sei. Allein die Nichtzahlung z.b. einer Steuerschuld sei gerade keine Straftat. Deshalb beschränkte sich die Strafbarkeit in der Vergangenheit auf die Nichtabführung des Arbeitnehmeranteils (§ 266a Abs. 1 StGB).[317]

─────────────── **Praxishinweis** ───────────────

751 Konnte man als Verteidiger vor der gesetzlichen Änderung dem in der Krise befindlichen Unternehmen noch raten, nur die Arbeitnehmeranteile zur Sozialversicherung abzuführen, um straffrei zu bleiben, so muss nach der Neuregelung der Rat dahin lauten, dass **sämtliche Anteile zur Sozialversicherung abzuführen** sind. Wegen der Rechtsprechung zu §§ 64 Abs. 1, 84 Abs. 1 Nr. 2 GmbHG kann darauf hingewiesen werden, dass innerhalb der Drei-Wochen-Frist eine Zahlung nicht erfolgen muss, wohl aber nach Ablauf dieser Frist.

752 Die Neuregelung lehnt sich an den Straftatbestand der Steuerhinterziehung (§ 370 Abs. 1 AO) an. Die Strafbarkeit setzt damit voraus, dass der Täter **falsche oder unvollständige Angaben** macht oder bestimmte Angaben unterlässt. Zur Straflosigkeit führen seit der Neuregelung daher nur richtige und vollständige Angaben zur Anzahl der Unternehmer und zur Lohnhöhe. Für die Strafbarkeit kommt es nicht darauf an, ob im konkreten Einzelfall tatsächlich Arbeitsentgelt gezahlt wird (§ 22 Abs. 1 SGB IV).

753 Durch § 266a Abs. 2 Nr. 1 StGB wird aktives Tun unter Strafe gestellt. Auch Personen, die den **Arbeitgeber vertreten** oder Aufgaben für ihn oder an seiner Stelle wahrnehmen, können den Tatbestand verwirklichen. Das gilt auch für die so genann-

---

316 *OLG Hamm* wistra 2003, 73; *BGH* NStZ 2002, 547; *BGH* NJW 2002, 1123, 1124. Vgl. *Berwanger* BB-Spezial 2/2004, S. 10, 13.

317 *Rönnau/Kirch-Heim* Das Vorenthalten von Arbeitgeberbeiträgen zur Sozialversicherung gem. § 266a Abs. 2 StGB n.F. – eine geglückte Regelung? in: wistra 2005, 321.

ten faktischen Geschäftsführer.[318] Tatsachen im Sinne dieser Norm sind solche Umstände, die einen Einfluss auf Grund und/oder Höhe des Sozialversicherungsbeitrages haben können. Dazu zählen Angaben des Arbeitgebers zur Zahl seiner Arbeitnehmer und/oder zur Höhe des Arbeitsentgelts. Es muss durch die fehlerhaften Angaben zu einem Vorenthalten der von dem Arbeitgeber zu tragenden Beiträge gekommen sein.

Durch § 266a Abs. 2 Nr. 2 StGB wird das **Unterlassen einer Mitteilung** unter Strafe gestellt. Auch hier setzt die Norm zwar ein Vorenthalten voraus, das ist aber lediglich die Folge eines Verstoßes gegen eine Offenbarungspflicht.[319] Das Konkurrenzverhältnis zu § 263 StGB nach der früheren Rechtslage ist noch ungeklärt. Früher trat die Strafbarkeit nach § 263 StGB ein, wenn der Arbeitgeber aktiv falsche Angaben gemacht hat und der Sozialversicherungsträger aufgrund einer Falschmeldung auf die Geltendmachung von Beitragsforderungen verzichtet hat.[320] Die neue Vorschrift soll eine Gesetzeslücke schließen für den Fall, dass der Arbeitgeber die Arbeitnehmer nicht zur Renten-, Kranken- und Arbeitslosenversicherung anmeldet. Die frühere Rechtsprechung lehnte hier eine Strafbarkeit nach § 263 StGB ab, weil aus der Nichterfüllung einer gesetzlichen Meldepflicht gegenüber dem Versicherungsträger ein bloß pflichtwidriges Unterlassen resultiert, aus dem nicht geschlossen werden kann, dass bei der Einzugsstelle ein – für den Betrug erforderlicher – Irrtum erregt worden ist. Fehlvorstellungen können bei der Einzugsstelle nicht hervorgerufen worden sein, wenn keine Meldung dort eingegangen ist. Damit stand der Arbeitgeber, der überhaupt keine Anmeldung vornahm, besser als derjenige, der nur einen Teil seiner Arbeitnehmer anmeldete oder sie z.T. falsch anmeldete, weil er nur wegen des vorenthaltenen Arbeitnehmeranteils verurteilt werden konnte. Dieser Wertungswiderspruch wird nun durch § 266a Abs. 2 Nr. 2 StGB aufgefangen.[321]

754

c) Sonstige Lohneinbehalte

Mit § 266a Abs. 3 StGB wird ein in der Praxis seltenes Delikt normiert. Unterlässt es der Arbeitgeber den Arbeitnehmer darüber zu informieren, dass Teile des Arbeitsentgeltes, die an einen Anderen zu zahlen sind, bei Fälligkeit nicht weitergeleitet worden sind, kann er nach Abs. 3 S. 1 bestraft werden. Ausdrücklich wird von diesem unbestimmten Tatbestand der Fall der Lohnsteuerhinterziehung ausgenommen (§ 266a Abs. 3 S. 2 StGB). In Betracht kommen deshalb ausschließlich Weiterleitungspflichten aufgrund einer Vereinbarung mit dem Arbeitnehmer, beispielsweise Arbeitnehmer-Sparzulagen, Direktversicherungen, Beiträge für Pensionskassen, Auszahlung von abgetretenen oder gepfändeten Teilen des Arbeitsentgeltes an

754a

---

318 *Weyand* Gesetzgebung: Änderungen des § 266a StGB durch das „Schwarzarbeitsbekämpfungsgesetz", in: PStR 2004, 214.
319 *Laitenberger* Beitragsvorenthaltung, Minijobs und Schwarzarbeitsbekämpfung, in: NJW 2004, 2703, 2704.
320 *BGH* wistra 2003, 262.
321 *BGH* wistra 1992, 141; wistra 2003, 262.

andere Stellen und Gläubiger. Trifft der Arbeitgeber dagegen eine Vereinbarung mit dem Arbeitnehmer über das Unterlassen der Zahlung oder unterrichtet er ihn – auch formlos – darüber, dass die Zahlung nicht erfolgt ist, entfällt der strafrechtliche Vorwurf.

755 In Fällen der Nettolohnzahlung gilt auch weiterhin, dass ein Arbeitgeber, der Lohnsteuerabzugsbeträge einbehält, aber nicht an das Finanzamt abführt, nur nach § 380 AO (Gefährdung der Abzugssteuern) wegen einer Ordnungswidrigkeit verfolgt werden kann. Unterlässt er die Anmeldung von Lohnsteuern überhaupt, begeht er eine Steuerhinterziehung durch Unterlassen nach § 370 Abs. 1 Nr. 2 AO. Handelt der Arbeitgeber leichtfertig, gilt § 378 AO.

d) Sonderfall: Unmöglichkeit der Beitragszahlung

Bereits nach den allgemeinen Grundsätzen für Unterlassungsdelikte scheidet eine Strafbarkeit wegen unrichtiger Anmeldungen und Abführungen bzw. unterlassener Anmeldungen aus, wenn dem Verpflichteten eine Zahlung im Zeitpunkt der Fälligkeit nicht möglich und nicht zumutbar gewesen ist.[322] Die Unmöglichkeit normgemäßen Verhaltens lässt nämlich die **Tatbestandsmäßigkeit** bei Unterlassungsdelikten **entfallen**. Ein tatbestandsmäßiges Verhalten im Sinne eines „Vorenthaltens" kann dann nicht festgestellt werden.[323] Wenn der Arbeitgeber im Fälligkeitszeitpunkt keine Zahlungen leisten kann, ist ihm die Leistung unmöglich.

756 Es sind **konkrete Feststellungen** einer solchen Zahlungsunfähigkeit erforderlich.[324] Indiziell zu berücksichtigen ist dabei ein fehlenden Kassen- oder Bankguthaben. Indessen genügt die Feststellung einer Überschuldung im Sinne von § 19 InsO oder die Zahlungsunfähigkeit im Sinne von § 17 InsO nicht. Unmöglichkeit im Sinne dieser Rechtsprechung ist erst dann anzunehmen, wenn der Arbeitgeber tatsächlich keine Mittel mehr zur Verfügung hat, um ganz konkret die fälligen Anteile zur Sozialversicherung abzuführen; eine generelle Unfähigkeit deshalb, weil mehr Schulden als Vermögensgegenstände da sind, genügt nicht. Praktisch bedeutet das, dass der Arbeitgeber aus Geldmangel zu keinerlei (auch nicht anderweitigen) Zahlung mehr in der Lage sein darf. Die **Pflicht zur Abführung** der Beiträge zur Sozialversicherung hat einen **absoluten Vorrang** vor anderen Verbindlichkeiten. Selbst Lohnzahlungen haben hier zurückzustehen.

757 Eine **bewusste Herbeiführung der Unfähigkeit zur Zahlung** kann ebenso wie das Unterlassen von Sicherungsvorkehrungen vorwerfbar sein.[325] Wenn der Arbeitgeber beispielsweise kurz vor Fälligkeit auf andere Verbindlichkeiten hin zahlt, bleibt es bei der Strafbarkeit gemäß § 266a Abs. 1 StGB. Deshalb verpflichtet die Rechtspre-

---

322 *BGH* NStZ 2002, 547, 548; *OLG Hamm* wistra 2003, 73.
323 *BGH* NJW 2002, 1123, 1124.
324 *BGHSt* 47, 318, 319; bestätigt durch *BGH* NJW 2008, 2516.
325 *BGH* NStZ 2002, 547; NStZ 2003, 156 = wistra 2002, 340 m. Anm. *Wegner* wistra 2002, 382.

Knierim

chung den Arbeitgeber, Nettolohnzahlungen für den laufenden Monat anteilig zu kürzen, um die darauf entfallenden, erst später fällig werdenden Sozialversicherungsbeiträge abführen zu können.[326] Außerdem hat der Arbeitgeber die Pflicht, sich zur Erfüllung seiner sozialversicherungsrechtlichen Pflichten Kreditmittel zu beschaffen oder einem ihm eingeräumten Kreditrahmen auszunutzen. Das kann allerdings nicht gelten, wenn er die Rückzahlung der Kreditmittel nicht gewährleisten kann.[327] Ein wirtschaftlich angeschlagener Arbeitgeber wird sich deshalb meistens darauf berufen können, er sei nicht sicher gewesen, ob er den Kredit auch wirklich hätte zurückzahlen können.

Dagegen ist ein Geschäftsführer oder Organmitglied des Arbeitgebers nicht verpflichtet, aus Privatmitteln die Zahlung der Sozialversicherungsbeiträge sicherzustellen.   **758**

e) Vorsatz

Für den subjektiven Tatbestand genügt **bedingter Vorsatz**. Trotz der sozialversicherungsrechtlichen Pflichten und Fristen muss in jedem Einzelfall konkret festgestellt werden, dass dem Arbeitgeber seine Verpflichtungen bekannt waren und er den Willen hatte, die Beiträge bei Fälligkeit trotz Zahlungsfähigkeit nicht abzuführen. Soll dem Arbeitgeber ein vor dem Fälligkeitszeitpunkt liegendes Verhalten vorgeworfen werden, beispielsweise der Ausgleich anderer Verbindlichkeiten gegenüber Banken und Lieferanten, ohne dass eine Rücklage für die Sozialversicherungsbeiträge gebildet wurde, so müssen die Merkmale des bedingten Vorsatzes in dem insoweit maßgeblichen Zeitpunkt gegeben sein.[328] In der unternehmerischen Liquiditätsplanung ist es deshalb ratsam, die besonderen Anstrengungen zur Sicherstellung einer Abführung von Arbeitnehmerbeiträgen zu dokumentieren. Es ist in erheblichem Umfang entlastend, wenn Anweisungen im Unternehmen existieren, die die Abführung der Sozialversicherungsbeiträge sicherstellen sollen.[329] Erst wenn entgegen dieser Anweisung oder entgegen der Erkenntnis voraussehbarer Liquiditätsprobleme gehandelt wird, nimmt jemand, den Arbeitgeberpflichten treffen, billigend in Kauf, dass Sicherungsmaßnahmen unterlassen und später möglicherweise die Beiträge nicht erbracht werden können.   **759**

Daher handelt nicht vorsätzlich, wer die Zahlung versucht (z.B. durch Scheckzahlung) und dann später erfährt, dass die Zahlung nicht eingegangen ist. Nach Ansicht des KG[330] muss wegen der Weite des objektiven Tatbestandes besonders sorgfältig   **760**

---

326 *BGHZ* 134, 304 = NJW 1997, 1237; LK-*Gribbohm* § 266a Rn. 56; Schönke/Schröder-*Lenckner/Perron* § 266a Rn. 10.
327 *BGH* NStZ 2002, 547, 549.
328 *BGHZ* 134, 304, 315.
329 *BGHSt* 47, 318, 323.
330 *KG* wistra 1991, 188 = NStZ 1991, 287 f.

Knierim

auf der subjektiven Seite geprüft werden, ob der Arbeitgeber eine objektive Erfolgsabwendungsmöglichkeit gehabt hat.

761 Der **Irrtum** über das Vorliegen und den Umfang der Abführungspflicht ist Verbotsirrtum. Eine Einwilligung des Sozialversicherungsträgers kann nur vorliegen, wenn eine wirksame Stundungsabrede zustande gekommen ist, oder die Voraussetzungen der Selbstanzeige nach § 266a Abs. 6 StGB (Meldung und Nachzahlung) erfüllt sind.

f) Vollendung

762 Der Versuch ist nicht strafbar. Die Tat beginnt mit der Nichtabführung der Beiträge an den jeweiligen Versicherungszweig der Sozialversicherung am Fälligkeitstag. Sie ist als **Dauerdelikt** beendet, wenn die Beiträge bezahlt sind und Beendigung der Tat oder Unmöglichkeit der Erfüllung eingetreten ist.

g) Besonders schwerer Fall

763 Besonders schwere Fälle werden durch die **Regelbeispiele** des § 266a Abs. 4 StGB normiert, die in Anlehnung an § 370 Abs. 3 AO ein besonders gravierendes Fehlverhalten unter einen erhöhten Strafrahmen stellen. Mit Freiheitsstrafen von 6 Monaten bis zu 10 Jahren kann danach bestraft werden, wer

- aus grobem Eigennutz in großem Ausmaß Beträge vorenthält (wobei die Rechtsprechung bereits von Beträgen ab 50 000 € ein „großes Ausmaß" annimmt)[331]
- die Tat unter Verwendung nachgemachter oder verfälschter Belege fortgesetzt verwirklicht wird oder
- die Unterstützung eines Amtsträgers ausgenutzt wird, der seine Befugnis oder seine Stellung missbraucht.

764 **Gewerbsmäßigkeit** ist aber nicht bereits durch eine Arbeitgebereigenschaft anzunehmen.[332] Vielmehr kommt es für die Strafschärfung auf eine besondere Ausnutzung der Pflichtverletzungen mit dem Ziel besonderer Gewinnerzielung an.

5. Selbstanzeige, persönliche Straffreiheit

765 Durch § 266a Abs. 6 StGB wird in das **Ermessen des Gerichtes** gestellt, von einer Bestrafung abzusehen, wenn der Arbeitgeber spätestens im Zeitpunkt der Fälligkeit oder unverzüglich danach der Einzugsstelle schriftlich die Höhe der vorenthaltenen Beiträge mitgeteilt hat und dargelegt hat, warum die fristgemäße Zahlung nicht möglich ist. Sein ernsthaftes Bemühen um eine Zahlung ist in einer solchen Mitteilung anzugeben. Diese Selbstanzeige nach § 266a Abs. 4 StGB führt sogar zur vollständigen Straffreiheit, wenn die **Beiträge** zu einem späteren Zeitpunkt inner

---

331 *BGH* Urt. v. 2.12.2008 – 1 StR 416/08.
332 Vgl. *BGH* NStZ 2007, 527.

halb der von der Einzugsstelle bestimmten angemessenen Frist **entrichtet** wird. Das Gleiche gilt für Fälle des Absatzes 3.

Die Einbeziehung von § 266a Abs. 2 StGB in die Selbstanzeigenorm macht dann **766** keinen Sinn, wenn es in Absatz 2 nicht um die Abführung von Geldern, sondern um die vollständige und wahrheitsgemäße Mitteilung von Tatsachen geht. Die Selbstanzeigemöglichkeit ist deshalb nicht darauf beschränkt, dass der Arbeitgeber unverzüglich nach dem Verstreichenlassen der Fälligkeitsfrist die Einzugsstelle entsprechend unterrichtet, sondern dass es hier auch um die **Korrektur früherer Meldungen** geht, die durch die Vorschrift erfasst werden.[333]

6. Konkurrenzen

In der Praxis kommt es selten vor, dass nur für einen Arbeitnehmer eine Zahlung zu **767** den Sozialversicherungen unterlassen wird. In der Regel ist von einer monatlichen Fälligkeit für verschiedene Arbeitnehmer auszugehen, so dass notwendigerweise das Verhältnis der Gesetzesverletzungen zueinander (§ 52 oder § 53 StGB) zu untersuchen ist. Bei mehreren gleichzeitigen Unterlassungen gegenüber der gleichen Einzugsstelle kann **Tateinheit** (§ 52 StGB) angenommen werden, wenn es sich um gleichartige Meldungen für die betrieblichen Arbeitnehmer handelt, die zu einem bestimmten Zeitpunkt abgegeben werden müssen. Hier liegt eine prozessuale Tatidentität vor, die zum Strafklageverbrauch führt.[334] Tateinheit ist wegen der einheitlichen Zahlungspflicht an die Einzugsstellen (§ 28d SGB IV) auch zwischen § 266a Abs. 1 und Abs. 2 StGB anzunehmen.[335] Meldungen, die gegenüber verschiedenen Einzugsstellen abzugeben sind und auch unterschiedliche Fälligkeiten aufweisen, stehen grundsätzlich im Verhältnis der **Tatmehrheit** zueinander (§ 53 StGB).[336] Tatmehrheit liegt ebenfalls vor, wenn Handlungspflichten verschiedene Zeiträume betreffen.

Gegenüber **§ 263 StGB** ist § 266a StGB das speziellere Gesetz.[337] Der Gesetzgeber **768** hat durch die Einführung des neuen § 266a Abs. 2 StGB verdeutlicht, dass die Spezialnorm weitgehend Fälle erfasst, die bislang nach § 263 StGB verfolgt wurden.[338] Aus Gründen der einheitlichen Anwendung ist dieser Vorrang auch dem

---

333 *Laitenberger* Beitragsvorenthaltung, Minijobs und Schwarzarbeitsbekämpfung, in: NJW 2004, 2703, 2706; *Weyand* Änderungen des § 266a StGB durch das „Schwarzarbeitsbekämpfungsgesetz" in: PStR 2004, 214, 216.
334 *Fischer* § 266a Rn. 36.
335 *Lackner/Kühl* § 266a Rn. 20.
336 *BGHSt* 48, 307, 314; *OLG Frankfurt* NStZ-RR 1999, 104; *Bittmann/Ganz* wistra 2002, 130; a.A. *OLG Hamm* wistra 2001, 238.
337 *BGH* NStZ 2007, 527. Vgl. dazu die Gesetzesbegründung, BT-Drs. 15/2573, S. 28; *Weyand* Änderungen des § 266a StGB durch das „Schwarzarbeitsbekämpfungsgesetz" in: PStR 2004, 214, 216; dagegen grds. anders *BGH* NJW 2003, 1821/1823 f. zur alten Rechtslage; dagegen wiederum *BGH* wistra 2004, 262; zum Ganzen *Rolletschke* wistra 2005, 211.
338 Zur Konkurrenz eingehend *Rolletschke* wistra 2005, 211

Knierim

Absatz 1 einzuräumen, so dass in der Praxis davon auszugehen ist, dass auch bei betrügerischem Vorenthalten von Arbeitnehmerbeiträgen der Tatbestand des § 266a Abs. 1 StGB anzuwenden ist, nicht aber § 263 StGB. Es ist kaum denkbar, dass noch Fallkonstellationen vorliegen können, die nicht durch § 266a Abs. 1 S. 3 StGB erfasst werden. Soweit sozialversicherungsrechtliche Verpflichtungen zur Informationsmitteilung oder zur Dokumentation, beispielsweise bei Betriebsprüfungen, herangezogen werden, kann § 263 StGB Anwendung finden. Das gilt auch, wenn die Anwendung des § 266a StGB ausgeschlossen ist (vgl. § 111 Abs. 1 Nr. 7 SGB IV, d.h. bei Beschäftigungen in Privathaushalten).

769 Im Verhältnis zu § 15 Abs. 4 InsO gilt, dass nach Eintritt der Zahlungsunfähigkeit oder der Überschuldung der juristischen Person keine Zahlungen mehr geleistet werden dürfen. Werden trotzdem aus dem Unternehmensvermögen Zahlungen geleistet, besteht eine persönliche Verantwortung der jeweiligen Organmitglieder. Mit diesem Zahlungsverbot kollidiert jedoch die Zahlungspflicht des § 266a StGB. Etwa bis zum Jahr 2004 herrschte die Meinung vor, dass der sozialrechtlichen Zahlungsverpflichtung stets der Vorrang zu geben sei und in Kauf zu nehmen sei, dass der Arbeitgeber wegen des Verstoßes gegen das Zahlungsverbot zivilrechtlich in Haftung genommen wird.[339] Neuerdings hat sich der BGH aber für eine „Schonfrist" entschieden.[340]

770 Der **BGH** sieht einen Widerspruch zwischen der Zahlungspflicht und dem Zahlungsverbot nur als auflösbar an, wenn § 64 S. 2 GmbHG während des Laufs der 3-wöchigen Antragsfrist die Nichtabführung der Arbeitnehmerbeiträge rechtfertigt. Folglich entfällt eine Strafbarkeit in diesem Drei-Wochen-Zeitraum. Wenn ein verantwortliches Organmitglied indessen die Frist für die Stellung des Insolvenzantrages ohne weitere Reaktion verstreichen lässt, fällt diese sich aus § 64 S. 2 GmbHG, § 92 Abs. 2 AktG ergebende Rechtfertigung wieder fort. Privilegiert ist also lediglich der Zeitraum, in dem noch aussichtsreiche Sanierungsversuche nach Eintritt und Kenntnisnahme von der Unternehmenskrise unbelastet durch u.U. kontraproduktive Zahlungsverpflichtungen durchgeführt werden müssen. Soweit nach Ablauf der Frist noch Mittel des Unternehmens zur Verfügung stünden, haben die Zahlungspflichten nach dem Sozialversicherungsrecht Vorrang gegenüber anderen Verpflichtungen.[341] Auf die theoretischen Anfechtungsmöglichkeiten eines Insolvenzverwalters darf der verantwortliche Organträger keine Rücksicht nehmen. Seit der Änderung des § 266a Abs. 2 StGB bezieht sich diese Rechtsprechung auch auf Arbeitgeberanteile zur Sozialversicherung.

771 Dieser strafrechtlichen Rechtsprechung wird von der zivilrechtlichen Judikatur entgegengehalten, dass es gerade nach der InsO keine Bevorzugung einzelner Gläubiger gibt, so dass der Vorrang des Sozialversicherungsträgers außerhalb der Insolvenzantragsfrist dem Gleichbehandlungsgrundsatz gerade zuwiderläuft. Die Bevorzugung

---

339 *Köhler* in Wabnitz/Janovsky 7. Kapitel Rn. 276.
340 *BGHSt* 48, 307 = NJW 2003, 3787 = wistra 2004, 26 = ZIP 2003, 2213; *Wittmann* wistra 2004, 327; *BGH* DStR 2005, 978.
341 Vgl. dazu auch *BGH* wistra 2002, 340.

Knierim

eines Sozialversicherungsträgers lasse sich auch nicht damit rechtfertigen, dass diese nach der Auffassung des BGH aus der Strafvorschrift des § 266a StGB herauszulesen sei. Auch andere Gläubiger hätten lediglich Insolvenzforderungen, die aus strafrechtlich relevantem Verhalten des Arbeitgebers herrühren können. Gleichwohl würden sie nicht bevorzugt behandelt.[342] Trotz dieser Kritik sollte man daran festhalten, in der anwaltlichen Beratung den Organträger auf diese Rechtsprechung hinzuweisen und ihm anzuraten, die fälligen Sozialversicherungsbeiträge bevorzugt zu erfüllen. Gegen den Vorwurf, damit würden nach § 64 GmbHG, § 92 Abs. 2 S. 1 AktG verbotene Zahlungen geleistet, kann man sich unter Hinweis auf die Rechtsprechung des BGH befreien. Außerdem kann der Insolvenzverwalter einer Befriedigung des Sozialversicherungsträgers durch Anfechtung widersprechen und die Zahlungen an sich zurückverlangen (§§ 129 ff. InsO).

D. Betrug

I. Einführung in die anwaltliche Beratung

1. Bedeutung

Nahezu alle kaufmännischen Geschäfte, die Bank- und Finanzdienstleistungen sowie andere vertragliche Austauschverhältnisse sehen in der Solvenz und Leistungsfähigkeit ihres jeweiligen Vertragspartners eine wesentliche Vertrauensgrundlage im Sinne von §§ 241 Abs. 2, 242 BGB (Treu und Glauben). Wird der jeweilige Vertragspartner insolvent, erhöht sich für den jeweilig anderen Vertragsteil signifikant das Risiko eines Vermögensverlustes. Deshalb schützt § 263 StGB das Vermögen des jeweiligen Vertragspartners vor einem Vermögensverlust, wenn er auf der Grundlage einer Täuschung über die Solvenz des Vertragspartners Leistungen erbringt. Häufig wird schon im Vorfeld einer Insolvenz – auch mit den Mitteln des Strafrechts – über die Erfüllung, die Erfüllungsbereitschaft sowie über Gläubiger- und Schuldnerbegünstigungen gestritten.[343] Tatsächlich sind die im Folgenden diskutierten Sachverhalte eher Gegenstand von zivilrechtlichen Streitigkeiten zwischen Insolvenzverwaltern und Geschäftsführern/Vorständen einer insolventen Kapitalgesellschaft. Das Strafrecht wird nur flankierend bemüht, meist wegen der Möglichkeit, durch die Verweisung des § 823 Abs. 2 BGB auf drittschützende Strafnormen einen Schadensersatzanspruch zu erhalten, bei dem zivilrechtliche Beweiserleichterungen für den Kläger gelten.

772

---

342 *BGH* DB 2003, 2383, 2384; NJW 2002, 512, 513.
343 Dazu vgl. die zivilrechtliche Diskussion bei den §§ 134, 138 BGB (Nichtigkeit von Verträgen) sowie bei §§ 823, 826 BGB (Schadensersatzansprüche gegen Dritte wegen sittenwidriger Gestaltungen).

773 Die Pflicht, eine fehlende Leistungsbereitschaft oder Leistungsfähigkeit zu offenbaren, ist nicht nur eine reine Unterlassungsverantwortung im Sinne von § 13 StGB. Die Rechtsprechung nimmt vielmehr an, dass durch **schlüssiges Verhalten** aktiv gehandelt wird, wenn eine Bestellung aufgegeben wird oder grundsätzlich in ernsthafte Vertragsverhandlungen über einen fremden Vermögensgegenstand eingetreten wird. Mithin beginnt die Pflicht, die gegen den äußeren Eindruck einer Solvenz sprechende fehlende Leistungsfähigkeit und Leistungswilligkeit unmittelbar vor dem Vertragsabschluss zu offenbaren bei Eintritt in ernsthafte Vertragsverhandlungen. Mit dem Vertragsabschluss ist die Täuschung vollendet, wenn der andere Vertragspartner vorleistungspflichtig ist oder im Vertrauen auf die Erfüllung des Vertrages vorleistet. Eine Beendigung tritt ein, wenn die Leistung des Vertragspartners in vollem Umfang erbracht ist.

774 Erst die offene Insolvenz eines Vertragspartners, d.h. die beim Insolvenzgericht beantragte Insolvenzeröffnung oder eine vergleichbare umfassende und wahrheitsgemäße Offenlegung der tatsächlichen wirtschaftlichen und finanziellen Verhältnisse gegenüber dem Vertragspartner, lassen weitere Angabepflichten wegfallen.

2. Verfahrensrechtliche Hinweise

775 Der Betrug ist, wenn besondere Kenntnisse des Wirtschaftslebens erforderlich sind, eine **Wirtschaftsstraftat** (§ 74c Abs. 1 Nr. 6 GVG, § 103 Abs. 2 JGG). Der Kreditbetrug ist eine Wirtschaftsstraftat im Sinne von § 74c Abs. 1 Nr. 5 GVG, § 103 Abs. 2 JGG. Die Strafverfolgung obliegt damit den Schwerpunktstaatsanwaltschaften oder den Wirtschaftsabteilungen bzw. den Schwerpunkt-Gerichten für die Bekämpfung der Wirtschaftskriminalität.

776 Im Ermittlungsverfahren ist zu bedenken, dass durch die Neuregelung des TKÜ-Gesetzes seit dem 1.1.2008 gemäß § 100a Abs. 2 Nr. 1 n StPO die gewerbsmäßige oder bandenmäßige Begehung von Betrugstaten Grundlage einer **Telekommunikationsüberwachung** sein dürfen. Der Gesetzgeber hat besondere Verwertungsschranken (§§ 100a Abs. 4, 160a, 161 Abs. 2, 477 Abs. 2 StPO) und richterliche Kontrollpflichten (§§ 100b Abs. 3, 4, 101 StPO) vorgesehen. Von besonderer Bedeutung für andere heimliche Ermittlungsmaßnahmen ist es, dass Geschäftsräume nicht als Wohnräume angesehen werden (§ 100d Abs. 3 StPO) und deshalb in Geschäftsräumen und außerhalb davon technische Aufzeichnungen gemacht werden dürfen oder eine verdeckte Observation grundsätzlich nach richterlicher Anordnung durchgeführt werden darf.

777 Anklageschriften und etwaige Verurteilungen enthalten selten Feststellungen über Bestell-, Liefer- oder Fälligkeitstermine im jeweiligen Lieferantengeschäft oder im Zahlungsverkehr. Solche Fehler können Anlass zu einem erfolgreichen Rechtsmittel sein.[344] Wer ein Betrugsdelikt feststellen will, muss darlegen, zu welchem Zeitpunkt

---

344 Vgl. beispielsweise *BGH* U. v. 21.6.2007 – 5 StR 532/06 – BeckRS 2007 11120.

und durch welche Handlung der Tatbestand verwirklicht worden sein soll bzw. worden ist. Für den Tatbestand ist deshalb beim Lieferantenbetrug der Zeitpunkt der Bestellung, nicht aber der Liefertermin oder der Zeitpunkt der Fälligkeit der Gegenleistung relevant.[345]

II. Lieferantenverträge, Eingehungsbetrug

1. Bedeutung

Im Wirtschaftsleben wird nach den Grundsätzen handelsüblichen Leistungsaustausches eine Vielzahl von unterschiedlichen Geschäften abgewickelt, für die nur teilweise gesetzliche Regelungen oder Handelsklauseln oder Handelsbräuche existieren. Nach §§ 343, 344 HGB gehören alle Rechtsgeschäfte, die ein Kaufmann vornimmt, im Zweifel zum Betrieb seines Handelsgewerbes und sind damit Handelsgeschäfte. Die unter dem Stichwort „Lieferantenbetrug" diskutierten strafrechtlichen Massenfälle sind deshalb häufig **Handelsgeschäfte**, für die neben den Regeln des BGB vorrangig jene über das Handelsgeschäft des HGB gelten. Für wirtschaftsstrafrechtliche Fälle kommt daher in erster Linie eine zivilrechtliche Betrachtung auf der Grundlage der §§ 343 ff. HGB in Betracht. **778**

Ergibt sich aus einer wirtschaftlichen Situation des Unternehmens oder der Einzelperson, dass es zumindest zweifelhaft ist, ob die mit einer Bestellung eingegangene Verpflichtung im Fälligkeitszeitpunkt tatsächlich erfüllt werden kann, besteht das Risiko einer Strafbarkeit wegen Lieferantenbetruges. Da der Zeitpunkt der Leistung und der Zeitpunkt der Fälligkeit der Gegenleistung häufig auseinanderfallen (mit Ausnahme der so genannten Laden-/Thekengeschäfte), kommt es auf die vertraglichen Regelungen und die dabei möglichen Planungen ausreichender Liquidität für die Erfüllung der Zahlungsverpflichtung an.[346] Ob sich in einem Unternehmen, das sich in einer wirtschaftlichen Krise befindet oder bei dem bereits drohende oder eingetretene Zahlungsunfähigkeit bzw. Überschuldung festgestellt werden kann, ein schwunghafter Wirtschaftsverkehr und eine berechtigte Hoffnung auf den Ausgleich der Zahlungsverpflichtungen einstellen wird, darf bezweifelt werden, da praktisch eine solide Bonitätsbasis nicht mehr gegeben ist und das Unternehmen vom einen auf den anderen Tag zusammenbrechen kann.[347] **779**

---

345 *BGH* wistra 1998, 177 = NStZ 1998, 247; *Köhler* in: Wabnitz/Janovsky 7. Kapitel Rn. 227.
346 *BGH* wistra 1984, 223, 224 bei der Übergabe eines Schecks oder Wechsels.
347 *OLG Köln* NJW 1967, 740, 741; *Köhler* in: Wabnitz/Janovsky 7. Kapitel Rn. 223.

2. Tatbestandsmäßiges Verhalten

a) Täuschung über Tatsachen

780 Die Rechtsfigur des so genannten „**Eingehungsbetruges**"[348] verlangt, dass durch aktives Tun über Tatsachen getäuscht wird. Wenn der Handelnde ausdrücklich etwas Falsches über den Inhalt, den Zustand oder den Zusammenhang von Tatsachen oder wenn er die Unrichtigkeit durch sein Verhalten schlüssig (konkludent) miterklärt, täuscht er er.[349] Maßgeblicher Zeitpunkt für die Feststellung einer Täuschungshandlung ist der Vertragsabschluss, wobei auch ein vorbereitendes Verhalten ursächlich sein kann. Wer bei einem Lieferanten Ware oder andere Leistungen bestellt, obwohl er schon im Zeitpunkt des Vertragsabschlusses damit rechnet oder sicher weiß, dass er die Gegenleistung zu einem späteren Zeitpunkt nicht erbringen kann, über seine wirtschaftliche Situation oder die des Unternehmens aber nicht informiert, gibt eine unrichtige Erklärung über Tatsachen ab.[350] Derjenige Unternehmenslenker oder das Organmitglied einer Gesellschaft, das eine bereits drohende Krise oder eine eingetretene Zahlungsunfähigkeit oder Überschuldung kennt, macht sich bei Offenlegung seines Wissens gegenüber einem Vertragspartner nicht strafbar.

781 Im Normalfall werden keine ausdrücklichen Erklärungen abgegeben, sondern mit der Bestellung wird **schlüssig miterklärt**, dass der Besteller auch in der Lage ist, die bestellte Ware oder Dienstleistung innerhalb der vereinbarten Fälligkeit zu bezahlen[351]. Selbst wenn eine solche Erklärung abgegeben würde, wäre zu prüfen, ob es sich um eine Erklärung über die zukünftige Zahlungsfähigkeit handelt oder um eine Erklärung über die gegenwärtige oder vergangene Unternehmenslage. Vom Tatbestand des § 263 Abs. 1 StGB werden nur konkrete Geschehnisse oder Zustände der Gegenwart oder Vergangenheit erfasst.[352] Die Täuschung kann auch darin bestehen, dass der Besteller falsche Auskünfte über sein gegenwärtiges Vermögen erteilt, eine aktuelle Krise verschweigt oder auf die ausdrückliche Frage sogar eine Krise abstreitet. Gleichzeitig wird § 265b StGB zu prüfen sein.

782 Im Normalfall wird der Unternehmer jedoch seine Bestellung aufgeben, ohne eine zusätzliche Erklärung über seine Zahlungsfähigkeit und Zahlungsbereitschaft abzugeben. Dennoch hat die Rechtsprechung in einer solchen Erklärung die konkludente Erklärung über Tatsachen gesehen, aufgrund der derzeitigen Einschätzung der wirt-

---

348 LK-*Tiedemann* § 263 Rn. 38; *Köhler* in: Wabnitz/Janovsky 7. Kapitel Rn. 225.
349 Schönke/Schröder-*Cramer* § 263 Rn. 11, 13.
350 Vollständige Mittellosigkeit des Täters: *BGH* U. v. 21.6.2007 – 5 StR 532/06 – BeckRS 2007 11120.
351 BGH wista 1982, 66 ff.
352 Schönke/Schröder-*Cramer* § 263 Rn. 8; *Lackner/Kühl* § 263 Rn. 4; *Wessels/Hillenkamp* Rn. 494.

schaftlichen Lage die Gegenleistung erbringen zu wollen und auch zu können (**Leistungswilligkeit und Leistungsfähigkeit**).[353]

Wird zwischen den Vertragspartnern ein besonders langes Zahlungsziel vereinbart, **783** kann dies dazu führen, dass eine konkludente Täuschungshandlung über die Leistungsfähigkeit nicht mehr angenommen werden kann.[354] Beide Elemente des Eingehungsbetruges, die **Leistungswilligkeit als innere Tatsache**, die **Leistungsfähigkeit als äußere Tatsache**, sind tatbestandsrelevant.[355]

Die Feststellung, dass ein Unternehmer schon bei Vertragsabschluss die Absicht **784** hegte, eine empfangene Ware oder Dienstleistung zum Fälligkeitstermin nicht zu bezahlen, ist schwierig. Zum Einen beruht das darauf, dass der Besteller grundsätzlich auch bei Bestehen gegenwärtiger wirtschaftlicher Probleme regelmäßig die empfangene Leistung bei Fälligkeit bezahlen will, zum Anderen ist die Beweisführung schwierig. Im Normalfall wird sich eine Prüfung daher darauf erstrecken, ob die Täuschung über die Zahlungsfähigkeit **nachgewiesen** werden kann. Für eine gerichtsfeste Beweisführung wird erwartet, dass eine Beurteilung, also eine Prognose aus der Sicht des Bestellers zum Zeitpunkt der Bestellung aufgestellt werden muss, die alle aktuellen wirtschaftlichen Daten auf eine zukünftige Zahlungsfähigkeit hin interpretiert. Die Zahlungsfähigkeit als äußere Tatsache bedeutet, dass im Zeitpunkt der Fälligkeit der Forderung ausreichende Liquidität oder ein ausreichendes Kreditlimit vorhanden sein muss, um die Schuld zu begleichen.

Ein solcher Nachweis kann in der Regel nur durch Indizien geführt werden, die **785** durch einen **Sachverständigen** einem Wahrscheinlichkeitsurteil unterworfen werden müssen. Es ist sachverständig anhand sämtlicher liquiditätsbezogener Positionen einer Unternehmensbilanz zu klären, ob es nach wirtschaftlichem Ermessen einem Unternehmer möglich gewesen wäre, bei Fälligkeit zu zahlen. Dazu sind alle kurzfristig fälligen Forderungen, Bank- und Kassenguthaben sowie alle kurzfristig fälligen Verbindlichkeiten zu vergleichen. Es kann auch eine Analyse über die Zahlungsflüsse durchgeführt werden, die eine hinreichende Prognose darüber ergeben kann, zu welchem Zeitpunkt das Unternehmen über ausreichende oder über unzureichende Liquidität verfügt hätte. Wenn sich daraus ergibt, dass begründete Zweifel an einer späteren Zahlungsfähigkeit bestehen mussten oder gar Gewissheit darüber bestand, dass ein Ausgleich nicht erfolgen würde, ist die konkludent behauptete Zahlungsfähigkeit objektiv falsch. Dies ist völlig unproblematisch, wenn der Besteller im Zeitpunkt der Bestellung bereits zahlungsunfähig war und auch blieb. In der Praxis wird hier regelmäßig auf erfolglose Vollstreckungsversuche abgestellt. Eine solche Situation muss bei dem Besteller Aufmerksamkeit und begründete Zweifel an seiner Bonität im späteren Fälligkeitszeitpunkt hervorgerufen haben.

---

353 *BGH* wistra 1984, 223, 224; *OLG Köln* NJW 1967, 740, 741; LK-*Tiedemann* § 263 Rn. 38; *Richter* Der Konkurs der GmbH aus der Sicht der Strafrechtspraxis (Teil 1/Teil 2), in: GmbHR 1984, 137, 149; *Otto* Jura 1983, 16, 21.
354 *BGH* StV 1985, 188.
355 *Nack* in Müller-Gugenberger/Bieneck § 48 Rn. 9; *Wessels/Hillenkamp* Rn. 494.

786 Ist der Unternehmer im Zeitpunkt der verbindlichen Bestellung noch nicht zahlungsunfähig, ist eine Analyse der wirtschaftlichen Lage des Unternehmens auf der Grundlage von Krisenindikatoren geboten. Dabei kann abgestuft nach verschiedenen Liquiditätsgraden auch der Stand der verfügbaren Zahlungsmittel überprüft werden. **Krisenindikatoren** sind beispielsweise
- die allgemeine Zahlungsmoral der Schuldner des Bestellers;
- die Ausdehnung der Zahlungsziele;
- ein häufiger Wechsel der Bankverbindungen;
- zunehmende Zahlungsrückstände;
- Zwangsvollstreckungen.

787 Letztendlich ist allerdings eine Würdigung der Indikatoren und des Gefahrengrades anhand von Erfahrungssätzen, bezogen auf den jeweiligen Einzelfall, erforderlich. In einer solchen Analyse muss man sich mit den einzelnen Kriterien auseinandersetzen, sie gewichten, die Gesamtsituation des Unternehmens im Zeitpunkt der Bestellung würdigen und möglichst aussagekräftige Daten aus der Buchhaltung und sonstigen Erkenntnisquellen hinzuziehen. Allein die Tatsache, dass eine Zwangsvollstreckung ergebnislos geblieben ist, bedeutet noch nicht, dass der jeweilige Schuldner seine Zahlungen eingestellt hat. Bei Bestellungen vor Eintritt der Zahlungsunfähigkeit wird regelmäßig Anlass bestehen, im Rahmen der Verteidigung vorzubringen, dass eine ordnungsgemäße Bewirtschaftung der Unternehmensmittel und Unternehmensmöglichkeiten zu einer ausreichenden Zahlungsfähigkeit bei Fälligkeit der Forderungen geführt hätte.

788 Von einer **Täuschung durch Unterlassen** kann nur in Ausnahmefällen ausgegangen werden. Unterlässt es ein Unternehmer, seinen Vertragspartner über die wirtschaftliche oder finanzielle Lage des Unternehmens aufzuklären, handelt es sich bereits um eine konkludente Täuschung durch aktives Tun. Da das Bestehen einer Garantenstellung Voraussetzung eines jeden Unterlassungsdeliktes ist, muss sich eine solche Garantenstellung im konkreten Fall aus der vertraglichen Geschäftsbeziehung. Das ist regelmäßig nur bei einem besonderen Vertrauensverhältnis der Fall.[356] Ein besonderes Vertrauensverhältnis kann nicht bereits aus der einfachen Vertragsbeziehung abgeleitet werden. Bei erstmaligen Vertragsbeziehungen ist es in jedem Fall abzulehnen. Eine dauerhafte Geschäftsbeziehung eignet sich zwar als Grundlage für gesteigerte Aufklärungspflichten, hinzukommen muss aber eine Vereinbarung oder eine tatsächliche Handhabung der Offenlegung von bedeutsamen Änderungen der wirtschaftlichen Verhältnisse.[357]

---

356 *BGHSt* 6, 198; *BayObLG* NJW 1987, 1654; *Wessels/Beulke* Rn. 719a.
357 *BGHSt* 39, 392; *BGH* wistra 1984, 223, 224; LK-*Tiedemann* § 263 Rn. 65; *Otto* Jura 1983, 16, 21.

b) Irrtum und Kausalität

Unter einem Irrtum des Lieferanten oder Dienstleisters, der die Bestellung entgegen- **789** nimmt, ist jede **Fehlvorstellung über Tatsachen** zu verstehen. Wer aufgrund einer vorgenommenen Bestellung mit der Zahlungswilligkeit und Zahlungsfähigkeit des Unternehmers rechnet, liefert die bestellte Ware aus oder erbringt die bestellte Dienstleistung. Der normale Geschehensverlauf belegt daher in aller Regel, dass der Vertragspartner von einer solchen Fehlvorstellung geleitet worden ist.

Regelmäßig beruht der Irrtum auch auf der (zumindest konkludenten) Täuschung **790** über die Zahlungswilligkeit und Zahlungsfähigkeit des Bestellers. Ohne Besonderheiten des Einzelfalles wird eine Kausalität deshalb im Normalfall zu bejahen sein. Ausnahmsweise bedarf die Feststellung des Irrtums und der Kausalität allerdings einer differenzierenden Betrachtung, nämlich dann, wenn zwischen dem Besteller und dem Lieferanten bereits länger andauernde regelmäßige Geschäftsbeziehungen bestehen und der Lieferant trotz unerfüllter Forderungen weitere Bestellungen annimmt und auch ausführt.[358] Auch muss geprüft werden, ob der Lieferant nicht schon während der Vertragsbeziehung Kenntnis von entscheidenden Krisenindikatoren erlangt hat und so zumindest **Zweifel** an der Zahlungsfähigkeit des Bestellers entwickeln musste oder – in seltenen Fällen – sogar Kenntnis von der Zahlungsunfähigkeit gewonnen hat. Wenn auch nach der überwiegenden Meinung in Rechtsprechung und Literatur Zweifel alleine einen Irrtum nicht ausschließen können,[359] bedarf es dennoch näherer Feststellungen dazu, ob die weiteren Lieferungen auf neu vorgenommenen Täuschungshandlungen des Bestellers beruhen. Es müssen die konkreten Gründe für die weiteren Lieferungen aufgeklärt werden.[360]

Kann festgestellt werden, dass der Unternehmer etwaige Zweifel des Lieferanten **791** ausdrücklich zerstreut, das heißt durch Teilzahlungen oder konkrete Hinweise auf den Erhalt weiterer Bankkredite die Zahlung in Aussicht stellt, um noch weitere Lieferungen zu erhalten, und leistet der Lieferant wegen dieser Erklärungen, besteht eine eindeutige Kausalbeziehung zwischen Täuschung und Irrtum.[361] Dagegen ist ein durch Täuschung hervorgerufener Irrtum unwahrscheinlich, wenn dem Lieferanten die schlechte Vermögenslage des Unternehmers bekannt ist und er ohne Sicherheiten leistet.[362]

---

358 *BGH* wistra 1988, 25, 26; *BGH* wistra 1993, 224; *BGH* wistra 1998, 179; LK-*Tiedemann* § 263 Rn. 87.
359 LK-*Tiedemann* § 263 Rn. 87; *Lackner/Kühl* § 263 Rn. 18; Schönke/Schröder-*Cramer* § 263 Rn. 40.
360 *BGH* wistra 1988, 25, 26; wistra 1993, 224; wistra 1996, 262, 263; wistra 1998, 179; *BGH* StV 1999, 24; *Fischer* § 263 Rn. 33.
361 *Köhler* in Wabnitz/Janovsky 7. Kapitel Rn. 228.
362 *BGH* wistra 1988, 25, 26.

c) Vermögensschaden

792 Der Vermögensschaden, der durch eine Verfügung des Lieferanten über sein eigenes Vermögen oder das eines Dritten entstehen muss, muss darin bestehen, dass er für die erbrachte Leistung (Warenlieferung oder Dienstleistung) keinen ausreichenden Gegenwert erhält. Zwar begründet ein vertragliches Austauschverhältnis in aller Regel eine Forderung des Lieferanten auf Zahlung des vereinbarten Preises/Entgeltes oder eines zumindest marktüblichen Gegenwertes. Deshalb wird ein Vermögensschaden beim Eingebungsbetrug dadurch ermittelt, dass das Vermögen des Lieferanten vor dem Vertragsschluss mit seinem Vermögen nach dem Vertragsschluss verglichen wird. Ist die Auslieferung noch nicht erfolgt, ist in diesen Vergleich die Verpflichtung auf Ablieferung von Ware einzubeziehen und die Forderung, die sich aus dem Austauschverhältnis ergibt, gegen zu rechnen.

793 Die rechtsgeschäftliche Verpflichtung als solche bedeutet wirtschaftlich betrachtet eine Belastung des Vermögens des Lieferanten, wenn der Verpflichtung kein äquivalenter Anspruch gegenübersteht und der Getäuschte vorleistungspflichtig ist.[363] Eine Vermögensminderung in der Form einer konkreten **schadensgleichen Vermögensgefährdung** liegt dann vor, wenn bei wirtschaftlicher Betrachtung bereits eine Entwertung des gegenwärtigen Vermögens eingetreten ist.[364]

794 Die **wirtschaftliche Betrachtungsweise**, die die Rechtsprechung bei der Ermittlung des Vermögensschadens anwendet, hat das gesamte zivilrechtliche Spektrum des Austauschverhältnisses einzubeziehen. Es ist dabei zu berücksichtigen, dass grundsätzlich zwischen der schuldrechtlichen Verpflichtung und der dinglichen Übereignung zu trennen ist. Allerdings kann bereits im Verlust des Besitzes, das heißt der tatsächlichen Verfügungsmacht über einen Gegenstand, ein wirtschaftlicher Nachteil liegen. Die Auslieferung einer Ware unter Eigentumsvorbehalt stellt beispielsweise noch keinen Eigentumsverlust dar, wohl aber den Verlust der tatsächlichen Verfügungsmacht über den Gegenstand und damit eine nur eingeschränkte Möglichkeit, den Wert des Gegenstandes anderweitig zu realisieren. Zugleich muss bedacht werden, dass bei einem wirksamen Austauschverhältnis der Lieferant mit der Verpflichtung belastet ist, das Eigentum zu übertragen, sobald er die Gegenleistung erhält.

795 Wird kein Eigentumsvorbehalt und auch kein Sicherungseigentum vereinbart, kann der Vermögensschaden bereits darin liegen, dass der Lieferant keine bonitätsmäßig gleichwertige Zahlungsforderung erhält. Bei der Bonitätsbewertung sind Leistungswilligkeit und Leistungsfähigkeit des Schuldners mit zu berücksichtigen. Bei der gebotenen wirtschaftlichen Betrachtungsweise muss vom Zeitpunkt der Bestellung an auf den Zeitpunkt der Zahlungsfälligkeit hin prognostizierbar sein, dass der Lieferant ganz oder teilweise mit seiner Zahlungsforderung ausgefallen wäre. Kann die Analyse sich hierzu nicht eindeutig äußern, wird der Nachweis einer Täu-

---

363 LK-*Tiedemann* § 263 Rn. 173.
364 *BGHSt* 23, 300; *BGHSt* 33, 244, 246; *Fischer* § 263 Rn. 103; *Nack* in: Müller-Gugenberger/Bieneck § 48 Rn. 25.

schungshandlung schon nicht zu führen sein. Der Zahlungsanspruch stellt nur einen Faktor bei der Vermögensberechnung dar. Existiert noch ein Rückgabe-/Herausgabeanspruch oder ein Gewährleistungsanspruch des Lieferanten, kommt im Ausnahmefall eine Gleichwertigkeit der jeweiligen Vermögensgegenstände in Betracht. Dies sollte im Einzelfall genauer untersucht werden.

Eine Risikoüberlegung, wie sie typischerweise gemäß § 249 Abs. 1 HGB für **Rück-** **796** **stellungen** erforderlich ist, führt hingegen nicht zu einem sinnhaften Vermögensvergleich. In einem einzelnen Geschäft ist die für Bilanzzwecke zu bildende Rückstellung von teilweise gesetzlich oder durch die Rechtsprechung vorgegebenen Abwertungskriterien/Risikokriterien abhängig, obwohl eine Forderung zweifelsfrei erfüllbar sein kann. Beispielsweise ist hier das Delcredere-Risiko zu nennen, bei dem sowohl die Durchsetzbarkeit einer Forderung im Ausland nach den dortigen juristischen Gepflogenheiten zweifelhaft sein kann. Außerdem können die politischen Verhältnisse in einem anderen Land instabil sein mit der Folge, dass ohne Schuld des anderen Vertragspartners eine Zahlung unterbleibt oder verzögert wird. Ein solches Delcredere-Risiko wird auch durch Finanzierungsgeschäfte wie Factoring oder ABS-Finanzierungen oder durch die typischen Hermes-gesicherten Liefergeschäfte ins Ausland nicht ausgelöst. Pauschalisierte Risikoabwägungen oder Rückstellungen führen deshalb grundsätzlich nicht zu einem Minderwert der Forderungen im Sinne des § 263 Abs. 1 StGB.

Auf der Seite des Lieferanten muss zudem berücksichtigt werden, dass dieser ein **797** gewisses allgemeines Geschäftsrisiko zu tragen hat. Das Risiko besteht schon deshalb, weil die Vertragsschließenden gerade nicht die Fälligkeit der Gegenleistung bei Erbringung der Leistung eintreten lassen wollen, sondern regelmäßig eine Vorleistungspflicht des Lieferanten vereinbart wird und der Besteller erst später zahlen muss. Damit trägt der Lieferant einen Teil des Risikos, das durch das Strafrecht nicht einseitig dem Besteller zugewiesen werden darf. Bei der angemessenen Bewertung dieses Risikos kommt es auf Branchenerfahrungen, Marktusancen und die Bonität der handelnden Unternehmen an.[365]

d) Vorsatz

Im konkreten Fall sind Wissen und Willen des Bestellers zu untersuchen. Dieser **798** muss mindestens mit **bedingtem Vorsatz** hinsichtlich der objektiven Merkmale des Tatbestandes handeln. Das bedeutet, dass er ernstlich damit rechnen und sich damit abfinden muss, dass seine Erklärung gegenüber dem Lieferanten falsch ist und die ausdrückliche oder konkludente Tatsachenbehauptung enthält, dass er zahlungswillig und zahlungsfähig ist. Ob der Unternehmer darauf verweisen kann, dass er für den Zeitpunkt der Fälligkeit der Verbindlichkeit mit einem hohen Zahlungseingang

---

365 *BGH* wistra 1984, 223, 224 = StV 1984, 511, 512; *Köhler* in: Wabnitz/Janovsky 7. Kapitel Rn. 231; *Richter* Der Konkurs der GmbH aus der Sicht der Strafrechtspraxis (Teil 1/ Teil 2), in: GmbHR 1984, 137, 149.

gerechnet habe, ist in der Praxis umstritten.[366] Es kommt hier auf eine Auswertung der Gesamtverhältnisse des Unternehmens an. Die Ermittlungspraxis wird hier in aller Regel einen mehrmonatigen Vergleich anstreben, um zu ermitteln, ob überhaupt eine Wahrscheinlichkeit bestand, dass ausreichende Liquidität vorhanden war. Ausgeschlossen werden kann der bedingte Vorsatz nur dann, wenn der Unternehmer konkrete Vertragsbeziehungen darlegt, aus denen sich erwartete Zahlungseingänge ergeben. Die bloße Hoffnung auf künftige Zahlungen allein kann den Vorsatz nicht ausschließen.[367]

e) Täterschaft, Zurechnung

799 Gibt der Unternehmer im Rahmen der Aufbau- und Ablauforganisation den Mitarbeitern auf, notwendige Bestellungen für Unternehmensprojekte auszuführen, so handeln diese Mitarbeiter selbst nicht vorsätzlich, wenn ihnen die tatsächliche wirtschaftliche Lage des Unternehmens nicht bekannt ist. Es kommt aber eine mittelbare Täterschaft durch das Organ in Betracht. Dagegen kann das Leitungsorgan selbst strafbar sein, wenn es nicht rechtzeitig derartige Bestellungen unterbindet, obwohl es weiß, dass die Mitarbeiter laufend Bestellungen ausführen und eine Zahlungsfähigkeit nicht mehr gegeben ist.[368] Die einzelnen Handlungen von Mitarbeitern verbinden sich für den Unternehmensverantwortlichen zu einer einzigen juristischen Tathandlung, weil dessen Tatbeitrag sich in dem einmaligen Entschluss manifestiert, den Geschäftsbetrieb in der Krisenphase des Unternehmens fortzuführen.[369]

f) Vollendung

800 Die nachträgliche Erfüllung der Verbindlichkeit durch den Unternehmer schließt die Vollendung eines Betruges nicht aus; sie stellt allerdings einen für die Strafzumessung bedeutsamen Umstand dar. Die zeitnahe nachträgliche Erfüllung nach dem Fälligkeitszeitpunkt kann aber auch ein Beleg dafür sein, dass keine tatbestandsmäßige Täuschung vorlag.

g) Strafrahmen, Nebenfolgen

801 Wegen vorsätzlichen Betruges kann mit einer Freiheitsstrafe bis zu fünf Jahren oder mit Geldstrafe bestraft werden und in besonders schweren Fällen mit Freiheitsstrafe von sechs Monaten bis zu 10 Jahren.

802 Für eine **Gewerbsmäßigkeit** im Sinne von § 263 Abs. 3 Nr. 1 1. Alt StGB genügt es, dass die Tat auf eine wiederholte Begehung angelegt ist und eine fortlaufende

---

366 *BGH* StV 1985, 188; *Fischer* § 263 StGB Rn. 106.
367 *Köhler* in Wabnitz/Janovsky 2. KapitelRn. 226.
368 *BGH* wistra 1998, 177; NJW 1998, 767, 769; wistra 1998, 148.
369 *BGH* wistra 1998, 767, 769; wistra 1998, 177.

Einnahmequelle durch unmittelbare oder mittelbare Vorteile schaffen soll.[370] An einem solchen mittelbaren Zusammenhang fehlt es bei einer Gesamtschau unter Berücksichtigung mehrerer Warenkreditbetrügereien, dass ein Unternehmer in betrügerischer Absicht mehrere Angestellte anstellt.[371]

Bei einem Lieferantenbetrug kommt die Verhängung eines **Berufsverbotes** nach § 70 StGB in Betracht, wenn der Unternehmer die Tat unter Missbrauch seines Berufs bzw. seines Gewerbes begeht.[372] Damit ist auch die Verhängung eines vorläufigen Berufsverbotes nach § 132a StPO möglich.   **803**

III. Unternehmensverkäufe

1. Grenzen der Vertragsfreiheit[373]

Außerhalb des WpÜG[374] bestehen für den Ablauf und Inhalt von Vertragsverhandlungen und den Abschluss von Unternehmenskaufverträgen keine spezifischen gesetzlichen Regelungen. Soweit vertragliche Vereinbarungen über Verschwiegenheit, Art und Inhalt von Auskünften, Datenräumen sowie vertraglichen Gewährleistungen o.Ä. bestehen, muss für die Prüfung von Pflichtverletzungen, gegenseitigen Informations- und Schadensabwendungspflichten und Gewährleistungsansprüchen darauf zurückgegriffen werden. Im Übrigen sind die Regelungen der §§ 433 ff. BGB (Kaufrecht), der §§ 311, 241 Abs. 2, 280 ff. BGB für Vertrauenstatbestände und Nebenpflichten[375] sowie die §§ 116 ff., 134, 138 BGB für Willenserklärungen sowie Gesetzes- und Sittenverstöße ergänzend anwendbar. In der zivilrechtlichen Rechtsprechung zur Gewährleistungs- und Vermögensschadenshaftung bei Unternehmenskäufen hat sich eine Fallkasuistik entwickelt[376], die vor allem die Pflichten zur (limitierten) wahrheitsgemäßen Aufklärung[377], aber auch eine Risikoverteilung nach der Rollenverteilung und den jeweiligen Informationsmöglichkeiten betont.[378]   **804**

---

370 *BGH* wistra 1994, 230, 232; *BGH* MDR bei *Holtz* 1983, 621, 622.
371 *BGH* wistra 1999, 465; *BGH* U. v. 21.6.2007 – 5 StR 532/06- BeckRS 2007 11120.
372 *BGH* wistra 1990, 22, 23.
373 *Paulus/Zenker* JuS 2001, 2.
374 §§ 1, 29 WpÜG.
375 Zur neueren Rechtslage vgl. MüKo-*H. P. Westermann* § 433 BGB Rn. 51 ff., 62, 64; § 453 BGB Rn. 25 ff., 31 m. w. N.; MüKo-*Emmerich* § 311 BGB Rn. 77 ff., 104 f., 117; *Weitnauer* NJW 2002, 2511, 2512 ff.
376 Palandt-*Heinrichs* § 311 BGB Rn. 24; *BGH* NJW 1998, 302; Palandt-*Weidenkaff* § 435 BGB Rn. 95, 95a, 95b; *BGHZ* 145, 121, 130 = NJW 2001, 436; *BGH* NJW-RR 2002, 308, 310.
377 *BGH* NJW 1965, 812; *BGHZ* 56, 81, 84 f.; *BGH* NJW 2001, 2163; *BGH* NJW 2002, 1042 ff.
378 So schon *BGHZ* 47, 207, 211 f.; *BGH* NJW 1996, 451, 452; zur zivilrechtlichen Diskussion: *Stengel/Schalderer* NJW 1994, 158 ff.; *Fleischer/Körber* BB 2001, 841, 848 f.

805   Die strafrechtlichen Grenzen der allgemeinen Vertragsfreiheit sind überschritten, wenn tragende Entscheidungsgrundlagen durch Täuschungen über Tatsachen (Betrug, § 263 StGB; Urkundenfälschung, § 267 StGB) vorsätzlich unrichtig dargestellt werden, wenn die Unerfahrenheit eines Vertragspartners ausgenutzt werden soll (Wucher, § 291 StGB; Verstöße gegen zwingende Verbraucherschutznormen), wenn der Vertragsabschluss durch unerlaubte Drittvorteile sachwidrig beeinflusst (§§ 298 ff. StGB) oder wenn Insiderwissen verbotswidrig eingesetzt wird (§ 85 GmbHG, § 20a WpHG). Besonders in kritischen Unternehmensphasen ist die Möglichkeit von Schadenersatzansprüchen bei fehlender Information eines Verhandlungspartners über existenzbedrohende Risiken auch aus strafrechtlichen Vorschriften abgeleitet worden.[379]

2. Risikoverteilung bei ungewisser Tatsachengrundlage

806   Eine strafrechtliche Einordnung des Verhandlungsgeschehens bis zum Vertragsabschluss muss die vertragliche Risikoverteilung beachten. Wenn die Vertragsparteien typischerweise geschäftserfahrene, kaufmännisch geführte Unternehmen sind, die jeweils zudem durch ein Team erfahrener Unternehmensberater, Wirtschaftsprüfer und Juristen vertreten werden, obliegen nicht nur dem Verkäufer Aufklärungs- und Schutzpflichten, er darf auch darauf vertrauen, dass der Käufer seinerseits alle notwendigen fachlichen Prüfungen anstellt, um sich über die Risikosituation eines Unternehmens im Klaren zu sein. Strafrechtlich bedeutsam können in solchen Fällen nur **arglistige Handlungen** sein, d.h. das vorsätzliche Verschweigen erheblicher Tatsachen zur Irreführung oder das aktive Täuschen. Umfassender zu schützen sind aber geschäftlich **unerfahrene Käufer** oder Käufer, denen vor Abschluss des Kaufvertrages eine ausführliche Untersuchung verweigert wird, die auf die Information durch Dritte, nicht ausreichend informierte Personen verwiesen oder denen schlicht unzutreffende Informationen gegeben werden.

3. Erklärung über Tatsachen

807   Um die wirtschaftlichen und finanziellen Verhältnisse eines Unternehmens zu beschreiben, legt der Verkäufer dem Käufer regelmäßig Zahlenwerke, Übersichten, Listen über Anlagegüter, Umlaufvermögen, Dauerschuldverhältnisse und Verbindlichkeiten vor. Hier handelt es sich um Tatsachenangaben. Zu den möglichen Täuschungen über Tatsachen zählt auch die Täuschung über die Richtigkeit und Vollständigkeit von stichtagsbezogenen Unternehmensberichten und Berichten von Abschlussprüfern (§§ 264 Abs. 2, 331, 332 HGB, §§ 42, 42a, 82 Abs. 2 Nr. 2 GmbHG), wenn ein Verhandlungspartner unter Bezugnahme auf solche Berichte die tatsächli-

---

379 *BGH* NStZ 2004, 559; *BGH* NStZ 1996, 540; *BGH* NStZ 1998, 568 m. Anm. *Dierlamm*; *LG Potsdam* wistra 2005, 193; *Golz/Klose* NZI 2000, 108; *Ogiermann* Die Strafbarkeit des systematischen Aufkaufs konkursreifer Unternehmen, in: wistra 2000, 250.

chen wirtschaftlichen, rechtlichen, finanziellen und organisatorischen Verhältnisse eines Unternehmens beschreibt.[380] Das gilt auch für eine Lagedarstellung aus Anlass des Unternehmenskaufs.[381] Eine Täuschung über reine Rechtsfragen, Prognosen und Einschätzungen ist dagegen in der Regel nicht betrugsrelevant.

Der **Jahresabschluss** stellt aufgrund der verpflichtenden Regelungen des Handelsbilanzrechts ein für Täuschungshandlungen geeignetes Tatmittel dar.[382] Eine solche Täuschung kann durch die Vorlage eines Prüfungsberichts eines unabhängigen Abschlussprüfers, der die Übereinstimmung des Jahresabschlusses mit den gesetzlichen Bestimmungen und die im Wesentlichen richtige Darstellung der Gesellschaftsverhältnisse bescheinigt (§§ 321, 322 HGB), verstärkt werden, wenn der Jahresabschluss selbst falsch war. Täuscht der Käufer über seine Zahlungswilligkeit und Zahlungsfähigkeit, liegt ein Eingehungsbetrug vor. **808**

Die Abgabe von **ausdrücklichen Garantien** (beispielsweise über Eigenschaften einer Sache oder Betriebes, Vermögenswerte, Forderungen, Pensionen, Risiken aus Gewährleistungshaftung etc.) ist – neben den rechtlichen Folgen daraus – ebenfalls eine Erklärung über Tatsachen. Dazu zählt auch eine etwaige „Bilanzgarantie", wenn es sich dabei um eine Zusicherung handelt, dass ein Jahresabschluss oder eine andere Vermögensübersicht zu einem bestimmten Stichtag im Rahmen gesetzlicher Regeln aufgestellt worden ist. Gerade weil Jahresabschlüsse komplexe Zusammenhänge beschreiben, in denen betriebliche, wirtschaftliche, vertragliche und soziale Sachverhalte mit Auswirkungen auf das Rechnungswesen stichtagsbezogen berichtet werden, ist eine solche Garantiezusage gegenüber einer etwaigen spezielleren, nur auf einzelne Fragen der Unternehmenslage bezogenen Garantie eigenständig zu beurteilen. **809**

Allerdings ist eine Bilanzgarantie nicht unbegrenzt. Sie nimmt in der Regel ausdrücklich oder stillschweigend Bezug auf die gesetzliche Regelung des § 264 Abs. 2 S. 1 und 2 HGB, für die nach einhelliger Meinung in Rechtsprechung und Literatur anerkannt ist, dass nur wesentliche, erhebliche Umstände das Bild der tatsächlichen Verhältnisse einer Gesellschaft verändern können.[383] Außerdem ist anerkannt, dass nur die subjektive Überzeugung des bilanzierenden Kaufmanns für die Richtigkeit der Bilanzierung maßgeblich ist.[384] Für den Nachweis der Unrichtig- **810**

380 Schönke/Schröder-*Cramer/Perron* § 263 Rn. 11, 14, 15; Rn. 22 (Aufklärungspflichten), Rn. 25–27 (Täuschungen über die Vermögenslage); Schönke/Schröder-*Lenckner/Perron* § 265b StGB Rn. 33 ff., 38–40 zur vergleichbaren Situation beim Kreditbetrug; *BGH* B. v. 11.9.2003, 5 StR 524/02; *BGH* B. v. 12.2.2003, 5 StR 165/02; NJW 2003, 1821; *Hauck* S. 36 ff.; *Maul* DB 1989, 185, 190 f.
381 *BGH* NJW-RR 1988, 744; *BGH* NJW-RR 1989, 305; ähnlich auch *BGH* B. v. 9.1.2007, 4 StR 428/06, wistra 2007, 183 f.
382 *BGHSt* 48, 331, 334.
383 BeckBilKom-*Winkeljohann/Schellhorn* § 264 HGB Rn. 48.
384 *BFH* U. v. 5.6.2007, I R 47/06; *BFH* BFHE 213, 326, BStBl. II 2006, 688.

Knierim

keit einer Bilanzgarantie muss daher eine Kenntnis des Kaufmanns hinsichtlich der unrichtigen Darstellung gefordert werden.

811 Für die Beurteilung der „**Ordnungsmäßigkeit**" einer Geschäftsgrundlage stellen die strafrechtliche Rechtsprechung und Literatur[385] jeweils darauf ab, ob eine den falschen Eindruck des Vertragspartners ausfüllende Handlung (Vorlage unrichtiger Beweismittel,[386] falsche Erklärungen über Bezugsobjekte, täuschendes Auftreten als Berechtigter,[387] durch Verschweigen des Fehlens einer Eigenschaft oder der Manipulation von Gewinnchancen,[388] durch Verschweigen einer Submissionsabsprache[389] oder der Zahlungsfähigkeit und Zahlungsunwilligkeit[390]) den Erklärungsinhalt negativ beeinflusst. „Ordnungsmäßigkeit" in diesem Sinne bedeutet, dass der Erfolg der vertraglichen Zusage von dem Verkäufer nicht negativ beeinflusst worden ist. Daher sind in die Beurteilung nicht nur die unmittelbar dem Käufer vermittelten Informationen einzubeziehen, sondern auch die jeweils dem Verkäufer bekannten anderweitigen Einflussmöglichkeiten auf den Sachverhalt.

812 Die Vereinbarung eines **Haftungsausschlusses** mit oder ohne eine Verbindung zu einer Haftungsbegrenzung stellt eine Angabe über die Erfüllungsbereitschaft des Verkäufers dar. Mit dem Haftungsausschluss wird dem Käufer bedeutet, dass er sich in ein erhöhtes Risiko begibt, wenn er Ansprüche aus einer Pflichtverletzung oder einer Gewährleistung ableiten will. Der Verkäufer begrenzt ggfl. zugleich seine Bereitschaft betragsmäßig und will nur in einem bestimmten Umfang für die Richtigkeit der Garantien und sonstigen Zusagen einstehen. In der Zusammenschau mit den zuvor abgegebenen Garantien können solche Klauseln als Erklärung über die limitierte Erfüllungsbereitschaft Tatsachen im Sinne des § 263 StGB sein.[391] Wer zuvor vorsätzlich oder arglistig gehandelt hat, könnte mit der dadurch erreichten Vereinbarung eines Haftungsausschlusses über seine Gesamthaftung täuschen und eine berechtigte Anspruchsdurchsetzung erschweren. Diese Erschwerung der Anspruchsdurchsetzung genügt bereits als eine schadensgleiche Vermögensgefährdung im Sinne des § 263 StGB. Demgegenüber stellt die Unwirksamkeit eines Haftungsausschlusses (§ 444 BGB) keinen ausreichenden Risikoausgleich dar, da den Käufer die volle Beweislast eines vorsätzlichen oder arglistigen Handelns trifft.

---

385 *Fischer* § 263 Rn. 12; *Lackner/Kühl* § 263 Rn. 9 ff.; LK-StGB, *Tiedemann* § 263 Rn. 28 ff.
386 *BGHSt* 8, 46.
387 *BayObLG* NJW 1999, 1648; *BGHSt* 18, 221.
388 *BGHSt* 16, 120; *BGHSt* 29, 165.
389 *BGHSt* 47, 83.
390 *BGHSt* 15, 24; stRspr. vgl. *Fischer* § 263 Rn. 19 m.w.N.
391 *Fischer* § 263 Rn. 7, 20, 21; *BGHSt* 15, 26 f.; *BGH* NJW 1983, 2827; NStZ 1997, 32.

Knierim

4. Irrtum und Kausalität

Das Erfordernis der Täuschungsfeststellung verstellt das Problem des Irrtums bei **813** Unternehmenskäufen häufig. Führt der Käufer beispielsweise bei einer finanziellen, rechtlichen oder betriebswirtschaftlichen Due-Dilligence-Prüfung eine Risikoinventur durch und kann dadurch – auf gleicher tatsächlicher Grundlage wie der Verkäufer – eine eigenständige Risikobewertung durchführen, dann verfügt der Käufer über die gleichen tatsächlichen Kenntnisse der Grundlagen wie der Verkäufer. Ein Irrtum über Tatsachen ist dann ausgeschlossen. In wertender Betrachtung darf man hier nicht von dem Bild eines Verbrauchers ausgehen, sondern muss den durchschnittlich erfahrenen Kaufmann als Maßstab anerkennen.

Besteht die abweichende Vorstellung des Käufers von der Risikosituation lediglich **814** darin, dass er das Risiko anders einschätzt oder unterschätzt, kann er sich nicht auf eine Täuschung des Verkäufers berufen. Dann ist nämlich seine eigene Bewertung die Grundlage seines Handelns, nicht die (vermeintliche) andere Darstellung des Verkäufers.

5. Vermögensschaden

Von einem Vermögensschaden im Sinne eines bilanzierbaren Vor- oder Nachteils **815** kann man erst in einer Gesamtschau aller vertraglichen Bedingungen (sog. Gesamtsaldierung) ausgehen. Der Käufer erwirbt mit dem Unternehmen eine Gesamtheit an Rechten und Sachen, die sowohl Chancen als auch Risiken bergen. Da beim Unternehmenskauf in der Regel der Verkäufer vorleistet, besteht nicht zwingend Schutzbedürfnis des Käufers, solange er aufgrund eines vertraglichen Mangels oder eines anderen Zurückbehaltungsrechts seine (Gegen-)Leistungen verweigern kann.

6. Vollendung

Maßgeblicher **Zeitpunkt für die Tatvollendung** ist der Abschluss des Kaufvertra- **816** ges, weil sich in diesem Zeitpunkt sowohl das täuschende Verhalten realisiert als auch die Vermögenslage der Vertragsparteien verändert wird.[392] Das ist nicht der Fall bei offensichtlich nichtigen Verträgen. Dass Aufklärungsbedarf besteht, erkennt ein Verkäufer regelmäßig an Fragen des Käufers nach bestimmten Garantien und deren Inhalten.

---

392 *BGH* wistra 2000, 60; *BGH* B. v. 17.7.2007, 3 StR 207/07, BeckRS 2007, 13411.

IV. Finanzierungsverträge

1. Bedeutung

817 Der Unternehmer in der Krise leidet in aller Regel unter fehlender Liquidität. Er benötigt Geld zum Ausgleich von Verbindlichkeiten gegenüber anderen Lieferanten, gegenüber Arbeitnehmern und Gläubigern, er benötigt Geld für Entnahmen und letztlich auch Geld für Investitionen. Für die Unternehmenspraxis ist die Beschaffung von Geld oder Kredit bei Finanzierungsinstituten entscheidend. Die Bankenpraxis unterscheidet Geldleihgeschäfte und Kreditleihgeschäfte.[393] Bei Geldleihgeschäften zahlt die Bank an ihren Kunden Gelder aus (Kontokorrentkredite, Diskontgeschäft, Hypothekenkredite), bei Kreditleihgeschäften gibt die Bank nur die verbindliche Zusage, unter bestimmten nachgewiesenen Voraussetzungen in der Zukunft Gelder zu zahlen (Akzeptkredit, Avalkredit). Die Klassifikation der Kreditgeschäfte variiert nicht nur in der Wissenschaft, sondern auch in der Praxis der Bankverbände.[394] Wegen der Fortentwicklung der Bankgeschäfte und dem zunehmenden Interesse der Banken, auch an dem Erfolg der finanzierten Unternehmen beteiligt zu sein, wird eine strafrechtliche Erfassung aller Bankgeschäfte schwierig. Die in- und ausländischen Unternehmensbeteiligungsgesellschaften der Banken (reguliert durch das UBGG und das InvestmentG) stellen zwar auch (mittelbar) Finanzierungen zur Verfügung, erwarten dafür aber eine Beteiligung am Ergebnis und/ oder am Vermögen der Gesellschaft.

818 Der **strafrechtliche Schutz** gegen zielgerichtete Handlungen wird durch die §§ 265b, 263, 266 StGB weitgehend abgedeckt. Der Strafrechtsschutz des § 265b StGB ist für Kredite an Unternehmer bereits auf die zur Mittelbeschaffung erforderlichen Unterlagen vorverlagert. Erst wenn durch Täuschungen ein tatsächlicher Vermögensnachteil eingetreten ist, wird ein falsches, täuschendes Verhalten des Kreditnehmers gegenüber der finanzierenden Bank durch § 263 StGB erfasst.

2. Kreditbetrug, § 265b StGB

a) Einführung

819 Zur Gründung, zum Ausbau und zur Erhaltung eines Unternehmens ist es im Regelfall erforderlich, neben dem vorhandenen Eigenkapital eine Finanzierung der Unternehmensaktivitäten und des Unternehmensvermögens bei Banken durchzuführen. Auf der Seite des Unternehmens treten dabei in aller Regel die Geschäftsleitungsorgane auf (Vorstand der AG, §§ 77, 78 AktG; Geschäftsführer der GmbH, § 35 GmbHG). Der Abschluss von Finanzierungsverträgen kann von der Unternehmens-

---

393 *Hagenmüller/Diepen* S. 411.
394 Bspw. ist die Benennung von Kontokorrentkrediten in den drei Verbänden DSGV, VVR und BVB völlig unterschiedlich.

leitung auch an Prokuristen, General- oder Handlungsbevollmächtigte delegiert werden. Über die Kreditaufnahme erhält das Unternehmen Liquidität (Geldleihe) oder Kredit (Kreditleihe, beispielsweise durch eine Bankbürgschaft als Avalkredit). Besonders in wirtschaftlich schwierigen Zeiten ist die Versuchung groß, sich Kredite oder deren Erhöhung oder Verlängerung durch unrichtige Angaben über Vermögensverhältnisse, die zukünftige Zahlungsfähigkeit und Zahlungswilligkeit oder die angebotenen Sicherheiten zu verschaffen. Die Gefahr eines Kreditbetruges (§ 265b StGB) ist deshalb besonders hoch, weil es sich hier um geschäftsmäßige Kredite für den Unternehmensbetrieb handelt und für die Erfüllung des Tatbestandes bereits falsche Angaben über das Unternehmen in einem schriftlichen Antrag ausreichen, der für eine Finanzierungsentscheidung zugrunde gelegt werden soll.

Die Vorschrift ist ein **abstraktes Gefährdungsdelikt**, das keinen Tatererfolg, nämlich **820** weder einen Vermögensschaden noch eine konkrete Vermögensgefährdung erfordert. Das Delikt ist im Vorfeld des Betruges nach § 263 StGB anzusiedeln. Die Strafbarkeit nach § 265b StGB erfordert keine Irrtumserregung und ist vollendet mit der Vorlage der falschen Angaben bei dem potentiellen Kreditgeber. Auf dessen Kenntnisnahme kommt es nicht an.[395]

Die folgende Übersicht zeigt, welche Bankgeschäfte von § 265b StGB erfasst **821** werden:

Von § 265b StGB werden erfasst	Von § 265b StGB werden nicht erfasst
– Gelddarlehen von inländischen Kredit- und Finanzinstituten einschließlich Factoring	– Gelddarlehen unter Privaten; Stundungen, Warenkredite; Kreditleihe
– Betriebsmittelkredit i.w.S.	– Konsumentenkredit
– Gelddarlehen von Unternehmern mit einem kaufmännisch eingerichteten Geschäftsbetrieb	– Kapitalbeschaffung am freien oder geregelten Kapitalmarkt, Kapitaleinlagen von privaten Investoren
– Schriftliche Erklärungen des Kreditnehmers	– Sonstige Angaben, Ortsbesichtigungen, fremde Informationen

b) Beteiligte am Finanzierungsgeschäft

An dem Finanzierungsgeschäft muss ein **Kreditgeber**, das heißt ein betriebsfremder **822** Dritter beteiligt sein, der nach Art und Umfang einen in kaufmännischer Weise eingerichteten Geschäftsbetrieb führt (§ 265b Abs. 3 Nr. 1 StGB). Privatpersonen können damit keine Kreditgeber im Sinne der Vorschrift sein. Als Kreditgeber kommen sowohl Lieferanten als auch Banken, Sparkassen und andere öffentliche oder private Finanzierungsinstitute in Betracht.[396]

---

395 *Fischer* § 265b Rn. 35.
396 *Fischer* § 265b Rn. 7; LK-*Tiedemann* § 265b Rn. 31; Schönke/Schröder-*Lenckner/Perron* § 265b Rn. 8.

823 **Kreditnehmer** muss ebenfalls ein Betrieb oder ein Unternehmen sein (§ 265b Abs. 3 Nr. 1 StGB), das nach Art und Umfang in kaufmännischer Weise eingerichtet ist.[397] Um einen Kausalzusammenhang zwischen der Kreditunterlage, die eingereicht wird, und dem Unternehmen, das durch den Kredit begünstigt werden soll, herzustellen, ist es erforderlich, dass der Betrieb oder das Unternehmen bereits im Zeitpunkt der Antragsstellung besteht. Andernfalls ist der Tatbestand nicht erfüllt.[398]

824 Von der Existenz des Kreditnehmer-Unternehmens ist der Fall zu unterscheiden, in dem ein **Unternehmen oder Betrieb** vorgetäuscht wird. Auch diese Gestaltung wird durch § 265b Abs. 1 StGB erfasst. Wenn ein Kreditnehmer mit Schein- und Schwindelfirmen darüber täuscht, dass der Betrieb oder das Unternehmen im Sinne von § 265b Abs. 3 Nr. 1 StGB bereits im Zeitpunkt des Kreditantrages besteht, kann er ebenfalls bestraft werden.

825 Der **Kreditbegriff** ist in § 265b Abs. 3 Nr. 2 StGB in Anlehnung an § 19 KWG abschließend definiert. Teilweise bestehen allerdings doch erhebliche Unterschiede. Von dem Kreditbegriff des § 265b StGB werden Geldkredite aller Art erfasst, das heißt die vertragsmäßige Entgegennahme von Geld, das nach einer Frist als Geld zurückgezahlt werden soll (auch als elektronisches Geld im Sinne von § 1 Abs. 1 S. 4 KWG); Kreditkartengeschäfte – vgl. § 1 Abs. 1a Nr. 8 KWG – bei der Ausgabe von Unternehmenskreditkarten; auch das Einräumen von Dispositions- und Rahmenkrediten, ferner Akzeptkredite, Warenkredite, der entgeltliche Erwerb von Forderungen (insbesondere Factoring-Geschäfte).[399] Dazu gehören u. U. auch die Stundung von Geldforderungen beliebiger Art, die Diskontierung von Wechseln und Schecks, die Übernahme von Bürgschaften, Garantien und sonstigen Gewährleistungen. Es muss sich aber stets um einen **Betriebskredit** handeln.[400]

826 **Abgrenzungsprobleme** entstehen bei so genannten „gemischten" und „durchlaufenden" Krediten. Von der Vorschrift werden nicht umfasst Kredite, bei denen der Kreditgeber oder der Kreditnehmer ein Privater ist, Betriebskredite, bei denen der Kreditgeber oder ein Kreditnehmer ein Betrieb oder Unternehmen ist, das nicht die besonderen Merkmale des § 265b Abs. 3 Nr. 1 erfüllt (z.B. Kleinunternehmer ohne kaufmännische Geschäftsstruktur) oder Kredite für einen Betrieb oder ein Unternehmen, das tatsächlich oder angeblich erst gegründet werden soll.[401] In geeigneten Fällen sollte problematisiert werden, ob in der angestrebten Vereinbarung tatsächlich eine Kreditvergabe zu sehen ist.[402] So kann z.B. die Stundung eine Kreditvergabe im Sinne der Vorschrift sein.

---

397 Vgl. *BGH* NStZ 2003, 539, 540; Schönke/Schröder-*Lenckner/Perron* § 265b Rn. 9.
398 Vgl. *BayObLG* NJW 1990, 1677 m. Bespr. bei *Hassemer* Kreditbetrug; Urkundenbegriff, in: JuS 1990, 815; LK-*Tiedemann* § 265b Rn. 22.
399 *Fischer* § 265b Rn. 13; Schönke/Schröder-*Lenckner/Perron* § 265b Rn. 14.
400 *Hellmann* in Achenbach/Ransiek § 24 IX 1 Rn. 10.
401 *BayObLG* NJW 1990, 1677; LK-*Tiedemann* § 265b Rn. 22.
402 *BGH* NStZ 2002, 433, 434 = wistra 2002, 263 = StV 2003, 444, 445.

c) Falsche schriftliche Angaben für einen Kreditvertrag

Die Tathandlung des § 265b Abs. 1 StGB besteht in der **Täuschung über die** **827** **tatsächlichen wirtschaftlichen Verhältnisse** des Kreditnehmers. Zu fordern ist ein sachlicher Zusammenhang zwischen den schriftlichen Angaben über die Geschäftsverhältnisse und der Entscheidung über den Kreditantrag. Die Angaben müssen erkennbar Grundlage für eine solche Entscheidung sein.[403] Besteht eine Kreditzusage bereits, schaden falsche Angaben nicht. Strafbar ist deshalb nicht die Vorlage fingierter Unterlagen, die lediglich der Erfüllung der bereits gewährten Kreditzusage dienen.[404]

Die in § 265b Abs. 1 StGB konkretisierten drei Täuschungshandlungen haben ge- **828** meinsam, dass lediglich **schriftliche Falschangaben** im Zusammenhang mit einem Antrag auf Gewährung, Belassung oder Veränderung der Bedingungen eines Kredits zur Tatbestandserfüllung führen können. Die Unterschrift des Kreditnehmers unter diese Angaben wird nicht gefordert. Deshalb liegt keine Täuschungshandlung vor, wenn der Antragssteller eine gegenüber den in den vorgelegten Unterlagen dargestellten wirtschaftlichen Verhältnissen eingetretene Verschlechterung nicht mitteilt, und zwar auch dann nicht, wenn die Kreditgewährung noch hätte verhindert werden können.[405] Verschlechterungen sind nur insoweit mitzuteilen, als sie bis zur Vorlage der Unterlagen oder der Ausgaben eingetreten sind.[406]

Nur mündlich unrichtige oder unvollständige Angaben erfüllen den Tatbestand nicht. **829** Die Unterlagen müssen im Zusammenhang mit einer erneuten Kreditentscheidung stehen. Die Alternative zu einer Neuerteilung oder einer Prolongation des Kredites wäre die sofortige Rückforderung der Leistung bei Fälligkeit.[407] Unter „Veränderung der Bedingungen eines Kredits" ist auch der Fall zu verstehen, dass mit einer Verbesserung (Laufzeitverlängerung) eine gewisse Verschlechterung (Zinserhöhung) in Kauf zu nehmen ist.[408]

d) Kausalität

Um eine tatbestandsrelevante Gefährdung der Finanzierungsinteressen des Kreditge- **830** bers zu erhalten, müssen die Unterlagen oder schriftlichen Angaben für die Kreditentscheidung **erheblich** sein. Das bedeutet, dass sie aus einer ex-ante-Sicht generell geeignet sein müssen, die Entscheidung zu beeinflussen.[409] Die Frage der Erheblichkeit ist aus der Sicht eines verständigen, durchschnittlich vorsichtigen Dritten zu

---

403 *Lackner/Kühl* § 265b Rn. 4; *Nack* in Müller-Gugenberger/Bieneck § 50 Rn. 101.
404 *OLG Frankfurt* StV 1990, 213.
405 Schönke/Schröder-*Lenckner/Perron* § 265b Rn. 47.
406 *Lackner/Kühl* § 265b Rn. 6.
407 Siehe hierzu *OLG Frankfurt* StV 1990, 213.
408 *Fischer* § 265b Rn. 17.
409 *BGHSt* 30, 285, 292; 34, 267; *Fischer* § 265b Rn. 31.

bestimmen. Tatbestandsmäßig ist ein Verhalten auch dann, wenn sich die Falschangabe über erhebliche Umstände auf die Entscheidung über die Kreditvergabe tatsächlich nicht ausgewirkt haben.[410]

831 Rechtsprechung und Literatur schränken den Tatbestand ein, wenn der Kreditgeber die Unrichtigkeit der Unterlagen oder der Angaben erkennt und – selbst bei wirtschaftlicher Unvertretbarkeit – den Kredit dennoch gewährt.[411]

e) Täterschaft und Teilnahme

832 Als **tauglicher Täter** im Sinne des § 265b StGB kommt jedermann in Betracht, der für einen Betrieb oder ein Unternehmen einen Kredit bei einem Geschäftspartner oder einem Finanzinstitut beantragt. Das sind neben dem Kreditantragsteller die Leistungsorgane des Unternehmens, deren Vertreter, u.U. auch Angestellte, Bürgen, an der Kreditgewährung interessierte Geschäftspartner, (Bewertungs-)Gutachter, Steuerberater, Wirtschaftsprüfer, Inhaber und Angestellte von Handelsauskunfteien, die sich an der Antragstellung beteiligen oder in einem engen zeitlichen und sachlichen Zusammenhang dazu Expertisen abgeben.[412]

833 Bei einem kollusiven Zusammenwirken zwischen dem Kreditnehmer und Mitarbeitern des Kreditgebers kann eine **Mittäterschaft** gegeben sein, sofern die Mitarbeiter des Kreditgebers intern nicht für die Bearbeitung und die Prüfung des Kreditantrages zuständig sind. Wirkt hingegen das Entscheidungsorgan des Kreditgebers bewusst mit dem Kreditnehmer zusammen, entfällt eine Strafbarkeit nach § 265b StGB,[413] es kann aber eine Strafbarkeit wegen Untreue nach § 266 Abs. 1 StGB vorliegen.[414] Auf der Seite des Kreditnehmers kommt in einer solchen Konstellation lediglich die Teilnahme an der Untreue des Kreditgebers bzw. seines Angestellten in Betracht.

834 Die **Teilnahme** am Kreditbetrug ist bis zur Beendigung, das heißt beispielsweise bis zur Erbringung der Leistungen möglich. Eine Beihilfehandlung kann etwa darin liegen, dass ein Dritter dem Kreditnehmer die unrichtigen Unterlagen (z.B. blanko unterzeichnete Wechselformulare) zur Verfügung stellt, um bei „ihm nicht mehr bekannten Finanzierungsgeschäften dienlich zu sein".[415]

---

410 *BGHSt* 30, 393.
411 LK-*Tiedemann* § 265b Rn. 114.
412 LK-*Tiedemann* § 265b Rn. 24 u. Rn. 110.
413 LK-*Tiedemann* § 265b Rn. 114.
414 *Fischer* § 265b Rn. 35.
415 *BGH* wistra 1984, 25, 26, ebenso auch zum Konkurrenzverhältnis zwischen § 263 und
§ 265b StGB.

f) Schutzzweck der Norm

Der § 265b StGB will das **Vermögen des jeweiligen Kreditgebers** und die **Funkti-** **835**
onsfähigkeit der inländischen Kreditwirtschaft als solche schützen.[416] Ist ein
ausländischer Kreditgeber involviert, kann man sich auf den Standpunkt stellen, dass
§ 265b StGB nicht anwendbar ist, weil er nur das inländische Kreditwesen
schützt.[417]

g) Versuch, tätige Reue

Der Versuch ist nicht strafbar. Nach § 265b Abs. 1 StGB kann Strafbefreiung eintre- **836**
ten, wenn der Täter tätige Reue zeigt.[418] Das erfolgreiche Bemühen um Berichtigung der unrichtigen oder Ergänzung der unvollständigen Angaben zur Kreditgewährung wird jedoch regelmäßig gleichzeitig einen Rücktritt vom versuchten Kreditbetrug nach den §§ 263, 22, 24 Abs. 1 StGB darstellen. Schriftlichkeit wird für
die tätige Reue nicht gefordert. Demnach reichen mündliche und fernmündliche
Bemühungen aus.

h) Konkurrenz zu § 263 StGB

Tateinheit wird von denjenigen bejaht, die das Schutzgut von § 265b StGB neben **837**
dem Vermögen auch und vorrangig in der Kreditwirtschaft sehen.[419] Wer dagegen
davon ausgeht, dass § 265b StGB nur dem Schutz des Vermögens eines potentiellen
Kreditgebers dient, nimmt eine Subsidiarität zwischen dem abstrakten Gefährdungsdelikt und dem versuchten oder vollendeten Verletzungsdelikt gemäß § 263 StGB an.
Nach dieser Auffassung tritt § 265b StGB hinter den Betrug und den Betrugsversuch
im Wege der Gesetzeskonkurrenz zurück.[420]

3. (Kredit-)Betrug, § 263 StGB

Da § 265b StGB oft nur der Aufgreiftatbestand im Sinne eines Einstiegs in ein **838**
Ermittlungsverfahren ist, kann das Verfahren schnell auf einen Betrugsverdacht
erweitert werden. Wenn ein Kredit notleidend wird, kann der Kreditnehmer Gefahr
laufen, wegen Betruges nach § 263 StGB strafrechtlich verfolgt zu werden. Das setzt
eine über die Erklärung des § 265b StGB hinausgehende Täuschungshandlung,
einen Irrtum des Kreditgebers und der Eintritt eines stoffgleichen Vermögensschadens voraus.

---

416 *Fischer* § 265b Rn. 3; *OLG Stuttgart* NStZ 1993, 545; LK-*Tiedemann* § 265b Rn. 9.
417 Streitig, so *OLG Frankfurt* NStZ 1993, 545; a.A. Schönke/Schröder-*Lenckner/Perron*
    § 265b Rn. 2.
418 *Fischer* § 265b Rn. 39.
419 Z.B. LK-*Tiedemann* § 265b Rn. 14; Schönke/Schröder-*Lenckner/Perron* § 265b Rn. 51.
420 So *BGHSt* 36, 130 m. Anm. *Kindhäuser* JR 1990, 520; *BGH* wistra 1990, 228; *OLG
    Stuttgart* wistra 1991, 236; *OLG Celle* wistra 1991, 359.

a) Täuschung

839 Tatbestandsrelevant im Sinne von § 263 Abs. 1 StGB ist eine Täuschung über Tatsachen. Aussagen über Werturteile, Prognosen und Zukunftserwartungen sind nicht durch den Betrugstatbestand erfasst.[421] Der Betrugstatbestand erstreckt sich auch auf mündliche **Angaben über Tatsachen**, also greifbare, einem Beweis zugängliche Umstände. Daher täuscht derjenige, der einen Kredit beantragt und mündlich falsche Angaben über seine Einkommens- und Vermögensverhältnisse (Kreditwürdigkeit) und seine Bereitschaft zur Rückzahlung des Kredites (Zahlungswilligkeit) macht.[422] Sollte der Antragsteller zwar im Zeitpunkt der Beantragung über keine ausreichenden Geldmittel zur Rückzahlung verfügen, diese aber bei Fälligkeit der Rückzahlung des Kredits erwarten, kommt es im objektiven Tatbestand nicht auf die persönliche Einschätzung, sondern die objektive Wahrscheinlichkeit eines Geldzuflusses von anderer Seite an. Bei nur vagen Aussichten täuscht der Antragsteller. Der Kreditantragsteller täuscht auch dann, wenn er über das Bestehen, den Wert oder die Verwertbarkeit einer vertraglich vereinbarten Kreditsicherheit falsche Angaben macht.[423]

840 Weil **Werturteile** nicht unter den Tatbestand fallen, ist es besonders schwierig zu beurteilen, ob einzelne Positionen einer Bilanz, die Darstellung der Lage des Unternehmens im Lagebericht oder ein werbetechnisch besonders gestalteter „Geschäftsbericht" mit Prognosen über die weitere Geschäftsentwicklung im laufenden Jahr bereits tatbestandsrelevant sein können.

841 Getäuscht werden kann nicht über Tatsachen, die **in der Zukunft** liegen. Soweit sich also Äußerungen auf Zukünftiges beziehen, liegt eine tatbestandsmäßige Erklärung nur in der Behauptung der gegenwärtigen Bedingungen für das in Zukunft eintretende Ereignis.[424]

842 Die Täuschung muss nicht ausdrücklich erfolgen, sie kann auch **konkludent** (schlüssig) geschehen. Wer einen Kredit beantragt, erklärt damit beispielsweise schlüssig seine bereits jetzt vorhandene Absicht, bei Fälligkeit Zahlung zu leisten und seine Annahme, hierzu in der Lage zu sein. Die Erklärung umfasst aber nicht eine Angabe über die jetzige oder zukünftige Liquidität. Eine Kreditvergabe wäre nicht nötig, wenn ausreichende Liquidität vorhanden wäre. Deshalb ist die Erklärung zukünftig vorhandener Liquidität nur dann Teil der Kreditentscheidung, wenn sie Gegenstand einer ausdrücklichen, auf die Kreditvergabe abgestimmten Liquiditätsplanung ist. Eine konkludente Täuschung wird man dann annehmen, wenn der den Kreditantrag

---

421 *RGSt* 56, 227, 231 (keine Zukunftserwartungen); *BGHSt* 2, 325, 326; *BGH* wistra 1987, 255; *BGH* GA 1972, 209; *BGH* NJW 1983, 2827; 2002, 1059; *OLG Düsseldorf* JR 1982, 343; LK-*Tiedemann* § 263 Rn. 9 ff.; 38 f.; *Nack* in Müller-Gugenberger/Bieneck § 50 Rn. 56; *Wessels/Hillenkamp* Rn. 494–496.
422 *OLG Stuttgart* JZ 1958, 1833; *BGH* StV 1984, 511.
423 *BGH* NStZ-RR 2001, 328 = StV 2002, 133.
424 *Fischer* § 263 Rn. 6.

stellende Unternehmer über seine im Zeitpunkt der Antragstellung gegebene Überzeugung täuscht, er sei aufgrund der gegenwärtigen Beurteilung seiner zukünftigen wirtschaftlichen Verhältnisse sicher, den Kredit bei Fälligkeit bedienen zu können und zu wollen.[425]

Sind die Voraussetzungen einer konkludenten Täuschung nicht erfüllt, kann eine **843** **Täuschung durch Unterlassen** gegeben sein. Diese kann nur angenommen werden, wenn ein besonderes Vertrauensverhältnis besteht, aus dem sich eine Handlungspflicht ergibt[426]. Eine Rechtspflicht zum Offenbaren nachteiliger Umstände setzt voraus, dass im Einzelfall besondere Umstände bestehen, die ein gesteigertes Vertrauensverhältnis oder sonstige besondere Pflichtenstellung begründen können.[427] Grundsätzlich trifft den Kreditnehmer in einem Erstantrag nur die Verpflichtung, die Fragen zu beantworten, die ihm gestellt werden, und nicht alle Vermögensverhältnisse ungefragt zu offenbaren[428]. Bei länger andauernden Geschäftsbeziehungen kann unter Umständen ein so intensives Vertrauensverhältnis aufgebaut worden sein, dass eine Offenbarung wesentlicher Änderungen geboten sei.[429] Das kann aber nicht unterschiedslos gelten. Es kommt auf den jeweiligen Einzelfall an. Der BGH hat auch entschieden, dass ein Finanzvermittler für den Abschluss eines Grundstücksvertrages nur in Ausnahmefällen auf die Zusammensetzung der Kosten[430] oder die Eignung des Grundstückes für die jeweilige Geldanlage[431] eingehen muss. Dagegen sind Verschlechterungen der Vermögensverhältnisse nicht automatisch zu offenbaren.[432]

b) Irrtum und Kausalität

Bei dem Kreditgeber muss infolge der Täuschungshandlung ein Irrtum entstanden **844** sein. Es kann sich dabei ebenso um einen Irrtum über die die Bonität begründenden Tatsachen wie um eine Fehlvorstellung über Art und Umfang sowie den Wert der Kreditgrundlagen und der gegebenen Sicherheiten handeln. Ausreichend soll es sein, dass der Kreditgeber den Grad des Ausfallrisikos geringer einschätzt, als er tatsächlich ist.[433] Die Rechtsprechung tendiert dazu, die Kausalität zwischen Täuschungshandlung und Irrtumserregung angesichts der bei Kreditvergaben festzustellenden hohen Risikobereitschaft der Banken kritisch zu untersuchen.[434]

---

425 *OLG Stuttgart* JZ 1958, 1833; *BGH* StV 1984, 511 (Warenkreditbetrug).
426 *BGH* wistra 1988, 262, 263.
427 *BGH* wistra 1988, 262, 263.
428 *BGH* wistra 1984, 223; *BGH* StV 1984, 511.
429 *BGH* wistra 1988, 262; *OLG Stuttgart* JR 1978, 389 m. Anm. *Beulke; BayObLG* JZ 1987, 626 m. Anm. *Otto*.
430 *BGH* NStZ 1999, 555 (Kosten eines Bauträgermodells).
431 *BGH* NJW 2000, 3013 (Bebaubarkeit eines Grundstücks).
432 *BGH* StV 1984, 511, 512; wistra 1987, 213; wistra 1988, 262; *Fischer* § 263 Rn. 26.
433 *Nack* in Müller-Gugenberger/Bieneck § 50 Rn. 64.
434 *BGH* wistra 1987, 213; 1988, 25; 1988, 262.

845 Der Kausalzusammenhang wird z.b. verneint in folgenden Fällen:
- falsche Angaben über den Verwendungszweck des Kredites, wenn dieser Zweck den Kreditgeber nicht interessiert oder eine Mittelverwendungskontrolle nicht stattfindet;
- Gebrauch eines falschen Namens, wenn die Identität des Kreditnehmers feststeht.[435]

846 Sofern es sich um einen größeren Bankkredit handelt, der durch ein Gremium, beispielsweise durch den Vorstand, den Aufsichtsrat oder einen Kreditausschuss des Aufsichtsrates genehmigt werden muss, stellt sich die Frage, wer sich hier im Irrtum befinden muss. Wenn nur einzelne Mitglieder des Gremiums Kenntnis von der Täuschung haben, erliegen zwar diese nicht einem Irrtum, wohl aber die anderen Mitglieder. Der Gremienbeschluss ist dann insgesamt fehlerhaft, da anzunehmen ist, dass bei vollständiger Aufklärung sämtlicher Gremienmitglieder der Beschluss in dieser Weise nicht zustande gekommen wäre.[436]

c) Vermögensschaden

847 Wenn die Vermögenslage des Kreditgebers vor und nach der Gewährung des Kredites eine negative Abweichung aufweist, liegt ein Vermögensschaden im Sinne von § 263 Abs. 1 StGB vor.[437] Es kommt für die Beurteilung einer Vermögensschädigung oder Vermögensgefährdung auf die **Werthaltigkeit des Rückzahlungsanspruches** im Zeitpunkt der Vermögensverfügung (regelmäßig bei der Kreditauszahlung) an,[438] nicht auf den Zeitpunkt der Erteilung der Kreditzusage.[439]

848 Ist der Kreditnehmer leistungsunwillig oder täuscht er Sicherheiten nur vor, ist der Rückzahlungsanspruch schon minderwertig, ein Schaden bereits (durch die Gefährdung der Rückzahlung) eingetreten.[440] Ist der Rückzahlungsanspruch nicht realisierbar oder steht die Realisierbarkeit vor größeren Hürden, sind gewährte Sicherheiten vom Kreditnehmer lediglich vorgetäuscht oder nicht werthaltig, so begründet die Leistungsunwilligkeit des Kreditnehmers in der Regel einen Minderwert des Rückzahlungsanspruches.[441]

---

435 *RGSt* 48, 238.
436 *Nack* in Müller-Gugenberger/Bieneck § 50 Rn. 66.
437 *BGH* wistra 2001, 423 = StV 2002, 133.
438 *BGH* wistra 1993, 265; wistra 1995, 28 = StV 1995, 254, 255; wistra 1994, 110, 111; wistra 1995, 222; *Achenbach* NStZ 1996, 533, 535.
439 *Fischer* § 263 StGB Rn. 70 ff. Eine Täuschung über die wahren Absichten eines Anlagevermittlers allein bewirkt daher noch keinen Vermögensschaden (*BGH* NJW 2006, 1679, 1681).
440 *BGH* wistra 1993, 265 f.; 1993, 340, 341; StV 1995, 254, 255; *BGHSt* 15, 24, 27.
441 *BGHSt* 15, 24, 27.

Für die **Realisierung von Sicherheiten** gilt der Grundsatz, dass ein Vermögensscha- **849** den ungeachtet einer möglichen Leistungsunwilligkeit des Kreditnehmers verneint werden muss, wenn die Sicherheit ohne nennenswerte Schwierigkeiten zu realisieren ist.[442]

Ein Vermögensschaden liegt auch dann nicht vor, wenn die Täuschung die vertrag- **850** lich ausbedungene **Übersicherung des Kredites** verhindert, weil das Vermögensinteresse des Kreditgebers nur auf die Deckung des Kreditrückzahlungsanspruches geht.[443]

Auch ein vollwertiger Rückgriffsanspruch auf den **selbstschuldnerischen Bürgen** **851** hindert die Annahme eines Vermögensschadens, wenn die Hauptforderung unter einer schwachen Bonität leidet.[444]

Stundungen oder **Prolongationen der Kreditforderungen** stellen keinen zusätzli- **852** chen Vermögensschaden dar, wenn die gestundete Forderung im Zeitpunkt der Vermögensverfügung wirtschaftlich wertlos war oder wenn sie nicht in ihrer Werthaltigkeit geschmälert wurde.[445]

Die so genannte **schadensgleiche Vermögensgefährdung** kann nur dann angenom- **853** men werden, wenn die durch die Täuschung bedingte Gefahr eines endgültigen Verlustes eines Vermögensbestandteils zum Zeitpunkt der Verfügung so groß ist, dass sie schon jetzt zu einer Minderung des Gesamtvermögens führen würde oder bei lebensnaher, wirtschaftlicher Betrachtung einer Wertminderung gleichsteht.[446]

Beispiele aus der Rechtsprechung: **854**

- *BGH StV 1995, 254* Betrug ist kein bloßes Vergehen gegen Wahrheit und Vertrauen im Geschäftsverkehr, sondern ein Delikt gegen die vermögensschädigende Täuschung (BGHSt 16, 220). Maßgeblich ist daher, ob im Zeitpunkt der Darlehenshingabe absehbar war, dass die gegebenen dingl. Sicherheiten nicht ausreichen, um den Rückzahlungsanspruch zu decken. Eine Übersicherung führt nicht zu einem Schaden, solange ausreichende Deckung durch einige Sicherheiten vorhanden ist.[447]
- *BGH NStZ 1995, 232* Keine konkrete Vermögensgefährdung tritt durch eine Umbuchung ein, wenn die Kreditvergabe als solche mit dem Kunden vereinbart war und auch der Auszahlungsweg über das Kreditkonto des A. an dessen Firma F von der Bank beherrscht worden ist.

---

442 *BGH* wistra 1992, 142; wistra 1993, 265; 1994, 110, 111; StV 1995, 254, 255; *OLG Karlsruhe* wistra 1997, 109, 110.
443 *BGH* NJW 1986, 1183 = NStZ 1986, 218; StV 1995, 254, 255 = wistra 1995, 28, 29; *Achenbach* NStZ 1996, 533, 535.
444 *BGH* NStZ 1998, 570.
445 *BGH* wistra 1986, 170; wistra 1993, 17; StV 1994, 186.
446 *BGHSt* 23, 300, 303; *BGH* wistra 1995, 222, 223; NJW 2007, 782, 786; *Fischer* § 263 Rn. 95.
447 *BGHSt* 16, 220 = NJW 1961, 1876; ebenso *BGHSt* 3, 99 = NJW 1952, 1062; *BGHSt* 16, 321= NJW 1962, 309; *BGHSt* 30, 380 = NJW 1982, 1165; *BGH* NJW 1986, 1183 = NStZ 1986, 218; *BGH* NStZ 1999, 555.

Knierim

- *BGH NStZ-RR 2001, 328* Bei ausreichender Rückzahlungswahrscheinlichkeit tritt kein Schaden ein, selbst wenn die vertraglich vereinbarte Sicherheit nicht werthaltig ist.
- *BGH StV 2002, 133 = wistra 2001, 423* Bei einer Zug-um-Zug-Verpflichtung und bei ausreichender Werthaltigkeit des Rückzahlungsanspruches tritt kein Schaden ein.[448]
- *BGH* wistra 2007, 257 f. Der Vorbehaltseigentümer von Motorrädern ist betrügerisch geschädigt, wenn er die ihm zur Verfügung stehende Sicherheit, ein Kfz-Brief, täuschungsbedingt herausgibt, ohne den Kaufpreis zu erlangen.

855 Nur ausnahmsweise ist eine **gesamte Leistung als Schaden** anzusehen, wenn das Tatopfer die Gegenleistung nicht zu dem vertraglich vorausgesetzten Zweck oder in anderer zumutbarer Weise verwenden kann, z.b. weil über Eigenart und Risiko des Geschäfts getäuscht worden ist, so dass beispielsweise ein Anleger von Warenterminsgeschäften etwas völlig anderes erwirbt, als er erwerben wollte.[449] Der BGH hat den Ansatz eines Gegenwertes aus dem Geschäft nicht zugelassen. Eine schadensmindernde Berücksichtigung kommt nach dieser Rechtsprechung nur in Betracht, wenn das Tatopfer imstande ist, den Gegenwert ohne finanziellen und zeitlichen Aufwand, namentlich ohne Mitwirkung des Täters, zu realisieren.[450] Diese Rechtsprechung soll auch bei anderen Anlagegeschäften gelten, wenn durch verdeckte Innenprovisionen, überhöhte Kaufpreise für eine Fondsgesellschaft oder andere verdeckte Geschäfte das Erreichen der prospektierten Gewinnschwelle unwahrscheinlich wurde und sich das Risiko des Anlegers, der sich an einer risikoarmen Geldanlage beteiligen wollte, signifikant steigerte.[451]

d) Vorsatz

856 Für die Tatbestandserfüllung genügt **bedingter Vorsatz** des Täters. Es müssen sämtliche Merkmale des äußeren Tatbestandes und der zwischen ihnen notwendige Kausalzusammenhang erfasst werden.[452] Für den Eintritt des Vermögensschadens wird gefordert, dass der Täter vorsätzlich hinsichtlich der Wertminderung des Rückzahlungsanspruches handelt. Selbst wenn der Täter eines Kreditbetruges also nur mit der Möglichkeit rechnet, dass der Rückzahlungsanspruch nicht die notwendige Bonität hat, oder er beabsichtigt oder zumindest hofft, den endgültigen Schaden durch Erfüllung abwenden zu können, liegt noch vorsätzliches Verhalten vor.[453]

---

448 *BGH* wistra 1992, 101; wistra 1998, 59; NStZ-RR 2005, 180; *Gallandi* in Achenbach/ Ransiek V 1. Rn. 208.

449 *BGHSt* 30, 177, 181 = NJW 1981, 2131; *BGHSt* 32, 22 = NJW 1984, 622; *BGH* NStZ 1983, 313; NJW 1992, 1709; NStZ 2000, 34 = StV 2000, 479.

450 *BGHSt* 47, 148, 154 = NJW 2002, 1211 = NStZ 2002, 262; *BGH* NStZ-RR 2000, 331.

451 *BGH* NJW 2006, 1679, 1681.

452 *Lackner/Kühl* § 263 Rn. 57; *BGH* NJW 2001, 2187, 2189 (direkter Vorsatz für inhaltlich richtige, aber irreführende Erklärungen).

453 *BGH* wistra 1993, 265, 266; *BGH* NJW 1994, 1745; wistra 1996, 261.

e) Versuch, Vollendung

Im Gegensatz zu dem Gefährdungsdelikt des § 265b StGB ist der Versuch des **857** Erfolgsdeliktes Betrug strafbar (§§ 263 Abs. 2, 22, 23 StGB). Ein Ansetzen zum Versuch kann nur dann angenommen werden, wenn die vom Täter ausgelöste Handlung ohne weiteres Zutun oder Zwischenschritte zu einer irrtumsgeeigneten Handlung führen würde[454]. Der Versuch eines Betruges scheitert allerdings am Fehlen des unmittelbaren Ansetzens zur Tatausführung, wenn der von dem Kreditnehmer geleistete Tatbeitrag nach seiner Vorstellung noch nicht „unmittelbar zur Tatbestandserfüllung" führen sollte, also beispielsweise noch wesentliche Zwischenschritte zur Auszahlung der Darlehensvaluta erforderlich sind.[455] In einem solchen Fall liegt eine lediglich straflose Vorbereitungshandlung vor.

Der Tatbestand ist schon dann **vollendet**, wenn die täuschungsbedingte Gefahr des **858** endgültigen Verlusts eines Vermögensbestandteils zum Zeitpunkt der Verfügung so groß ist, dass sie schon jetzt eine Minderung des Gesamtvermögens zur Folge hat,[456] so etwa bei der Aushändigung einer Kreditkarte, einer ec-Karte oder eines Euroschecks an einen zahlungsunwilligen Kontoinhaber,[457] bei der Valutierung eines Kredits, falls in diesem Zeitpunkt bereits die Minderwertigkeit des Rückzahlungsanspruchs feststeht[458] (wie es beispielsweise bei einer Überfinanzierung wegen tatsächlich minderwertiger Grundschuldsicherung der Fall ist)[459], ferner schon bei der Gutschrift eines Geldbetrages auf einem Konto des Täters, sofern der Täter in der Lage ist, diesen Geldbetrag jederzeit abzuheben.[460]

f) Besonders schwerer Fall

Die Regelbeispiele des § 263 Abs. 3 S. 2 StGB rechtfertigen eine Erhöhung des **859** Strafrahmens von 5 Jahren auf 10 Jahre Freiheitsstrafe. Strafschärfend wird u.a. nach Abs. 3 Nr. 2, 1. Alt. die Verursachung eines **Vermögensverlustes großen Ausmaßes**

454 *BGH* NStZ 2002, 433; BGHSt 37, 294 = JR 1992, 121 mit Anm. Kienapfel; BGH NStZ 1997, 31; StV 2001, 272, 273.
455 *BGH* NStZ 2002, 433, 435 = StV 2003, 444.
456 *BGH* wistra 2004, 60.
457 *BGH* BGHSt 47, 160, 167, 169 f.
458 *BGH* BGHSt 47, 148, 156 f. = NStZ 2002, 262 = NJW 2002, 1211 = NStZ 2002, 262; vgl. dazu die Anm. *Klanten* DStR 2002, 1190; *Kühne* StV 2002, 193; *Marxen/Müller* EWiR § 266 StGB 2/02, 307; zusammenfassend *Schmitt* Untreue von Bank- und Sparkassenverantwortlichen bei der Kreditvergabe, in: BKR 2006, 125.
459 *BGH* NStZ-RR 2001, 241, 242 f., dort auch zur Berechnung des Schadensumfangs bei Vermögensgefährdung wegen Überfinanzierung.
460 *RG* GA 54, 414; *BGH* BGHSt 6, 115, 116 f.; weitergehend *BGH* NStZ 1996, 203, wonach ein vollendeter Betrug schon dann vorliegen soll, wenn es dem Täter gelingt, seine Bank durch Täuschung zu einer Überweisung auf ein tätereigenes Konto zu veranlassen, dieses aber bei Eingang der Gutschrift wegen Aufdeckung der Manipulationen bereits gesperrt ist.

genannt. Der BGH hat dazu entschieden, dass ein „großes Ausmaß" in Anlehnung an § 264 Abs 2 S. 2 Nr. 1 StGB bei einem Wert von über 50 000 € vorliegt.[461] Ob das Regelbeispiel als weitere Voraussetzung erfordert, dass eine bleibende Vermögenseinbuße im Sinne eines endgültigen Vermögensverlustes eingetreten ist, hatte der BGH in einer früheren Entscheidung verneint.[462] In einem neuen Urteil setzt sich der BGH mit seinen früheren Entscheidungen und der Kritik durch das Schrifttum auseinander und kommt nunmehr zu der Erkenntnis, dass das Merkmal des Vermögensverlustes nach seiner sprachlichen Bedeutung und im Blick auf die Systematik des Gesetzes enger zu verstehen sei als das des Vermögensschadens. Deshalb sei davon auszugehen, dass ein Regelbeispiel erst dann erfüllt sei, wenn ein endgültiger Verlust eingetreten sei. Bei einer schadensgleichen Vermögensgefährdung sei die Anwendung des Regelbeispiels ausgeschlossen.[463]

g) Täterschaft und Teilnahme

860 Der Betrug ist kein Sonderdelikt. Täter wird in der Regel derjenige sein, der den Kreditantrag stellt und die unrichtigen Erklärungen abgibt. Aber auch Mitarbeiter und Angestellte von Unternehmen können Teilakte des Deliktes verwirklichen. Täter ist dann derjenige, der das Geschehen beherrscht, in der Regel also derjenige, der einen Kreditantrag unterschreibt. Es sind allerdings auch Konstellationen denkbar, in denen die Kreditvaluta zwar dem Unternehmen zukommt, ein etwaiger Finanzierungsvorteil oder eine Mitarbeiterzuwendung mit der Kreditierung verbunden ist, die nicht vom Unternehmen selbst, sondern von einem anderen, an der konkreten Vereinbarung nicht beteiligten Mitarbeiter vereinnahmt wird. In einem solchen Fall ist die Strafbarkeit dieser Zuwendung ergänzend zu prüfen.

---

461 *BGH* Urt. v. 2.12.2008 – 1 StR 415/08; *Fischer* § 263 Rn. 122.
462 *BGH* NStZ 2002, 547 = StV 2004, 16 m. ablehnender Anm. *Joecks.*
463 *BGH* NJW 2003, 3717 = StV 2004, 18.

E. Buchführung und Bilanzierung

I. Einführung

1. Bilanzierungszwecke

Das allen westlichen Bilanzierungssystemen immanente Ziel, eine rationale, zeit- **861** nahe, vollständige und wahrhaftige Informationsgrundlage über die Vermögens-, Finanz- und Ertragslage eines Unternehmens zu schaffen, wird in den jeweiligen Einflusssphären der Bestimmungen über die Rechnungslegung (HGB, IAS und US-GAAP) unterschiedlich umgesetzt. Daher muss der Gesetzeszweck des § 331 HGB, des § 283 Abs. 1 Nr. 5, 7 und des § 283b StGB aus dem Sinn und Zweck der Jahresabschlusserstellung **innerhalb** des bilanzierungspflichtigen Unternehmens abgeleitet werden. Da Jahresabschlüsse Rechenschaft über die Tätigkeit des Leitungsorgans eines Unternehmens gegenüber den Gesellschaftern und ihren Gläubigern legen, ist Hauptzweck (und damit geschütztes Rechtsgut) der Strafnormen das Informationsinteresse des Gesellschafters.[464] Daneben hat die Rechtsprechung stets betont, dass ein berechtigtes Interesse der Kontrollorgane der Gesellschaft, der Arbeitnehmer eines Unternehmens und der Gläubiger des Unternehmens an einer wahrhaftigen, normgerechten Rechnungslegung und Abschlusserstellung anzuerkennen ist. Dennoch sieht die Rspr. in den §§ 238 ff. HGB keine Schutzgesetze im Sinne des § 823 Abs. 2 BGB.[465]

2. Buchführungs- und Bilanzierungspflichten

Jeder Kaufmann im Sinne von §§ 1, 6 HGB ist nach § 238 Abs. 1 HGB, §§ 140, **862** 141 AO verpflichtet, Bücher zu führen und dort alle Geschäftsvorfälle zu erfassen, die zum Betrieb des Unternehmens gehören.[466] Mit der Bilanzierung von Aktiva und Passiva am Beginn der Geschäftstätigkeit und am Ende eines jeden Geschäftsjahres (§ 241 HGB) hat der Kaufmann die Vermögens-, Finanz- und Ertragslage seines Unternehmens innerhalb der Ansatz- und Bewertungsvorschriften des HGB (teilweise auch des Steuerrechts) so darzustellen, dass ein Dritter über alle wesentlichen Verhältnisse des Unternehmens unterrichtet wird (§§ 247, 264 Abs. 2 HGB). Die Buchführung und Bilanzierung muss dabei so beschaffen sein, dass sie einem sachverständigen Dritten innerhalb angemessener Zeit einen Überblick über die Geschäftsvorfälle und über die Lage des Unternehmens vermitteln kann. Die Geschäftsvorfälle müssen sich in ihrer Entstehung und Abwicklung verfolgen lassen.

---

464 GK-AktG-*Otto* § 400 Rn. 2.
465 *BGH* NJW 1994, 1801, 1804; *KG* AG 2003, 324, 326; für Kommanditisten, der Bilanz unterzeichnet, *BGH* DB 1964, 1585.
466 Schönke/Schröder-*Heine*, § 283 Rn. 29.

863 Kaufleute im Sinne des HGB sind alle Personen oder Gesellschaften, die ein Handelsgewerbe betreiben. Kapitalgesellschaften wie eine GmbH oder eine AG sind kraft Gesetzes Kaufleute (§ 13 Abs. 3 GmbHG, § 3 Abs. 1 AktG). Da die Vorstände und Geschäftsführer der Kapitalgesellschaften die Geschäfte in eigener Verantwortung führen (§ 34 GmbHG, § 77 AktG), haben diese Gesellschaftsorgane besondere gesetzliche Verpflichtungen zur Organisation und Führung des Rechnungswesens zu erfüllen. Nach § 41 GmbHG sind die Geschäftsführer, ihre bestellten Stellvertreter (§ 44 GmbHG) wie auch nach §§ 78, 91 AktG der Vorstand (alle Mitglieder des Vorstandes, auch die stellvertretenden, § 94 AktG) verpflichtet, eine den kaufmännischen Regeln entsprechende, das heißt vollständige, zeitnahe und wahrheitsgemäße Buchführung zu erstellen.[467]

864 Zur Buchführung nach diesen Normen sind grundsätzlich nicht verpflichtet Kleingewerbetreibende – auch in der Rechtsform der GbR, der oHG und der KG (§ 1 Abs. 2 HGB), Land- und Forstwirte sowie Freiberufler.[468]

865 Bezogen auf einzelne Rechtsformen und Gewerbetreibende ergeben sich folgende Rechtsgrundlagen der Bilanzierungspflicht:

a) Erstellungspflicht

866 Handelsrechtlich sind Vollkaufleute (§§ 238 ff., 242 ff. HGB, §§ 1 ff., 5 PublG) und steuerrechtlich zudem auch andere Gewerbetreibende (§ 140 ff. AO) zur Führung von Handelsbüchern, von Inventarverzeichnissen und zur rechtzeitigen Erstellung von Eröffnungsbilanzen und Jahresabschlüssen verpflichtet.

AG	Eröffnungsbilanz und Jahresabschluss einschließlich Lagebericht (§§ 148 ff. AktG), Konzernabschluss einschließlich Konzernlagebericht, befreite Konzernabschlüsse nach §§ 291, 292a oder 292 HGB
KGaA	Eröffnungsbilanz und Jahresabschluss einschließlich Lagebericht (§§ 148 ff. AktG), Konzernabschluss einschließlich Konzernlagebericht, befreite Abschlüsse nach §§ 291, 292a oder 292 HGB
GmbH	Eröffnungsbilanz und Jahresabschluss einschließlich Lagebericht (§§ 47, 48 GmbHG), Konzernabschluss einschließlich Konzernlagebericht, befreite Abschlüsse nach §§ 291, 292a oder 292 HGB
Genossenschaften	Jahresabschluss mit Anhang (§§ 336–339 HGB)
Offene Handelsgesellschaft	Nach der Größe (§ 1 PublG): Jahresabschluss und Lagebericht (§ 5 PublG), Konzernabschluss (§ 13 PublG), befreite Abschlüsse nach §§ 291, 292a oder 292 HGB Eröffnungsbilanz und Jahresabschluss bei oHG ohne natürlichen Vollhafter (§§ 264a Abs. 1, 335b HGB)

---

467 *BGHZ* 100, 342; a.A. *Maier-Reimer* NJW 2007, 3157.
468 *Kußmaul/Meyering* DB 2008, 1445, 1446.

Knierim

Kommandit-gesellschaft	Nach der Größe (§ 1 PublG): Jahresabschluss und Lagebericht (§ 5 PublG), Konzernabschluss (§ 13 PublG), befreite Abschlüsse nach §§ 291, 292a oder 292 HGB Eröffnungsbilanz und Jahresabschluss bei KG ohne natürlichen Vollhafter (§§ 264a Abs. 1, 335b HGB)
Einzelkaufmann	Nach der Größe (§§ 1, 5 PublG): Jahresabschluss und Lagebericht (§ 5 PublG), Konzernabschluss (§ 13 PublG), befreite Abschlüsse nach §§ 291, 292a oder 292 HGB
Stiftungen mit gewerbl. Tätigkeit	Nach der Größe (§ 1 PublG): Jahresabschluss und Lagebericht (§ 5 PublG), Konzernabschluss (§ 13 PublG), befreite Abschlüsse nach §§ 291, 292a oder 292 HGB
Unternehmungen des ö.R.	Nach der Größe (§ 1 PublG): Jahresabschluss und Lagebericht (§ 5 PublG), Konzernabschluss (§ 13 PublG), befreite Abschlüsse nach §§ 291, 292a oder 292 HGB
Versicherungen	Externe Eröffnungsbilanzen und Jahresabschlüsse; Interne Berichte an das Bundesaufsichtsamt für das Versicherungswesen gemäß § 55a VAG sind OWi i.S.v. § 144 Abs. 1 Nr. 5 VAG
Wirtschafts-vereine	Nach der Größe (§ 1 PublG): Jahresabschluss und Lagebericht (§ 5 PublG), Konzernabschluss (§ 13 PublG), befreite Abschlüsse nach §§ 291, 292a oder 292 HGB;

Sonderpflichten zur Führung von Handelsbüchern können sich aus der Satzung, dem Gesellschaftsvertrag, dem Geschäftszweck des Unternehmens oder einer bestimmten öffentlich-rechtlichen Rechenschaftspflicht ergeben, auch aus einschlägigen haushalts- und kapitalmarktrechtlichen Normen. Derartige Pflichten sind indessen keine durch die §§ 283 ff. StGB erfassten Aufstellungsnormen. **867**

b) Prüfungsauftragspflicht

Daneben hat eine Kapitalgesellschaft und eine der nach § 1 PublG genannten Gesellschaftsform auch die Pflicht, die Jahresabschlüsse durch einen Wirtschaftsprüfer oder einen vereidigten Buchprüfer prüfen zu lassen. Die Prüfungspflichten (§§ 316 ff. HGB, §§ 6 ff. PublG) und Offenlegungspflichten (§§ 325 ff. HGB) sind zwingende offentlich-rechtliche Vorschriften, wobei seit der Einführung des elektronischen Bundesanzeigers eine verschärfte Offenlegungspflicht besteht.[469] **868**

---

469 Seit 1.1.2007 verpflichtendes Veröffentlichungsmedium für deutsche Unternehmen (nach dem EHUG). Der elektronische Bundesanzeiger ist neben dem Bundesgesetzblatt ein weiteres Verkündungs- und Bekanntmachungsorgan der deutschen Bundesbehörden. Es wird vom Bundesministerium der Justiz herausgegeben. Zusätzlich ist der Bundesanzeiger Pflichtveröffentlichungsblatt für gerichtliche und sonstige Bekanntmachungen, für alle Handelsregistereintragungen sowie für gesetzlich vorgeschriebene Veröffentlichungen von Jahresabschlüssen und Hinterlegungsbekanntmachungen der Unternehmen.

c) Aufstellungsfrist

869 § 239 Abs. 2 HGB fordert die zeitgerechte Erfassung aller Geschäftsvorfälle in Handelsbüchern, eine bestimmte Frist hat sich jedoch auch in Form von Grundsätzen ordnungsgemäßer Buchführung nicht herausgebildet.[470] Aus dem Bestimmtheitsgrundsatz von § 1 StGB ausgehend muss daher dem Kaufmann ein Ermessen zugebilligt werden, inwiefern er Buchführungsrückstände auflaufen lässt. Angemessen erscheint die von Reichsgericht gewährte Frist von bis zu 6 Wochen, innerhalb derer lediglich von einem Buchführungsstau gesprochen werden kann, der aber noch nicht die Merkmale der Strafnormen des § 283 Abs. 1 Nr. 5 StGB bzw. § 283d StGB erfüllt.[471]

870 Zeitliche Vorgaben für die Aufstellung der Bilanz existieren lediglich für Kapitalgesellschaften und einige andere, der Kapitalgesellschaft vergleichbare Gesellschaftsformen. Gemäß § 264 Abs. 1 S. 2 HGB ist die Bilanz der Kapitalgesellschaft innerhalb einer **3-Monats-Frist** nach Ablauf des Geschäftsjahres aufzustellen. Lediglich für so genannte kleine Kapitalgesellschaften im Sinne von § 267 HGB gilt eine 6-Monats-Frist. Die aus § 267 HGB folgende Unterscheidung zwischen kleinen, mittelgroßen und großen Kapitalgesellschaften anhand der Kriterien Bilanzsumme, Umsatzerlöse und Arbeitnehmerzahl im Jahresdurchschnitt müssen von Fall zu Fall festgestellt werden. Erst wenn zwei von drei Kriterien erfüllt sind, erreicht eine Kapitalgesellschaft die jeweils nächsthöhere Stufe. Für Einzelkaufleute und Personenhandelsgesellschaften sieht § 243 Abs. 3 HGB lediglich vor, dass der Jahresabschluss „innerhalb der einem ordnungsgemäßen Geschäftsgang entsprechenden Zeit" aufzustellen ist.

871 Die Strafverfolgungsbehörden akzeptieren in der Praxis Zeiträume von bis zu 9 Monaten.[472]

3. Steuererklärungen, Erkenntnisse der Steuerbehörden

872 Die Steuerbehörden haben – solange die Steuererklärungen ordnungsgemäß abgegeben werden – einen tiefen Einblick in die wirtschaftlichen und finanziellen Verhältnisse des Unternehmens. Für die Ermittlungen in Insolvenzsachen war es daher u.U. in der Vergangenheit wichtig, Angaben über den Inhalt von Steuererklärungen zu erhalten. Zwar konnte der **Insolvenzverwalter** Einsicht in die Finanzakten nehmen, nicht aber der Staatsanwalt. Nach Ansicht der Finanzbehörden im AEAO[473] darf nach § 30 Abs. 4 Nr. 5 b AO jetzt Auskunft erteilt werden und es dürfen auch Kontrollmitteilungen verschickt werden, wenn die folgenden Delikte vorliegen:
- Bankrott (§§ 283, 283a StGB);
- Verletzung der Buchführungspflicht (§ 283b StGB)

---

470 Koller/Roth-*Morck* § 239 HGB Rn. 2.
471 *Schäfer* wistra 1986, 200, 203; *Volk/Böttger* § 18 Rn. 177.
472 Nären dazu unten Rn. 881.
473 *BMF*-Rundschreiben vom 11.12.2007, BGBl. I 2007, 894; dazu *Weyand* PStR 2008, 55.

- Gläubigerbegünstigung (§ 283c StGB) und
- Insolvenzverschleppung (§ 15a Abs. 4 InsO).

Eine Offenbarungspflicht besteht aber nicht. Die Finanzverwaltung entscheidet nach **873** pflichtgemäßem Ermessen unter Berücksichtigung aller Umstände des konkreten Einzelfalls. Insbesondere ist nach dem Wortlaut des § 30 Abs. 4 Nr. 5 b AO die Bedeutung der Tat zu würdigen. Dem Legalitätsprinzip unterliegt sie nur für Steuerstrafsachen.[474]

II. Strafrechtliche Verantwortung

1. Bilanzstrafrecht

Die zentrale Norm des Bilanzstrafrechts, die eine unrichtige oder verschleierte Darstellung der Vermögensverhältnisse einer Kapitalgesellschaft unter Strafe stellt, ist **874** § 331 Nr. 1–3 HGB. Diese Strafnorm gilt seit 9.3.2000[475] auch für oHG und KG, wenn keine natürliche Person als persönlich haftender Gesellschafter (Vollhafter) vorhanden ist (§§ 264a Abs. 1, 264b Abs. 1, 335b HGB).[476] Rechtsformunabhängig gilt § 331 HGB auch für Kreditinstitute und Versicherungsunternehmen (§§ 340m, 341m HGB).

Nach § 17 Nr. 1–3 Publizitätsgesetz (PublG) werden Bilanz- und Berichtsvergehen **875** für die nach § 1 PublG veröffentlichungspflichtigen Unternehmen bestraft. Im Anwendungsbereich des § 331 HGB treten andere gesellschaftsrechtliche Straftatbestände zurück. Diese Normen (§ 400 Abs. 1 AktG, § 82 Abs. 2 Nr. 2 GmbHG, § 147 Abs. 2 Nr. 1 GenG, § 143 Nr. 1 VAG und § 313 Abs. 1 Nr. 1 UmwG) gelten nur für andere Berichte, Darstellungen und Vorträge über die Verhältnisse der jeweiligen Gesellschaft.

Bei Unternehmenskrisen treten ebenfalls rechtsformunabhängig die §§ 283 Abs. 1 **876** Nr. 6, 283b StGB hinzu. Die Unterlassung einer Bilanzierung ist nur nach §§ 283 Abs. 1 Nr. 7 lit. b, 283b Abs. 1 Nr. 3 lit. b StGB in der Insolvenz oder der Unternehmenskrise strafbar, u.U. nach § 378 AO bußgeldbewehrt.

Keine Bilanzierungspflicht besteht für das Privatvermögen von Einzelkaufleuten. **877** Wer als Einzelkaufmann innerhalb der Krise sein Privatvermögen nicht bilanziert, verstößt **nicht** gegen § 283 Abs. 1 Nr. 7a bzw. § 283b StGB. Zwar hat der BGH einen solchen Verstoß im Jahre 1962 angenommen, als auf der Grundlage früherer Rechnungslegungsvorschriften eine zwangsweise durchsetzbare Bilanzierungspflicht bestand.[477] Entsprechende Bilanzierungspflichten ergaben sich aus den vor

---

474 A.A. *Weyand* DStR 1990, 412.
475 Art. 48 Abs. 1 EGHGB: anzuwenden auf Geschäftsjahre, die nach dem 31.12.1999 beginnen.
476 *Knierim/Muscat* PStR 2001, 10.
477 Hierzu auch *RGSt* 41, 41.

dem Bilanzrichtliniengesetz geltenden §§ 38–47 HGB. Diese Normen sind aber durch das Bilanzrichtliniengesetz vom 19.12.1985 aufgehoben worden. Nunmehr muss der Jahresabschluss des Einzelkaufmanns gemäß § 246 Abs. 1 HGB nur noch „vollständig" sein. In der Gesetzesbegründung zu § 246 HGB wird darauf verwiesen, dass nur noch das Geschäftsvermögen und nicht auch das Privatvermögen des Kaufmanns zu bilanzieren ist (§ 242 Abs. 1 HGB).[478] Die Neufassung der Bilanzvorschriften erstreckt sich damit ausschließlich auf Vermögensgegenstände des Unternehmensvermögens. Sie passen nicht auf das Privatvermögen, wie man anhand der Bewertungsvorschriften der §§ 247, 253 HGB erkennt.[479] Da die Strafnormen der §§ 283 Abs. 1 Nr. 7a, 283b StGB als Blankettvorschriften die handelsrechtliche Rechtslage in sich aufnehmen, ist damit die Bilanzierung des Privatvermögens aus den Strafvorschriften herausgefallen.

2. Strafbarkeit der Verletzung von Buchführungs- und Bilanzierungspflichten in der Krise

a) Tatbestand

878   Durch § 283b StGB ist die vorsätzliche oder fahrlässige Verletzung der Buchführungs- und Bilanzierungspflichten nach dem Handelsrecht auch vor einer Insolvenzanmeldung strafbar, wenn es (später) zu einer Insolvenzeröffnung oder einer Nichteröffnung mangels Masse kommt (§§ 283 Abs. 4, 283b Abs. 3 StGB). Der **Strafrahmen** sieht für vorsätzliches Verhalten Freiheitsstrafe bis zu 2 Jahre oder Geldstrafe, für fahrlässiges Verhalten Freiheitsstrafe bis zu 1 Jahr oder Geldstrafe vor. Aufgrund der hohen Bedeutung, die einer ordnungsgemäßen Buchführung zugemessen wird, hat der Gesetzgeber die Verletzung der Buchführungspflicht außerhalb der Krise als abstraktes Gefährdungsdelikt ausgestaltet.[480]

879   Tatbestandsmäßige Handlung ist ein Verstoß gegen **Buchführungspflichten** nach §§ 238 ff. HGB. Ob § 238 HGB auch für inländische Zweigniederlassungen ausländischer Kaufleute gilt,[481] darf bezweifelt werden, nachdem der EuGH die Sitztheorie europaweit durchgesetzt hat. Die Buchführungspflichten richten sich in diesem Fall nach dem jeweiligen Recht des Gründungsstaates. Dagegen können sich deutsche Kaufleute strafbar machen, wenn sie im Ausland Buchführungspflichten verletzen.[482]

---

478 BT-Drs. 10/4268, S. 97.

479 *Muhler* Nichtbilanzieren von Privatvermögen strafbar?, in: wistra 1996, 125; *Schramm* Kann ein Verbraucher einen Bankrott (§ 283 StGB) begehen?, in: wistra 2002, 55; Volk-*Böttger* § 18 Rn. 214.

480 LK-*Tiedemann* § 283 Rn. 7; Schönke/Schröder-*Heine* § 283 Rn. 2; *Lackner/Kühl* § 283b Rn. 1; a.A. MüKo-*Radtke* Vor §§ 283 ff. Rn. 19 ff. unter Hinweis darauf, dass eine abstrakte Gefährdung in der Zusammenschau mit den Krisenmerkmalen die Strafbarkeit allein vom Zufall abhängig machen würde.

481 Schönke/Schröder-*Heine* § 283 Rn. 29.

482 *OLG Karlsruhe* NStZ 85, 317 m. Anm. *Liebelt* NStZ 89, 182.

Für die **Aufstellung der Bilanz** sind die handelsrechtlichen Vorgaben für Kaufleute maßgeblich (siehe Rn. 870). **880–881**

Wegen der inhaltlichen Ausgestaltung der Pflichten, der Ausfüllung der Tatbestandsmerkmale des § 283b StGB kann auf die eingehende Darstellung im 3. Teil, B. zu § 283 Abs. 1 Nr. 5–7 StGB verwiesen werden. **882**

Die Grenze zwischen zulässiger Bilanzkosmetik und unzulässiger Bilanzmanipulation ist nur schwer zu ziehen, wenn die Nachweissituation nicht eindeutig ist, bspw. Totalfälschungen von Gegenständen des Anlagevermögens (Fall Flowtex) oder Forderungen (Fall Comroad), außerbilanzielle Verpflichtungen durch Leasing oder Factoring (Fall Balsam/Procedo). Wegen des großen Graufeldes zwischen unternehmerischem Ermessen und strafbarer Manipulation erfordert das Bestimmtheitsgebot des Art. 103 Abs. 2 GG hier, dass unbestimmte Befugnisse strafrechtlich voll ausgeschöpft werden dürfen. Ein kaufmännisches Verhalten ist erst dann strafbar, wenn die wirtschaftliche Entscheidung oder Maßnahme zweifelsfrei unvertretbar erscheint.[483] Falschbewertungen machen die Bilanz deshalb erst dann unrichtig, wenn diese „willkürlich" oder „wissentlich falsch" erfolgt sind.[484] **883**

b) Sachlicher Zusammenhang mit den Insolvenzgründen

Ein **sachlicher Zusammenhang** zwischen den Tathandlungen und den Insolvenzgründen (Zahlungseinstellung, Eröffnung des Insolvenzverfahrens oder Nichteröffnung mangels Masse) muss besonders festgestellt werden (§§ 283b Abs. 3 i.V.m. 283 Abs. 6 StGB).[485] In dem Auffangtatbestand des § 283b StGB sieht die Ermittlungspraxis häufig die Möglichkeit, zu einem „erfolgreichen" Abschluss des Verfahrens zu kommen, wenn keine sonstigen Delikte nachgewiesen werden konnten. In Fällen, in denen die Verletzung der Buchführungspflicht jedoch einen längeren Zeitraum vor der Entscheidung des Insolvenzgerichtes liegt, ist eine Einschränkung dieser Strafverfolgungspraxis angezeigt. Die Strafnorm soll nur zur Anwendung kommen, „wenn die Tathandlungen irgendeine Beziehung zu den in § 283 Abs. 6 StGB umschriebenen Tatbeständen gehabt haben, die den wirtschaftlichen Zusammenbruch kennzeichnen."[486] Danach reicht ein bloßer zeitlicher Zusammenhang zwischen der Tathandlung und der Zahlungseinstellung nicht aus, insbesondere entfällt das Strafbedürfnis dann, wenn die Krise überwunden ist. Deshalb muss ein innerer Zusammenhang zwischen Buchdelikt und der objektiven Bedingung der Strafbarkeit festgestellt werden. Eine Kausalität für den Eintritt der objektiven Be- **884**

---

483 LK-*Tiedemann* Vor § 283 Rn. 117 m.w.N.; *Tiedemann*, Wirtschaftsstrafrecht Einführung und allgemeiner Teil, Rn. 117 unter Hinweis auf *BGHSt* 30, 285; *RGSt* 39, 222, 223; Schönke/Schröder-*Lenckner/Perron* § 265b StGB, Rn. 39; so auch die steuerrechtliche Rechtsprechung: *BFHE* 213, 326; *BFH* U. v. 5.6.2006, I F 47/06.
484 *RGSt* 39, 222, 223; 47, 311, 312; LK-*Tiedemann* § 283 Rn. 115.
485 *BGHSt* 1, 191; wistra 2007, 463; *BayObLG* wistra 2003, 30 = NStZ 2003, 214; LK-*Tiedemann* Vor § 283 Rn. 92; *Trüg/Habetha* wistra 2007, 365.
486 *BGHSt* 28, 231, 234; wistra 1996, 262, 264.

dingung ist jedoch nicht gefordert.[487] Nach anderer Auffassung bedarf es einer Kausalverbindung zwischen der Strafbarkeitsbedingung des § 283 Abs. 6 StGB und der Tathandlung des § 283b StGB. Eine nur einfach „unordentliche" Buchführung ohne eine dadurch nicht erkannte Unternehmenskrise soll nicht strafbar sein.[488] Im Ergebnis dürfte sich der Meinungsunterschied kaum auswirken. Ein solcher Zusammenhang besteht nämlich schon dann, wenn der Mangel im Rechnungswesen bis zur Insolvenz fortwirkt und etwa die Tätigkeit des Insolvenzverwalters nachhaltig beeinträchtigt.[489] Umgekehrt liegt der erforderliche Zusammenhang ebenfalls nicht vor, wenn das Unterlassen der Bilanzerstellung die finanzielle Krise eines ohnehin insolvenzreifen Unternehmens nicht mehr steigern konnte.[490] Ob derartige Schwierigkeiten allerdings zu einer tatsächlichen Vermutung mit der Folge eines notwendigen Entlastungsbeweises durch den Beschuldigten ausreichen, ist bislang nicht entschieden.[491]

885   Eine Einschränkung des Tatbestandes ergibt sich aus der Lehre vom **Schutzzweck der Norm**. Im Zeitpunkt des wirtschaftlichen Zusammenbruchs müssen noch Auswirkungen der Verletzung der Buchführungspflicht feststellbar sein, die sich als gefahrerhöhende Folge einer Verfehlung darstellen. Wird bspw. erkennbar, dass die Bilanzen des Unternehmens verspätet erstellt wurden, dies aber keinerlei Auswirkung auf die Arbeit des Insolvenzverwalters hat (also aktuelle Bilanzen und Jahresabschlüsse vorliegen), entfällt das Strafbedürfnis.[492] Die Strafnorm will nur dazu anhalten, ein normgerechtes Verhalten zu erreichen. Sie ist kein Selbstzweck, sondern dient mittelbar dem Schutz der Masse, der durch eine ordnungsgemäße Aufstellung des Jahresabschlusses gedeckt ist.[493]

886   Eine Verletzung der Buchführungspflichten außerhalb der Krise ist nicht strafbar.[494] Ist einem Kaufmann die ordnungsgemäße Buchführung bzw. die fristgerechte Aufstellung der Bilanz nicht möglich, entfällt der Tatbestand.[495] Das eigene Unvermögen des Kaufmanns, sei es aufgrund von Krankheit, Überlastung oder persönlicher Inkompetenz, entbindet ihn jedoch nicht ohne Weiteres von der Buchführungspflicht. Ist der Kaufmann selbst nicht in der Lage, eine ordnungsgemäße Buchhaltung bzw. ordnungsmäßige Bilanzen sicherzustellen, so ist er verpflichtet, geeignete Hilfskräfte heranzuziehen.[496]

---

487 *BGH* wistra 2007, 463; *Fischer* § 283 StGB Rn. 30.
488 *Trüg/Habetha* wistra 2007, 365, 369.
489 LK-*Tiedemann* § 283b Rn. 14.
490 *BayObLG* NStZ 2003, 555.
491 *Weyand/Diversy* Rn. 121.
492 *BGH* JZ 1979, 75; *BayObLG* wistra 2003, 30, 31.
493 Schönke/Schröder-*Heine* § 283b Rn. 1; *Stree* Objektive Bedingungen der Strafbarkeit, in: JuS 1965, 472; LK-*Tiedemann* § 283b Rn. 2.
494 *BGH* NStZ 2000, 206; *BGHSt* 28, 231, 233.
495 *BGHSt* 28, 231, 233; *BGH* NStZ 1994, 424; *BGH* NStZ 1998, 192; wistra 2000, 136; wistra 2001, 465; StV 2004, 317; *KG* B. v. 18.7.2007 – (4) 1 Ss 261-06 (147/07) beckRS 2007 15742.
496 *RGSt* 4, 418; *BGH* wistra 2000, 136.

c) Tateinheit, Tatmehrheit

Mehrere Verstöße gegen die Buchführungspflicht sind als Handlungseinheit oder als **887** gesetzliche Einheit zu werten.[497] Einzelne Verstöße machten die Buchführung in ihrer Gesamtheit ungenau und eröffnen eine Schätzungsmöglichkeit. Zwischen Verstößen gegen die Bilanzierungspflicht und die Buchführungspflicht (§ 283 Abs. 1 Nr. 7b und Nr. 5 StGB) besteht Tateinheit, wenn die Buchführung notwendige Voraussetzung für die Bilanzierung ist. Allerdings kann Tatmehrheit zwischen mehreren Verstößen gegen die Buchführungspflicht angenommen werden[498], und es kann Tatmehrheit vorliegen, wenn die Aufstellung der Bilanz unabhängig von der Buchführung aufgrund beispielsweise eigener Auswertungen des Kaufmanns erfolgt.[499]

3. Untreue durch unzureichende Buchführung?

a) Pflichtwidrigkeit

Nur unter sehr engen Voraussetzungen kann durch eine fehlerhafte oder unvollstän- **888** dige/fehlende Buchführung auch der Tatbestand der Untreue nach § 266 Abs. 1 StGB verwirklicht werden. In Literatur und Rechtsprechung sind verschiedene Fallkonstellationen dazu diskutiert worden, in denen ein Unternehmen als Gläubiger wegen einer fehlerhaften oder fehlenden Buchführung Ansprüche gegen Dritte nicht mehr geltend machen kann.[500] Es können auch Fälle auftreten, in denen das Unternehmen als Schuldner wegen einer nicht ordnungsgemäßen Buchführung nicht nachweisen kann, dass es seiner Erfüllungspflicht aus einzelnen Vertragsverhältnissen oder aus gesetzlichen Schuldverhältnissen nachgekommen ist.[501] Eine Pflichtverletzung im Sinne des § 266 Abs. 1 StGB kann deshalb vorliegen, wenn eine gesetzliche Verpflichtung zur Führung der Bücher oder zur Aufstellung der Bilanzen nicht erfüllt wird.[502]

b) Vermögensnachteil

Die Rechtsprechung hat jedoch die Annahme, dass in der fehlerhaft oder unvollstän- **889** dig durchgeführten Buchführung/Bilanzierung auch eine Untreue liegen könnte, stark beschränkt. Ursprünglich hat sie angenommen, durch eine falsche oder unor-

---

497 Schönke/Schröder-*Heine* § 283 Rn. 37; *BGHSt* 3, 24; *BGH* bei Herlan GA 1956, 347; 1971, 38; NStZ 1995, 347; 1998, 193 m. Bespr. *Doster* wistra 98, 328; *Bittmann/Dreier* NStZ 1995, 108; *Geppert* NStZ 1996, 59, SK-*Hoyer* § 283 Rn. 120, *Lackner/Kühl* § 283 Rn. 18.
498 *BGH* NStZ 1988, 192.
499 *Bittmann* NStZ 1995, 105, 108.
500 Vgl. etwa *BGH* NJW 2001, 3638 ff.
501 *Schmid* in Müller-Gugenberger/Bieneck § 40 Rn. 2, 4.
502 *Richter* Der Konkurs der GmbH aus der Sicht der Strafrechtspraxis (Teil 1/Teil 2), in: GmbHR 1984, 137, 145.

dentliche Buchführung könne ein Vermögensschaden im Sinne von § 266 Abs. 1 StGB entstehen.[503] Argumentiert wurde, dass eine derartige Buchführung dem Unternehmen die Übersicht über seine Ansprüche und Verpflichtungen, das heißt über seine wahren Vermögensverhältnisse unmöglich gemacht werde, so dass das Unternehmen schon deshalb einen Schaden erleide, weil das Vermögen nicht sicher festgestellt werden könne und deshalb schadensgleich gefährdet sei.

890 Von dieser Rechtsprechung hat der BGH jedoch Abstand genommen. Er hat eine nicht dem HGB entsprechende Buchführung nicht als solche schon zu einer konkreten Vermögensgefährdung im Sinne des § 266 Abs. 1 StGB erklärt.[504] Tritt ein Unternehmen in einem Schuldverhältnis als Gläubiger einer Leistung auf, dann geht der BGH in ständiger Rechtsprechung von einer schadensgleichen Vermögensgefährdung durch eine unvollständige Buchführung nur dann aus, wenn die **Durchsetzung der Ansprüche erheblich erschwert** oder gar verhindert wird.[505] Wer keinerlei Aufzeichnungen darüber führt, in welcher Form, zu welchen Bedingungen und bei wem das von ihm betreute Kapital eines Vermögensträgers angelegt worden ist, kann damit eine Verhinderung im Sinne dieser Rechtsprechung auslösen.[506]

891 Die Anforderungen an eine erhebliche Erschwerung sind sehr hoch. Wenn nachträglich die Durchsicht der Unterlagen und eine Überprüfung der Buchführungsbelege die Durchsetzung der Ansprüche ermöglicht, ist eine erhebliche Erschwerung im Sinne dieser Rechtsprechung ausgeschlossen.[507] Ist eine verschleierte Buchung zwar erfolgt, ist diese Buchung aber dennoch so auffällig vorgenommen worden (weil beispielsweise die Gegenbuchung fehlt), dass sie sogar die besondere Aufmerksamkeit eines prüfenden Insolvenzverwalters oder eines sonst prüfenden Dritten wecken kann und ihm dadurch die Geltendmachung der Forderung erleichtert wird, fehlt es ebenfalls an einer erheblichen Erschwerung.[508] Damit orientiert sich der BGH am **Maßstab des § 238 Abs. 1 HGB**, wonach die Buchführung einem sachverständigen Dritten innerhalb angemessener Zeit einen Überblick über die Geschäftsvorfälle und über die Lage des Unternehmens vermitteln können muss. Kann ein sachverständiger Dritter die Buchführung innerhalb dieser Zeit nachvollziehen oder aufgrund seiner Kenntnisse Fehlbuchungen erkennen, scheidet schon die Annahme aus, dass die fehlerhafte Buchführung Auslöser für die Gefährdung bei der Durchsetzung von

---

503 *RGSt* 77, 228; *BGH* DR 1956, 121; *AG Krefeld* NZM 1998, 981, 983 (betreffend die Verwaltung von Mietkautionen eines Vermieters, der wohl nicht buchführungspflichtig ist), kritisch dazu *Zieschang* NZM 1999, 393.

504 *BGH* NJW 2001, 3638 ff.; vgl. ferner *Mosenheuer* NStZ 2004, 179; LK-*Schünemann* § 266 Rn. 146; *Tiedemann* GmbH-Strafrecht Vor § 82 Rn. 21.

505 *BGH* NStZ 2004, 559 = wistra 2004, 348; *BGHSt* 20, 304; *BGH* wistra 2001, 341, 344 = *BGHSt* 47, 8, 10; *BGH* NStZ 1996, 543; *OLG Stuttgart* NJW 1971, 64, 65 (auch eine bloße Verzögerung reicht nicht aus).

506 *BGH* NStZ 1996, 543.

507 *BGH* wistra 1988, 353.

508 *BGH* NStZ 2004, 559 = wistra 2004, 348.

Gläubigeransprüchen sein kann. Eine von § 266 Abs. 1 StGB verlangte konkrete Vermögensgefährdung kann dann nicht angenommen werden.

Erforderlich ist darüber hinaus, dass die geltend gemachten **Ansprüche des Unter-**   **892**
nehmens begründet sind. Die bloße Wahrscheinlichkeit des Bestehens solcher Ansprüche genügt schon nicht, um überhaupt von einem buchführungspflichtigen Vermögensgegenstand auszugehen.[509] Das stimmt auch mit dem Realisationsprinzip des § 252 Abs. 1 Nr. 4 HGB überein. Ein vermeintlicher Anspruch darf nur dann bilanziert werden, wenn eine begründete Wahrscheinlichkeit besteht, dass der Anspruch auch durchgesetzt werden kann. Die Forderung muss im Zeitpunkt der Handlung (also der fehlerhaft erstellten Buchführung) wirtschaftlich wertvoll gewesen sein. Hatte die Forderung beispielsweise wegen der Insolvenz eines Schuldners oder als Auslandsforderung unter politischen Risiken ihren Wert bereits völlig verloren, kann kein messbarer Nachteil und damit auch keine konkrete Vermögensgefährdung angenommen werden.[510]

Ist das Unternehmen in seiner Eigenschaft als Schuldner einer Leistung betroffen,   **893**
sieht der BGH ebenfalls die Möglichkeit, dass eine schadensgleiche Vermögensgefährdung eintreten kann, wenn eine den Buchführungsgrundsätzen widersprechende Buchführung vorliegt. Die bloße Erleichterung der Geltendmachung ungerechtfertigter Ansprüche Dritter durch mangelhafte Dokumentation von Zahlungen begründet aber noch keine schadensgleiche Vermögensgefährdung. Um dazu zu kommen, müsste mit einer konkreten doppelten Inanspruchnahme zu rechnen sein oder die Rechtsverteidigung gegen einen Anspruch wesentlich erschwert worden sein.[511]

---

509 *BGHSt* 20, 304.
510 *BGH* wistra 1986, 24, 25; *BGH* wistra 1986, 217, 218.
511 *BGH* wistra 2001, 341, 344 = *BGHSt* 47, 8, 10; *Raum* in Wabnitz/Janovsky 4. Kapitel Rn. 81; a.A. *Mosenheuer* NStZ 2004, 179, 180, der eine Gleichbehandlung zur Gläubigerstellung ablehnt.

F. Besserstellung Einzelner zu Lasten der Masse

I. Einführung

1. Bedeutung

894   Tritt eine wirtschaftliche Krise ein und drohen Überschuldung und Zahlungsunfähigkeit, so schützen die nachfolgend dargestellten Insolvenzdelikte die Insolvenzmasse vor ungerechtfertigten Zugriffen zum Nachteil der Gesamtgläubigerschaft.[512] Anknüpfungspunkt und objektive Voraussetzung für die Prüfung jedweder Strafbarkeit ist daher stets das Handeln des Täters im Zeitraum der wirtschaftlichen Krise (vgl. Rn. 82 ff.). Wird in diesem Zeitraum auf die Insolvenzmasse zugunsten eines Gläubigers (§ 283c StGB), des Schuldners (§ 283d StGB) oder eines Dritten zugegriffen, besteht stets die Gefahr, dass die Interessen der Gläubiger, deren Ansprüche aus der Insolvenzmasse ausschließlich nach den Regelungen der Insolvenzordnung befriedigt werden sollen, gefährdet werden. Die Insolvenzdelikte stellen daher die **Besserstellung Einzelner** zu Lasten der (möglichen) Insolvenzmasse unter Strafe, so dass die §§ 283c, 283d teilweise als bestandsbezogene Bankrotthandlungen beschrieben werden.[513]

2. Schadensersatzhaftung

895   Eine zivilrechtliche Haftung ergibt sich in allen Fällen der Besserstellung für beide Seiten des Geschäftes aus § 823 Abs. 2 BGB in Verbindung mit dem jeweiligen Straftatbestand, § 826 BGB (Sittenwidrige Schädigung) § 830 (Beteiligung), § 840 (Haftung mehrerer). Daneben handelt es sich um anfechtbare Rechtshandlungen im Sinne der Insolvenzordnung bzw. des Anfechtungsgesetzes. Der Empfänger der Leistung hat den Gläubiger bei Ausübung des Anfechtungsrechtes so zu stellen, als ob der übertragene Vermögensgegenstand noch zum Schuldnervermögen gehört.

896   Die an sich rechtmäßige Verfolgung der eigenen Interessen eines Gläubigers kann einen Sittenverstoß darstellen, wenn der Gläubiger sich unlauterer Mittel bedient, mit denen er sich einseitige Vorteile verschafft und durch die andere Gläubiger benachteiligt werden.[514] Auch die Schuldnerbegünstigung im Zusammenwirken mit einem Gläubiger kann zur Haftung aus § 826 BGB führen.[515] Die Sittenwidrigkeit kann sich beispielsweise aus der Machtstellung des Gläubigers gegenüber dem Schuldner ergeben,[516] aber auch aus dem Grad der Missachtung fremder Interessen.

---

512 *Fischer* StGB § 283 Rn. 3 m.w.N.
513 NK-*Kindhäuser* Vor § 283 Rn. 6.
514 *BGHZ* 102, 68, 77 f. = NJW 1988, 700.
515 *BGH* WM 1974, 99, 101.
516 *BGH* WM 1985, 866, 868.

Die Rechtsprechung hat verschiedene Fallgruppen entwickelt,[517] die als Orientierungshilfe für die Gläubigerbenachteiligung in der anwaltlichen Beratung zugrunde gelegt werden sollten, nämlich die Insolvenzverschleppung, Knebelung und Aussaugung des Schuldners, die Kredittäuschung und Gefährdung anderer Gläubiger sowie die stille Geschäftsinhaberschaft des Sicherungsnehmers.

II. Strafrechtliche Verantwortung

1. Gläubigerbegünstigung gemäß § 283c StGB

a) Allgemeines

Im Verhältnis zu § 283 StGB handelt es sich bei § 283c StGB um einen Privilegierungstatbestand. Grund dafür ist, dass der Täter den Anspruch eines einzigen Gläubigers, dem ein zivilrechtlicher Anspruch zusteht, auf Kosten der Insolvenzmasse und damit auf Kosten der Gesamtgläubigerschaft befriedigt. § 283c StGB schützt daher die zivilrechtlichen Ansprüche aller anderen Gläubiger im Hinblick auf eine ordnungsgemäße, nach den Regeln der Insolvenzordnung geregelte Verteilung der Insolvenzmasse.[518] Als Erfolgsdelikt erfordert dies die Feststellung, dass die Besserstellung eines Gläubigers spiegelbildlich zur Verringerung der Insolvenzmasse und damit zu Lasten sämtlicher anderen Gläubiger erfolgt ist. Als begünstigter Gläubiger kommt dabei jeder Inhaber einer vermögensrechtlichen Forderung gegen den Schuldner in Betracht.[519] Hierzu zählen sowohl Insolvenz- und Massegläubiger (§§ 38, 53 InsO), Absonderungsberechtigte (§ 49 InsO) sowie bedingt berechtigte Gläubiger (beispielsweise Bürgen).[520] Zwingende Voraussetzung ist allerdings, dass der Begünstigte im Zeitpunkt der Tathandlung die Gläubigerstellung nachweislich innehat.[521]

897

b) Begünstigter

Begünstigter der Tat ist stets ein **Gläubiger**, das heißt ein Inhaber eines vermögensrechtlichen Anspruchs gegen den Schuldner. Dabei kann es sich gegebenenfalls auch um Gläubiger handeln, die einen begründeten Anspruch erst nach dem Eintritt der Zahlungsunfähigkeit erlangt haben.[522] Der Schuldner selbst kann hingegen nicht

898

---

517 *RGZ* 136, 247, 253; *BGH* NJW 1970, 657, 658; NJW 1963, 2270; *BGHZ* 165, 343 = DB 2006, 365; w.N. bei *Mertens* ZHR 143 (1979), 174, 185 f.; *Bambeger/Roth* § 826 BGB Rn. 38, 39.
518 *Bieneck* in Müller-Gugenberg/Bieneck § 79 Rn. 2; *Vormbaum* GA 1981, 101, 102.
519 *Fischer* § 283c Rn. 2 m.w.N.
520 *Fischer* § 283c Rn. 2 m.w.N.
521 *RGSt* 35, 127 f.
522 So *BGH* 35, 361.; a.A. *Vormbaum* GA 1981, 107.

Begünstigter der Tat sein; vielmehr sind die Fälle, in denen der Schuldner zu seinen Gunsten andere Gläubiger benachteiligt, unter § 283 Abs. 1 Nr. 1 StGB zu fassen.[523]

c) Tathandlung

899 Die Tathandlung ist zunächst auf den Zeitraum der objektiv festgestellten Zahlungsunfähigkeit beschränkt; § 283c Abs. 1 1 StGB.[524] Erst nach dem Eintritt der Zahlungsunfähigkeit fällt die **Gewährung von Sicherheiten** oder die **Befriedigung von Gläubigern, die keinen Anspruch darauf haben**, zu dieser Zeit oder in dieser Höhe besichert oder befriedigt zu werden, unter den Tatbestand.

900 Unter das Tatbestandsmerkmal der „**Gewährung einer Sicherheit**" fällt jede Möglichkeit des Gläubigers, nach der er seinen Anspruch schneller, leichter, besser oder mit größerer Gewissheit befriedigen kann.[525] Im Einzelnen zählen hierzu beispielsweise die Sicherungsübereignung, Bestellung von Pfandrechten und Grundpfandrechten, Besitzverschaffung und die Einräumung von Zurückbehaltungsrechten. Auch die Verbesserung bestehender Rechtspositionen, die die Befriedigungschancen aus dem Anspruch erhöhen, wie beispielsweise die Werterhöhung von Sicherungs- oder Vorbehaltseigentum einzelner Kreditgeber, kommt als geeignete Sicherheitsmaßnahme in Betracht.[526] Dabei kommt es insbesondere nicht darauf an, dass die Rechtsgeschäfte wirksam abgeschlossen worden sind, um tatbestandsmäßig sein zu können. Zwingende Voraussetzung ist allerdings, dass alle vom Tatbestand des § 283c StGB erfassten Sicherheiten aus der strafrechtlich geschützten Insolvenzmasse herrühren.

901 Umstritten ist die Frage, ob die Gewährung einer Sicherheit aus der Insolvenzmasse im Wege eines so genannten **Aktiv-Passiv-Tauschs** mit einer Sanierungsgesellschaft (Auffanggesellschaft) als tatbestandliche Gewährung einer Sicherheit im Sinne von § 283c StGB angesehen werden kann. Dies wird, für die Fälle in denen die Übertragung von Aktiva und Passiva als wirtschaftliche Einheit betrachtet wird, anzunehmen sein.[527]

902 Als **Befriedigung des Gläubigers** ist die schuldrechtliche Erfüllung seiner Forderung einzuordnen. Infolge dessen wird auch die Annahme als Erfüllung oder an Erfüllung statt (§§ 363, 364 BGB) als Befriedigung im Sinne des § 283c StGB angesehen. Von praktischer Bedeutung ist auch die Lieferung von Waren und Gegen-

---

523 NK-*Kindhäuser* § 283c Rn. 3.
524 Zur Feststellung der Zahlungsunfähigkeit anhand wirtschaftskriminalistischer Beweisanzeichen: *BGH* NStZ 2003, 546.
525 *RGSt* 30, 262.
526 *Bieneck* in Müller-Gugenberg/Bieneck § 79 Rn. 16.
527 NK-*Kindhäuser* § 283c Rn. 8.

Knierim

ständen, die dem Gläubiger die Verrechnungsmöglichkeit mit seiner Forderung eröffnet. Inwieweit solche Fälle als Befriedigung anzusehen sind, ist im Einzelfall festzustellen.

Weitere Voraussetzung der Gläubigerbegünstigung ist, dass der Gläubiger selbst an der Stellung der Sicherheit oder der Befriedigung des Anspruches des Gläubigers mitwirkt.[528] **903**

Aus dem Schutzgut von § 283c StGB, dem Ziel der gleichmäßigen Befriedigung der Gesamtgläubiger, ergibt sich, dass der Tatbestand die so genannte inkongruente Deckung verbietet, das heißt, dass der Gläubiger keinen nach dem Zivilrecht zu beurteilenden fälligen Anspruch auf die durch den Schuldner eingeräumte Sicherheit oder Befriedigung haben darf.[529] Denn kommt der Schuldner seiner zivilrechtlichen Verpflichtung, dem Gläubiger eine Sicherheit zu stellen oder den zivilrechtlichen Anspruch zu befriedigen, nach, ergibt sich die Straflosigkeit dieses Verhaltens schon aus der Einheit der Rechtsordnung. In diesen Fällen bleibt Raum für ein strafbares Verhalten gemäß § 283 StGB nur dann, wenn bereits der Anspruch auf die Stellung einer Sicherheit oder Befriedigung wirtschafts- und damit rechtswidrig begründet wurde. **904**

=============== **Praxishinweis** ===============

Da sich die Strafbarkeit in den Fällen der §§ 283 ff. StGB grundsätzlich zivilakzessorisch bestimmt, sollte in allen Fällen zunächst festgestellt werden, ob der Gläubiger einen fälligen Anspruch auf die Stellung einer Sicherheit oder die Befriedigung seiner schuldrechtlichen Forderung hat. Ist dies der Fall, so ist eine Strafbarkeit des Schuldners in der Regel ausgeschlossen. Das bedeutet gleichermaßen, dass ein Gläubiger, der ohnehin an erster Stelle zu befriedigen gewesen wäre, durch die Tat nicht begünstigt werden kann. **905**

d) Taterfolg

Taterfolg des § 283c StGB ist die rechtliche Besserstellung des besicherten oder befriedigten Gläubigers gegenüber und zum Nachteil der übrigen Gläubiger. Dabei ist unbeachtlich, in welchem Maße die übrigen Gläubiger benachteiligt werden. Ausgeschlossen ist die Begünstigung und damit der Taterfolg zugunsten eines Gläubigers allerdings dann, wenn sich im Rahmen eines hypothetischen Vergleichs der Stellung des Gläubigers ergibt, dass die Situation des Gläubigers ohne die inkongruente Leistung gleichgeblieben wäre. Ebenfalls straflos sind auch Handlungen, bei denen für die rechtliche Besserstellung eine wirtschaftlich gleichwertige Gegenleistung erbracht wird. **906**

---

528 *Lackner/Kühl* § 283c Rn. 4; einschränkend Schönke/Schröder-*Heine* § 283c Rn. 6.
529 *BGHSt* 8, 55, 56.

Praxishinweis

907 Um festzustellen, ob die Befriedigung des Gläubigers strafbar ist, muss daher stets bestimmt werden, inwieweit der Gläubiger einen zivilrechtlichen Anspruch auf Befriedigung aus der Insolvenzmasse gehabt hätte. Die Feststellung der Höhe der Benachteiligung der Gesamtgläubiger kann sich daher selbst in den Fällen der Gläubigerbegünstigung positiv auf die Strafzumessung auswirken.

908 Aufgrund der Ausgestaltung des § 283c StGB als Erfolgsdelikt bedeutet dies gleichermaßen, dass „Vorbereitungshandlungen", die die rechtliche Stellung eines Gläubigers noch nicht unmittelbar zum Nachteil der übrigen Gläubiger verändern (beispielsweise vor Übergabe des Hypothekenbriefes bei der Briefhypothek), nicht tatbestandsmäßig sind. In diesen Fällen kann jedoch die Versuchsstrafbarkeit gemäß § 283c Abs. 2 StGB vorliegen.

e) Vorsatz

909 Der § 283c StGB verlangt hinsichtlich des Taterfolgs, also der Gläubigerbegünstigung, ein vorsätzliches Handeln, wobei dolus eventualis ausreichend ist. Im Hinblick auf die Zahlungsunfähigkeit als objektive Strafbarkeitsvoraussetzung ist dies aufgrund der in § 283c Abs. 1 S. 1 StGB gewählten Formulierung „in Kenntnis" nicht ausreichend; vielmehr muss hier direkter Vorsatz vorliegen. Sowohl hinsichtlich des Begünstigungserfolges als auch im Hinblick auf die Gläubigereigenschaft ist es erforderlich, dass der Täter mit Absicht oder direktem Vorsatz handelt. Das bedeutet allerdings auch, dass die Begünstigung eines Gläubigers in der Absicht, das Unternehmen fortzuführen und damit alle Gläubiger zu befriedigen, kein vorsätzliches Handeln im Sinne von § 283c StGB darstellt.

f) Sonderdelikt, objektive Strafbarkeitsbedingung

910 Als Sonderdelikt kann die Gläubigerbegünstigung nur von einem zahlungsunfähigen Schuldner begangen werden. Für alle anderen Tatbeteiligten gelten die allgemeinen Teilnahmeregeln. Auch § 283c Abs. 3 StGB setzt den Eintritt der objektiven **Strafbarkeitsbedingung** nach § 283 Abs. 4 StGB voraus. Objekte Strafbarkeitsvoraussetzung ist daher, dass der Täter entweder sämtliche Zahlungen eingestellt hat, das Insolvenzverfahren bereits eröffnet ist oder ein Insolvenzantrag mangels Masse abgewiesen wurde.

2. Schuldnerbegünstigung gemäß § 283d StGB

a) Allgemeines

Bei § 283d StGB handelt es sich **nicht** um ein **Sonderdelikt.** Vielmehr schützt **911** § 283d StGB die Insolvenzmasse vor dem Zugriff Dritter, die zwar nicht Schuldner sind, aber im Einvernehmen mit dem Schuldner oder zu dessen Gunsten auf die Insolvenzmasse zugreifen und diese zu Lasten der Gläubiger verringern.[530] Als Auswirkung der fehlenden Schuldnereigenschaft und der damit verbundenen Verantwortlichkeit für die Berücksichtigung der Interessen der Gläubiger sind die Strafbarkeitsvoraussetzungen enger als in § 283 StGB gefasst.

b) Begünstigte

Im Sinne von § 283d StGB ist stets der Schuldner, der auf Kosten der Gläubigergesamtheit Vermögensvorteile erhält, Begünstigter.[531] **912**

c) Tathandlung

Als Tathandlung sind alle Verhaltensweisen geeignet, die zu einer Veränderung der **913** Insolvenzmasse zum Nachteil der Gläubigergesamtheit führen. Dabei entsprechen die Tatbestandsmerkmale des Beiseiteschaffens, Verheimlichens, den Anforderungen einer ordnungsgemäßen Wirtschaft widersprechenden Weise Zerstörens, Beschädigens oder Unbrauchbarmachens denen des § 283 Abs. 1 Nr. 1 StGB, so dass auf die Erläuterungen dazu verwiesen werden kann. Objektive Tatbestandsvoraussetzung bei allen genannten Tathandlungen ist die ausdrückliche oder konkludente **Einwilligung** im Sinne einer vorherigen Zustimmung des in der Krise befindlichen Schuldners. Eine nachträgliche Zustimmung in Form einer Genehmigung gemäß § 184 Abs. 1 BGB ist nicht ausreichend. Liegt eine Einwilligung indessen nicht vor, so sind die Tathandlungen des § 283d StGB auch dann tatbestandsmäßig, wenn der Täter zugunsten des objektiv in der Krise Befindlichen handelt.

d) Taterfolg

Der Tatbestand ist vollendet mit der **Besserstellung des** vom Täter – hierzu können **914** auch Gläubiger und Insolvenzverwalter zählen – bedachten **Schuldners** durch die Tathandlung. Allerdings kommt § 283d StGB nur dann zu Anwendung, wenn die Vermögensbestandteile den Gläubigern in ihrer Gesamtheit entzogen werden.[532]

---

530 NK-*Kindhäuser* § 283d Rn. 1, 2.
531 MüKo-*Radtke* § 283d Rn. 12 m.w.N.
532 MüKo-*Radtke* § 283d Rn. 3.

e) Vorsatz

915 Für die Tatbegehung genügt **bedingter Vorsatz** (dolus eventualis); hinsichtlich der **Zahlungsunfähigkeit** muss allerdings **direkter Vorsatz** gegeben sein. Der subjektive Tatbestand ist demnach nicht erfüllt, wenn der Täter davon ausgeht, dass der Vermögensbestandteil nicht zu Insolvenzmasse gehört, oder der Täter in der Absicht handelt, nicht den Schuldner, sondern ausschließlich den Gläubiger zu begünstigen (dann: § 283c StGB).

f) Täterschaft und Teilnahme

916 Hier gelten die allgemeinen Regeln. Dabei kann sich der begünstigte Schuldner auch als Anstifter (§ 26 StGB) oder als Gehilfe (§ 27 StGB) strafbar machen.[533] Zu prüfen ist in diesen Fällen allerdings, ob die Tathandlung, die die Anstifter- oder die Gehilfenstrafbarkeit begründen soll, nicht zugleich eine Garantenstellung und dadurch eine Unterlassungstäterschaft nach §§ 283, 13 StGB begründet. Begehen Schuldner und Täter die Tat im Sinne von § 25 Abs. 2 StGB mittäterschaftlich, so führt dies zu einer Strafbarkeit des Schuldners gemäß § 283 Abs. 1 Nr. 1 StGB und des Täters nach § 283d StGB. Zu berücksichtigen ist dabei, dass die Begünstigungsabsicht ein nach § 28 StGB zu behandelndes besonderes persönliches Merkmal ist, das für jeden Teilnehmer gesondert festgestellt werden muss.

3. Vereitelung der Zwangsvollstreckung gemäß § 288 StGB

a) Allgemeines

917 Die Norm des § 288 StGB dient dem Schutz des die Einzelzwangsvollstreckung betreibenden Gläubigers, sich aus dem Vermögen des Schuldners zu befriedigen.[534] Das bedeutet gleichsam, dass in jedem Einzelfall festgestellt werden muss, ob ein begründeter und durchsetzbarer Anspruch des Gläubigers besteht. Als **Sonderdelikt** kann das Delikt nur vom Vollstreckungsschuldner begangen werden. Eine Ausnahme bieten Vertreter oder Organe eines Vollstreckungsschuldners, die sich die Vollstreckungsschuldnerschaft gemäß § 14 StGB zurechnen lassen müssen.[535] Das bedeutet zugleich, dass Personen, die nicht selbst Vollstreckungsschuldner sind und denen aus diesem Grund auch die Zwangsvollstreckung nicht drohen kann, nicht als Täter, sondern lediglich als Teilnehmer bestraft werden können. Ein Dritter kann allerdings dadurch Gehilfe sein, wenn er in Kenntnis der drohenden Zwangsvollstreckung (bösgläubig) einen Vermögensgegenstand erwirbt oder in anderer Form an der Tat teilnimmt.[536]

---

533 MüKo-*Radtke* § 283d Rn. 20.
534 *BGH* NJW 1991, 2420; *Fischer* § 288 Rn. 1 unter Verweis auf: *BGHSt* 16, 334.
535 NK-*Wohlers* § 288 Rn. 4.
536 NK-*Wohlers* § 288 Rn. 5.

b) Begünstigter

Die Tathandlung begünstigt stets den Vollstreckungsschuldner, dem die Zwangsvoll-   **918**
streckung droht.

c) Drohende Zwangsvollstreckung

Der Täter des § 288 StGB handelt nur dann tatbestandlich, wenn ihm die Zwangs-   **919**
vollstreckung droht. Dabei ist unbeachtlich, ob es sich dabei um eine Zwangsvollstreckung in das bewegliche Vermögen (§§ 803–863 ZPO), in das unbewegliche
Vermögen (§§ 864–871 ZPO) oder um eine Zwangsvollstreckung zur Erwirkung der
Herausgabe von Sachen und zur Erwirkung von Handlungen oder Unterlassungen
(§§ 883–898 ZPO) handelt. Nicht erfasst werden allerdings staatliche Ansprüche,
bei deren Vollstreckung die Befriedigung von finanziellen Interessen des Staates nur
ein Annex im Rahmen der Vollstreckung darstellt (Geldstrafen, Zwangsgelder oder
Maßregeln gemäß § 11 Abs. 1 Nr. 8 StGB).

d) Vereitelte Vollstreckungshandlungen

Werden in diesem Zusammenhang Zwangsvollstreckungsmaßnahmen vereitelt, kann   **920**
dies gemäß § 288 StGB strafbar sein.[537] Etwaige Handlungen des Täters werden nur
dann als tatbestandliche Handlungen erfasst, wenn die Zwangsvollstreckung droht.
Dies ist immer dann der Fall, wenn zu befürchten ist, dass der Gläubiger seinen
Anspruch mit den Mitteln der Zwangsvollstreckung durchsetzen wird.[538] Wann dies
genau der Fall ist, muss im Einzelfall bestimmt werden.

Mit Sicherheit zählen hierzu allerdings Handlungen in dem Zeitpunkt, wenn die   **921**
Zwangsvollstreckung bereits begonnen hat und der Gläubiger auch weitere Vollstreckungsmaßnahmen angekündigt hat oder diese nach den Umständen zu erwarten
sind.[539] Generell kann davon ausgegangen werden, dass die Zwangsvollstreckung
immer dann droht, wenn beim Gläubiger ein wirksamer Vollstreckungstitel vorliegt.[540] Hat der Gläubiger sich den Vollstreckungstitel allerdings lediglich zur Sicherung seines Anspruchs geschaffen und liegen Anhaltspunkte dafür vor, dass der Titel
nicht zwangsweise durchgesetzt werden soll, dann kann nicht von einer drohenden
Zwangsvollstreckung ausgegangen werden.

Umstritten sind die Fälle, in denen der Gläubiger zunächst Mahnungen ausspricht   **922**
und die Erhebung der Klage androht. In diesen Fällen ist genau abzuwägen, ob das
vorprozessuale Verhalten bereits ausreicht, um davon sprechen zu können, dass die
Zwangsvollstreckung droht – dies insbesondere, wenn dem Täter unstreitige, dauer-

---

537 *LG Bielefeld* NStZ 1992, 284.
538 *Fischer* StGB § 288 Rn. 4.
539 Schönke/Schröder-*Eser/Heine* § 288 Rn. 12 m.w.N.
540 NK-*Wohlers* § 288 Rn. 7 m.w.N.

hafte und leicht beweisbare Einwendungen oder Einreden zur Verfügung stehen, die dieser im Zivilprozess geltend machen kann.[541] Hat der Gläubiger hingegen bereits das gerichtliche Mahnverfahren eingeleitet, so ist unproblematisch davon auszugehen, dass die Zwangsvollstreckung droht.

e) Veräußerung von Pfandgegenständen

923 Der § 288 StGB stellt die **Veräußerung** und das **Beiseiteschaffen** von pfändbaren Vermögensbestandteilen (Rechten und Sachen) unter Strafe. Dabei bedeutet die Veräußerung jede Verfügung über ein Vermögensstück, auf das der Gläubiger im Rahmen der Zwangsvollstreckung zugreifen kann, sodass die Befriedigungsmöglichkeit verringert oder ausgeschlossen wird.[542] Hierzu zählen insbesondere die Übereignung oder Verpfändung von Sachen, die Belastung von Grundstücken mit Rechten Dritter oder die Bewilligung einer Vormerkung auf Übereignung eines Grundstücks.

924 Eine „Veräußerung" gemäß § 288 StGB liegt dagegen nicht vor, wenn der Täter eine fällige Verbindlichkeit bedient. In diesen Fällen kann die Handlung des Täters allerdings gemäß § 283c StGB strafbar sein. § 288 StGB liegt demnach nicht vor, wenn eine im Sinne von § 283c StGB **kongruente Deckung** vorliegt und der Schuldner einen Gläubiger befriedigt, der einen Anspruch auf die Befriedigung in diesem Zeitpunkt und in dieser Höhe hat.[543]

925 Das **Beiseiteschaffen** ist wörtlich zu verstehen und bedeutet daher die tatsächliche Vereitelung der Zwangsvollstreckung durch den Entzug einer Sache.[544] Taugliche Tathandlungen sind daher sowohl das Verstecken als auch das Verbergen an Stellen, an denen der Gläubiger die Sache nicht vermutet. Handlungen, die mit der Zerstörung der Sache oder einer Beeinträchtigung der Sache verbunden sind, so dass die Sache im Wege der Zwangsvollstreckung nicht verwertet werden kann, fallen schon nach dem Wortlaut des § 288 StGB, der von dem Fortbestehen der Sache ausgeht, nicht unter dessen Tatbestand. Solche Tathandlungen werden allerdings von § 283 StGB erfasst. Ein Beiseiteschaffen liegt folglich auch dann nicht vor, wenn pfändbare und der Zwangsvollstreckung unterliegende Gegenstände durch die Nutzung oder den Gebrauch in ihrem Wert nachträglich beeinträchtigt werden.[545]

---

541 *Geppert* Jura 1987, 427, 428.
542 Schönke/Schröder-*Eser/Heine* § 288 Rn. 15.
543 Schönke/Schröder-*Eser/Heine* § 288 Rn. 16.
544 *Fischer* StGB § 288 Rn. 10.
545 Schönke/Schröder-*Eser/Heine* § 288 Rn. 17.

f) Vorsatz

Die Tat muss vorsätzlich begangen werden. Das bedeutet, dass der Täter im Zeit- **926**
punkt der Tathandlung **wissen** oder ernstlich damit rechnen muss, dass ihm die
Zwangsvollstreckung droht und der Gläubiger versuchen wird, die Zwangsvollstreckung in die von ihm beiseite geschafften oder veräußerten Vollstreckungsobjekte
betrieben wird. Folgt man der wohl herrschenden Meinung, so setzt dies darüber
hinaus voraus, dass der Schuldner davon ausgeht, dass der Gläubiger einen materiell
rechtmäßigen Anspruch hat.[546] Darüber hinaus ist es erforderlich, dass der Täter mit
dem Beiseiteschaffen oder der Veräußerung des Vollstreckungsobjektes die **Absicht**
verfolgt, die Zwangsvollstreckung des Gläubigers zu vereiteln. Dabei ist ausreichend,
dass der Täter die Befriedigung des Gläubigers vorübergehend vereiteln möchte.[547]
Geht der Täter allerdings davon aus, dass die Zwangsvollstreckung in ein Vollstre-
ckungsobjekt tatsächlich oder rechtlich nicht möglich ist, so ist zugunsten des Täters
von einem **Tatbestandsirrtum** gemäß § 16 Abs. 1 S. 1 StGB auszugehen.[548]

g) Teilnahme

Die Teilnahme ist nach den allgemeinen Teilnahmeregeln möglich. Das bedeutet, **927**
dass der Empfänger, dem die Sache im Wege der Veräußerung oder des Beiseiteschaffens zugewendet wurde, sich der **Beihilfe** gemäß § 27 StGB schuldig machen
kann.[549] Auch im Rahmen der strafbaren Beihilfe ist allerdings erforderlich, dass der
Beihilfetäter in Kenntnis aller Tatbestandsmerkmale beim Täter, insbesondere auch
dessen Vereitelungsabsicht, handelt.[550]

h) Absolutes Antragsdelikt

Die Ausgestaltung als absolutes Antragsdelikt (§ 288 Abs. 2 StGB) führt dazu, dass **928**
alle Gläubiger, von deren Seite die Zwangsvollstreckung im Sinne von § 288 StGB
droht, und deren Vollstreckungs- und damit Befriedungsmöglichkeiten durch eine
Veräußerung oder das Beiseiteschaffen des Vollstreckungsobjektes vereitelt werden
können, **antragsberechtigt** sind.[551] Voraussetzung des Strafantrages ist allerdings,
dass der Antragssteller im Zeitpunkt der von § 288 StGB sanktionierten Vereite-
lungshandlung einen sachlich begründeten Anspruch, der im Wege der Zwangsvollstreckung durchsetzbar gewesen wäre, gegen den Täter hat.[552]

---

546 NK-*Wohlers* § 288 Rn. 14.
547 Schönke/Schröder-*Eser/Heine* § 288 Rn. 19-22.
548 *RGSt* 59, 314, 315, 316; *Fischer* § 288 Rn. 12.
549 Schönke/Schröder-*Eser/Heine* § 289 Rn. 25, 26.
550 *Fischer* § 288 Rn. 14; Schönke/Schröder-*Eser/Heine* § 288 Rn. 25, 26.
551 *Fischer* § 288 Rn. 15.
552 Schönke/Schröder-*Eser/Heine* § 288 Rn. 28 m.w.N.

i) Konkurrenzen

929 **Tateinheit** und damit Idealkonkurrenz ist mit §§ 136, 246, 283c StGB möglich, wenn die Zwangsvollstreckung bereits begonnen hat. § 263 StGB kann hingegen eine **straflose Nachtat** im Hinblick auf § 283 StGB sein.[553]

4. Pfandkehr gemäß § 289 StGB

a) Schutzzweck

930 § 289 Abs. 1 StGB schützt bewegliche Sachen eines Nichteigentümers, an denen dieser Nutznießungs-, Pfand-, Gebrauchs- oder Zurückbehaltungsrechte hat.[554] Ob die genannten Rechte vorliegen, bestimmt sich nach den zivilrechtlichen Vorschriften. Neben dem Nutznießungsrecht (§§ 1030 ff., 1417 Abs. 3 S. 2, 1649 Abs. 2 BGB), dem Pfandrecht (§§ 1204 ff. BGB) kommen außer den vertraglich geregelten Pfandrechten auch gesetzliche Pfandrechte wie die des Pächters, des Unternehmers, des Gastwirts oder des Vermieters in Betracht.[555] Zu den von § 289 Abs. 1 StGB geschützten Rechten gehören auch Gebrauchs- und Zurückbehaltungsrechte. Durch § 289 Abs. 1 StGB wird die **Verhinderung der Gläubigerrechte** durch die Wegnahme einer beweglichen Sache bestraft.[556] Im Gegensatz zum Sachbegriff des § 242 StGB, der auf § 289 StGB übertragen werden kann,[557] kann die Tathandlung nicht mit der in § 242 StGB genannten Wegnahme gleichgesetzt werden.[558] Vielmehr ergibt sich aus den durch § 289 Abs. 1 StGB geschützten Rechten, dass allein die Vereitelung der Ausübung des Rechts, die nicht notwendigerweise die Begründung eigenen Gewahrsams voraussetzt, ausreicht.[559]

━━━━━━━━━━━━━━━━━━━━━━━━━━━━━━━━ **Praxishinweis** ━━━━━━━━

931 Die Vereitelung der Ausübung eines Rechts im Sinne von § 289 Abs. 1 StGB setzt voraus, dass bekannt ist (Stichwort: rechtswidrige Absicht der Rechtsvereitelung), wie die dort genannten Rechte zivilrechtlich ausgeübt werden können. Bevor demnach von der Vereitelung der Rechtsausübung ausgegangen werden kann, muss zivilrechtlich bestimmt werden, in welcher Art und Weise das Recht ausgeübt werden kann. Erst so lässt sich feststellen, wann von einer strafbaren faktischen Ausübungsvereitelung des Rechts gesprochen werden kann.

---

553 Schönke/Schröder-*Eser/Heine* § 289 Rn. 27; *Fischer* § 288 Rn. 16.
554 MüKo-*Maier* § 289 Rn. 1.
555 *Fischer* § 289 Rn. 1 m.w.N.
556 *Fischer* § 289 Rn. 2.
557 Müko-*Maier* § 289 Rn. 3.
558 *Fischer* § 242 Rn. 16, 17.
559 *BayObLGSt* NJW 1981, 1744.

b) Begünstigter

Der Begünstigte der Pfandkehr ist stets der **Eigentümer der Sache**. Dies ergibt sich **932**
aus den beiden von § 289 StGB erfassten Tatbestandsvarianten: der eigennützigen
Pfandkehr (Eigentümer der Sache handelt im Eigeninteresse) und der fremdnützigen
Pfandkehr (Nichteigentümer handelt im Interesse des Eigentümers).[560]

Nicht tatbestandlich im Sinne von § 289 StGB sind Handlungen an **bereits gepfän-** **933**
deten Sachen, die der Gerichtsvollzieher im Besitz des Schuldners belassen hat. In
diesen Fällen greift allerdings § 136 StGB als lex specialis ein. In den Fällen, in
denen der Gläubiger Gewahrsam an der Sache hat (§ 809 ZPO), ist Tateinheit
zwischen §§ 136 und 289 StGB anzunehmen.[561]

c) Taterfolg

Der Taterfolg ist in der **Vereitelung der Rechtsausübung** durch die räumliche **934**
Entfernung der Sache aus dem tatsächlichen Zugriffsbereich des Rechteinhabers zu
sehen.[562] Können die zivilrechtlich bestehenden Rechte nicht mehr ausgeübt werden,
so ist der Taterfolg eingetreten. Auch hier gilt es zu unterscheiden, in welchen Fällen
die Rechtsausübung durch eine Wegnahme im Sinne von § 289 Abs. 1 StGB vereitelt
wird und in welchen Fällen lediglich eine erschwerte Rechtsausübung vorliegt.

d) Vorsatz

Die Tat muss vorsätzlich begangen werden. Dies setzt im Fall von § 289 StGB **935**
voraus, dass der Täter in dem Bewusstsein handelt, eines der in § 289 genannten
Rechte zu vereiteln. Zudem muss der Täter in rechtswidriger Absicht handeln. Dies
setzt nach umstrittener Meinung das Wissen des Täters voraus, mit der Wegnahme
ein in § 289 StGB genanntes Sicherungsrecht zu verletzen.[563] Ausreichend ist dafür
allerdings schon, dass dem Täter aufgrund einer Parallelwertung in der Laiensphäre
bewusst ist, dass an dem Gegenstand ein fremdes Sicherungsrecht besteht.[564]

e) Teilnahme, Versuch

Eine Teilnahme an den Handlungen nach § 289 StGB ist nach den allgemeinen **936**
Regeln möglich. Der § 289 StGB ist im Gegensatz zu § 288 StGB kein Sonderdelikt.

---

560 MüKo-*Maier* § 289 Rn. 24.
561 *Fischer* § 289 Rn. 2.
562 MüKo-*Maier* § 289 Rn. 2.
563 *Fischer* § 289 Rn. 4; a.A. NK-*Wohlers* § 289 Rn. 28.
564 Schönke/Schröder-*Eser/Heine* § 289 Rn. 9.

Die Versuchsstrafbarkeit ergibt sich aus § 289 Abs. 2 StGB, die im Zeitpunkt des Beginns der Wegnahme vorliegt.[565]

f) Absolutes Antragsdelikt

937 Bei § 289 StGB handelt es sich um ein absolutes Antragsdelikt; § 289 Abs. 2 StGB. Demnach sind ausschließlich Personen, deren Rechtsausübung durch die Wegnahme vereitelt wird, gemäß §§ 77 ff. StGB antragsberechtigt. Ferner sind neben diesen auch etwaige Sequester und Insolvenzverwalter strafantragsberechtigt.[566]

5. Falsche Abgabe einer eidesstattlichen Versicherung, § 156 StGB

a) Schutzzweck

938 Die eidessattliche Versicherung gemäß § 807 ZPO dient dazu, dem die Einzelzwangsvollstreckung betreibenden Gläubiger eine Grundlage für eine etwaige Zwangsvollstreckung zu geben. Daran besteht ein öffentliches Interesse,[567] weil der Gläubiger, dem der Staat die Selbsthilfe verbietet, durch die Kenntniserlangung von weiteren vermögenswerten Positionen des Schuldners möglicherweise Befriedigung für seine Forderung erlangen kann. Deshalb umfasst die den Schuldner nach § 807 ZPO treffende Auskunftpflicht – mit der Einschränkung hinsichtlich offensichtlich unpfändbarer Sachen gemäß § 807 Abs. 2 S. 2 ZPO – alle ihm tatsächlich zustehenden Positionen (im Sinne geldwerter Vorteile) mit gegenwärtig konkret greifbarem Vermögenswert. Seine Angaben dazu müssen so genau und vollständig sein, dass der Gläubiger anhand des Vermögensverzeichnisses sofort die seinen Zugriff erschwerenden Umstände erkennen und Maßnahmen zu seiner möglichen Befriedigung treffen kann.

Wer beispielsweise als faktischer Geschäftsführer Dienste in einem beträchtlichen Umfang zur Führung eines Unternehmens leistet, wird dafür üblicherweise eine Vergütung zu erhalten. In derartigen Fällen bietet § 850h Abs. 2 ZPO für die Gläubiger eines (nach außen hin) unentgeltlich oder unter Wert arbeitenden Schuldners eine Zugriffsmöglichkeit unter dem rechtlichen Gesichtspunkt der Lohnverschleierung.[568] Im Verhältnis des Gläubigers zu dem Empfänger der Arbeits- oder Dienstleistung gilt deshalb eine angemessene Vergütung als geschuldet. Auf diesen gesetzlich fingierten Vergütungsanspruch kann der Gläubiger in der Zwangsvollstreckung wie auf „normales" Arbeitseinkommen des Schuldners zugreifen.

---

565 *Fischer* § 289 Rn. 5.
566 MüKo-*Maier* § 289 Rn. 27 m.w.N.
567 *BVerfGE* 61,126 = NJW 1983, 559; *BGHSt* 15, 128 = NJW 1960, 222.
568 *OLG Hamm* NJW-RR 1998, 1567, 1569; *OLG Frankfurt* GmbHR 1994, 708, 709; *Stöber* Rn. 1220 f.

b) Tatbestandsmäßiges Handeln

Genügen die Erklärungen des Schuldners diesen Anforderungen nicht, sind sie **939** „falsch", das heißt inhaltlich unrichtig, im Sinne von § 156 StGB.[569] Die Verpflichtung zur wahrheitsgemäßen Angabe seiner Vermögensverhältnisse trifft auch den „faktischen" Geschäftsführer einer GmbH.[570]

---

569 *Fischer* § 156 Rn. 13; Schönke/Schröder-*Lenckner* § 156 Rn. 22 f.; *BayObLG* NStZ 2003, 665 und NStZ 1999, 563 f., jew. m.w.N.

570 *OLG Zweibrücken* B. v. 18.1.2008 – 1 Ss 144/07, beckRS 2008 4508.

Knierim

Teil 3
Verteidigung im Insolvenzstadium

Prof. Dr. Gerhard Dannecker/Dr. Andrea Hagemeier

A. Schmälerungen der Masse (§ 283 Abs. 1 Nr. 1–4 StGB)

Die Strafvorschriften, die als Insolvenzstrafrecht im engeren Sinne angesehen wer- **944**
den, sind die §§ 283 ff. StGB. In § 283 Abs. 1 Nr. 1–4 StGB werden Handlungswei-
sen des Schuldners unter Strafe gestellt, durch die dieser die Insolvenzmasse schmä-
lert, indem er Teile des dazugehörigen Vermögens direkt im weitesten Sinne beeinträchtigt (Nr. 1), durch unwirtschaftliche Geschäfte verliert (Nr. 2 und 3) oder indem
er nicht bestehende Rechte anderer an Teilen der Masse behauptet (Nr. 4). Voraussetzung ist nach § 283 Abs. 1 StGB allerdings immer, dass der Schuldner bei Überschuldung oder bei drohender oder eingetretener Zahlungsunfähigkeit, also während
der **Krise**,[1] die beschriebenen Handlungen vornimmt.

I. Zahlungseinstellung und Eröffnung der Ablehnung des Insolvenzverfahrens als objektive Strafbarkeitsbedingung

Hinzu kommt die **objektive Strafbarkeitsbedingung** des § 283 Abs. 4 StGB: Eine **945**
Bankrotthandlung ist nur dann strafbar, wenn entweder seitens des Täters eine
Zahlungseinstellung vorliegt oder über dessen Vermögen das Insolvenzverfahren
eröffnet oder die Eröffnung mangels Masse abgewiesen worden ist. Hierbei ist es
nicht erforderlich, dass die objektive Strafbarkeitsbedingung bei der Bankrotthandlung bereits vorliegt, es genügt vielmehr auch, wenn sie dieser erst nachfolgt.[2] Die
objektive Strafbarkeitsbedingung der **Zahlungseinstellung** ist nicht mit der **Zahlungsunfähigkeit** zu verwechseln, denn erstere bedeutet schlicht die Einstellung
jeglicher Zahlungstätigkeit, das heißt, der Schuldner muss aufhören, fällige und
eingeforderte Schulden zu begleichen, was nicht zwingend aus dem Umstand resultieren muss, dass er dazu wirtschaftlich nicht in der Lage ist.[3] Die Zahlungsunfähigkeit hingegen beschreibt die wirtschaftliche Lage des Schuldners.[4] Ausreichend für

---

1 Zu diesem Tatbestandsmerkmal s.o. Rn. 53 ff.
2 Vgl. zum nötigen Zusammenhang zwischen Bankrotthandlung und Krise *Lackner/Kühl*
§ 283 Rn. 29 m.w.N.; *Weyand/Diversy* Rn. 56.
3 Hierzu *Weyand/Diversy* Rn. 54.
4 *Fischer* Vor § 283 Rn. 13; zur Konstellation der ohne Zahlungsunfähigkeit vorliegenden
Zahlungseinstellung LK-*Tiedemann* Vor § 283 Rn. 144.

eine Zahlungseinstellung ist weder allein die Tatsache, dass einzelne Schulden nicht beglichen werden,[5] noch eine vorübergehende Zahlungsstockung.[6] Die objektive Strafbarkeitsbedingung soll dem Umstand Rechnung tragen, dass eine Strafbarkeit des Schuldners trotz Vornahme der tatbestandlichen Handlung in einer Krisensituation dann nicht angemessen erscheint, wenn ihm zwischenzeitlich eine Konsolidierung seiner wirtschaftlichen Verhältnisse gelungen ist.[7]

946 Während die Ermittlungsbehörden und Strafgerichte die **Zahlungseinstellung** selbst **festzustellen** haben, kommt ihnen bezüglich der **Eröffnung oder Ablehnung des Insolvenzverfahrens keine Nachprüfungskompetenz** zu. Sie sind vielmehr insoweit an die rechtskräftigen Beschlüsse der Insolvenzgerichte gebunden. Wenn ein Eröffnungsbeschluss auf sofortige Beschwerde hin aufgehoben wird, entfällt dadurch die objektive Bedingung der Strafbarkeit (§ 34 Abs. 3 InsO). Hingegen ist die spätere Einstellung des Verfahrens oder seine Aufhebung ohne Bedeutung.

II. Zusammenhang zwischen Bankrotthandlungen, Krise und Strafbarkeitsbedingungen

947 Das Strafgesetz differenziert danach, ob die Tathandlungen in der Krise vorgenommen werden (§§ 283 Abs. 1, Abs. 4 Nr. 1, Abs. 5 Nr. 1, 283c, 283d StGB) oder diese herbeiführen (§ 283 Abs. 2, Abs. 4 Nr. 2, Abs. 5 Nr. 2 StGB). Die Buchführungs- und Bilanzdelikte sind unabhängig von der Krise unter Strafe gestellt (§ 283b StGB).

948 Das **Handeln in der Krise** ist als zeitliches Zusammentreffen zu verstehen. Eine Kausalität ist nicht erforderlich. Wenn Überschuldung vorliegt, beginnt die Krise zu diesem Zeitpunkt. Eine später eintretende Zahlungsunfähigkeit ist dann nur noch für den Straftatbestand der Gläubigerbegünstigung von Bedeutung.

949 Demgegenüber setzt das **Herbeiführen der Krise** Kausalität voraus. Diesbezüglich muss der Täter auch schuldhaft handeln. In diesen Fällen liegen die Bankrotthandlungen vor der Krise.

---

5 So *Fischer* a.a.O.; SK-*Hoyer* Vor § 283 Rn. 13.
6 Vgl. Schönke/Schröder-*Stree/Heine* § 283 Rn. 60; *Bieneck* Strafrechtliche Relevanz der Insolvenzordnung und aktuelle Änderungen des Eigenkapitalersatzrechts, in: StV 1999, 43, 45; zur Abgrenzung von der Zahlungseinstellung vgl. SK-*Hoyer* Vor § 283 Rn. 14; LK-*Tiedemann* Vor § 283 Rn. 145.
7 Vgl. LK-*Tiedemann* Vor § 283 Rn. 90; *Köhler* in Wabnitz/Janovsky 7. Kapitel Rn. 117 m.w.N.

III. Beeinträchtigung von Vermögensbestandteilen gemäß § 283 Abs. 1 Nr. 1 StGB

1. Die Interessenformel des Bundesgerichtshofs

Wenn ein Schuldner eine Bankrotthandlung nach § 283 StGB vornimmt, ist er wegen dieser Tat strafbar, und zwar unabhängig davon, welche Ziele er damit verfolgt. Besonderheiten ergeben sich allerdings bei **juristischen Personen**: Diese Schuldner können nicht selbst im strafrechtlichen Sinne handeln, folglich kommen hier nur Bankrotthandlungen der vertretungsberechtigten Organe in Betracht. Voraussetzung für eine strafrechtliche Verantwortlichkeit dieser Handelnden ist nach **§ 14 StGB**, dass der Täter als Vertreter oder Organ oder aufgrund eines Auftrages handelt. Der Täter muss, einfach gesprochen, für den Schuldner (in Gestalt der juristischen Person) handeln. Erforderlich ist, dass er bei der Tatausführung in seiner Funktion als Organ handelt und nicht nur die sich bei dieser Gelegenheit eröffneten Zugriffsmöglichkeiten ausnutzt.[8] Der Bundesgerichtshof stellt darüber hinaus auf ein weiteres subjektives Merkmal ab, das beim Täter vorliegen muss: Nach der ständigen höchstrichterlichen Rechtsprechung[9] kommt es für eine Verurteilung wegen eines Bankrottdeliktes bei juristischen Personen darauf an, dass der vertretungsberechtigte Täter zumindest auch **im wirtschaftlichen Interesse des Schuldners** gehandelt hat (so genannte Interessenformel). Ist dies nicht der Fall, handelt der Täter also ausschließlich aus Eigennutz oder im Interesse einer anderen juristischen Person, beispielsweise einer neu gegründeten GmbH, kommt hingegen keine Verurteilung wegen eines Bankrottdelikts in Frage,[10] allenfalls kann der Täter wegen eines Vermögensdeliktes, in aller Regel wegen Untreue gemäß § 266 StGB, bestraft werden. Wenn also der Täter einen für die Gesellschaft bestimmten Scheck einlöst und das Geld auf sein Privatkonto buchen lässt, begeht er eine Untreue.[11] Dies ist auch dann der Fall, wenn das Handeln des Täters nur unternehmensfremden Interessen dient, z.B. denen eines Gläubigerpools.[12]

950

In der Praxis bleiben für die Strafbarkeit eines **Geschäftsführers einer GmbH** nur wenige Anwendungsfälle für eine Bankrottstraftat. Eine solche soll zumindest dann vorliegen, wenn der Täter eine übermäßige Entnahme aus dem Gesellschaftsvermögen zum Zweck von Schmiergeldzahlungen tätigt,[13] dasselbe gilt für ein im einverständlichen Zusammenwirken mit den Gesellschaftern erfolgtes Entziehen finanzieller Mittel.[14] In diesen Fällen wird ein Handeln auch im Interesse des Schuldners angenommen.

951

---

8 Vgl. *Bieneck* in Müller-Gugenberger/Bieneck § 77 Rn. 24.
9 So *BGHSt* 28, 371; 30, 127, 129 f.
10 *Weyand/Diversy* Rn. 66 m.w.N.
11 *OLG Saarland* ZIP 2002, 130, 131.
12 *Köhler* in Wabnitz/Janovsky 7. Kapitel Rn. 154 m.w.N.
13 LK-*Tiedemann* Vor § 283 Rn. 79.
14 *Köhler* in Wabnitz/Janovsky a.a.O.

952 Die Interessenformel des Bundesgerichtshofs ist in der Literatur auf einhellige Ablehnung gestoßen.[15] Tatsächlich schränkt sie in der Praxis den Anwendungsbereich der Bankrottdelikte erheblich ein. Zwar weist die alternativ (und in manchen Konstellationen auch tateinheitlich[16]) in Frage kommende Untreue gemäß § 266 StGB denselben Strafrahmen wie § 283 StGB auf. Allerdings entstehen kriminalpolitisch unerwünschte **Lücken bei fahrlässiger Begehungsweise**, die der Untreuetatbestand im Gegensatz zu § 283 StGB straflos lässt.[17] Dasselbe gilt für den Versuch einer Untreue, der ebenfalls nicht mit Strafe bedroht ist. Darüber hinaus finden bei einer Verurteilung wegen eines allgemeinen Vermögensdeliktes die Regelungen des § 6 Abs. 2 S. 2 GmbHG und § 76 Abs. 3 S. 3 AktG keine Anwendung, welche ein **Berufsverbot** für wegen Bankrottdelikten bestrafte Täter dergestalt vorsehen, dass ihnen eine Tätigkeit als Geschäftsführer einer GmbH bzw. als Vorstandsmitglied einer AG für die Dauer von fünf Jahren ab Rechtskraft des Urteils untersagt wird (so genannte **Registersperre**[18]). Diese Regelungen, die einen effektiven Gläubigerschutz vor bereits einmal verurteilten Bankrotteuren gewährleisten sollen, bleiben damit infolge der Interessenformel in vielen Fällen unanwendbar.

2. Vermögensbestandteile als taugliche Tatobjekte

a) Sachen, Rechte und Ansprüche

953 Taugliche Tatobjekte i.S.d. § 283 Abs. 1 Nr. 1 StGB sind die Vermögensbestandteile des Schuldnervermögens, die im Falle eines Insolvenzverfahrens nach § 35 Abs. 1 InsO zur Masse gehören. Dies sind auch Gegenstände, die erst während des laufenden Insolvenzverfahrens erworben worden sind. Vermögensbestandteile sind somit alle **geldwerten beweglichen und unbeweglichen Sachen, Forderungen und Rechte**, wenn diese nicht gänzlich wertlos sind.[19] Hierbei ist zu beachten, dass auch eine erhebliche Belastung der Sache, z.B. durch ein Pfandrecht, die Tatobjektsqualität nicht beseitigt.[20] Die Vermögensgegenstände müssen vom Schuldner nicht auf rechtmäßige Art und Weise erworben worden sein;[21] so sind beispielsweise auch Sachen, die der Schuldner mittels Betruges erlangt hat, Vermögensbestandteile i.S.d. § 283 Abs. 1 Nr. 1 StGB.[22] Zur Insolvenzmasse gehören auch vom Schuldner unter Eigentumsvorbehalt gelieferte Sachen sowie verpfändete oder sicherungsübereig-

---

15 LK-*Tiedemann* Vor § 283 Rn. 81 m.w.N.; *Bieneck* in Müller-Gugenberger/Bieneck § 77 Rn. 28.

16 *BGHSt* 28, 371, 372 f.; 30, 127, 130; kritisch hierzu *Weyand/Diversy* Rn. 66.

17 Hierzu ebenfalls kritisch *AG Halle-Saalkreis* NJW 2002, 77, 78.

18 *Weyand/Diversy* Rn. 67.

19 *BGHSt* 5, 119, 121; zust. LK-*Tiedemann* § 283 Rn. 17.

20 LK-*Tiedemann* § 283 Rn. 17 m.w.N.

21 So *BGH* GA 1955, 149, 150; *Fischer* § 283 Rn. 3; Schönke/Schröder-*Stree/Heine* § 283 Rn. 3; MüKo-*Radtke* § 283 Rn. 12.

22 So LK-*Tiedemann* § 283 Rn. 20.

nete Gegenstände.[23] Auch Anfechtungsrechte gehören zur Masse[24], ebenso Patente und sonstige gewerbliche Schutzrechte einschließlich des schriftlich niedergelegten Know-how.[25]

Unpfändbare Sachen und Rechte nach den §§ 811, 850 ff., 859 ff. ZPO gehören gemäß § 36 Abs. 1 InsO nicht zur Insolvenzmasse[26] und sind daher kein Schutzgut des § 283 Abs. 1 Nr. 1 StGB,[27] ebenso wenig wie Gegenstände, die nach § 36 Abs. 3 InsO nicht gepfändet werden sollen, weil sie zum vom Schuldner benötigten Hausrat gehören und ihr Erlös außer Verhältnis zum Wert stehen würde. Gegenstände, welche wertlos sind[28] oder deren Wert sich auf ein reines Affektionsinteresse beschränkt,[29] fallen ebenfalls nicht in den Schutzbereich des § 283 Abs. 1 Nr. 1 StGB. Auch Gegenstände, an denen ein Dritter ein Aussonderungsrecht gemäß § 47 InsO hat,[30] sind entsprechend keine Vermögensbestandteile in diesem Sinne.[31] **954**

b) Immaterielle und sonstige Vermögensrechte

Zur Insolvenzmasse gehören allerdings nach § 36 Abs. 2 Nr. 1 InsO die **Geschäfts- bücher** wie auch die **Kundenkartei**.[32] Dies gilt gleichermaßen für Unterlagen über den Kundenkreis, das Vertriebsnetz und sonstige vermögenswerte Geschäftsbeziehungen und Vorteile, die sich aus der Schulung und Zusammensetzung des Personals ergeben.[33] **955**

c) Belastete Vermögensteile

Dem Gläubiger steht zwar an **zur Sicherheit übereigneten oder verpfändeten Gegenständen** nach §§ 50 ff. InsO ein Recht auf abgesonderte Befriedigung zu, sie gehören jedoch zur geschützten Vermögensmasse des Schuldners, weil der Insolvenzverwalter nach §§ 166 ff. InsO zur Verwertung solcher Vermögensstücke befugt ist.[34] Solche Vermögensstücke haben für die Masse insofern einen wirtschaftlichen Wert, als die Masse im Umfang des an den Gläubiger fließenden Verwertungserlöses von ihrer Verbindlichkeit frei wird. Ein darüber hinausgehender Verwer- **955a**

---

23 Vgl. *Pelz* Rn. 234 m.w.N.
24 *RGSt* 66, 153.
25 LK-*Tiedemann* § 283 Rn. 19.
26 Zu unpfändbaren Gegenständen im Einzelnen vgl. Braun-*Bäuerle* § 36 Rn. 4 ff. m.w.N.
27 Vgl. Schönke/Schröder-*Stree/Heine* § 283 Rn. 3.
28 *Weyand/Diversy* Rn. 60.
29 LK-*Tiedemann* § 283 Rn. 17.
30 S.o. Rn. 221.
31 *Fischer* § 283 Rn. 3.
32 LK-*Tiedemann* § 283 Rn. 19; SK-*Hoyer* § 283 Rn. 27.
33 *Bieneck* in Müller-Gugenberger/Bieneck § 78 Rn. 5 m.w.N.
34 *BGHSt* 3, 35; 5, 120; GA 1960, 376.

tungserlös hat der Befriedigung der Gläubigergesamtheit zu dienen. Aus diesem Grund ist eine nicht zu Gunsten des Gläubigers erfolgende Verfügung als Beiseiteschaffen zu bewerten.[35]

3. Beiseiteschaffen

956 Die Vermögensgegenstände müssen vom Schuldner beiseite geschafft, verheimlicht oder unter Verletzung der Anforderungen einer ordnungsgemäßen Wirtschaft zerstört, beschädigt oder unbrauchbar gemacht werden. Ein Schuldner schafft Vermögensbestandteile beiseite, wenn er sie in eine „veränderte rechtliche oder tatsächliche Lage" verbringt, in welcher den Gläubigern der baldige **Zugriff** auf diese **erschwert oder unmöglich gemacht** wird.[36] Erfasst sind alle Tätigkeiten des Schuldners, die seine Vermögensteile in tatsächlicher oder rechtlicher Hinsicht dem Zugriff seiner Gläubiger entziehen oder den Zugriff wesentlich erschweren. Mögliche tatbestandsmäßige Verhaltensweisen sind z.B. das Verschenken oder das Wegschaffen von Vermögensbestandteilen,[37] das Abheben von Guthaben[38] oder das Transferieren von Geldern auf andere Konten.[39]

Hierunter fallen Tathandlungen wie das Wegbringen von Gegenständen an einen anderen Ort, die Veräußerung von beweglichen Sachen oder Grundstücken, die Scheinveräußerung oder die Belastung mit Grundpfandrechten,[40] ohne dass alsbald ein greifbarer Gegenwert geleistet wird. Damit wird auch jede Privatentnahme mit anschließendem Verbrauch des Geldes, ausgenommen zum angemessenen Lebensunterhalt, erfasst. Weiterhin kommen Handlungen wie Verstecken, Verbrauchen und Verarbeiten in Betracht. Bei Rechten oder Forderungen ist die Abtretung oder heimliche Einziehung, z.B. über das Bankkonto eines Dritten, als Möglichkeit zu berücksichtigen. Maßgeblich und ausreichend ist schon die **Erschwerung des Gläubigerzugriffs**.

957 Nach der oben genannten Definition kommen ebenfalls Handlungen in Betracht, die normalen betrieblichen Abläufen entsprechen, wie etwa der Verkauf von Gegenständen. Durch den Abschluss eines **wirtschaftlich ausgeglichenen Rechtsgeschäfts** wird aber das Vermögen des Schuldners nicht verringert, die Bestandteile werden also nicht der Masse entzogen, sondern vielmehr durch ein Äquivalent ersetzt. Der Abschluss wirtschaftlich ausgeglichener Rechtsgeschäfte kann nach Sinn und Zweck der Regelung demnach nicht als Beiseiteschaffen von Vermögensbestandteilen zu

---

35 *BGHSt* 3, 36; *BGH* GA 1960, 376.
36 So *OLG Frankfurt* NStZ 1997, 551 in Anlehnung an *RGSt* 66, 130, 131 f.; LK-*Tiedemann* § 283 Rn. 25; Schönke/Schröder-*Stree/Heine* § 283 Rn. 4; *Fischer* § 283 Rn. 4; SK-*Hoyer* § 283 Rn. 30 m.w.N.
37 Vgl. *BGH* NStZ 1991, 432, 433.
38 Vgl. *BGH* NStZ 1984, 118, 119.
39 *Weyand/Diversy* Rn. 63.
40 *RGSt* 66, 131 f.

bestrafen sein. Die herrschende Meinung[41] löst diesen Konflikt dadurch, dass sie auf das in § 283 Abs. 1 Nr. 1 a.E. genannte Tatbestandsmerkmal der Verletzung der „Anforderungen einer ordnungsgemäßen Wirtschaft" nicht nur, wie es der Wortlaut nahe legt, auf die Tatbestandsalternativen des Zerstörens, Beschädigens oder Unbrauchbarmachens anwendet. Sie greift vielmehr darauf auch für die Tathandlung des Beiseiteschaffens zurück und schafft so ein Korrektiv, mit dem ein ausgeglichenes Rechtsgeschäft, welches im Gegensatz zu einem Verkauf unter Wert o.Ä. den Anforderungen einer ordnungsgemäßen Wirtschaft entspricht, nicht tatbestandsmäßig nach § 283 Abs. 1 Nr. 1 StGB ist.

Ein Teil der Literatur hält den Rückriff auf dieses Tatbestandsmerkmal für unnötig und nimmt für den Fall eines Wertausgleichs für den aus dem Vermögen herausgenommenen Teil mit Hinweis auf den Schutzzweck der Norm eine **teleologische Reduktion** des Tatbestandes an,[42] die ebenso für Fälle gelten soll, in denen der Schuldner fällige Verbindlichkeiten erfüllt oder Ausgaben zur Aufrechterhaltung eines angemessenen Lebensunterhaltes tätigt.[43] Auch Entnahmen von Gesellschaftern aus dem Vermögen von Personenhandels- oder Kapitalgesellschaften sind als Beiseiteschaffen zu qualifizieren, wenn die Krise eingetreten ist. Nur dem Einzelunternehmer ist es erlaubt, den notdürftigen Lebensunterhalt für sich und seine Familie aus dem geschützten Vermögen zu bestreiten. Maßstab hierfür ist der pfändungsfreie Betrag nach § 850c ZPO für jeweils höchstens einen Monat im Voraus. Auch diese Ansicht nimmt also bei ausgeglichenen Geschäften des Schuldners kein tatbestandsmäßiges Handeln im Sinne des § 283 Abs. 1 Nr. 1 StGB an und kommt damit auf anderem Wege zum selben Ergebnis wie die Vertreter der herrschenden Meinung.

958

Typische Fälle des Beiseiteschaffens von Vermögensbestandteilen sind Veräußerungen entweder ohne Zufluss eines Gegenwertes oder unter dessen Vorenthaltung,[44] die Schenkung von Vermögensbestandteilen an Ehepartner[45] und im Allgemeinen Transaktionen, bei denen dem Schuldnervermögen kein äquivalenter Gegenwert zufließt.[46] Dies kann auch dann der Fall sein, wenn zwar eine gleichwertige Gegenleistung vereinbart wird, welche jedoch uneinbringlich ist.[47] Wenn die Gegenleistung für sich gesehen der Leistung entspricht, die Anschaffung aber in Hinblick auf die Krise des Unternehmens und den Unternehmenszweck nicht mehr mit den Grundsätzen ordnungsgemäßer Wirtschaftsführung vereinbar ist, weil es sich z.B. um den Erwerb von Luxusgütern oder um die Inanspruchnahme aussichtsloser Sanierungsberatungsleistungen handelt, so kann die Bankrotthandlung der unwirtschaftlichen Ausgaben nach § 283 Abs. 1 Nr. 2 StGB vorliegen.

959

---

41 *BGHSt* 34, 309, 310; Schönke/Schröder-*Stree/Heine* § 283 Rn. 4 m.w.N.; *Lackner/Kühl* § 283 Rn. 10; NK-*Kindhäuser* § 283 Rn. 12; a.A. SK-*Hoyer* § 283 Rn. 31 ff.
42 So LK-*Tiedemann* § 283 Rn. 26 ff., zust. MüKo-*Radtke* § 283 Rn. 15.
43 Vgl. LK-*Tiedemann* § 283 Rn. 27 u. 29 ff.
44 So *BGH* NJW 1953, 1152, 1153.
45 Vgl. *BGH* NJW 2001, 1874, 1875.
46 Siehe MüKo-*Radtke* § 283 Rn. 13 m.w.N.
47 So Schönke/Schröder-*Stree/Heine* § 283 Rn. 4.

960 Wenn der Gesellschafter oder ein Dritter als Geschäftsführer aufgrund eines mit der Gesellschaft abgeschlossenen Dienstvertrages ein Gehalt bezieht, sind nur unangemessene Zahlungen als Beiseiteschaffen oder Untreue nach § 266 StGB zu bewerten, wenn der vertragliche Rahmen rechtsmissbräuchlich ausgeschöpft wird. Dies ist der Fall, wenn das Gehalt in der Höhe nicht mehr mit der Krisensituation der Gesellschaft vereinbar ist oder der Geschäftsführer nur noch Gehalt bezieht, um einen aufwändigen Lebensunterhalt finanzieren zu können, nicht aber, weil er für die Gesellschaft sinnvolle Sanierungsdienste erbringen kann.

961 Gleiches gilt für Zahlungen der schuldnerischen Gesellschaft auf Miet- oder Pachtverträge des Gesellschafters, Geschäftsführers oder diesen nahe stehenden Personen. Bei solchen **Dauerschuldverhältnissen** ist der Geschäftsführer zum Schutz der Gläubiger oder aufgrund seiner Treuepflicht gegenüber der Kapitalgesellschaft verpflichtet, in der Krise oder vorher zur Vermeidung der Krise die außerordentlichen fristlosen Kündigungsmöglichkeiten auszuschöpfen und unwirtschaftliche Ausgaben zu vermeiden.

962 Die Rechtsprechung hat ein Beiseiteschaffen bejaht, als eine nicht gerechtfertigte Sicherungsübereignung vorgenommen wurde,[48] bei der Veräußerung ohne entsprechenden Gegenwert,[49] beim Einzug von Forderungen über ein auf fremden Namen laufendes Konto,[50] bei der Einziehung von Forderungen für den eigenen Verbrauch,[51] beim Wegschaffen einer einem Dritten zur Sicherheit übereigneten Sache,[52] bei der Übertragung eines Vermögensstücks ohne Gegenleistung auf ein eigens zu diesem Zeitpunkt gegründetes Unternehmen im Eigentum des Täters,[53] bei der Versorgung mit Geldern aus der Masse durch einen Einzelunternehmer für seinen zukünftigen Unterhaltsbedarf für einen längeren Zeitraum und für das Absetzen ins Ausland.[54]

963 Im Hinblick auf die Notwendigkeit, den Gläubigern mit der Tathandlung den Zugriff auf die Sache zu erschweren, liegt ein **vollendetes Beiseiteschaffen** bei Rechtsgeschäften in aller Regel noch nicht mit dem schuldrechtlichen Vertrag, sondern erst mit dem Verfügungsgeschäft vor, das heißt, beim Verkauf einer Sache (zu einem unangemessen niedrigen Preis, s.o.) aus dem Schuldnervermögen ist die Tat erst mit deren Übergabe an den Käufer vollendet, bei Immobilien entsprechend mit der Eintragung ins Grundbuch, wobei eine Vormerkung als ausreichend angesehen wird.[55]

---

48 *BGH* bei *Holz* MDR 1979, 457.
49 *BGH* NJW 1953, 1152.
50 *BGH* bei *Herlan* GA 1959, 340.
51 *BGH* bei *Herlan* GA 1961, 358.
52 *BGH* GA 1960, 376.
53 *BGH* JZ 1979, 76.
54 *BGH* NStZ 1981, 259.
55 Vgl. *Fischer* § 283 Rn. 4; Schönke/Schröder-*Stree/Heine* § 283 Rn. 4; SK-*Hoyer* § 283 Rn. 30.

Dannecker/Hagemeier

4. Verheimlichung

Eine weitere tatbestandsmäßige Handlung des Schuldners ist das Verheimlichen von Vermögensbestandteilen. In Frage kommt jedes Verhalten des Schuldners, durch das entweder der Vermögensbestandteil selbst oder aber dessen Zugehörigkeit zur Insolvenzmasse der Kenntnis des Insolvenzverwalters, des Sequestors, des Insolvenzgerichts oder der Gläubiger entzogen wird.[56] Wie schon der Wortlaut nahe legt, kann dies sowohl durch ein **aktives Tun** (Ableugnen) als auch durch ein **Unterlassen** (Schweigen) geschehen, Letzteres z.B. in der Konstellation, dass der Schuldner eine ihm nach §§ 20 Abs. 1, 22 Abs. 3, 97 InsO obliegende **Auskunftspflicht** verletzt und einen zur Masse gehörigen Gegenstand verschweigt.[57] Auch ein „Teilschweigen", also die Unvollständigkeit der Auskunft des Schuldners, kann ein Verheimlichen i.S.d. § 283 Abs. 1 Nr. 1 StGB (oder auch ein Verschleiern nach § 283 Abs. 1 Nr. 8 StGB) darstellen.[58] Typische Verhaltensweisen, die ein Verheimlichen i.S.d. § 283 Abs. 1 Nr. 1 StGB ausmachen, sind beispielsweise das Verleugnen von Vermögensbestandteilen[59] oder auch die Behauptung fremder Rechte, z.B. eines Aussonderungsrechts.[60] **964**

Die Rechtsprechung hat folgende **Sachverhaltsgestaltungen** als Verheimlichung angesehen: die Nichtangabe eines Vermögensstücks gegenüber dem Konkursverwalter, das in den Unterlagen des Unternehmens zur Konkurseröffnung nicht verzeichnet war,[61] das Vorschützen eines den Gläubigerzugriff hindernden Rechtsverhältnisses[62] oder die falsche Auskunft an den Konkursverwalter, der ein Anfechtungsrecht klären will.[63] **965**

Allein das auf ein Verheimlichen gerichtete Verhalten des Schuldners reicht für eine vollendete Tat noch nicht aus, vielmehr muss den Betreffenden die Kenntnis über den Gegenstand oder seine Zugehörigkeit zur Insolvenzmasse entzogen sein.[64] Ob eine vollendete Tat auch dann anzunehmen ist, wenn der Schuldner zu einem späteren Zeitpunkt die verheimlichten Vermögenswerte dem Insolvenzverwalter preisgibt, ist umstritten.[65] **966**

---

56 *RGSt* 64, 138, 140; Schönke/Schröder-*Stree/Heine* § 283 Rn. 5.

57 *BGHSt* 11, 145, 146; *Fischer* § 283 Rn. 5; *Bittmann* in Bittmann § 12 Rn. 110.

58 *Bittmann/Rudolph* Das Verwendungsverbot gem. § 97 Abs. 1 S. 3 InsO, in: wistra 2001, 81, 84.

59 Vgl. *BGH* GA 1956, 123, 124; LK-*Tiedemann* § 283 Rn. 42.

60 Vgl. SK-*Hoyer* § 283 Rn. 36 m.w.N.

61 *BGH* GA 1956, 123.

62 *RG* JW 1936, 3006; *RGSt* 64, 141.

63 *RGSt* 66, 152.

64 So LK-*Tiedemann* § 283 Rn. 38; SK-*Hoyer* § 283 Rn. 36; NK-*Kindhäuser* § 283 Rn. 24; a.A. *Bieneck* in Müller-Gugenberger/Bieneck, § 78 Rn. 39.

65 Bejahend *Fischer* § 283 Rn. 5; zustimmend mit der Möglichkeit einer Strafmilderung Schönke/Schröder-*Stree/Heine* § 258 Rn. 5; auf das Erfordernis eines subjektiv-finalen Elementes beim Täter abstellend LK-*Tiedemann* § 283 Rn. 38

5. Zerstörung, Beschädigung, Unbrauchbarmachen

967 Tatbestandsmäßig handelt auch der Schuldner, der Sachen aus der Masse zerstört, beschädigt oder unbrauchbar macht. Zerstören und Beschädigen bedeutet gleichermaßen die Einwirkung auf die Sachsubstanz, beim Beschädigen dergestalt, dass die Sache für ihren Verwendungszweck nur noch beschränkt brauchbar ist;[66] in der Alternative des Zerstörens ist die Einwirkung auf die Substanz so groß, dass ein völliger **Verlust der Funktionstauglichkeit** eintritt.[67] Im Gegensatz dazu bedarf es bei der Alternative des Unbrauchbarmachens keine Substanzeinbuße, vielmehr ist ausreichend, dass „nur" eine Funktionseinbuße verursacht wird.[68] Die Unterfälle des Beiseiteschaffens erfassen mutwillige Handlungen, die einem Schuldner in der unternehmerischen Krisensituation normalerweise fern liegen. Dies ist nicht der Fall, wenn ein Gegenstand im Rahmen des Vermögens einer anderen sinnvollen Verwendung zugeführt werden soll oder wenn er überflüssig geworden und nicht nutzbringend verwertbar ist.[69]

968 Die Tathandlungen müssen außerdem im Widerspruch zu den Anforderungen einer ordnungsgemäßen Wirtschaft stehen. Der Maßstab der ordnungsgemäßen Wirtschaft bestimmt sich für Kaufleute gemäß § 347 Abs. 1 HGB nach den entsprechenden handelsrechtlichen Anforderungen.[70] Unklar ist allerdings, welcher **Maßstab für Privatpersonen** (in der Konstellation einer Privatinsolvenz) angelegt werden soll,[71] da es im Gegensatz zu Kaufleuten an Rechtsnormen zur Qualifizierung einer ordnungsgemäßen „Privatwirtschaft" fehlt. Letztlich ist aber zu beachten, dass der Schuldner subjektiv mit dem Willen handeln muss, entgegen den Anforderungen an eine ordnungsgemäße Wirtschaft zu handeln, womit bei lebensnaher Betrachtung nur mutwillige Handlungen erfasst werden.[72] Ob dies realiter von einem Schuldner in der wirtschaftlichen Krise zu erwarten ist, erscheint zumindest zweifelhaft.[73]

---

66 Vgl. *BGHSt* 13, 207, 208.
67 Vgl. MüKo-*Radtke* § 283 Rn. 20.
68 Siehe SK-*Hoyer* § 283 Rn. 38; Schönke/Schröder-*Stree/Heine* § 283 Rn. 6.
69 *Lackner/Kühl* § 283 Rn. 9.
70 So LK-*Tiedemann* Vor § 283 Rn. 111; SK-*Hoyer* § 283 Rn. 39; *Fischer* § 283 Rn. 6.
71 Für dieselben Maßstäbe wie bei Kaufleuten plädierend SK-*Hoyer* § 283 Rn. 40; NK-*Kindhäuser* Vor § 283 Rn. 69; ablehnend hingegen mit Hinweis auf die Notwendigkeit von gesetzlichen Vorgaben Schönke/Schröder-*Stree/Heine* § 283 Rn. 7a.
72 So LK-*Tiedemann* § 283 Rn. 49; SK-*Hoyer* § 283 Rn. 41 m.w.N.
73 So *Fischer* § 283 Rn. 6; *Weyand/Diversy* Rn. 65.

IV. Spekulationsgeschäfte und unwirtschaftliche Ausgaben gemäß § 283 Abs. 1 Nr. 2 StGB

§ 283 Abs. 1 Nr. 2 StGB sanktioniert Verlust-, Spekulations- und Differenzgeschäfte **969** des Schuldners, die wiederum entgegen den Anforderungen einer ordnungsgemäßen Wirtschaft getätigt werden müssen, sowie das Verbrauchen oder Schuldigwerden übermäßiger Beträge durch unwirtschaftliche Ausgaben, Spiel oder Wette.

1. Verlust-, Spekulations- und Differenzgeschäfte

Eine Bankrotthandlung kann in dem Abschluss von Verlust- oder Spekulationsge- **970** schäften oder Differenzgeschäften mit Waren oder Wertpapieren liegen, wenn dies in einer den Anforderungen einer ordnungsgemäßen Wirtschaft widersprechenden Weise geschieht. **Verlustgeschäfte** sind solche Rechtsgeschäfte, die von vorneherein darauf ausgelegt sind, das Vermögen des Schuldners zu mindern und die infolgedessen nach Erfüllung einen Negativsaldo in der Masse hinterlassen.[74] Nicht erfasst sind hingegen solche Geschäfte, die sich erst im Nachhinein als verlustträchtig heraus-stellen.[75]

Bei **Spekulationsgeschäften** handelt es sich um gewagte Geschäfte,[76] bei denen ein **971** recht hohes wirtschaftliches Risiko eingegangen wird, um im Falle eines Erfolges, welcher vom Zufall abhängt, einen verhältnismäßig hohen Gewinn zu erzielen.[77] Zudem muss dieses Verhalten den Grundsätzen ordnungsgemäßen Wirtschaftens widersprechen. Das wird lediglich dann bejaht werden können, wenn das Geschäft in hohem Grade gewagt und gefährlich ist. Beispielhaft hierfür ist die Beteiligung an unseriösen Unternehmen oder die Kreditgewährung an hoch überschuldete Unter-nehmen.[78] In dem Umstand, dass der Erfolg eines solchen Geschäftes vom Zufall abhängt und damit unkalkulierbar für den Schuldner ist, liegt wiederum die Gefähr-lichkeit der Tat für das Schuldnervermögen und damit die Strafwürdigkeit eines solchen Verhaltens in der Krise begründet.[79]

Differenzgeschäfte wurden in § 764 BGB a.F. legaldefiniert. Sie beziehen sich auf die Lieferung von Waren (was auch ausländische Geldsorten sein können) oder Wertpapieren, wobei es weniger um die Erfüllung dieser Lieferung geht als darum, dass die Differenz zwischen dem vereinbarten Ankaufspreis für die Waren und dem

---

74 Siehe *Fischer* § 283 Rn. 7.
75 Vgl. Schönke/Schröder-*Stree/Heine* § 283 Rn. 9 m.w.N.
76 So MüKo-*Radtke* § 283 Rn. 25.
77 Vgl. LK-*Tiedemann* § 283 Rn. 55; Schönke/Schröder-*Stree/Heine* § 283 Rn. 10.
78 Hierzu LK-*Tiedemann* § 283 Rn. 57 m.w.N.
79 Hierzu SK-*Hoyer* § 283 Rn. 44.

realisierbaren Verkaufspreis zur Zeit der Lieferung gewonnen oder auch verloren werden kann.[80] Unklar ist, ob zu den Differenzgeschäften auch Börsentermingeschäfte gehören.[81]

972 Alle drei Handlungsalternativen müssen, wie dargelegt, zusätzlich im **Widerspruch zu den Grundsätzen einer ordnungsgemäßen Wirtschaft** stehen, was nur dann anzunehmen ist, wenn aus einer Ex-ante-Sicht das Eingehen des jeweiligen Geschäftes als unvertretbar erscheint.[82] Diese Bewertung gestaltet sich in der Praxis nicht immer einfach: Die Teilnahme am Geschäftsverkehr kann risikoreiche oder auch zunächst verlustträchtige Geschäfte erfordern und im Einzelfall sinnvoll erscheinen lassen, beispielsweise dann, wenn mit dem Eingehen eines solchen Geschäfts die Aussicht auf einen anderen, gewinnbringenden Auftrag verbunden ist.[83] Insbesondere Verlustgeschäfte sind deshalb dahingehend zu überprüfen, ob sie nach der Intention des Schuldners offensichtlich ausschließlich zu dem Zweck getätigt wurden, das Unternehmen nur noch kurzzeitig „über Wasser zu halten",[84] oder ob es sich um ein Geschäft gehandelt hat, für dessen Abschluss sich nachvollziehbare Gründe anführen lassen und das sich noch im Rahmen eines **vertretbaren unternehmerischen Risikos** bewegt hat. So kann ein Verlustgeschäft noch vertretbar sein, wenn es der Überbrückung eines konjunkturellen Tiefs dienen sollte und die dabei eingetretenen Verluste überschaubar erscheinen.[85]

973 Die Vollendung der Tat liegt bereits mit dem **Eingehen des Geschäfts** vor. Es ist nicht notwendig, dass ein Erfolg in Gestalt eines Vermögensnachteils beim Schuldner eintritt.[86] Eine Ausnahme soll für Spekulationsgeschäfte und Differenzgeschäfte gelten, welche letztlich wider Erwarten günstig für den Schuldner ausgehen: Sie sollen vor dem Hintergrund des Normzwecks, dem Gläubigerschutz, nicht tatbestandsmäßig sein, da bei günstigerer Vermögenslage des Schuldners durch ein solches Geschäft die Gläubigerposition verbessert und nicht verschlechtert wird.[87]

2. Unwirtschaftliche Ausgaben, Spiel und Wette

974 In der zweiten Tatbestandsalternative wird der Verbrauch übermäßiger Beträge durch unwirtschaftliche Ausgaben, Spiel oder Wette sanktioniert. Ausgaben sind dann als unwirtschaftlich anzusehen, wenn sie das **Maß des Notwendigen und Üblichen**, gemessen an der wirtschaftlichen Lage des Schuldners, überschreiten und zum

---

80 Vgl. Schönke/Schröder-*Stree/Heine* § 283 Rn. 11 m.w.N.
81 Dies bejahend mit ausführlicher Begründung SK-*Hoyer* § 283 Rn. 46; *Fischer* § 283 Rn. 9; NK-*Kindhäuser* § 283 Rn. 32; a.A. LK-*Tiedemann* § 283 Rn. 59.
82 Vgl. Schönke/Schröder-*Stree/Heine* § 283 Rn. 12 m.w.N.
83 So Schönke/Schröder-*Stree/Heine* § 283 Rn. 12.
84 *Weyand/Diversy* Rn. 70.
85 LK-*Tiedemann* § 283 Rn. 62; NK-*Kindhäuser* § 283 Rn. 34.
86 LK-*Tiedemann* § 283 Rn. 61; *Fischer* § 283 Rn. 10.
87 LK-*Tiedemann* § 283 Rn. 61; SK-*Hoyer* § 283 Rn. 43; Schönke/Schröder-*Stree/Heine* § 283 Rn. 12; MüKo-*Radtke* § 283 Rn. 27.

Gesamtvermögen des Schuldners im Zeitpunkt der Handlung in keinem angemessenen Verhältnis stehen,[88] wobei nach dem Schutzgut des § 283 StGB wiederum auf das Vermögen abgestellt werden muss, das zur Insolvenzmasse gehört. Ob die Ausgaben privat oder geschäftlich veranlasst sind, ist unerheblich.[89] Ihre Sinn- oder Erfolglosigkeit muss aber für einen objektiven Beobachter eindeutig feststehen. Dazu zählen beispielsweise aussichtslose (nicht: erfolgsunsichere) Investitionen oder Sanierungsbemühungen, überhöhte Spesen sowie maßloser Werbeaufwand und Luxusinvestitionen.[90] Nach der Rechtsprechung sind die Ausgaben erst strafwürdig, wenn sie das Notwendige und Übliche übersteigen und außer Verhältnis zum Vermögen des Täters stehen. Nach wohl überwiegender Meinung werden dem Schuldner im Sinne einer Unterlassensstrafbarkeit auch Ausgaben zugerechnet, die seine Angestellten oder auch Familienangehörige getätigt haben, wenn der Schuldner eine hinreichende Beaufsichtigung unterlassen hat.[91] Ausgaben, die unterhalb der Pfändungsgrenzen des § 850c ZPO bleiben, sind freilich niemals unwirtschaftlich i.S.d. § 283 Abs. 1 Nr. 2 StGB.[92]

Als **unwirtschaftliche Ausgabe** kann unter anderem angesehen werden: ein extrem **975** kostspieliger Lebenswandel, der sich in luxuriösen Barbesuchen und Anschaffungen[93] oder teuren Reisen[94] ausdrückt, darüber hinaus auch Ausgaben geschäftlicher Art wie aussichtslose Investitionen,[95] übermäßige Kosten für Werbung[96] und überhöhte Spesen.[97] Ein weiteres Beispiel für unwirtschaftliche Ausgaben ist ein hoher wirtschaftlicher Aufwand zu Repräsentationszwecken; dies ist auch dann der Fall, wenn die Ausgaben dazu dienen sollten, die Kreditwürdigkeit des Unternehmens zum Zweck dessen Weiterführung nach außen hin plausibel zu machen.[98] Auch bei den **Ausgaben für Angestellte** muss Rücksicht auf die wirtschaftlichen Gegebenheiten genommen werden: Eine (Neu-)Anstellung von Familienmitgliedern in der Krise erfüllt auch dann den Tatbestand des § 283 Abs. 1 Nr. 2 StGB, wenn eine der Bezahlung entsprechende Arbeitsleistung erbracht wird.[99]

---

88 BT-Drs. 7/3441, 34.
89 *BGHSt* 3, 23, 26; Schönke/Schröder-*Stree/Heine* § 283 Rn. 17; SK-*Hoyer* § 283 Rn. 52 m.w.N.
90 Ausführlich dazu *Bittmann* in Bittmann § 12 Rn. 28 m.w.N.
91 *RGSt* 31, 152; Schönke/Schröder-*Stree/Heine* § 283 Rn. 17; *Fischer* § 283 Rn. 11; einschränkend LK-*Tiedemann* § 283 Rn. 70; a.A. SK-*Hoyer* § 283 Rn. 49.
92 SK-*Hoyer* § 283 Rn. 52; MüKo-*Radtke* § 283 Rn. 28; *Wegner* in Achenbach/Ransiek VII 1 Rn. 117.
93 *BGH* NJW 1953, 1480, 1481 zur Ausstattung eines „Herrenzimmers" für 14.000 DM.
94 *BGH* MDR 1981, 510, 511.
95 *BGH* GA 1954, 308, 311.
96 *Lackner/Kühl* § 283 Rn. 13.
97 Vgl. *Fischer* § 283 Rn. 11 m.w.N.
98 So Schönke/Schröder-*Stree/Heine* § 283 Rn. 17 m.w.N.
99 LK-*Tiedemann* § 283 Rn. 67; *Weyand/Diversy* Rn. 71.

976 Keine Unwirtschaftlichkeit liegt allerdings vor, wenn dem Schuldnervermögen ein Äquivalent für die Ausgaben zugeflossen ist, was genauso wie die verausgabten Beträge zur Befriedigung der Gläubiger genutzt werden kann.[100]

977 Die andere Alternative ist das **Verbrauchen übermäßiger Beträge** durch Spiel und/ oder Wette. Diese Begriffe sind nicht nur im Sinne des § 762 BGB zu verstehen, sondern tatbestandsmäßig sind auch Lotteriespiele[101] sowie die Teilnahme an Kettenbriefaktionen und Kundenwerbung nach dem so genannten Schneeballsystem.[102] Das Verbrauchen übermäßiger Beträge bedeutet das **tatsächliche Ausgeben** derselben,[103] Schuldigwerden beinhaltet das **Eingehen von Verbindlichkeiten**.[104] Mit Letzterem muss ein klagbarer Anspruch bzw. die Möglichkeit der Geltendmachung dieses Anspruchs im Insolvenzverfahren verbunden sein,[105] der Anspruchsinhaber muss also die Möglichkeit haben, auf das Vermögen des Schuldners zwecks Befriedigung seines Anspruchs zuzugreifen. Das Eingehen einer Naturalobligation, welche nicht einklagbar ist, erfüllt dieses Merkmal folglich nicht;[106] mit der tatsächlichen Erfüllung der Naturalobligation durch den Schuldner liegt allerdings ein Verbrauch vor.[107]

978 Die verbrauchten Beträge sind übermäßig, wenn sie der **wirtschaftlichen Leistungsfähigkeit** des Schuldners bzw. der Gesellschaft nicht angemessen sind, sondern diese in unvertretbarem Maß übersteigen.[108] Entscheidend ist die Vermögenslage zum Tatzeitpunkt, nicht etwa das aktuelle Einkommen des Schuldners.[109] Es muss sinnvoller Weise auf das gesamte Vermögen des Schuldners abgestellt werden. Wenn dieser beispielsweise Inhaber mehrerer voneinander unabhängiger Betriebe ist, von denen einer wirtschaftlich günstig dasteht, muss die Entnahme von Beträgen aus diesem Betrieb dennoch im Verhältnis zu der gesamten wirtschaftlichen Situation aller Betriebe stehen, das heißt, der Schuldner kann die Entnahme hoher Summen nicht auf den guten wirtschaftlichen Status des einzelnen Betriebes stützen.[110]

---

100 SK-*Hoyer* § 283 Rn. 52; Schönke/Schröder-*Stree/Heine* § 283 Rn. 17; NK-*Kindhäuser* § 283 Rn. 37; MüKo-*Radtke* § 283 Rn. 28; a.A. *BGH* GA 1959, 341.
101 *RGSt* 27, 180, 181; Schönke/Schröder-*Stree/Heine* § 283 Rn. 18.
102 SK-*Hoyer* § 283 Rn. 51; NK-*Kindhäuser* § 283 Rn. 35; MüKo-*Radtke* § 283 Rn. 29; *Bittmann* in: Bittmann § 12 Rn. 125.
103 SK-*Hoyer* § 283 Rn. 48; *Pelz* Rn. 271.
104 *Lackner/Kühl* § 283 Rn. 13.
105 *BGHSt* 22, 360, 361.
106 H.M., siehe nur LK-*Tiedemann* § 283 Rn. 69; Schönke/Schröder-*Stree/Heine* § 283 Rn. 15; SK-*Hoyer* § 283 Rn. 48; NK-*Kindhäuser* § 283 Rn. 38; a.A. *Fischer* § 283 Rn. 13, mit Hinweis auf die ausdrückliche Erwähnung von Spiel und Wette.
107 SK-*Hoyer* § 283 Rn. 48; MüKo-*Radtke* § 283 Rn. 30 m.w.N.
108 So *BGHSt* 3, 23, 26.
109 *Weyand/Diversy* Rn. 71 m.w.N.
110 *RGSt* 70, 260, 261; LK-*Tiedemann* § 283 Rn. 66; Schönke/Schröder-*Stree/Heine* § 283 Rn. 14.

V. Waren- und Wertpapierverschleuderung gemäß § 283 Abs. 1 Nr. 3 StGB

Eine weitere Bankrotthandlung ist der so genannte **Schleuderverkauf.** Zwar sind **979** Verlustgeschäfte des Schuldners in der Krise bereits durch § 283 Abs. 1 Nr. 2 StGB geschützt.[111] Mit der separaten Normierung des Schleuderverkaufs soll jedoch die Strafwürdigkeit der einfachen wie effektiven Möglichkeit, **auf Kredit erlangte Waren** ohne Bezahlung weiter zu veräußern, um damit im Falle einer wirtschaftlichen Krise kurzfristig an Geld zu gelangen, herausgehoben werden, um damit der Gefahr für Lieferanten, die auf Kredit Waren liefern, Rechnung zu tragen.[112]

Die strafbare Handlung ist zweistufig aufgebaut: Zunächst muss der Schuldner sich Waren oder Wertpapiere auf Kredit beschaffen, um sie dann im zweiten Schritt unter Wert und entgegen den Anforderungen einer ordnungsgemäßen Wirtschaft weiter zu verkaufen.

1. Kreditierte Waren und Wertpapiere als taugliche Tatobjekte

Waren im tatbestandlichen Sinne sind alle beweglichen Gegenstände, mit denen **980** gehandelt werden kann.[113] Wertpapiere i.S.d. § 283 Abs. 1 Nr. 3 StGB sind nur solche, die übertragen werden können, wie zum Beispiel Schecks und Inhaberaktien, nicht hingegen Namenspapiere, die das in ihnen beschriebene Recht ausschließlich für eine bestimmte Person verbriefen.[114]

Das Merkmal des **Beschaffens** beinhaltet ein Rechtsgeschäft[115] sowie notwendigerweise, dass der Schuldner tatsächlich über die Waren verfügen kann.[116] Es ist dabei unerheblich, ob er bereits Eigentum an diesen Waren erlangt hat oder, was eher der Fall sein wird, sie vom Verkäufer unter **Eigentumsvorbehalt** geliefert wurden.[117] Waren sind auf Kredit beschafft, wenn sie nicht sofort bei Lieferung bezahlt werden müssen, sondern eine spätere Zahlung des Kaufpreises vereinbart wird.[118] Auch ein kurzzeitiger Zahlungsaufschub, der dem Schuldner gewährt wird, ist ausreichend. Wichtig ist, dass der Schuldner zum Zeitpunkt des Schleuderverkaufs die Waren noch nicht bezahlt haben darf, dass vielmehr die Rückzahlung des gewährten Kredits noch aussteht.[119]

---

111 S.o. Rn. 970 ff.
112 *Wegner* in Achenbach/Ransiek VII 1 Rn. 121.
113 SK-*Hoyer* § 283 Rn. 54 m.w.N.
114 LK-*Tiedemann* § 283 Rn. 74.
115 *Lacker/Kühl* § 283 Rn. 14 m.w.N.
116 *RGSt* 62, 257, 258.
117 Schönke/Schröder-*Stree/Heine* § 283 Rn. 20; *Lackner/Kühl* § 283 Rn. 14.
118 *Fischer* § 283 Rn. 14.
119 *RGSt* 66, 175, 176.

2. Veräußerung unter Verstoß gegen den Wirtschaftlichkeitsgrundsatz

981 Der Schuldner muss die erlangten Waren oder Wertpapiere **erheblich unter ihrem Wert** veräußern oder abgeben. Entgegen der Rechtsprechung des RG[120] ist es nicht notwendig, dass das Veräußerte zur Insolvenzmasse gehört haben würde, da ein Schleuderverkauf in jedem Fall die Aussichten des ursprünglichen Verkäufers und Kreditgebers in einer Insolvenz verschlechtert, dessen Ansprüche zudem als weiterer Insolvenzgläubiger die für die anderen Gläubiger zur Verfügung stehende Insolvenzmasse schmälern.[121] Die erlangten Waren oder Wertpapiere müssen vom Schuldner weitergegeben werden, entweder durch entgeltliche oder unentgeltliche Übertragung[122] (Veräußerung) oder durch schlichtes Abgeben dergestalt, dass einem Dritten rein tatsächlich die Verfügungsgewalt eingeräumt wird, ohne ihm die Eigentumsrechte an der Sache zu verschaffen, z.B. durch deren Verpfändung.[123]

982 In jedem Fall muss der Täter die Waren oder Wertpapiere „verschleudern", also erheblich unter Wert weitergeben. Die Erheblichkeit ist immer dann zu bejahen, wenn ein für einen sachkundigen Dritten offenkundiges **Missverhältnis zwischen Wert und Veräußerungspreis** besteht.[124] Maßstab ist der Marktwert zum Zeitpunkt der Handlung des Schuldners.[125] Weitgehend unbeachtlich ist es hingegen, ob er die Waren zu einem besonders günstigen Preis eingekauft hat.[126]

Es erscheint zunächst fraglich, warum auch hier ein Handeln gegen die Anforderungen einer ordnungsgemäßen Wirtschaft verlangt wird. Der Verkauf von Waren unter ihrem Wert erscheint grundsätzlich geeignet, dieses Tatbestandsmerkmal bereits zu erfüllen und es damit überflüssig zu machen. Dies ist allerdings nicht immer der Fall: Ein Verkauf unter Wert muss nicht per se gegen den **Wirtschaftlichkeitsgrundsatz** verstoßen. Ein solcher kann beispielsweise bei drohendem Verderb der Ware sinnvoll sein,[127] ebenso, wenn ein baldiger Preissturz droht[128] oder dann, wenn sich der Verkauf trotz des niedrigen Preises günstig auf die Vermögenslage des Schuldners auswirkt, wie es bei Lockangeboten oder allgemein beim Preiskampf mit den Kon-

---

120 *RGSt* 48, 217, 218.

121 So SK-*Hoyer* § 283 Rn. 54, zustimmend mit Hinweis auf den Strafgrund der weiteren Vertiefung der wirtschaftlichen Krise des Schuldners durch den Schleuderverkauf Schönke/Schröder-*Stree/Heine* § 283 Rn. 20.

122 Vgl. *RGSt* 48, 217, 218; LK-*Tiedemann* § 283 Rn. 77; SK-*Hoyer* § 283 Rn. 56 m.w.N.; MüKo-*Radtke* § 283 Rn. 35; nur entgeltliche Geschäfte gelten lassend *Weyand/Diversy* Rn. 73.

123 *RGSt* 48, 217, 218.

124 NK-*Kindhäuser* § 283 Rn. 48; auf einen normativen Erheblichkeitsbegriff im Sinne der Erheblichkeit für das geschützte Rechtsgut abstellend SK-*Hoyer* § 283 Rn. 57.

125 LK-*Tiedemann* § 283 Rn. 78; SK-*Hoyer* § 283 Rn. 57; Schönke/Schröder-*Stree/Heine* § 283 Rn. 22; *Lackner/Kühl* § 283 Rn. 14.

126 *RGSt* 47, 61, 62.

127 LK-*Tiedemann* § 283 Rn. 79.

128 *Lackner/Kühl* § 283 Rn. 14; Schönke/Schröder-*Stree/Heine* § 283 Rn. 23.

kurrenten der Fall sein kann.[129] Derartige Handlungen sind, wenn sie im Bereich des im Geschäftsverkehr Üblichen liegen, nicht nach § 283 Abs. 1 Nr. 3 StGB strafbar.[130]

VI. Vortäuschen von Rechten Dritter bzw. Anerkennung fremder Rechte (Scheingeschäfte) gemäß § 283 Abs. 1 Nr. 4 StGB

Ein weiteres sanktioniertes Vorgehen des Schuldners ist das Vortäuschen von Rechten Dritter bzw. das Anerkennen solcher nicht existenter Rechte. Im Gegensatz zu § 283 Abs. 1 Nr. 1–3 StGB geht es in dieser Tatbestandsvariante nicht um die direkte Schmälerung des Bestandes der Masse, also der Aktiva, qua Eingriff des Schuldners, sondern vielmehr um die (scheinbare) **Erhöhung der Passiva**, also der bestehenden Verbindlichkeiten. Die Tathandlung erschöpft sich daher in einer Täuschung,[131] die den Anschein erwecken soll, den übrigen Gläubigern stehe nur eine um das fingierte Recht geminderte Quote zu.[132] Häufig stellt eine solche Tat nur die Vorbereitung dazu dar, wertvollere Vermögensbestandteile anschließend beiseite schaffen zu können (§ 283 Abs. 1 Nr. 1 StGB).[133] Aber auch ohne eine nachfolgende Beseitigung von Vermögensbestandteilen werden die Befriedigungsaussichten der Gläubiger durch fingierte Rechte Dritter gemindert. **983**

1. Rechte als taugliche Tatobjekte

Tatobjekte des § 283 Abs. 1 Nr. 4 StGB sind **Rechte beliebiger Art**, die sich hinsichtlich der Insolvenzmasse auswirken, auch solche dinglicher Natur.[134] Gegenstand der Täuschung kann auch ein fingiertes Insolvenzvorrecht sein,[135] welches die Insolvenzgläubiger besonders schwerwiegend benachteiligen kann, wenn sie als nicht bevorrechtigte Gläubiger mit ihren Forderungen ausfallen.[136] Die Täuschung oder Anerkennung kann sich sowohl auf das Bestehen des Rechtes überhaupt als auch auf den Rang desselben und dessen Umfang beziehen;[137] möglich und tatbestandsmäßig ist auch eine Überhöhung eines tatsächlich bestehenden Rechts, so dass diesem in der Insolvenz ein höherer Rang oder eine bessere Quote zufällt.[138] Nicht **984**

---

129 Schönke/Schröder-*Stree/Heine* § 283 Rn. 23; SK-*Hoyer* § 283 Rn. 58; *Fischer* § 283 Rn. 15; MüKo-*Radtke* § 283 Rn. 36 m.w.N.
130 *Weyand/Diversy* Rn. 74.
131 Siehe *Pelz* Rn. 286.
132 Vgl. SK-*Hoyer* § 283 Rn. 59.
133 *Weyand/Diversy* Rn. 75; Schönke/Schröder-*Stree/Heine* § 283 Rn. 24.
134 SK-*Hoyer* § 283 Rn. 60 m.w.N.
135 BT-Drs. 7/3441, 35; vgl. LK-*Tiedemann* § 283 Rn. 82.
136 *Weyand/Diversy* Rn. 76.
137 SK-*Hoyer* § 283 Rn. 60.
138 *Weyand/Diversy* Rn. 76.

tatbestandsmäßig ist hingegen eine bloße falsche Angabe des Rechtsgrundes einer tatsächlich bestehenden Forderung, welche keine Änderung der Höhe oder des Ranges nach sich zieht.[139]

985 Umstritten ist hingegen, wie **Einreden** zu behandeln sind, die dem Schuldner gegen bestehende Forderungen zustehen, von diesem aber verschwiegen werden. Nach wohl überwiegender Meinung ist hierin kein erdichtetes oder anerkanntes Recht zu sehen, da Einreden im Gegensatz zu rechtsvernichtenden Einwendungen den Anspruch bestehen lassen, sie hindern lediglich seine Durchsetzbarkeit.[140] Die Konstellation, dass ein Schuldner aus Gründen der Kulanz gegenüber einem langjährigen Geschäftspartner auf die Einrede der Verjährung verzichtet, wird hingegen einhellig als nicht tatbestandsmäßiges Verhalten i.S.d. § 283 Abs. 1 Nr. 4 StGB angesehen.[141]

2. Vortäuschung oder Anerkennung

986 Die erste Handlungsalternative beinhaltet das **Vortäuschen eines** in Wirklichkeit **nicht bestehenden Rechts** gegenüber einem anderen.[142] Das Bestehen von Rechten kann einerseits durch falsche Angaben gegenüber den Gläubigern oder dem Insolvenzverwalter, möglicherweise unter Abgabe einer falschen eidesstattlichen Versicherung nach § 153 Abs. 2 InsO, vorgetäuscht werden, andererseits aber auch durch eine falsche Buchung.[143] Letzteres stellt ein **konkludentes Vortäuschen** dar, wenn der Schuldner die Geschäftsunterlagen anderen zur Kenntnis überlässt.[144] Die Leistung auf eine nicht bestehende Forderung ist allerdings nicht, wie man vermuten könnte, nach § 283 Abs. 1 Nr. 4 StGB strafbar. Sie erfüllt vielmehr den Tatbestand des Beiseiteschaffens eines Vermögensbestandteils gemäß § 283 Abs. 1 Nr. 1 StGB.[145]

987 Wenn der Täuschende **Organ einer juristischen Person** ist, muss er auch in dieser Eigenschaft handeln, um nach § 283 Abs. 1 Nr. 4 StGB strafbar zu sein. Dementsprechend macht sich der Geschäftsführer einer GmbH, der eine erdichtete Gehaltsforderung im Rahmen des Insolvenzverfahrens anmeldet, nicht nach § 283 Abs. 1 Nr. 4 StGB strafbar.[146] In diesem Fall kommt vielmehr eine Bestrafung wegen Betruges gemäß § 263 StGB in Betracht.

---

139 SK-*Hoyer* § 283 Rn. 60; Schönke/Schröder-*Stree/Heine* § 283 Rn. 25 m.w.N.; MüKo-*Radtke* § 283 Rn. 37.
140 LK-*Tiedemann* § 283 Rn. 84; SK-*Hoyer* § 283 Rn. 61; NK-*Kindhäuser* § 283 Rn. 52.
141 LK-*Tiedemann* § 283 Rn. 83; *Fischer* § 283 Rn. 18.
142 Siehe *Lackner/Kühl* § 283 Rn. 15 m.w.N.
143 Vgl. *Bieneck* in Müller-Gugenberger/Bieneck § 83 Rn. 9.
144 *Weyand/Diversy* Rn. 76 m.w.N.
145 NK-*Kindhäuser* § 283 Rn. 52; SK-*Hoyer* § 283 Rn. 64; Schönke/Schröder-*Stree/Heine* § 283 Rn. 25.
146 LK-*Tiedemann* § 283 Rn. 86; *Fischer* § 283 Rn. 18; Schönke/Schröder-*Stree/Heine* § 283 Rn. 25 m.w.N.

Anerkennen bezeichnet die in Zusammenarbeit mit dem scheinbaren Gläubiger **988** abgegebene Erklärung des Schuldners, dass ihm gegenüber das (erdichtete) Recht bestehe.[147] Diese Tatbestandsalternative erfordert also ein **kollusives Zusammenwirken des Schuldners und einem Dritten**, dem vorgeblichen Anspruchsinhaber.[148] Ein Anerkennen ist zum Beispiel wiederum durch eine falsche eidesstattliche Versicherung möglich oder durch ein formloses Bestätigen der angeblichen Forderung.[149] Aber auch ein Anerkenntnis im Prozess kommt als tatbestandsmäßige Handlung in Betracht.[150] Ob ein Anerkennen erdichteter Rechte auch allein durch Unterlassen prozessualer Handlungen anzunehmen ist, z.B. bei Nichterhebung eines Widerspruchs gegen einen Mahnbescheid bzw. eines Einspruchs gegen einen Vollstreckungsbescheid oder ein Versäumnisurteil, scheint zumindest im Hinblick auf den erforderlichen Vorsatz des Täters beim Versäumen prozessualer Handlungen zweifelhaft.[151]

Für die **Vollendung** des Delikts ist unerheblich, ob die erdichteten oder anerkannten **989** Rechte später im Insolvenzverfahren geltend gemacht werden[152] und ob sich darüber hinaus nachteilige Rechtswirkungen in Gestalt der Schmälerung der Masse ergeben.[153] § 283 Abs. 1 Nr. 4 StGB ist ein reines **Gefährdungsdelikt**, das heißt, bereits die generelle Gefährlichkeit der Tathandlung für die Befriedigungsinteressen der Gläubiger wird bestraft.[154]

B. Veränderung der Aufzeichnungen, § 283 Abs. 1 Nr. 5–7 StGB

I. Überblick

Die Buchführungs- und Bilanzdelikte des § 283 Abs. 1 Nr. 5–7 StGB sind von **990** **enormer praktischer Relevanz**, da Insolvenzen ohne Verstöße in diesem Bereich kaum vorkommen.[155] In aller Regel gehen Unternehmensinsolvenzen mit mangelhaften oder ganz unterlassenen Buchführungsaktivitäten einher, was durch mehrere Faktoren bedingt ist: Zum einen sind Unternehmen in einer Krise normalerweise bestrebt, Kosten einzusparen, um die Talsohle zu überwinden. Da Buchführung und

---

147 *Lackner/Kühl* § 283 Rn. 15.
148 *Weyand/Diversy* Rn. 76.
149 *Fischer* § 283 Rn. 18.
150 Schönke/Schröder-*Stree/Heine* § 283 Rn. 26.
151 Die Möglichkeit bejahend Schönke/Schröder-*Stree/Heine* § 283 Rn. 26.
152 *RGSt* 62, 287, 288.
153 *Fischer* § 283 Rn. 17.
154 SK-*Hoyer* § 283 Rn. 59; MüKo-*Radtke* § 283 Rn. 38.
155 Siehe *Köhler* in Wabnitz/Janovsky 7. Kapitel Rn. 127.

Bilanzierung unabhängig davon, ob sie durch einen externen Steuerberater oder durch einen dafür angestellten Mitarbeiter erledigt werden, kostenintensive Tätigkeiten darstellen, ohne dass sie für das wirtschaftliche Überleben der Gesellschaft unverzichtbar wären, werden Honorarzahlungen dafür bei wirtschaftlichen Engpässen gerne eingestellt.[156] Die Buchführung und Bilanzierung werden infolgedessen nicht mehr erledigt. Auch die Möglichkeiten, über lückenhafte oder ganz unterlassene Buchhaltung drohende oder bereits eingetretene finanzielle Schieflagen zu verschleiern, entbehren nicht einer gewissen Attraktivität bei geschickten Tätern. Darüber hinaus ist es einfacher, einzelne Vermögensbestandteile beiseite zu schaffen oder zu verheimlichen, wenn sie mangels ordentlicher Inventur gar nicht in den Lagerbeständen erfasst sind.[157]

991   Für die ermittelnde Staatsanwaltschaft sind Buchführungs- und Bilanzierungsdelikte, was den Erfolg der Ermittlungen angeht, dankbare Tatbestände, da sich die entsprechenden Tathandlungen, nämlich beispielsweise die Vornahme von Buchungen und das Erstellen von Bilanzen in einem Unternehmen in der Zeit vor dem Eintritt der Insolvenz bzw. bei einer bereits bestehenden Krise, ohne weiteres in den Büchern feststellen und damit **leicht beweisen** lassen.[158]

992   Neben § 283 Abs. 1 Nr. 5–7 StGB bestraft **§ 283b StGB** speziell die **Verletzung der Buchführungspflicht**. Im Gegensatz zu der erstgenannten Vorschrift stellt § 283b StGB die genannten Buchführungs- und Bilanzierungsdelikte unter Strafe, ohne dass bereits eine Krise besteht, der Täter diese fahrlässig nicht kennt oder die Überschuldung oder Zahlungsunfähigkeit leichtfertig oder vorsätzlich verursacht hat.[159] Insofern ist § 283b StGB gegenüber § 283 Abs. 1 Nr. 5–7 StGB als Grund- bzw. Auffangtatbestand anzusehen. Von den Tatbestandsvoraussetzungen entsprechen sich § 283 Abs. 1 Nr. 5 und § 283b Abs. 1 Nr. 1, § 283 Abs. 1 Nr. 6 und § 283b Abs. 1 Nr. 2 sowie § 283 Abs. 1 Nr. 7 und § 283b Abs. 1 Nr. 3 StGB. Ein separates Eingehen auf die Vorschrift des § 283b StGB erscheint daher nicht notwendig, es kann vielmehr auf die detaillierte Darstellung in der Kommentar- und Handbuchliteratur verwiesen werden.[160]

---

156 *Weyand/Diversy* Rn. 78.
157 *Wegner* in Achenbach/Ransiek VII 1 Rn. 133; *Weyand/Diversy* Rn. 78.
158 *Weyand/Diversy* Rn. 78; vgl. auch *Bittmann* in Bittmann § 12 Rn. 149.
159 *Fischer* § 283b Rn. 2; *Sorgenfrei* in Park Teil 3, 5. Kapitel, Vorbem., beide m.w.N.
160 Eine gute Übersicht bietet *Sorgenfrei* in Park Teil 3, 5. Kapitel, T 1.

II. Verletzung der Buchführungspflicht gemäß § 283 Abs. 1 Nr. 5 StGB

§ 283 Abs. 1 Nr. 5 StGB sanktioniert den Schuldner, der es entgegen seiner beste- **993** henden Buchführungspflicht unterlässt, Handelsbücher zu führen oder aber sie so führt oder verändert, dass die Übersicht über seinen Vermögensstand erschwert wird. Der Pflicht zur Führung von Handelsbüchern kommt im Wirtschaftsleben eine zentrale Bedeutung zu. Sinn dieser Pflicht ist es zum einen, dem Kaufmann selbst die Möglichkeit zu verschaffen, sich jederzeit über den wirtschaftlichen Stand seines Unternehmens zu informieren (**Selbstinformationszweck**).[161] Zum anderen dient die Buchführung dem im Sinne einer gewissen Sicherheit im Rechts- und Kreditverkehr nicht weniger wichtigen Zweck der Informationsmöglichkeit von Geschäftspartnern und Kreditgebern,[162] die mittels der Bücher einen Überblick über die **Leistungsfähigkeit und Kreditwürdigkeit** bekommen können. Zuletzt, falls trotz des Bemühens des Kaufmanns, seine wirtschaftliche Lage im Auge zu behalten, das Unternehmen vor der Insolvenz steht, erleichtert die ordnungsgemäß ausgeführte Buchführung dem Insolvenzverwalter die Ausübung seines Amtes.[163] Aus diesen unterschiedlichen Zwecken wird ersichtlich, dass es sich bei dem Verstoß gegen die Buchführungspflicht nach § 283 Abs. 1 Nr. 5 StGB um ein so genanntes **informationsbezogenes Insolvenzdelikt** handelt.[164] Der Normzweck ist also nicht die Erhaltung der Masse zur bestmöglichen Gläubigerbefriedigung, geschützt sind vielmehr die Informationsinteressen der Gläubiger und im Stadium ab der Eröffnung des Insolvenzverfahrens auch die des Insolvenzverwalters.[165]

1. Verpflichtung zum Führen von Handelsbüchern

a) Handelsbücher als Tatobjekte

Tatobjekte des § 283 Abs. 1 Nr. 5 StGB sind Handelsbücher. Das sind sämtliche **994** fortlaufende Aufzeichnungen über die von einem kaufmännischen Unternehmen abgewickelten Geschäfte.[166] Abgewickelte Geschäfte sind, wie der Begriff schon nahe legt, erst mit dem Erfüllungsgeschäft anzunehmen und nicht schon mit einem Vertragsschluss.[167] Handelsbücher müssen keine Bücher im Sinne einer gebundenen Form sein, vielmehr ist im Zeitalter der EDV selbstverständlich auch eine **elektronische Buchführung** möglich (§ 239 Abs. 4 HGB).[168] Auch eine geordnete Loseblatt-

---

161 Hierzu LK-*Tiedemann* § 283 Rn. 90 m.w.N.
162 So *OLG Karlsruhe* MDR 1985, 691, 692 mit Verweis auf *BGH* bei *Holz* MDR 1981, 452, 454.
163 Siehe SK-*Hoyer* § 283 Rn. 67; *Weyand/Diversy* Rn. 79 m.w.N.
164 Zum Begriff vgl. MüKo-*Radtke* Vor §§ 283 ff. Rn. 28 ff.
165 MüKo-*Radtke* Vor §§ 283 ff. Rn. 31.
166 LK-*Tiedemann* § 283 Rn. 94; NK-*Kindhäuser* § 283 Rn. 54; SK-*Hoyer* § 283 Rn. 68.
167 LK-*Tiedemann* § 283 Rn. 94.
168 *BGH* NStZ 1998, 247; *Koller/Roth/Morck* § 239 Rn. 4.

sammlung bzw. Ablage kann gemäß § 239 Abs. 4 HGB ausreichend sein,[169] allerdings nicht die Eintragung auf losen Zetteln.[170] Ebenfalls keine Handelsbücher stellen bloße Buchungsbelege, wenn auch geordnete, dar, da sie nur die Grundlage für die Eintragung in Handelsbücher bilden.[171] Darüber, welche Handelsbücher geführt werden müssen, schweigt sich das Gesetz aus,[172] auch ein bestimmtes System ist nicht vorgegeben.[173] Allerdings wird, um eine vollständige und übersichtliche Buchführung zu erreichen, in aller Regel die doppelte Buchführung notwendig sein.[174] Letztendlich geht es nicht um die Form, sondern um die Erfüllung der **Dokumentationsfunktion**.[175]

b) Buchführungspflicht

995 Der Schuldner muss gesetzlich verpflichtet sein, Handelsbücher zu führen. Relevant ist im Kontext des § 283 Abs. 1 Nr. 5 StGB allerdings nur die **handelsrechtliche Buchführungspflicht**, nicht die steuer- oder gewerberechtliche.[176] Die grundsätzliche Pflicht zum Führen von Handelsbüchern ergibt sich aus **§ 238 HGB**. Nach dieser Vorschrift ist jeder Kaufmann verpflichtet, Bücher zu führen, die seine Handelsgeschäfte und seine gesamtwirtschaftliche Lage transparent und nachvollziehbar machen.[177]

996 **Kaufmann** ist gemäß § 1 Abs. 1 HGB jeder, der ein Handelsgewerbe betreibt. Ausgenommen sind nach § 1 Abs. 2 HGB lediglich diejenigen, deren Unternehmen nach Art und Umfang einen in kaufmännischer Weise eingerichteten Geschäftsbetrieb nicht erfordert. Dies trifft typischerweise auf kleine Handwerksbetriebe zu.[178] Allerdings entsteht auch für diese eine Buchführungspflicht mit einer **freiwilligen Eintragung** ins Handelsregister nach § 2 HGB.[179] In einem solchen Fall kann sich der Betreffende entsprechend nicht (mehr) darauf berufen, sein Unternehmen bedürfe keines in kaufmännischer Weise eingerichteten Geschäftsbetriebes.[180] Nicht konstituiert wird die Buchführungspflicht hingegen durch die bloße Eintragung als Kaufmann, welche den Fiktivkaufmann nach § 5 HGB generiert.[181]

---

169 Schönke/Schröder-*Stree/Heine* § 283 Rn. 31.
170 *RGSt* 50, 131, 132.
171 *BGHSt* 4, 271, 275; SK-*Hoyer* § 283 Rn. 68 mit fehlerhaftem Hinweis auf *BGH* NStZ 1998, 247.
172 Schönke/Schröder-*Stree/Heine* § 283 Rn. 31.
173 *Fischer* § 283 Rn. 21.
174 *Weyand/Diversy* Rn. 84; zustimmend *Bittmann* in Bittmann § 12 Rn. 169.
175 *Bittmann* in Bittmann § 12 Rn. 163 m.w.N.
176 Schönke/Schröder-*Stree/Heine* § 283 Rn. 29.
177 *Köhler* in Wabnitz/Janovsky 7. Kapitel Rn. 128.
178 *Weyand/Diversy* Rn. 80; *Köhler* in Wabnitz/Janovsky 7. Kapitel Rn. 129.
179 *Fischer* § 283 Rn. 19 m.w.N.
180 *Köhler* in Wabnitz/Janovsky 7. Kapitel Rn. 129.
181 Weiterführend hierzu MüKo-*Radtke* § 283 Rn. 43 m.w.N.

Des Weiteren sind **Handelsgesellschaften** gemäß § 6 HGB zur Buchführung ver-   **997**
pflichtet. Handelt es sich bei dem Buchführungspflichtigen um eine juristische
Person, so muss aufgrund deren Handlungsunfähigkeit die Buchführung durch das
Vertretungsorgan bewerkstelligt werden, welches nach § 14 StGB bei mangelhafter
Erfüllung dieser Pflicht ebenfalls gemäß § 283 Abs. 1 Nr. 5 StGB strafbar sein
kann.[182] Ergänzende Vorschriften für die Buchführungspflichten der verschiedenen
Gesellschaftsformen finden sich in den §§ 150 ff. AktG, §§ 41 ff. GmbHG, § 33
GenG und im PublG.

Die Buchführungspflicht nach § 238 HGB gilt auch für **inländische Zweigniederlassungen ausländischer Unternehmen**, weshalb eine Verletzung der Buchhaltungspflichten auch für diese grundsätzlich pönalisiert ist.[183] Ebenso sind Verstöße
gegen die Buchführungspflicht deutscher Kaufleute im Ausland nach § 283 Abs. 1
Nr. 5 StGB ahndbar.[184] Was den Inhalt der Buchführungspflicht angeht, so verweist
§ 238 Abs. 1 HGB auf die „Grundsätze ordnungsgemäßer Buchführung", welche nur
durch die Verkehrssitte näher zu qualifizieren sind und in der Prozesssituation vom
Richter konkretisiert werden müssen.[185]

Inhaltlich ergeben sich die Buchführungs- und Bilanzierungspflichten aus dem mit
„Handelsbücher" überschriebenen **Dritten Buch des HGB** sowie den **Grundsätzen
ordnungsmäßiger Buchführung** und den §§ 239 bis 315, 336 bis 338, 340a bis
340j, 341a bis 341j HGB. Da die buchführungspflichtigen Kaufleute auch bilanzie-
rungspflichtig sind, ist die doppelte Buchführung erforderlich. Außerhandelsrechtli-
che Buchführungspflichten, die sich etwa aus dem Steuerrecht oder dem Verwaltungsrecht ergeben, können die Strafbarkeit nach §§ 283 ff. StGB nicht begründen.

Der Kaufmann ist nicht verpflichtet, die Bücher selber zu führen,[186] vielmehr kann   **998**
und soll er sich dabei der Hilfe anderer bedienen, indem er seine Pflicht **delegiert**.
Dies ist zum Beispiel dann erforderlich, wenn er aufgrund von Arbeitsüberlastung,
Krankheit oder anderen Verhinderungsgründen nicht in der Lage ist, der Buchführungspflicht selber nachzukommen. In einem solchen Fall muss er die Buchführung
auf andere delegieren, keinesfalls wird er von dieser Pflicht freigestellt.[187] Für die
ordnungsgemäße Buchführung bleibt er allerdings weiterhin verantwortlich.[188]

---

182 Näheres zu den Voraussetzungen bei MüKo-*Radtke* § 283 Rn. 44 f.
183 *Bittmann* in Bittmann § 12 Rn. 156; Schönke/Schröder-*Stree/Heine* § 283 Rn. 29; *Fischer*
§ 283 Rn. 19.
184 *OLG Karlsruhe* NStZ 1985, 317; Schönke/Schröder-*Stree/Heine* § 283 Rn. 29.
185 *Bittmann* in Bittmann § 12 Rn. 168.
186 So *Köhler* in Wabnitz/Janovsky 7. Kapitel Rn. 131.
187 Vgl. *Köhler* in Wabnitz/Janovsky 7. Kapitel Rn. 131.
188 Eingehend zur Pflichtendelegation *Bieneck* in Müller-Gegenberg/Bieneck, § 82 Rn. 17 ff.
m.w.N.

2. Unterlassung der Buchführung

999 Die erste Tathandlungsalternative des § 283 Abs. 1 Nr. 5 StGB beinhaltet schlicht ein vollständiges Unterlassen der Buchführung. Der Täter muss dementsprechend über einen gewissen Zeitraum **keinerlei Handelsbücher** geführt haben.[189] Maßgeblich ist die Zeit, nach der die Buchführung in eine Bilanz hätte einmünden müssen, also ein **Geschäftsjahr.**[190] Eine Nachholung der unterlassenen Buchführung verhindert nicht die Strafbarkeit, da der Schutzzweck des § 283 Abs. 1 Nr. 5 StGB, nämlich dem Schuldner selbst sowie Dritten jederzeit die Möglichkeit zu geben, sich vor Dispositionen über den wirtschaftlichen Stand des Unternehmens zu informieren, bereits tangiert ist.[191] Ein nur vorübergehendes oder partielles, also auf einzelne Bücher bezogenes Unterlassen der Buchführung erfüllt den Tatbestand nicht, es kommt allerdings eine mangelhafte Buchführung in Frage.[192]

3. Mangelhafte Buchführung

1000 Ebenfalls strafbar ist die in der Praxis häufiger auftauchende mangelhafte Buchführung. Eine ordnungsgemäße Buchführung muss Aufschluss geben über die getätigten Geschäfte und die damit verbundenen Einnahmen oder Ausgaben.[193] Die **Belege** für die durchgeführten Buchungen müssen aufgehoben werden.[194] Das Anfertigen falscher Belege kann daher eine mangelhafte Buchführung nach § 283 Abs. 1 Nr. 5 StGB darstellen.[195]

Eine mangelhafte Buchführung kann vorliegen bei von Anfang an **fehlerhaft geführten Handelsbüchern** sowie bei **nachträglichen Veränderungen** derselben.[196] In Betracht kommen Tathandlungen wie das Überschreiben, Überkleben oder Ausradieren von Eintragungen.[197] Ebenso kann die zeitweise ausgesetzte Buchführung eine Mangelhaftigkeit begründen.[198] Nach § 239 Abs. 2 HGB muss eine ordnungsgemäße Buchführung vollständig, richtig, zeitgerecht und geordnet vorgenommen werden. Des Weiteren muss sie in ihren Aussagen klar und übersichtlich sowie

---

189 *BGH* bei *Herlan* GA 1961, 359; Schönke/Schröder-*Heine* § 283 Rn. 33; ebenso MüKo-*Radtke* § 283 Rn. 47.
190 Vgl. SK-*Hoyer* § 283 Rn. 72; MüKo-*Radtke* § 283 Rn. 47.
191 So NK-*Kindhäuser* § 283 Rn. 59; *Lackner/Kühl* § 283 Rn. 17; SK-*Hoyer* § 283 Rn. 72; MüKo-*Radtke* § 283 Rn. 47.
192 *BGHSt* 4, 270.
193 Siehe Schönke/Schröder-*Stree/Heine* § 283 Rn. 34.
194 Hierzu *BGH* NJW 1954, 1010.
195 So Schönke/Schröder-*Stree/Heine* § 283 Rn. 34 m.w.N.
196 Vgl. SK-*Hoyer* § 283 Rn. 66; MüKo-*Radtke* § 283 Rn. 48.
197 *Weyand/Diversy* Rn. 85.
198 *Köhler* in: Wabnitz/Janovsky 7. Kapitel Rn. 133.

anhand von Belegen nachprüfbar sein.[199] Entsprechend wird den Anforderungen an eine ordnungsmäßige Buchführung unter anderem dann nicht genügt, wenn

- erst mit erheblicher Verzögerung Buch geführt wird,[200]
- falsche Werte für einzelne Vermögensbestandteile angesetzt werden,[201]
- fiktive Posten aufgenommen werden,[202]
- die Geschäftsbelege nicht ordentlich aufbewahrt werden,[203] oder
- Geschäftspartner oder die Art der Geschäfte verschleiert werden.[204]

Voraussetzung für eine Strafbarkeit ist aber, dass die Mangelhaftigkeit der Buchführung dazu geführt hat, dass die **Übersicht** über die Vermögenslage des Schuldners **erschwert** wird.[205] Dies scheint zunächst eine Selbstverständlichkeit zu sein, zumindest liegt eine Unübersichtlichkeit bei mangelhafter, also auch lückenhafter Buchführung nahe. Allerdings muss die Unübersichtlichkeit von einer gewissen **Erheblichkeit** sein. Entscheidend ist hier der Maßstab eines sachverständigen Dritten: wenn dieser entweder gar nicht oder nur mit Schwierigkeiten und unter Aufwendung erheblicher Zeit und Mühe in der Lage wäre, sich einen Überblick über den Vermögensstand des Schuldners zu verschaffen, ist eine erschwerte Übersicht über das Schuldnervermögen zu bejahen.[206] Im Fall einer zwar unterbliebenen Buchführung über die Geschäfte eines Unternehmens, deren Rekonstruktion allerdings mittels der vollständig aufbewahrten Belege ohne weiteres möglich ist, wird daher die Übersicht über das Vermögen nicht zwingend erschwert.[207] Dasselbe gilt für wiederkehrende Aufwendungen in einer bestimmten Höhe, deren Verbuchung von einem sachverständigen Dritten aufgrund der früheren Buchungen ergänzt werden kann.[208]

1001

Mehrere Verstöße gegen die Buchführungspflichten gelten nur als eine einzige Tat, vorausgesetzt, die einzelnen Handlungen stehen in einem gewissen zeitlichen Zusammenhang und sind als eine **Handlungseinheit** anzusehen.[209]

---

199 SK-*Hoyer* § 283 Rn. 73; NK-*Kindhäuser* § 283 Rn. 61.
200 *Biletzki* Strafrechtlicher Gläubigerschutz bei fehlerhafter Buchführung durch den GmbH-Geschäftsführer, in: NStZ 1999, 537, 538; SK-*Hoyer* § 283 Rn. 73.
201 *RGSt* 39, 222, 223.
202 *Weyand/Diversy* Rn. 85.
203 *Fischer* § 283 Rn. 23 m.w.N.
204 *BGH* GA 1961, 358.
205 *Bittmann* in Bittmann § 12 Rn. 185 f.
206 Siehe BT-Drs. 7/3441, 35; *BGH* NStZ 1998, 247; *BGH* NStZ 2002, 327; NK-*Kindhäuser* § 283 Rn. 64.
207 So jedenfalls *BGH* GA 1959, 341; LK-*Tiedemann* § 283 Rn. 118; Schönke/Schröder-*Stree/Heine* § 283 Rn. 36.
208 Schönke/Schröder-*Stree/Heine* § 283 Rn. 36; MüKo-*Radtke* § 283 Rn. 49.
209 *Richter* Strafbarkeit des Insolvenzverwalters, in: NZI 2002, 121, 123 m.w.N.; *Köhler* in Wabnitz/Janovsky 7. Kapitel Rn. 134; *Fischer* § 283 Rn. 23; Schönke/Schröder-*Stree/Heine* § 283 Rn. 37.

4. Unmöglichkeit der Handlungspflichterfüllung

1002 Die Bestrafung aus einem Unterlassungsdelikt, wie es die erste Alternative des § 283 Abs. 1 Nr. 5 StGB darstellt, setzt immer die reale Handlungsmöglichkeit des Täters voraus.[210] In Fällen, in denen der Schuldner selber mangels entsprechender kaufmännischer Kenntnisse außerstande ist, die Bücher zu führen, dieses Unvermögen aber auch nicht durch die Übertragung der Buchführung auf einen Dritten zu kompensieren in der Lage ist, weil die finanziellen Mittel dafür fehlen, ist nach Ansicht des Bundesgerichtshofs daher der Schuldner nicht nach § 283 Abs. 1 Nr. 5 StGB zu bestrafen.[211] Allerdings kann dieses persönliche und **finanzielle Unvermögen** des Schuldners diesen nicht dauerhaft von der Buchhaltungspflicht entlasten, sondern er wird seine buchhaltungspflichtige Geschäftstätigkeit aufgeben müssen.[212]

III. Unterdrücken von Handelsbüchern gemäß § 283 Abs. 1 Nr. 6 StGB

1003 Eine weitere Bankrotthandlung neben der Verletzung der Buchhaltungspflicht ist das Unterdrücken von Handelsbüchern oder sonstigen Unterlagen, für deren Aufbewahrung der Schuldner zu sorgen hat. Die Beeinträchtigung dieser für die Vermögensübersicht wie für die Insolvenzabwicklung unersetzbaren Unterlagen beinhaltet eine **hohe Sozialschädlichkeit.**[213] Trotz der Formulierung „Handelsbücher und sonstige Unterlagen, zu deren Aufbewahrung ein Kaufmann nach Handelsrecht verpflichtet ist" sanktioniert § 283 Abs. 1 Nr. 6 StGB nicht nur Kaufleute. Es kommt nämlich nicht darauf an, dass die Bücher für den Täter selbst aufbewahrungspflichtig sind, sondern es ist auch für Nicht-Kaufleute möglich, sich nach dieser Norm strafbar zu machen.[214] Entsprechend bleibt eine tatbestandsmäßige Handlung eines Kaufmannes auch dann strafbar, wenn im Nachhinein seine Kaufmannseigenschaft wegfällt.[215]

1. Handelsbücher und sonstige Unterlagen als taugliche Tatobjekte

1004 Die Liste der tauglichen Tatobjekte findet sich in **§ 257 Abs. 1 HGB**: Nach dieser Vorschrift sind neben den **Handelsbüchern Inventare, Bilanzen, Jahresabschlüsse, Handelsbriefe und Buchungsbelege** aufbewahrungspflichtig und damit taugliche Tatobjekte i.S.d. § 283 Abs. 1 Nr. 6 StGB. Allerdings ergibt sich nach wohl

---

210 Vgl. *BGH* NStZ 2003, 546, 547 f.; MüKo-*Radtke* § 283 Rn. 47.
211 Vgl. *BGHSt* 28, 231, 232 f.; a.A. SK-*Hoyer* § 283 Rn. 73.
212 So Schönke/Schröder-*Stree/Heine* § 283 Rn. 33; LK-*Tiedemann* § 283 Rn. 120; NK-*Kindhäuser* § 283 Rn. 59; *Fischer* § 283 Rn. 23a; MüKo-*Radtke* § 283 Rn. 47.
213 Vgl. NK-*Kindhäuser* § 283 Rn. 66; Schönke/Schröder-*Stree/Heine* § 283 Rn. 38; siehe auch oben Rn. 993 ff.
214 So SK-*Hoyer* § 283 Rn. 78; Schönke/Schröder-*Stree/Heine* § 283 Rn. 39; MüKo-*Radtke* § 283 Rn. 52 m.w.N.; *Bittmann* in Bittmann § 12 Rn. 194.
215 Vgl. LK-*Tiedemann* § 283 Rn. 123; NK-*Kindhäuser* § 283 Rn. 70.

herrschender Meinung[216] aus dem von § 283b Abs. 1 Nr. 2 StGB abweichenden Wortlaut, dass auch **Bücher**, die **freiwillig geführt** werden, für die also keine handelsrechtlichen Aufbewahrungspflichten bestehen, taugliche Tatobjekte sind. Hinsichtlich der daraus resultierenden Konsequenzen, nämlich einer möglichen Strafbarkeit derjenigen Täter, die gar keine handelsrechtlichen Buchführungspflichten treffen und dennoch freiwillig entsprechende Bücher führen, was insbesondere auf Freiberufler zutrifft, herrscht allerdings Uneinigkeit. Zum Teil wird eine Strafbarkeit auch dieser Tätergruppe mit dem Hinweis darauf bejaht, dass der Wortlaut eine Erstreckung auf buchführende **Täter ohne Buchführungspflicht** gestatte und dass diese aus steuerrechtlichen Gründen sowieso entsprechende Bücher führten.[217] Die vorzuziehende Gegenmeinung legt den Tatbestand einschränkend aus und wendet § 283 Abs. 1 Nr. 6 StGB nur auf Bücher und Unterlagen an, die von einem Kaufmann in Erfüllung seiner kaufmännischen Pflichten geführt werden; ohne handelsrechtliche Pflicht geführte Bücher hingegen werden nicht erfasst.[218] Freiberufler oder Privatpersonen können sich also nur dadurch strafbar machen, dass sie die von einem Kaufmann geführten Bücher unterdrücken.[219]

2. Tatbestandliche Beeinträchtigungshandlungen

Mögliche tatbestandsmäßige Handlungen im Rahmen des § 283 Abs. 1 Nr. 6 StGB sind das Beiseiteschaffen, Verheimlichen, Zerstören oder Beschädigen von Handelsbüchern und sonstigen aufbewahrungspflichtigen Unterlagen. Diese Handlungen stimmen mit den in § 283 Abs. 1 Nr. 1 StGB normierten überein, insofern sei zum Inhalt der tatbestandlichen **Unterdrückungshandlungen** nach oben verwiesen.[220] **1005**

Die Unterdrückungshandlung muss vor Ende der in § 257 Abs. 4 und 5 StGB genannten **Aufbewahrungsfristen** der unterschiedlichen Unterlagen erfolgen;[221] denn wenn das Gesetz keine Aufbewahrungspflicht mehr vorsieht, kann eine Beseitigung der fraglichen Unterlagen kaum strafbar sein.

3. Erschwerung der Übersicht über den eigenen Vermögensstand

Ebenso wie bei einer mangelhaften Buchführung nach § 283 Abs. 1 Nr. 5 2. Alt. StGB muss die Tathandlung auch bei der Unterdrückung von Handelsbüchern zur Folge haben, dass die Übersicht über den schuldnerischen Vermögensstand erschwert wird. Eine Strafbarkeit scheidet dementsprechend aus, wenn beispielsweise durch eine Handlung des Täters ein Handelsbuch schwer beschädigt wurde, der **1006**

---

216 Vgl. LK-*Tiedemann* § 283 Rn. 121; SK-*Hoyer* § 283 Rn. 77; Schönke/Schröder-*Stree/ Heine* § 283 Rn. 39; MüKo-*Radtke* § 283 Rn. 51; a.A. NK-*Kindhäuser* § 283 Rn. 68.
217 *Weyand/Diversy* Rn. 87.
218 Vgl. LK-*Tiedemann* § 283 Rn. 122; *Fischer* § 283 Rn. 24.
219 So auch SK-*Hoyer* § 283 Rn. 78.
220 S.o. Rn. 956 ff.
221 Vgl. SK-*Hoyer* § 283 Rn. 79; MüKo-*Radtke* § 283 Rn. 51.

Inhalt aber dennoch in seiner Übersichtlichkeit nicht betroffen ist oder aber der zerstörte Teil für die Gesamtübersicht unerheblich ist.[222] Eine denkbare tatbestandsmäßige Handlung ist hingegen die Auflösung einer Loseblattsammlung.[223]

IV. Verletzung der Bilanzierungspflicht gemäß § 283 Abs. 1 Nr. 7 StGB

1007 § 283 Abs. 1 Nr. 7 StGB normiert die Strafbarkeit der Verletzung der Bilanzierungspflicht. Zwar gehört diese zu den allgemeinen Buchhaltungspflichten und fällt daher schon in den Schutzbereich des § 283 Nr. 5 StGB. Die Bilanzierungspflichten sind allerdings im HGB extra geregelt und daher neben den allgemeinen Buchführungsdelikten qua lex specialis nochmals explizit in § 283 Abs. 1 Nr. 7 StGB strafbewehrt.[224] In der Praxis haben Bilanzverstöße eine große Bedeutung dergestalt, dass bei einer großen Anzahl insolventer Unternehmen die Bilanzen gar nicht oder nicht ordnungsgemäß erstellt werden.[225]

1008 Als mögliche Tathandlung kommt zum einen die **mangelhafte Bilanzaufstellung** und zum anderen die **Unterlassung der Bilanzierung** bzw. Inventarisierung in Frage, wobei hier wiederum auf die entsprechenden handelsrechtlichen Pflichten verwiesen wird („entgegen dem Handelsrecht"). Dieser Verweis stellt klar, dass im Gegensatz zu § 283 Abs. 1 Nr. 6 StGB **nur Kaufleute**, die gemäß §§ 240, 242 HGB die Pflicht zur Aufstellung von Bilanz und Inventar trifft, Täter dieser Bankrottstraftat sein können.[226]

1. Mangelhaftigkeit der Bilanzaufstellung

a) Bilanzbegriff

1009 Die erste Alternative der Verletzung der Bilanzierungspflicht ist gemäß § 283 Abs. 1 Nr. 7a StGB die Aufstellung einer mangelhaften Bilanz. Sie ist damit enger gefasst als die zweite Alternative nach § 283 Abs. 1 Nr. 7b StGB, welche neben der Bilanz auch das Inventar als taugliches Tatobjekt mit einbezieht. Eine Bilanz ist gemäß § 242 Abs. 1 S. 1 HGB die Darstellung des Vermögens und der Schulden eines Kaufmanns zu einem bestimmten Stichtag, wobei die Aufstellung der Bilanz die

---

222 So *Fischer* § 283 Rn. 24.
223 Vgl. SK-*Hoyer* § 283 Rn. 76.
224 So *Bittmann* in Bittmann § 12 Rn. 166.
225 So *Köhler* in Wabnitz/Janovsky 7. Kapitel Rn. 137.
226 So übereinstimmend LK-*Tiedemann* § 283 Rn. 129; NK-*Kindhäuser* § 283 Rn. 76; SK-*Hoyer* § 283 Rn. 85; Schönke/Schröder-*Stree/Heine* § 283 Rn. 44; *Lackner/Kühl* § 283 Rn. 20; MüKo-*Radtke* § 283 Rn. 55; zur möglichen Strafbarkeit des faktischen Geschäftsführers einer britischen Limited *AG Stuttgart* wistra 2008, 226 ff. m. Anm. *Schumann*.

kontenmäßige Gegenüberstellung dieser beiden Posten bedeutet.[227] Vom Bilanzbegriff umfasst ist zum einen die Eröffnungsbilanz, die zu Beginn einer Geschäftstätigkeit erstellt werden muss, zum anderen der Jahresabschluss, welcher Auskunft über Aktiva und Passiva am Ende eines Geschäftsjahres gibt[228] und zu dessen Erstellung jeder Kaufmann nach § 242 Abs. 1 HGB verpflichtet ist. Nicht unter den Bilanzbegriff des § 283 Abs. 1 Nr. 7 StGB fallen die Gewinn- und die Verlustrechnung nach § 242 Abs. 2 HGB und der Lagebericht nach § 242 Abs. 3 HGB.[229]

b) Mangelhaftigkeit

Der Schuldner macht sich strafbar, wenn er eine mangelhafte Bilanz aufstellt. Eine ordnungsgemäße Bilanz folgt den Grundsätzen der **Bilanzwahrheit, Bilanzklarheit** und **Bilanzvollständigkeit** bzw. **-kontinuität**, welche sich in den §§ 242, 243 und 246 HGB finden. Diese Vorschriften legen auch fest, was im Einzelnen wie zu bilanzieren ist. Bilanzwahrheit ist zu bejahen, wenn die aufgeführten Positionen den handelsrechtlichen Vorschriften entsprechen.[230] Die Bilanzklarheit ist nach §§ 246 Abs. 2, 252 Abs. 1 Nr. 3 HGB gewahrt, wenn die Aktiv- und Passivposten einzeln aufgeführt sind, ohne dass eine Saldierung vorgenommen wird.[231] Und eine vollständige Bilanz muss gemäß § 246 Abs. 1 HGB über sämtliche gewerbliche Vermögensbestandteile und Schulden Auskunft geben.[232] Eine mangelhafte Bilanz liegt daher vor, wenn sie gegen diese Grundsätze verstößt. Insofern kommen sowohl unrichtige als auch verschleierte Bilanzen in Betracht.[233] **1010**

Mögliche **Tathandlungen** sind beispielsweise die lückenhafte Aufstellung von Aktiva und Passiva,[234] die Überbewertung des Anlage- und Umlaufvermögens zur Verschleierung einer schlechten Geschäftslage,[235] die fehlerhafte oder ungenaue Bezeichnung von Posten[236] und die Aufnahme fiktiver Aktivposten.[237] Ziel der entsprechenden Manipulationen ist es in der Praxis in aller Regel, ein **überhöhtes Eigenkapital** auszuweisen.[238] Zu beachten ist allerdings, dass bei der Bewertung der **1011**

---

227 Vgl. NK-*Kindhäuser* § 283 Rn. 82; ausführlich hierzu *Bittmann* in Bittmann § 12 Rn. 215.
228 Vgl. *Fischer* § 283 Rn. 26 f.
229 So SK-*Hoyer* § 283 Rn. 82; *Bittmann* in a.a.O.
230 Hierzu LK-*Tiedemann* § 283 Rn. 138.
231 Vgl. LK-*Tiedemann* § 283 Rn. 141; NK-*Kindhäuser* § 283 Rn. 83; SK-*Hoyer* § 283 Rn. 86.
232 So *Fischer* § 283 Rn. 25; *Bittmann* in Bittmann § 12 Rn. 226.
233 Vgl. LK-*Tiedemann* § 283 Rn. 142; Schönke/Schröder-*Stree/Heine* § 283 Rn. 44.
234 Siehe Schönke/Schröder-*Stree/Heine* § 283 Rn. 44.
235 *Weyand/Diversy* Rn. 92.
236 *Fischer* § 283 Rn. 28 m.w.N.
237 *Bittmann* in Bittmann § 12 Rn. 232.
238 *Bittmann* in Bittmann § 12 Rn. 232.

einzelnen Posten ein nicht unerheblicher Bewertungsspielraum für den Buchführungspflichtigen besteht; die Strafbarkeit beginnt erst dort, wo die Bewertung als willkürlich erscheinen muss.[239]

1012 Wie bei den allgemeinen Buchführungsmängeln nach § 283 Abs. 1 Nr. 5 StGB kommt es auch hier darauf an, dass die Mangelhaftigkeit der Bilanzaufstellung die Übersicht über den Vermögensstand des Schuldners erschwert. Das ist beispielsweise denkbar bei Bilanzen, in denen für einzelne Vermögensgegenstände falsche Werte angegeben sind.[240] Bei lediglich **formalen Mängeln** hingegen ist die Übersicht über das Vermögen in aller Regel noch nicht erschwert, so beispielsweise, wenn die gemäß § 245 HGB obligatorische Unterschrift fehlt.[241] Im Übrigen sei auf die obigen Ausführungen zu § 283 Abs. 1 Nr. 5 StGB verwiesen.[242]

2. Unterlassung einer rechtzeitigen Bilanz- und Inventaraufstellung

a) Bilanzen und Inventare

1013 Auch derjenige, der es unterlässt, in der dafür vorgeschriebenen Zeit die Bilanz oder das Inventar aufzustellen, macht sich strafbar. Die **Eröffnungsbilanz** muss im unmittelbaren zeitlichen Kontext nicht nur bei der Geschäftsgründung aufgestellt werden,[243] sondern auch beim **Erwerb eines Unternehmens**[244] oder dessen Umwandlung in eine andere Rechtsform[245] sowie beim Eintritt eines weiteren Gesellschafters in ein Geschäft, welches bis dahin als das eines Einzelkaufmanns betrieben wurde.[246] Von praktischer Relevanz ist beim Unterlassen der Erstellung einer Eröffnungsbilanz wohl nur der Fall, dass ein Handelsgeschäft übernommen wird, welches sich in wirtschaftlichen Schwierigkeiten befindet, da es bei der Neugründung von Handelsgeschäften regelmäßig an einer Krise fehlen dürfte.[247] Eine Eröffnungsbilanz ist aber nach § 71 Abs. 1 GmbHG auch für den **Beginn einer Liquidation** aufzustellen.[248] Diese ist von erheblicher Bedeutung für die Gläubiger, denen damit ein Überblick über das etwaige noch vorhandene Restvermögen ermöglicht wird.[249]

1014 Bedeutsam ist auch die Jahres- oder **Abschlussbilanz**, welche gemäß § 242 Abs. 1 S. 1 HGB am Ende des Geschäftsjahres aufzustellen ist, welches maximal zwölf

---

239 Im Einzelnen *Bittmann* in Bittmann § 12 Rn. 228 f.
240 MüKo-*Radtke* § 283 Rn. 57 m.w.N.
241 SK-*Hoyer* § 283 Rn. 87 m.w.N.
242 S.o. Rn. 1001.
243 *Lackner/Kühl* § 283 Rn. 20; MüKo-*Radtke* § 283 Rn. 59.
244 *RGSt* 28, 428.
245 *RGSt* 26, 222.
246 SK-*Hoyer* § 283 Rn. 83; weitere Beispiele bei Schönke/Schröder-*Stree/Heine* § 283 Rn. 45.
247 *Köhler* in Wabnitz/Janovsky 7. Kapitel Rn. 145.
248 Hierzu und zu anderen Konstellationen *Köhler* in Wabnitz/Janovsky 7. Kapitel Rn. 138.
249 Weiterführend *Bittmann* in Bittmann § 12 Rn. 222.

Monate lang sein darf,[250] wobei zu beachten ist, dass das Geschäftsjahr nicht dem Kalenderjahr entsprechen muss. Im Falle einer Liquidationsbilanz beginnt die Frist für deren Erstellung am Ende des Abwicklungsjahres zu laufen.[251] Die Aufstellung der Jahresbilanz muss gemäß § 243 Abs. 3 HGB in einer einem ordnungsgemäßen Geschäftsgang entsprechenden Zeit erfolgen. Genaue Regelungen, was die einzuhaltenden Zeiträume angeht, gibt es nur für Kapitalgesellschaften: Nach **§ 264 Abs. 1 S. 2 HGB** bleibt diesen ein Zeitrahmen von **drei Monaten** im neuen Geschäftsjahr zur Erstellung der Bilanz, für kleine Kapitalgesellschaften gilt gemäß § 264 Abs. 1 S. 3 HGB ein um drei Monate erweiterter Rahmen.[252] Eine während des laufenden Geschäftsjahres aufgestellte Zwischenbilanz ersetzt die Abschlussbilanz nicht.[253]

Das **Inventar** unterscheidet sich inhaltlich nicht von der Bilanz. Es handelt sich gemäß § 240 Abs. 1 HGB um ein Verzeichnis, in dem ebenfalls alle Vermögensbestandteile des Schuldners aufgelistet sind, allerdings nicht in Form einer Gegenüberstellung wie bei einer Bilanz. Es ist als das „Ergebnis einer körperlichen Bestandsaufnahme am Stichtag"[254] die notwendige Grundlage für die Erstellung der Bilanz[255] und muss daher ebenfalls zu Beginn eines Handelsgewerbes und zum Ende eines jeden Geschäftsjahres erstellt werden.   **1015**

b) Tathandlung

Der Kaufmann macht sich strafbar, wenn er die Erstellung von Bilanz oder Inventar unterlässt. Ein **Unterlassen der Bilanzaufstellung** ist in Abgrenzung zur mangelhaften Bilanz auch dann zu bejahen, wenn der Schuldner eine **Scheinbilanz** mit willkürlichen Vermögensbestandteilen erstellt.[256]   **1016**

Ein Inventar ist in aller Regel bis zum 10. Tag nach Ablauf des Geschäftsjahres schriftlich zu errichten.[257] Eine Inventur im Sinne einer körperlichen Bestandsaufnahme ist zur Erstellung des Inventars nur dann erforderlich, wenn nicht von den technischen Möglichkeiten für eine permanente Inventur Gebrauch gemacht wird, welche ein ständig aktualisiertes Inventar zur Verfügung stellen.[258] Hinsichtlich der Fristen für die Erstellung der Bilanz sei auf oben[259] verwiesen.

---

250 Hierzu *Bittmann* in Bittmann § 12 Rn. 223.
251 Vgl. *Köhler* in Wabnitz/Janovsky 7. Kapitel Rn. 143.
252 Detailliert *Köhler* in Wabnitz/Janovsky 7. Kapitel Rn. 142.
253 Vgl. LK-*Tiedemann* § 283 Rn. 132.
254 SK-*Hoyer* § 283 Rn. 84.
255 Vgl. BT-Drs. 7/5291, 23.
256 Vgl. LK-*Tiedemann* § 283 Rn. 152; NK-*Kindhäuser* § 283 Rn. 86; SK-*Hoyer* § 283 Rn. 89; Schönke/Schröder-*Stree/Heine* § 283 Rn. 46; MüKo-*Radtke* § 283 Rn. 62; *Fischer* § 283 Rn. 29.
257 Vgl. *Bittmann* in Bittmann § 12 Rn. 241.
258 Hierzu *Bittmann* in Bittmann, a.a.O.
259 Rn. 1014.

1017 Dem Begehungsdelikt des § 283 Abs. 1 Nr. 7a StGB steht in der Alternative b ein **echtes Unterlassensdelikt** gegenüber. Nach ganz überwiegender Meinung entfällt daher auch hier eine Strafbarkeit in den Fällen, in denen sich der Kaufmann zur Erfüllung dieser Pflichten eines Steuerberaters bedienen muss, dies aber mangels finanzieller Mittel nicht kann.[260] Ist er allerdings selber in der Lage, seine Bilanzen zu erstellen, so können ihn die fehlenden Mittel zur Beauftragung eines Steuerberaters selbstverständlich nicht entlasten.[261]

Eine Strafbarkeit ist allerdings ebenso in dem Fall zu verneinen, in dem der Schuldner die Unterlagen einem Steuerberatungsbüro überlassen hat, welches eine Erstellung der Bilanz unterlassen hat, und den Schuldner hierbei kein **Auswahlverschulden** hinsichtlich des beauftragten Steuerberaters trifft.[262] Gleiches gilt für den neuen Inhaber eines Unternehmens, der an dem völligen Durcheinander der hinterlassenen Buchhaltung mit der rechtzeitigen Erstellung der Bilanz scheitert.[263]

C. Sonstige Veränderungen, § 283 Abs. 1 Nr. 8 StGB

1018 Nach § 283 Abs. 1 Nr. 8 StGB ist auch derjenige wegen Bankrotts strafbar, der in einer der ordnungsgemäßen Wirtschaft grob widersprechenden Weise seinen Vermögensstand verringert oder seine wirtschaftlichen Verhältnisse verheimlicht oder verschleiert. Die Regelung ist ein **Auffangtatbestand**[264] und soll dem Umstand Rechnung tragen, dass auch außerhalb der Kasuistik des § 283 Abs. 1 Nr. 1–7 StGB vielfältige Verhaltensweisen im Kontext der Insolvenz denkbar sind, die im selben Maße sozialschädlich sind und die Gläubigerinteressen gefährden wie die aufgezählten Tathandlungen.[265] Insgesamt kommt dem Auffangtatbestand in der staatsanwaltlichen Praxis allerdings eine eher geringe Bedrohung zu.[266]

1019 Das Erfordernis, dass das Handeln des Täters einer ordnungsgemäßen Wirtschaft grob widersprechen muss, ist nach ganz herrschender Meinung in der Literatur nicht nur, wie es der Wortlaut vermuten lassen könnte, auf die erste Tatbestandsalternative der Verringerung des Vermögensstandes anwendbar, sondern auch auf die Verheim-

---

260 Vgl. *BGHSt* 28, 231, 232 f.; *BGH* NStZ 2003, 546, 548; zuletzt *KG* NStZ 2008, 406; vgl. auch *Köhler* in Wabnitz/Janovsky 7. Kapitel Rn. 148.

261 Hierzu *Köhler* in Wabnitz/Janovsky a.a.O.

262 Vgl. *BGH* NStZ 2000, 206; a.A. *Rönnau* Rechtsprechungsüberblick zum Insolvenzstrafrecht, in: NStZ 2003, 525, 529 f.

263 So Schönke/Schröder-*Stree*/*Heine* § 283 Rn. 47; SK-*Hoyer* § 283 Rn. 88.

264 Siehe BT-Drs. 7/3441, 36.

265 So SK-*Hoyer* § 283 Rn. 91; Schönke/Schröder-*Stree*/*Heine* § 283 Rn. 49; MüKo-*Radtke* § 283 Rn. 65.

266 *Weyand*/*Diversy* Rn. 100 m.w.N.

Dannecker/Hagemeier

lichung oder Verschleierung.[267] Die **grobe Wirtschaftswidrigkeit** des Handelns ist dann zu bejahen, wenn das getätigte Geschäft betriebswirtschaftlich gesehen eindeutig unvertretbar erscheint, also wenn es einem objektiven Dritten sogleich ins Auge springt.[268] Dies ist beispielsweise der Fall, wenn der Täter Vermögensbestandteile „ohne billigenswertes Motiv" unter dem von ihm gezahlten Einkaufspreis veräußert.[269]

I. Verringerung des Vermögensstandes gemäß § 283 Abs. 1 Nr. 8, 1. Alt. StGB

Eine Verringerung des Vermögensstandes liegt mit einer Schmälerung der Aktiva oder mit einer Erhöhung der Passiva vor.[270] Im Gegensatz zu der Tathandlung des Beiseiteschaffens von Vermögensbestandteilen, die durch § 283 Abs. 1 Nr. 1 StGB sanktioniert wird, liegt eine Verringerung bereits bei der **Eingehung eines ungünstigen Verpflichtungsgeschäfts** vor und nicht erst mit dem Erfüllungsgeschäft.[271] Allerdings reicht auch hier für eine Strafbarkeit die bloße Befriedigung fälliger Forderungen nicht aus.[272] Der Vermögensstand umfasst in dieser Konstellation nicht nur die „Bestandteile des Vermögens" i.S.d. § 283 Abs. 1 Nr. 1 StGB, sondern auch Positionen, die nicht pfändbar sind, sowie andere vermögenswerte, **aber nicht materielle Positionen**:[273] Als tatbestandsmäßig wird daher beispielsweise schon das Abziehen qualifizierter Arbeitskräfte aus dem Unternehmen zwecks deren Beschäftigung im Nachfolgeunternehmen angesehen[274] sowie die Verschleuderung von Patentrechten und Lizenzen.[275] **1020**

Mögliche Handlungen nach § 283 Abs. 1 Nr. 8 1. Alt. StGB sind neben der o.g. grundlosen Verschleuderung von Waren beispielsweise die Lieferung von Gütern an unbekannte, insolvente Besteller ohne Prüfung von deren Kreditwürdigkeit[276] oder auch die Aufnahme überhöhter Kredite.[277] In der Praxis gestaltet sich der Nachweis des grob wirtschaftswidrigen Verhaltens insbesondere hinsichtlich des subjektiven **1021**

---

267 LK-*Tiedemann* § 283 Rn. 177; SK-*Hoyer* § 283 Rn. 91; Schönke/Schröder-*Stree/Heine* § 283 Rn. 49; *Lackner/Kühl* § 283 Rn. 21; *Fischer* § 283 Rn. 31; a.A. lediglich NK-*Kindhäuser* § 283 Rn. 89.
268 SK-*Hoyer* § 283 Rn. 93; MüKo-*Radtke* § 283 Rn. 68.
269 LK-*Tiedemann* § 283 Rn. 168; SK-*Hoyer* § 283 Rn. 93.
270 Vgl. *Lackner/Kühl* § 283 Rn. 21 m.w.N.
271 So SK-*Hoyer* § 283 Rn. 92; MüKo-*Radtke* § 283 Rn. 66; differenzierend LK-*Tiedemann* § 283 Rn. 160.
272 Vgl. *BGH* NStZ 2000, 206, 207; SK-*Hoyer* a.a.O.; MüKo-*Radtke* § 283 Rn. 66.
273 Hierzu *Bittmann* in Bittmann § 12 Rn. 256.
274 Vgl. LK-*Tiedemann* § 283 Rn. 155; *Bittmann* in Bittmann § 12 Rn. 256.
275 *Fischer* § 283 Rn. 30; *Weyand/Diversy* Rn. 101.
276 *Bittmann* in: Bittmann § 12 Rn. 256.
277 *Weyand/Diversy* Rn. 100 m.w.N.

Tatbestandes, also des Vorsatzes des Täters, oftmals schwierig, da die Grenzen zwischen noch erlaubten risikoreichen Handlungen im Geschäftsleben und strafbarem, da grob wirtschaftwidrigem Verhalten fließend sein können.[278]

II. Verheimlichen oder Verschleiern der wirtschaftlichen Verhältnisse gemäß § 283 Abs. 1 Nr. 8, 2. Alt. StGB

1022 Die zweite Alternative ist das Verheimlichen oder Verschleiern der wirtschaftlichen Verhältnisse. Zu den wirtschaftlichen Verhältnissen gehört alles, was für die wirtschaftliche Einschätzung eines Betriebes, insbesondere seiner **Bonität** von Bedeutung ist.[279] Hierunter fallen nicht nur gegenwärtige wirtschaftliche Verhältnisse, sondern auch Prognosen und Werturteile.[280] **Verheimlichen** beschreibt jedes Verhalten, durch das Vermögensbestandteile der Kenntnis des Insolvenzverwalters oder der Gläubiger entzogen werden.[281] **Verschleiern** ist irreführendes Verhalten, durch welches die wirklichen Vermögensverhältnisse vor dem Insolvenzverwalter oder den Gläubigern verborgen werden.[282] Hiervon umfasst sind sowohl **inhaltlich unrichtige** als auch **irreführende Angaben** des Schuldners.[283] Somit sind unrichtige Aussagen über die Verhältnisse des Unternehmens in geschäftlichen Mitteilungen[284] ebenso sanktioniert wie eine Verschleierung der Verhältnisse durch beschönigende Prospektwerbung,[285] was in der Praxis eine Ausdehnung des in § 4 UWG normierten Verbotes der irreführenden Werbung bedeutet.[286]

1023 Ein praxisrelevantes Anwendungsgebiet der Tatbestandsalternative des Verheimlichens bzw. Verschleierns findet sich in **Bausachen**: Üblicherweise beauftragt der Generalunternehmer als Bauträger für bestimmte Teilbereiche Subunternehmer. Die Fertigstellung der von diesen Subunternehmern gefertigten Teile des Bauwerks rechnet der Generalunternehmer gegenüber dem Bauherrn ab, nicht selten bezahlt er aber seinerseits nicht den Subunternehmer, zum Teil aus Gründen der eigenen Mittelknappheit. Zum strafrechtlichen Schutz der Subunternehmer, welche mit derartigen Geschäftspraktiken reihenweise in die Insolvenz getrieben werden, greift hier oftmals weder der Betrugstatbestand nach § 263 StGB ein, wenn der Generalunternehmer nicht von vornherein seine Zahlungsfähigkeit und -willigkeit nur vorgespiegelt hat, noch liegt mangels Vermögensbetreuungspflicht des Generalunternehmers

---

278 *Weyand/Diversy* Rn. 100; weitere Beispiele bei *Bittmann* in Bittmann § 12 Rn. 256 f.
279 *Weyand/Diversy* Rn. 101.
280 *Bittmann* in Bittmann § 12 Rn. 261.
281 MüKo-*Radtke* § 283 Rn. 67.
282 *Lackner/Kühl* § 283 Rn. 21.
283 NK-*Kindhäuser* § 283 Rn. 95; MüKo-*Radtke* § 283 Rn. 67.
284 Schönke/Schröder-*Stree/Heine* § 283 Rn. 49.
285 So LK-*Tiedemann* § 283 Rn. 176; SK-*Hoyer* § 283 Rn. 95; Schönke/Schröder-*Stree/ Heine* § 283 Rn. 49; *Fischer* § 283 Rn. 31; a.A. NK-*Kindhäuser* § 283 Rn. 95.
286 Vgl. *Bittmann* in Bittmann § 12 Rn. 251.

Dannecker/Hagemeier

eine Untreue nach § 266 StGB vor. Wenn dieser sich allerdings bereits zum Zeitpunkt der Beauftragung des Subunternehmers bzw. bei der Entgegennahme dessen Leistung in einer wirtschaftlichen Krise befand, kann darin ein strafbarer Bankrott nach § 283 Abs. 1 Nr. 7 2. Alt. StGB liegen.[287]

D. Herbeiführung der wirtschaftlichen Krise, § 283 Abs. 2 StGB

Während die tatbestandsmäßigen Handlungen des § 283 Abs. 1 StGB nur dann zu einer Strafbarkeit führen, wenn sie zu einem Zeitpunkt getätigt werden, zu dem sich der Täter in einer wirtschaftlichen Krise befindet, also Zahlungsunfähigkeit droht oder bereits vorliegt oder der Täter überschuldet ist, besteht dieses Erfordernis nach § 283 Abs. 2 StGB nicht. Vielmehr macht sich hier derjenige Täter strafbar, der eine der in § 283 Abs. 1 StGB aufgeführten Handlungen vornimmt und erst dadurch die Krise verursacht, wobei hier der Krisenbegriff[288] **enger gefasst** ist: Drohende Zahlungsunfähigkeit ist im Gegensatz zu § 283 Abs. 1 StGB noch nicht ausreichend, vielmehr muss diese bereits eingetreten sein oder aber das Unternehmen muss überschuldet sein.[289] **1024**

Die tatbestandsmäßige Handlung muss die wirtschaftliche Krise nicht monokausal bedingt, aber zumindest **mitverursacht** haben.[290] Dies ist auch möglich durch die Buchführungsdelikte des § 283 Abs. 1 StGB.[291] Ob weitere **Handlungen von Dritten** hinzutreten, welche die Krise mit verursachen, ist daher irrelevant.[292] Es ist darüber hinaus ausreichend, wenn der Eintritt einer bereits drohenden Krise durch die Bankrotthandlung beschleunigt, also zeitlich vorverlagert wird.[293] Nicht ausreichend ist hingegen die bloße Verschärfung einer bereits bestehenden Krise durch die schuldnerische Handlung;[294] dies kann jedoch ein Fall des § 283 Abs. 1 StGB sein. **1025**

§ 283 Abs. 2 StGB erfasst im Gegensatz zu § 283 Abs. 1 StGB in erster Linie die **echten Wirtschaftskriminellen**, die bewusst und gewollt den Zusammenbruch eines Unternehmens herbeiführen, um damit Gewinne zu erzielen.[295] **1026**

---

287 Vgl. *Bittmann* in Bittmann § 12 Rn. 264 f.
288 Zum Begriff der wirtschaftlichen Krise s.o. Rn. 53 ff.
289 Hierzu SK-*Hoyer* § 283 Rn. 111.
290 Vgl. *OLG Frankfurt* NStZ 1997, 551; Schönke/Schröder-*Stree/Heine* § 283 Rn. 54 m.w.N.; kritisch *Fischer* § 283 Rn. 31.
291 Hierzu *Krause* Zur Berücksichtigung „beiseitegeschaffter" Vermögenswerte bei der Feststellung der Zahlungsunfähigkeit im Rahmen des § 283 II StGB, in: NStZ 1999, 161, 164 f.
292 LK-*Tiedemann* § 283 Rn. 180; *Weyand/Diversy* Rn. 103.
293 SK-*Hoyer* § 283 Rn. 112; MüKo-*Radtke* § 283 Rn. 70.
294 SK-*Hoyer* § 283 Rn. 112; differenzierend LK-*Tiedemann* § 283 Rn. 188.
295 *Köhler* in Wabnitz/Janovsky 7. Kapitel Rn. 152; *Weyand/Diversy* Rn. 103.

E. Besonders schwere Fälle, § 283a StGB

1027 Die Strafe für einen Bankrott nach § 283 StGB kann im Höchstfall fünf Jahre betragen. Die potentielle Strafe wird sogar auf zehn Jahre erhöht, wenn der Täter zusätzlich ein **Regelbeispiel** nach § 283a StGB mit seiner Tat verwirklicht. Dieser erhebliche Strafrahmen kommt z.b. dann in Betracht, wenn die Bankrotttat eine Vielzahl von Geschädigten nach sich zieht, wie es bei **Zusammenbrüchen großer Unternehmen** leicht der Fall sein kann. Es ist evident, dass in derartigen Fällen der angerichtete Schaden unvergleichlich größer ist als bei der Insolvenz mittelständischer oder kleiner Firmen. Dem damit korrespondierenden höheren Strafbedürfnis hat der Gesetzgeber mit der Schaffung des § 283a StGB Rechnung getragen.[296] Diese **Strafzumessungsregel** ist zunächst in der Regel auf Fälle des Bankrotts, auch des versuchten Bankrotts – § 283a Abs. 1 S. 1 StGB verweist auf die Absätze 1–3 des § 283 StGB – anzuwenden, in denen der Täter zusätzlich aus Gewinnsucht handelt (Nr. 1) oder wissentlich viele Personen in die Gefahr des Verlustes ihrer ihm anvertrauten Vermögenswerte oder in wirtschaftliche Not bringt (Nr. 2).

Liegt nur ein **versuchter Bankrott** vor, der ein Regelbeispiel erfüllt, so kommt wegen des ausdrücklichen Verweises des § 283a auf § 283 Abs. 3 StGB eine Strafmilderung, die nach § 23 Abs. 2 StGB für einen Versuch normalerweise in Frage kommt, nicht in Betracht.[297]

I. Handeln aus Gewinnsucht (Nr. 1)

1028 Die erste Möglichkeit, ein Regelbeispiel zu verwirklichen, ist das Handeln des Täters aus Gewinnsucht. Dieses Tatbestandsmerkmal erscheint in seiner Auslegung nicht unproblematisch, da das Bestreben, einen Gewinn zu machen, allen Kaufleuten in ihrem Handeln gemein sein dürfte und diese **kaufmännische Gewinnerzielungsabsicht** völlig legitim ist.[298] Hinzu kommt, dass bereits die Verwirklichung eines Bankrottdelikts nach § 283 StGB in aller Regel mit einer gewissen Gewinnabsicht einhergeht. Um also die erhebliche Erhöhung der Strafandrohung bei der Verwirklichung des Regelbeispiels zu rechtfertigen, muss sich das Merkmal der Gewinnsucht erheblich von den üblichen Gewinnabsichten im Sinne einer deutlichen Steigerung abheben. Es liegt namentlich dann vor, wenn der Täter ein ungewöhnliches, unge-

296 Schönke/Schröder-*Stree/Heine* § 283a Rn. 1; *Weyand/Diversy* Rn. 110.
297 LK-*Tiedemann* § 283a Rn. 15; NK-*Kindhäuser* § 283a Rn. 3; Schönke/Schröder-*Stree/Heine* § 283a Rn. 9; MüKo-*Radtke* § 283a Rn. 14; a.A. SK-*Hoyer* § 283a Rn. 2.
298 SK-*Hoyer* § 283a Rn. 4; *Weyand/Diversy* Rn. 111.

sundes und sittlich anstößiges Maß von Gewinnstreben aufweist,[299] einfacher gesagt muss ein **Gewinnstreben um jeden Preis** vorliegen,[300] welches bestimmend für das Handeln des Täters ist.

Der Nachweis der Gewinnsucht kann sich im Einzelfall schwierig gestalten.[301] Sie liegt in Fällen nahe, in denen sich der Täter durch **besondere Rücksichtslosigkeit** auszeichnet, mit der er sich zugunsten seines eigenen Vorteils über die Interessen der Gläubiger hinwegsetzt,[302] außerdem bei einem potentiell **sehr hohen Schaden**, der aufgrund der Bankrotthandlung entstehen kann.[303] Unproblematisch ist ein Handeln aus Gewinnsucht jedenfalls dann zu bejahen, wenn der Täter von Beginn seiner Geschäftstätigkeit an auf die Insolvenz des Unternehmens zugesteuert ist, **um sich selber effektiv zu bereichern**.[304]

1029

II. Gefährdung vieler Personen (Nr. 2)

Das zweitgenannte Regelbeispiel betrifft die Konstellation, dass der Täter wissentlich viele Personen der Gefahr des Verlustes ihrer dem Täter anvertrauten Vermögenswerte aussetzt oder sie mit seiner Bankrotthandlung in eine wirtschaftliche Notlage bringt.

1030

Das Erfordernis, dass der Täter hier wissentlich handeln muss, schließt einen besonders schweren Fall immer dann aus, wenn der Täter hinsichtlich der Gefährdung bzw. der wirtschaftlichen Not der Opfer nur mit **Eventualvorsatz** handelte;[305] er muss also zumindest sicher gewusst haben, dass die Gefährdung als Folge seiner Bankrotthandlung eintreten würde.

Von der Tathandlung muss eine Vielzahl von Personen betroffen sein. Wie viele Personen der Täter in die Gefahr des Vermögensverlustes oder in wirtschaftliche Not bringen muss, ist in der Vorschrift nicht bestimmt und daher nicht ganz klar. Im Hinblick auf den gegenüber dem einfachen Bankrott massiv erhöhten Strafrahmen muss allerdings eine nicht zu kleine Anzahl angesetzt werden, daher liegt nach wohl herrschender Meinung eine **Vielzahl an Personen** erst bei zehn oder mehr Betroffe-

---

299 *BGHSt* 3, 30, 32; 17, 35, 37; SK-*Hoyer* § 283a Rn. 4; MüKo-*Radtke* § 283a Rn. 4; Schönke/Schröder-*Stree/Heine* § 283a Rn. 4 verweisen darauf, dass es nicht auf die moralische Verwerflichkeit ankomme, sondern vielmehr darauf, den kriminell besonders gefährlichen Täter mit diesem Regelbeispiel zu erfassen.
300 LK-*Tiedemann* § 283a Rn. 3; zust. NK-*Kindhäuser* § 283a Rn. 4.
301 *Weyand/Diversy* Rn. 111.
302 NK-*Kindhäuser* § 283a Rn. 4; Schönke/Schröder-*Stree/Heine* § 283a Rn. 4; MüKo-*Radtke* § 283a Rn. 5.
303 NK-*Kindhäuser* a.a.O.
304 Schönke/Schröder-*Stree/Heine* § 283a Rn. 4; *Weyand/Diversy* Rn. 111 m.w.N.; *Bittmann* in Bittmann § 12 Rn. 354; *Fischer* § 283a Rn. 6, stufen diesen Fall als unbenanntes Regelbeispiel ein.
305 SK-*Hoyer* § 283a Rn. 5; *Fischer* § 283a Rn. 3.

nen vor.[306] Denkbar ist **bei einer geringeren Anzahl von Betroffenen und einer besonders gravierenden Schädigung** allenfalls ein nicht ausdrücklich genannter Fall nach § 283a StGB.[307]

1. Gefahr des Vermögensverlustes (1. Alt.)

1031 Der Täter muss eine Gefahr des Verlustes von ihm anvertrauten Vermögenswerten durch sein Handeln verursacht haben. Zu beachten ist hier, dass der Täter nur die *Gefahr* eines Vermögensverlustes verursachen muss. Es ist nicht erforderlich, dass der Vermögensverlust bereits eingetreten ist oder überhaupt noch eintritt.[308]

Die verlustgefährdeten Vermögenswerte müssen **dem Täter anvertraut** sein. Dieses Merkmal ist im Sinne des § 246 Abs. 2 StGB zu verstehen,[309] das heißt der Täter muss **besondere Einwirkungsmöglichkeiten** auf das Vermögen eingeräumt bekommen haben, welche im Innenverhältnis, also im Verhältnis zum Opfer als Vermögensinhaber, naturgemäß mit besonderen Pflichten im Umgang mit dessen Vermögen korrespondieren.[310] Diese Konstellation ist denkbar beim Zusammenbruch von Unternehmen, deren Tätigkeit in der Verwaltung von und der Arbeit mit fremden Geldern besteht, wie es bei **Banken und Sparkassen** aller Art der Fall ist.[311] In Frage kommen aber auch Kapitalanlagen in gesellschaftsrechtlichen Formen.[312] Ein weiteres gängiges Beispiel für anvertraute Vermögenswerte sind unter Eigentumsvorbehalt gelieferte Waren.[313]

Der tatbestandsmäßige Verlust eines Vermögenswertes setzt keinen totalen Verlust voraus. Allerdings muss ein erheblicher Anteil von dieser Gefahr betroffen sein,[314] der in der Literatur auf **75 % des Wertes** beziffert wird.[315] Gefährdungen von kleineren Vermögensanteilen führen demgemäß nicht zu einer Strafverschärfung nach § 283a StGB.

---

306 LK-*Tiedemann* § 283a Rn. 9; NK-*Kindhäuser* § 283a Rn. 7; SK-*Hoyer* § 283a Rn. 5; MüKo-*Radtke* § 283a Rn. 9; einschränkend Schönke/Schröder-*Stree*/*Heine* § 283a Rn. 5, welche diese Anzahl nur als „Richtschnur für den verlangten Gefährdungserfolg" ansehen.
307 BT-Drs. 7/5291, 19; *Weyand*/*Diversy* Rn. 112; MüKo-*Radtke* § 283a Rn. 9.
308 Schönke/Schröder-*Stree*/*Heine* § 283a Rn. 5; *Fischer* § 283a Rn. 4; zur konkreten Gefahr in diesem Zusammenhang vgl. MüKo-*Radtke* § 283a Rn. 8.
309 NK-*Kindhäuser* § 283a Rn. 5.
310 SK-*Hoyer* § 283a Rn. 6; MüKo-*Radtke* § 283a Rn. 7.
311 Schönke/Schröder-*Stree*/*Heine* § 283a Rn. 5.
312 Detailliert LK-*Tiedemann* § 283a Rn. 6 m.w.N.
313 LK-*Tiedemann* § 283a Rn. 7; NK-*Kindhäuser* § 283a Rn. 5; SK-*Hoyer* § 283a Rn. 6; a.A. *Fischer* § 283a Rn. 4; einschränkend MüKo-*Radtke* § 283a Rn. 7.
314 LK-*Tiedemann* § 283a Rn. 8; Schönke/Schröder-*Stree*/*Heine* § 283a Rn. 5.
315 SK-*Hoyer* § 283a Rn. 6.

2. Wirtschaftliche Not des Opfers (2. Alt.)

Die Alternative zur Gefahr des Vermögensverlustes ist die Verursachung von wirt- **1032**
schaftlicher Not beim Opfer. Gemeint ist weder eine vorübergehende wirtschaftliche
Bedrängnis,[316] noch eine bloße Einengung der gewohnten Lebensführung.[317] Vielmehr muss eine Situation eingetreten sein, in der das Opfer wirtschaftlich nicht mehr
in der Lage ist, **lebenswichtige Aufwendungen** zu bestreiten, ohne die entsprechenden sozialstaatlichen Hilfen zum Lebensunterhalt oder die finanzielle Hilfe Dritter in
Anspruch zu nehmen.[318] Lebenswichtige Aufwendungen sind, der sozialrechtlichen
Definition entsprechend, nicht etwa nur die Ausgaben für die Essentialia wie Essen,
Kleidung und Wohnen, sondern auch grundlegende kulturelle Bedürfnisse, die von
der Mehrheit der Bevölkerung befriedigt werden können und so das soziale Leben
ausmachen.[319] Denkbar sind Fälle, in denen das Opfer seinen Lebensunterhalt wesentlich mit Einkünften aus Kapitalvermögen, welches durch die Bankrotthandlung
wesentlich geschmälert wurde, bestreitet und über den Vermögensverlust in wirtschaftliche Not gerät,[320] ebenso Konstellationen, in denen Gläubiger des Täters
durch die Bankrotthandlung selbst insolvent werden.[321] Von Relevanz ist aber auch
der Fall, in dem das Opfer aufgrund der Bankrotthandlung seinen **Arbeitsplatz**
verliert.[322]

Bei dieser Tatbestandsalternative ist zu beachten, dass die wirtschaftliche Not in der **1033**
oben erläuterten Form tatsächlich kausal und vor allem in zurechenbarer Art und
Weise **vom Täter der Bankrotttat verursacht** worden sein muss. Eine wirtschaftliche Notlage, die erst durch ein entsprechendes Verhalten des Opfers, welches dem
Täter nicht zurechenbar ist, hervorgerufen wurde, kann für den Täter nicht strafschärfend ins Gewicht fallen.[323]

III. Sonstige besonders schwere Fälle

Bei den aufgezählten Regelbeispielen handelt es sich nie um einen abschließenden **1034**
Katalog möglicher Konstellationen eines besonders schweren Falles, sondern eben
nur um Regelbeispiele zur Konkretisierung des möglichen Inhalts der Norm. Dies
bedeutet zweierlei: Zum einen ist der Strafrahmen beim Vorliegen eines solchen
beschriebenen Falles nur **in der Regel**, also nicht zwingend **zu erhöhen**, und zum

---

316 NK-*Kindhäuser* § 283a Rn. 8; Schönke/Schröder-*Stree/Heine* § 283a Rn. 6.
317 LK-*Tiedemann* § 283a Rn. 10.
318 NK-*Kindhäuser* § 283a Rn. 8; SK-*Hoyer* § 283a Rn. 7; Schönke/Schröder-*Stree/Heine*
    § 283a Rn. 6; *Lackner/Kühl* § 283a Rn. 2.
319 Schönke/Schröder-*Stree/Heine* § 283a Rn. 6 m.w.N.
320 LK-*Tiedemann* § 283a Rn. 11.
321 Schönke/Schröder-*Stree/Heine* § 283a Rn. 6; *Fischer* § 283a Rn. 5.
322 LK-*Tiedemann* § 283a Rn. 11 m.w.N.; NK-*Kindhäuser* § 283a Rn. 8; Schönke/Schröder-
    Stree/Heine § 283a Rn. 6.
323 SK-*Hoyer* § 283a Rn. 7; Schönke/Schröder-*Stree/Heine* § 283a Rn. 6.

anderen sind andere Fallgestaltungen denkbar, die nicht aufgezählt sind, in ihrem Unrechtsgehalt aber den expliziten Regelbeispielen gleich stehen und daher auch mit dem erhöhten Strafrahmen geahndet werden können.[324] Ein so genannter **unbenannter besonders schwerer Fall** kann in allen Fällen des Bankrotts vorliegen, bei denen der Unrechts- oder Schuldgehalt erheblich höher ist als bei einer „normalen" Bankrotthandlung und somit die von § 283 StGB vorgesehene Strafe als nicht ausreichend erachtet werden kann.[325] Dies ist beispielsweise bei der Verursachung eines sehr hohen Schadens für einzelne oder auch nur einen einzelnen Gläubiger denkbar oder bei folgenschweren **Zusammenbrüchen großer Unternehmen,**[326] bei denen sich Auswirkungen auf die Volkswirtschaft oder andere Interessen der Allgemeinheit ergeben.[327] Auch die **Kumulation mehrerer Bankrotthandlungen** kann für einen besonders schweren Fall ausreichen.[328] Außerdem ist ein unbenannter besonders schwerer Fall in der Konstellation denkbar, dass ein Regelbeispiel durch den Täter nur versucht wurde.[329]

1. Gläubigerbegünstigung (§ 283c StGB)

1035 Die Gläubigerbegünstigung ist ein spezieller Fall des Beiseiteschaffens von Vermögensbestandteilen i.s. des § 283 Abs. 1 Nr. 1 StGB nach eingetretener Zahlungsunfähigkeit. Strafbar macht sich der Schuldner, der in Kenntnis seiner Zahlungsunfähigkeit einem Gläubiger eine Sicherheit oder Befriedigung gewährt, der diese Leistung aber nicht zu dieser Zeit oder nicht in dieser Art zu beanspruchen hat. Dies muss in der Absicht geschehen, ihn vor den übrigen Gläubigern zu begünstigen, indem dadurch der Vermögensbestandteil der Verwertung durch die Gesamtheit der Gläubiger entzogen wird[330]. Der **Strafrahmen** des § 283c StGB weicht von dem des § 283 StGB erheblich ab: Während der Täter einer Bankrotthandlung mit einer Maximalstrafe von fünf Jahren Freiheitsentzug rechnen muss, droht ihm bei Vornahme einer Gläubigerbegünstigung lediglich eine Höchststrafe von zwei Jahren. Grund der Privilegierung ist die Tatsache, dass die Vermögensmasse in ihrer Gesamtheit ungeschmälert bleibt, weil die Vermögenszuwendungen an Gläubiger zur Tilgung der Verbindlichkeiten führen. Beeinträchtigt wird lediglich die ordnungsgemäße Verteilung der Masse. Beispiele für eine solche „inkongruente" Leistung sind die Zahlung vor Fälligkeit, Übereignung von Kundenschecks und Kundenwechseln anstelle von Barzahlung, die Einräumung eines Pfandrechts oder die Vornahme einer Sicherungsübereignung, sofern hierzu keine schuldrechtliche Verpflichtung besteht.

---

324 SK-*Hoyer* § 283a Rn. 3.
325 Schönke/Schröder-*Stree/Heine* § 283a Rn. 7; MüKo-*Radtke* § 283a Rn. 12.
326 LK-*Tiedemann* § 283a Rn. 12.
327 NK-*Kindhäuser* § 283a Rn. 11; SK-*Hoyer* § 283a Rn. 8; Schönke/Schröder-*Stree/Heine* § 283a Rn. 7.
328 Schönke/Schröder-*Stree/Heine* § 283a Rn. 7.
329 SK-*Hoyer* § 283a Rn. 8.
330 Näher dazu Rn. 897 ff.

Gewährt der Schuldner eine inkongruente Leistung, so setzt dies die Mitwirkung des **1036**
Gläubigers voraus, der, sofern er sich auf die bloße Annahme beschränkt, als **notwendiger Teilnehmer** straflos bleibt.[331] Strafbar macht sich aber z.b. eine Bank, die
als Gläubiger einseitig eine Werterhöhung des Sicherungseigentums vornimmt, um
das Weiterarbeiten eines zahlungsunfähigen Unternehmens mittels Nettolohnfinan-
zierung unter Vorgriff auf das Konkursausfallgeld der Arbeitnehmer zu ermöglichen.
Die inkongruente Zuwendung der Werterhöhung schädigt insoweit die übrigen Gläubiger, als der erwirtschaftete Vermögensvorteil nicht allen Gläubigern gleichmäßig
zugute kommt.[332] Gemäß § 283c Abs. 2 StGB ist der **Versuch** strafbar. Ein solcher
liegt vor, wenn der angestrebte oder sicher erwartete Begünstigungserfolg nicht
eingetreten ist, der Täter aber davon ausgegangen ist, eine inkongruente Leistung zu
gewähren, die er in Wirklichkeit so geschuldet hat.

2. Schuldnerbegünstigung (§ 283d StGB)

Durch diese Vorschrift soll die Gesamtheit der Gläubiger vor einer Verringerung der **1037**
Aktivmasse durch Eingriffe Dritter, die nicht Schuldner sind, geschützt werden, die
zugunsten oder mit Einwilligung des Schuldners durchgeführt wurden. Strafbar ist
sowohl eigen- als auch fremdnütziges Verhalten.[333]

---

331 *RGSt* 5, 437
332 LK-*Tiedemann* § 283c Rn. 29.
333 Näher dazu Rn. 911 ff.

Teil 4
Verteidigung im Umfeld von Insolvenz und Liquidation

Thomas Knierim

A. Unrichtige Registermeldungen

I. Einführung

1. Bedeutung

Das Vertrauen des Geschäftsverkehrs, der Gläubiger, Arbeitnehmer und der Gesell- **1038**
schafter einer Kapitalgesellschaft in die von einem Unternehmen stammenden geschäftlichen Angaben wird nur vereinzelt geschützt. Indem der Gesetzgeber bei
Kapitalgesellschaften die Verletzung der gesetzlich oder satzungsgemäß vorgeschriebenen Mindestinformationen unter Strafe stellt, wird ein für Gläubiger und
Geschäftspartner der Kapitalgesellschaften notwendiger Ausgleich zu der auf das
Vermögen der Gesellschaft beschränkten Haftung hergestellt. Dem gleichen strukturellen Interessenausgleich dienen die Normen über die Prüfung und Offenlegung der
Jahresabschlüsse und die Berichtspflichten im Kapitalmarktrecht. Ein Gläubiger
oder Registerleser soll sich auf die Richtigkeit der dort gemachten Angaben verlassen dürfen.[1] Das gilt auch für die Gesellschaft selbst, die ebenso geschützt ist.

Die **Registerdelikte** sehen einheitlich Freiheitsstrafe bis zu drei Jahren oder Geld- **1039**
strafe bei vorsätzlichem Verhalten vor. Bei Fahrlässigkeit ist das Höchstmaß der
Freiheitsstrafe nur ein Jahr. Folglich **verjähren** tatbestandsmäßige Verletzungen
innerhalb von fünf Jahren bei vorsätzlichem Verhalten, innerhalb von drei Jahren bei
fahrlässigem Verhalten.

Die gesellschaftsrechtlichen Tatbestände der §§ 399, 400, 401 AktG, §§ 82, 84 **1040**
GmbHG sind **streng akzessorisch** zu den jeweiligen gesellschaftsrechtlichen Pflichten der Gründer, Gesellschafter, Geschäftsführer, Vorstände und Aufsichtsräte. Daher lassen sich die Strafnormen nur dann anwenden, wenn dem jeweiligen Organ
rechtlich eine Pflichterfüllung im Sinne der Strafnorm obliegt. Das ist in der Regel
bei freiwilligen Organen nicht der Fall, wie z.B. beim Beirat einer GmbH.

Angesichts der zunehmenden **Überlagerung des nationalen Rechts durch europa-** **1041**
rechtliche Vorgaben sind europarechtliche Grundsätze und Entscheidungen in Fäl-

---

1 *RGSt* 38, 195, 198; 40, 285, 286; 41, 293, 301; 43, 407, 415; *BGHZ* 105, 121, 124.

len mit Auslandsberührung anzuwenden. Für die Europäische Aktiengesellschaft (SE)[2] (und Arbeitnehmer-Beteiligungen) ist die Anwendbarkeit der strafrechtlichen Bestimmungen des AktG, HGB und des UmwG in § 53 SEEG und §§ 45, 46 SEBG bestimmt. Soweit eine Auslandsgesellschaft keinen Gründungssitz in einem Staat der EU hat, können aber die von der Rechtsprechung entwickelten Grundsätze auch weiterhin angewandt werden.

2. Strafprozessuales

1042 Wegen der begrenzten Rechtsfolgen der Straftaten wird in der Regel das **Amtsgericht** in 1. Instanz sachlich **zuständig** sein. Die Registerdelikte sind Wirtschaftsstrafsachen im Sinne von § 74c Abs. 1 GVG, so dass funktionell ein Wirtschaftsstrafrichter oder ein Wirtschaftsschöffengericht zuständig ist.

1043 Der **Tatnachweis** wird in der Regel durch Urkunden geführt. Kommt es auf die Richtigkeit von Gründungs- oder Kapitalveränderungsangaben (Sach- und/oder Bargründung, Bewertungsfragen etc.) an, wird in der Regel ein Sachverständigengutachten benötigt werden. Auch stellen sich Verteidigungsmöglichkeiten bei einem uneingeschränkt bestätigten Jahresabschluss, einer Gründungsbilanz, einer Sachwertbeurteilung oder einer Umwandlungsbilanz anders dar als bei unrichtigen Angaben zur Person oder anderen Statusangaben. Da in der Praxis häufig Insolvenzfälle Ausgangspunkt für Ermittlungen wegen Registerdelikten sind, darf nicht übersehen werden, dass ein angemessenes Urteil über die Richtigkeit und Vollständigkeit der gemachten Angaben nur aus einer **ex-ante-Sicht** im Zeitpunkt der Abgabe der Erklärung getroffen werden kann. Allzu oft überlagern die nachträglichen Behauptungen vermeintlicher Berechtigter oder der Insolvenzverwaltung diese allein relevante Perspektive.

3. Haftung

1044 Die Registerdelikte sind sämtlich Schutznormen im Sinne von § 823 Abs. 2 BGB[3]. Deshalb sind Pflichtverletzungen bei den Registermeldungen in der Insolvenz des Unternehmens ein wichtiges Vehikel, um die frühere Unternehmensleitung, die Gründer und Gesellschafter in eine Haftung nehmen zu können. Klassisch sind die Ersatzansprüche wegen nicht vollständig erbrachter Kapitaleinlage, besonders dann, wenn eine (verdeckte) Sacheinlage vorliegt.

---

2 Vgl. die zur Europ. AG veröffentlichte Literatur, beispielsweise unter www.stuttgart.ihk24.de mit Hinweisen zu den Anforderungen aufgrund des SEEG v. 22.12.2004 (BGBl. I. 2004, S. 3675) in Kraft seit dem 29.12.2004.
3 *RGZ* 159, 211, 225; *BGHZ* 105, 121,124; 96, 231, 243.

II. Angaben über Verhältnisse der Gesellschaft

1. Täter und Teilnehmer

Alle Registerdelikte sind **Sonderdelikte**. Täter können nur Mitglieder der Gesell- **1045** schaftsorgane, Vorstände (bestellt nach §§ 84, 85 AktG), Aufsichtsräte (bestellt nach §§ 30, 101 AktG), Gründer (§ 28 AktG) und Abwickler sein. Nur nach § 399 Abs. 1 Nr. 3 AktG können auch andere Personen verfolgt werden. Auch der Gesellschafter kann tauglicher Täter eines Gründungsschwindels sein.[4] Weitere Personen wie Notare, Bankmitarbeiter, Rechtsanwälte und Steuerberater können nur als Gehilfe oder Anstifter beteiligt sein.[5]

Soweit auch **faktische Organe** die Deliktstatbestände erfüllen können,[6] folgt das **1046** Strafrecht nicht akzessorisch den gesellschaftsrechtlichen Normen, sondern bedient sich des Gesellschaftsrechts nur als Auslegungshilfe. Der Schutzzweck der Normen gebietet es, gerade auch bei Registerdelikten den Schutz des Rechtsverkehrs an der Richtigkeit, Vollständigkeit und Aktualität des Handelsregisters umfassend zu gewährleisten.

Infolgedessen gerät der **Bußgeldtatbestand der Aufsichtspflichtverletzung** nach **1047** § 130 OWiG in der Praxis in den Hintergrund. Die Verantwortlichkeit der Normadressaten kann in der Regel leicht festgestellt werden.

2. Gründungsschwindel

a) Aktienrecht

Das **Aktiengesetz** bestraft in § 399 Abs. 1 Nr. 1, 2 AktG falsche Angaben von **1048** Gründern, Vorständen und Aufsichtsräten einer Aktiengesellschaft bei folgenden Aktionen:
- **Übernahme von Aktien durch die Gründer**: Die Angabepflicht resultiert aus § 37 Abs. 4 Nr. 1 AktG. Falsche Angaben beurteilen sich nach §§ 23 Abs. 2, 29 AktG. Wer nur „Strohmänner" auftreten lässt, verletzt den Tatbestand nicht, weil der bestellte Vorstand tatsächlich existent ist.[7]
- **Einzahlung auf Aktien**: Die Angabepflicht resultiert aus § 37 Abs. 1 AktG. Falsche Angaben beurteilen sich nach §§ 36, 36a Abs. 1, 54 Abs. 3 AktG. Eine

---

4 *BGH* wistra 2000, 307 ff. = NJW 2000, 2285.

5 *OLG Hamm* BB 1997, 433.

6 *BGHSt* 46, 62 für faktische Geschäftsführer einer GmbH bei falschen Registeranmeldungen gem. § 82 Abs. 1 Nr. 1 und 3 GmbHG; vgl. dazu auch *BGHSt* 3, 32, 37; 21, 101, 103; 31, 118, 122; *BGHR* GmbHG § 64 Abs. 1 Antragspflicht 2 und 3; *BGH* NStZ 2000, 34/35; *Fuhrmann* in Geßler u.a. § 399 AktG Rn. 10; *Hellmann/Beckemper* Wirtschaftsstrafrecht Rn. 405; krit. *Bayer/Lieder* GmbHR 2006, 1121.

7 Eine fehlende Übereinstimmung mit der Protokollierung gesehen von *Ransiek* in Achenbach/Ransiek VIII 3 Rn. 20.

Bareinzahlung ist nicht erbracht, wenn Geld nur „vorgezeigt" wird.[8] Wechsel oder Schecks sind Sacheinlagen.[9] Vorrangig belastetes Geld oder Darlehen der Gesellschaft[10] sind keine Einlagen „zur freien Verfügung der Geschäftsleitung".[11]

- **Verwendung eingezahlter Beträge:** Die Angabepflicht resultiert aus § 37 Abs. 1 AktG. Investoren sollen vor falschen Angaben geschützt werden, daher soll offengelegt werden, ob die Gelder noch im Zeitpunkt der Anmeldung tatsächlich vorhanden sind, sie dürfen aber belastet sein.[12]
- **Ausgabebetrag der Aktien:** Die Angabepflicht resultiert aus §§ 37 Abs. 1, 36a AktG. Die Unrichtigkeit beurteilt sich nach §§ 9, 23 Abs. 2 AktG: Ziel ist die Erkennbarkeit des tatsächlichen Ausgabebetrages (§ 40 Nr. 2 AktG), damit die Solidität der Gesellschaft eingeschätzt werden kann.[13]
- **Sondervorteile und Gründungsaufwand:** Die Angabepflicht resultiert aus § 37 Abs. 4 Nr. 2 AktG. Eine Unrichtigkeit beurteilt sich nach § 26 AktG. Sondervorteile sind die außerhalb der Dividendenberechtigung eingeräumten Vorteile. Gründungsaufwand ist der Aufwand, der zu Lasten der Gesellschaft für die Gründung oder deren Vorbereitung entsteht.
- **Sacheinlagen und Sachübernahmen:** Die Angabepflicht beruht auf § 37 Abs. 1, 4 Nr. 2 AktG. Eine Unrichtigkeit beurteilt sich nach § 27 AktG. Sacheinlage ist jede Einlage, die nicht durch Einzahlung in die Kasse oder auf Bankkonto geleistet wird; Sachübernahme ist die Pflicht der Gesellschaft, Gegenstände zu übernehmen oder herzustellen. Unrichtig ist die Angabe, wenn die Einlage überbewertet ist.[14] Falsch können auch Angaben über die Leistung der Sacheinlage sein, § 36a Abs. 2 AktG. Problematisch ist die verschleierte Sacheinlage, besonders bei Verträgen auf Gegenseitigkeit.[15]
- **Sicherungen für nicht voll eingezahlte Einlagen:** Die Angabepflicht beruht auf § 36 Abs. 2 AktG. Unrichtig sind die Angaben, wenn keine ausreichende Sicherung existiert. Die Norm gilt für den Fall eines alleinigen Gründers.

1049 Nach § 399 Abs. 1 Nr. 2 AktG sind falsche Angaben im **Gründungs-, Nachgründungs- und Prüfungsbericht** strafbar. Täter können also nur die Berichtenden selbst sein. Sie müssen auch in der Funktion als Gründer, Vorstand oder Aufsichtsrat berichten. Andere Personen oder Angaben außerhalb der Berichte sind nicht vom Tatbestand erfasst. Die Unrichtigkeit des Berichts ergibt sich nur aufgrund der §§ 32

---

8 *RGSt* 24, 286, 289; 30, 300, 314; *BGH* StV 1996, 267, 268.
9 *RGSt* 53, 149, 153; RGSt 36, 185,186.
10 *Hommelhoff/Kleindiek* ZIP 1987, 477, 484; Geßler-*Fuhrmann* § 399 AktG Rn. 28; *BGHZ* 96, 231, 240; *RGSt* 42, 182, 186.
11 Str., vgl. *Hellmann/Beckemper* Rn. 408, 412 f.
12 *BGH* NStZ 1993, 442; *BGHZ* 80, 129 (für GmbH); *Lutter* NJW 1989, 2653 (für AG).
13 *Geilen* in KK-AktG § 399 Rn. 68.
14 *Ransiek* in Achenbach/Ransiek VIII 3 Rn. 29; *RGSt* 18, 105, 113.
15 *Hellmann/Beckemper* Rn. 409 ff.; *BGHZ* 110, 47; 125, 141; *RGSt* 73, 232,234; *BGH* NJW 1990, 985; *LG Koblenz* WM 1988, 1630; a.A. *LG Koblenz* ZIP 1991, 1284 = AG 1992, 93.

Abs. 1, 34 Abs. 2, 52 Abs. 3 AktG. Die Gründungsberichte haben insbesondere Angaben zur Angemessenheit von Sacheinlagen und Sachübernahmen zu enthalten. Die Prüfungsberichte müssen die in § 34 Abs. 1 AktG genannten Umstände erörtern. Falsch sind diese Angaben, wenn sich in Wahrheit ein anderer Sachverhalt ergibt, beispielsweise andere Bewertungsergebnisse, Belastungen, über die nicht berichtet wurde, andere Mittelherkunft oder Mittelverwendung als sie in den Berichten dargelegt wird. Vorsätzlich handelt, wer die Unrichtigkeit der Angaben kennt und den Bericht gleichwohl abgibt.

b) GmbH-Recht

Das **GmbH-Recht** normiert in § 82 Abs. 1 GmbHG Straftatbestände für unrichtige **1050** Gründungsangaben der Geschäftsführer (Bestellung nach § 46 Nr. 5 GmbHG) und Gesellschafter, die Stammeinlagen übernommen haben (§§ 2 Abs. 1, 3 Abs. 1, 4 GmbHG).

Erfasst sind **Falschangaben** über **1051**
- die **Übernahme von Stammeinlagen**, § 3 Abs. 4 GmbHG;
- die **Leistung von Einlagen**, §§ 7 Abs. 2 S. 3, 8 Abs. 2, 19 GmbHG; erfasst werden auch die verschleierten Sacheinlagen, da die Angaben über die Kapitalerbringung auch die Angaben über die Art der Einlage erfassen;[16]
- die **Verwendung eingezahlter Beiträge**, § 8 Abs. 2 GmbHG;
- erhaltene **Sondervorteile und entstandener Gründungsaufwand**, die analog § 26 AktG im Gesellschaftsvertrag aufzunehmen sind und nach § 8 Abs. 2 GmbHG damit dem Registergericht bekannt werden;
- **Sacheinlagen**; maßgeblich ist der tatsächlich gewollte wirtschaftliche Erfolg, so dass bei einer Verschleierung bereits Falschangaben vorliegen (vgl. dazu auch die Ausführungen zur AG, Rn. 1048); bei verdeckten Sacheinlagen ist allerdings die Neuregelung in § 19 Abs. 4 GmbHG zu beachten.
- die **Sicherungen für nicht voll eingezahlte Geldeinlagen**, § 7 Abs. 2 S. 3 GmbHG.

In der Praxis spielt der nicht nur zeitliche **Zusammenhang zwischen der Erbrin-** **1052** **gung der Einlage und der „Rückzahlung" an Gesellschafter** (Vorzeigegeld)[17] eine wichtige Rolle.[18] Die Rechtsprechung erfasst folgende Phänomene als nicht erbrachte Bareinlage oder sogar als verdeckte Sacheinlage:
- „Hin- und Herzahlen" (Rückzahlung der Einzahlung als Darlehen);
- „Her- und Hinzahlen" (Einzahlung aus zuvor von der Gesellschaft erlangtem Darlehen);

---

16 *BayObLG* NJW 1994, 2967; *BGH* B. v. 29.9.2004 – 5 StR 357/04.
17 *BGH* wistra 1996, 262.
18 *Quedenfeld/Richter* in Bockemühl, Kap. 9 Rn. 298 ff.

- eine endgültige freie Verfügung des Geschäftsführers über eine eingezahlte Einlage (§ 57 Abs. 2 GmbHG) liegt nicht vor, wenn andere – z.b. der Aufsichtsratsvorsitzende – mitverfügungsbefugt sind;[19]
- die Einbringung einer Forderung ist eine Sachgründung; die Behauptung einer Bargründung ist nach der bisherigen Rechtsprechung unwahr.[20]

1053 Die **Einlageleistung** muss grundsätzlich gegenständlich **bei Anmeldung** (noch) **vorhanden** sein.[21] Bei Zahlung auf ein (Privat-)Konto des Gründers fehlt es an dem Erfordernis der endgültigen freien Verfügbarkeit.[22] Das gilt auch für Cash-Pool-Zahlungen, an denen ein Gesellschafter beteiligt ist, auch wenn ein Sonderkonto vorgeschaltet wird.[23] Maßgebend für die Richtigkeit der Erklärung ist der Tag des Eingangs beim Registergericht. Eine unwirksame Einzahlung in den beiden ersten Fällen kann nachträglich durch eine bleibende, dauerhafte Einlagenzahlung geheilt werden.[24]

1054 Der **Sachgründungsschwindel** nach § 82 Abs. 1 Nr. 2 GmbHG soll einen unrichtigen Bericht der Gesellschafter nach § 5 Abs. 4 GmbHG sanktionieren. Nach der gesetzgeberischen Vorstellung soll der Sachgründungsbericht die Angemessenheit der für die Leistung der Sacheinlage wesentlichen Umstände darstellen. Das **MoMiG** hat das Rechtsinstitut der „verdeckten Sacheinlage" im Gesetz geregelt. Eine verdeckte Sacheinlage liegt dann vor, wenn zwar formell eine Bareinlage vereinbart und geleistet wird, die Gesellschaft bei wirtschaftlicher Betrachtung aber einen Sachwert erhalten soll. Damit entfallen in Zukunft die nur schwer zu überblickenden und einzuhaltenden Vorgaben der kasuistischen Rechtsprechung zur verdeckten Sacheinlage. Weiß der Geschäftsführer aber von der geplanten verdeckten Sacheinlage, liegt also eine vorsätzliche verdeckte Sacheinlage vor, so darf er in der Handelsregisteranmeldung nicht versichern, die Bareinlage sei erfüllt (§ 82 Abs. 1 Nr. 1 HGB), sondern muss auf den Sondertatbestand hinweisen.

---

19 *OLG München* ZIP 2007, 371 ff. – auch zur Haftung der Bank bei Ausstellung einer Einlagenbestätigung.
20 *BGH* DB 1996, 132 ff.
21 *BGHZ* 113, 335 ff., 348; 119, 177; *BGH* DStR 1996, 1416; neuerdings aber *BGH* BB 2005, 2540,2541.
22 *Gehrlein* BB 2004, 2361, 2362; *BGH* MDR 2001, 577.
23 *BGH* U. v. 16.1.2006 (II ZR 76/04); *Gehrlein* MDR 2006, 789 ff., auch *BGH* U. v. 24.11. 2003, II ZR 171/01 und schon *W. Schmid* in Müller-Gugenberger/Bieneck § 27 Rn. 34 ff., § 31 Rn. 151; *Sieger/Wirtz* ZIP 2005, 2277; *Grothaus/Halberkamp* GmbHR 2005, 1317; *Langner* GmbHR 2005, 1017; *ders.* GmbHR 2004, 1121; *Binz* DB 2004, 1253 ff., *Kerber* ZGR 2005, 437; *Sieger/Hasselbach* BB 1999, 645; *BGH* GmbHR 2006, 665; vgl. auch *OLG München* GmbHR 2006, 144 ff. m. Anm. *Blöse* 146 ff. = BB 2006, 286 m. Anm. *Habersack/Schürnbrand*, 288 f.; nach *BGH* BB 2007, 625 ist dies bei abgesprochener Verwendung zum Kauf einer Tochtergesellschaft im Konzern nicht der Fall.
24 *BGH* U. v. 12.6.2006 – II ZR 334/04; dagegen *OLG München* ZIP 2005, 581; bei Fragen zum Cash-Pool und auch zum MoMiG – *Priester* ZIP 2006, 1557 ff. m.w.N.

Knierim

In der Praxis treten auch Fälle sog. „**Vorratsgesellschaften**" als strafrechtlich rele- **1055** vantes Phänomen auf.[25] Nach Ansicht des BGH in Zivilsachen[26] ist bei Verwendung eines „alten" Gesellschaftsmantels auf die Gründungsvorschriften abzustellen und demnach eine Versicherung nach § 8 Abs. 2 GmbHG abzugeben. Die Richtigkeit dieser Versicherung kann nicht nach § 82 GmbHG geprüft werden, weil es sich um eine Analogie zu Lasten des Beschuldigten handeln würde. Bei der Neugründung von „Vorratsgesellschaften" kann es zu strafrechtlichen Risiken kommen, wenn beispielsweise das Haftungskapital entgegen der Versicherung zur Anmeldung nicht oder erst nach Anmeldung eingezahlt bzw. sofort wieder – als Darlehen – entnommen wurde.[27] Regelmäßig liegt bei diesen „Umgehungsgeschäften" keine strafrechtlich verbotene Analogie, sondern eine auch in diesem Rechtsgebiet zulässige (und gebotene) Auslegung der faktischen Begriffe „Einzahlung, Einbringung und Leistung" im Sinne einer „effektiven" Kapitalaufbringung vor, die zu einer weitgehenden Strafbarkeit gemäß § 82 GmbHG führt. Durch die Neuregelung des „Cash-Pooling" kann hier aber eine Nutzung freier Mittel der Tochtergesellschft straflos bleiben (§ 30 Abs. 1 S. 3 GmbHG).

3. Öffentliche Ankündigungen

Wer vorsätzlich eine unrichtige öffentliche Ankündigung verfasst oder über ihren **1056** Inhalt mitbestimmt, kann nach **§ 399 Abs. 1 Nr. 3 AktG** strafbar sein. Es kommt nicht auf eine bestimmte Leitungsaufgabe oder Organzugehörigkeit an. Bei Kollegialentscheidungen kann eine Gesamtverantwortung bestehen.

Unrichtig ist die Ankündigung nach § 47 Abs. 3 AktG, wenn sie für die Anlageent- **1057** scheidung **erhebliche falsche Tatsachen** mitteilt oder wesentliche Umstände verschweigt. Es können auch Angaben über die Anzahl der Aktien oder die Höhe stiller Beteiligungen unrichtig sein, weil die Norm die Solidität der Gesellschaft sicherstellen soll. Da Gründungsangaben nach § 46 Abs. 1 AktG gemacht werden, kann sich nach § 47 Abs. 3 AktG nur dann eine Unrichtigkeit ergeben, wenn in der öffentlichen Ankündigung Angaben wiederholt werden. Erhebliche Umstände werden verschwiegen, wenn schon bei der Gründung unrichtige Angaben gemacht wurden oder wenn sich zwischen Gründung und Ankündigung wichtige neue Umstände, beispielsweise die Belastung der Einlagen oder deren Aufbrauchen durch Sachübernahmen, ergeben.

Eine öffentliche Ankündigung ist die nach § 47 AktG herausgegebene mündliche **1058** oder schriftliche **Information über die Ausgabe von Aktien,** meist Inserate oder Verkaufsprospekte. Sollen damit Kapitalanlagen vertrieben werden, ist die Prospekt-

---

25 *Bärwaldt/Balda* GmbHR 2004, 50, 350; *Schrader/Straube* GmbHR 2005, 904.
26 *BGH* ZIP 2003, 251 = DStR 2003, 298; NJW 2003, 3198 = ZIP 2003, 1698; *Altmeppen* NZG 2003, 145; *Nolting* ZIP 2003, 651; *v. Bredow/Schumacher* DStR 2003, 1032; *Meilicke* BB 2003, 857; *Gronstedt* BB 2003, 860.
27 *OLG Schleswig* ZIP 2004, 1358 = GmbHR 2004, 1081.

pflicht nach dem Verkaufsprospektgesetz (Art. 2 des AnISVG 2004) und die Vermögensanlagen-Verkaufsprospektverordnung (in Kraft ab 1.7.2005) zu beachten.

4. Kapitalveränderungen

a) Aktienrecht

1059 Vorstände und/oder Aufsichtsräte können durch **vorsätzlich unrichtige Angaben** oder das Verschweigen erheblicher Tatsachen bei Kapitalveränderungen den Tatbestand des § 399 Abs. 1 Nr. 4 AktG erfüllen. Da die Norm **Sonderdelikt** ist, kommt es darauf an, dass die tatsächlich Handelnden einem Organ angehören. Bei der Anmeldung einer Kapitalerhöhung gegen Einlagen, beim bedingten Kapital und beim genehmigten Kapital handeln nur der Vorstandsvorsitzende und der Vorsitzende des Aufsichtsrates (§§ 184 Abs. 1, 188 Abs. 1; 195 Abs. 1; 203 Abs. 1, 188 Abs. 1 AktG)[28].

1060 **Unrichtige Angaben** oder verschwiegene erhebliche Umstände können sein:
(1) bei der Kapitalerhöhung gegen Einlagen (§§ 182–191 AktG) Angaben über die Einbringung des bisherigen Kapitals, die Zeichnung neuen Kapitals, die Einbringung neuen Kapitals (Probleme der freien Verfügung und der verschleierten Sacheinlage), den Ausgabebetrag der neuen Aktien und etwaiger Sacheinlagen (nicht aber Sachübernahmen)[29];
(2) bei der Kapitalerhöhung aus genehmigtem Kapital (§§ 202–206 AktG) stellen sich die gleichen Fragen wie bei der Kapitalerhöhung gegen Einlagen;
(3) bei der bedingten Kapitalerhöhung (§§ 192–201 AktG) sind keine Angaben über die Einbringung des bisherigen Kapitals vorgesehen; lediglich die Bezugserklärung (§ 198 Abs. 2 AktG) muss richtig sein.

1061 Einen praktisch wichtigen Fall nimmt der BGH an, wenn eine für die Kapitalerhöhung bestimmte Einlageneinzahlung durch ein **zentrales Cash-Management** zeitnah wieder der Konzernmutter zur Verwaltung überlassen wird.[30]

1062 Wer als Mitglied des Vorstandes und des Aufsichtsrates vorsätzlich falsche Erklärungen gegenüber dem Registergericht über die **Kapitalerhöhung aus Gesellschaftsmitteln** abgibt oder wesentliche Umstände verschweigt, kann sich nach § 399 Abs. 2 AktG strafbar machen, wenn er dabei die Unrichtigkeit der Anmeldung kennt. Unrichtig ist eine solche Mitteilung, wenn die Angaben nach § 210 Abs. 1 S. 2 AktG nicht zutreffen, beispielsweise freie Gesellschaftsmittel für die Grundkapitalerhö-

---

28 *BGHZ* 105, 121,133; *BayObLG* NJW 1994, 2967.
29 Beispiel: ComRoad AG, *LG München I* 6 KLs 305 Js 34066/02; das LG München stellte fest, dass ca. 97% der Umsätze nur Scheinumsätze waren und die Emissionsbanken, die alle „jungen Aktien" in ein eigenes Sonderdepot übernommen hatten, betrügerisch geschädigt worden sind. Der Alleinvorstand wurde mit sechseinhalb Jahren Freiheitsstrafe bestraft.
30 *BGH* DB 2006, 772 m. Anm. *Lamb/Schluck-Amend* DB 2006, 879.

hung tatsächlich nicht zur Verfügung stehen. Wesentlich ist auch eine Vermögensminderung, die seit dem letzten Tag der Aufstellung bis zum Tag der Anmeldung
eingetreten ist.

b) GmbH-Recht

Der Tatbestand des § 82 Abs. 1 Nr. 3 GmbHG erfasst nur **Angaben von Geschäfts-**   **1063**
führern über die Zeichnung des neuen Kapitals (§ 55 Abs. 1 GmbHG), mit der
Angabe der Person, die die Einlage übernommen hat (§ 57 Abs. 3 Nr. 2 GmbHG),
die Einbringung neuen Kapitals (§§ 56a, 57 Abs. 2 GmbHG) und neue Sacheinlagen.

Durch § 82 Abs. 1 Nr. 4 GmbHG werden falsche Angaben über die **Kapitalerhö-**   **1064**
hung aus Gesellschaftsmitteln erfasst. Die Erklärung nach § 57i Abs. 1 S. 2
GmbHG ist unrichtig, wenn die Mittel nicht vorhanden sind oder nicht zur freien
Verfügung der Gesellschaft stehen. Die Norm gilt nicht bei Informationen durch den
Liquidator.[31]

Der **Kapitalherabsetzungsschwindel** nach § 82 Abs. 2 Nr. 1 GmbHG setzt voraus,   **1065**
dass der Geschäftsführer unrichtige Angaben über die Befriedigung oder Sicherstellung der Gläubiger bei der Kapitalherabsetzung macht (§ 58 Abs. 1 Nr. 4 GmbHG).
Die unrichtige Versicherung alleine ist bereits tatbestandsmäßig. Dazu gehören nicht
das Verschweigen der Tatsache, dass keine ordnungsgemäße Bekanntmachung vorgenommen wurde und der Kreis der Gläubiger deshalb oder wegen einer noch nicht
abgelaufenen Frist nicht bestimmbar ist. Wer Gläubiger ist, bestimmt sich nach
objektiven Kriterien, d.h. nach Grund und Höhe der jeweils geltend gemachten
Forderung.

5. Unrichtige Angaben bei Umwandlungsvorgängen

Wenn ein Rechtsträger in eine andere **Rechtsform umgewandelt** wird, hat dies unter   **1066**
enger Begleitung und Prüfung zu geschehen. Nach § 313 UmwG werden unrichtige
Angaben der Geschäftsleiter des umgewandelten Unternehmens oder eines aufneh-
menden Unternehmens im Umwandlungsbericht (§ 313 Abs. 1 Nr. 1 UmwG) gegenüber dem Umwandlungsprüfer (§ 313 Abs. 1 Nr. 2 UmwG) und falsche Erklärungen
über die Zustimmung der Anteilsinhaber/Gesellschafter zur Umwandlung oder über
die Deckung von Stamm- oder Grundkapital der übertragenden Gesellschaft (§ 313
Abs. 2 UmwG) mit Freiheitsstrafe bis zu drei Jahren oder Geldstrafe bestraft.

---

31 *OLG Jena* GmbH-Rdsch. 1998, 1041, 1043.

6. Mitteilungen des Abwicklers

1067 Abwickler (bestellt nach § 265 AktG), die in dem nach § 274 Abs. 3 AktG zu führenden Nachweis falsche Angaben machen oder wesentliche Umstände verschweigen, können nach **§ 399 Abs. 1 Nr. 5 AktG** bestraft werden. Der Nachweis dient dazu, neue Gläubiger und Aktionäre davor zu schützen, dass eine aufgelöste AG ihre werbende Tätigkeit entgegen dem Beschluss der Hauptversammlung fortsetzt.

Die Angaben sind **unrichtig**, wenn sich aus dem wirklichen Bild der Tätigkeit des Abwicklers ergibt, dass der Nachweis, der gegenüber dem Registergericht einzureichen ist, unrichtig ist. Das ist dann der Fall, wenn die Vermögensverteilung noch nicht begonnen hat, obwohl sie bereits stattgefunden hat. Die Unrichtigkeit muss sich auf den Bericht beziehen.

7. Vorsatz und Fahrlässigkeit

1068 Alle Delikte sind bei **vorsätzlichem** Handeln strafbar, lediglich nach §§ 401 Abs. 2 AktG, 84 Abs. 2 GmbHG, 148 Abs. 2 GenG ist auch Fahrlässigkeit bei der Verletzung der Anzeigepflicht unter Strafandrohung gestellt.

Wird eine Erklärung nicht bei dem Registergericht abgegeben oder wird sie versehentlich von dem Notar weitergeleitet, ohne dass eine Willensbildung stattfand, liegt keine tatbestandsmäßige Handlung vor, und zwar selbst dann nicht, wenn die Erklärung ursprünglich bei dem Notar mit dem Ziel abgegeben wurde, dass dieser nach Erfüllung der notwendigen Antragsvoraussetzungen die Erklärung gegenüber dem Handelsregister abgeben sollte.

1069 Das vorsätzliche Verhalten muss sich auf die Unrichtigkeit der Angaben selbst und auch auf den Eintragungszweck beziehen. Wer keine falsche Eintragung herbeiführen will, handelt nicht mit dem Ziel der Eintragungsunrichtigkeit. In der Regel wird ein **Irrtum über die Erheblichkeit der Angaben** für die Eintragung vorliegen,[32] der Tatbestandsirrtum sein kann, wenn die aktienrechtlichen Vorschriften nicht bekannt sind oder der Handelnde sogar einen Rechtsrat eines Anwaltes oder Notars erhalten hat, dass die Gründung so bewerkstelligt werden könne.

8. Vollendung, Beendigung

1070 **Vollendung** tritt ein mit dem Eingang der falschen Angaben bei Gericht, **Beendigung** mit der Eintragung der falschen Angaben bzw. der auf den falschen Angaben beruhenden Folgerungen. Eine Berichtigung der Angaben führt – wie bei den Bilanzdelikten – nach Vollendung, aber vor Beendigung zur Straflosigkeit, weil der Normzweck (Schutz der Richtigkeit des Registers) erfüllt ist und das Berichtigungsverhalten die Rechtstreue belegt.

---

32 *BGH* GA 1977, 341; *BayObLG* wistra 1987, 191.

Knierim

Unterlassene Angaben spielen in der Praxis häufiger als positiv gemachte Angaben eine Rolle. Wenn die Handlungsverantwortlichen die entsprechende Pflichtausübung unterlassen, sind sie aufgrund gesetzlicher Verpflichtung Garanten. Der Zeitpunkt eines Unterlassens richtet sich nicht nach der Entstehung der Pflicht, sondern nach der Fähigkeit des Normadressaten, die Pflicht zu erfüllen. Vorwerfbar wird das Unterlassen also bei Hinweisen, beispielsweise des Notars, Steuerberaters, Abschlussprüfers, Revisor usw. Regelmäßig werden Unterlassungen und Handlungen miteinander verbunden sein. Vorrang hat hier das falsche Handeln, Unterlassungsverhalten wird dann konsumiert. **1071**

Das **GmbHG** stellt die aktive Mitteilung unrichtiger Informationen über die Gesellschaft, nicht aber das Verschweigen erheblicher Umstände unter Strafe. Indessen kann aus der Unrichtigkeit oder Unvollständigkeit tatsächlich gemachter Angaben über Gründung, Kapitalveränderungen oder Abwicklung auch eine Strafbarkeit begründet werden.[33] **1072**

Eine **Berichtigungspflicht** ergibt sich bei einem nachträglichen Erkennen der Unrichtigkeit bereits gemachter Angaben. Da der Rechtsverkehr Schutzgut der §§ 399 AktG, 82 GmbHG, 147 GenG ist, wird man das Organmitglied u.U. bei nachträglichem Erkennen unrichtiger Angaben verantwortlich für eine Berichtigung machen können.[34] **1073**

III. Angaben über die persönliche Qualifikation

1. Bestellungsverbot

Durch **§ 6 Abs. 2 S. 3 GmbHG bzw. § 76 Abs. 3 S. 3 AktG**[35] wird derjenige für die Dauer von fünf Jahren ab Rechtskraft des Urteils als Geschäftsführer einer GmbH bzw. Vorstandsmitglied einer AG oder als Abwickler einer solchen Kapitalgesellschaft ausgeschlossen, der wegen folgender Taten rechtskräftig verurteilt worden ist:[36] **1074**
- einer Insolvenzstraftat nach den §§ 283–283d StGB[37]
- Insolvenzverschleppung (§§ 84 GmbHG, 401 AktG, 130b HGB, 15a InsO),
- falscher Angaben gegenüber dem Registergericht (§ 82 GmbHG, § 399 AktG),
- unrichtiger Darstellung (§§ 400 AktG, 331 HGB, 313 UmwG, 17 PublG),
- Betrug (§ 263 StGB),
- Untreue (§ 266 StGB),

---

33 *BGH* AG 1982, 282.
34 *Ransiek* in Achenbach/Ransiek VIII 3 Rn. 80.
35 Zur Frage der Verfassungswidrigkeit vgl. *Stein* AG 1987, 165 und *Voerste* AG 1987, 376.
36 Einschließlich der Ausweitungen durch das MoMiG, in Kraft ab dem 1.11.2008.
37 Die Verurteilung wegen einer Konkursstraftat nach ausländischem Recht reicht nicht aus, so *Pelz* Rn. 624 m.V. auf *OLG Naumburg* ZIP 2000, 622, 624 f.; a.A. *Mankowski* EWiR 1995, 673.

- Kreditbetrug (§ 265b StGB),
- Beitragsvorenthaltung (§ 266a StGB),
- Computerbetrug (§ 263a StGB),
- Subventionsbetrug (§ 264 StGB), und
- Kapitalanlagebetrug (§ 264a StGB).

1075 Nur jeweils **rechtskräftige Verurteilungen wegen vorsätzlich begangener Taten** dürfen dabei berücksichtigt werden. Bei Betrug und Untreue sowie den weiteren Vermögensdelikten muss mindestens Freiheitsstrafe von einem Jahr verhängt worden sein. Das zeitliche Berufsverbot erstreckt sich nicht auf sonstige Straftatbestände.[38]

1076 Im Umfang eines solchen Bestellungsverbotes ist die Bestellung der betreffenden Person zum Geschäftsführer nichtig; eine Abberufung ist dann nicht mehr erforderlich, weil es zu keiner wirksamen Bestellung gekommen ist (§ 134 BGB).[39] Auch der nachträgliche Eintritt eines Bestellungsverbots führt von Rechts wegen zum sofortigen Amtsverlust.[40] Für Geschäftsführer, die bei Inkrafttreten des MoMiG bereits im Amt sind, gilt dieser erweiterte Katalog allerdings nicht rückwirkend; sie werden also nicht amtsunfähig, wenn sie eine der neu hinzugekommenen Straftaten in der Vergangenheit verwirklicht haben und die Verurteilung vor Inkrafttreten des MoMiG rechtskräftig geworden ist (§ 3 EG-GmbHG-E).

1077 Der Geschäftsführer einer GmbH oder der Vorstand einer AG **muss gegenüber dem Registergericht** versichern, dass keine Hindernisse für seine Bestellung, also insbesondere kein strafrechtliches Berufsverbot, vorliegen (§ 8 Abs. 3 GmbHG, § 37 Abs. 2 S. 1 AktG). Eine Eintragung im Handelsregister gilt Dritten gegenüber weiter (§ 15 Abs. 2 HGB).[41] Da die Eintragung nur deklaratorisch ist, muss nach Ablauf der 5-Jahresfrist oder einem sonstigen Wegfall der Geschäftsführer bzw. der Vorstand erneut bestellt werden.

2. Straftatbestände

1078 Wer als **AG-Vorstand** über die persönliche Tauglichkeit für sein Amt in der Gesellschaft in der Versicherung für das Registergericht vorsätzlich falsche Angaben macht oder erhebliche Umstände verschweigt, kann nach § 399 Abs. 1 Nr. 6 AktG bestraft werden. Mit der Norm sollen untaugliche Personen von der Geschäftsführung ausgeschlossen werden. Die Registergerichte sollen selbst keine Bundeszentralregisterauszüge einholen müssen.

1079 Unrichtig können alle Angaben sein, die nach §§ 27 Abs. 2, 81 Abs. 3, 266 Abs. 3 AktG von Vorständen und Abwicklern über ihre persönliche Tauglichkeit gefordert

---

38 *Baumbach/Hueck* GmbHG § 6 Rn. 10; *BayObLG* BB 1991, 1730.
39 *OLG Naumburg* FGPrax 2000, 121.
40 *Baumbach/Hueck* § 6, Rn. 12 m.w.N.; *Bieneck* in Müller-Gugenberger/Bieneck § 75 Rn. 56.
41 *Bieneck* in Müller-Gugenberger/Bieneck § 75 Rn. 56.

werden. Entgegenstehende Umstände im Sinne von § 76 Abs. 3 AktG sind Vorverurteilungen über Bestellungsverbote für die Dauer von 5 Jahren ab Rechtskraft des Urteils und über die Verhängung eines Berufsverbotes. Ein zur Bewährung ausgesetztes Berufsverbot (§ 70a StGB) muss nicht angegeben werden.

Die persönliche Tauglichkeit eines **GmbH-Geschäftsführers** wird nach § 6 Abs. 2   **1080**
S. 3 GmbHG beurteilt. Wer also vorsätzlich falsche Angaben über die für Bestellungsverbote maßgebliche Verurteilung oder einem bestehenden Berufsverbot macht, kann nach § 82 Abs. 1 Nr. 5 GmbHG[42] strafbar sein. Gleiches gilt für Liquidatoren, die ebenfalls eine strafbewehrte Versicherung abzugeben haben.[43]

3. Schadensersatzpflicht

Den GmbH-Gesellschaftern droht eine Schadensersatzpflicht, wenn sie vorsätzlich   **1081**
oder grob fahrlässig einer Person, die nicht Geschäftsführer sein darf, die Geschäftsführung überlassen (§ 6 Abs. 5 GmbHG).

B. Sanierung oder Abwicklung ohne gerichtliches Verfahren

I. Fallgruppen

1. Konflikte zwischen Sanierungspflicht und Insolvenzantragspflicht

Im anwaltlichen Beratungsumfeld ergeben sich einige Fallgestaltungen, die der   **1082**
Gesetzgeber nicht vorhergesehen hat und die sich aus den unterschiedlichsten Situationen und Motiven heraus selten einer gerichtlichen Aufarbeitung im Rahmen eines Insolvenzverfahrens stellen. Sie können aber Gegenstand nachfolgender Insolvenzverfahren oder Schadenersatz- und Strafverfahren gegen Unternehmer sein. Deshalb ist es wichtig, die Grenzen des zulässigen Verhaltens zu kennen und sie dem Mandanten vermitteln zu können.

Naturgemäß steht nicht nur das Recht, sondern auch die Pflicht zur Sanierung des Unternehmens im Vordergrund einer Erstberatung. Diese Pflicht beruht bei dem Geschäftsführer einer GmbH auf § 43 Abs. 1 GmbHG, bei dem Vorstand der Aktiengesellschaft auf §§ 91 Abs. 2, 93 Abs. 1 AktG, sowie bei dem Vorstand einer Genossenschaft auf § 34 Abs. 1 GenG. Ein Unternehmensführer hat jede Erfolg verspre-

---

42 *Hachenburg/Kohlmann* § 82 Rn. 72; *Schmid* in Müller-Gugenberger/Bieneck § 27 Rn. 141.
43 Für die GmbH: §§ 66 Abs. 4, 6 Abs. 2 S. 2, 67 Abs. 3 S. 1, 82 Abs. 1 Nr. 5 GmbHG; für
    die AG: §§ 399 Abs. 1 Nr. 6, 265 Abs. 2, 266 Abs. 3 S. 1 AktG.

Knierim

chende Chance einer Sanierung ernsthaft zu suchen und wahrzunehmen.[44] Die gegen diese Pflicht stehende Pflicht zur Insolvenzantragstellung besteht nur bei den Kapitalgesellschaften und den Unternehmen, die keine natürliche Person als mithaftenden Gesellschafter haben. In der anwaltlichen Beratung werden aber gerade solche typischen Fallgestaltungen praktisch.

1083   **Fall 1:** Der Ein-Mann-Gesellschafter/Geschäftsführer einer GmbH sucht die Beratung des Anwaltes auf, weil seine Hausbank die Kredite gekündigt hat. Die Gesellschaft hat eine schwache Liquiditätsausstattung und könnte deshalb wegen drohender Zahlungsunfähigkeit Insolvenz anmelden, andererseits ist das Kundenspektrum zuverlässig und der Gesellschafter verfügt privat über Mittel, die er in das Unternehmen einbringen könnte. Die Bank hat ihm bereits Vorschläge für eine Übertragung des Firmenkredites auf das Privatvermögen gemacht. Der Geschäftsführer möchte wissen,ob durch eine geeignete Liquidation der GmbH, die Gründung einer neuen GmbH und die Einigung mit dem Kreditinstitut eine seinen Pflichten entsprechende Sanierungsplanung aufgestellt hat.

1084   **Fall 2:** Die Gesellschafter eines familiengeführten Projektunternehmens in der Rechtsform einer GmbH & Co. KG wenden sich an den Berater mit dem Hinweis, die Stellung eines Insolvenzantrags über das Vermögen ihrer Gesellschaft sei ein „Stigma", das eine „Bankrotterklärung" für ihr Lebenswerk und die Familie darstelle. In der dörflichen Umgebung, in der die Familie lebe, sei ein solcher Weg nicht gangbar. Sie bitten den Anwalt oder anderen Berater, mit allen wichtigen Gläubigern des Unternehmens Verhandlungen über die Stundung von Forderungen, die Reduzierung gegen Besserungsschein oder auch einen Teilverzicht der Forderungen einzuleiten. Darf der Berater hier unterstützen?

1085   **Fall 3:** Ein einzelkaufmännisches Geschäft gerät in Liquiditätsschwierigkeiten. Die Hausbank schlägt vor, sämtliche Forderungen gegen Kunden in Form einer Globalzession an die Bank abzutreten, eine Factoring-Gesellschaft einzuschalten und das Warenlager sicherungshalber zu übereignen. Es soll ein Berater eingeschaltet werden, der die Fortführung der Geschäfte überwacht.

1086   **Fall 4:** Die einzelkaufmännisch geführte GmbH verfügt über stille Gesellschafter, die sich mit der Zusage einer Mindestergebnisbeteiligung an dem Unternehmen beteiligt haben. Die Mittel sind aufgebraucht, das Unternehmen hat im Wesentlichen eine selbst produzierte Software entwickelt. Nach Insolvenzantragstellung und Ablehnung der Insolvenz mangels Masse verlangen die stillen Gesellschafter von dem bisherigen Geschäftsführer und späteren Liquidator, die Software gewinnbringend in ein Beteiligungsunternehmen einzubringen, um dann die Geschäftsidee fortführen zu können. Eine Zahlung soll nicht vereinbart werden. Ist ein solches Vorgehen zulässig?

---

44 *BGHZ* 75, 96 = NJW 1979, 1823 – Herstatt; Uhlenbruck Die Rechtsstellung des Geschäftsführers in der GmbH-Insolvenz – Verfahrensmäßige Beschränkungen, Rechte und Pflichten, in: GmbHR 2005, 817; Schluck-Amend/Walker GmbHR 2001, 375; *Frege* Grundlagen und Grenzen der Sanierungsberatung, in: NZI 2006, 545.

Fall 5: Ein weiterer instruktiver Fall aus der Rechtsprechung des BGH:[47]   **1087**
„Der Angeklagte B.K. war alleiniger Geschäftsführer und Gesellschafter der F.P. GmbH, für deren Kontokorrentdarlehen er selbst gegenüber den Banken bürgte. Seit April 2000 geriet die F.P. GmbH in Zahlungsschwierigkeiten. Um ein Insolvenzverfahren über das Firmenvermögen mit der Folge eines – insbesondere wegen der Bürgschaften drohenden – eigenen Privatinsolvenzverfahrens abzuwenden, wandte sich der Angeklagte an den Zeugen Rechtsanwalt S. mit dem Auftrag, Verhandlungen über Forderungsverzichte mit den Banken zu führen. Gleichwohl kündigten die Hypo-Vereinsbank AG, die Commerzbank AG und die Deutsche Bank AG im Juni 2000 die jeweils gewährten Kontokorrentkredite und stellten Schuldsalden in Höhe von rund 1,04 Mio. DM, von rast 700 000 DM bzw. rund 2,01 Mio. DM zum 30.6.2000 fällig. Allerdings konnte der Angeklagte B.K. im Zuge der fortgeführten Verhandlungen erreichen, dass von ihm hierfür gewonnene Vertrauenspersonen und sein Vater, der Mitangeklagte D.K. , mit den Banken Kaufverträge am 26. Juni 2000, 17. Juli 2000 bzw. 11. August 2000 über die ausstehenden Darlehensforderungen abschlossen.

Demgemäß trat die HypoVereinsbank AG an M. ihre Forderung in Höhe von 1062 068,70 DM nebst den hierfür gewährten Sicherheiten gegen einen Kaufpreis von 500 000 DM ab. Zu den Sicherheiten gehörten neben der Bürgschaft Forderungen der F.P. GmbH gegen ihre Abnehmer. Den Kaufpreis überwies der Angeklagte B.K. von einem Konto der F.P. GmbH bei einer weiteren Bank über ein Anderkonto des Rechtsanwalts S. an die HypoVereinsbank AG und nicht, wie gegenüber der Bank vorgespiegelt, M. aus seinem Vermögen. In der Buchhaltung der F. P. GmbH ließ der Angeklagte diesen Zahlungsvorgang als Darlehen an M. über 500 000 DM erfassen. Gemäß der vorher getroffenen Abrede „verrechneten" der Angeklagte B.K. und M. den der Firma zustehenden Darlehensrückzahlungsanspruch mit der von M. erworbenen Bankforderung. Über den Restbetrag in Höhe von 562 068,70 DM erteilte der Angeklagte B.K. dem M. am 7. Juli 2000 eine Saldenbestätigung; nach der zuvor getroffenen „Sanierungsvereinbarung" sollte M. diese Restforderung der F.P. GmbH eigentlich erlassen. Tatsächlich ließ der Angeklagte B.K. in der Folgezeit Rechtsanwalt S. gegenüber den Kunden der F.P. GmbH den Übergang der Geschäftsforderungen auf M. offen legen und die auf diese Forderungen gezahlten Beträge auf das Anderkonto einziehen. In gleicher Weise wurde mit den beiden anderen Bank verfahren. ..."

Die Staatsanwaltschaft hatte den Angeklagten Bankrott gemäß § 283 Abs. 1 Nr. 5–7 StGB, § 266 Abs. 1 StGB und § 263 Abs. 1, 3 StGB zum Nachteil der finanzierenden Banken vorgeworfen. Das LG konnte sich von einem vorsätzlichen Verhalten nicht überzeugen und sprach frei. Der BGH hob den Freispruch der Angeklagten auf, weil er eine widerspruchsfreie, schlüssige Darstellung der Insolvenzgründe und der jeweiligen Forderungswerte dem Urteil nicht entnehmen konnte. Er wies darauf hin, dass strafrechtlich gesehen folgendes zu prüfen war:
• Insolvenzverschleppung gemäß §§ 84 Abs. 2 Nr. 2, 64 Abs. 1 GmbHG (seit 1.11. 2008: § 15a InsO) durch die Geschäftsführer;

---

45 *BGH* U. v. 6.5.2008 – 5 StR 34/08, BeckRS 2008 9874.

- Untreue durch die Auszahlung von Gesellschaftsmitteln entgegen der Kapitalerhaltungspflicht der §§ 30, 31, 64 Abs. 2 GmbHG;[46]
- Untreue durch die Zahlung auf eine gesellschaftsfremde Schuld, wenn dadurch die Bürgschaft eines Gesellschafters frei wird;[47] allerdings kann die Verursachung oder Vertiefung einer Überschuldung nur durch einen Überschuldungsstatus festgestellt werden;[48]
- Ein Verstoß gegen die Aufstellungspflicht aus § 264 Abs. 1, § 267 Abs. 1 HGB mit Ablauf des 30. Juni 2000 (§ 283b Abs. 1 Nr. 1 und Nr. 3b StGB).[49]

2. Der Einzelkaufmann

1088 Streitig ist die Frage, ob der Einzelkaufmann, der innerhalb der Krise sein Privatvermögen nicht bilanziert, gegen § 283 Abs. 1 Nr. 7a bzw. § 283b StGB verstößt. Der BGH hat einen solchen Verstoß im Jahre 1962 angenommen,[50] als auf der Grundlage früherer Rechnungslegungsvorschriften eine zwangsweise durchsetzbare Bilanzierungspflicht bestand.[51] Entsprechende Bilanzierungspflichten ergaben sich aus den vor dem Bilanzrichtliniengesetz geltenden §§ 38–47 HGB. Diese Normen sind durch das Bilanzrichtliniengesetz vom 19.12.1985 aufgehoben worden. Nunmehr muss der Jahresabschluss des Einzelkaufmanns gemäß § 246 Abs. 1 HGB nur noch „vollständig" sein. In der Gesetzesbegründung zu § 246 HGB wird darauf verwiesen, dass nur noch das Geschäftsvermögen und nicht auch das Privatvermögen des Kaufmanns zu bilanzieren ist (§ 242 Abs. 1 HGB).[52] Die Neufassung der Bilanzvorschriften erstreckt sich damit ausschließlich auf Vermögensgegenstände des Unternehmensvermögens. Sie passen nicht in das Privatvermögen, wie man anhand der Bewertungsvorschriften der §§ 247, 253 HGB erkennt.[53] Da die Strafnormen der

---

46 *Hartung* Kapitalersetzende Darlehen – eine Chance für Wirtschaftskriminelle?, in: NJW 1996, 229, 231 f.; *Gribbohm* DStR 1991, 248, 249; *Hachenburg/Kohlmann* Vor § 82 Rn. 98; MüKo-*Dierlamm* § 266 Rn. 139, 170; *BGHR* StGB § 266 I Nachteil 53; *BGH* wistra 2006, 309; *BGH* B. v. 15.4.1977 – 2 StR 799/76 und 800/76; *Muhler* wistra 1994, 283, 287.

47 Eine Kreditrückführung aus Mitteln des zur Erhaltung des Stammkapitals erforderlichen Vermögens stellt in Höhe der Befreiung von der Bürgschaftsschuld eine Auszahlung an den bürgenden Gesellschafter im Sinne des § 30 Abs. 1 GmbHG dar: *BGHZ* 81, 252, 260; *GmbHR* 2005, 540 f.; NJW 1992, 1166; NJW 1990, 2260, 2261; *Hueck/Fastrich* in Baumbach/Hueck, § 32a Rn. 95.

48 *BGHSt* 15, 306, 309; wistra 2003, 301, 302; wistra 1987, 28; *OLG Düsseldorf* wistra 1998, 360, 361; wistra 1997, 113; *Richter* Der Konkurs der GmbH aus der Sicht der Strafrechtspraxis (Teil 1/Teil 2), in: GmbHR 1984, 137, 139.

49 BGH wistra 1998, 105 m. Anm. *Doster* wistra 1998, 326, 327.

50 *BGH* U. v. 20.3.1962 – 1 StR 555/61.

51 Vgl. hierzu noch *RGSt* 41, 41, 43 ff.

52 BT-Drs. 10/4268, S. 97.

53 *Muhler* Nichtbilanzieren von Privatvermögen strafbar?, in: wistra 1996, 125; *Schramm* Kann ein Verbraucher einen Bankrott (§ 283 StGB) begehen?, in: wistra 2002, 55; *Böttger* in Volk, § 18 Rn. 214.

§§ 283 Abs. 1 Nr. 7a, 283b StGB als Blankettvorschriften die handelsrechtliche Rechtslage in sich aufnehmen, ist damit die Bilanzierung des Privatvermögens aus dem Anwendungsbereich der Strafnormen herausgefallen.

II. Sanierungsmodelle

1. Motive für eine „freie" Sanierung

Eine so genannte „freie Sanierung" ist durch die Neufassung der InsO nicht ausge-   **1089**
schlossen worden. Insbesondere für die Streichung des Instituts der Vermögensüber-
nahmehaftung gemäß § 419 BGB a.f. (bis zum 31.12.1998) gilt durchaus der Gedanke weiter, dass eine freie Sanierung in Betracht zu ziehen ist. Der Gesetzgeber
wollte indessen mit der Einführung der InsO gerade durch den Insolvenzgrund der
„drohenden Zahlungsunfähigkeit" den Zugang zu einer gleichmäßigen Befriedigung
aller Gläubiger erreichen. Eine frühzeitige Einleitung des Insolvenzverfahrens sollte
sogar eine bessere Sanierungschance eröffnen, als dies nach der Praxis der Konkurs-
und Vergleichsordnung bzw. der Gesamtvollstreckungsordnung in den neuen Bundesländern der Fall gewesen ist.

Als Anreiz für eine frühzeitige Einleitung des Insolvenzverfahrens sieht der Gesetz-   **1090**
geber nicht nur das Verbot der Einzelzwangsvollstreckung an, sondern auch die
Möglichkeiten der Eigenverwaltung und der Restschuldbefreiung.[54] Die Straftatbestände der Insolvenzverschleppung nach § 15a InsO (sowie früher nach §§ 401
Abs. 1 Nr. 2, 93 Abs. 3 AktG, § 64 Abs. 1, 84 Abs. 1 Nr. 2 GmbHG und die sonstigen Insolvenzverschleppungstatbestände) greifen nicht bereits im Vorfeld der Unternehmenskrise, das heißt bei drohender Zahlungsunfähigkeit ein. Bei diesem Insolvenzgrund gemäß § 18 Abs. 1 InsO ist der Schuldner ausschließlich selbstständig
antragsberechtigt, sein Handlungsspielraum wird folglich erweitert. Der Neigung
zahlreicher krisenbefangener Unternehmen, bis zu einem Zusammenbruch weiterzu-
wirtschaften, sollte dadurch entgegengesteuert werden.

Mit einer freien Sanierung gehen deshalb nicht unerhebliche **Strafbarkeitsrisiken**   **1091**
einher, die aufgrund der objektiven Bedingungen der Strafbarkeit des § 283 Abs. 4
StGB im Falle von Bankrotthandlungen prekärerweise davon abhängig sind, ob die
Sanierung erfolgreich verläuft oder nicht. Eine Sanierung außerhalb des Insolvenzverfahrens ist deshalb strafrechtlich problematisch.

---

54   BT-Drs. 12/2443, S. 72 ff., 114.

2. Übertragende Sanierung

a) Auffang-Modell

1092 Wenn eine krisenbefangene Gesellschaft durch Gründung einer **Auffang- oder Sanierungsgesellschaft** saniert werden soll, wird regelmäßig der Zweck verfolgt, das insolvenzgefährdete Unternehmen im Interesse der Gläubiger **vorübergehend fortzuführen** und es unter Vermeidung von Zerschlagungseinbußen und unter Nutzbarmachung immaterieller Werte optimal zu verwerten. In einem solchen Fall bedarf es gründlicher Überlegungen und Untersuchungen, um das spätere Risiko einer Strafbarkeit gemäß §§ 283 Abs. 1 Nr. 1 oder Nr. 2 StGB zu vermeiden.[55]

b) Gründung einer reinen Sanierungsgesellschaft zu Finanzierungszwecken

1093 Wenn die notwendigen Mittel für eine Unternehmensfortführung durch die bisherige Gesellschaft erzeugt werden, findet eine Übertragung von Vermögensgegenständen (potentielle Masse) nicht statt, es besteht daher im ersten Ansatz keine Gefahr unter dem Aspekt der §§ 283 ff. StGB.

1094 Ein Strafbarkeitsrisiko nach § 266 StGB entsteht bei einer übertragenden Sanierung dann, wenn auf das Auffangunternehmen Vermögensgegenstände übertragen werden, denen keine Leistung des Auffangunternehmens gegenübersteht. Wird hingegen Liquidität des Altunternehmens auf die Auffanggesellschaft übertragen und gleichzeitig eine gleichwertige Verbindlichkeit der Altgesellschaft gegenüber anderen konzernverbundenen Unternehmen begründet, entspricht das Verhalten dem Grundsatz einer ordnungsgemäßen Wirtschaft und kann strafrechtlich nicht beanstandet werden. Die Kapitalflüsse zwischen den beiden Gesellschaften sollten in einem solchen Fall durch neutrale Wertgutachten abgesichert sein.[56]

c) Übertragung von Assets (Betriebsaufspaltung)

1095 Im Regelfall einer übertragenen Sanierung werden Vermögensbestandteile auf eine Auffanggesellschaft bzw. **Betriebsübernahmegesellschaft zur Betriebsfortführung** im eigenen Interesse oder im Mitarbeiterinteresse übertragen. Wird hierbei das Anlagevermögen der krisenbefallenen Gesellschaft lediglich zum Buchwert an die Auffanggesellschaft veräußert und werden stille Reserven nicht aufgedeckt, so kann eine Strafbarkeit nach § 283 Abs. 1 Nr. 1 StGB naheliegen.

1096 Bereits eine treuhänderische Übertragung von Betriebsmitteln auf eine Sanierungsgesellschaft kann den Gläubigerzugriff erschweren und damit von § 283 Abs. 1 Nr. 1 StGB erfasst werden.[57]

---

55 *BGH* bei *Tiedemann* Insolvenzstraftaten aus der Sicht der Kreditwirtschaft, in: ZIP 1983, 513; vgl. hierzu Rn. 128 ff.; 956 ff.

56 *Tiedemann* a.a.O., 513/517.

57 *Böttger* in Volk § 18, Rn. 294.

Knierim

Auch wenn lediglich der Firmenname oder die Geschäftsvorteile der alten GmbH auf die Auffanggesellschaft übertragen werden, kann darin bereits ein Beiseiteschaffen von Vermögenswerten liegen. Das Gleiche gilt, wenn die Sanierungsgesellschaft ausschließlich aktive Vermögensbestandteile im Sinne einer Betriebsaufspaltung übernimmt.[58]

1097

Eine geeignete Absicherung zur Vermeidung von Strafbarkeitsrisiken kann bei der Betriebsaufspaltung darin liegen, dass die Auffanggesellschaft (Besitzgesellschaft) zugleich Schulden des Altunternehmens, das zur Produktionsgesellschaft wird, übernimmt, eine Saldierung also nicht zu einer Vermögensverringerung führt. In diesem Fall ist die Übertragung entsprechender Gegenleistungen nicht in einer den Anforderungen einer ordnungsgemäßen Wirtschaft widersprechenden Weise erfolgt, die Tatbestandsrestriktion des § 283 StGB greift somit ein.[59] Die wertmäßige Entsprechung von Aktiva und Passiva in einem solchen Vertragsverhältnis sollte unbedingt durch ein Wertgutachten eines Fachmanns abgesichert sein.

1098

d) Konkurrenz zum Altbetrieb

Umstritten ist die Frage einer inhaltlichen Kontrolle. Übernimmt die Sanierungsgesellschaft lediglich die werthaltigen Forderungen und einen Teil der Verbindlichkeiten, belässt sie der Altgesellschaft den unverwertbaren Vermögensteil oder uneinbringliche Forderungen, so wird in der Literatur über eine „**Aushöhlung**" des Altunternehmens diskutiert, weil eine solche Übertragung rechtsmissbräuchlich sein kann.[60] Die eindeutig selektive Übertragung auf eine Auffanggesellschaft kann damit Bankrotthandlung im Sinne von § 283 Abs. 1 Nr. 8 StGB sein.[61] Eine solche Vermögensverringerung muss jedoch den Anforderungen einer ordnungsgemäßen Wirtschaft grob widersprechen mit der Folge, dass der Tatbestand auf Fälle nur eindeutiger Unvertretbarkeit zu beschränken ist.

1099

e) Gläubigerbegünstigung

Teilweise wird in der Befriedigung bevorzugter Gläubiger durch die Sanierungsgesellschaft das Verschaffen einer inkongruenten Deckung und damit einer Gläubigerbegünstigung gemäß § 283c StGB gesehen. Es wird vertreten, dass dem Gläubiger ein neuer Schuldner verschafft werde, der im Gegensatz zum bisherigen Schuldner solvent sei, und der Gläubiger auf die Befriedigung durch diesen neuen Schuldner keinen Anspruch habe.[62] Ein solches Verhalten ist jedoch nicht tatbestandsmäßig. Da die Gläubigerbegünstigung gemäß § 283c StGB die sichere Kenntnis der eingetretenen Zahlungsunfähigkeit voraussetzt, wird die Erfüllung des Tatbestandes regelmä-

1100

---

58 *BGHZ* 85, 221/223; *Balz* ZIP 1988, 273/288.
59 *BGHSt* 34, 309/310.
60 LK-*Tiedemann* § 283 Rn. 157.
61 *Fischer* § 283 StGB Rn. 30.
62 LK-*Tiedemann* § 283c Rn. 23.

ßig entfallen, wenn außerhalb eines Insolvenzverfahrens die Sanierung zu einem wesentlich früheren Zeitpunkt erfolgt oder dieser Zeitpunkt nach der Durchführung des Insolvenzverfahrens mit den vom Insolvenzverwalter freigegebenen Vermögensgegenständen liegt. Ob ein derartiges Verhalten anfechtbar ist, ist bislang umstritten. Durch das MoMiG ist für die Zukunft eine Anfechtungsmöglichkeit für derartige Konstellationen in die Insolvenzordnung eingefügt worden.

1101 Die **Kosten** für die Gründung der Auffanggesellschaft, die Begutachtung der Unternehmenssituation und gegebenenfalls Umstrukturierungsbemühungen können dann, wenn sie von dem Altunternehmen getragen werden, leicht als unzweckmäßig und damit unwirtschaftlich angesehen werden (§ 283 Abs. 1 Nr. 2 StGB). Im Wesentlichen kommt es auf das Merkmal der „Unwirtschaftlichkeit" an. Bei der Beurteilung der betriebswirtschaftlichen Notwendigkeit von Maßnahmen kommt es nicht auf die Erfolgssicherheit der Bemühungen an. Vielmehr ist darauf abzustellen, ob der Sanierungszweck „bei vernünftiger wirtschaftlicher Betrachtung sinnvollerweise angestrebt werden konnte". Es werden nur solche Ausgaben unwirtschaftlich sein, die den Regeln einer ordnungsgemäßen Wirtschaft widersprechen.[63] Das Strafbarkeitsrisiko wird vermieden, indem die Kosten anderweitig finanziert oder von den Gesellschaftern in die Gesellschaft eingelegt werden.

3. Bildung eines Gläubigerpools/Gläubigerfonds

a) Gläubigerpool

1102 Sanierungsberater schlagen mitunter vor, durch die Bildung von **Gläubigerpools**, also den Zusammenschluss der Gläubiger in einem „Sicherungspool", eine Sanierung der Unternehmensverhältnisse, besonders der Finanzierungsverhältnisse vorzusehen.[64] Der Sicherungspool kann in der Form einer Gesellschaft bürgerlichen Rechts organisiert sein, aber auch auf einer rein einzelvertraglichen Regelung beruhen. Solche Lösungen bieten sich regelmäßig dann an, wenn die Abgrenzung der unterschiedlichen Rechte der Großgläubiger schwierig ist (beispielsweise wenn wesentliche Vermögensgegenstände des Unternehmens nicht an Banken zur Einzelabsicherung übertragen wurden, sondern eine Gesamthaftung des Unternehmens bestand). Unter Geltung der InsO wird die Bildung derartiger Gläubigerpools grundsätzlich als zulässig angesehen, auch das ausschließliche Verwertungsrecht des Insolvenzverwalters im Insolvenzverfahren gemäß § 166 InsO soll dem nicht entgegenstehen.[65]

1103 Das Strafbarkeitsrisiko liegt jedoch aufgrund der häufig **fehlenden Bestimmtheit fraglicher Aussonderungsrechte** und sonstiger Forderungen der bevorrechtigten

---

63 LK-*Tiedemann* § 283 Rn. 65.
64 *Gundlach/Frenzel/Schmidt* Die Zulässigkeit des Sicherheiten-Pool-Vertrages im Insolvenzverfahren, in: NZI 2003, 142.
65 *Gundlach/Frenzel/Schmidt* a.a.O.

Gläubiger darin, dass hier Gläubigerrechte „insolvenzfest" gemacht werden sollen (§ 283c StGB).[66] Sind sämtliche Gläubiger, das heißt auch Massegläubiger des Unternehmens, in einem Gläubigerpool zusammengeschlossen, so besteht die Gefahr der Begünstigung von Einzelgläubigern durch eine bevorzugte und damit inkongruente Befriedigung nicht. Vielmehr kann hier gegen § 283 Abs. Nr. 8 StGB verstoßen werden, weil die wirtschaftlichen Verhältnisse durch einen derartigen Pool verheimlicht werden können. Häufig nehmen an einem solchen Sicherungspool die öffentlich-rechtlichen Gläubiger nicht teil (Finanzamt, Sozialversicherungsträger, Grundsteuergläubiger etc.). Das führt dazu, dass ein Sanierer in ein Haftungs- und Strafbarkeitsrisiko gerät, wenn er ausschließlich für die im Gläubigerpool zusammengeschlossenen Gläubiger arbeitet und die Verlagerung von Vermögenswerten, die Verwertung des Vermögens und der Forderungen oder die Auszahlung von Tilgungsraten zugunsten der Pool-Gläubiger und zum Nachteil der Nicht-Poolmitglieder veranlasst.

Werden in einen solchen Pool lediglich unstreitige **Aussonderungsrechte** zusammengefasst (§§ 47, 49 InsO), beeinträchtigt das die Insolvenzmasse nicht.[67]   **1104**

b) Gläubigerfonds

Die Bildung eines so genannten „Gläubigerfonds" bedeutet zunächst keine Veränderung der Vermögenslage des Unternehmens. Wenn die Gläubiger ihre Forderungen in einem Fonds einbringen, der festverzinsliche oder variable Erträge durch die Ausgabe von Schuldscheinen verspricht, handelt es sich dabei nur um eine andere Art der Finanzierung der bisherigen Unternehmensverbindlichkeiten. Den Gläubigern des Unternehmens wird in einem solchen Fall in der Regel angeboten, auf einen Teil der Forderung zu verzichten, mit der Aussicht, dass die Forderungen über einen überschaubaren Zeitraum wieder aufleben (**Besserungsschein**). Im Falle eines Teilverzichtes oder zumindest der Stundung ihrer Forderung sollen die Gläubiger aus dem Fonds gleichmäßig bedient werden, während der Fonds selbst die Finanzierungen des Schuldnerunternehmens sicherstellt. Das erhöht die Chance, eine Befriedigung der Gläubigerforderung außerhalb der Insolvenz zu erhalten. Durch diese Methode wird das Unternehmen in die Lage versetzt, etwaige Sanierungsversuche fortzusetzen oder das Vermögen des Unternehmens zu Marktwerten zu liquidieren.   **1105**

Strafrechtliche Risiken ergeben sich nicht aus den §§ 283 ff. StGB, sondern aus § 263 StGB, falls die Gläubiger unter falschen Voraussetzungen zu einem Forderungsverzicht aufgefordert werden.[68] Der Tatbestand der Insolvenzverschleppung kann verwirklicht werden, wenn das Unternehmen trotz dieser „Umschuldung" zahlungsunfähig oder überschuldet ist.   **1106**

---

66 *Böttger* in Volk § 18 Rn. 301.
67 *BGH* NJW 1989, 895/896; *Köhler* in Wabnitz/Janovsky 7. Kapitel Rn. 448.
68 *BGHSt* 1, 264; *BGH* wistra 1993, 17; *OLG Stuttgart* NJW 1963, 825.

III. „Stille" Liquidation

1. Auflösung und Abwicklung von Kapitalgesellschaften

1107 Die Gesellschafter von Kapitalgesellschaften haben alle Möglichkeiten der freiwilligen Auflösung der Kapitalgesellschaft durch Gesellschafterbeschluss (§ 60 Abs. 1 Nr. 1 GmbHG, § 262 Abs. 1 Nr. 3 AktG). Das Gesetz sieht aber auch bestimmte zwingende Gründe für die Auflösung von Kapitalgesellschaften vor, beispielsweise die Vermögenslosigkeit (§ 60 Abs. 1 Nr. 7 GmbHG i.V.m. § 141a FGG). Tritt ein Auflösungsgrund ein, das heißt ist ein entsprechender Gesellschafterbeschluss wirksam oder der gerichtliche Auflösungsbeschluss bestandskräftig, muss die Liquidation der Gesellschaft durch Liquidatoren durchgeführt werden. Regelmäßig sind das – falls besondere Gesellschafterbeschlüsse fehlen – die bisherigen Geschäftsführer und Vorstände (vgl. § 66 GmbHG). Mit der Auflösung endet aber die Gesellschaft nicht. Vielmehr bleibt die Vermögensmasse im Mantel der **Liquidationsgesellschaft** so lange erhalten, bis das Vermögen verwertet, die Verbindlichkeiten getilgt und die Gesellschafter anteilig ausgezahlt sind. Sodann ist die Liquidation abzuschließen, von den Liquidatoren beim Handelsregister anzumelden und die Löschung im Register einzutragen (§ 74 GmbHG).[69]

2. Fortsetzung der Geschäftstätigkeit

1108 Auch eine aufgelöste Gesellschaft kann noch am Rechtsverkehr teilnehmen. Sie hat laufende Geschäfte abzuwickeln und kann sogar in gewissem Umfang die Geschäfte fortführen, bis eine Abwicklung aller Verbindlichkeiten und Forderungen möglich ist. Die Liquidatoren haben sicherzustellen, dass zunächst die Schulden der Gesellschaft aus der verbleibenden Masse getilgt werden, bevor das Vermögen gemäß § 72 GmbHG unter den Gesellschaftern verteilt wird. Die Verteilung des Vermögens darf erst nach Ablauf eines so genannten „Sperrjahres" gemäß § 73 GmbHG erfolgen. Innerhalb dieser Jahresfrist besteht eine **Leistungssperre** gegenüber den Gesellschaftern.

3. Strafrechtliche Grenzen

1109 Ein Strafbarkeitsrisiko für den **Liquidator** ergibt sich aus **§ 266 StGB**, wenn er nicht verhindert, dass das Vermögen der Gesellschaft durch unzulässige Auszahlungen geschmälert wird. „Unzulässig" in diesem Zusammenhang ist nicht bereits jede Auszahlung an Gläubiger des Unternehmens (einschließlich der Arbeitnehmer), sondern gerade die gleichmäßige Verwertung der verbleibenden Vermögensmasse muss gefährdet werden.[70]

---

69 *BGH* NJW-RR 1988, 477.
70 *Bieneck* in Müller-Gugenberger/Bieneck § 76 Rn. 78.

Stellt sich im Lauf der Liquidation heraus, dass die Gesellschaft insolvenzreif ist, so **1110** muss der Liquidator in gleicher Weise wie der Geschäftsführer einen **Insolvenzantrag** stellen. Ein Unterlassen führt zur Strafbarkeit gemäß §§ 15a InsO, 84 Abs. 1 Nr. 2 GmbHG a.f., 401 Abs. 1 Nr. 2 AktG a.f. Durch die Übertragung des Gesellschaftsvermögens auf einen Treuhänder mit der Maßgabe, dieses zu verwerten und den Erlös nach den Regeln eines Insolvenzverfahrens an die Gläubiger zu verteilen, entfällt die Strafbarkeit nicht. Es handelt sich hier auch nicht um eine übertragende Sanierung.[71]

Strebt der Liquidator eine offene Liquidation an, verhandelt er also mit den Gläubi- **1111** gern über einen gegebenenfalls gemeinsamen Nachlass, bestehen Strafbarkeitsrisiken dann, wenn **einzelne Gläubiger bevorzugt** werden. Auch die Einziehung von Forderungen auf ein gesellschaftsfremdes Konto des Gläubigers oder eines Treuhänders kann eine Untreuehandlung des Liquidators gemäß § 266 StGB sein, oder – nach Eintritt der Krise – eine Bankrotthandlung gemäß § 283 Abs. 1 Nr. 1 StGB. Eine inkongruente Befriedigung der Gläubiger kann unter § 283c StGB fallen.

Ist der vom Liquidator gestellte Insolvenzantrag mangels Masse abgewiesen worden, **1112** so sind auch weiterhin Bankrotthandlungen möglich.[72] Schafft der Liquidator Buchhaltungsunterlagen vor Ablauf der Aufbewahrungsfrist beiseite, so kann auch im Stadium nach der Abweisung des Insolvenzantrages eine Bankrotthandlung gemäß § 283 Abs. 1 Nr. 6 StGB vorliegen.[73]

4. Abwicklung anderer Unternehmen

Wird ein nicht als Kapitalgesellschaft organisiertes Unternehmen außerhalb des **1113** geregelten Insolvenzverfahrens in eigener Regie abgewickelt, gelten nicht automatisch die Regelungen für Kapitalgesellschaften entsprechend. Für **Personengesellschaften** gelten kraft der gesetzlichen Verweisung in §§ 105 Abs. 2, 161 Abs. 2 HGB die §§ 735 ff. BGB, wenn nicht das HGB eigene Abwicklungsregelungen vorsieht. Für das **einzelkaufmännische Unternehmen** verbleibt es bei den Regelungen des allgemeinen Schuldrechts, eine besondere Form der Liquidation ist nicht vorgeschrieben, das Unternehmen geht unter.

Der Gesetzgeber hat eine solche Abwicklung im Handels- und Gesellschaftsrecht **1114** nicht verboten, jedoch durch den Kanon der strafrechtlichen Normen der Insolvenzverschleppung und der Bankrotthandlungen deutlich gemacht, dass eine solche stille Liquidation seit Einführung der InsO kaum mehr praktikabel ist und mit großen Strafbarkeitsrisiken verbunden ist. Gleichwohl kann eine solche Liquidation auch rechtlich völlig unbedenklich sein. Besonders dann, wenn die Gläubiger sich

---

71 *Böttger* in Volk § 18, Rn. 304.
72 *BGHSt* 7, 146; *Bieneck* in Müller-Gugenberger/Bieneck § 76 Rn. 75a.
73 *BGH* GA 1954, 311.

einigen oder das Unternehmen eine solche Einigung erreicht, wird eine freihändige Verwertung durch einen Sanierer oder einen Treuhänder erfolgversprechender sein als ein Insolvenzverfahren.

1115 Meist handelt es sich um eigennützige Handlungen des Unternehmens, die durch Eigentums- und Vermögensdelikte begleitet sind.[74] In diesen Fällen – auch beim Einzelkaufmann – sollte besonders sorgfältig auf die Erfassung aller Rechtsbeziehungen zu Gläubigern und eine gleichmäßige Befriedigung (auch der gesicherten) Gläubiger geachtet werden.

IV. Sanierungsberatung

1. Rechtsnatur

1116 Die Sanierungsberatung ist eine **Geschäftsbesorgung** (§§ 675, 611 BGB). Der Berater wird selbstständig tätig, er nimmt regelmäßig die Vermögensinteressen des Auftraggebers wahr.[75] Es wird eine bestimmte beratende Tätigkeit und grundsätzlich nicht der angestrebte Sanierungserfolg geschuldet. Die Sanierung selbst führt der Geschäftsführer oder Vorstand des Unternehmens durch. Nur wenn ein bestimmter Erfolg geschuldet wird, ist von einer **Geschäftsbesorgung mit werkvertraglichem Charakter** auszugehen (§§ 675, 631 BGB).[76] Ein Werk wird insbesondere geschuldet, wenn der Berater ein Gutachten zur Sanierung zu erstellen hat. Dem Berater ist zu empfehlen, dienst- und werkvertragliche Leistungen voneinander abzugrenzen und in der Mandatsvereinbarung genau festzulegen, welche Leistungen er erbringen soll.

2. Mindestanforderungen an eine ordnungsgemäße Sanierungsberatung

a) Mindestanforderungen

1117 Die Mindestanforderungen an betriebswirtschaftliche Beratungsleistungen für insolvenzgefährdete Unternehmen hat die Rechtsprechung als betriebswirtschaftliche und rechtliche **Mindeststandards formuliert.**[77] Der Sanierungsberater muss zur Sanie-

---

74 *Bieneck* in Müller-Gugenberger/Bieneck § 75 Rn. 27; *Böttger* in Volk § 18 Rn. 306.

75 BGH NJW 1989, 1216, 1217; OLG Celle NJW 2003, 3638 = ZIP 2003, 2118; *Nolting* EWiR 2004, 163, 164; Fehlerhafte Grundstücksbewertung: *BGHZ* 77, 1 = NJW 1980, 1529; Richtigkeit der im Gutachten enthaltenen Angaben: *BGHZ* 159, 1 = NJW 2004, 3035; Kompetenzerwartung an Gutachter: BGH NJW 2001, 514 = WM 2001, 529; Bewertung Grundstück: BGH NJW 2003, 2825 = WM 2003, 2249; Korrekte Angaben im Gutachten: BGH NJW 1998, 1059 = WM 1998, 440.

76 MüKo-*Busche* § 631 Rn. 8 ff.

77 OLG Celle NJW 2003, 3638 = ZIP 2003, 2118; vgl. dazu auch *Voigt* DStR 2004, 2214 und die IDW-Verlautbarungen zur Sanierung und Insolvenz, FAR 1 (IDW-PS 800), Anforderungen an Sanierungskonzepte, Empfehlungen zur Überschuldungsprüfung u. Empfehlungen zur Prüfung eingetretener oder drohender Zahlungsunfähigkeit.

rungsprüfung fundierte betriebswirtschaftliche Kenntnisse aufweisen und die grundlegenden Maßgaben an ein Sanierungskonzept einhalten. Zugleich erfordert eine Sanierungsberatung fundierte Kenntnisse vor allem im Gesellschafts-, Arbeits-, Insolvenz- und Steuerrecht. In einem Gutachten sind daher zu erwarten:

(1) Beschreibung und Analyse des Unternehmens, insbesondere Krisenursachen, Lagebeurteilung, gründliche Schwachstellenanalyse, Stärken und Schwächen des Unternehmens, Profil des Unternehmens;

(2) Maßnahmen zur Sanierung des Unternehmens, vor allem die Entwicklung von Sanierungsstrategien, Sicherung der Liquidität, Leitbild des sanierten Unternehmens;

(3) Vermögensstatus, besonders eine bilanzmäßige Aufstellung aller Aktiva und Passiva,

(4) Verbindlichkeitenstatus,

(5) Finanzstatus und darauf aufbauend Finanzplan,

(6) Gewinn- und Verlustberechnungen, mit Planrechnungen und deren Verprobung, Prüfung, Beurteilung, Neuaufstellung.

b) Hinweispflichten

Bei einer Krisenberatung ist hinzuweisen auf **1118**
- gesellschaftsrechtliche Anzeige- und Einberufungspflichten, z.B. bei einem Verlust in Höhe der Hälfte des Stammkapitals (§ 49 Abs. 3 GmbHG) bzw. Grundkapitals (§ 92 Abs. 1 AktG, § 33 Abs. 3 GenG),
- insolvenzrechtliche Antragspflichten gem. § 15a InsO (Vorgängernormen: § 64 Abs. 1 GmbHG, § 92 Abs. 2 AktG), einschließlich der gesetzlichen Drei-Wochen-Frist,
- wertpapierrechtliche Anzeigepflichten (§ 15 WpHG, „ad hoc-Publizität"),
- die Strafbewehrung nach § 15a InsO, (Vorgängernormen: § 84 Abs. 1 Nr. 1 GmbHG, § 401 Abs. 1 Nr. 1 AktG, § 148 Abs. 1 Nr. 1 GenG),
- das Verbot zur Rückgewähr der Einlagen nach § 57 Abs. 1 Nr. 1 AktG und § 30 GmbHG,
- das Zahlungsverbot nach § 64 S. 1 GmbHG und § 92 Abs. 2 AktG bzw. die jeweiligen Vorgängervorschriften.

c) Inhalt und Beratungstiefe

Der Sanierungsberater muss die Maßgaben kennen und empfehlen, mit denen die im **1119** Einzelfall **bestehende Krise tatsächlich beseitigt** werden kann, z.B. Zuführung neuen Kapitals, Zusage neuer Kredite, Stundung bestehender Kredite, Verzicht auf Forderungen oder Rangrücktritt oder die Inanspruchnahme staatlicher Hilfen. Die in der Praxis entwickelten Modelle nachhaltiger außergerichtlicher Sanierungen muss der Berater angepasst an den konkreten Einzelfall anwenden bzw. anwenden können, so beispielsweise der Verkauf Not leidender Kredite („Distressed Debts"), Management-Buy-out (MBO), Work-Out-Lösungen, Beschäftigungs- und Qualifizierungsgesellschaften u.a.

1120 Es wird vom Sanierungsberater erwartet, dass er die erbrachten Arbeitsleistungen unter Verwendung der berufstypischen Standards **dokumentiert**. Er hat die ordnungsgemäße Befragung und Belehrung des Mandanten z.B. durch Checklisten und Gesprächsprotokolle nachzuweisen.

Ordnungsgemäß dokumentiert ist das Mandat, wenn bereits die Übernahme in einer schriftlichen Mandatsvereinbarung festgelegt ist. Der Verlauf der Sanierungsberatung ist anhand von Gesprächsprotokollen zu belegen. Das Mandat sollte in Form einer schriftlichen Beendigungserklärung beendet werden. Der Sanierungsberater muss sich darüber bewusst sein, dass die von ihm gefertigten Unterlagen später gegebenenfalls herausverlangt werden.

Grundsätzlich schuldet der Mandant dem Berater **wahrheitsgemäße Angaben**. Relevante Tatsachen müssen erfragt werden, auf die Wahrheit der Antwort des Mandanten darf der Berater vertrauen. Bezweifelt er die Richtigkeit von Angaben, hat er dies in seinen Konzepten deutlich zu machen. Sind Sachverhalte betroffen, die einer besonderen Sorgfalt bedürfen, obliegen dem Berater gegebenenfalls weitere Aufklärungs- und Hinweispflichten.

3. Strafrechtliche Grenzen

1121 Für den Sanierungsberater oder einen von den Geschäftsführern als Berater engagierten Sanierer kann die **Steuerung und Verabredung** einer Fonds-Lösung dazu führen, dass bei einem Scheitern die Frage der Anstiftung oder Beihilfe untersucht wird.[78] Werden trotz bestehender Krise dem Unternehmen zustehende Mittel in den dem Schuldnerzugriff entzogenen Fonds eingebracht, so kann in einem derartigen Verhalten ein Beiseiteschaffen gemäß § 283 Abs. 1 Nr. 1 StGB, im Falle der inkongruenten Befriedigung bevorzugter Gläubiger aus dem Fonds zumindest eine Gläubigerbegünstigung gemäß § 283c StGB liegen. Werden etwaige in dem Fonds zusammengeführte Mittel auch abredewidrig an den Schuldner oder ihm nahestehende Personen ausgekehrt, statt diese für die Tilgung der Gläubigerverbindlichkeiten zu verwenden, kommt auch eine Untreuestrafbarkeit in Betracht.[79] Wegen der parallel gelagerten Probleme zur Beihilfe und Anstiftung wird auf Rn. 1252 ff. verwiesen.

---

78 *Köhler* in Wabnitz/Janovsky 7. Kapitel Rn. 448.
79 *OLG Stuttgart* wistra 1984, 114; *Richter* Zur Strafbarkeit externer „Sanierer" konkursgefährdeter Unternehmen, in: wistra 1984, 97.

Teil 5
Verteidigung von professionellen Beteiligten am Insolvenzverfahren

Thomas Knierim

A. Insolvenzverwaltung

I. Aufgaben und Stellung des endgültigen Insolvenzverwalters

1. Aufgaben

Der Insolvenzverwalter hat stark vereinfacht drei Aufgaben: **1122**
* die Verwaltung des Vermögens;
* die Verwertung des Vermögens;
* die Befriedigung der Gläubiger.

Nach § 1 InsO kann der **Aufgabenbereich** auch mit einer **gleichmäßigen Gläubigerbefriedigung** umschrieben werden. Einige Detailaufgaben lassen sich aus diesen drei Hauptaufgaben ableiten. So umfassen die Aufgaben der Vermögensverwaltung die Sonderaufgabe der Unterhaltszahlungen an den Schuldner und seine Angehörigen, die Erstellung eines Insolvenzplans, die Pflicht, Auskünfte zu erteilen, Klarheit bei schwebenden Rechtsverhältnissen zu schaffen, die Masse zu mehren (Anfechtungsansprüche und einen Gesamtgläubigerschaden geltend zu machen), die Masse zu bereinigen (Aussonderungen und Freigaben) und einige andere Ordnungsfunktionen mehr. Dem Verwalter kommt daneben die öffentliche Aufgabe zu, die sozialgesetzliche Unterstützung des Arbeitsamtes und der Sozialversicherung zu gewährleisten sowie die steuerrechtlichen Bestimmungen für das insolvente Unternehmen zu beachten. Über die Aufgabendurchführung muss der Insolvenzverwalter regelmäßig dem Insolvenzgericht berichten sowie Rechnung legen.

Das Amt des Insolvenzverwalters ist **höchstpersönlich** und kann nicht, soweit es um **1123** im Insolvenzverfahren typische Verwalterpflichten geht, durch einen Bevollmächtigten wahrgenommen werden. **Verfahrenstypische Tätigkeiten** sind:
* Wahrnehmung der Gläubigerversammlung einschließlich der Prüfungstermine und des Schlusstermins, insbesondere die Abgabe der dort vorgesehenen Erklärungen;
* Erstellung der Schlussrechnung und des Schlussverzeichnisses;
* Erklärungen über die Gestaltung noch nicht beendeter Rechtsgeschäfte (§ 103 InsO);

- Ausübung des Insolvenzanfechtungsrechts;
- Entscheidung über die Aufnahme von Prozessen;
- Entscheidung über die Aus- und Absonderungsrechte;
- schriftliche Erklärungen zu den angemeldeten Forderungen.

2. Stellung

1124 Aufgrund von § 80 InsO rückt der Insolvenzverwalter in die **Position des Schuldners** ein. Der Schuldner darf nicht mehr über die Entwicklung der Arbeitsverhältnisse des Unternehmens bestimmen. In die **Arbeitgeberposition** rückt der Insolvenzverwalter mit der bei Insolvenzeröffnung vorgefundenen arbeitsrechtlichen Rechtslage ein.[1] Hierbei ist der rechtsdogmatische Streit, ob der Verwalter eine eigene Arbeitgeberstellung hat, von untergeordneter Bedeutung. Die dem Insolvenzverwalter zugedachte uneingeschränkte Verwaltungs- und Verfügungsbefugnis über das Unternehmen, seine Rechtsbeziehungen und die innerhalb der Anfechtungsfristen „aufholbare" jüngere Vergangenheit des Unternehmens gehen sogar über die Möglichkeiten eines Unternehmenslenkers oder eines Leitungsorgans hinaus. Das wird beispielsweise daran deutlich, dass der Insolvenzverwalter durch eine Anfechtung nicht nur in öffentlich-rechtliche Sozialabgaben- und Steuerpflichten, sondern sogar in ein abgeschlossenes Strafverfahren „hineinregieren" kann.[2]

1125 Der Insolvenzverwalter rückt mit der Insolvenzeröffnung auch in die **steuerlichen Rechte und Pflichten** des bisherigen Leitungsorgans des Unternehmens ein. Dementsprechend bestimmt § 34 Abs. 3 AO, dass ein Insolvenzverwalter als Vermögensverwalter die steuerlichen Pflichten des Schuldners zu erfüllen hat. Dies kommt auch in § 155 Abs. 1 S. 2 InsO zum Ausdruck. Gleichzeitig bleiben die handels- und steuerrechtlichen Pflichten des Schuldners zur Buchführung und zur Rechnungslegung unberührt. Der Verwalter tritt also nur für die Besteuerungsgrundlagen der Insolvenzmasse an die Stelle des Schuldners. Dementsprechend hat er auch die Körperschaftssteuererklärung abzugeben. Nicht seinem Pflichtenkreis, sondern dem des Schuldners sind dagegen alle Erklärungen zur einheitlichen und gesonderten Feststellung des Gewinns einer Personengesellschaft zuzurechnen.

1126 Die vom Insolvenzverwalter **abzugebenden Erklärungen** dürfen sich nicht nur auf das ab der Eröffnung des Insolvenzverfahrens beginnende neue Geschäftsjahr beziehen (§ 155 Abs. 2 S. 1 InsO), sondern müssen auch die vor der Insolvenzeröffnung liegenden Jahre abdecken, soweit für diese noch keine Steuererklärungen abgegeben wurden (§ 80 InsO). Der Insolvenzverwalter selbst haftet nach § 69 AO für die ordnungsgemäße Erfüllung dieser Verpflichtungen.

1127 Entsprechend **verantwortungsvoll und fremdnützig** muss das Auftreten von Insolvenzverwaltern eigentlich sein, denn ihre Tätigkeit ist nicht frei von strafrechtlichen

---

1 *BGH* NJW 1965, 1585.
2 *BGH* BeckRS 2008 13010.

Knierim

Risiken. So werden ihnen beispielsweise die eigentlich den Organen der juristischen Personen obliegenden, teilweise strafbewehrten Handlungspflichten auferlegt.[3]

3. Abberufung des Insolvenzverwalters

Der Insolvenzverwalter steht unter der **Aufsicht des Insolvenzgerichts** (§ 58 Abs. 1 S. 1 InsO), das Gericht kann jederzeit einzelne Auskünfte oder einen Bericht über den Sachstand und die Geschäftsführung von ihm verlangen (§ 58 Abs. 1 S. 2 InsO). Es bedarf dazu keines besonderen Anlasses, denn das Insolvenzgericht hat eine uneingeschränkte Aufsichtspflicht über den Insolvenzverwalter.
1128

Ein Insolvenzverwalter kann **abberufen** werden, wenn
1129
- das Verhalten des Verwalters verfahrensspezifische Pflichten verletzt,
- der Masse insgesamt ein Schaden droht,
- die dem Insolvenzverwalter obliegenden Verpflichtungen für eine Berichterstattung, die Beantwortung von Anfragen, die Vorlage eines Inventars- bzw. der Vermögensübersicht, der Tabelle oder der laufenden Rechnungslegung nicht erfüllt werden oder
- die Pflichten zur Inbesitznahme, zur Verwaltung und zur Verwertung der Masse (§§ 148, 159 InsO) in grober Weise verletzt werden.

Erfüllt der Verwalter eine der ihm obliegenden **Verfahrensverpflichtungen** nicht, so kann das Gericht nach vorheriger Androhung ein Zwangsgeld gegen ihn festsetzen (§ 58 Abs. 2 S. 2 InsO). Führt dies nicht weiter oder ist die Pflichtverletzung so gravierend, dass ein Zwangsgeld eine zu geringe Reaktion wäre, oder muss sofort gehandelt werden, kann als weitere Aufsichtsmaßnahme des Gerichts die Entlassung des Insolvenzverwalters beschlossen werden.[4]
1130

Ein **wichtiger Grund** im Sinne von § 59 InsO für die Entlassung von Amts wegen kann vorliegen bei:
1131
- einer in der Person des Insolvenzverwalters liegenden Unmöglichkeit/Unfähigkeit zur Erfüllung der Verwalterpflichten;
- ersichtlicher Bevorzugung einzelner Gläubiger oder Gruppen von Gläubigern;
- Nichtanzeige einer bestehenden Interessenkollision;[5]
- Verschiebung von Vermögensgegenständen unter Wert und andere Bankrotthandlungen (§§ 283 ff. StGB);
- Prozessführung mit dem Ziel, die Entnahme von Vergütungen nach dem RVG zu ermöglichen;[6]
- Vermischung der Massegelder mit eigenem Geld;

---

3 *Joecks* in HdB. Insolvenzstrafrecht § 23 Rn. 8.
4 *Schmittmann* NZI 2004, 239.
5 *BGH* ZIP 1991, 324; *OLG Zweibrücken* NZI 2000, 373.
6 Vgl. die Berufsgrundsätze des *Verbandes der Insolvenzverwalter Deutschland* ZIP 2006, 2147.

- Untreuehandlung aufgrund von Vertragsgestaltungen, bei denen das wirtschaftliche Risiko einseitig die Insolvenzmasse trifft.[7]

II. Aufgaben und Stellung des vorläufigen Insolvenzverwalters

1. „Starker" vorläufiger Insolvenzverwalter

1132   Als einen „starken" vorläufigen Insolvenzverwalter bezeichnet man denjenigen vorläufigen Insolvenzverwalter, der von dem Insolvenzgericht nach einem allgemeinen Verfügungsverbot an den Schuldner mit einer Verfügungsmacht über die Insolvenzmasse ausgestattet wird (§ 22 InsO). In diesem Fall darf nämlich der vorläufige Verwalter Masseverbindlichkeiten eingehen (§ 55 Abs. 2 InsO), die vorläufige Insolvenzmasse verpflichten (§ 25 Abs. 2 InsO) und eine Haftung gemäß § 61 InsO begründen.

a) Eingehung von Masseverbindlichkeiten

1133   Der starke vorläufige Insolvenzverwalter darf mit Wirkung für und gegen den Schuldner neue Verbindlichkeiten begründen, ohne dass die Gläubiger gemäß § 38 InsO als Insolvenzgläubiger auf eine quotale Befriedigung verwiesen werden müssen. Durch § 55 Abs. 2 InsO sind solche Verbindlichkeiten, die ein starker Insolvenzverwalter begründet, Masseverbindlichkeiten, ebenso wie Verbindlichkeiten aus Dauerschuldverhältnissen, soweit er hierfür die Gegenleistung in Anspruch genommen hat (§ 55 Abs. 2 S. 2 InsO). Die Sondernorm des § 55 Abs. 2 S. 1 InsO bezweckt, den Geschäftspartner des vorläufigen Insolvenzverwalters zu schützen, damit Geschäfte fortgeführt werden, bei denen der Gläubiger sonst in einer bereits bestehenden kritischen wirtschaftlichen Situation keine Aussicht auf vollständige Befriedigung hätte.

1134   Die Bestellung eines solchen starken vorläufigen Insolvenzverwalters ist indessen selten. Nur dann, wenn sich der Schuldner im Verfahren weigert, an Maßnahmen zum Erhalt oder zur Sicherung der Masse mitzuwirken, werden Insolvenzgerichte zu einer solchen Maßnahme greifen. Das Hauptproblem liegt darin, dass dem starken vorläufigen Insolvenzverwalter Masseverbindlichkeiten durch § 55 Abs. 2 InsO aufgezwungen werden, die er bei angespannter Liquiditätslage nicht bedienen kann.

1135   Dem Schutzbedürfnis von Neugläubigern im Insolvenzeröffnungsverfahren kann bei einem schwachen vorläufigen Insolvenzverwalter nur durch eine gerichtlich angeordnete Einzelermächtigung und/oder durch Einrichtung eines Treuhandkontos Rechnung getragen werden.

---

7 *AG Göttingen* NZI 2003, 268; a.A. *LG Göttingen* ZIP 2003, 1760.

                   Knierim

b) Masseverpflichtungen gemäß § 25 Abs. 2 InsO

Wer als Gläubiger mit einem starken vorläufigen Verwalter kontrahiert, muss immer **1136** noch befürchten, dass seine Forderung bei Nichteröffnung des Verfahrens nicht bedient wird. Deshalb bestimmt § 25 Abs. 2 InsO, dass der Verwalter vor der Aufhebung seiner Bestellung alle aus der Zeit der vorläufigen Insolvenzverwaltung bestehenden Verbindlichkeiten erfüllen darf. Die Vorschrift ist nur bei Nichteröffnung des Insolvenzverfahrens bzw. bei vorzeitiger Aufhebung der Sicherungsmaßnahmen anzuwenden. Ergänzend findet sie auch dann Anwendung, wenn die Sicherungsmaßnahmen vorzeitig aufgehoben werden, weil in diesem Fall das Gläubigerinteresse gleichgelagert ist.[8]

c) Haftung

Der starke vorläufige Insolvenzverwalter haftet gemäß § 61 S. 1 InsO dem Neugläu- **1137** biger für die Befriedigung der Forderungen, die gemäß § 55 Abs. 2 InsO Masseverbindlichkeiten geworden sind und später von der Insolvenzmasse nicht gedeckt werden.[9] Durch die Anwendung von § 61 S. 1 InsO i.V.m. § 21 Abs. 2 Nr. 1 InsO sind die Gläubiger ähnlich gut geschützt wie im eröffneten Verfahren. Eine solche Haftung ist interessengerecht, da ansonsten die Betriebsfortführung in erster Linie zulasten der neuen Massegläubiger gehen würde. Im Eröffnungsverfahren ist aber die Fortführung im Interesse der gesamten Gläubiger, weshalb es nicht einzusehen wäre, wenn Massemehrung und -erhaltung nur auf den Schultern der neuen Massegläubiger liegen würden. Unabhängig davon greift die Haftung des vorläufigen Insolvenzverwalters jedenfalls dann, wenn er es versäumt hat, rechtzeitig einen Antrag auf Stilllegung des Unternehmens zu stellen.[10]

2. „Schwacher" vorläufiger Verwalter

a) Aufgaben und Stellung

Ein schwacher vorläufiger Insolvenzverwalter darf **keine Masseverbindlichkeiten** **1138** **begründen**, es sei denn, er ist vom Insolvenzgericht dazu einzeln ermächtigt worden.[11] Der vorläufige schwache Insolvenzverwalter unterliegt grundsätzlich keiner Haftung gemäß §§ 60, 61 InsO, sondern nur dann, wenn er ausdrücklich eigene Pflichten übernommen hat oder in gesetzeswidriger, sittenwidriger Art und Weise handelt. Eine Möglichkeit einer Geschäftsführung für ein fortzuführendes Unternehmen besteht allerdings in der Durchführung der so genannten Treuhandmodells.

---

8 *Pannen* in Runkel § 14 Rn. 23.
9 *Undritz* NZI 2007, 65, 70; *Wallner/Neuenhahn* NZI 2004, 63, 64; *OLG Brandenburg* NZI 2003, 552.
10 *Pannen* in Runkel § 14 Rn. 25b.
11 *Kirchhoff* ZInsO 2004, 57, 60; *Louven/Böckmann* NZI 2004, 128.

1139 In der **Praxis** werden mit Rücksicht auf das Haftungsrisiko des § 61 InsO vor allem „schwache" vorläufige Insolvenzverwalter bestellt. Zwar haben auch diese grundsätzlich die Pflicht der Unternehmensfortführung,[12] sie sind aber nicht über die Insolvenzmasse verfügungsbefugt.[13]

b) Keine Begründung von Masseverbindlichkeiten

1140 Masseverbindlichkeiten können vom schwachen vorläufigen Insolvenzverwalter nicht begründet werden, es sei denn, es liegen **Einzelermächtigungen des Insolvenzgerichts** vor.[14] Nach § 55 Abs. 2 InsO gelten nur solche im Eröffnungsverfahren begründeten Forderungen im später eröffneten Verfahren als Masseverbindlichkeiten, „die von einem vorläufigen Insolvenzverwalter begründet worden sind, auf den die Verfügungsbefugnis über das Vermögen des Schuldners übergegangen ist" (so genannter „starker" vorläufiger Insolvenzverwalter). Folglich haben Neugläubiger, die mit einem „schwachen" vorläufigen Insolvenzverwalter verhandeln, keine Realisierungschance in der Form von Masseforderungen. Sie erhalten nur einfache Insolvenzforderungen gemäß § 38 InsO.

1141 Erst wenn der „schwache" vorläufige Insolvenzverwalter sich zu einem „starken" Insolvenzverwalter wandelt, ihm also eine **Verfügungsbefugnis** durch das Insolvenzgericht übertragen wird, kann eine Masseverbindlichkeit begründet werden. Diese Masseverbindlichkeit kann auch durch eine Bestätigung der bisherigen Neuschulden während des Insolvenzeröffnungsverfahrens gegen die Masse gerichtet werden.[15]

1142 Die Anordnung eines **bloßen Zustimmungsvorbehaltes** wirkt nicht in gleicher Weise wie die Übertragung einer Verfügungsbefugnis. Der Zustimmungsvorbehalt soll nur bewirken, dass der vorläufige Insolvenzverwalter rechtsgeschäftliche Verfügungen des Schuldners verhindern kann.[16] Allein aufgrund eines erlassenen Zustimmungsvorbehaltes ohne ergänzende gerichtliche Anordnung hat der vorläufige Insolvenzverwalter indes keine rechtliche Handhabe, den Schuldner gegen dessen Willen zu Handlungen anzuhalten.

c) Keine Haftung nach §§ 60, 61 InsO

1143 Eine Haftung nach §§ 60, 61 InsO für Handlungen des vorläufigen „schwachen" Insolvenzverwalters ist **ausgeschlossen**. Da er keine Masseverbindlichkeiten nach § 55 Abs. 2 InsO begründen kann und auch die mit ihm verhandelnden Geschäfts-

---

12 *Wallner/Neuenhahn* NZI 2004, 63, 68.
13 *Runkel* in Runkel § 6 Rn. 87.
14 *OLG Köln* ZIP 2001, 1422; *OLG Brandenburg* BKR 2004, 290; *Wiester* NZI 2003, 632; *Kirchhoff* ZInsO 2004, 57, 58.
15 *Wiester* NZI 2003, 632; *OLG Köln* ZIP 2001, 1422; *BGH* ZInsO 2002, 819, 821.
16 *BGH* ZInsO 2002, 819.

partner keine Beteiligte sind, verbleibt es bei der alleinigen Haftung eines starken vorläufigen Insolvenzverwalters nach diesen Vorschriften.

d) Ausdrückliche Übernahme von Haftung

Der schwache vorläufige Verwalter haftet nur, wenn er eigene Pflichten **ausdrück-** **1144** **lich übernommen** (Garantievertrag) oder insoweit einen Vertrauenstatbestand geschaffen hat, an dem er sich festhalten lassen muss (§§ 280, 311 Abs. 2, 3 BGB), oder eine unerlaubte Handlung begangen hat (§ 823 Abs. 2 BGB). Solche Verpflichtungserklärungen oder Zahlungszusagen des vorläufigen Insolvenzverwalters sind aber auf ihren genauen Inhalt zu prüfen. Eine Zahlungszusage für ein Bargeschäft im Sinne von § 142 InsO (Erfüllung einer Lieferantenforderung binnen 14 Tagen) stellt keine anfechtbare Rechtshandlung des vorläufigen Insolvenzverwalters dar und bindet daher die Masse. Verweigert ein Insolvenzverwalter trotz der Zahlungszusage die Zahlung, so liegt darin normalerweise kein Verstoß gegen Treu und Glauben, weil sich trotz fachgerechter Liquiditätsplanung im Eröffnungsverfahren eine Masseunzulänglichkeit herausstellen kann. In einem solchen Fall wird deshalb ein Garantievertrag nicht angenommen. Eine Bindung des Insolvenzverwalters muss sich deshalb ausdrücklich darauf erstrecken, dass er im Zweifel auch eine persönliche Verpflichtung übernimmt, für den Ausgleich der Verbindlichkeit aufzukommen. Hierbei handelt er nicht als Insolvenzverwalter, sondern als Geschäftspartner des Lieferanten, so dass er erst bei einem solchen Handeln einen schutzwürdigen Vertrauenstatbestand begründet und einen etwaigen Quotenschaden auszugleichen hat.

Eine **persönliche Haftung** des schwachen vorläufigen Insolvenzverwalters ist vom **1145** BGH nur dort anerkannt worden, wo ein starkes Eigeninteresse des handelnden Verwalters bestand und der Lieferant dem Verwalter ein besonderes Vertrauen entgegengebracht hat, das seine Gleichstellung mit dem eigentlichen Vertragspartner rechtfertigt.[17] Die persönliche Haftung aufgrund eines Garantievertrages (§ 311 Abs. 1 BGB) dürfte selten sein. Zwar fordern Gläubiger häufig eine solche Erklärung, sie wird in der Regel aber von keinem verantwortungsbewussten Verwalter abgegeben. Gibt aber ein Verwalter in einer Betriebsversammlung die Erklärung ab: „Sie bekommen jede Stunde bezahlt, und wenn ich Sie aus meiner eigenen Tasche oder privat bezahlen müsste.", dann kann er dafür in Anspruch genommen werden.[18]

Grundsätzlich fällt es in die **Verantwortung des Vertragspartners**, sich nach den **1146** Risiken eines Geschäftes zu erkundigen und diese gegen die Vorteile des beabsichtigten Vertrages abzuwägen. Immer dann, wenn der Insolvenzverwalter sich als solcher zu erkennen gibt, wird damit dem Geschäftspartner ein erhöhtes Risiko bewusst sein, bei dem nur eingeschränkte Aufklärungspflichten bestehen.[19] Die

---

17 *BGH* NJW-RR 1990, 94, 96; *Lüke* JuS 1990, 451/453; *K. Schmidt* ZIP 1988, 7, 9.
18 *LAG Hamm* InVo 1999, 174, 176; *OLG Celle* NZI 2004, 89.
19 *BGHZ* 100, 346, 351.

Risikogrenze kann im Sinne einer persönlichen Haftung des vorläufigen Insolvenzverwalters überschritten sein, wenn dieser keine wahrheitsgemäße Auskunft erteilt oder die Masseverhältnisse verschleiert.[20]

3. „Halbstarker" Insolvenzverwalter

1147 Nach Auffassung des BGH kann eine **Einzelermächtigung des Insolvenzgerichtes** zu einem „halbstarken" Insolvenzverwalter führen (§ 22 Abs. 2 S. 2 InsO). Im Eröffnungsverfahren kann es aus abrechnungstechnischen Gründen oder wegen fehlender Liquidität vorkommen, dass ein Bargeschäft nicht ausgeführt werden kann. Deshalb würden einfache Insolvenzforderungen gemäß § 38 InsO entstehen, die den Gläubiger u.U. dazu veranlassen, die Lieferung im Eröffnungsverfahren sofort einzustellen und damit die Betriebsfortführung zu gefährden. In diesen Fällen muss der vorläufige Insolvenzverwalter in der Lage sein, die Gläubiger abzusichern, indem er ihnen eine Sicherheit anbietet („Treuhandmodell") oder im Rahmen einer Einzelermächtigung ihre Verbindlichkeiten zu Masseverbindlichkeiten aufwertet.

1148 Der BGH hat die Zulässigkeit und Ausgestaltung der Einzelermächtigung zur Begründung von Masseverbindlichkeiten bestätigt, sofern sie **ausreichend bestimmt** ist und zu einer **nur kontrollierten Begründung** von Masseverbindlichkeiten führt.[21] Die Rechte des vorläufigen Insolvenzverwalters müssen in einer solchen Einzelermächtigung im Einzelnen festgelegt werden, wobei auch eine Ermächtigung für „bestimmte, abgrenzbare Arten von Maßnahmen" erteilt werden darf. Darunter sind beispielsweise allgemeiner Forderungseinzug, die Kündigung von bestimmten Arten von Dauerschuldverhältnissen oder die Präzisierung der Personen, die unter ein Betretungsverbot fallen, zu fassen.[22] Die Reichweite solcher Einzelermächtigungen ist regional sehr unterschiedlich, da teilweise gesamte Gruppen- und Projektermächtigungen erteilt werden, sie teilweise aber auch bestimmte, eng umrissene Bereiche erfassen. Andere Insolvenzgerichte erteilen eine generelle Ermächtigung zur Begründung von „betriebsnotwendigen" Verbindlichkeiten im Rahmen einer Fortführung im Eröffnungsverfahren.[23]

1149 Das Mittel der Einzelermächtigung zur Absicherung der Gläubiger versagt, wenn im Verfahren die **Masseunzulänglichkeit** (§ 208 InsO) eintritt. Die Folgen der Masseunzulänglichkeit führt beim vorläufigen Insolvenzverwalter dazu, dass die Betriebsfortführung unnötig risikobehaftet ist, da er auf der einen Seite den Auftrag hat, den sanierungsfähigen Betrieb fortzuführen, auf der anderen Seite aber bei Masseunzulänglichkeit für die von ihm begründeten Masseverbindlichkeiten gemäß § 61 InsO haftet.[24] Diese Schwäche soll dadurch ausgeglichen werden können, dass eine

---

20 *OLG Schleswig* NZI 2004, 92; *Wallner/Neuenhahn* NZI 2004, 63, 68.
21 *BGH* ZInsO 2002, 819; *Pape* ZInsO 2002, 886.
22 *BGH* ZInsO 2002, 819, 823; NJW-RR 2007, 624.
23 Zu allem: *Frind* ZInsO 2004, 470.
24 *AG Hamburg* ZInsO 2004, 1270.

„Vorrang-Ermächtigung" gemäß § 209 Abs. 1 Nr. 2 InsO durch das Insolvenzgericht erteilt werden kann mit der Wirkung, dass noch nicht als Masseverbindlichkeiten bestehende Lieferantenforderungen von Neugläubigern vorrangig befriedigt werden. Allerdings ist die Konstruktion umstritten.[25]

4. Treuhandmodell

Schon vor Inkrafttreten der InsO war anerkannt, dass Gläubiger im Wege eines **1150** **Doppeltreuhandkontos** gesichert werden können.[26] Im Treuhandmodell wird den im Eröffnungsverfahren weiter liefernden Gläubigern durch einen „uneigennützigen Treuhänder" ein Treuhandkonto in Form eines Anderkontos eingerichtet, von welchem die Weiterlieferer für ihre Forderungen befriedigt werden können. Die Lieferanten sind dann Treugeber (Sicherungstreuhand). Da das Anderkonto zugunsten der Weiterlieferer eingerichtet wurde, steht diesen an dem Guthaben ein Aussonderungsrecht gemäß § 47 InsO zu, das nach vollständiger Befriedigung der Weiterlieferer übrig bleibende Guthaben ist vom Insolvenzverwalter zur Masse zu ziehen. Richtet ein vorläufiger schwacher Insolvenzverwalter ein solches Treuhandkonto ein, sind die Gläubiger derartiger Forderungen gut gesichert. Der Doppeltreuhänder erlangt in der Insolvenz des Schuldners ein fremdnütziges Absonderungsrecht, das er im Interesse des gesicherten Neugläubigers geltend macht.[27] Die Gläubiger tragen dann nur das Risiko, dass die Forderungen nicht werthaltig sind und die auf dem Treuhandkonto befindlichen Gelder nicht ausreichen, um die Gläubiger insgesamt zu befriedigen.[28] Der Treuhänder, das heißt der Kontoführer des Sicherungskontos, ist Sicherungstreuhänder. Im Verhältnis zu den gesicherten Gläubigern ist er Verwaltungstreuhänder.

Die so genannte **mehrseitige Treuhand**[29] ist so auszulegen, dass dem Leistenden ein **1151** eigener Anspruch auf Befriedigung durch Verwertung aus dem Treuhandkonto gewährt wird. Der Treuhandvertrag ist also nicht anfechtbar, weil es sich um ein Bargeschäft im Sinne von § 142 InsO handelt.[30]

Treuhänder kann sowohl der vorläufige Insolvenzverwalter selbst als auch ein von **1152** diesem zu **bestimmender Dritter** sein. Da es sich aber um ein Geschäft handelt, mit dem die Unternehmensfortführung gesichert werden soll, womit die Interessen anderer Gläubiger ebenfalls mit berührt werden, muss der Treuhänder eine Person sein, die zumindest gerichtlich kontrolliert werden kann, was zu einer regelmäßigen Einrichtung von Treuhandmodellen durch den vorläufigen schwachen Insolvenzverwalter selbst führt.[31] In der Praxis bietet sich an, dass die Einrichtung eines Treu-

25 *Marotzke* ZInsO 2005, 561; *Werres* ZInsO 2005, 1233.
26 *BGH* ZIP 1989, 1466.
27 *Bork* ZIP 2003, 1421, 1424; *Frind* ZInsO 2003, 778, 780.
28 *Bähr* ZIP 1998, 1553, 1558.
29 *BGH* ZIP 1989, 1466, 1668.
30 *Bork* ZIP 2003, 1421.
31 *Pannen* in Runkel § 14 Rn. 86a, 86d.

handkontos durch das Insolvenzgericht genehmigt wird, so dass die Probleme beim Auffüllen des Treuhandkontos wie auch bei Abverfügung von diesem Konto der gerichtlichen Kontrolle unterliegen. Das Insolvenzgericht kann eine Anordnung gemäß § 21 Abs. 2 Nr. 2. Alt. 2 InsO erlassen, nach der Verfügungen des Schuldners nur mit Zustimmung des vorläufigen Insolvenzverwalters wirksam sind. Von diesem Vorbehalt kann eine Zahlung auf das Treuhandkonto ausgenommen werden. In diesem Fall hat der Schuldner selbst die Möglichkeit, das Treuhandkonto aufzufüllen und damit die Weiterbelieferung sicherzustellen.[32]

III. Zivilrechtliche Haftung des Insolvenzverwalters

1. Haftung für Masseunzulänglichkeit

1153 Gemäß § 61 S. 1 InsO haftet der Insolvenzverwalter **persönlich**, wenn eine Masseverbindlichkeit, die von ihm begründet worden ist, aus der Masse nicht voll erfüllt werden kann. Das gilt nicht, wenn der Verwalter bei Begründung der Verbindlichkeit nicht erkennen konnte, dass die Masse voraussichtlich zur Erfüllung nicht ausreichen würde, § 61 S. 2 InsO. Nach Wortlaut und Systematik des Gesetzes ist der Insolvenzverwalter darlegungs- und beweispflichtig dafür, dass diese Haftungsbeschränkung in seine Person erfüllt ist. Dazu muss nachgewiesen werden, dass objektiv von einer für die Erfüllung der Verbindlichkeit ausreichenden Masse auszugehen oder zumindest subjektiv die Unzulänglichkeit der Masse nicht erkennbar war. Auch hier kommt es auf den Zeitpunkt der Begründung der Masseverbindlichkeit an. Ein solcher Entlastungsbeweis kann beispielsweise in einer Liquiditätsrechnung liegen. So kann der Verwalter beispielsweise durch Hinzuziehung eines Wirtschaftsprüfers oder eines Steuerberaters nachweisen, dass das Unternehmen im Insolvenzeröffnungsverfahren auch weiterhin Liquidität erhält, mit der bei fortgeführtem Geschäft eine ausreichende Masse bei Fälligkeit der Neuverbindlichkeit anzunehmen war.[33] Der Verwalter haftet außerdem im Rahmen eines Vertragsanbahnungsverhältnisses dafür, dass geschäftsschädigende Rechtshandlungen unterlassen oder Warnpflichten erfüllt werden.[34]

1154 Die Haftung nach § 61 S. 1 InsO richtet sich kraft Gesetzes gegen den Insolvenzverwalter und kann vom Massegläubiger auch **während des laufenden Insolvenzverfahrens** geltend gemacht werden, sobald der Ausfallschaden realisiert ist.[35]

1155 Die Haftung setzt eine **pflichtwidrige Begründung** von Masseverbindlichkeiten durch den vorläufigen Insolvenzverwalter voraus.[36] Der Anspruch entsteht aber

---

32 *Werres* ZInsO 2005, 1233.
33 *LG Köln* NZI 2003, 652; NZI 2002, 607; *OLG Celle* ZInsO 2003, 334, 335; *Vallender* NZI 2003, 554.
34 *OLG Karlsruhe* ZIP 2003, 267, 269; a.A. *LG Dresden* ZIP 2004, 2016, 2017; *Frind* ZInsO 2005, 1296, 1299.
35 *BGH* NJW 2004, 3334.
36 *BGH* NJW 2004, 3334.

Knierim

nicht, wenn eine Masseunzulänglichkeit (§ 208 InsO) auf Gründen beruht, die erst später eintreten, es sei denn, der Insolvenzverwalter konnte bei der Begründung der Schuld erkennen, dass die Masse zur Erfüllung der Verbindlichkeit voraussichtlich nicht ausreichen wird.

Die Haftung des Insolvenzverwalters beschränkt sich auf das so genannte **negative** **1156** **Interesse.** Gemäß § 249 BGB ist der Geschädigte so zu stellen, wie er stünde, wenn der Insolvenzverwalter die Pflichtverletzung nicht begangen hätte. Der Grund für die Haftung liegt nämlich nicht darin, dass der Verwalter die Masseverbindlichkeit nicht erfüllen kann, sondern darin, dass er trotz Erkennbarkeit einer voraussichtlichen Massearmut die vertragliche Beziehung überhaupt eingegangen ist. Es handelt sich also um eine typische Vertrauenshaftung. Sind jedoch Verbindlichkeiten entstanden, die der Verwalter nicht selbst herbeigeführt hat, so hat er dafür nicht einzustehen.[37]

2. Verletzung der Verwalterpflichten

Nach § 60 Abs. 1 InsO ist der Insolvenzverwalter allen Beteiligten zum Schadener- **1157** satz verpflichtet, wenn er **schuldhaft die Pflichten verletzt**, die ihm nach der InsO obliegen. Er hat für die Sorgfalt eines ordentlichen und gewissenhaften Insolvenzverwalters einzustehen. Das Gesetz knüpft an die Verwalterpflichten nach der InsO an.[38] Die Verletzung insolvenzspezifischer Pflichten durch den Verwalter kann die Masse und damit Schuldner und Gläubiger als Gesamtheit schädigen. Man spricht in diesem Fall von einem Gesamtschaden, der dann entstehen kann, wenn der Verwalter seine Pflichten zur Inbesitznahme, zur Verwaltung und zur Verwertung der Masse verletzt.

Pflichtverletzungen bei der Inbesitznahme werden regelmäßig dann vorliegen, **1158** wenn der Insolvenzverwalter Vermögenswerte übersieht, die er zur Masse ziehen kann, Anfechtungsrechte nicht ausübt oder Ansprüche nicht geltend macht, die zweifelsfrei bestehen und mit Aussicht auf Erfolg durchgesetzt werden können.

Die **Erhaltung der Masse** muss durch geeignete Sicherungen und Versicherungen **1159** planmäßig betrieben werden. Der Verwalter darf der Masse keine Werte entziehen und dadurch die Insolvenzquote mindern, so darf er beispielsweise keine unberechtigten Forderungen anerkennen. Auch Fehler bei der Behandlung von Steuerangelegenheiten können zu einer ersatzpflichtigen Masseschmälerung führen. Häufig werden Masseschädigungen durch eine unzweckmäßige Betriebsfortführung vorkommen.

Schließlich ist die **Verwertung der Masse** selbst planmäßig zu betreiben, so dass **1160** übermäßige Verwertungsaufwendungen, eine unzweckmäßige Verwertungsart oder ein zu langes Zögern Schäden verursachen können, die ausgleichspflichtig sein können.

---

37 *BAG* NZI 2007, 124 für Arbeitnehmeransprüche, die der Verwalter erst in einem gerichtlichen Vergleich anerkannt hat; *OLG Hamm* ZIP 2006, 1911 bei einer klageweise entstandenen Masseverbindlichkeit.
38 *BGH* ZIP 1987, 115.

1161 Mit der **Haftung für Einzelschäden** muss nach dem Schutz der Verwalterpflichten gefragt werden. Gegenüber Massegläubigern, Insolvenzgläubigern, Aus- und Absonderungsberechtigten sowie dem Schuldner bestehen Pflichten in unterschiedlichen Formen und mit unterschiedlicher Zielrichtung. Deshalb kann beispielsweise eine Prozessführung alleine nicht zu einem Schadenersatzanspruch führen.[39]

3. Sonstige Haftungsnormen

1162 Der Insolvenzverwalter kann darüber hinaus wegen **Verschuldens bei Vertragsverhandlungen** (§ 311 Abs. 2, 3 BGB), wegen **selbstständiger Garantieversprechen** oder wegen **unerlaubter Handlungen** in Anspruch genommen werden.[40]

IV. Strafrechtliche Verantwortung des Insolvenzverwalters

1. Straftaten zum Vorteil des insolventen Unternehmens

a) Bestellter Insolvenzverwalter

1163 Der Insolvenzverwalter kann darüberhinaus **als Vertreter des Unternehmens** gemäß § 14 Abs. 1 Nr. 3 StGB (so die vorherrschende strafrechtliche Auffassung) oder aufgrund seiner Amtsstellung gemäß § 14 Abs. 2 Nr. 1 StGB (so die vorherrschende zivilrechtliche Ansicht) alle „schuldnertypischen" Straftaten verwirklichen.[41] Der Insolvenzverwalter kann Adressat der strafbewehrten Pflichten sein, wenn sich ihn treffende Handlungspflichten aus dem gesetzlichen Tatbestand ergeben und eine strafbefreiende Unmöglichkeit bzw. Unzumutbarkeit der Einhaltung entsprechender Handlungspflichten nicht festgestellt werden kann.[42]

1164 Soweit es um eine **zeitliche Einordnung** für die Erfüllung der originären Schuldnerpflichten ankommt, ist der Zeitpunkt maßgeblich, zu dem die Organstellung des Schuldners für seine strafrechtliche Verantwortung endet. Besteht die Gesellschaft nicht fort, so endet auch die Pflichtenstellung ihrer Organe[43] und damit deren strafrechtliche Verantwortlichkeit. Um eine Beendigung der Verantwortlichkeit zu erreichen, müssen die Abberufung und Amtsniederlegung als empfangsbedürftige Willenserklärungen dem Geschäftsführer bzw. den Gesellschaftern mitgeteilt werden.[44]

---

39 *BGHZ* 148, 175, 179 = NZI 2001, 533, 534; *Pape* ZIP 2001, 1701; *BGH* ZIP 2005, 131.
40 *Runkel* in Runkel § 6 Rn. 213 ff.; *BGH* ZIP 2006, 194; *Meyer-Löwy* ZInsO 2005, 691.
41 *Wessing* Insolvenz- und Strafrecht – Risiken und Rechte des Beraters und Insolvenzverwalters, in: NZI 2003, 1, 5; *Joecks* in HdB Insolvenzstrafrecht § 23 Rn. 3.
42 *Richter* Strafbarkeit des Insolvenzverwalters, in: NZI 2002, 121.
43 *Gehrlein* DStR 1997, 31.
44 *OLG Naumburg* NJW-RR 2001, 1183.

b) Schwacher Insolvenzverwalter

Eine strafrechtliche Verantwortung des vorläufigen Insolvenzverwalters ergibt sich aus § 14 Abs. 1 Nr. 3 StGB.[45] Handelt es sich um einen „starken" vorläufigen **Insolvenzverwalter** und hat das Gericht den Übergang der Verwaltungs- und Verfügungsbefugnisse auf diesen angeordnet, sind damit auch die strafrechtlichen Pflichten des Schuldners auf diesen übergegangen.[46] Der vorläufige Insolvenzverwalter nimmt in diesen Fällen faktisch die gleiche Stellung ein wie der spätere Insolvenzverwalter. Deshalb geht die strafgerichtliche Rechtsprechung davon aus, dass er in gleichem Maße treuepflichtig ist wie der Insolvenzverwalter selbst. Bei der Bestimmung etwaiger Treuepflichten im Sinne von § 266 StGB wirkt sich allerdings das Ziel des Insolvenzverfahrens im Rahmen der vorläufigen Insolvenzverwaltung aus. Grund dafür ist, dass § 22 Abs. 2 S. 2 Nr. 2 InsO dem vorläufigen Insolvenzverwalter die Verpflichtung auferlegt, die Fortführung des Unternehmens bis zu einer Entscheidung des zuständigen Insolvenzgerichtes anzustreben. Dies bedeutet auch, dass Handlungen des Insolvenzverwalters, die bei einer auf Liquidation ausgerichteten vorläufigen Insolvenzverwaltung unzulässig wären, in diesem Fall zulässig sein können.

1165

Ist nur ein „**schwacher**" **vorläufiger Insolvenzverwalter** bestellt, so verbleiben die Verwaltungs- und Verfügungsbefugnisse weitestgehend beim Schuldner, der Verwalter hat nur die Aufgabe, den Schuldner zu überwachen und das Schuldnervermögen zu sichern.[47] Eine etwaige Strafbarkeit hängt damit von den Pflichten des Verwalters im Einzelfall ab.

1166

Beschließt das zuständige Insolvenzgericht, kein allgemeines Verfügungsverbot anzuordnen, so kommt es für die **Bestimmung der Treuepflicht** darauf an, welche Rechte und Pflichten dem „schwachen" vorläufigen Insolvenzverwalter gemäß § 22 Abs. 2 InsO verliehen wurden. Keine Treuepflicht soll in den Fällen vorliegen, in denen das Insolvenzgericht die Verwaltungs- und Verfügungsbefugnis in vollem Umfang beim Schuldner belässt und die dem Insolvenzverwalter übertragenen Aufsichts- und Gutachterfunktionen weder Elemente eines Geschäftsbesorgungsverhältnisses aufweisen noch Raum für eigenverantwortliche Entscheidungen des Insolvenzverwalters zulassen.[48]

1167

Nicht abschließend geklärt ist die Situation, in der das Gericht alle Entscheidungen des Schuldners einem **allgemeinen Zustimmungsvorbehalt des Insolvenzverwalters** unterwirft. In den Fällen eines solchen absoluten Verfügungsverbotes (§ 22 Abs. 2 S. 1 i.V.m. § 21 Abs. 2 Nr. 2, 2. Alt., §§ 24 Abs. 1, 81 Abs. 1 InsO, § 134 BGB) verbleibt die Verpflichtungs- und Verfügungsmacht beim Schuldner. Dennoch

1168

---

45 Schönke/Schröder-*Lenckner/Perron* § 14 Rn. 24.
46 *Ringstmeier* in: Runkel § 5 Rn. 62, 63 m.w.N.
47 *Hessisches FG* v. 2.1.2007 – 6 K 152/03.
48 A.A.: LK-*Schünemann* § 266 Rn. 60, 127, der für jeden Insolvenzverwalter eine Vermögensbetreuungspflicht annimmt.

ist anerkannt, dass der Zustimmungsvorbehalt dazu führt, dass eine Vermögensbetreuungspflicht des (vorläufigen) Insolvenzverwalters im Sinne des § 266 StGB begründet wird. Da die Treuepflicht des Insolvenzverwalters ihre Grundlage in der InsO hat, kann erst dann eine Treuepflichtverletzung angenommen werden, wenn die Zustimmungserteilung zu einer konkreten Schuldnerverfügung mit dem Zweck des Insolvenzverfahrens nicht vereinbar ist. Dies kann im Rahmen der vorläufigen Insolvenzverwaltung insbesondere der Fall sein, wenn dem Ziel der Betriebsfortführung der Boden durch die Veräußerung von Betriebsmitteln entzogen wird.[49]

1169 Schwächt das Gericht den „schwachen" vorläufigen Insolvenzverwalter über den allgemeinen Zustimmungsvorbehalt hinaus, indem gemäß § 21 Abs. 1 InsO ein besonderes Verfügungsverbot nur auf einzelne, vom Gericht benannte Vermögensgegenstände verfügt wird, so hat dies zur Folge, dass im Unterschied zu einer Anordnung nach § 21 Abs. 2 Nr. 2, 2. Halbs. InsO nicht von einem absoluten, sondern nur von einem **relativen Veräußerungsverbot** (§§ 135, 136 BGB) auszugehen ist. In diesen Fällen behält der Schuldner die Möglichkeit, über sein Vermögen zu verfügen, schuldrechtliche Verpflichtungen einzugehen und Dritten gutgläubig das Eigentum an Gegenständen der Insolvenzmasse zu verschaffen, auch wenn der Insolvenzverwalter seine Zustimmung hierzu nicht erteilt. Damit ist ein Missbrauch im Sinne von § 266 Abs. 1 Alt. 1 StGB ausgeschlossen. Dennoch wird eine Treuepflicht im Sinne von § 266 Abs. 1 Alt. 2 StGB angenommen, da die Zustimmung im Rahmen der ordnungsgemäßen Insolvenzverwaltung mit eigenen Entscheidungsspielräumen ausgestattet ist und den für den Insolvenzverwalter fremden Interessen unterliegt.[50]

1170 In allen Fällen, in denen das Insolvenzgericht dem Insolvenzverwalter im Einzelfall besondere Zustimmungsvorbehalte zugewiesen hat, verbleiben auch bei dem Schuldner bzw. seinen Organen strafbewehrte Vermögensbetreuungspflichten im Sinne des Untreuetatbestandes.

c) Eigeninitiative des Insolvenzverwalters

1171 Wenn der Insolvenzverwalter eine über die gerichtlichen Anordnungen **hinausgehende Tätigkeit** entfaltet und dadurch das Schuldnervermögen schädigt, kann sich eine Treuepflicht aus der allgemeinen Aufgabenwahrnehmung ergeben.[51] In Fällen, in denen der schwache vorläufige Insolvenzverwalter die Geschäftsleitung entweder alleine oder gemeinsam mit dem Schuldner ausübt, rückt er in die Nähe der Stellung eines faktischen Geschäftsführers.

---

49 *Schramm* Untreue durch Insolvenzverwalter, in: NStZ 2000, 398, 401.
50 LK-*Schünemann* § 266 Rn. 60, 127.
51 *Schramm* Untreue durch Insolvenzverwalter, in: NStZ 2000, 398, 401.

Knierim

2. Hilfen für den Insolvenzschuldner

a) Strafvereitelung

Die Gefahr der Strafvereitelung besteht, wenn der zumeist gutachterlich[52] tätige **1172** (vorläufige) Verwalter durch die Ermittlung im wirtschaftlichen und rechtlichen Umfeld des Schuldners Kenntnis von gegebenenfalls strafbaren Handlungen erhält. In diesen häufig auftretenden Fällen gerät der vorläufige Verwalter/Gutachter häufig in einen **Interessenkonflikt**. Auf der einen Seite ist er auf die Zusammenarbeit mit dem Schuldner zur ordnungsgemäßen Abwicklung des Verfahrens angewiesen, auf der anderen Seite besteht die Verpflichtung des Verwalters, auf konkrete Fragen der Staatsanwaltschaft die ihm bekannten Straftaten wahrheitsgemäß und umfänglich mitzuteilen. Bei der Auflösung dieses Konflikts gilt es zu bedenken, dass den vorläufigen Verwalter keine „besondere" Pflicht zur Aufklärung von Straftaten trifft, die über die für „jedermann" geltende Verpflichtung aus § 138 StGB hinausgeht. Strafbar kann sich demnach nur machen, wer in Kenntnis einer Strafverfolgung oder einer verfolgbaren Straftat diese verdeckt oder auf konkrete Fragen der Staatsanwaltschaft nicht wahrheitsgemäß und umfänglich antwortet. Denn für den Straftatbestand der Strafvereitelung ist es ausreichend, dass der Verwalter wider besseres Wissens angibt, nichts von Straftaten zu wissen, oder sich weigert, überhaupt Angaben zu machen, obwohl er dazu – in Ermangelung eines bestehenden Zeugnisverweigerungsrechts – verpflichtet ist.[53] Die Tat ist bereits im Versuch strafbar.

━━━━━━━━━━━━━━━━━━━━━━━━━━━━━ **Praxishinweis** ━━━━━━━

Um den vermeintlichen Interessenkonflikt zu vermeiden und strafrechtliche Risiken **1173** zu minimieren, sollte sich der umsichtige Verwalter bei Gesprächen mit dem Schuldner nicht in eine Position begeben, die einen potentiellen Interessenkonflikt auslösen kann.[54]

b) Begünstigung

Die Begünstigung ist von geringerer praktischer Bedeutung, da sie schon im Hand- **1174** lungsunrecht voraussetzt, dass der Begünstigende – in diesem Fall der Insolvenzverwalter – einem anderen (in der Regel dem Schuldner) in der Absicht Hilfe leistet, diesem die aus einer rechtswidrigen Tat erlangten Vorteile zu sichern. Hieran wird der Verwalter in aller Regel kein Interesse haben.[55]

---

52 Zur Vermeidung strafrechtlicher Risiken durch die Einholung von Gutachten: *Heim/Samson* wistra 2008, 81 ff.
53 MüKo-StGB-*Cramer* Bd. 3 § 258 Rn. 9 mit einer Aufzählung tauglicher Handlungen.
54 *Ringsmeier* in Runkel § 5 Rn. 72.
55 *Ringsmeier* in Runkel § 5 Rn. 68.

3. Buchführung und Bilanzierung

1175 Gemäß § 155 InsO obliegen dem Insolvenzverwalter sämtliche **Pflichten zur ordnungsgemäßen Buchführung und Bilanzierung.** Das bedeutet, dass den Insolvenzverwalter auch die Pflicht gemäß § 155 Abs. 2 S. 2 InsO trifft, den Abschluss des alten Rumpfgeschäftsjahres sowie die Erstellung einer Eröffnungsbilanz auf das Insolvenzverfahren durchzuführen. Dieser Pflicht kommt besondere Bedeutung zu, da die verspätete Erstellung dieser Handelsbilanzen und die nicht ordnungsgemäße Führung der Bücher gemäß der §§ 283 Abs. 1 Nr. 5–7, 283b, 14 Abs. 2 S. 1 Nr. 1 StGB strafbar sind.[56]

═══════════════════════════════ **Praxishinweis** ═══════

1176 Die Durchführung einer ordnungsgemäßen Buchführung und Bilanzierung gemäß § 155 InsO gehört neben der strafbewehrten Abführung von Arbeitnehmeranteilen gemäß § 266a StGB zu den Kardinalpflichten des Insolvenzverwalters. Verwendet der Insolvenzverwalter das Vermögen des Unternehmens unter Vernachlässigung dieser Pflichten anderweitig, ist fast immer von einem strafbaren Verhalten auszugehen.

1177 Die Buchführungspflichten treffen den Insolvenzverwalter auch als **Amtsvertreter des Leitungsorgans** einer juristischen Person. Ausgenommen von den Buchführungspflichten sind lediglich Kleingewerbetreibende gemäß § 2 HGB und die nach der AO begünstigten Kaufleute. Haben Kleingewerbetreibende sich im Handelsregister eintragen lassen, so kann nur ein Löschungsantrag gemäß § 2 S. 2 HGB dazu führen, dass die Buchführungspflichten wieder entfallen.

1178 Im Zusammenhang mit den **Rechnungslegungspflichten** hat der Insolvenzverwalter insbesondere auf die Straftatbestände der §§ 331 ff. HGB zu achten. Hierunter fällt auch die strafbewehrte Pflicht zur Offenlegung des Jahresabschlusses innerhalb einer Frist von 12 Monaten beim zuständigen Handelsregister gemäß der §§ 325 ff. HGB. Kommt der Insolvenzverwalter dieser Verpflichtung nicht nach, kann ein Ordnungsgeld zwischen 2500 € und 25 000 € gemäß § 335a HGB verhängt werden. Dabei ist es ausreichend, dass eine Jahresabschlusskopie angefordert wurde.[57]

---

56 Dies gilt auch für die Straf- und Ordnungswidrigkeitenvorschriften der §§ 331, 334 HGB und des Gesellschaftsrechts, vgl. § 400 AktG.
57 *LG Bonn* BB 2002, 197.

4. Beitragsvorenthaltung

a) Abführung fälliger Beiträge zur Sozialversicherung

Auch für den Insolvenzverwalter strafbar ist die **Nichtzahlung fälliger Arbeitneh-**   **1179**
merbeiträge zur Sozialversicherung gemäß § 266a StGB[58] bei einer bestehenden
und zumutbaren Handlungsmöglichkeit.[59] Die Tat ist ein Dauerdelikt, das jeweils ab
der Fälligkeit der abzuführenden Beiträge vollendet und erst dann beendet ist, wenn
die Beiträge vollständig abgeführt sind.[60] Werden die erforderlichen Angaben über
die Anzahl der bei dem Unternehmen Beschäftigten, deren Beschäftigungszeit sowie
deren Bruttolöhne und Beitragssatz der Einzugsstelle nicht ordnungsgemäß angegeben,[61] so können diese bei unzureichender Buchführung geschätzt werden.[62]

════════════════════ **Praxishinweis** ════════════════════

Der Anwalt wird in der Beratung auf die Möglichkeit der Straffreiheit nach § 266a   **1180**
Abs. 4 S. 2 StGB hinweisen. Wird der Einzugsstelle rechtzeitig mitgeteilt, welche
Beiträge nicht pünktlich gezahlt werden konnten und werden die Beträge innerhalb
einer von der Einzugsstelle zu bestimmenden Stundungsfrist nachentrichtet, führt das
zur Straflosigkeit (§ 266a Abs. 4 S. 1 Nr. 1, 2 StGB). Ist dies nicht möglich, so
können Teilzahlungen – auch wenn keine Straffreiheit i.S.v. § 266a Abs. 4 S. 2 StGB
eintritt – bei der Strafbemessung zugunsten des Abführungspflichtigen berücksichtigt
werden.[63]

Setzt das zuständige Insolvenzgericht lediglich einen „schwachen" **vorläufigen In-**   **1181**
solvenzverwalter ein, so verbleibt die Pflicht zur Abführung von Sozialversicherungsbeiträgen beim Schuldner.[64]

Der Straftatbestand des § 266a StGB knüpft in seiner Strafandrohung an das Unter-   **1182**
lassen einer Beitragsabführung bei bestehender Abführungspflicht an. Die Abführungspflicht wiederum setzt ihrerseits das Bestehen eines **versicherungspflichtigen**

---

58 *BGHSt* 47, 318; *BGHSt* 48, 307; *OLG Karlsruhe* NJW 2006, 1364/1366; dazu auch *Kutzner* Strafbarkeit wegen Vorenthaltens von Arbeitsentgelt – Höhen und Tiefen neuester
BGH-Rechtsprechung, in: NJW 2006, 413 ff.; *Plagemann* NZS 2000, 8 ff.
59 Zum Vorrang der Abführungspflicht ggü. anderen Verbindlichkeiten in der Rechtsprechung des BGH: *Bittmann* Beitragsvorenthaltung bei Insolvenzreife der GmbH, in: wistra
2004, 327; *Heeg* DStR 2007, 2134, 2135; *Rönnau* Die Strafbarkeit des Arbeitgebers gemäß § 266a I StGB in der Krise des Unternehmens, in: wistra 1997, 13; *ders.* Die Strafbarkeit des Vorenthaltens von Arbeitnehmersozialversicherungsbeiträgen in der Krise des
Unternehmens, in: NJW 2004, 976; *ders.* Beitragsvorenthaltung in der Unternehmenskrise, in: wistra 2007, 81.
60 *Richter* Strafbarkeit des Insolvenzverwalters, in: NZI 2002, 121, 124 m.w.N.
61 *BGH* NStZ 1996, 543 m.w.N.
62 *BGH* NStZ 2001, 599.
63 Schönke/Schröder-*Lenckner/Perron* StGB § 266a Rn. 10.
64 *LG Paderborn* U. v. 17.10.2002 – 1 S 96/02.

Knierim

Beschäftigungsverhältnisses voraus. Der Insolvenzverwalter kann sich daher aus eigenen Stücken von einer möglichen Strafbarkeit befreien, indem er bestehende Beschäftigungsverhältnisse beendet und so die strafbewehrte Verpflichtung zur Beitragsabführung erlöschen lässt.[65]

b) Finanzierung der Sozialversicherungsbeiträge

1183 Strafrechtliche Risiken ergeben sich für den im Insolvenzverfahren tätigen Verwalter auch im Rahmen der **Finanzierung des Insolvenzverfahrens**, hier insbesondere, wenn der Schuldner seiner Abführungspflicht durch die Teilnahme am Lastschriftverfahren oder durch Scheckzahlung nachgekommen ist und der Verwalter die Zahlung zurückruft oder den Scheck sperrt. Die Einzugsstelle wird in diesen Fällen versuchen, den Geschäftsführer der Gesellschaft persönlich in Haftung zu nehmen.[66]

1184 Strafbar werden die Handlungen des Insolvenzverwalters dann, wenn eine entsprechende **Deckung zur Abführung** der Beiträge vorhanden war und das verantwortliche Organ der Gesellschaft durch die Teilnahme am Lastschriftverfahren oder der Scheckzahlung seiner Pflicht nachgekommen ist. Dabei spielt die sich aus § 130 Abs. 1 Nr. 2 InsO für den Insolvenzverwalter ergebende Verpflichtung, geleistete Zahlungen, die innerhalb der letzten drei Monate vor dem Antrag auf Eröffnung des Insolvenzverfahrens vorgenommen wurden, anzufechten, keine Rolle. Denn nach der ständigen Rechtsprechung der Zivilgerichte geht die Pflicht zur Abführung von Arbeitnehmeranteilen allen anderen Interessen und damit auch dem Fortführungs- bzw. Sanierungsinteresse des Insolvenzverwalters vor.[67] Anderenfalls würde sich ein Wertungswiderspruch dahingehend ergeben, dass der Insolvenzverwalter für die von ihm bis zur Insolvenzentscheidung beschäftigten Arbeitnehmer keine Arbeitnehmeranteile abführen müsste und der Strafbarkeit gemäß § 266a StGB damit nicht unterliegen würde.[68]

1185 Eine Strafbarkeit des Insolvenzverwalters ist bei der so genannten **Vorfinanzierung durch Insolvenzgeld** gemäß § 141m Abs. 1 AVG, § 430 Abs. 5 SGB III ausgeschlossen. In diesem Fall wandelt sich der Bruttolohngehaltsanspruch des Arbeitnehmers in dessen Konkursausfall bzw. Insolvenzgeldanspruch gegen die Bundesanstalt für Arbeit. Die Bundesanstalt für Arbeit verrechnet sodann die Nettolöhne mit dem Insolvenzverwalter und übernimmt damit die Verpflichtung, die Beiträge selbst an die Kassen abzuführen. Den Insolvenzverwalter trifft in diesen Fällen keine über § 266a StGB strafbewehrte Abführungspflicht.

---

65 *BGHZ* 144, 311 = NJW 2000, 2993.
66 *Richter* Strafbarkeit des Insolvenzverwalters, in: NZI 2002, 121, 126.
67 *BGHZ* 144, 311 = NJW 2000, 2993 = NZI 2001, 301.
68 Zur Notwendigkeit der teleologischen Reduktion der Insolvenzanfechtungstatbestände vgl. *Brückl/Kersten* NZI 2001, 288, 291.

c) Unmöglichkeit normgemäßen Verhaltens

Da § 266a StGB ein echtes Unterlassungsdelikt[69] ist, wird die **tatsächliche Unmög- 1186 lichkeit** der Erfüllung der Handlungspflicht als tatbestandsausschließender Umstand diskutiert.[70] Nach der Rechtsprechung setzt schon der Tatbestand des § 266a StGB voraus, dass dem Täter die Erfüllung der Handlungspflicht – die Entrichtung der Beiträge zum jeweiligen Fälligkeitszeitpunkt[71] – möglich und zumutbar ist.[72] Dabei sind die Begriffe der Unmöglichkeit und der Zumutbarkeit voneinander zu trennen. Dabei kann auf die Ausführungen oben unter Rn. 756 ff. verwiesen werden.

5. Untreue

a) Pflichtwidrigkeit des Insolvenzverwalters

Eine tatbestandsmäßige Pflichtwidrigkeit eines Verhaltens setzt die **Wahrnehmung 1187 von fremden Vermögensinteressen** voraus. Diese müssen wesentlicher Inhalt des Vertrags- und Vertrauensverhältnisses sein.[73] Allgemein anerkannt ist, dass der starke vorläufige und der endgültige Insolvenzverwalter gegenüber dem Insolvenz- schuldner, den Insolvenzgläubigern und den Massegläubigern vermögensbetreu- ungspflichtig sind.[74] Dies gilt gleichermaßen gegenüber den absonderungsberechtig- ten Gläubigern.[75] Beide können damit den Missbrauchstatbestand im Sinne von § 266 Abs. 1 Var. 1 StGB verletzen, wenn sie durch pflichtwidriges Handeln Vermö- gensnachteile herbeiführen.[76]

Die Feststellung, ob die Vermögensbetreuungspflicht wesentlicher Inhalt eines Ver- 1188 tragsverhältnisses war, kann sich nur auf den Einzelfall beziehen. Ob eine strafrecht- lich relevante Vermögensbetreuungspflicht besteht, wird in der Praxis anhand von Indizien bestimmt.[77] Dabei müssen dem Betreffenden **Pflichten von wirtschaftli- cher Bedeutung** auferlegt sein, zur Ausübung der Pflichten muss ihm ein gewisser Entscheidungsspielraum eingeräumt sein, im Rahmen dessen er eine gewisse Selbst- ständigkeit besitzen muss. Die Pflicht zur Wahrnehmung von Vermögensinteressen

---

69 *BGHSt* 47, 318, 320.
70 *Brückl/Kersten* NJW 2003, 272.
71 Zur zivilrechtlichen Beweislast der Unmöglichkeit: *OLG Frankfurt a.m.* U. v. 4.4.2007 – 19 U 230/06; *BGH* U. v. 11.12.2001 – VI ZR 350/00 (München).
72 *BGHSt* 47, 318, 320; *Fischer* § 266a Rn. 14; zur Unmöglichkeit der Beitragszahlung: *Brückl/Kersten* NJW 2003, 272 ff.
73 Eine Untreue zum Nachteil einer GmbH in Gründung ist folglich nicht möglich, vgl. *BGH* NStZ 2000, 318 = wistra 2000, 178.
74 LK-*Schünemann* § 266 Rn. 3.
75 *Schramm* Untreue durch Insolvenzverwalter, in: NStZ 2000, 398, 399; *Joecks* in HdB In- solvenzstrafrecht § 23 Rn. 12 m.w.N.
76 *Fischer* § 266 Rn. 13; *Joecks* in HdB Insolvenzstrafrecht § 23 Rn. 12 m.w.N.; Schönke/ Schröder-*Lenckner/Perron* § 266 Rn. 8.
77 Vgl. *Schramm* Untreue durch Insolvenzverwalter, in: NStZ 2000, 398.

muss eine Hauptpflicht darstellen.[78] Eine qualifizierte Pflicht liegt dagegen nicht vor, wenn lediglich die allgemeine Pflicht zur Rücksichtnahme auf die Interessen eines Vertragspartners verletzt ist.[79]

1189 Die Treuepflicht wird verletzt, wenn die Verwalterpflichten nach der Insolvenzordnung verletzt werden. Sie ergeben sich aus der Pflicht zur **sorgfältigen**, das heißt ordentlichen und gewissenhaften **Insolvenzverwaltung** (§ 60 Abs. 1 S. 2 InsO). Hierzu sind insbesondere die Anordnungen des Insolvenzgerichts, die Beschlüsse des Gläubigerausschusses (§§ 67 ff. InsO), die der Gläubigerversammlung (§§ 74 ff. InsO) und die Regelungen des Insolvenzplans (§§ 217 InsO) zu beachten.

1190 Dabei wird nicht jedes Fehlverhalten des Insolvenzverwalters, das beispielsweise eine Schadensersatzpflicht nach § 60 InsO auslöst, zugleich eine Treuepflichtverletzung im Sinne von § 266 StGB darstellen. Es ist daher im Einzelfall zu prüfen, ob es sich um eine allgemeine Schuldnerpflicht beispielsweise eine Herausgabepflicht, oder eine strafrechtlich bedeutsame Treuepflichtverletzung handelt.

1191 **Häufige Treuepflichtverletzungen** sind insbesondere[80]: die Verschleuderung von Vermögensgegenständen, die Verschiebung von Geldern auf das private Konto des Verwalters, die Verschiebung zwischen verschiedenen insolventen Gesellschaften, die Nichtdurchsetzung von Ansprüchen, Begründung von unnötigen Masseverbindlichkeiten – häufig im Zusammenhang mit dem Einsatz von Hilfskräften des Verwalters –, der Verkauf von Rechten oder Waren des Schuldners unter Wert an eine eigene oder dem Verwalter nahestehende Gesellschaft[81] oder auch der Abschluss von wirtschaftlich nachteiligen Vergleichen mit Gläubigern.

b) Vermögensnachteil

1192 Der Straftatbestand der Untreue fordert schon nach seinem Wortlaut das Entstehen eines „Nachteils" in dem vom Täter betreuten Vermögen. Ausgeschlossen sind demnach Nachteile, die keinen Vermögensverlust für das Unternehmen darstellen.[82] Das Gleiche gilt für nur mittelbar verursachte Vermögensnachteile, die ebenso wenig vom Nachteilsbegriff des § 266 StGB umfasst werden. Für den Fall der vom Insolvenzverwalter betreuten juristischen Person bedeutet dies, dass der Bestand des Haftungskapitals nicht handelsbilanziell, sondern nur aufgrund eines Überschuldungsstatus festgestellt werden kann.[83]

---

78 *BGHSt* 3, 392; 13, 317; 22, 190, 28, 23; 33, 240.
79 *Fischer* § 266 Rn. 18.
80 *Ringstmeier* in Runkel § 5 Rn. 66 m.w.N.
81 *BGH* wistra 2000, 399; *BGH* wistra 1998, 150.
82 *Fischer* § 266 Rn. 56 m.w.N.
83 *Richter* Strafbarkeit des Insolvenzverwalters, in: NZI 2002, 121, 128.

c) Einverständnis

Eine Treuepflichtverletzung kann allerdings im Wege eines **tatbestandsausschlie-** **1193**
ßenden Einverständnisses ausgeschlossen sein, wenn alle, deren Schutz die Treuepflicht bewirken soll, entsprechenden Maßnahmen des Insolvenzverwalters zustim-
men – bei masseschmälernden oder masseerhöhenden Maßnahmen beispielsweise
kumulativ die Insolvenzgläubiger, Massegläubiger und der Schuldner.[84]

d) Beendigung der Treuepflicht

Die Treuepflicht des § 266 StGB erlischt mit der **Beendigung des Insolvenzverwal-** **1193a**
teramtes. Dies kann noch während des laufenden Insolvenzverfahrens durch die
Wahl eines anderen Insolvenzverwalters (§ 97 InsO), die Einstellung des Insolvenzverfahrens (§§ 207, 212, 213 InsO), die Aufhebung des Verfahrens (§ 200 InsO) oder
aber die Entlassung des Insolvenzverwalters (§59 InsO) geschehen. Setzt der Verwalter hingegen auch nach Beendigung seiner gerichtlichen Bestellung eine Verwal-
tungstätigkeit fort, so führt dies auch zur Aufrechterhaltung der für die Amtszeit des
Verwalters bestehenden Treuepflicht.

e) Beispiel: Anderkontenfall

Im so genannten Anderkontenfall[85] hatte der BGH folgenden Sachverhalt zu ent- **1194**
scheiden:

A bekam im Rahmen seiner Tätigkeit als Rechtsanwalt, Notar oder Konkursverwalter Fremdgelder. Hiervon zahlte er einen Teil auf Anderkonten ein, während er einen
weiteren Teil mittels Eigenscheck auf sonstige Unterkonten zahlte. Überdies vereinbarte A mit seiner Hausbank, einen Kredit in Höhe von 90 000 DM in Anspruch zu
nehmen. Als Kreditsicherheit bot er die auf den sonstigen Konten eingezahlten
(Fremd-)Gelder an. Dies begründete er gegenüber der Bank mit steuerlichen Erwägungen. Als die Rückzahlung des Kredits nicht erfolgte, kündigte die Bank die
Geschäftsverbindung zu A und verrechnete die Gelder auf den Festgeldunterkonten
in Höhe von über 400 000 DM mit dem von A in Anspruch genommenen Kredit.

Der BGH hat unproblematisch die Untreue gemäß § 266 StGB bejaht, denn die **1195**
Vermögensbetreuungspflicht des A war für die von ihm zu verwaltenden Fremdgelder eine wesentliche, sich aus dem Vertragsverhältnis zu seinen Mandanten ergebende Pflicht (§§ 60, 148 Abs. 1, 159 InsO).[86] Dabei sah der BGH eine Verletzung
der Treuepflicht schon dadurch als gegeben an, dass die Fremdgelder als Kreditsicherheiten genutzt wurden. Ferner war A bekannt, dass die Festgeldguthaben bei

---

84 *Schramm* Untreue durch Insolvenzverwalter, in: NStZ 2000, 398, 399.
85 *BGH* wistra 1988, 191.
86 *BGHSt* 41, 224 = NJW 1996, 65.

Nichterfüllung der Kreditverbindlichkeiten von der Bank beansprucht werden könnten. Ausgereicht hätte es im Übrigen auch schon, wenn der Verwalter die Gelder – ohne Verpfändung – auf seine normalen Laufkonten genommen hätte, da sie dort dem Zugriff Dritter ausgeliefert sind.[87] Der BGH bestätigte in seinem Urteil die vom LG ausgesprochene Freiheitsstrafe von 2 Jahren und 6 Monaten.

V. Strafbarkeit des Sachwalters

1196 Der Schuldner hat im Insolvenzverfahren darüber hinaus die Möglichkeit, bei dem Insolvenzgericht einen Antrag auf Eigenverwaltung gemäß § 270 Abs. 2 Nr. 1 InsO zu stellen. Das Insolvenzgericht wird einem solchen Antrag stattgeben, wenn nach den Umständen zu erwarten ist, dass die Anordnung nicht zu einer Verzögerung des Verfahrens oder zu sonstigen Nachteilen für die Gläubiger des Schuldners führen wird[88] und die Kenntnisse und Erfahrungen des Schuldners für das Unternehmen nahezu unentbehrlich sind.[89] Dies führt dazu, dass der Sachwalter neben der Aufsicht über die Geschäftsführung[90] diese „gemeinsam" mit dem ordnungsgemäß bestellten Geschäftsführer führt und der Sachwalter damit als **vermögensbetreuungspflichtig** anzusehen ist.[91]

VI. Strafrechtliche Risiken beim Einsatz von Hilfskräften

1. Bedeutung

1197 Da der Insolvenzverwalter nicht bei allen Aufgaben verpflichtet ist, diese persönlich durchzuführen, bedient sich nahezu jeder Insolvenzverwalter **entsprechender Hilfskräfte**. An diese kann der Insolvenzverwalter unproblematisch Nebenaufgaben delegieren oder Hilfskräfte wegen besonderer Sachkunde einstellen.[92] Dabei wird grundsätzlich davon auszugehen sein, dass ein Insolvenzverwalter in der Lage sein muss, alle Tätigkeiten im Rahmen eines durch qualitative und quantitative Elemente zu bestimmenden Normalverfahrens selbst bzw. mit eigenem Personal durchzuführen. Der Einsatz von Hilfskräften, die aus der Insolvenzmasse bezahlt werden müssen, kommt insbesondere dann in Betracht, wenn es sich um Regel- oder Sonderaufgaben handelt, die vom Insolvenzverwalter nicht persönlich vorgenommen werden müssen. Dabei handelt es sich z.B. um die Erstellung von Handels- und Steuerbilanzen, zu

87 *Wessing* Insolvenz- und Strafrecht – Risiken und Rechte des Beraters und Insolvenzverwalters, in: NZI 2003, 1, 6 unter Hinweis auf *BGH* NStZ 1997, 124.
88 *Frank* in Runkel § 13. Rn. 387.
89 BT-Dr. 12/2442, 223.
90 *Frank* in Runkel § 13 Rn. 469.
91 *Schramm* Untreue durch Insolvenzverwalter, in: NStZ 2000, 401, 402.
92 *Gerloff* in Bittmann, § 24 Rn. 2.

denen der Verwalter, der an die Stelle des Schuldners tritt, verpflichtet ist,[93] die gewerbsmäßige Verwertung von Massegegenständen, die Verwaltung von gewerblichen Immobilien, das Erstellen von betriebswirtschaftlichen Fachgutachten und technischen Gutachten, beispielsweise die Erstellung von Entsorgungsplänen für Altlasten.

2. Betrug

Ein Betrug gemäß § 263 StGB kann in Betracht kommen, wenn der Verwalter Regelaufgaben von Hilfskräften erledigen lässt und über deren Tätigkeit **falsche Angaben in der Berichterstattung** des Insolvenzverwalters macht. Bewusst fehlerhafte Angaben in den Berichten, insbesondere im Vergütungsantrag, können eine Täuschung sein, auch wenn das Gericht nicht dazu befugt ist, das Ob und Wie des Einsatzes von Hilfskräften zu prüfen.[94] Neben den Schadensersatzansprüchen aus § 60 InsO kann die bewusst fehlerhafte Angabe des Verwalters über die Tätigkeit von Hilfskräften dazu führen, dass das Gericht durch den hierdurch hervorgerufenen Irrtum eine zu hohe Vergütung des Verwalters festsetzt, indem die Tätigkeiten von Hilfskräften nicht in entsprechendem Umfang gegebenenfalls vergütungsmindernd festgesetzt werden. Da die Abgrenzung von Regel- und Sonderaufgaben allerdings nicht gesetzlich normiert ist, ist der Nachweis einer entsprechenden Strafbarkeit schwierig, da in den häufigsten Fällen unklar ist, ob es sich um eine persönlich vom Verwalter wahrzunehmende Aufgabe oder um eine delegierungsfähige Regel- oder Sonderaufgabe handelt.

1198

3. Untreue

Eine Untreue kommt im Zusammenhang mit dem Einsatz von Hilfskräften zur Durchführung einer ordnungsgemäßen Insolvenzverwaltung zumeist dann in Betracht, wenn mit den Hilfskräften **unangemessen hohe Vergütungssätze** vereinbart werden. In diesem Fall wird die Insolvenzmasse in strafrechtlich unzulässiger Weise verringert. Bei der Bestimmung der Strafbarkeit ist zu berücksichtigen, dass der Verwalter als Vermögensverwalter der Masse dazu verpflichtet ist, angemessene und ortsübliche Entgelte mit den von ihm eingesetzten Hilfskräften zu vereinbaren. Ist der Verwalter dazu gezwungen, Personen mit besonderer Sachkunde im Rahmen der Abwicklung des Insolvenzverfahrens einzusetzen (Rechtsanwalt oder Steuerberater), kann er für seine eigene Tätigkeit als Rechtsanwalt nur dann eine Vergütung aus der Insolvenzmasse erhalten, wenn auch ein nicht als Anwalt zugelassener Verwalter diese Tätigkeiten auf einen Rechtsanwalt übertragen hätte; § 5 InsVV. Das Abgren-

1199

---

93 Zur Strafbarkeit von Erfolgshonoraren durch Verwalter an Steuerberater vgl. *Biegelsack* Zulässigkeit der Zahlung von Erfolgshonoraren durch Verwalter an Steuerberater, in: NZI 2008, 153 ff.
94 *Gerloff* in Bittmann, § 24 Rn. 13.

zungskriterium für den Kostenerstattungsanspruch aus der Masse und damit für die mögliche Strafbarkeit wegen Untreue ist die Sachgerechtigkeit der Entscheidung des Verwalters.

B. Finanzierung

I. Einführung

1200 **Kreditinstitute reagieren** in Unternehmenskrisen **völlig unterschiedlich.** Das hat zum einen damit zu tun, dass sie die Sanierungschancen eines Unternehmens durch analytische Vergleiche wesentlich intensiver beurteilen können als mancher Unternehmer selbst. Zum anderen sind Kreditinstitute zuweilen nur daran interessiert, die ihnen unanfechtbar gewährten Sicherheiten werthaltig zu halten, um so bei der Aussonderung oder der Vermögensverteilung ihre Kreditforderungen im Wesentlichen auszugleichen. Bei großen Insolvenzen wird ausführlich im Gläubigerausschuss, in dem in aller Regel alle finanzierenden Banken vertreten sind, über die Sanierungsfähigkeit und Sanierungswürdigkeit des Unternehmens diskutiert.

1201 **Maßnahmen der Kreditinstitute** in der Krise können sein:
- Hilfsmaßnahmen (beispielsweise Liquiditätserhaltung und Verbesserung), Verzicht auf mögliche Kreditkündigungen, Prolongationen, Stundungen, Leasing, Bildung eines Sicherheitenpools, Aufschub in der Sicherheitenverwertung;
- Liquiditätszuführungen (beispielsweise Sanierungsdarlehen, Bürgschaftskredite, Investitionsdarlehen, Überziehungslinien, Factoring);
- Eigenkapitalmaßnahmen (beispielsweise Zeichnung von neuem Aktienkapital, stille Beteiligung, Sicherstellung von Kapitalerhöhungen, Umwandlung von Darlehen in Kapital, Mezzanine-Maßnahmen, Bilanzhilfen);
- unternehmensbestandssichernde Maßnahmen (beispielsweise Absicherung von Kundenzahlungen, Stützung wichtiger Lieferanten);
- organisationsverbessernde Maßnahmen (beispielsweise Vermittlung und finanzielle Absicherung von Beratern, Beraterteams zur notwendigen Umstrukturierung eines Unternehmens; Stilllegung unrentabler Geschäftszweige; Neuordnung des Rechnungswesens, Bestellung von Sonderprüfern, Neueinsetzung eines sachkundigen Beirats);
- ertragswirksame Maßnahmen (beispielsweise Forderungsverzicht, Rangrücktritt, Zinsverzicht, Zinskonversion, Vorzugskonditionen);
- Neuordnungsverfahren (beispielsweise Erarbeitung von Sanierungsplänen, rechtzeitige Einleitung von Vergleichsverfahren, spezifische Institutsgarantien, Gründung und Kapitalausstattung von Auffanggesellschaften, Vermittlung von Sanierungs- und Fusionspartnern, finanzielle Sicherstellung von Fusionen).

Zivilrechtliche Haftungsrisiken und eine strafrechtliche Mitverantwortung erge- **1202**
ben sich aus derartigen Maßnahmen für Kreditinstitute dann, wenn sie über ihre
Rolle als Kreditgeber der insolventen Gesellschaft hinausgehen.[95] Im zivil- und
strafrechtlichen Bereich können sich Banken/Finanzierungsinstitute an den klassischen Insolvenz-/Bankrotttatbeständen durch Anstiftung, Beihilfe oder sogar mittäterschaftlich beteiligen. Dazu kommt eine Verantwortung für unrichtige Anlageemp-
fehlungen, die im Extremfall auch zu einer strafrechtlichen Mitverantwortung wegen Betruges führen kann. Die Rechtsprechung hat einige **Fallgruppen** der Beteiligung entwickelt:[96]
a) Insolvenzverschleppung durch „Durchfinanzierung",
b) Knebelung und Aussagung (Ausbeutung durch Liquiditätsentzug),
c) stille Geschäftsinhaberschaft,
d) Betrug (§ 263 StGB) und
e) Besserstellung.

Allerdings ist zu bedenken, dass auch Kreditinstitute in einem globalisierten Markt **1203**
besonderen Risiken ausgesetzt sind, die eine häufig deutlich andere, bessere Absicherung erfordern. Zu den Absicherungsanforderungen trägt nicht zuletzt auch eine
verschärfte All-Finanzaufsicht bei, die Banken abstrafen oder sogar unter Zwangs-
verwaltung stellen kann, wenn diese den Anforderungen nicht genügen. Zudem kann
die Offenbarung von besonderen Sicherungsvereinbarungen gegenüber Dritten in
einer Sanierungssituation kontraproduktiv sein.[97] Schließlich kann nicht allein die
wirtschaftliche Machtstellung, sondern nur deren Missbrauch besondere Verantwortlichkeiten gegenüber Dritten begründen.[98]

II. Zivilrechtliche Haftung bei Kreditausreichung und Besicherung

1. Sanierungskredite und Beteiligung an einer Insolvenzverschleppung

Banken haften für Kreditgeschäfte, die sie vor der Insolvenz eingegangen sind, **1204**
weder dem Insolvenzverwalter noch der Insolvenzmasse. Das Kreditinstitut ist auch
in der Krise des Kunden unter bestimmten Voraussetzungen zur Vergabe neuer
Kredite berechtigt. Beteiligt sich das Kreditinstitut aktiv am Sanierungsversuch des
Kunden, muss es die **Vergabe von Krediten sorgfältig prüfen**. Voraussetzung eines
Sanierungsversuches und damit der Gewährung eines Sanierungskredites ist die

---

95 *Harz/Hub/Schlarb* S. 256.
96 *RGZ* 136, 247, 253; *BGH* NJW 1970, 657, 658 f.; *BGHZ* 165, 343 = DB 2006, 365; w.N.
   bei *Mertens* ZHR 143, 1979, 174, 185 f.; *MüKo-BGB-Wagner* § 826 Rn. 69; *Canaris*,
   Bankvertragsrecht, 3. Aufl 1988, Rn. 130 ff.; *Schimansky/Bunte/Lwowski/Ganter* § 90
   Rn. 388, 483, 513.
97 *BGHZ* 75, 96, 114 = NJW 1979, 1823; *Koller* JZ 1985, 1013, 1018.
98 *Mertens* ZHR 143 (1979), 174, 191; *Bamberger/Roth* § 826 BGB Rn. 39.

Sanierungswürdigkeit und Sanierungsfähigkeit des Kunden. Die Kreditmittel müssen daher der Wiederherstellung der Zahlungsfähigkeit und zur Verhinderung der Insolvenz dienen, die Mittelzuführung darf nicht von vornherein aussichtslos sein. Dies setzt ein **schlüssiges Sanierungskonzept** voraus. Dort ist den Ursachen für die Krise nachzugehen und darzustellen, mit welchen Mitteln eine wirtschaftliche Gesundung erreicht werden kann. Die Prüfung hat auf der Grundlage eines schriftlich dokumentierten Sanierungskonzeptes durch einen objektiven, jedoch nicht notwendigerweise unbeteiligten Dritten zu erfolgen.[99] Liegt ein schlüssiges Sanierungskonzept vor, so hat das Kreditinstitut alles ihm Zumutbare getan, um Schädigungen anderer Gläubiger und damit Haftungsrisiken durch von vornherein aussichtslose Sanierungsaktionen zu vermeiden. Fällt die Sanierungsprognose des Gutachtens positiv aus, ist unerheblich, ob die Sanierung am Ende scheitert. Entscheidend ist vielmehr, ob ein sachkundiger vernünftiger Dritter realistisch vom Erfolg ausgehen durfte. Ein unternehmerisches Risiko steht dem nicht entgegen.[100]

1205 Verzichtet das Kreditinstitut hingegen auf die erforderliche Sanierungsprüfung, so trifft es im Falle der späteren Insolvenz schnell der Vorwurf, leichtfertig die Gefährdung der anderen Gläubiger in Kauf genommen zu haben.[101]

1206 Besonderheiten bestehen bei so genannten **Überbrückungskrediten**. Während des Prüfungszeitraums für eine Sanierung kann ein Kreditinstitut ohne Haftungsrisiken Kredite gewähren, auch wenn die Voraussetzungen für einen Sanierungskredit noch nicht vorliegen.[102] Die damit beabsichtigte kurzfristige Absicherung der Liquidität ermöglicht nämlich die Erstellung eines Sanierungsgutachtens und vereitelt damit nicht von vornherein die Chancen einer Sanierung. Allerdings setzt der Überbrückungskredit voraus, dass durch ihn alle Insolvenzantragsgründe beseitigt werden und bis zum Abschluss der Sanierungsprüfung auch nicht erneut auftreten können, sowie dass eine Sanierung nicht offensichtlich von vornherein ausgeschlossen ist. Für das Vorliegen dieser Voraussetzungen trägt das Kreditinstitut die Beweislast.

1207 Das Kreditinstitut **haftet** gemäß § 826 BGB oder gemäß § 823 Abs. 2 BGB i.V.m. § 263 StGB, wenn es durch die Kreditgewährung zu einer Insolvenzverschleppung, zu einer Gläubiger- oder Schuldnerbegünstigung kommt oder wenn wesentliche Sicherheiten der Insolvenzmasse dauerhaft entzogen werden. Wird der Zusammenbruch des Kunden nur verzögert, um sich gegenüber anderen Gläubigern Vorteile zu verschaffen,[103] oder werden die bestehenden Insolvenzgründe zwar beseitigt, dies aber nur so lange, bis erforderliche Sicherheiten gewährt oder die dem Kreditinstitut gegebenen Sicherheiten verwertet sind, ist ebenfalls die Insolvenzmasse geschädigt.[104] Handelt es sich um einen sittenwidrigen Kredit, so sind Abreden nach § 138

---

99 *BGH* NJW 2006, 1283; NJW 1998, 284.
100 *BGH* NJW 1986, 837.
101 *BGH* NJW 1995, 1668.
102 *BGH* NJW 1998, 1561.
103 *RGZ* 136, 247; *BGH* NJW 1995, 1668; ZIP 2004, 1464.
104 *BGH* NJW 1970, 657.

BGB nichtig. Die beiderseits gewährten Leistungen sind gemäß den §§ 812 ff. BGB zurückzugewähren, wobei Forderungen der Bank gegen den Insolvenzschuldner lediglich Insolvenzforderungen sind. Nach § 826 BGB ist eine Bank zum Schadenersatz verpflichtet, wenn sie durch ihr vorsätzliches und sittenwidriges Verhalten einen Schaden verursacht hat. Die Darlegungs- und Beweislast für ein derartiges unerlaubtes Verhalten der Bank trifft den Insolvenzverwalter.

Ein sittenwidriges Verhalten kann sich bei einer **Scheinsanierung** ergeben, wenn beispielsweise ein Kredit in der Kundenkrise ausgezahlt wird, obwohl durch die Auszahlung eine Sanierung nicht erreicht werden kann.[105] Dagegen fehlt es an der Sittenwidrigkeit, wenn der (Kredit-)Vertrag auch den Interessen anderer Gläubiger dienen soll.[106] Eine Haftung ist weiter anzunehmen, wenn sich das Kreditinstitut lediglich eigene Vorteile durch die Kreditausreichung und Beschaffung von Sicherheiten verschafft oder Dritte über die Kreditwürdigkeit des Schuldners bewusst täuscht, indem kein für die Sanierung geeignetes, sondern nur ein gerade den Zusammenbruch verhinderndes Darlehen gegeben wird, sofern die Schädigung anderer billigend in Kauf genommen wird.[107] Wenn das Unternehmen dabei maßgeblich durch eine Vertrauensperson des Gläubigers beeinflusst wird oder wenn der Schuldner vom Kreditinstitut zur verspäteten Insolvenzantragstellung veranlasst wird, um Anfechtungen anderer Gläubiger zu vermeiden, kumuliert das sittenwidrige Verhalten.[108] Kennzeichnend für den Sittenverstoß ist, dass die Bank sich nicht mehr auf die neutrale Rolle als Zahlungsvermittler beschränkt, sondern sich in die Bemühungen des Kreditnehmers zur Gewinnung Dritter aktiv einschaltet oder zum eigenen Vorteil die Insolvenz verzögern will.[109] **1208**

Die **Vorfinanzierung von Löhnen** kann zur Haftung wegen Insolvenzverschleppung führen, wenn die Arbeitnehmer zur Weiterarbeit veranlasst werden, obwohl die Insolvenz nicht zu verhindern ist, ohne dass der Schädigungsvorsatz durch den Übergang der Entgeltansprüche auf die Bundesagentur für Arbeit ausgeschlossen würde.[110] **1209**

Verleitet das Kreditinstitut **andere Gläubiger** des Kunden zu Neugeschäften, weil sie im Vertrauen auf die scheinbare Kreditwürdigkeit neue Geschäfte mit dem Kunden eingehen, macht sich das Kreditinstitut nach § 826 BGB haftbar. Dies gilt allerdings nur bei vorsätzlichem Verhalten, so dass dem Kreditinstitut ein Beurteilungsspielraum bleibt. **1210**

105 *Schäffler* BB 2006, 56.
106 *BGHZ* 20, 43, 50 = NJW 1956, 706.
107 *BGH* NJW 1984, 1893, 1899 = *BGHZ* 90, 381, 399; *BGHZ* 96, 231, 235 f. = NJW 1986, 837; *BGHZ* 108, 134, 142 = NJW 1989, 3277; *BAG* NJW 1991, 2923, 2925; *OLG Köln* WM 1981, 1238, 1240; *Schäffler* BB 2006, 56, 58.
108 *BGH* WM 1973, 1354, 1355; *BGHZ* 162, 143 = NJW 2005, 1121.
109 *BGH* NJW 2001, 2632, 2633; *BGHZ* 90, 381 = NJW 1984, 1893; *BGH* WM 1985, 866.
110 *LSG Hamburg* ZIP 1991, 1086, 1090 f.; *ArbG Siegen* ZIP 1985, 1049, 1056 f., jeweils zur Schädigung des Arbeitsamtes wegen der Zahlung von Insolvenzgeld; *BGHZ* 108, 134, 143 f. = NJW 1989, 3277; *Bamberger/Roth* § 826 BGB Rn. 47.

2. Übernahme der Geschäftsführung

1211 Eine sittenwidrige Schädigung anderer Gläubiger kann dann vorliegen, wenn das Kreditinstitut nicht nur abwartend stillhält, sondern auf die Unternehmensführung des in der Krise befindlichen Kunden zu eigenem Nutzen konkret Einfluss nimmt, indem es durch **Kontroll- und Steuerungsmechanismen** die wirtschaftliche Handlungsfähigkeit des Kunden weitgehend einschränkt. Dies ist beispielsweise der Fall, wenn der gesamte Gewinn des Geschäfts dem Kreditinstitut zufließt, ein Verlust von ihm aber nicht getragen wird und jede Haftung für Geschäftsschulden von ihm abgelehnt wird.[111]

1212 Eine **Knebelung** des Schuldners wird daher angenommen, wenn ihm keinerlei wirtschaftliche Bewegungsfreiheit mehr belassen wird[112] und dadurch Dritte benachteiligt werden, insbesodere durch „Aussaugung des Schuldners"[113] oder Täuschung über die noch vorhandene wirtschaftliche Selbstständigkeit.[114]

1213 Sittenwidrig ist ferner die **Abtretung sämtlicher Forderungen** an das kreditgewährende Geldinstitut, das die von dem Unternehmer durchgeführten Arbeiten finanziert hat, wenn das Geldinstitut bereits vor Abschluss des Finanzierungsvertrages die ganze pfändbare Habe des Unternehmers an sich gebracht hatte,[115] sowie die Übertragung des ganzen Vermögens auf einen Gläubiger.[116]

1214 Ähnliches gilt, wenn der Schuldner auf Grund intensiver Einflussrechte nur noch als **Strohmann der finanzierenden Bank** fungiert, der alle Gewinnchancen zugute kommen sollen, die aber nicht die Verlustrisiken trägt.[117] Daher können sogenannte Covenants, die im Interesse des kreditgebenden Instituts Geschäftsführungsrechte verleihen, in Deutschland nur mit erheblichen Risiken verwandt werden, wenn sie gleichzeitig einer stillen Beteiligung vergleichbare Gewinnbeteiligungen oder Verlagerung von Gewinnchancen vorsehen.[118]

1215 Eine – auch harte – **Patronatserklärung** führt aber noch nicht zur Haftung.[119] Wird eine Patronatserklärung jedoch zielgerichtet wirtschaftlich völlig entwertet, so kommt ein Anspruch aus § 826 in Betracht.[120]

---

111 *RGZ* 136, 247; *BGH* WM 1964, 671.
112 *OLG Köln* WM 1981, 1238, 1241; *Neuhof* Sanierungsrisiken der Banken: die Sanierungsphase, in: NJW 1999, 20, 22.
113 *BGHZ* 19, 12, 17 f. = NJW 1956, 337; *BGH* NJW 1956, 417, 418.
114 *BGHZ* 7, 111, 115 = NJW 1953, 57; *BGH* WM 1962, 527, 529.
115 *BGHZ* 19, 12, 17 f. = NJW 1956, 337.
116 *BGH* WM 1962, 527, 529.
117 *BGHZ* 107, 7, 22 = NJW 1989, 1800.
118 Näher *Fleischer* ZIP 1998, 313 ff.; s. auch *Ahnert* BKR 2002, 254, 259 für Vertrauensleute der Bank in der Geschäftsführung.
119 *Fleischer* WM 1999, 666.
120 *BGHZ* 130, 314, 331; *BGH* NZG 2003, 725, 726 = NJW-RR 2003, 1042, 1043.

3. Übernahme der Gesellschafterstellung

Nimmt ein Kreditinstitut bereits vor der Krise die **Stellung eines Gesellschafters** **1216**
ein, unterliegen Kredite in der Krise der Gesellschaft unabhängig davon, ob sie zu
diesem Zeitpunkt gewährt oder stehen gelassen werden, den Regeln über den Eigenkapitalersatz von § 39 Abs. 1 Nr. 5 InsO. Das gilt sowohl für die GmbH als auch für
die oHG und KG, sofern kein Gesellschafter eine natürliche Person ist. Entsprechende Anwendung finden diese Bestimmungen auf die AG.[121] Gewährt ein Gesellschafter als Ersatz für fehlendes Eigenkapital einen Kredit, ist eine Rückzahlung
unzulässig, solange die Krise andauert. Der Gesellschafter kann während dieser Zeit
auch die für den Kredit bestellten Sicherheiten nicht in Anspruch nehmen. Im
Insolvenzverfahren unterliegen die Kreditrückzahlung und die Sicherheitenbestel-
lung der Insolvenzanfechtung nach § 135 InsO.

Diese Grundsätze gelten nicht nur für die direkte Beteiligung, sondern auch für **alle** **1217**
Formen indirekter oder faktischer Beteiligung des Kreditinstituts an der Gesellschaft. Erwirbt ein von dem Kreditinstitut beherrschtes Unternehmen die Mehrheit
der Geschäftsanteile des Kreditnehmers, können danach die an ihn ausgereichten
Kredite wegen mittelbarer Beteiligung des Kreditinstitutes als kapitalersetzende
Gesellschafterleistung zu behandeln sein.[122] Bei einer Verpfändung von Geschäftsanteilen kann sich ebenfalls eine faktische Gesellschafterstellung ergeben. Durch das
Pfandrecht wird dem Kreditinstitut aber im Normalfall kein Einfluss auf die Gesellschafterstellung des Verpfändeten gewährt. Lässt sich das Institut jedoch über die
Gesellschaftsanteile hinaus auch die Gewinnbezugs-, Auszahlungs- und Entnahme-
rechte, Abfindungsansprüche und Liquidationserlöse mit verpfänden und sich damit
weitreichende Befugnisse zur Einflussnahme auf die Geschäftsführung und Gestaltung der Gesellschaft einräumen, ist es für die Anwendung der Eigenkapitalersatzre-
geln einem Gesellschafter gleichzustellen.[123]

Auch **Treuhandvereinbarungen** verschaffen den Kreditinstituten zuweilen die Stel- **1218**
lung eines Gesellschafters. Hält ein Gesellschafter des Kreditnehmers den Geschäftsanteil treuhänderisch für das außenstehende Kreditinstitut, ist es indirekt
beteiligt.[124] Die in der Praxis weitverbreitete so genannte „doppelnützige Treuhand
an Geschäftsanteilen" stellt dagegen keine solche Einflussnahme dar. Die Übertragung des Geschäftsanteiles vom Gesellschafter an einen Dritten mit der Weisung, die
mit der Übertragung verbundenen Gesellschafterrechte nur in Abstimmung oder im
Interesse des Kreditinstitutes auszuüben, bedeutet keinen unternehmerischen Einfluss auf den Kunden.

Eine Ausnahme von dem Rückzahlungsverbot für eigenkapitalersetzende Darlehen **1219**
oder sonstige gleichgestellte Leistungen stellt das **Sanierungsprivileg** gem. § 39

---

121 *BGH* NJW 1984, 1893.
122 *BGH* NJW 1982, 383; NJW 2001, 1490.
123 *BGH* NJW 1992, 3035.
124 *BGH* NJW 1989, 1219.

Knierim

Abs. 4 S. 2 InsO (früher: (§ 32a Abs. 3 S. 3 GmbHG) dar. Anteilserwerber, die dem Unternehmen zum Zwecke der Sanierung Darlehen und gleichgestellte Leistungen gewähren, müssen sich danach nicht auf einen Nachrang oder die Anfechtbarkeit (vgl. dazu auch § 135 Abs. 1 Nr. 2 InsO, § 6 Abs. 1 Nr. 2 AnfG) verweisen lassen. In persönlicher Hinsicht gilt das Sanierungsprivileg für Personen, die aus dem Anwendungsbereich des § 39 Abs. 1 Nr. 5 InsO herausfallen, also weder (bisheriger) Gesellschafter noch gleichgestellte Personen sind und auch für solche Gesellschafter, die vor dem Hinzuerwerb der Anteile in der Sanierungsphase als Kleinbeteiligte anzusehen waren. Es wird vertreten, dass auch Altkredite begünstigt werden, wenn der Kreditgeber während der Sanierungsphase Anteile erwirbt und seine Darlehensmittel aufstockt.[125] Zeitlich greift das Sanierungsprivileg ab dem Eintritt der Insolvenzkrise der Gesellschaft bis zu deren nachhaltiger Sanierung. Auf eine Kreditunwürdigkeit aus anderem Grund soll sich der begünstigte Gesellschafter aber nicht berufen können.[126]

4. Haftung für Besserstellung

1220   Der Anspruch auf **Nachbesicherung eines Kredites** kann mit dem Kunden bereits vor der Krise individuell vereinbart sein. Diese so genannte positive Erklärung verpflichtet den Kunden, dem Kreditinstitut auf erstes Anfordern eine bestimmte Sicherheit zu bestellen. Der Besicherungsanspruch besteht bereits in dem Zeitpunkt, in dem der Schuldner auch anderen Gläubigern Sicherheiten bestellt, wenn eine Gleichrangklausel aufgenommen worden ist. Der schuldrechtliche Anspruch auf Bestellung der Sicherheit führt bei einer Insolvenz des Kunden allerdings nicht zu einer Erhöhung der Quote, da ihm neben der Kreditforderung keine selbstständige Bedeutung zukommt. Ein Nachbesicherungsanspruch kann sich auch aus Nr. 13 Abs. 2 AGB-Banken/Nr. 22 Abs. 1 AGB-Sparkassen ergeben, wenn das Kreditinstitut zunächst von der Bestellung von Sicherheiten abgesehen hat, sich aber die wirtschaftlichen Verhältnisse des Kunden nachteilig verändert haben oder sich zu verändern drohen.

1221   Folgerichtig hat die Rechtsprechung in der **Einräumung von Sicherheiten** an einen kreditgewährenden Gläubiger noch **keine per se sittenwidrige Handlung** erkannt,[127] auch dann nicht, wenn sie nachträglich erfolgen oder wenn sie der Anfechtung unterliegen. Selbst die Übertragung oder Verpfändung des gesamten Schuldnervermögens kann für sich allein genommen nicht die Sittenwidrigkeit nach § 826 BGB begründen.[128] Erst durch Hinzutreten weiterer Umstände kann die Sicherheitengewährung die Haftung nach § 826 BGB auslösen.[129] Die Einräumung von Sicherheiten kann aber auch dazu dienen, Dritte über die Kreditwürdigkeit des Schuld-

---

125 *Gehrlein* BB 2008, 851; krit. *Bork* ZGR 2007, 259.
126 *Gehrlein* Der Konzern 2007, 288.
127 *BGHZ* 19, 12, 15 f. = NJW 1956, 337; *BGH* NJW 1956, 417.
128 *Bamberger/Roth* § 826 BGB Rn. 41; unklar *BGH* NJW 1996, 1283; WM 1974, 99, 101.
129 *BGH* NJW 1991, 101, 102.

ners arglistig zu täuschen, indem diese infolge der Darlehensbegebung selber (Waren-) Kredite an den Schuldner gewähren, beispielsweise auf Grund ihrer Unkenntnis umfangreicher Sicherungsübereignungen und -zessionen, die die Kreditgrundlage des Schuldners erschöpfen.[130]

Der **Nachbesicherungsvertrag** ist gemäß §§ 129 ff. InsO **anfechtbar**, besonders dann, wenn die Nachbesicherung in einer Unternehmenskrise erfolgt. Wird in einer Krise eine inkongruente Deckung gewährt, das heißt werden dem Kreditinstitut mehr Sicherheiten gewährt, als bei ordnungsgemäßem Geschäftsgang auf der Grundlage der vor Eintritt der Krise bestehenden Vereinbarungen ein Anspruch bestanden hätte, dann wird dies als Indiz für eine Gläubigerbenachteiligung gewertet.[131] Derartige Sicherheitenbestellungen unterliegen einer Anfechtung gemäß den §§ 131, 133 InsO. Gefährdungstatbestände für andere Gläubiger werden beispielsweise begründet, wenn die Bank in der Krise eine Globalzession aller Forderungen vereinbart[132] oder verlangt, dass ihre Altkredite mit weiteren verwertbaren Sicherheiten bis zu 120 % der Kreditsumme oder darüber hinaus unterlegt werden.[133]

1222

Keine Gefahren für die Insolvenzmasse bestehen, wenn Gegenstand der Sicherungsvereinbarung ein Vermögenswert ist, der nicht der **Zwangsvollstreckung** unterliegt, weil dieser nach § 36 InsO mit bestimmten Ausnahmen nicht zur Insolvenzmasse gehören. Eine Verfügung über diese Gegenstände kann der Insolvenzverwalter demnach nicht anfechten. Eine Anfechtung ist zudem ausgeschlossen, wenn die Sicherheiten nicht zum Vermögen des Schuldners gehören, sondern aus dem Vermögen eines Dritten stammen. Darüber hinaus ist eine Gläubigerbenachteiligung zu verneinen, wenn die Verfügungen des Schuldners für die Insolvenzmasse wirtschaftlich neutral sind, so etwa, wenn die Sicherheiten bloß ausgetauscht werden.

1223

5. Haftung für öffentliche Äußerungen über den Wegfall der Kreditwürdigkeit

Der Fall „Deutsche Bank/Breuer" hat die Aufmerksamkeit der Öffentlichkeit auf eine durchaus praxisrelevante Vorschrift, § 824 BGB in Verbindung mit §§ 14, 55a, 55b KWG, gelenkt. Das Bankgeheimnis (Nr. 2 I AGB-Banken) schränkt die **Offenbarungsmöglichkeiten** ein, so dass schon die Mitteilung zutreffender Tatsachen und Wertungen den Tatbestand erfüllen kann.[134] Die zivilrechtlichen Sorgfaltspflichten,

1224

---

130 *BGHZ* 10, 228, 233 = NJW 1953, 1665; *BGHZ* 19, 12, 17 f. = NJW 1956, 337; *BGHZ* 20, 43, 50 = NJW 1956, 706; *BGH* NJW 1970, 657, 659.
131 *Hoffmann* in: Runkel § 7 Rn. 72.
132 *BGH* NJW 1995, 2221; NJW 1994, 1154; WM 1993, 213; *BGHZ* 133, 25.
133 *BGH* NJW 1980, 1961.
134 *LG München I* WM 2003, 725, 740 – Kirch I; insoweit bestätigend *OLG München* WM 2004, 74, 85 – Kirch II, mit dem Hinweis, dass diese nur die Bank, nicht die Angestellten treffen; eine Einschränkung von Art. 5 Abs. 1 GG nimmt auch der *BGH* NJW 2006, 830, 833 f. – Kirch III (Revision) vor; *Höpfner* BB 2006, 673; *Ehricke/Rotstegge* ZIP 2006, 931.

die sowohl für den Einzelnen als auch in strengerem Maße für die Medien gelten, dürfen nach der Rechtsprechung des BVerfG nicht den freien Kommunikationsprozess einschnüren.[135] Ist dagegen einmal die Unwahrheit festgestellt, besteht kein verfassungsrechtlich schutzwürdiges Interesse mehr an der Aufrechterhaltung der Behauptung.[136]

1225 Im Urteil vom 24.1.2006 – XI ZR 384/03[137] lehnt es der BGH ab, in dem Fernsehinterview des früheren Vorstandssprechers der Deutschen Bank (Breuer) zur wirtschaftlichen Situation der Kirch-Gruppe, die kurze Zeit nach dem Interview Insolvenz anmeldete, eine Offenbarung oder Verwertung von Angaben über die Gesamtverschuldung des Kreditnehmers oder über die Anzahl der beteiligten Unternehmen bei Gewährung von Millionenkrediten zu sehen.[138] Eine **unbefugte Offenbarung** von Angaben über Millionenkredite gemäß § 55b Abs. 1 KWG soll vorliegen, „wenn eine in einem anzeigepflichtigen Unternehmen beschäftigte Person solche Angaben einem anderen in der Weise zugänglich macht, dass er die Möglichkeit hat, von ihnen Kenntnis zu nehmen".

Eine unbefugte Verwertung von Angaben über Millionenkredite gemäß § 55a Abs. 1 KWG liegt erst dann vor, „wenn die von der Deutschen Bundesbank übermittelten Informationen in einer von § 14 KWG nicht gedeckten Weise für eigene Zwecke nutzbar gemacht werden". Das sei der Fall, wenn ein Kreditinstitut diese Informationen „nicht ausschließlich zu bankinternen Zwecken der Kreditgewährung oder - verweigerung nutzt, sondern sonstwie eigennützig verwendet". Dabei müsse der Täter stets ein gewinnorientiertes Ziel verfolgen. Gleichwohl hat der BGH auf die Revision der Kirch-Gruppe die klageabweisenden Urteile der Vorinstanz aufgehoben und wegen der Äußerung eine Haftung gemäß § 824 BGB dem Grunde nach anerkannt.

6. Kreditgeschäfte im Insolvenzeröffnungsverfahren

1226 In einem Insolvenzeröffnungsverfahren hat der Insolvenzverwalter die Pflicht, die Masse zu sichern, unter anderem durch Erlass eines allgemeinen Verfügungsverbotes gemäß § 21 Abs. 2 Nr. 1 InsO und die Anordnung von Zustimmungsvorbehalten gemäß § 21 Abs. 2 Nr. 2 InsO. Die Wirkung gemäß § 24 Abs. 1 InsO und die Beseitigung der Verfügungsbefugnis des Schuldners nach Eröffnung des Insolvenzverfahrens gemäß §§ 81, 82 InsO führen zur **Unwirksamkeit von Tilgungsleistungen** des Schuldners an die Bank. Kreditverträge werden allerdings in ihrem Bestand grundsätzlich nicht durch die Einsetzung des Insolvenzverwalters berührt. Rückzah-

---

135 *BVerfGE* 99, 185, 198 = NJW 1999, 1322; *BVerfG* NJW-RR 2000, 1209, 1210; NJW 2004, 589.
136 *BVerfGE* 97, 125, 149 = NJW 1998, 1381; *BVerfG* NJW-RR 2000, 1209, 1210.
137 *BGH* NJW 2006, 830, 838.
138 Vgl. zur Strafnorm auch *Achenbach/Schröder* ZBB 2005, 135; *Tiedemann* Strafbarkeit des Offenbarens und Verwertens von Bundesbankangaben nach §§ 55a, 55b KWG, in: ZBB 2005, 190.

Knierim

lungen des Kunden sind zunächst wirksam, unterliegen aber im Falle der Eröffnung des Insolvenzverfahrens der Anfechtung gemäß den §§ 129 ff. InsO. Das Kreditinstitut kann, muss aber nicht im Insolvenzeröffnungsverfahren von dem außerordentlichen Kündigungsrecht gemäß Nr. 19 Abs. 3 AGB-Banken/Nr. 26 Abs. 2 AGB-Sparkassen wegen Vermögensverschlechterung Gebrauch machen. Einerseits kann die Ausnutzung offener Kreditlinien im Rahmen bestehender Kreditverträge so verhindert werden, andererseits kann das Kreditinstitut – für den seltenen Fall, dass kein AGB-Pfandrecht bestehen sollte – mit der durch Kündigung fällig gestellten Kreditforderung gegen eine Guthabenforderung des Kunden aufrechnen. Eine Aufrechnung ist erst dann ausgeschlossen, wenn das Kreditinstitut nach Verfahrenseröffnung kündigt und die Guthabenforderung des Kunden bereits vor der Kündigung fällig war (§ 95 Abs. 1 S. 3 InsO).

Ein **Massekredit** im Insolvenzeröffnungsverfahren ist selten geeignet, Dritte zu schädigen. Vielmehr dient die Gewährung des Massekredites dazu, die Fortführung des Unternehmens zu sichern. Der echte Massekredit bedeutet, dass ein Kreditinstitut tatsächlich neue Kreditmittel zur Verfügung stellt. Mit dem so genannten unechten Massekredit wird dem Insolvenzverwalter erlaubt, die der Bank eingeräumten Sicherheiten in einem kaufmännischen Verfahren zu verwerten und nicht zur Tilgung des bisherigen Kredites, sondern zur direkten Unternehmensfortführung zu verwenden.[139] Die Bank muss lediglich darauf achten, dass der von ihr gewährte Massekredit eine Masseverbindlichkeit im Sinne von § 55 Abs. 2 InsO ist. **1227**

Ein Sonderfall des Massekredites ist die **Insolvenzgeldvorfinanzierung**. Der Anspruch des Arbeitnehmers auf Insolvenzgeld gemäß § 183 Abs. 1 SGB III wird erst mit der Insolvenzeröffnung fällig. Der Arbeitnehmer hat Anspruch auf Bezahlung des Nettolohnes für einen Zeitraum von drei Monaten vor der Insolvenzeröffnung. Bis zur Auszahlung vergeht jedoch einige Zeit. Zur Sicherstellung der Fortführung des Geschäftsbetriebes ist die Finanzierung der Lohn- und Gehaltsforderungen erforderlich. Die mittlerweile dazu entwickelten Finanzierungsformen sind nicht gläubigerschädlich. In der Regel kommt ein **kollektives Forderungsaufkaufverfahren** zum Einsatz, durch das ein Kreditinstitut den Arbeitnehmern ihre Lohn- oder Gehaltsforderungen abkauft und sich gegen Zahlung des Kaufpreises in Höhe des Nettolohns die Forderungen abtreten lässt. Bis zur Stellung des Antrages auf Zahlung des Insolvenzgeldes ist der Arbeitgeber Schuldner der abgetretenen Lohn- oder Gehaltsforderung. Nach Eintritt des Insolvenzereignisses und Stellung des Antrages auf Zahlung von Insolvenzgeld geht der Anspruch auf das Arbeitsentgelt gegen den Arbeitgeber auf die Bundesagentur für Arbeit über, und das vorfinanzierende Kreditinstitut erhält den Anspruch auf Insolvenzgeld gemäß den §§ 187, 188 Abs. 1 SGB III. Der Abtretung muss die BfA zugestimmt haben (§ 188 Abs. 4 SGB III). **1228**

In der Vergangenheit war auch ein **kollektives Kreditierungsverfahren** üblich. Dabei räumte das Kreditinstitut den Arbeitnehmern einen Kredit anstelle der fälligen **1229**

---

139 *Hoffmann* in Runkel § 9 Rn. 48.

Löhne und Gehälter ein und ließ sich zur Sicherheit die Forderungen gegen den Arbeitgeber abtreten. Die Abtretung ist allerdings wegen § 400 BGB in Höhe des Pfändungsfreibetrages unwirksam, so dass das Kreditinstitut keinen Anspruch auf Zahlung des Insolvenzgeldes gemäß §§ 187, 188 Abs. 1 SGB III gegen die BfA erlangen kann. Diese Variante wird deshalb heute nicht mehr praktiziert.

7. Haftung für pflichtwidrige Anlageempfehlungen

a) Haftung für fehlerhafte Information und Aufklärung

1230   Kreditinstitute haften für eine **fehlerhafte Information** eines Vertragspartners grundsätzlich dann, wenn sie über ein besonderes Wissen verfügen, das erkennbar ein tragendes Entscheidungselement des Vertragspartners beeinflussen kann, und der Vertragspartner schutzbedürftig ist. Die Rechtsprechung ist ständig im Fluss, besonders wenn es um Kapitalanlageentscheidungen in Fällen geht, in denen teils steuermotivierte aber überteuerte Immobilienkapitalanlagen („Schrottimmobilien", „Strukturvertriebe", „Filmfonds"), hochriskante Kapitalanlagen („Warenterminoptionen", „Genussscheine") oder insolvenzanfällige Geldanlagen („Infomatec", Comroad[140]) gehandelt werden. Man kann vier Fallgruppen unterscheiden:
1. Fallgruppe: Wissensvorsprung,
2. Fallgruppe: Überschreiten der Rolle der Kreditgeberin,
3. Fallgruppe: Schaffung eines „besonderen Gefährdungstatbestandes",
4. Fallgruppe: Schwerwiegender Interessenkonflikt der Bank.

b) Wissensvorsprung

1231   Eine **Aufklärungspflicht** besteht, wenn die Bank gegenüber dem Kunden einen konkreten Wissensvorsprung hinsichtlich bestimmter Risiken der Anlage hat.[141] Dazu gehören das positive Wissen der Bank über aufklärungspflichtige Umstände und die Aufklärungsbedürftigkeit des Kunden. Die Bank ist weder verpflichtet, einen möglichen Informationsbedarf beim Kunden zu erforschen, noch sich durch gezielte Auswertung ihr zugänglicher Unterlagen oder durch Nachforschungen einen solchen Wissensvorsprung erst zu verschaffen.[142] Im Einzelfall kann sich eine Haftung aus einem konkludent abgeschlossenen Beratervertrag ergeben.[143]

1232   Im Vorfeld von Insolvenzen oder bei bereits bestehenden Insolvenzen, bei denen Sicherungsobjekte verwertet werden, muss die **Finanzierungsberatung des Käufers** sich darauf erstrecken, dass Anfechtungs- und Rückforderungsrechte des Insolvenzverwalters oder von Dritten bestehen können. Eine Aufklärungspflicht besteht,

---

140 *LG München I* NStZ 2004, 291 m. Anm. *Eichelberger.*
141 *BGH* MDR 2004, 1192 = WM 2004, 1529, 1536; zuletzt *BGH* BKR 2005, 73; *OLG Köln* WM 2005, 792, 797.
142 *BGH* WM 2004, 172.
143 *BGH* NJW 2004, 1868, 1871 f.; *BGH* NJW 2005, 820, 822; NJW 2005, 983.

Knierim

wenn die Bank im Zeitpunkt der Darlehensgewährung positiv weiß, dass der Verkäufer des Objekts bzw. Initiator eines Fonds vor der Insolvenz steht und die Fertigstellung des Objekts bzw. das zu finanzierende Projekt zu scheitern droht. Ein zu offenbarender „Wissensvorsprung" der Bank liegt beispielsweise dann vor,

- wenn die Bank im Besitz besonderer Gutachten ist, die der Käufer zur sachgerechten Entscheidung benötigt, aber nicht hat;[144]
- wenn sie über spezielle Risiken des Vorhabens konkrete Kenntnisse hat, die ihrem Kunden nicht ohne weiteres zugänglich sind;[145]
- wenn sie aufgrund der ihr, nicht jedoch dem Anleger vorliegenden Bilanzen eines Immobilienfonds (BGB-Gesellschaft) Kenntnis von dessen Überschuldung und damit der wirtschaftlichen Wertlosigkeit einer von dieser erteilten „Mietgarantie" für das Anlageobjekt hat;[146]
- wenn der Bank die Unzuverlässigkeit des Treuhänders, Manipulationen des Verkäufers in erheblichem Umfang oder vorangegangene arglistige Täuschungen des Kunden durch den Verkäufer oder Vermittler bekannt ist;[147]
- wenn prognostizierte Mieterträge bei vernünftiger Berechnung nicht erreichbar sind;[148]
- wenn sich der Bank aufdrängen muss, dass die gesamte Kapitalanlage von vornherein zum Scheitern verurteilt war;[149]
- wenn der Kaufpreis wucherisch überhöht ist im Sinne von § 138 Abs. 1 BGB, so beispielsweise wenn der Kaufpreis mehr als doppelt so hoch ist wie der Ertragswert des Objektes;[150]
- wenn sie Kenntnis von der Sittenwidrigkeit eines Vertrages hat,[151] so beispielsweise bei der eigenen sittenwidrigen Knebelung;[152]
- wenn durch das Verhalten der Bank eine Gläubigergefährdung ausgelöst wird.[153]

c) Überschreiten der Rolle der Kreditgeberin

Eine Aufklärungspflicht der Bank besteht, wenn sie im Zusammenhang mit der Planung, der Durchführung oder dem Vertrieb des Projekts nach außen erkennbar ihre Rolle als Kreditgeberin **überschreitet**, also an der so genannten **Wertschöpfungskette** teilnimmt. Eine solche Aufklärungspflicht setzt voraus, dass die Bank im

1233

---

144 *OLG Hamm* WM 2002, 2326, 2328; *OLG Bamberg* WM 2002, 537, 542.
145 *OLG Köln* WM 2005, 792, 797.
146 *BGH* MDR 2004, 1192 = NJW 2004, 1529, 1536; *OLG Köln* WM 2005, 557, 559: Kenntnis der drohenden Zahlungsunfähigkeit oder der Konkursreife.
147 *BGH* MDR 1990, 29 = NJW 1989, 2879.
148 *BGH* MDR 2004, 1129 = NJW 2004, 2378.
149 *OLG Stuttgart* WM 2001, 1667.
150 *BGH* MDR 2004, 1129 = NJW 2004, 2378, 2380; WM 2004, 172, 174; *OLG Köln* WM 2005, 792, 797; *OLG Karlsruhe* OLGR Karlsruhe 2004, 448, 450.
151 *OLG Karlsruhe* OLGR Karlsruhe 2004, 448, 451.
152 *BGH* ZIP 1998, 793; *BGHZ* 44, 161.
153 *BGH* NJW 1988, 902; *BGH* ZIP 1999, 997.

Zusammenhang mit der Planung, der Durchführung oder dem Vertrieb des Objekts „gleichsam als Partei" des zu finanzierenden Geschäfts in nach außen erkennbarer Weise Funktionen oder Aufgaben des Veräußerers oder Vertreibers übernommen und damit einen zusätzlichen auf die übernommenen Funktionen bezogenen Vertrauenstatbestand geschaffen hat.[154] Eine Zusammenarbeit mit dem Verkäufer oder Vermittler und Vorlage von deren Verkaufsprospekten reicht aber nicht aus.[155]

1234 Wenn eine Bank sowohl die Globalfinanzierung des Bauträgers bzw. Veräußerers als auch die Endfinanzierung verschiedener Kaufinteressenten übernommen hat, begründet das allein **keine** über ihre Rolle als Kreditgeberin hinausgehende **Projektbeteiligung**. Gleiches gilt, wenn die Bank den überwiegenden Anteil der Kapitalanleger eines Fonds finanziert.[156] Auch eine Einwertung der Immobilie begründet für sich gesehen keine Inanspruchnahme besonderen Vertrauens.[157] Gewährt die Bank dem Vermittler oder Veräußerer eine Innenprovision, begründet das keine Aufklärungspflicht.[158]

d) Schaffung eines „besonderen Gefährdungstatbestandes"

1235 Die Rechtsprechung bejaht eine Aufklärungspflicht, wenn zu den allgemeinen wirtschaftlichen Risiken des Objekts ein **besonderer Gefährdungstatbestand** für den Kunden geschaffen oder das Entstehen eines solchen Gefährdungstatbestandes begünstigt wurde.[159] So kann sich eine besondere Gefährdung etwa aus der Verlagerung des eigenen wirtschaftlichen Wagnisses auf den Kunden und dessen bewusster Belastung mit einem Risiko ergeben, das über die mit dem zu finanzierenden Vorhaben normalerweise verbundenen Gefahren hinausgeht.

1236 **Kennt die Bank das Insolvenzrisiko** einer Gesellschaft, deren Beteiligungen sie verkauft, beispielsweise weil sie die Kosten des Initiators oder des Immobilienfonds selbst finanziert hat, dann kann eine Aufklärungspflicht bestehen. Diese Konstellation liegt jedoch nicht bereits dann vor, wenn die Bank den Anlegern Darlehen zur Finanzierung ihres Anteilserwerbs an einem Immobilienfonds zur Verfügung stellt. Auch im Rahmen dieser Fallgruppe liegen Schätzungen über den voraussichtlichen Wert des Objekts in der Zukunft nicht im Pflichtenkreis der Bank. Auch eine Vollfinanzierung des Bauträgers kann ein konkretes Insolvenzrisiko und damit eine

---

154 *BGH* MDR 2004, 1192 = NJW 2004, 2736, 2741; zuletzt *BGH* BKR 2005, 73; *OLG Köln* WM 2005, 557 f.; *OLG Köln* WM 2005, 792, 798; *OLG Bamberg* BKR 2005, 108; *OLG Bamberg* WM 2002, 537.
155 *BGH* WM 2004, 172, 174.
156 *OLG Karlsruhe* NJW-RR 2003, 185, 189; zuletzt *OLG Köln* WM 2005, 792, 798; *OLG Frankfurt* OLGRFrankfurt 2005, 85, 88; *OLG Brandenburg* WM 2005, 465, 468; *Edelmann* MDR 2000, 1172, 1175.
157 *OLG Stuttgart*WM 2000, 133; *Edelmann* MDR 2000, 1172, 1175.
158 *OLG Stuttgart* WM 2000, 292, 296.
159 *BGH* MDR 2004, 1192 = NJW 2004, 2736, 2741; zuletzt *OLG Karlsruhe* BKR 2005, 157 f. und *KG* KGR Berlin 2005, 194 f.

Gefährdungslage begründen, die zu vorvertraglichen Aufklärungspflichten der Bank gegenüber den Darlehensinteressenten führen kann, wenn aufgrund konkreter Umstände die Wohnungsvermarktung gefährdet und dies der finanzierenden Bank bekannt ist.[160]

e) Schwerwiegender Interessenkonflikt der Bank

Schließlich besteht eine Aufklärungspflicht der Bank dann, wenn sie sich im Zusammenhang mit der Kreditgewährung in einem schwerwiegenden Interessenkonflikt befindet.[161] Das ist besonders der Fall, wenn über ein ihr bei Abschluss des Darlehensvertrages bekanntes oder sich aufdrängendes **Insolvenzrisiko des Bauträgers** nicht aufgeklärt wird, obwohl sich daraus ein Scheitern der Kapitalanlage ergeben kann.[162] Auch wenn durch den Vertrieb der Kapitalanlage das Risiko eines Forderungsausfalls gegen den Initiator eines Gesamtprojektes auf eine Vielzahl von Darlehensnehmern verlagert wird, durch deren Einlagen das Not leidend gewordene Darlehen des Initiators zurückbezahlt wird, die Darlehensnehmer aber keinen entsprechenden Gegenwert erhalten, kann grundsätzlich eine Haftung bestehen.[163] Schließlich kann die Bank auch bei der Finanzierung von Kommanditistenbeteiligungen haften, wenn sie erkennt, dass eine größere Anzahl von Kommanditisten nicht über eine ausreichende Bonität verfügt, sodass das damit verbundene Risiko des Ausfalls der Forderungen aus den zugehörigen Darlehensverträgen auf den betroffenen, liquiden Darlehensnehmer verlagert wird.[164]

1237

f) Haftung für das Handeln von Anlagevermittlern

Die den Erwerb einer Immobilie finanzierende Bank muss sich das Verhalten des Veräußerers oder Finanzierungsvermittlers zurechnen lassen, wenn dieses die **Anbahnung des Darlehensvertrages** betrifft; nur insoweit können Vermittler und sonstige Dritte als Erfüllungsgehilfen (§ 278 BGB) im Pflichtenkreis der Bank tätig sein.[165] Für eine Einbeziehung in den Pflichtenkreis der Bank reicht es nicht aus, dass diese einen Anlagevermittler mit Kreditformularen ausstattet und verprovisioniert. Der BGH rechnet der Bank allerdings eine „Haustürsituation" zu, wenn sie dem Vermittler die Anbahnung des Kreditvertrages und ihre Kreditunterlagen über-

1238

---

160 *BGH* WM 2004, 172, 174.

161 *BGH* MDR 2004, 1192 = NJW 2004, 2736, 2742; zuletzt *BGH* NJW 2005, 668, 670; *OLG Köln* WM 2005, 792, 798; *KG* KGReport Berlin 2005, 194, 196.

162 *BGH* MDR 1992, 767 = WM 1992, 901; *KG* KGReport Berlin 2005, 194, 196; *Edelmann* MDR 2000, 1172, 1176; *BGH* MDR 2004, 641 = NJW 2004, 1376, 1379.

163 *OLG Stuttgart* OLGR Stuttgart 2003, 69, dort aber waren die Anforderungen aus tatsächlichen Gründen nicht erfüllt.

164 *OLG Dresden* WM 2002, 1881, 1883.

165 U. a. *BGH* MDR 2004, 1129 = NJW 2004, 2378, 2380 f.; zuletzt *BGH* MDR 2004, 641 = NJW 2004, 1376.

lässt.[166] Beschränkt sich die Tätigkeit eines Anlagevermittlers auf das Einfordern und die Weiterleitung der üblichen Kreditunterlagen beim Kreditnehmer, so ist er im Verhältnis zur Bank als Dritter i.S.d. § 123 Abs. 2 BGB und nicht als Erfüllungsgehilfe i.s.d. § 278 BGB anzusehen, da die Bank die Kreditprüfung einschließlich der Bonitätsprüfung ausschließlich im eigenen Interesse ausführt.[167] Hat die Bank Kenntnis von Falschangaben des Vermittlers, muss sie für eine aktive Aufklärung sorgen.[168]

III. Strafrechtliche Verantwortung

1. Beihilfe zur Insolvenzverschleppung

1239 Die Auszahlung von Kreditmitteln in der Unternehmenskrise wird von der Rechtsprechung als **Unterstützungshandlung für eine Insolvenzverschleppung** gewertet, wenn in besonders rücksichtsloser und eigensüchtiger Weise das Kreditinstitut seine eigene Stellung zum Nachteil anderer Gläubiger verbessert.[169] Für die Beurteilung darüber, ob eine Kreditfinanzierung im Zeitpunkt der Krise noch sozialadäquat ist oder bereits ein Handeln über banküblichen Gepflogenheiten hinaus zur Unterstützung eines kriminellen Verhaltens vorliegt, muss auf die **tatsächlichen Kenntnisse** des Kreditinstitutes im Zeitpunkt des Kriseneintrittes abgestellt werden. Für die Neugewährung von Krediten oder die Erweiterung bestehender Linien wird regelmäßig ein Kreditantrag und eine Offenlegung der wirtschaftlichen Verhältnisse gefordert. Banküblich ist es, sich den aktuellen Stand der Vermögenswerte, die laufenden Umsätze und Kosten sowie etwaige Bescheinigungen des Steuerberaters geben zu lassen.

1240 Für ein **bankübliches Verhalten** spricht allerdings, wenn eine Kreditgewährung „uneigennützig" erfolgt, beispielsweise um andere Gläubiger zu befriedigen oder um eine Sanierungslösung zu finanzieren. Eine Verantwortlichkeit scheidet deshalb aus, wenn sich ein Kreditinstitut an einem Sanierungskonsortium beteiligt und der Kredit durch öffentliche Bürgschaften oder Garantien abgesichert wird.

1241 **Ein strafrechtlich relevantes Verhalten** liegt vor, wenn nachgewiesen werden kann, dass die Bank die Schädigung der übrigen Gläubiger als möglich erkannt, die Finanzierung oder die eigene Positionsverbesserung aber trotzdem vorangetrieben hat. Auch dann, wenn eine Sanierungsprüfung nicht durchgeführt wird oder die Bank

---

166 U.a. *OLG Braunschweig* WM 1998, 1223, 1229; *BGH* MDR 2004, 1193 = WM 2004, 1521, 1523; dem II. ZS grundsätzlich zustimmend *OLG Stuttgart* OLGR Stuttgart 2005, 109, 111: Anwendung des § 123 I; ablehnend zuletzt *OLG Bamberg* WM 2005, 593, 595.
167 *OLG Stuttgart* WM 2000, 1942; anders aber jetzt *OLG Stuttgart* OLGR Stuttgart 2004, 244, 249 und *OLG Stuttgart* OLGR Stuttgart 2005, 109, 111: Zurechnung nach § 123 Abs. 1; noch weitergehend *KG* WM 2005, 596, 602 f.
168 *BGH* MDR 1990, 30 = NJW 1989, 2881.
169 *BGH* NJW 1970, 657; *Scheffler* BB 2006, 56.

Knierim

sich der Erkenntnis verschließt, dass ernsthafte Zweifel am Gelingen eines Sanierungsversuches bestehen, kann die Veränderung der Finanzierungssituation oder die Verbesserung der Sicherheitenlage ein Indiz für vorsätzliches Verhalten sein.

2. Stille Geschäftsinhaberschaft

Wenn einem Unternehmen durch Sicherungsverträge mit einem Kreditinstitut nahezu sämtliche **Dispositionen unmöglich gemacht** werden und damit eine eigenständige wirtschaftliche Entscheidung genommen wird, kann dies einen Missbrauch der wirtschaftlichen Machtstellung des Kreditinstitutes darstellen. **1242**

Liegt eine **Knebelung im Sinne von § 138 Abs. 1 BGB** vor, ist der Sicherungsvertrag allerdings nichtig. Dies hat zur Folge, dass aus objektiven Rechtsgründen keine Geschäftsinhaberschaft angenommen werden kann, wenn Kreditvertrag und Sicherungsvertrag nicht wirksam sind. Verhält sich die Geschäftsführung so, als ob die vertraglichen Grundlagen eingehalten werden müssten, kann daraus dem Kreditinstitut kein Vorwurf gemacht werden. Ob dadurch Schadenersatzansprüche gemäß § 826 BGB begründet werden können, ist in jedem Einzelfall anhand der konkreten Unternehmenssituation zu prüfen.[170] Hat das Kreditinstitut dem Unternehmer aber einen ausreichenden wirtschaftlichen Freiraum gelassen, in dem er eigene Entscheidungen umsetzen kann – auch wenn diese in die Insolvenz führen –, liegt keine Bindung oder Knebelung vor. **1243**

Auch eine so genannte **stille Geschäftsinhaberschaft** setzt voraus, dass die Hausbank des Unternehmens über alle Vermögenswerte einschließlich der zukünftigen Forderungen disponieren kann. Das Unternehmen wird dann zu einem bloßen Werkzeug des Kreditinstitutes, das von außen in das Unternehmen „hineinregieren kann". Ob der Geschäftsführer eines Unternehmens noch als abhängiger Sachwalter oder lediglich als Bote des Kreditinstitutes auftritt, muss in einer solchen Konstellation nicht entschieden werden. Indiz für eine stille Geschäftsinhaberschaft ist es, dass die Umsätze des Unternehmens von dem Kreditinstitut vereinnahmt werden, während die Kosten regelmäßig von dem Unternehmen zu tragen sind.[171] **1244**

3. Betrug oder Beihilfe zu Täuschungen

Eine **Kredittäuschung** liegt in der Regel vor, wenn das Kreditinstitut allein oder im Zusammenwirken mit dem Unternehmen Dritte, meistens Lieferanten oder andere Banken, zur Kreditgewährung an das Unternehmen veranlasst. Hinzukommen muss eine Täuschung des neuen Kreditgebers darüber, dass das Unternehmen – in der Begleitung durch die Hausbank – **solvent und zahlungswillig** ist. Kennt die Hausbank die Insolvenzreife des Unternehmens im Sinne einer Überschuldung, sichert **1245**

---

170 *BGH* WM 1955, 914.
171 *BGH* WM 1965, 475.

aber die Fortführung der Liquidität, dann kann in einem Verschweigen dieser Situation neben der Unterstützung der Insolvenzverschleppung ein strafbares Verhalten gegenüber einem Neugläubiger liegen.[172]

1246   Ähnliche Konstellationen ergeben sich, wenn ein Kreditinstitut mit dem Unternehmen eine **Globalzession** vereinbart, wonach sämtliche gegenwärtigen und künftigen Forderungen aus Lieferungen und Leistungen an Kunden zukünftig der Bank als Sicherheit zustehen. Das Unternehmen ist in einem solchen Fall zur Aufrechterhaltung seines Geschäftsbetriebes darauf angewiesen, die eigenen Lieferanten darüber zu täuschen, dass ein etwaiger vereinbarter verlängerter Eigentumsvorbehalt unwirksam ist.

1247   Ist eine solche Globalzession nach § 138 Abs. 1 BGB nichtig, weil sie den Schuldner dazu zwingt, sich gegenüber seinem Lieferanten unlauter zu verhalten, kann eine strafrechtlich relevante Betrugshandlung fraglich sein.

4. Gläubiger-/Schuldnerbegünstigung

1248   Bei **eigennützigen Sanierungskrediten** kann nicht nur das Problem der Unwirksamkeit von Vereinbarungen nach § 138 BGB entstehen, es kann auch eine sittenwidrige (§ 826 BGB) Gläubigerbegünstigung vorliegen. Die Bank kann sich durch eine ungeprüfte oder aussichtslose Fortsetzung ihrer Finanzierung auch an einer Insolvenzverschleppung beteiligen und dadurch einen rechtswidrigen Zustand perpetuieren.[173]

1249   Verweigert die Bank die Freigabe von Sicherheiten wegen **Übersicherung** und führt dies zur Insolvenz des Schuldners, kann dies grundsätzlich nicht zu einer Mitverantwortung im Sinne des § 283 Abs. 2 StGB für die Schuldnerinsolvenz führen. Die Nichtfreigabe von Sicherheiten stellt in der Regel keine Handlung zum Nachteil anderer Gläubiger oder der Insolvenzmasse dar, denn sie ist nominell nicht Bestandteil der Masse. Allerdings kann eine deutliche Übersicherung von mehr als 150 % des Gegenwertes der Kreditforderungen zu einer sittenwidrigen Knebelung des Schuldners führen. Die Zurückhaltung eines Vermögenswertes, an dem ein Freigabeanspruch besteht, kann allenfalls nach § 283d StGB strafbar sein, wenn dahinter die Absicht steht, den Schuldner zu begünstigen.

1250   Missbräuchlich ist das häufig bei drohender Insolvenz geäußerte Verlangen der Bank nach weiterer **(inkongruenter) Absicherung** bereits ausgereichter, aber nicht ausreichend gesicherter Kredite. Wenn eine vertraglich vereinbarte Sicherheit bei der Kreditbewilligung gewährt worden ist, stellt das nachträgliche Gewähren durch den

---

172 *BGH* BB 1963, 1192.
173 *Ahnert* Zivilrechtliche Haftungsrisiken für Kreditinstitute bei krisenbehafteten Unternehmen, BKR 2002, 254; *Neuhof* Sanierungsrisiken der Banken: Vor-Sanierungsphase und Sanierungsphase NJW 1998, 3225; *Seier* in Achenbach/Ransiek V 2 Rn. 329; *Veith* Kreditvergabe in der Krise, in: BankPraktiker 2006, 300.

Schuldner eine Gläubigerbegünstigung im Sinne des § 283c StGB dar. Der oder die Bankenmitarbeiter können sich als Anstifter oder Gehilfen an einer solchen Straftat strafbar machen.[174]

Die Interessen anderer Gläubiger können dadurch gefährdet werden, dass **Sicherhei-** **1251** **ten** in einer Art und Weise gestellt werden, die zu einer vorrangigen Befriedigung nur des Bankinstitutes führen, ohne dass Lieferanten dadurch einen unmittelbaren Schaden erleiden müssen. Es genügt für eine Beihilfe zur Schuldnerbegünstigung, dass das Kreditinstitut eine solche Folge der Sicherung als eine nicht bloß fernliegende Möglichkeit vorausgesehen und billigend in Kauf genommen hat.[175]

C. Hilfeleistungen in Rechts- und Steuerfragen

I. Pflichten im Mandatsvertrag am Beispiel der Rechtsanwälte

1. Mandatsannahme, -führung und -beendigung

Der **Geschäftsbesorgungsvertrag** nach §§ 675, 611 BGB zwischen dem Anwalt **1252** und dem Mandanten richtet sich auf einen anwaltlichen Beistand, nicht auf den Erfolg der anwaltlichen Tätigkeit.[176] Die so genannten „Dienste höherer Art" (§ 627 BGB) liegen in der Klärung des rechtlichen Vorwurfs, der Beratung über die Rechtsanwendung und das erforderliche Verfahren sowie in der Vertretung nach außen. Um den Mandanten nicht im Unklaren darüber zu lassen, muss der Anwalt dem Mandanten gegenüber die unverzügliche Bereitschaft zur Annahme des Mandates erklären (§ 44 BRAO), wobei in Strafsachen grundsätzlich wegen §§ 137, 146 StPO keine Sozietätsmandate erteilt werden (anders § 51a Abs. 2 S. 1 BRAO[177]). Eine bestimmte Form der Auftragsannahme ist nicht vorgeschrieben. Eine eindeutige und zweifelsfreie Klärung ist aber unbedingt zu empfehlen, weil eine konkludente Vertragsübernahme nur bei umfassender Würdigung aller Umstände nach Treu und Glauben mit Rücksicht auf die Verkehrssitte anzunehmen ist.[178]

Der Mandatsübernahme geht regelmäßig ein Vorgespräch voraus.[179] Ein Anwalt ist grundsätzlich frei, das ihm angebotene Mandat anzunehmen oder es abzulehnen.[180] Spätestens nach diesem Vorgespräch ist der Anwalt gegenüber dem Mandanten uneingeschränkt **zur Klärung der Mandatsbeziehung** verpflichtet. Bei inhaftierten

---

174 *Fischer* § 283c Rn. 12.
175 *BGH* NJW 1971, 441.
176 *BGH* NJW 1964, 2402; Palandt-*Putzo* Vor § 611 BGB Rn. 21.
177 Zur Sozienhaftung grundlegend: *BGH* NJW 1971, 1801, 1802.
178 *Stobbe* S. 972 f.; *BGH* NJW 1991, 2084, 2086.
179 *Weihrauch* Rn. 15.
180 *Burhoff* Rn. 793, 794.

Mandanten unterliegt das Anbahnungsgespräch bereits der Verschwiegenheitspflicht (§ 2 Abs. 2 BO-RA, § 203 StGB). Es wird bereits von § 148 StPO erfasst, so dass es grundsätzlich unüberwacht bleiben muss.[181]

1253 Wird der Anwalt durch einen PKH-Beschluss oder in einem Strafverfahren als **Pflichtverteidiger** beigeordnet (§ 49 BRAO), dann entsteht ein gesetzliches Schuldverhältnis, das für sich gesehen nur vorvertragliche Pflichten wie Fürsorge-, Belehrungs- und Betreuungspflichten auslöst,[182] im Übrigen aber zum unverzüglichen Abschluss eines Anwaltsvertrages verpflichtet.

1254 Besteht ein **Vertretungsverbot** nach der BRAO (§ 48a Abs. 4 – Verbot der Vertretung widerstreitender Interessen; § 45 – außeranwaltliche Vertretung; § 46 – Vertretungsverbot für den Syndikusanwalt; § 47 – Vertretungsverbot aus Befassung im öffentlichen Dienst), kann sich eine Haftung bei fehlerhafter Mandatsannahme aus §§ 311, 823 Abs. 2 BGB i.V.m. § 356 StGB ergeben. Diese gesetzlichen Verbote bestehen vor, während und nach dem Ende des konkreten Mandatsauftrages.

1255 Die **Beendigung** des Mandates hat grundsätzlich so zu erfolgen, dass der Mandant infolge der Mandatsbeendigung keinen erkennbaren Schaden erleidet.[183] Zur Mandatsbeendigung gehört auch die Aufklärung über etwaige nicht abgelaufene Rechtsmittel-, Antrags- und Verjährungsfristen, auch wenn der Verteidiger selbst pflichtwidrig gehandelt haben sollte.[184]

2. Klärung des Vertragsinhaltes

1256 Ohne einschränkende Klarstellung zwischen den Vertragsparteien ist der Anwalt zur umfassenden und erschöpfenden **Rechtsbesorgung und Rechtsvertretung** im konkret beauftragten Fall verpflichtet (unbeschränktes Mandat).

1257 Die **anwaltliche Beratung** erstreckt sich nur auf den konkreten Fall, bedeutet aber u.U., dass auch Aktivitäten auf anderen Rechtsgebieten zu erwarten sind, wenn sie mit dem konkreten Fall in einem unlösbaren Zusammenhang stehen. Beispielsweise wird bei Missbrauchsfällen die Klärung der familienrechtlichen Situation, bei Verkehrsdelikten die Klärung zivil- und verwaltungsrechtlicher Fragen, bei Straftaten im Arbeitsverhältnis die Klärung arbeitsrechtlicher und steuerrechtlicher Fragen zu erwarten sein. Ein Anwalt muss von sich aus klarstellen, wenn er nur in beschränktem Umfang tätig werden will. Entweder geschieht dies durch eine schriftliche Vereinbarung, ein Schreiben, dem nicht widersprochen wird, oder aus einer mündlich vereinbarten und praktizierten Aufgabentrennung zwischen verschiedenen Beratern des gleichen Mandanten (beispielsweise regelmäßig bei der gleichzeitigen Tätigkeit von Steuerberatern und Verteidiger). Der nur beschränkt mandatierte Rechts-

---

181 *Bockemühl* S. 68; KMR-*Hiebl* Vor § 137 StPO, Rn. 64, 65.
182 *Henssler/Prütting* § 48 BRAO Rn. 7.
183 *BGH* NJW 1997, 1302; NJW 1996, 2648.
184 *BGH* NJW 1997, 1302.

anwalt ist grundsätzlich nicht verpflichtet, Vorgänge zu prüfen, die nicht Gegenstand seines Mandats sind. Lediglich aus der Schutzpflicht heraus hat er den Mandanten auf Gefahren aufmerksam zu machen, wenn er Anlass zu der Annahme hat, dass der Mandant die Gefahr nicht erkennt.[185]

Unternimmt es der Anwalt im Auftrag des Mandanten, ein **Gutachten** zu erstellen, beispielsweise einen Überschuldungsstatus, so kann statt einem sonst üblichen Dienstvertrag ein Werkvertrag gemäß §§ 675, 631 BGB zustande kommen. In der Praxis spielt hier lediglich die Frage eine Rolle, ob der Überschuldungsstatus rechtzeitig erstellt worden ist, so dass die gesellschaftsrechtlichen Fristen zur Insolvenzantragstellung eingehalten werden konnten.   **1258**

Ist dem Anwalt oder Steuerberater eine **Sanierungsberatung** aufgegeben worden, handelt es sich um einen Dienstvertrag (§ 611 BGB), auf den die Regeln der Geschäftsbesorgung gemäß § 675 BGB ergänzend anzuwenden sind. Im vertraglichen Verhältnis ohne eine Außenwirkung haftet der Anwalt stets nur gegenüber dem Mandanten.[186]   **1259**

3. Weisungen des Mandanten

Das Weisungsrecht des Mandanten (§§ 665, 675 BGB) ist grundsätzlich **unbeschränkt** und deshalb vom Anwalt zu beachten. In der Praxis ergeben sich hier jedoch die größten Schwierigkeiten. Lediglich die Bindung eines Verteidigers an Weisungen ist im Strafrecht stark eingeschränkt. Zu einem unredlichen oder sachwidrigen Verhalten ist der Verteidiger nicht verpflichtet.[187] Weisungen des Mandanten, die zu Nachteilen im Verfahren führen, sind nur dann zu befolgen, wenn der Mandant über die Folgen belehrt wurde, der Anwalt eine beabsichtigte Abweichung angezeigt hat, der Mandant aber auf seiner Weisung beharrt.[188] Abweichungen sind nur dann zulässig, wenn der Anwalt nach den Umständen annehmen darf, der Mandant würde bei Kenntnis der Gefahrenlage die Abweichung billigen. Solche Gelegenheiten sollten gerade in Strafsachen selten sein.   **1260**

4. Aufklärung über die Kosten

Die Pflicht, über die Kosten wie auch über **Kostenerstattungsansprüche aufzuklären**, besteht während des gesamten Mandates und auch bereits in den Vorgesprächen. Die Rechtsprechung hat sich bislang allerdings nur in zivilrechtlichen Fällen mit dieser Aufklärungspflicht befasst. Fragt ein Mandant in einem Vorgespräch nach den voraussichtlichen Kosten einer (zivilrechtlichen) Prozessvertretung, hat der Anwalt   **1261**

---

185 *BGH* NJW 1997, 2168, 2169.
186 *BGH* NJW 1989, 1216.
187 *OLG Karlsruhe* VersR 1995, 537, 538.
188 *BGH* VersR 1977, 421, 423

die Pflicht, die voraussichtliche Höhe so genau wie möglich mitzuteilen.[189] Außerdem kann sich ein vom Mandanten nicht erkanntes Kostenrisiko ergeben, wenn die geplante Prozessführung wirtschaftlich unvernünftig ist.[190]

1262 In Strafsachen ist das **Kostenrisiko** umso schwerer **einzuschätzen**, als der Verfahrensverlauf nicht feststeht, sondern von dem Umfang der Aufklärung abhängig ist, die Staatsanwaltschaft und Gericht für notwendig erachten. Es gibt keine gesetzlichen Grenzen, die es erlauben könnten, von einer bestimmten Mindest- oder Höchstdauer auszugehen. Zudem werden in der Praxis häufig Honorare vereinbart (§ 4 RVG). Rahmengebühren sind selbst bei voller Ausschöpfung in der Regel nicht kostendeckend, wenn ein Anwalt an dem Verfahren umfangreich mitarbeitet, bereits frühzeitig Termine wahrnimmt, Stellungnahmen abgibt oder sogar eigene Ermittlungen anstellt.[191] Der Mandant ist zudem nach einer **Rechtsschutzversicherung** zu fragen.[192]

1263 Über erhaltene Vorschüsse und Fremdgelder ist uneingeschränkt und frühzeitig **abzurechnen** (§ 23 BO-RA, §§ 675, 666 BGB), die für den Mandanten erhaltenen Gegenstände sind unverzüglich herauszugeben (§§ 675, 667 BGB).

5. Notarielle Beurkundungen

1263a Die **Fertigung der Verträge und** deren **Beurkundung** sowie die oftmals damit einhergehende Besorgung der registerrechtlichen Formalitäten können neutral gesehen eine Straftat fördern, die in einer Insolvenzverschleppung (Firmenbestattung), einem Betrug oder einer Bankrotthandlung (§ 283 Abs. 1 Nr. 1 StGB) liegen kann.[193] Die Handlung des Notars ist für eine „GmbH-Entsorgung" und die damit einhergehende Insolvenzverschleppung sogar eine unverzichtbare Bedingung, weil es aufgrund der Formvorschrift des § 15 Abs. 3 GmbHG ohne den Beurkundungsvorgang nicht zu einer wirksamen Abtretung der Gesellschaftsanteile käme. Mit der Handlung des Notars steht und fällt das gesamte Vorhaben. Für die Annahme der Förderung einer fremden Tat kann sich aber erst bei einem wesentlichen Verstoß gegen die Vorschriften, nach denen der Notar sein Amt auszuüben hat (Bundesnotarordnung und das Beurkundungsgesetz), eine strafrechtlich relevante Unterstützungshandlung ergeben.[194]

---

189 *BGH* NJW 1980, 2128, 2130; NJW 1998, 3486, 3487.

190 *BGH* NJW 1998, 136, 137; *OLG München* NJW-RR 1991, 1460, 1461.

191 Vgl. dazu die Übersichten bei *Burhoff* RVG Straf- und Bußgeldsachen, 2004; *Leipold* Rechtsanwaltsvergütung in Strafsachen, 2005; *Madert* Rechtsanwaltsvergütung in Straf- und Bußgeldsachen, 5. Aufl. 2004; zu den aktuellen Kosten einer Verteidigerkanzlei vgl. *Henke* AnwBl. 2005, 585; *Lutje* NJW 2005, 2490; *Tsambikakis* StraFo 2005, 446.

192 *OLG Nürnberg* NJW-RR 1989,1370; *Borgmann/Jungk/Grams* Anwaltshaftung § 20 Rn. 109; *Sieg* in Zugehör, Rn. 689.

193 *Schröder* DNotZ 2005, 596, 602.

194 Zur Beihilfe zur Steuerhinterziehung vgl. *BGH* NStZ-RR 1999, 184 ff.

§ 14 Abs. 2 BNotO und § 4 BeurkG sprechen im Zusammenhang mit der **Ableh-**   **1264**
nungspflicht des Notars von Handlungen, „mit denen erkennbar unerlaubte oder
unredliche Zwecke verfolgt werden". Den Notar trifft also keine Pflicht, den ihm
verborgenen Zwecküberlegungen der Beteiligten nachzuspüren.[195] Er muss danach
grundsätzlich auch keine Ermittlungen anstellen und darf den Angaben der Beteiligten vertrauen.[196] Nach der notarrechtlichen Literatur sind als Erkenntnisquellen
allerdings nicht nur die zu beurkundenden Erklärungen anzusehen. Der Notar muss
insoweit jedes Wissen verwerten.[197] Besteht für den Notar danach ein Verdacht, soll
er verpflichtet sein, diesen Verdachtsmomenten nachzugehen und die Beteiligten um
Aufklärung zu ersuchen.[198] Eine bloße Verdachtsschwelle genügt allerdings nicht als
Ablehnungsgrund. Vielmehr benötigt der Notar eine Bestätigung des Verdachts. Die
Vermutung oder der bloße Verdacht auf unredliche oder unerlaubte Zwecke verpflichten den Notar mithin nicht, die Amtshandlungen abzulehnen.[199] Auch wer als
Notar erkennt, dass die Möglichkeit eines deliktischen Handelns der Beteiligten
besteht, darf grundsätzlich ohne weitere Anhaltspunkte nicht nach § 14 Abs. 2
BNotO und § 4 BeurkG die notarielle Handlung ablehnen, sondern hat die Beurkun-
dung vielmehr gemäß § 15 Abs. 1 S. 1 BNotO durchzuführen.[200]

II. Zivilrechtliche Haftung in der Rechtsberatung

1. Vertragliche Haftung

Im anwaltlichen Beratungsverhältnis schuldet der beratende Rechtsanwalt dem Man-   **1265**
danten eine **umfassende Aufklärung über die Handlungsmöglichkeiten und Haf-**
tungsrisiken.[201] Der Auftrag umfasst die klassischen fünf Felder Sachverhaltsklärung, Rechtsprüfung, umfassende Beratung, Rechtsvertretung und – soweit möglich
– Schadensvermeidung. Während der Dauer des Beratungsvertrages ist der Anwalt
verpflichtet, ständig auf Auswirkungen neuer Erkenntnisse über die Vermögens- und
Finanzlage des Schuldners hinzuweisen, die Rechtsprechung aktuell im Hinblick auf
den ihm anvertrauten Fall zu überprüfen und absehbare Entwicklungen an den
Mandanten zu beschreiben. Verletzt der Anwalt seine Beratungspflicht, schuldet er
Schadenersatz gemäß § 280 Abs. 1 BGB. Eine Fristsetzung zur Nacherfüllung ge-
mäß § 281 Abs. 2 BGB ist entbehrlich, weil der Schaden gerade durch die nicht

---

195 Soergel-*Mayer* § 4 BeurkG Rn. 3; *Schippel* § 14 Rn. 20; *Winkler* § 4 Rn. 29.
196 *BGH* DNotZ 1958, 99, 100 f.; 1961, 162, 163; 1973, 245, 247.
197 *Krekeler* AnwBl 1993, 69, 71; Soergel-*Mayer*, a.a.O. § 4 BeurkG Rn. 3; *Meckel/Lerch* § 4
    Rn. 9; *Seybold/Hornig* § 14 Rn. 20.
198 *BGH* DNotZ 1973, 245, 247.
199 *Huhn/von Schuckmann* § 4 Rn. 22; *Grziwotz* NotBZ 2000, 9, 10.
200 *Schröder* DNotZ 2005, 596, 608.
201 *Frege* Grundlagen und Grenzen der Sanierungsberatung, in: NZI 2006, 545, 547; zur
    vertraglichen Haftung des Steuerberaters: *Zugehör* DStR 2007, 723.

rechtzeitige Aufklärung über die mit den jeweiligen Entwicklungen verbundenen Risiken eintritt. Allerdings mindert die unterlassene Aufklärung über Haftungsrisiken nicht das Vermögen des Schuldners, sondern möglicherweise die Aussichten Dritter, sich aus dem Schuldnervermögen zu befriedigen.

a) Klärung des Sachverhaltes

1266 Der „Sachverhalt" ist vom Rechtsberater so weit zu klären, wie die **Kenntnisse und Möglichkeiten des Mandanten** reichen.[202] Das bedeutet einerseits, den Mandanten persönlich,[203] konkret und verständlich nach dessen Wissen und Zielvorstellungen zu befragen,[204] und andererseits die jeweiligen gegnerischen Informationen – auch die Hinweise der Gerichte und die der Strafverfolgungsbehörden – zu berücksichtigen. Dazu sind Akten einzusehen[205] und auszuwerten. Der Mandant hat die Pflicht, vollständig und wahrheitsgemäß zu informieren.[206] Den Informationen des Mandanten darf der Rechtsanwalt grundsätzlich vertrauen,[207] es sei denn, er erkennt sicher, dass sie lückenhaft und falsch sind.[208]

b) Rechtsprüfung

1267 Für Rechtsbegriffe oder Normenauslegungen schuldet der Rechtsanwalt eine **vollständige, umfassende Prüfung** anhand der im Streitfall relevanten Gesetzeslage. Dazu gehören auch die nahe liegenden Bezüge zu anderen Rechtsgebieten, beispielsweise bei ausfüllungsbedürftigen Tatbeständen, oder Blankettnormen die Kenntnis der ausfüllenden Rechtsvorschriften, d.h. deren Anwendungsbereich, deren Auslegung und etwaige Einwendungen oder Einreden.[209] Eine Einarbeitung in weit entfernte Rechtsgebiete schuldet er nur in Ausnahmefällen.[210] Zu diesem Zweck sind die aktuellen Rechtsquellen, die aktuelle Rechtsprechung (einschließlich der des Bundesverfassungsgerichts,[211] des Europäischen Gerichtshofes und des Europäischen Gerichtshofes für Menschenrechte) und das Schrifttum vollständig und erschöpfend aufzuarbeiten.[212] Wer als europäischer Rechtsanwalt im Ausland tätig

---

202 *BGH* AnwBl. 2006, 68 zur Informationsbeschaffungspflicht des Anwaltes.
203 *Borgmann/Jungk/Grams* S. 104.
204 *Louwen* VersR 1997, 1050; *Borgmann* NJW 2000, 2953/2958; *Slobodenjuk* NJW 2006, 113.
205 *Krause* NStZ 2000, 225, 226 f.; *OLG Düsseldorf* NJW-RR 1989, 927, 928.
206 *BGH* NJW 1996, 2929, 2930; U. v. 22.9.2005 – IX ZR 23/04 m. Anm. *Chab* BRAK-Mitt. 2006, 24.
207 *BGH* NJW 1997, 2168; NJW 1982, 437.
208 *BGH* NJW 1982, 437; NJW 1989, 2048, 2049; NJW 1996, 2929, 2931.
209 Es kann sogar ein widersprüchlicher Vortrag geboten sein: *BGH* DB 2006, 1104.
210 *BGH* NJW 2006, 501.
211 *BGH* NJW 2001, 675, 678; NJW 1993, 3323, 3324.
212 *BGH* NJW 1972, 1044.

wird, hat die sachlichen Normen und das Prozessrecht zu klären.[213] Das Schrifttum ist ergänzend heranzuziehen, um die Normauslegung vornehmen und die Rechtsprechung würdigen und sich ein eigenes Urteil bilden zu können und um abweichende Standpunkte zu erfahren. Unter Umständen muss sich der Rechtsanwalt sogar aus der Tagespresse informieren, um sich in seiner Beratung auf künftige Gesetzesänderungen einstellen zu können.[214] Sich Minderheitsmeinungen anzuschließen, ist aber riskant. Nur bei überzeugenden, tragfähigen Gründen in Absprache mit dem Mandanten kann in solchen Fällen ein Fahrlässigkeitsvorwurf vermieden werden.[215]

c) Würdigung und Beratung des Mandanten

Im Allgemeinen schuldet der Rechtsanwalt eine **umfassende, erschöpfende Beratung**, die die Ergebnisse der Sachverhaltsklärung, die Berichterstattung über die Rechtsanwendung und deren Würdigung mit den Zielvorstellungen des Mandanten abgleicht.[216] Der Anwalt berät also über die „Machbarkeit" auf der Grundlage der vorhandenen Rahmenbedingungen. Die Beratung lässt sich mit einer gutachterlichen Würdigung vergleichen, wobei nicht der Erfolgseintritt geschuldet wird, sondern die vollständige Erfassung und Gewichtung aller Grundannahmen. | **1268**

Sind bereits **erhebliche Fehler** bei der Sachverhaltsklärung und Rechtsprüfung gemacht worden, wird sich das in der Regel in der Beratung manifestieren.[217] Zur Beratung gehören die Darlegung von Zweifeln und Risiken,[218] einer erheblichen Rechtsunsicherheit bei Rechtsbegriffen[219] wie auch Ausführungen zu den Erfolgsaussichten.[220] Besonders nachdrücklich oder eindringlich muss eine Belehrung über die Rechtslage aber nicht sein.[221] | **1269**

Gibt es mehrere Wege und mehrere Strategien, muss der Anwalt in seinem Entscheidungsvorschlag den **sichersten Weg** wählen, der die größten Erfolgsaussichten verspricht.[222] Der Mandant muss aufgrund der Beratung entscheiden können, ob er seinen Standpunkt verteidigen will, welchen Inhalt seine Verteidigung haben soll und welche Ergebnisse er zu akzeptieren bereit ist. Diese Entscheidung muss er selbst treffen, nicht der Anwalt. | **1270**

---

213 Zu Anwaltspflichten bei grenzüberschreitenden Sachverhalten: *Knöfel* AnwBl. 2005, 669; *Gruber* MDR 1998, 1399.
214 *BGH* NJW 2004, 3487.
215 *BGH* NJW 1993, 3323, 3325.
216 *BGH* NJW 1994, 1211, 1212; NJW 1995, 449, 450; NJW 1996, 2929.
217 *BGH* NJW 1994, 1211, 1212; NJW 1995, 449, 450.
218 *BGH* NJW 1984, 791; NJW 1992, 1159, 1160; NJW 1994, 1211, 1212.
219 *BGH* DB 2006, 43; *BGH* DB 2006,1050.
220 *BGH* NJW 1992, 1159, 1160; NJW 1996, 2648, 2649.
221 *BGH* NJW 1995, 2842; NJW 1996, 2571; *Grams* BRAK-Mitt. 2006, 23; *Borgmann* NJW 2006, 415, 416.
222 *BGH* NJW 1992, 1159, 1160; NJW 1986, 2648, 2649.

1271 Auch in Strafsachen umfasst die Beratung – soweit im konkreten Fall erforderlich – alle Aspekte. Der Strafverteidiger sieht sich aus der Natur des Straf- und des Strafverfahrensrechts heraus mit einer Vielzahl von Voraussetzungen und Wegen konfrontiert, die das **Ziel des Mandanten**, die Abwehr strafrechtlicher Sanktionen, verhindern oder unterstützen können. Der Verteidiger muss als Fachmann aufgrund der ihm zur Verfügung stehenden Informationen einschätzen, welches Handeln mindestens nötig ist, um ein Verfahren in den drei Kategorien Sachverhalterforschung, Rechtsanwendung und Gebrauch des Verfahrensrechts zu beeinflussen. Gleichzeitig wird von ihm eine Einschätzung der Auswirkungen solcher Aktivitäten in positiver (z.b. entlastende Wirkung, unmittelbare Verfahrenseinstellung) wie auch in negativer Hinsicht (z.b. Verfestigung des Vorstellungs- und Beurteilungsbildes der Strafverfolgungsorgane) erwartet. All dies steht unter dem Vorbehalt, dass der jeweilige Verfahrensgegner über die überlegenen Mittel verfügt und über den Gang und das Tempo des Verfahrens sowie über den Ausgang und die Folgen hoheitlich bestimmen kann.

d) Schadensvermeidung

1272 Die Rechtsberatung hat sich stets daran zu orientieren, dass bei Feststellung des Sachverhaltes, bei der rechtlichen Prüfung und der Beratung und Vertretung **sorgfältig und gewissenhaft** vorgegangen wird und jeder vermeidbare Nachteil auch vermieden wird.[223] In diese Fallgruppe fallen einige der bereits angesprochenen Teilpflichten, so beispielsweise die Pflicht, über Risiken und Gefahren zu beraten,[224] die Pflicht, Beweismaterial zu sichern[225], oder die Pflicht, den sichersten, gesetzesmäßigen Weg zu beschreiten.[226] Die **Risikohinweispflichten** können sich auch aus allgemeinen wirtschaftlichen oder steuerrechtlichen Sachverhalten ergeben.[227] Zur Schadensminderung gehört auch die Hinweispflicht auf eine etwaige Anwaltshaftung.[228] Indessen ist ein Verteidiger nicht verpflichtet, auf einen möglichen zivilrechtlichen Regress gegen einen früheren Berater aufmerksam zu machen.[229]

---

223 *Stobbe* S. 988.
224 *Vollkommer/Heinemann* Rn. 252; *Rinsche/Fahrendorf/Terbille* Rn. 453; *BGH* VersR 1983, 34.
225 *Vollkommer/Heinemann* Rn. 162; *Rinsche/Fahrendorf/Terbille* Rn. 454.
226 *Borgmann/Jungk/Grams* Rn. 159; *Vollkommer/Heinemann* Rn. 285; *RGZ* 151, 259, 264; *BGH* NJW 2000, 3360, 3361.
227 *BGH* NJW-RR 2006, 274; dazu *Borgmann* NJW 2006, 415.
228 *Grunewald* AnwBl. 2002, 258, 259; *Borgmann* NJW 2005, 22, 30.
229 *BGH* B. v. 21.1.2005 – IX ZR 186/01 mit Bespr. *Chab* BRAK-Mitt. 2005, 72.

2. Vertrag zugunsten und mit Schutzwirkung zugunsten Dritter

In Einzelfällen kommt es vor, dass der Schuldner als **vertrauensbildende Maß-** **1273**
nahme sein Vermögen ganz oder zur Abwicklung bestimmter Aufträge teilweise
einem **Treuhänder** überträgt, der es im Interesse des Gläubigers verwenden soll.
Neben dem Risiko, dass hier Bankrottdelikte verwirklicht werden können (§§ 283
Abs. 1 Nr. 1, 283c StGB für den Schuldner, § 283d StGB für den Treuhänder),
können dem Treuhänder daraus unmittelbare Erfüllungspflichten gegenüber einem
Dritten erwachsen.[230] In einem solchen Fall hat der Rechtsberater mit dem Schuldner
einen Vertrag zugunsten Dritter abgeschlossen, nach dem der Dritte ein eigenes
Forderungsrecht auf die primäre Leistung gegen den Rechtsberater erwerben soll.

Jenseits der Treuhandvereinbarungen kann die Einschaltung eines Rechtsanwalts **1274**
oder Steuerberaters (zuweilen auch eines Wirtschaftsprüfers) einen **Vertrag mit**
Schutzwirkung zugunsten Dritter begründen, der Schutzpflichten gegenüber den
Interessen des begünstigten Dritten auslöst und zu Schadenersatzansprüchen führen
kann, falls diese Schutzpflichten verletzt werden. Die Bilanzerstellung für einen
bestimmten Gläubiger kann eine solche Schutzpflicht auslösen,[231] nicht dagegen die
normale Pflichtprüfung einer Kapitalgesellschaft.[232] Dient die Einschaltung des Beraters dazu, einem Gläubiger zuverlässige Hinweise über die Liquiditätslage, eine
mögliche Überschuldung oder die Aussichten einer Sanierung zu verschaffen, kann
ein solcher Vertrag vorliegen. Voraussetzung dafür ist, dass für den Anwalt ein
berechtigtes Interesse des Mandanten an der Einbeziehung des Dritten erkennbar
ist.[233] Im konkreten Fall muss ein Schutzbedürfnis des Dritten bestehen, weil er den
Gefahren einer Leistungsstörung ebenso intensiv ausgesetzt ist wie der Vertragspartner selbst.[234]

Die Rechtsprechung bejaht einen **Vertrag mit Schutzwirkung zugunsten Dritter** **1275**
regelmäßig dann, wenn ein Anwaltsvertrag mit der GmbH abgeschlossen wird. Der
dadurch natürlicherweise mitgeschützte Dritte ist deren Geschäftsführer. Die Man-
datierung in der Krise, die naturgemäß durch die vertretungsberechtigten Personen
erfolgt, dient regelmäßig sogar vorrangig der Vermeidung ihrer persönlichen Haftung. Ebenso können die Gesellschafter in den Schutzbereich einbezogen werden.[235]
Umgekehrt kann die GmbH im Schutzbereich eines mit dem Gesellschafter ge-

---

230 *BGH* ZIP 1989, 1466, 1468 zum so genannten Treuhandkontenmodell bei der Fertigstellung eines Bauvorhabens durch einen insolventen Schuldner; *BGH* ZIP 1997, 1551, 1553;
ZIP 2002, 535.
231 *BGH* NJW 1997, 1235 für Jahresabschluss erstellenden Steuerberater gegenüber Kreditgeber
232 *BGHZ* 138, 257 = NJW 1998, 1948; *Leibner/Holzkämper* DB 2004, 2087; *Finn* NJW
2004, 3752, 3753.
233 *BGH* NJW 1996, 2927, 2928; DStR 2003, 170.
234 *Rinsche/Fahrendorf/Terbille* Rn. 322; *BGH* NJW 1996, 2927.
235 *BGH* NJW 2000, 725; *BGH* NJW 1986, 581, 582.

schlossenen Vertrages stehen.[236] Entwirft der Anwalt zur Verbesserung der Liquidität beispielsweise einen Sale-and-lease-back-Vertrag zwischen der GmbH und ihrer Konzernmuttergesellschaft, ohne über das Risiko der Anfechtung eines Unter-Preis-Verkaufs oder die kapitalersetzende Nutzungsüberlassung aufzuklären, wird er auch gegenüber dem Gesellschafter haftbar. Bei Satzungsänderungen und insbesondere bei Kapitalmaßnahmen anlässlich einer Sanierung kann der Schutzbereich auf Gesellschaft, Gesellschafter und Geschäftsführer ausgeweitet sein. Begrenzt ist dieser Schutzbereich allerdings durch das Verbot, widerstreitende Interessen zu vertreten.[237] Deshalb gehören Vertragsgegner und Insolvenzgläubiger regelmäßig nicht zu dem privilegierten Personenkreis.

1276 Ein Vertrag mit Schutzwirkung zugunsten Dritter kann im Einzelfall dadurch bestehen, dass Gegenstand des Auftrages die Herstellung eines **Sachverständigengutachtens** ist.[238] In der Beratungspraxis kommt es häufig vor, dass die wesentlichen Gläubiger ihr weiteres Verhalten in der Schuldnerkrise von einer Prüfung der Sanierungsaussichten durch einen Sachverständigen abhängig machen. Dieser wird in der Regel im allseitigen Einvernehmen benannt oder sogar von einem Gläubiger vorgeschlagen, aber allein von dem Schuldner beauftragt und – teilweise aus einem zweckbestimmten Kredit – bezahlt. Die Herstellung des Gutachtens hat mit berufsüblicher Sorgfalt zu erfolgen, weil alle Beteiligten dieser Vereinbarung ein Interesse daran haben, ihr zukünftiges Vorgehen von dem Ergebnis des Gutachtens abhängig zu machen. Der Experte arbeitet deshalb nicht als Interessensvertreter des Schuldners, sondern als neutraler Gutachter, was bei einem Wirtschaftsprüfer näher liegt als bei einem Anwalt (vgl. § 43 Abs. 1 WPO). Wird das Gutachten nicht mit der erforderlichen berufsüblichen Sorgfalt erstellt, so haftet der Sachverständige gegenüber allen Beteiligten (§ 311 Abs. 3 BGB).[239]

3. Auskunftsvertrag

1277 Bei **Sanierungsverhandlungen** kommt es vor, dass der Anwalt oder Steuerberater mit der Durchführung von Verhandlungen mit Gläubigern beauftragt wird. Ein Bestandteil dieser Verhandlungen ist notwendigerweise der auf der Grundlage eines vollständigen Überschuldungsstatus erstellte Vergleich zwischen einer möglichen späteren Insolvenzquote in einem Insolvenzverfahren und der Quote eines außergerichtlichen Erlassvergleiches. Da nicht jeder Gesprächspartner die wirtschaftlichen Verhältnisse des Schuldners selbst untersuchen kann, ist er auf Informationen des Schuldners angewiesen, die von dem Rechts- oder Steuerberater erteilt werden müssen. Erweisen diese Informationen sich später als falsch, wird eine Haftung aus einem Auskunftsvertrag angenommen.[240]

---

236 *BGH* NJW 1986, 581, 582.
237 *BGH* NJW 1991, 32, 33; VersR 1988, 178, 179.
238 *BGH* NJW 1007, 1235; NJW 2001, 514; *BGHZ* 138, 257.
239 Palandt-*Heinrichs* § 311 BGB Rn. 60.
240 Palandt-*Sprau* § 675 BGB Rn. 29.

Der Auskunftsvertrag kommt allerdings nur dann zustande, wenn die Auskunft für **1278** den Empfänger **von erkennbar wesentlicher Bedeutung** ist, weil er seine Vermögensdisposition darauf stützen will und der Auskunftsgeber entweder besonders sachkundig ist oder ein eigenes wirtschaftliches Interesse verfolgt.[241] Bei einem Sanierungsberater wird man von einer besonderen Sachkunde ausgehen können, ebenso davon, dass der Gesprächspartner bei Sanierungsverhandlungen ein entscheidendes Interesse daran hat, dass die ihm übermittelten Daten zutreffend sind. Dem allgemeinen Rechtsberater eines Schuldners wird man dies nicht ohne konkrete Anhaltspunkte unterstellen dürfen. Wie bei den Verträgen im Drittinteresse gilt auch hier, dass der Anwalt alleine die Belange seines Mandanten wahrnehmen muss und Dritte regelmäßig keinen Schutz erwarten dürfen.[242] Wird dem Verhandlungspartner allerdings auf konkrete Frage eine bewusst falsche Auskunft oder eine Auskunft „ins Blaue hinein" erteilt, kommt eine Haftung aus unerlaubter Handlung gemäß § 823 Abs. 2 BGB i.V.m. § 263 StGB in Betracht.

4. Sachwalterhaftung

Zuweilen begeben sich Rechts- und Steuerberater in den Gesprächen mit Dritten in **1279** die Position eines **Quasi-Sachverständigen**. Besonders dann, wenn eine langjährige Beratung des Schuldners vorausgegangen ist, wird eine „Ehrenerklärung" oder eine „begründete Sanierungsaussicht" behauptet, der eine konkrete Sachaufklärung und Bewertung selten zugrunde liegt. In diesem Fall kommt eine Haftung nach § 311 Abs. 3 BGB und aus einem konkludent geschlossenen Auskunftsvertrag in Betracht. Allerdings verlangt die Rechtsprechung, dass der Verhandlungsgehilfe in einem ganz besonderen Maße Vertrauen für sich in Anspruch genommen und dadurch einen Vertragsschluss herbeigeführt hat. Rechtsanwälte sind hingegen üblicherweise Parteienvertreter, die die Aufgabe haben, allein einen Verhandlungserfolg im Interesse ihres Mandanten abzuschließen, nicht jedoch die Interessen eines Dritten zu wahren. Das Gleiche gilt für Steuerberater.[243]

Es muss also in dem Verhalten oder in den schriftlichen Erklärungen zum Ausdruck **1280** kommen, dass eine **persönliche Gewähr** für die Seriosität des Mandanten oder die ordnungsgemäße Durchführung der Sanierung von dem Rechts- oder Steuerberater übernommen wird.[244] Die Haftung eines Unternehmenssanierers unter dem Gesichtspunkt eines Sachwalters ist bisher nur einmal vom BGH entschieden worden.[245] Der Sanierer führte in diesem Fall die laufenden Geschäfte. Zudem hatte er durch Hinweise auf seine Sanierungserfolge besonderes Vertrauen in Anspruch

---

241 *BGH* ZIP 1999, 275; ZIP 2004, 452; NJW 1992, 2080, 2082; NJW 1993, 3073, 3075.
242 *BGH* WM 1978, 576; NJW 1992, 2080, 2083 (zur Bonitätsauskunft eines Anwaltes).
243 *BGH* ZIP 1993, 363; *BGH* NJW 1990, 506.
244 *BGH* NJW-RR 2003, 1064; *BGH* NJW 2001, 360; *BGH* NJW 1993, 199; NJW 2001, 360 (Wirtschaftsprüfer).
245 *BGH* NJW 1990, 1907.

genommen, obwohl er Zeugnisse darüber gefälscht hatte, wegen Betrugs verurteilt worden war und die eidesstattliche Versicherung abgegeben hatte.

5. Sorgfaltsmaßstab

a) Anwaltliche Rechtsdienstleistungen

1281 Der allgemein aus §§ 276, 277 BGB abgeleitete Sorgfaltsmaßstab in eigenen Angelegenheiten wird durch **anwaltliches Berufsrecht** (§§ 43 S. 1, 43a Abs. 5 BRAO) konkretisiert auf professionelle, gesetzeskonforme und berufswürdige Arbeitsweise des Rechtsanwaltes im Umgang mit dem Mandanten. Das bedeutet, dass als Maßstab für die Erfüllung der Pflichten höchste Anforderungen gestellt werden, die für den üblichen Geschäftsverkehr nicht gelten. Im Extremfall kann eine solche Rechtsprechung zu einer Garantiehaftung für eine optimale Anwaltsleistung werden.[246] Eine solche Rechtsprechung auf die Strafverteidigung anzuwenden, würde einer Umkehrung des Amtsermittlungsgrundsatzes gleich kommen.[247] Die Strafverteidigung ist abhängig von den Ermittlungsansätzen und Ermittlungsergebnissen der Verfolgungsbehörden. Die Aufgabe der Verteidigung allein gibt den Gestaltungsspielraum vor, innerhalb dessen der Verteidiger sich bewegen darf, will er sich nicht dem Vorwurf einer Begünstigung, einer Strafvereitelung oder einer Prozessverschleppung aussetzen.

b) Nichtanwaltliche Rechtsdienstleistungen

1282 Was nach Gesetzeslage und Rechtsprechung für die anwaltliche Tätigkeit gilt, ist nicht für die nichtanwaltliche Rechtsberatung vorgesehen. Die integrative und mandantenschützende Arbeit des Anwaltes, die durch das Berufsverständnis, die Beschränkungen bei Kooperationen und Werbung sowie dem Fortbildungsgebot verstärkt wird, sucht man bei einer Rechtsdienstleistung außerhalb des Anwaltsberufes vergeblich. Der Ratsuchende, der sich – auch strafrechtlich – an der Kaufhaustheke, beim Versicherungsagenten oder vom Unternehmensberater beraten lässt, kann von diesem keine anwaltliche Professionalität einfordern. Das mag vordergründig kompensiert werden durch eine geringe, anders bemessene Vergütung. Es hat aber große Nachteile, wenn man die Folgen solcher Dienstleistungen bewertet. Zwar wird sich in der Regel für die Beratung eine Rechtsgrundlage (z.B. als vertragliche Nebenpflicht, § 311 BGB) finden lassen. Da die §§ 43, 43a BRAO nicht anwendbar sind, ergeben sich jedoch für die Beratungsinhalte aus §§ 276, 277 BGB keine Konkretisierungen. Folglich können Beratungspflichten nur in **deutlich geringerem Um-**

---

246 *Slobodenjuk* NJW 2006, 113, 117; *Prinz* VersR 1986, 317, 319.
247 *BVerfG* NJW 2002, 2937 kritisiert die Zivilgerichte dafür, dem Anwalt über einen Haftungsprozess die Fehler in der eigenen Rechtsanwendung aufzubürden; vgl. dazu die Rechtsprechung des *BGH* NJW 1974, 1865, 1866; NJW 1999, 1391; NJW 1998, 2048; NJW 2002, 1048; dazu auch *Zugehör* NJW 2003, 3225.

Knierim

fang eingefordert werden. Der zumindest in Deutschland weiterhin geltende Haftungsausschluss für eine unentgeltliche Auskunft (§ 675 Abs. 2 BGB)[248] erschwert es, spezifische Sorgfaltsanforderungen an nichtanwaltliche Rechtsdienstleistungen zu stellen. Schließlich ist zu bedenken, dass die Haftung für unerlaubte Handlungen bei der Erbringung von Rechtsdienstleistungen sich im nichtanwaltlichen Bereich praktisch auf Sittenwidrigkeitsverstöße (§ 826 BGB) beschränkt, weil ein Eingriff in die durch § 823 BGB geschützten Rechtsgüter durch derartige Dienstleistungen nicht messbar ist.

III. Haftung für die Erstellung und Prüfung von Jahresabschlüssen und Vermögensübersichten

1. Grundsatz sorgfältiger Auftragsdurchführung

Die **Erstellung** von Jahresabschlüssen, Bilanzen, Steuererklärungen, betriebswirtschaftlichen Auswertungen (BWA), Kontenübersichten, Inventurberichten, Berichten über Saldenbestätigungsaktionen u.ä. durch Fachleute, wie z.b. einen Steuerberater oder Wirtschaftsprüfer, ist eine Geschäftsbesorgung mit hauptsächlich werkvertraglichen Elementen. Weil ein vertraglicher Erfolg und nicht nur eine Dienstleistung höherer Art geschuldet wird, richten sich die Pflichten zur Auftragsdurchführung, die dabei zu beachtenden Grundsätze sorgfältiger Sachaufklärung, zutreffender Rechtsanwendung, vorsichtiger Beratung, wie auch die Haftung für Schäden bei mangelhafter Arbeit nach den §§ 631 ff., 675 Abs. 1, 280 Abs. 1 BGB.[249] Bei vorsätzlichen Pflichtverletzungen kommt daneben eine Haftung[250] nach den §§ 823, 826, 830 BGB, §§ 263, 265b StGB in Betracht.   **1283**

2. Grundsatz sorgfältiger Prüfung und Berichterstattung

Von der Erstellung eines Abschlusses ist dessen Prüfung zu unterscheiden. Da der **Pflichtprüfungsauftrag an den Abschlussprüfer** nicht darauf ausgerichtet ist, die Vermögens-, Finanz- und Ertragslage des Unternehmens zu beschreiben,[251] sondern diese (bestehende) Berichterstattung des Unternehmens zu prüfen und einer eigen-   **1284**

---

248 Im Fall der von Dritten dem Verteidiger übergebenen Haftkaution hatte der *BGH* aber ohne weiteres einen Auskunftsvertrag bejaht, *BGH* NJW 2004. 3630 mit Anm. *Fischer* AnwBl. 2006, 227, 228.

249 *BGHZ* 127, 378, 384 = NJW 1995, 392; *BGH* NJW 1965, 106; *BGH* NJW 1967, 719 f.; *BGH* NJW 2000, 1107; *BGH* NJW 2002, 1571.

250 Zum Begriff vgl. *Kaup/Schäfer-Band* S. 42.

251 Zur Haftung der Unternehmensleiter für eine falsche Darstellung vgl. *Weitnauer* DB 2003, 1719.

Knierim   **461**

ständigen Bewertung zu unterziehen, ist die Prüfung keine Geschäftsbesorgung mit werkvertraglichen Elementen, sondern Dienstvertrag, §§ 675 Abs. 1, 611 BGB. Der Prüfungsbericht und der Bestätigungsvermerk sind wiederum wichtige Entscheidungsgrundlagen bei jeder Art von Kreditgewährung oder -prolongation. Das ist auch den Berufsträgern bekannt, so dass die Rechtsprechung trotz unterschiedlicher Haftungsgrundlagen stets dann zu einer Haftung der Abschlussprüfer gelangt, wenn über ein Prüfungsergebnis falsch oder nur verschleiert berichtet wurde oder der Prüfungsbericht wesentliche Erkenntnisse verschwiegen hat.[252]

1285 Die **Pflichten des Abschlussprüfers** bei Pflichtprüfungen[253] sind in den §§ 317, 321, 322 HGB festgelegt. Seit mehreren Jahren werden Art und Umfang der Prüfungsplanung, Prüfungsdurchführung und der Berichterstattung darüber durch Berufsorganisationen, besonders das Institut der Wirtschaftsprüfer (IDW) in so genannten Prüfungsstandards (IDW-PS) konkretisiert. Diese auch an internationale Grundsätze[254] angeglichenen Prüfungsstandards haben nicht die Qualität von Gesetzen, sie geben aber die übereinstimmende Berufsauffassung der Wirtschaftsprüfer wieder. Sie eignen sich als Beurteilungsgrundlage für ein sorgfältiges, gewissenhaftes und berufstypisches Verhalten des Abschlussprüfers[255]. Eine schuldhafte Verletzung der Prüfungs- und Berichtspflichten führt nach § 323 HGB zu Schadenersatzansprüchen gegen den Prüfer.

1286 Da § 323 HGB kein Schutzgesetz im Sinne von § 823 Abs. 2 BGB ist, kommt ergänzend lediglich eine Haftung nach § 826 BGB in Betracht. Die Rechtsprechung dazu ist uneinheitlich.[256] Ein besonders leichtfertiges, gewissenloses Verhalten bei Ausstellung von Bilanztestaten soll geeignet sein, die Gläubiger der Gesellschaft sittenwidrig zu schädigen.[257] Wer für die Prüfung eines Anlageprospekts verantwortlich ist, kann aus Vertrag mit Schutzwirkung zugunsten Dritter neben der Prospekthaftung in Anspruch genommen werden.[258] Allerdings haftet der Wirtschaftsprüfer trotz eines pflichtwidrig erteilten Testats mangels Rechtswidrigkeitszusammenhangs

---

252 *BGHZ* 138, 257; *Schüppen* DB 1998, 1317; *Leibner/Holzkämper* DB 2004, 2087.
253 Bei mittelgroße Kapitalgesellschaften, Konzernobergesellschaften (§ 316 HGB) und andere publizitätspflichtige Unternehmen (§ 6 PublG).
254 IAS, ergänzend auch Bilanzierungsregeln nach US-GAAP, IFRS und DRS.
255 *Memento/Mazars* Rn. 2.070-2.074.
256 *BGH* ZIP 2006, 954 = NJW 2006, 1975; *Heukamp* ZHR 169 (2005), 471, 476; *Assmann* AG 2004, 435, 436; *Arnold* DStR 2001, 488 ff.; *Ebke* JZ 1998, 991; *Janert* BB 2005, 987; *Schüppen* DB 1998, 1317; *Weber* NZG 1999, 1; *Zugehör* NZG 2000, 1601; *Heukamp* , Abschlussprüfer und Haftung, 2000; zur Haftung des gesetzlichen Abschlussprüfers in der EU *Ebke* ZVglRWiss 100 (2001), 62.
257 *BGH* NJW 2001, 360; NJW 1973, 321, 322; VersR 1979, 283, 284; BB 1961, 652; *LG Frankfurt* WM 1997, 1932, 1935; *OLG Bamberg* NZG 2005, 186, 187 zur Abschlussprüferhaftung gegenüber Erwerbern von Genussrechten.
258 *BGH* NJW 2004, 3420 = BB 2004, 2180 m. Anm. *Paal;* s. insbes. zu steuerorientierten Kapitalanlagen *Zacher/Stöcker* DStR 2004, 1494, 1537.

Knierim

nicht für strafbare Handlungen eines Organmitglieds gegen einen Dritten, an denen keine eigene Mitwirkungshandlung vorliegt.[259] An der Leichtfertigkeit fehlt es meist auch, wenn dem Prüfer durch die Geschäftsführer oder Gesellschafter selbst zum Zwecke der Täuschung Dritter falsche Informationen unterbreitet wurden.[260]

3. Sonstige Dienstleistungen

Für freiwillige Leistungen der Rechtsanwälte, Wirtschaftsprüfer und Steuerberater gilt das jeweilige Vertrags- und Berufsrecht. Eine Haftung für pflichtwidriges Verhalten hat die Rechtsprechung nur in Einzelfällen bejaht. Dazu wird auf die einschlägigen Werke[261] verwiesen. **1287**

IV. Strafrechtliche (Mit-)Verantwortung

1. Bedeutung

Ob sich die **Mitwirkung eines beratenden Rechtsanwaltes** dann, wenn ein   **1288** Straftatbestand von seiner Mandantin verwirklicht worden sein sollte, als Mittäterschaft (§ 25 Abs. 2 StGB), als Anstiftung (§ 26 StGB) oder als Beihilfe (§ 27 StGB) dazu darstellen kann, ist nicht nur von den Tatbestandsvoraussetzungen einer konkreten Strafnorm abhängig. Dass der beratende Rechtsanwalt regelmäßig als Organ der Rechtspflege handelt und ihm deswegen nicht von vorneherein eine für die Strafverfolgung relevante kriminelle Gesinnung unterstellt werden darf, haben BVerfG und BGH in langjähriger Rechtsprechung hervorgehoben.[262] Es stellt sich daher abstrakt die Frage, ob bei einer den Mandats- und Berufsausübungspflichten entsprechenden anwaltlichen Beratung überhaupt eine Strafbarkeit angenommen werden kann.[263]

---

259 *OLG Karlsruhe* ZIP 1985, 409, 413.

260 *OLG Köln* AG 1992, 89, 90.

261 *Gräfe/Lenzen/Schmeer,* Steuerberaterhaftung, Herne 2007; *Vollkommer/Heiermann,* Anwaltshaftungsrecht, München 2009; *Wellhöfer/Peltzer/Müller,* Haftung von Vorstand, Aufsichtsrat und Wirtschaftsprüfer, München 2007; *Zugehör,* Beraterhaftung nach der Schuldrechtsreform, Herne 2002; *Zugehör/Fischer/Sieg/Schlee,* Handbuch der Anwaltshaftung, Herne, 2006.

262 *BVerfGE* 63, 266 = NJW 1983, 1535; *BVerfGE* 76, 171 = NJW 1988, 191; NJW 1996, 3268; *BVerfG* NJW 2003, 2520; *BVerfG* NStZ 04, 259; *BVerfGE* 111, 226; *BVerfG* NJW 2004, 1305; *BVerfG* AnwBl. 2005, 285; *BGHSt* 38, 345, 350; *BGHSt* 46, 53, 59; *BGHSt* 29, 99, 106; *BGHSt* 47, 69.

263 *Baumgarte* Die Strafbarkeit von Rechtsanwälten und anderen Beratern wegen unterlassener Konkursanmeldung, in: wistra 1992, 41; *Krekeler* AnwBl. 1993, 69; *Richter* Strafbarkeit des Insolvenzverwalters, in: NZI 2002, 121; *Sundermeier/Gruber* Die Haftung des Steuerberaters in der wirtschaftlichen Krise des Mandanten, in: DStR 2000, 929; *Wessing* Insolvenz- und Strafrecht – Risiken und Rechte des Beraters und Insolvenzverwalters, in: NZI 2003, 1.

2. Beihilfe durch „berufstypische Handlungen" im Strafrecht

a) Rechtsprechungsgrundsätze

1289 Wissenschaft und Rechtsprechung zu den so genannten „**berufstypischen Handlungen**" sind noch nicht einheitlich.[264] Eine Straflosigkeit alleine wegen der Ausübung eines anerkannten Rechtsberatungsberufes wird von der Rechtsprechung strikt abgelehnt.[265] Ob berufstypische Handlungen, die für den späteren Taterfolg kausal waren oder eine Risikosteigerung bewirkt haben, eine strafbare Unterstützung darstellen können, ist in den einzelnen Fallkonstellationen und der Reichweite nach umstritten.[266] Die Rechtsprechung des BGH in Strafsachen lässt sich dahingehend konkretisieren, dass an sich neutrale Handlungen dann ihren „Alltagscharakter" verlieren und eine strafbare Beihilfe angenommen werden muss, wenn das Handeln des Haupttäters auf die Begehung einer strafbaren Handlung abzielt und der Hilfeleistende dies positiv weiß.[267] Für die rechtliche Bewertung einer Beihilfe ist somit der **Vorsatz des Handelnden** maßgeblich.

1290 In der Konsequenz ist das Handeln eines Berufsträgers noch nicht als strafbare Beihilfehandlung zu beurteilen, wenn er nicht weiß, wie sein Handlungsbeitrag verwendet wird, selbst wenn er es für möglich erachtet, dass sein Tun zur Begehung einer Straftat genutzt wird[268]; ist er nach der Rechtsprechung nur dann wegen Beihilfe zu bestrafen, wenn er sich die Förderung der Tat des erkennbar tatgeneigten Haupttäters „angelegen sein" ließ.[269]

b) Begründungs- und Abgrenzungsansätze in der Literatur

1291 Einige Autoren versuchen bereits auf der Ebene des **objektiven Tatbestands** diejenigen Handlungen des Gehilfen auszumustern, die als normale oder alltägliche und sozial akzeptierte Berufsübung erscheinen. So lehrte *Welzel*, dass nicht jede erfolgsverursachende Handlung zur Bejahung des Unrechtstatbestands führt, sondern die Sozialadäquanz einer Handlung der Annahme tatbestandlichen Unrechts entgegenstehen kann.[270] *Hassemer* präzisiert dahingehend, dass professionell adäquates, den Berufsregeln entsprechendes Handeln aus dem Kreis der tatbestandsmäßigen Hand-

---

264 Vgl. dazu *Fischer* § 258 Rn. 5a, 8 ff.; *Otto* in FS-Lenckner, 193, 217 f.; MüKo-*Cramer* § 258 Rn. 28; *Beulke* NStZ 1982, 330; *ders.* NStZ 1983, 504; *Pfeiffer* DRiZ 1984, 342; a.A. *Bottke* ZStW 1996, 730 ff.
265 Schönke/Schröder-*Stree* § 258 Rn. 32; *BGHSt* 46, 107, 109.
266 MüKo-*Joecks* § 27 Rn. 41 m.w.N.; zum Meinungsstand: *Schneider* NStZ 2004, 312 ff.; *Schröder* DNotZ 2005, 596, 603; *LG Bochum* NJW 2000, 1430.
267 *BGH* NStZ 2000, 34; *BGH* NStZ-RR 2001, 241 ff.
268 MüKo-*Joecks* § 27 Rn. 47 m.w.N.; *Fischer* § 27 Rn. 2b m.w.N.
269 *BGH* NStZ-RR 1999, 184, 186; *BGH* U. v. 21.12.2005 – 3 StR 470/04 – (LG Düsseldorf).
270 **Welzel** ZStW 58 (1939), 491, 516 f.; vgl. auch bezogen auf die Beihilfe bei *Schönke/Schröder-Cramer* 25. Aufl., 1997, § 27 Rn. 10.

Knierim

lungen auszunehmen sei.[271] *Ransiek* versteht die Beihilfe nicht als Derivat des Unrechts der Haupttat, sondern verlangt einen eigenen Bezug der Beihilfehandlung zur Verletzung des Rechtsguts.[272] Eine Strafbarkeit des beruflich handelnden Gehilfen kommt danach insbesondere in Betracht, wenn er gegen Vorschriften verstößt, die seine berufliche Handlungsweise regeln. Dieser Gedanke findet sich auch bei anderen Autoren, die bei einem Verstoß gegen spezielle, die fragliche Tathandlung regelnde Sorgfaltsvorschriften allerdings schon nicht mehr von einem berufstypischen Verhalten sprechen.

Eine infolge der Berufsausübung in Rede stehende Beihilfe kann deshalb **nicht jenseits der Berufsregeln** gewürdigt werden, die für den vermeintlichen Täter gelten.[273] Einen wichtigen Ausgangspunkt haben auch diejenigen Autoren herausgearbeitet, die auf die Einschränkung der verfassungsrechtlich verbürgten Berufs- und Handlungsfreiheit aufmerksam machen, die mit einer uferlosen und damit unwägbaren Beihilfestrafbarkeit nach der Rechtsprechung einhergeht.[274] Dort, wo sich Vorschriften und Regeln über die Berufsausübung finden, darf man sich also nicht dem Gedanken verschließen, bei der strafrechtlichen Bewertung der beruflich bedingten Förderung einer fremden Tat den rechtlichen Kontext würdigen zu müssen, der die Berufspflichten und sozialadäquaten Verhaltensweisen desjenigen festlegt bzw. beschreibt, um dessen objektiv unterstützende Handlung es geht. Das Berufsrecht ermöglicht es, das allgemeine Thema der Beihilfe durch Alltagshandlungen spezifischer anzusprechen. Dort geregelte Rechte oder Pflichten können sodann in die Prüfung des § 27 StGB einfließen und für den Helfenden be- oder entlastende Aspekte bergen.

1292

c) Eignung der juristisch/steuerberatenden Arbeit

Bereits der Rat zu einem bestimmten Verhalten, ebenso auch die Vertretungstätigkeit als solche, die Führung oder Teilnahme an Vertragsverhandlungen oder einem Prozessverfahren kann eine objektiv **geeignete Handlung** zur Erfüllung eines Straftatbestandes oder der Teilnahmevorschriften sein. In dem Bestreben, keine Strafbarkeitslücken entstehen zu lassen, erfasst die Rechtsprechung – wie auch bei anderen Berufsträgern, beispielsweise Ärzten – praktisch jede zur Pflichterfüllung aus dem Mandatsvertrag objektiv nötigen Handlungen als tatgeeignet und prüft erst auf der subjektiven Ebene bzw. bei etwaigen Rechtfertigungsgründen, ob das Verhalten straflos bleiben muss. Grundsätzlich ist daher schon ein Hilfeleisten im Sinne des

1293

---

271 *Hassemer* wistra 1995, 41 ff., 81, 83.
272 *Ransiek* wistra 1997, 41.
273 *Kudlich* S. 467 ff., mit einer Betrachtung verschiedener Berufe unter Beachtung berufsregelnder Vorschriften.
274 *Frisch* 311 ff.; *Hefendehl* Jura 1992, 374, 377; *Kühl* § 20 Rn. 222a a.E.; *Otto* in FS *Lenckner* 193, 212; *Volk* Zum Strafbarkeitsrisiko des Rechtsanwalts bei Rechtsrat und Vertragsgestaltung, in: BB 1987, 139, 144 f.; *Schall* in GS für Meurer 2002, 103, 105; *Tag* JR 1997, 49, 50; *Wolff-Reske* 76 ff.; ausführlich *Kudlich* a.a.O. S. 268 ff.

§ 27 StGB zu bejahen, wenn der Beitrag des Gehilfen die Haupttat fördert, d.h. sie ermöglicht, erleichtert oder die vom Täter begangene Rechtsgutsverletzung verstärkt.[275]

d) Doppelstufige Prüfung zur Annahme oder zum Ausschluss einer Strafbarkeit

1294 Die dann notwendige Abgrenzung von strafbarem und straflosem Verhalten führt die Rechtsprechung in einer zweistufigen Prüfung durch:[276]

1295 Stellt die Handlung eine übliche, den Anforderungen des konkreten Mandats nachkommende, **wenigstens ausreichende berufstypische Handlung** dar, wird unterstellt, dass die Tätigkeit darauf abzielt, die Mandats- und Berufspflichten innerhalb einer gesetzestreuen Grundhaltung zu erfüllen,[277] womit zunächst einmal eine berufsneutrale Handlung anzunehmen ist und eine mögliche Einschränkung der Beihilfestrafbarkeit grundsätzlich in Frage kommt.

1296 Falls bereits auf der ersten Stufe festgestellt wird, dass eine bemerkenswert **unzureichende oder keine tatsächliche Leistung** erbracht worden ist, stellt sich bereits hier die Mitwirkung an dem sonstigen Geschehensablauf nicht mehr als berufstypisch dar. Trägt das Verhalten indessen professionelle Züge und beschränkt es sich auf die Wahrnehmung anwaltlicher Aufgaben, bestehen für die Strafverfolgungsbehörden praktisch keine Möglichkeiten, hierin ein strafbares Verhalten des Berufsträgers zu sein.

3. Anstiftung

Nach § 26 StGB stiftet derjenige an, der bei einem anderen den Tatentschluss hervorruft. Es muss daher nach dem Handeln des Beraters ein Tatentschluss des Haupttäters festgestellt werden. War dieser aber schon vorher entschlossen, eine Straftat zu begehen, kann keine vollendete Anstiftung von Seiten des Beraters mehr vorliegen.[278]

---

275 *BGH* NJW 2001, 2410; Schönke/Schröder-*Cramer/Heine* § 27 Rn. 8 m.w.N.

276 Grundlegend: *BGH* wistra 1999, 459; krit. *Wohlers* NStZ 2000, 169; *Behr* BB 2000, 1336; *Weyand* ZInsO 2000, 413.

277 *BVerfG* StV 2006, 522; *BGHSt* 29, 102; 38, 347; 46, 53; *Pfeiffer* DRiZ 1984, 342.

278 *Fischer* § 26 Rn. 3.

Stichwortverzeichnis

501